AF538221

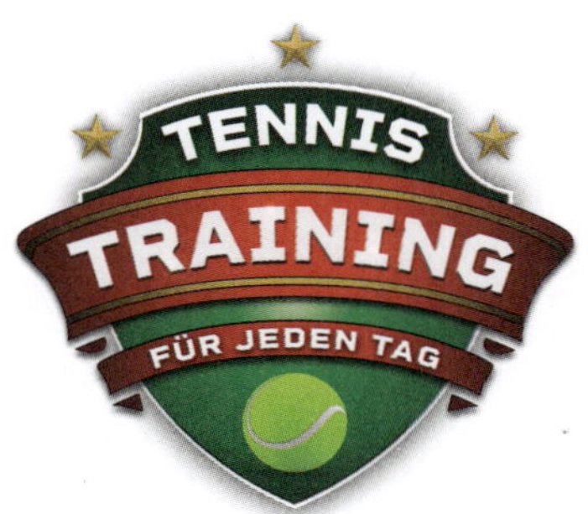
TENNIS
TRAINING
FÜR JEDEN TAG

VOLKER WIEGAND

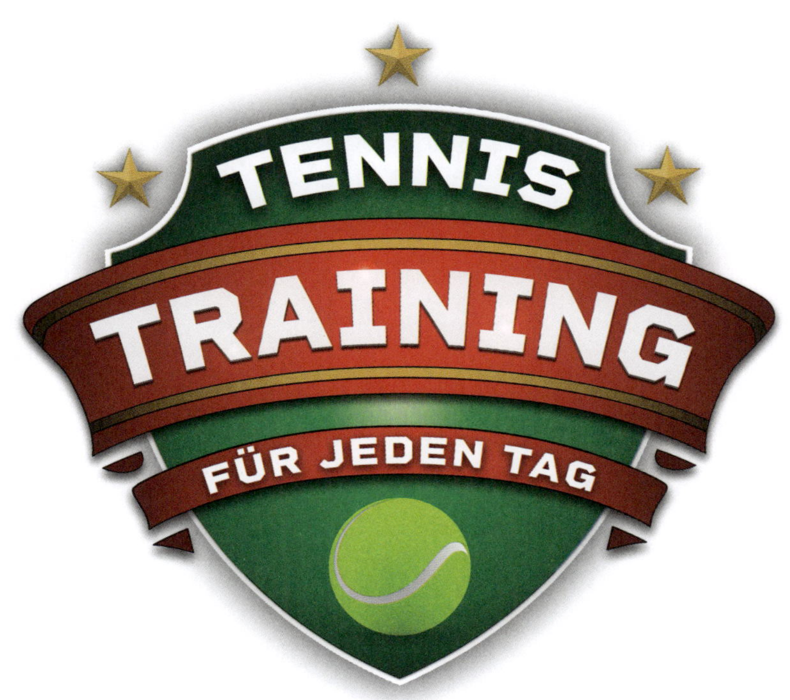

Die 365 besten Übungen

COPRESS

Der Autor:
Volker Wiegand, 1958 in Hochheim am Main geboren, begann im Alter vom zehn Jahren mit dem Tennisspiel. Nach Erfolgen in der Jugend erwarb er bereits früh entsprechende Trainerqualifikationen, um mit Kindern und Anfängern arbeiten zu können. Nach Ausbildung zum staatlich geprüften Tennislehrer und dem Erwerb der A-Lizenz des Deutschen Tennis Bundes (DTB) als Jahrgangsbester betrieb er in den 90er Jahren eine eigene Tennisschule, arbeitete für den rheinland-pfälzischen Tennisverband und war in den Altersklassen der Herren 30, 35, 40 und 45 als deutscher Ranglistenspieler auf vielen nationalen und internationalen Turnieren aktiv und erfolgreich. Seit über 20 Jahren kümmert er sich als Cheftrainer und Sportwart um die Belange der Tennisabteilung des Mainzer Turnvereins von 1817 und arbeitet in diesem zweitältesten Sportverein Deutschlands mit zehn Sportabteilungen auch im Hauptvorstand. In diesem Buch hat er die besten und beständigsten Übungen aus fast 40 Jahren Tennistrainertätigkeit zusammengefasst.

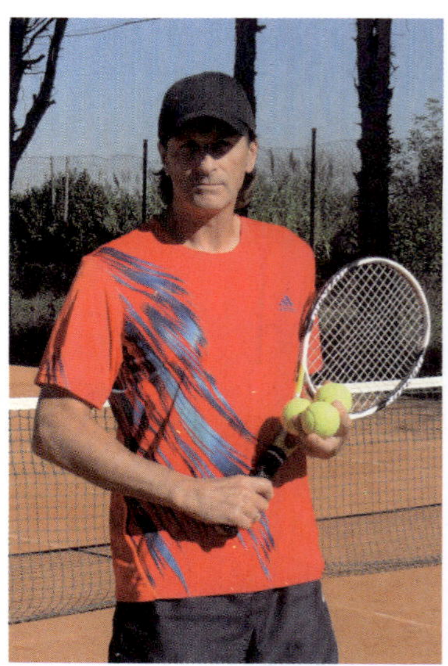

Umschlaggestaltung, und Lektorat: Pierre Sick
Layout: Dirk Brauns (nach einer Vorlage von Dietmar Schmitz)

Alle Fotos im Innenteil vom Autor, außer:
S. 9 (MaxRiesgo – Fotolia); 16, 53 (alle imago); 19, 210, 262 (alle Günther Siegemund); 29, 291 (alle Babak Momeni); 251 (Frank Leber/ pixelio.de).

Grafiken (nach Vorlagen des Autors):
digiartworx, Hilgertshausen unter Verwendung der Spielfeldgrafiken von Fotolia – abdulsatarid

Bibliografische Information
der Deutschen Nationalbibliothek
Die Deutsche Nationalbibliothek verzeichnet diese Publikation in der Deutschen Nationalbibliografie; detaillierte bibliografische Daten sind im Internet über http://dnb.dnb.de abrufbar.

3., aktualisierte Neuauflage 2022

Gesamtherstellung: Stiebner, Grünwald
Printed in the EU
ISBN 978-3-7679-1282-3
www.copress.de

Inhalt

Vorwort

Liebe Leserin, lieber Leser,

vor einigen Tagen rief mich ein geschätzter Kollege aus lang vergangenen gemeinsamen Turniertagen an. Wir hatten uns aus den Augen verloren, da er seit Jahren in einem ganz anderen Bereich als Tennis arbeitet, aber jetzt hatte ihn seine Frau gebeten, das Training der Oberliga-Damenmannschaft, in der sie spielt, zu übernehmen.

Sie bräuchten jemanden, der ein bisschen mehr Zug und »Power« in ihr Training bringen würde, wie sie es ausdrückte. Auch für einen sehr guten Spieler keine einfache Aufgabe.

Ein Freund aus dem Tennisverband hatte ihm danach mein Buch empfohlen, und er griff zum Hörer, um mir zu sagen, wie froh er war, nach so langer Zeit auf einfachem Weg sofort wieder Ideen geliefert zu bekommen und ein strukturiertes Training durchführen zu können.

Es sind Erlebnisse wie dieses, die mich auch sieben Jahre nach dem ersten Erscheinen des Buches immer wieder bestätigen und die zeigen, dass die ungebrochene Nachfrage einen einfachen Grund hat: Tennis braucht Training und Training soll Spaß machen. Es heißt Tennis »spielen«, und deshalb müssen Tennisübungen spielerisch sein. Sie bilden das ab, was auf dem Platz im Match passiert und sie sollen fordern und motivieren.

»Play and Stay« - »Spiel und bleib dabei!«

Ich freue mich, dass die nun bereits dritte aktualisierte Auflage von »Tennistraining für jeden Tag« in einem völlig neuen, aber sehr praktischen Gewand daher kommt: Das Buch steht Ihnen jetzt als Taschenbuch (»Klappenbroschur«) in einer leichteren und handlicheren Form zur Verfügung, die aus meiner Sicht einfacher in die Tennistasche passt als das bisherige Hardcover.

Ich hoffe, Sie erleben mit meinem Buch viele weitere motivierende und spielstärkende Trainingstage und ich wünsche Ihnen viel Spaß bei der Lektüre und viel Spaß auf dem Platz!

Volker Wiegand

Zu diesem Buch

Wir möchten uns nicht dem aktuellen, besonders von unseren Politikern intensiv gepflegten Trend unterwerfen, jeden und alles in beiden Geschlechtsformen anzureden oder zu benennen. Das führt nur zu umständlichen Formulierungen und dient keinesfalls einer besseren Verständlichkeit. Wenn also in der Folge von »Trainern« die Rede ist, dann sind selbstverständlich alle Trainerinnen und alle Trainer angesprochen! Genauso ist es natürlich bei Schülern und Spielern. Tennis ist wirklich ein hervorragender Sport für beide Geschlechter, nach meiner Auffassung ist es für Frauen eine der attraktivsten Sportarten, die es überhaupt gibt. Deswegen hoffe ich, meine Damen, dass Sie die Ansprachen »Trainer, Schüler und Spieler« neutral verstehen und sich auf keinen Fall ausgegrenzt fühlen.

Als ich mit dem Vorschlag konfrontiert wurde, ein Buch mit 365 Tennis-Übungen zu verfassen, war mein erster Gedanke: kein Problem! Schließlich hatte ich in den 45 Jahren als Trainer und auch als Schüler weit mehr als 365 Übungen gesehen, konzipiert, gespielt und geleitet. Ganz so einfach war es aber dann doch nicht, denn es gab einiges zu bedenken: Welche Trainingsformen wären es wert, in ein solches Buch aufgenommen zu werden? Was ist interessant und umsetzbar für den normalen Clubtrainer im alltäglichen Training? Was würde auch einen Freizeit-Turnierspieler weiterbringen, mit welchen Themen könnte er etwas anfangen? Es gibt viele Tennis-Bücher mit guten Tipps und Übungen zu den verschiedensten Teilaspekten des Tennisspiels. Dieses Buch sollte nun eine komplette Sammlung von Übungen sein, die ein Vereinstrainer für die tägliche Praxis mit Schülern aller Altersklassen und Spielstärken braucht und immer wieder anwendet. Übungen mit exakt den Tennisthemen, die für »seine« Kinder, Anfänger, Hobby- und Clubspieler sowie ambitionierte Turnierspieler jeden Tag wichtig sind. Unter diesen Prämissen habe ich letztendlich die avisierten 365 Übungen als Basis ausgewählt. Mit etwas Kreativität machen Sie aus einer Übung drei, vier oder fünf weitere und verfügen so über ein fast unerschöpfliches Reservoir an Ideen, wie Sie Ihre Schüler fordern und fördern. Ich bin davon überzeugt, dass die Anregungen in diesem Buch für abwechslungsreiches Tennistraining über viele Jahre ausreichen werden.

Was Sie hier *nicht* finden werden, sind Übungen im Stil von »Eine Vorhand, eine Rückhand, ein Volley und bitte wieder hinten anstellen!« Diese Trainingsform, »Kolonnentraining« oder etwas despektierlich auch »Kübeltraining« genannt (der Trainer spielt einen Ball nach dem anderen aus dem »Kübel« zu), sollte die Ausnahme sein – etwa zur Vorbereitung auf eine Hauptübung oder um an einem technischen Detail in einfacher Form zu arbeiten. Leider aber ist es in vielen Clubs das vorherrschende Bild. Viele Laien halten das für die einzig wahre Form von Tennistraining und sind erstaunt, wenn ein Trainer seine Schüler spielen lässt und – scheinbar – nur danebensteht. Die Aufgabe eines Trainers ist es weder Sparringspartner noch Ersatz für die Ballmaschine zu sein. Nichts dagegen, wenn er ab und zu mitspielt oder auch einmal

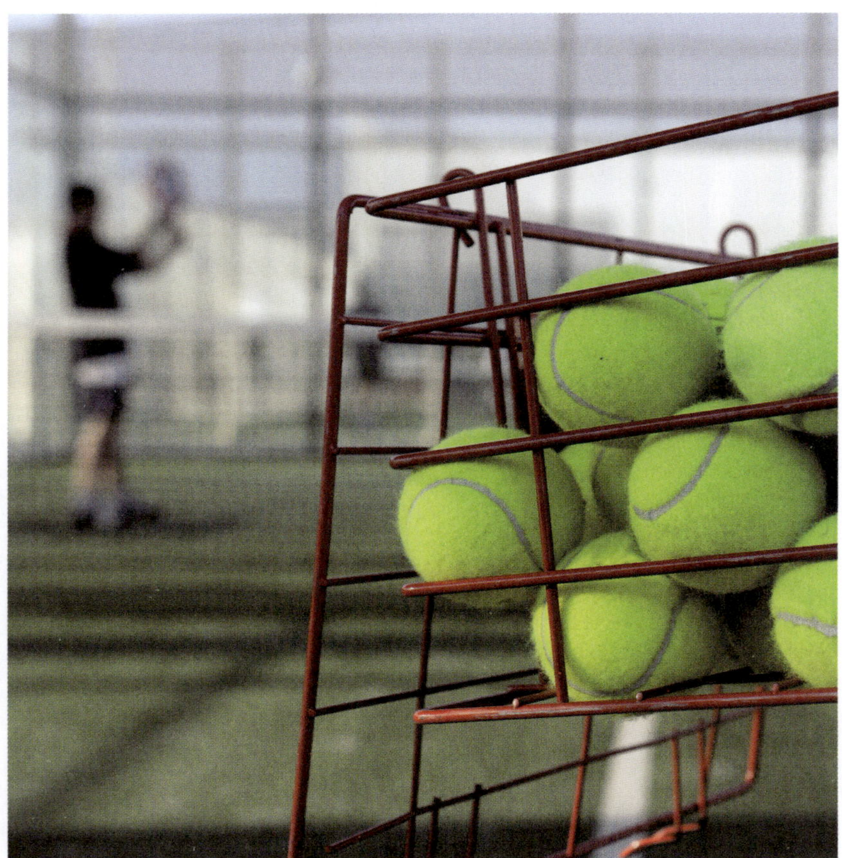

»Kübeltraining« ansetzt, aber die eigentliche Arbeit des modernen Trainers beginnt schon lange vor der Trainingsstunde, mit der Planung der für seine Schüler optimalen Übungsformen und geht auf dem Tennisplatz weiter mit der Umsetzung dieses Programms.

Tennis ist eine *interaktive* Sportart, in der dem Erlernen der »Spielfähigkeit« und der Reaktion auf gegnerische Aktionen genauso viel Gewicht beigemessen werden muss wie dem Erlernen einer vernünftigen Schlagtechnik. Es gibt im Wettkampf keine standardisierten Bedingungen, d. h. der Ball ist nicht immer gleich lang und schnell, wie wenn ihn jemand aus dem Korb zuspielt. Deshalb sollte jeder Spieler von Anfang an lernen, sich an diese variierenden Situationen anzupassen und eine Schlagtechnik »erwerben«, die unter vielen unterschiedlichen Bedingungen effektiv ist. Der sogenannte »Game Based Approach« (International Tennis Federation 1999), was übersetzt nichts anderes bedeutet als »spielerische Herangehensweise«, sowie die Ideen von »Play and Stay« – »spiel und bleib dabei!« – unterstützen genau diesen Gedanken. Der Schüler soll sofort match- oder spielorientiert agieren, selbst auf Anfängerniveau. Kleinere Felder, weichere Bälle und niedrigere Netze helfen dabei. Das kommt nicht nur dem spielerischen Gedanken des Tennis als »Rückschlagsportart« entgegen, sondern es ist auch sehr viel motivierender und erfolgversprechender als eintöniges »Technikerwerbs-Training« alter Schule. Die Erfahrung zeigt, dass Schüler, die engagiert und mit Spaß bei der Sache sind, sehr viel aufnahmefähiger sind und positiver auf technische und taktische Korrekturen reagieren. Jede interaktive Tennisübung – also eine Übung, in der miteinander gespielt wird – hat einen technischen und taktischen Anteil und es liegt am Trainer, die Übung so zu gestalten, dass die gewünschten Lernerfolge erreicht werden (siehe dazu auch die Ausführungen in Kapitel 2: »Grundschläge«).

Dem Tennistrainer, dem engagierten Spieler und jedem, der sich für Tennis interessiert, wird in den folgenden dreizehn Kapiteln eine Vielzahl von Möglichkeiten aufgezeigt, wie man Tennis in der knappen Zeit, die meist nur zur Verfügung steht (ein oder zwei Stunden in der Woche) auf *spielerischem Weg* trainieren kann. Fast alle hier beschriebenen Übungen basieren auf Interaktion – d. h. es werden, je nach Leistungsstand der Spieler und nach Anforderung der Übung – Ballwechsel gespielt und es wird »gezählt«. Auf wissenschaftliche Trainingsansätze und detaillierte Erläuterung der Schlagtechnik wird bewusst verzichtet, da sie nicht Thema dieses Buches sind.

Der Trainer arbeitet mit diesen Übungsformen vorwiegend induktiv. Das heißt, statt seinem Schüler Lösungen und Wege vorzuschreiben (deduktive Methode), lässt er ihn selbst ausprobieren und greift nur dann ein, wenn etwas nicht funktioniert.

Die meisten Trainer werden einen Großteil ihrer Zeit mit jugendlichen Gruppen auf dem Platz verbringen. Einige werden auch Mannschaftsspieler in Gruppen trainieren. Persönliches Einzeltraining ist wegen der hohen Kosten selten geworden und so viele Anfänger im Erwachsenenalter wie in den 1980er- und 1990er-Jahren, als die deutschen Tennisstars Steffi Graf, Boris Becker und Michael Stich einen Boom auslösten, gibt es derzeit leider nicht mehr. Dieses Buch beschäftigt sich demzufolge ausschließlich mit Gruppentraining (die Ausnahme bildet Kapitel 12: »Ein Trainer – ein Schüler«), das – leistungsangepasst – in jedem Alter und auf jeder Könnensstufe ähnlich aussieht. Es ist ganz leicht, eine komplexe Übung aus dem Mannschaftstraining der Aktiven so zu vereinfachen, dass auch eine Gruppe von Zehnjährigen sie spielen kann. Und es ist auch durchaus möglich, dass Erwachsene richtig Spaß an einer eigentlich für Kinder vorgesehenen Übung haben und sich wundern, wie anstrengend das sein kann.

»Play and Stay« möchte, dass die Schüler »bei der Stange« bleiben. Es heißt »Tennis spielen« und spielen lernt man durch Spiel! Kein Trainer kann es sich heute mehr leisten, seine Schüler zu langweilen. Unsere Gesellschaft fordert Spaß und Abwechslung, und mit dem »Game Based Approach« im Tennisunterricht kommt man nicht nur diesen Bedürfnissen entgegen, sondern hat auch den optimalen Lernansatz für eine Spielsportart.

Stöbern Sie das Angebot durch, seien Sie kreativ und probieren Sie alles aus – Sie werden viel Spaß haben und viel dazu lernen.

Über das Tennisspiel

Tennis ist schön …

… und Tennis ist schwierig. Tennis ist ganz schön schwierig.

Dieser bekannte Spruch offenbart sich nicht nur dem langjährigen Spieler, der immer wieder neue Erfahrungen sammelt, Überraschungen erlebt und Lernprozesse durchmacht, sondern auch dem Zuschauer, der begeistert ein manchmal mehrstündiges Match zweier Topspieler verfolgt, das hin- und herwogt und spektakuläre Ballwechsel produziert.

Tennis ist eine faszinierende und attraktive Sportart, aber viele, die damit anfangen, machen sich kaum Gedanken darüber, was es alles braucht, um ein guter oder sogar sehr guter Spieler zu werden. Vor allem Eltern, die sich Tennis als Sportart für ihre Kinder wünschen, haben da oft falsche Vorstellungen. Es erfordert sehr viel Geduld und Beharrlichkeit und nicht zuletzt auch ein gewisses motorisches Talent, um nur einmal so weit zu kommen, den Ball hin- und herspielen zu können, geschweige denn Wettkämpfe zu bestreiten. Wer jemanden findet, der sofort und ohne Vorkenntnisse Ballwechsel spielen kann, sollte diesen Kandidaten, sofern er noch im Grundschulalter ist, direkt unter Vertrag nehmen, das könnte sich noch auszahlen …

Spaß beiseite, die hohe Fluktuation im Jugendtennis ist nicht von der Hand zu weisen. Nicht wenige wenden sich bald »einfacheren« Beschäftigungen zu, bei denen sich ein sichtbarer Erfolg schneller einstellt. Oder sie wechseln in Mannschaftssportarten, in denen man sofort »mitspielen« kann. Geduld und Beharrlichkeit sind in unserer schnelllebigen Gesellschaft, genau wie die Bereitschaft zu häufigem Training, leider keine allzu weit verbreiteten Eigenschaften. Tennis hat es da inzwischen recht schwer, obwohl es – wie gesagt – für viele nach wie vor sehr attraktiv ist, nach dem Motto: »Das würde ich auch gerne können …«

Das entscheidende Bindeglied ist der Trainer oder Übungsleiter. Er muss die Schüler bei der Stange halten, immer wieder neu motivieren, fordern und fördern. Da kaum noch Kinder Tennis spielende Eltern haben, denen sie nacheifern können, gilt das umso mehr.

Dieses Buch soll Hilfe sein für den Club- und Amateurtrainer, der mit Kindern, Jugendlichen oder auch erwachsenen Anfängern und Mannschaftsspielern arbeitet. Es soll übersichtlich Möglichkeiten für motivierendes, abwechslungsreiches und lehrreiches Tennistraining mit Gruppen bis zu acht Personen anbieten. Es soll auch Möglichkeiten aufzeigen für den ambitionierten Freizeitspieler, der mit seiner Mannschaft keinen Trainer hat und nicht immer nur das übliche Doppel spielen, sondern sinnvolle und strukturierte Spielformen ins Training einbauen möchte. Viele Übungen in diesem Buch sind mit selbständiger Eröffnung, also ohne Trainerzuspiel durchzuführen oder es kann einer der Spieler das Zuspiel übernehmen (obwohl das keine einfache Sache ist).

Was dieses Buch nicht kann, ist, auf die vielen Facetten des Individualcoachings einzugehen. Es kann nur beschränkt

Ratgeber für Training und Einzelbetreuung professioneller Spieler oder solcher, die es werden wollen, sein, denn da spielt die ganz persönliche Ausrichtung des Trainings die entscheidende Rolle.

Technik

Wie bereits angedeutet verzichten wir in diesem Buch auf Übungen aus dem Bereich des »Technikerwerbs-Trainings« und auf eine detaillierte Betrachtung der tennisspezifischen Schlagtechnik und Beinarbeit. Dafür müsste man ein eigenes Buch schreiben, es würde den Rahmen dieses Werkes sprengen. Praktisch jede vorgestellte Übung hat allerdings einen technischen Anteil. Einerseits werden bestimmte Fertigkeiten vorausgesetzt, andererseits werden die Übenden bei der Durchführung animiert, technische Details zu verbessern. Es ist Aufgabe des Trainers, die richtige Übung für den Leistungsstand seiner Gruppe auszusuchen und in der jeweiligen Situation auf seine Schüler einzugehen sowie die richtigen Ratschläge zur Verbesserung anzubringen.

Schlagtechnik ist ein heikles und sehr individuelles Kapitel im Tennis. War es früher noch so, dass es nur eine Technik gab – und zwar die, die der Trainer für richtig hielt bzw. selbst spielte (man konnte bei vielen Schülern »sehen«, bei wem sie Tennis gelernt hatten!) –, so wird heute erfreulicherweise der Individualität größerer Spielraum gelassen. Wir sind in Deutschland zwar noch nicht so weit, zu sagen »erlaubt ist, was Erfolg hat«, wie es uns viele andere Nationen vormachen, aber wir sind inzwischen bereit, unsere Lehrpläne so anzupassen, dass international erfolgreiche Athleten, von denen einige einen sehr individuellen Stil spielen, als Vorbild zugelassen werden. Auch wenn ein Schüler nicht dem Idealbild seines Trainers entspricht, sollte dieser den Schwerpunkt auf »Dazulernen« und nicht auf »Umlernen« legen. Auch sollte der Trainer der Versuchung widerstehen, etwas nur deshalb zu korrigieren, weil »es ihm auffällt«, sondern er sollte hinterfragen, ob es dem Schüler wirklich nutzt, an dieser Stelle Veränderungen anzustreben. Manch einer macht mit seiner etwas eigenwilligen Rückhand mehr Punkte als mit einer mühsam umgelernten und niemals richtig beherrschten »schulmäßigen« Variante.

Es braucht viel …

… um ein guter Tennisspieler zu werden. Um noch einmal auf das Schwierige in unserer Sportart zurückzukommen: Im Tennis gibt es mehr sogenannte »leistungslimitierende Faktoren« als in den meisten anderen Sportarten. Anders ausgedrückt, man braucht viel von allem, um gut spielen zu können: Ballgefühl, Technik, Koordination, Schnelligkeit, Ausdauer, Beweglichkeit, taktisches Verständnis und mentale Stärke. Für einen ambitionierten Spieler oder gar einen Profi ist keiner dieser Faktoren vollständig kompensierbar, d. h. all diese Fähigkeiten müssen geschult werden, um Topspieler zu sein oder es werden zu können. In gewissem Maße müssen sie sogar bereits ohne Training vorhanden sein (etwa Ballgefühl oder mentale Stärke). In der Einzelbetreuung geht man dabei speziell auf die Bedürfnisse, Defizite und Stärken seines Schülers ein. Im Gruppentraining, was im Alltag die Regel ist, muss man hingegen Übungen auswählen, in denen sich jeder Schüler ein wenig wiederfinden und verbessern kann. Auch haben die meisten Clubtrainer keine Zeit, mit ihren Schülern wichtige tennisspezifische Konditionseigenschaften außerhalb des Platzes zu trainieren (etwa Sprintübungen, Beweglichkeitstraining und dergleichen), sondern sind froh, wenn sie ihre Gruppen ein- oder zweimal pro Woche auf dem Platz sehen und wollen dann vor allem eins: Tennis spielen. Aber so wie in jeder Tennisübung ein technischer oder taktischer Anteil steckt, so kann man Übungen auf dem Platz auch zur Verbesserung der tennisspezifischen Schnelligkeit, Ausdauer oder Beweglichkeit nutzen.

In diesem Buch werden Sie für jede Anforderung die richtige Übung finden.

Psychologie

»If you can meet with Triumph and Desaster and treat those two impostors just the same« ist über dem Eingang zum Centre Court in Wimbledon, dem Mekka des Tennissports, eingraviert. Es sind zwei Zeilen aus einem Gedicht von Rudyard Kipling, dem Autor des »Dschungelbuchs«. »Wenn du mit Sieg und Niederlage umgehen kannst und diese beiden Blender gleich behandeln kannst« – sie nämlich gleichmütig akzeptierst –, dann kannst du Tennis spielen, ist man geneigt zu ergänzen. Das Gedicht, in dem es nicht um Tennis geht, endet etwas pathetischer: »... Yours is the Earth and everything that's in it, and – which is more – you'll be a Man, my son«.

Es dürfte jedem aktiven Spieler klar sein, dass es wichtig ist, in schwierigen Situationen die Ruhe zu bewahren und sich auf das Wesentliche zu konzentrieren, aber wie man das macht und vor allem wie man es üben kann, wissen die wenigsten. Mentale Stärke und Fokussierung (»Konzentration«) sind in jeder Sportart wichtig und werden umso entscheidender, je höher das Niveau der Sportler ist. Im Tennis sind es zwei Faktoren, die die mentale Verfassung noch spielentscheidender als in anderen Sportarten machen. Da ist zunächst einmal die ungewöhnliche Zählweise. Man kann Punkt um Punkt machen, man kann sogar mehr Punkte als der Gegner erzielen – und trotzdem verlieren! Umgekehrt kann man fast hoffnungslos zurückliegen und hat trotzdem nicht verloren, bevor der allerletzte Punkt gespielt ist. Entscheidend ist nämlich, die Punkte zum richtigen Zeitpunkt zu gewinnen – sonst waren sie umsonst. Jeder kennt das Spiel, das zehn Mal in den Einstand geht und bei dem man genauso viele und vielleicht sogar spektakulärere Punkte als der Gegner erzielt hat. Aber dann kamen die zwei glücklichen Linienbälle des anderen und das Spiel war weg. Alle Punkte, alle Bemühungen waren umsonst. Sie zählen nichts! Scheinbar klare Führungen (5:0, 5:1, 5:2) im Satz bringen nur dann etwas, wenn man die noch nötigen vier Punkte für das letzte Spiel früher macht als der Gegner. Oft kommt bei einem Spielstand wie 5:2 und 30:30 der Kommentar »nur

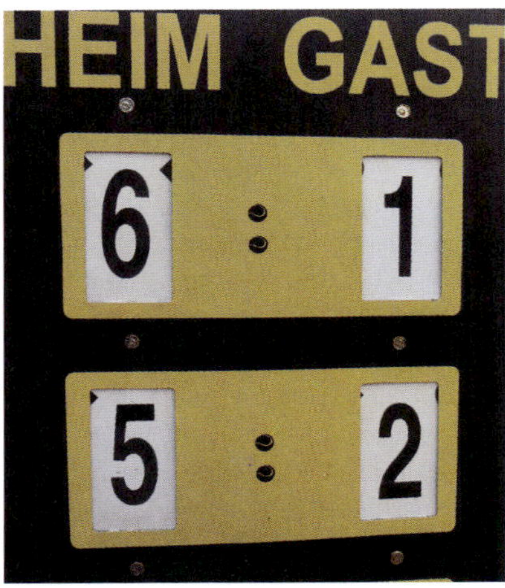

Es ist noch nicht vorbei ...

noch zwei Punkte«. Das ist richtig, aber diese zwei Punkte muss man trotz der hohen Führung erzielen noch bevor der Gegner es tut, sonst verfallen sie und man fängt im nächsten Spiel wieder von vorne an.

Der zweite Faktor ist die Zeitdauer eines Tennisspiels. Über manchmal viele Stunden muss man Punktverluste verdauen und darf erfolgreiche Spielzüge nicht zu lange feiern (»Triumph and Desaster ...«). Es sind die Pausen im Tennis, die genauso entscheidend sind wie die Spielzüge. Zwei Drittel oder mehr eines jeden Spiels bestehen aus Pausen zwischen Ballwechseln und Pausen beim Seitenwechsel. Wer diese Zeit nutzt, um sich körperlich und mental optimal zu erholen, wer nach jeder Pause in der Lage ist, sich voll auf die nächste Aufgabe, sprich den nächsten Punkt, zu konzentrieren, der wird erfolgreich sein. Wer dagegen seine Zeit damit verschwendet, sich aufzuregen, über Vergangenes nachzudenken und sich selbst herunterzuziehen, der wird niemals seine beste Leistung auf den Platz bringen können.

Alle diese Dinge kann man trainieren. Jeder Mensch ist anders, jeder hat seinen eigenen Charakter und geht mit Schwierigkeiten anders um. Aber es gibt Grundregeln und Verhaltensweisen, die es für jeden Spieler einfacher machen, sich in einem langen Match immer wieder zu motivieren und auf das Wesentliche zu konzentrieren. Diese Verhaltensweisen (»Rituale«) kann man nicht nur bei den Spitzenspielern abschauen, sondern auch selbst üben – und zwar im Training!

Linkshänder

Sie sind nicht nur der Schrecken der Spieler, sondern auch der Trainer. So wie der Spieler seinen Matchplan anpassen muss, sobald er auf einen Linkshänder trifft, muss auch der Trainer bei vielen Übungen »umdenken«, wenn ein Linkshänder dabei ist. Ihn einfach mit der »falschen Seite« eine Übung mit Rechtshändern durchspielen zu lassen, mag noch angehen, wenn in der nächsten Runde die Übung spiegelverkehrt gespielt wird und die Rechtshänder dann »anders herum« spielen müssen. Beispiel: Man trainiert einen Durchgang Vorhandpassierball aus dem Lauf und lässt den Linkshänder mit der Rückhand passieren. Anschließend ist Rückhandpassierball an der Reihe und der Linkshänder kann seine Vorhand einsetzen. Schwieriger wird es, wenn Spielformen Bestandteil der Übung sind, die es für jeden nur »auf seiner Seite gibt«, zum Beispiel den Einsatz der Vorhand aus der Rückhandecke.

Dann muss der Trainer den Linkshänder von seiner Seite spielen lassen und das Zuspiel entsprechend verändern. Gleichzeitig müssen die rechtshändigen Mitspieler, wenn der Linkshänder zum Gegner wird, sofort reagieren und neu planen, was eine für die Praxis sehr gute Erfahrung ist. Oder – anderes Beispiel – wenn ein Ballwechsel aus einem Rückhand-Cross-Duell aufgebaut werden soll, dann ist es eben in dem Moment, wenn der Linkshänder an der Reihe ist, ein Rückhand-Longline-Duell, mit dem begonnen wird. Und nicht nur der Trainer muss mitdenken, sondern auch die Spieler. Schwierig oder lustig wird es, wenn zwei Linkshänder in der Gruppe sind, denn dann müssen diese sich auch verändernden Bedingungen anpassen – und für Linkshänder sind Linkshänder ebenso unbequeme Gegner wie für Rechtshänder!

Es gibt nur etwa 10–15 Prozent Linkshänder unter den Menschen, aber im Tennis spielten sie schon immer eine besondere Rolle. Es gab Zeiten, da unter den besten sechs Spielern der Welt drei Linkshänder waren. Der Grund dafür ist, dass jeder Spieler gewisse Strukturen in seinem Spiel anlegt, die auf die Mehrzahl seiner Gegner zugeschnitten ist, z B. Vorhandangriffsball longline auf die Rückhand des Gegners oder Vorhand aus der eigenen Rückhandseite von innen nach außen (»Inside Out«) spielen, ebenfalls auf die Rückhand des Gegners. Bei einem Linkshänder ist dort jedoch die starke Vorhandseite und der Spieler muss diese tausendfach geübten Schläge plötzlich auf die andere Seite spielen, was er oft deutlich weniger sicher beherrscht. Umgekehrt kann der Linkshänder mit seinen Schlägen, nämlich Vorhand cross auf die Rückhand des Rechtshänders oder dem Slice-Aufschlag von der Vorteilsseite ebenfalls auf die Rückhand sehr viel mehr Probleme bereiten als ein rechtshändiger Gegner, weil man diese Schläge nicht gewohnt ist. Der Rechtshänder könnte es dem »Lefty« natürlich mit gleicher Münze heimzahlen (auch seine Vorhand cross und sein Slice-Aufschlag gehen beim Gegner auf die Rückhand), aber er hat es einfach nicht so gut drauf wie der Linkshänder. Er trainiert die Schläge einfach seltener, weil sie gegen rechtshändige Gegner deutlich weniger effektiv sind.

Damentennis - Herrentennis

Die bösen Zungen, die behaupten, Damentennis sei eine eigenständige Sportart, liegen falsch. Natürlich gibt es im athletischen und mentalen (psychologischen) Bereich klare Unterschiede. Aber nie war Damentennis im Spitzenbereich dem Herrentennis ähnlicher als heute. Damen wie Herren kämpfen mit genau den gleichen Mitteln gegeneinander: aggressive Aufschläge gefolgt von knallharten Grundschlägen gepaart mit einer unglaublich guten Beinarbeit. Die Topspieler beider Geschlechter sind athletisch hervorragend ausgebildet, allerdings spielen die Damen mit ein wenig anderen körperlichen Voraussetzungen. Sie sind im Durchschnitt etwas kleiner als die Männer und haben damit eine etwas geringere Reichweite vor allem am Netz, also bei Volleys und Überkopfbällen, und sie haben normalerweise auch in besttrainiertem Zustand etwas weniger Muskelmasse, so dass sie unter Umständen einen Tick langsamer sind und definitiv langsamer schlagen

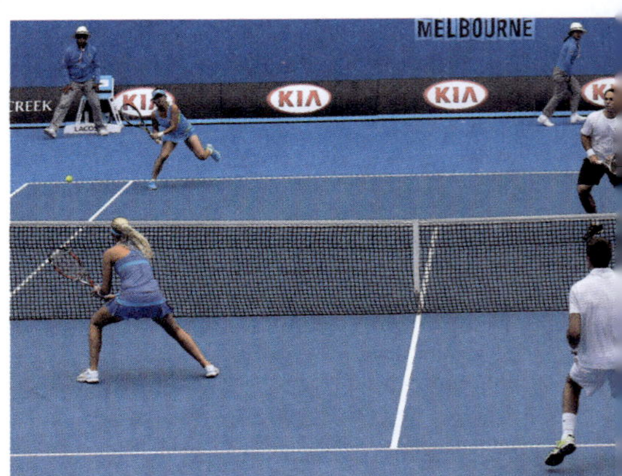

als die Topherren. Das macht sich besonders beim Aufschlag bemerkbar, was die taktischen Überlegungen für die Spieleröffnung (s. Kap. 4 »Eröffnungsschläge« und Kap. 5 »Taktik der Eröffnungsschläge«) beeinflusst und zur Folge hat, dass Breaks im Damentennis normaler und weniger spielentscheidend sind als im Herrentennis. Die einzigen beiden Schläge im Tennis, bei denen zwischen Damen und Herren kein Unterschied besteht, sind die Gefühlsschläge Stop und Lob, die eben nicht mit Kraft und Tempo gespielt werden. Und einer davon, nämlich der Lob, ist der Schlag, der für den größten ersichtlichen Unterschied zwischen Damen- und Herrentennis verantwortlich ist: Damen gehen noch weniger ans Netz als Herren, einfach deshalb weil sie den perfekten Lob der Gegnerin fürchten müssen. Sind die Herren schon extrem vorsichtig mit ihren Angriffen geworden (es gibt seit einigen Jahren keine Serve-and-Volley-Spieler mehr!), weil sie mit den unglaublichsten Passierbällen rechnen müssen, die viele Spieler von jeder Position des Platzes aus abfeuern, müssen die Damen zusätzlich den Lob fürchten. Ist ein 1,90-m-Mann mit explosiven Beinen noch in der Lage, die meisten hohen Bälle zu erwischen, ist das für eine Frau von 1,75 m mit geringerer Sprungkraft schon ungleich schwerer. Und der Lob ist – wie gesagt – von gleicher Qualität und nicht etwa leichter zu erwischen weil er von einer Frau geschlagen wurde.

Dieser Komponente müssen die Damen in ihrer Spielanlage Rechnung tragen, was, zusammen mit der geringeren direkten Punktausbeute durch Aufschläge (s. oben) dazu führt, dass mehr Punkte durch reines Grundlinienspiel entschieden werden. Wer allerdings sieht, wie Topspielerinnen sich zusammen mit ihren männlichen Partnern im Mixed-Doppel schlagen, wird nie mehr behaupten, dass Frauen am Netz nichts zu suchen haben!

Alle Übungen in diesem Buch taugen für beide Geschlechter gleich. Obwohl es die oben erwähnten Unterschiede natürlich auch auf Clubebene gibt, werden Sie hier keine »Damen- oder Herrenübungen« finden! Ein guter Trainer wird aber beim Training der Spieleröffnung (Aufschlag und Return) den unterschiedlichen körperlichen Voraussetzungen Rechnung tragen (die im Übrigen auch für Jugendspieler gelten) und speziell bei einigen der Doppelübungen berücksichtigen, dass der Lob für die Damen einen besonders gefährlichen Ball darstellt und mit ihnen daran arbeiten, wie man ihn entschärfen oder ihm begegnen kann. Gerade weil viele Clubspielerinnen aus besagtem Grund das Netzspiel meiden, wo es geht und deshalb darin kaum Erfahrung haben, bietet es sich an, mit ihnen verstärkt Volley und Stellungsspiel am Netz zu trainieren.

Über das Tennistraining

Zuspiel

Abgesehen von Planung, Organisation, Durchführung und Erfolgskontrolle der Übungen ist die wichtigste Aufgabe des Trainers das Zuspiel. Er holt einen Ball aus dem gutgefüllten Korb und bringt ihn so ins Spiel, dass der Schüler die gestellte Aufgabe angehen kann. Wichtig sind nicht nur Tempo und Rhythmus, sondern auch Position des Trainers und Winkel des Anspiels. Diese Tätigkeit wird von Laien, leider auch von verantwortlichen Personen, völlig unterschätzt. Der Profi erkennt nach wenigen zugespielten Bällen sofort, ob es sich um einen geschulten Trainer oder um einen Hobbyspieler oder unerfahrenen Übungsleiter handelt. Mit dem richtigen Zuspiel kann man erreichen, dass Anfänger Erfolg haben (Bälle treffen) oder fortgeschrittene Spieler das tun, was man von ihnen fordert (in die Knie gehen, mehr Topspin spielen oder ähnliches). Man kann Spielformen beeinflussen, indem man den unterlegenen Spielern den Ball anders anspielt als den besseren, ohne dass diese das bemerken. Man kann Rhythmus und Schnelligkeit einer Übung bestimmen und sogar die Psychologie beeinflussen. Man kann den beteiligten Spielern Selbstvertrauen einflößen oder Fehler aufzeigen. Ganz besondere Anforderungen stellt das Zuspiel, wenn der Trainer selbst involviert ist, indem er Volley zuspielt oder den Ballwechsel mit dem Schüler eröffnet. Der Trainer muss schlecht platzierte oder zu schnell gespielte Bälle so ausgleichen, dass der Rhythmus der Übung aufrechterhalten werden kann. Das setzt eine sehr hohe eigene Spielfertigkeit voraus.

Eine ganz spezielle Aufgabe ist das Zuspiel auf zwei Plätzen gleichzeitig, dass beim Mannschaftstraining vonnöten sein kann. Das richtige Timing und die Beobachtung von zwei Spielgeschehen parallel verlangen größte Erfahrung. Ein gutes und planvolles Zuspiel ist also mitbestimmend für den Erfolg einer jeden Übung, während umgekehrt schlechtes Zuspiel selbst gute Spieler völlig aus dem Schlag bringen kann. Der Schüler wird allerdings in den seltensten Fällen die Schuld beim Trainer, sondern bei sich selbst suchen.

Das Zuspiel ist eine hohe Kunst und nicht umsonst ein ganz wichtiger Punkt bei der Erlangung der höchsten Trainerlizenzen. Daher ist nicht jeder, der etwas besser Tennis spielen kann als andere, auch automatisch ein geeigneter Trainer.

Organisation

Begriffe

Bei jeder Übung steht am Anfang die Erklärung. Idealerweise erklärt der Trainer auch die Absicht, die hinter der Übung steckt, um seine Schüler mitzunehmen und bei ihnen das Verständnis für bestimmte Spielzüge zu schulen.

Dabei fallen immer wieder die gleichen Ausdrücke, um das Spielfeld aufzuteilen und die Regeln oder Zählweise der Übung zu erklären. Hier kurz die wichtigsten Begriffe, die auch in den Übungsbeschreibung immer wieder benutzt werden:

- Halbes Doppel/Einzelfeld: Immer wieder wird das Feld der Länge nach geteilt, um Longline und Cross zu trennen. Es entstehen zwei schmale Felder über die ganze Länge, entweder mit »Korridor« (halbes Doppelfeld) oder ohne (halbes Einzelfeld).
- Korridor: Streifen von 1,37 m Breite, der das Einzel- zum Doppelfeld macht.
- T-Feld: beide Aufschlagfelder einer Seite, in der Mitte praktischerweise durch eine Linie getrennt (halbes T-Feld).
- Niemandsland: Die Zone zwischen Grund- und T-Linie, heißt so, weil man sich als guter Tennisspieler darin niemals zu lange aufhalten sollte!
- »Sudden Death«: »plötzlicher Tod«, eine Zählweise, bei der bei Gleichstand mit dem nächsten Punkt die Entscheidung fällt, etwas, was es normalerweise im Tennis nicht gibt.
- Einstandsseite, Vorteilsseite: auch »Deuce Court« und »Ad Court« genannt, die Einstandsseite ist die rechte Grundlinienhälfte, die Vorteilsseite die linke.
- »Elfer«: hier die Bezeichnung für jede Art von Übung, bei der Grundlinienduelle ausgetragen werden. Der Ball wird aus der Hand angeschlagen (kein Aufschlag). Es wird wie im Tie Break gezählt und es muss nicht notwendigerweise bis elf gespielt werden.
- »Volley länger als T«: In vielen (Doppel-) Übungen, die mit einem Volley auf Trainerzuspiel eröffnet werden, ist diese Regel Standard. Es würde kein Ballwechsel entstehen, wenn der erste Volley bereits frei spielbar wäre. Der Netzspieler müsste ihn nur »abtropfen« lassen und hätte direkt den Punkt gewonnen.
- »Faires« Anspiel: Für viele der vorgestellten Trainingsformen braucht man nicht notwendigerweise ein Traineranspiel, die Schüler können den Ball auch selbst ins Spiel bringen. Bei Übungen ohne Aufschlag und Return sollte gelten, den ersten Ball »fair« ins Spiel zu bringen. Als gute Regel hat sich bewährt: »Fair« ist ein Ball dann, wenn der Gegner versucht, ihn zurückzuschlagen (wenn er ihn »unfair« findet, lässt er ihn durch).

Es macht auch Sinn, Übungen, die häufig gespielt werden, besondere Namen zu geben. Wir haben das zwar in diesem Buch teilweise getan, aber nicht immer. So heißt die Übung »Jeder gegen Jeden« (Übung 12) bei uns eigentlich »Mexiko«, ohne dass jemand wüsste, warum. Aber wenn das Wort »Mexiko« fällt, weiß jeder sofort, was gemeint ist. Ein anderes Beispiel ist die beliebteste Übung überhaupt: »California« und ihre Variationen (Übungen 120, 121, 308, 320, 326, 327, 330 und 331).

Sicherheit

Ein ganz wichtiger Faktor ist die Sicherheit. Auch wenn es den Spielfluss der Übung stört – Bälle im Spielfeld oder im Auslauf müssen entfernt werden. Nichts ist gefährlicher als ein im Eifer des Gefechtes übersehener Ball, auf den man treten und umknicken könnte. Des Weiteren muss im Gruppentraining die Regel gelten, dass Bälle, die aus dem Spiel sind, nicht wieder zurückgeschlagen werden.

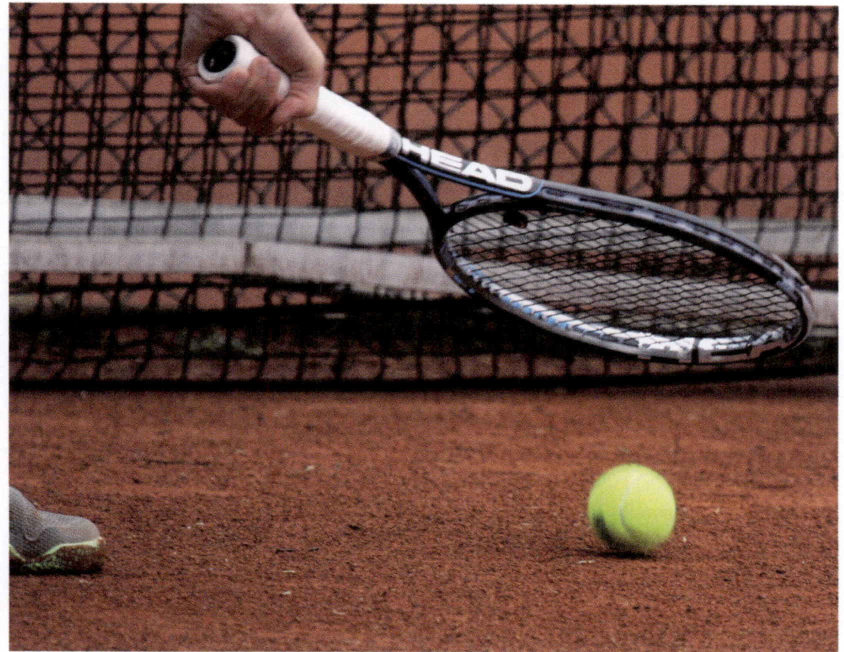

Der Ball (Die Bälle) muss (müssen) raus!

Es ist nicht nur ärgerlich, sondern kann auch richtig wehtun, wenn ein Spieler, der sich nach beendetem Ballwechsel gerade weggedreht hat oder ein Unbeteiligter, der auf seinen Einsatz wartet, von einem Ball getroffen wird, den ein anderer nur so zum Spaß oder aus Ärger zurückgeschlagen hat.

Teilnehmerzahl

Gruppentraining beginnt mit zwei und sollte bei acht Übenden enden. Zwei Plätze kann ein erfahrener Trainer leicht kontrollieren und organisieren, drei Plätze und über acht Schüler ist eine schwierige Aufgabe und sollte selbst für Top-Organisatoren die Ausnahme sein. Ideal sind die geraden Teilnehmerzahlen von zwei bis acht, da die Übungsformen dann paarweise gespielt werden können. Bei fast allen angebotenen Übungen wird von einer Teilnehmerzahl von vier Spielern ausgegangen. Aber man kann natürlich jede Übung modifizieren und an eine andere Teilnehmerzahl anpassen. Unter Umständen ändern sich dann die Zählweisen und die Wartezeiten für die einzelnen Spieler. Jeder Trainer muss selbst entscheiden, ob das Sinn macht. In Kapitel elf (»Mannschaftstraining«) werden bewusst zahlreiche Übungen für die problematischen Gruppengrößen von fünf und sieben Spielern angeboten, die in der Praxis leider häufiger vorkommen als man es sich wünscht. Und mit etwas Kreativität kann man praktisch jede »Zweier«- oder »Vierer«-Übung auch zu dritt durchführen.

Ausrüstung

Die Ausrüstung für Spielübungen auf dem Platz reduziert sich auf wenige unverzichtbare Gegenstände: Markierungslinien (auf Sand überflüssig) aus rutschfestem Gummi oder Kreppband (Hartplätze), Bälle mit verschiedenem Druck und Farben (dem Alter der Schüler angepasst), Markierungshütchen, Netzschnur zur Variation der Netzhöhe, Kinder- bzw. Kleinfeldnetz, vernünftige Ballkörbe. Weitere Ausrüstungsgegenstände sind Dinge wie Koordinationsleiter, Sprungseil, Stepper etc., die neben dem Platz zum Einsatz kommen. Ich bin der Meinung, dass es in einer Übung mit anstrengenden Ballwechseln nicht viel Sinn macht, den Spieler nebenher noch durch eine Koordinationsleiter turnen zu lassen, aber für simple Schlagübungen und in Trainingsformen im Sinne von »Cardio-Tennis« mag es nützlich sein.

Zählformen

Wichtigste Regel aller Übungen ist – ganz im Sinne von »Play and Stay«: Es muss gezählt werden. Selbst bei einfachsten Rhythmus-Übungen, bei denen nur der Ball hin und her geschlagen wird, ohne den Punkt auszuspielen, sollte man Ballwechsel oder Treffer auf bestimmte Zonen oder Ziele zählen. Das steigert die Aufmerksamkeit und Konzentration der Spieler immens, und es ist ein Riesenunterschied, ob es einem egal ist, wo der Ball landet oder ob die Rückmeldung lautet: »Treffer, Ball ging da hin, wo er hin sollte!«.

Mit verschiedenen kreativen Zählformen bei matchähnlichen Übungen kann man ganz unterschiedliche Trainingsziele erreichen:

- Konzentration für die entscheidenden Punkte fördern,
- Vermeidung einfacher Fehler,
- lernen mit Druck umzugehen,
- jemanden ermutigen, einen bestimmten Schlag öfter zu spielen,
- vorausdenkend spielen und planen lernen,
- aggressives oder gutes taktisches Verhalten schulen, indem man es mit Punkten belohnt.

Weniger versierte Spieler oder Kinder sollten immer zumindest auf Ziele spielen und die Treffer zählen. Es gibt nichts Schlimmeres als einen Trainer, der seine Schüler ohne Rückmeldung und Erfolgskontrolle einen Ball nach dem anderen schlagen lässt.

Typische Zählformen für Übungen zu zweit oder zu viert sind – aufgrund der begrenzten Zeit – kurze Sätze bis fünf, sieben, neun oder elf. Je kürzer das Spiel, umso offener das Ergebnis. Der Faktor »Glück« oder »Zufall« wird entscheidender. Man kann also mit kurzen »Matches« bis fünf (oder auch nur bis drei) ganz gut Leistungsunterschiede innerhalb einer Gruppe ausgleichen, damit nicht immer dieselben gewinnen. Mit dem entsprechenden Zuspiel kann man auch etwas nachhelfen, das sollte man den besseren Spielern aber vielleicht zuvor unter vier Augen erklären. Man sollte »entscheidenden Punkt« spielen, nicht »zwei vor« (wenn es bis sieben geht, entscheidet bei 6:6 der nächste Punkt), um die Zeit besser kalkulieren zu können. Wenn man Aufschlagspiele durchführt, bietet sich die »Sudden-Death«-Regel an, d. h. bei 40:40 (oder schon bei 30:30, je nach

Zeit) entscheidet der nächste Punkt. Bei starken Aufschlägern darf dann der Returnspieler sich die Seite für den Entscheidungspunkt aussuchen (Vorteil- oder Einstandsseite).

Manchmal wird nicht paarweise gespielt, sondern in der Form zwei (oder drei) gegen einen. Beispielsweise spielen zwei Aufschläger abwechselnd gegen einen Returnspieler ihre Punkte aus und jeder zählt sein eigenes Match. Wenn beide Matches zu Ende sind, wird gewechselt und der nächste ist Returnspieler. Nach drei Runden hat jeder einmal returniert und die Punkte werden zusammengezählt, um den Sieger zu ermitteln.

Anreize kann man durch »Doppelpunkte« setzen: Für bestimmte Schläge (oder taktische Spielzüge) gibt es im Erfolgsfall zwei (oder gar drei) Punkte. Besondere Zählformen sind »Poker«-Spiele oder »Handicap«-Matches.

In manchen Übungen wird um sogenannte »Big Points« gekämpft, das sind kleine Spiele bis zwei (2:0 oder 2:1) oder drei (3:0, 3:1 oder 3:2). Oft gibt es dann eine »Big-Point«-Seite, d. h. eine Platzhälfte, auf der man »Big Points« gewinnen kann und auf die man sich zunächst hinüberkämpfen muss. Da jedoch einer der Spieler auf dieser Seite anfangen darf und er dadurch vielleicht einen Vorteil hat, wollen ehrgeizige Spieler das gerne ausspielen und dazu hat sich – weil es schnell geht – das sogenannte »Golfen« bewährt. Alle Spieler »golfen« mit ihrem Tennisschläger einen Ball so nahe wie möglich an ein Ziel (Linie). Der beste Golfer darf auf die »Big-Point«-Seite.

Eine andere Möglichkeit ist ein Kartenspiel, das der Trainer immer dabei hat und aus dem er die Spieler ihre Positionen ziehen lässt. Das ist besonders bei großen Gruppen (Mannschaftstraining) auf zwei Plätzen sinnvoll.

Wer mehr Zeit hat, kann sich auch aufwändigere Entscheidungen ausdenken, um die Positionen zu bestimmen. Bei einer Übung mit Aufschlägen kann man die Spieler beispielsweise nach dem Aufwärmen nacheinander aufschlagen lassen. Wer einen Fehler macht, ist raus. Einer bleibt zum Schluss übrig, der darf auf die »gute« Seite. Auch ein Rundlauf im T-Feld ist möglich, kostet aber mehr Zeit.

Entscheidend ist der spielerische Gedanke. Auch wenn der eine oder andere so tut, als ob es »egal« sei – es ist von Vorteil, nach klaren, für alle gleichen und fairen Vorgaben aufzustellen und die Übung zu beginnen.

Trainingsplanung

Aufbau einer Trainingseinheit

Aufwärmen: Idealerweise machen sich die Schüler schon vor Beginn der Stunde durch kleine Lauf- und Dehnübungen warm. Da das aber mehr Wunsch als Realität ist, beginnt eine Trainerstunde mit einem etwa zehnminütigen tennisspezifischen Aufwärmteil, in dem sich viel bewegt werden sollte (Trainerkontrolle!) und in dem der geplante Trainingsinhalt schon Thema ist. Wenn zum Beispiel eine Stunde mit Angriffstraining und viel Netzaktivität geplant ist, macht es Sinn, beim aufwärmenden Einspielen viele Volleys schlagen zu lassen..

Vorbereitender Hauptteil: Als nächstes sollte man die Hauptübung vorbereiten, d. h. man erklärt den Schülern, was man beabsichtigt und warum. Sollte etwas Neues auf dem Programm stehen, macht es Sinn, zunächst eine vorbereitende Schlagübung durchzuführen, in der die Elemente – oder ein besonders wichtiges Element – der geplanten Trainingsform geübt werden (Beispiel: Für die geplante Angriffsübung wird zuerst einmal eine Serie Schläge aus dem Halbfeld auf Zuspiel trainiert). Dieses (Technik-)Erwerbs- oder Ergänzungstraining dauert 15 bis 20 Minuten und bereitet die viel komplexere Übungsform der letztendlichen (Technik-)Anwendung vor. Man spielt dabei keine Punkte aus, sollte aber im Sinne einer Erfolgskontrolle auf jeden Fall zählen, z. B. Treffer auf Ziele. Schon hier kann die Gruppe einen kleinen Wettkampf austragen.

Praxisorientierter Hauptteil: Im Hauptteil wird dann das Besprochene und Trainierte umgesetzt in Form einer matchrelevanten Übung, die eine typische Spielsituation exemplarisch nachstellt, in unserem Beispiel der Angriff und das Aufrücken ans Netz nach einem kurzen Ball des Gegners. Hier werden dann untereinander kurze Wettkämpfe ausgetragen, für die der Trainer vielleicht etwas aussetzt (Sieger muss keinen Platz abziehen oder ähnliches). Dieser Hauptteil dauert je nach Teilnehmerzahl und Verlauf der Übung 20–30 Minuten.

Ausklang: Wenn danach noch Zeit bleibt, können die Spieler noch ein kurzes »freies« Spiel austragen (Tiebreak, »Elfer« etc.), in dem der geübte Spielzug dann noch einmal im freien Spiel eingesetzt werden kann.

60 Minuten sind sehr kurz, wenn noch die Zeit für das Einsammeln und Platzabziehen abgeht, bleiben oft gerade einmal 50 Minuten übrig. Ideal wäre eine 80-minütige Trainingseinheit, in der man noch eine weitere Anwendungsübung im Hauptteil (der dann 40–50 Minuten dauert) unterbringen kann. Diese Trainingsdauer hat sich nach meiner Erfahrung als bester Kompromiss bewährt: Sie ist nicht zu schnell vorbei, man kann sich etwas ruhiger und intensiver aufwärmen und einschlagen und sie ist nicht so lang, dass die Schüler die Aufmerksamkeit verlieren oder müde werden. Wer es sich also erlauben kann, bringt in vier Stunden drei Einheiten à 80 Minuten unter.

Langfristige Trainingsplanung

Die Ziel dieses Buches ist es, Trainern und Spielern eine Hilfe für die Gestaltung und Methodik einzelner Trainingseinheiten zu geben. Allerdings hat für den Trainer, der längerfristig mit seinen Schülern arbeitet, nicht nur die sorgfältige Vorbereitung der einzelnen Trainingsstunde, sondern auch die Planung in größeren Zyklen eine überragende Bedeutung, also Wochen-, Monats-, Jahres- oder sogar Mehrjahrespläne. Die Inhalte und der methodische Aufbau der einzelnen Trainingseinheit richtet sich im Rahmen dieser übergeordneten Planung nach folgenden Faktoren:

- Alter der Schüler
- Körperliche Entwicklung der Schüler
- Leistungsstand der Schüler
- Individuelle Trainingsziele
- Allgemeine Trainingsziele
- Trainingshäufigkeit

- Trainingsmöglichkeiten
- Umfeld

Einen grundsätzlichen Unterschied gibt es in der Arbeit mit Kindern oder Jugendlichen, also in der Entwicklung befindlichen Schülern und in der Arbeit mit Erwachsenen. Bei ersteren wird das Training immer durch sehr langfristiges Denken bestimmt sein, da der Trainer die ganzheitliche mehrjährige Entwicklung seines Schülers planen, beobachten und berücksichtigen muss. Bei ausgewachsenen und entwickelten Spielern wird die Trainingskonzeption durch kurzfristigere Ziele oder den Turnier-Jahresplan bestimmt (siehe »Jahresplanung« weiterunten).

Die unterschiedliche Gewichtung der Trainingsinhalte wird deutlich, wenn man die vier Bausteine des langfristigen Tennistrainings betrachtet:

1. **Motorisches Grundlagentraining**
2. **Tennisspezifisches Technik- und Taktiktraining**
3. **Turniere und Turniervorbereitungs-training**
4. **Altersangepasstes tennisspezifisches Konditionstraining**

Deren Anteil an der Gesamttrainingszeit wird je nach Entwicklungsstufe der Schüler deutlich variieren. Zum Beispiel werden Baustein 1 und 2 bei **Kindern im Grundschulalter** rund 80 Prozent der Trainingszeit belegen, mit etwa gleicher Gewichtung.

Dagegen wird im Training mit **Jugendlichen in der Pubertät** (bis etwa 15 Jahre je nach Geschlecht und körperlicher Entwicklung) Baustein 2 den größten Zeitanteil beanspruchen, fast die Hälfte. Baustein 1 wird nicht vergessen, gibt aber Raum für die Bausteine 3 und 4.

Bei **jugendlichen Erwachsenen** wird dann, die entsprechenden Fähigkeiten und der Wille dafür vorausgesetzt, Baustein 3 einen größeren Teil von Trainingszeit und -inhalt bestimmen. Den gleichen Raum (30–40 Prozent der Trainingszeit) nimmt Baustein 2 ein, das letzte Viertel ist für Punkt 4 reserviert.

Ein **erwachsener Turnierspieler** oder gar **Profi** wird schließlich weit über die Hälfte seiner Zeit mit Punkt 3 verbringen, viel in Punkt 4, die tennisspezifische Konditionsarbeit investieren und etwas weniger und gezielt an technischen und taktischen Dingen (2) arbeiten.

Die grafische Darstellung unten zeigt die ungefähre Verteilung der Trainingsinhalte (**Abweichungen** möglich je nach Entwicklungsstand der Schüler).

Das **motorische Grundlagentraining** (1) nimmt zu Anfang einen sehr großen Raum ein und verliert mit zunehmendem Alter (und nicht mehr vorhandener Entwicklungsmöglichkeit) an Bedeutung. Hier gilt mehr denn je: »Was Hänschen nicht lernt, lernt Hans nimmermehr!«

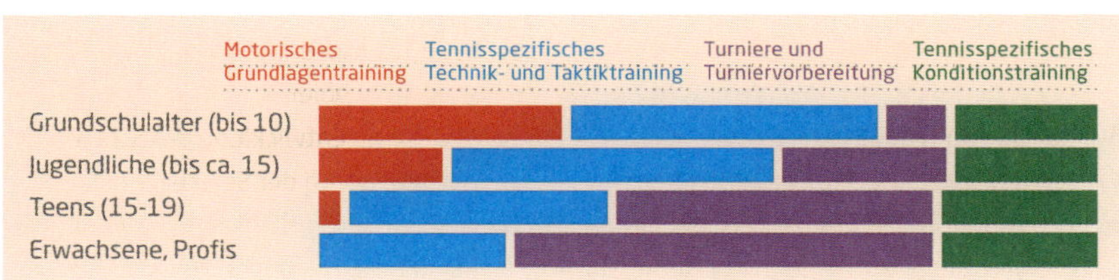

Altersspezifische Gewichtung der vier Bausteine des langfristigen Tennistrainings

Das tennisspezifische Technik-/Taktik-Training (2) ist in jeder Altersstufe gleich wichtig, und wird dann bei dem entwickelten Spieler (mit abgeschlossenen technischen Grundlagen) nur noch punktuell und individuell eigesetzt.

Turnierzeit und vorbereitendes Training werden mit der Weiterentwicklung des Spielers immer umfangreicher, schließlich ist das eigentliche Endziel möglichst hohe Wettbewerbsfähigkeit.

Und der nicht so beliebte Baustein 4, **altersangepasstes tennisspezifisches Konditionstraining**, umgangssprachlich »Kondi-Training« genannt, ist und bleibt für alle Entwicklungsstufen gleich wichtig!

Betrachtet man den Alltag des »normalen« Clubtrainers, so wird er/sie selten mit Spielern öfter als ein- bis zweimal die Woche trainieren können, auch Trainingseinheiten außerhalb des Tennisplatzes (motorisches, sportartfremdes oder Konditionstraining) wird eher die Ausnahme als die Regel sein.

Zwar gelten die oben angesprochenen Grundsätze für die mehrjährige Planung der Trainingsinhalte-vor allem für Jugendliche – immer, aber man muss insbesondere für erwachsene ambitionierte Turnierspieler, die regelmäßig trainieren, auch eine **Jahresplanung** nach folgenden Vorgaben erstellen:

Oktober bis Dezember:
Die ersten drei Monate einer neuen Saison sind eine ideale Zeit, um an technischen und konditionellen Grundlagen zu arbeiten. Erfahrungsgemäß ziehen das nicht alle konsequent durch, aber tennisspezifisches »Kondi-Training« im Fitnessstudio oder auf dem Laufpfad machen gerade jetzt Sinn. Der Trainer sollte seine Schüler kontrollieren und dazu anhalten, das Richtige zu tun. Schnelligkeit, Schnellkraft und Schnellkraftausdauer sind für Tennisspieler entscheidende Faktoren. Da helfen Halbmarathons oder Bankdrück-Rekorde wenig, das müssen auch die Übermotivierten verstehen. Die Trainingsinhalte auf dem Platz sind weniger spielerisch und eher auf Wiederholung, Konstanz, Rhythmus und Sicherheit ausgelegt. An technischen Defiziten kann jetzt gearbeitet werden.

Januar bis Februar:
Weitere Arbeit an konditionellen Details, aber noch mehr sportartbezogen. Außerhalb des Platzes Übungen für Schnelligkeit und Schnellkraft, auf dem Platz anstrengende und fordernde Einheiten mit Ball und Schläger. Spielerische und taktische Details nehmen im Tennistraining viel Raum ein, besonders intensiv sollte jetzt an den Eröffnungsschlägen gearbeitet werden.

März bis April:
Praxisorientiertes Training und Matchtraining steht im Vordergrund, jetzt sollte alle Zeit auf dem Platz verbracht werden

Mai bis August:
Turnier- und Medenspielzeit, im Training Spielzüge trainieren lassen, Arbeit an kleineren technischen Details und am Selbstvertrauen. Matchtraining ist wichtig!

September:
Pause – ein paar Tage Abstand vom Tennis pro Jahr sind wichtig und dieser Monat bietet sich dazu an. Wer in dieser Zeit noch ein paar Spätsommerturniere spielen will, verschiebt seine Tennispause auf Anfang Oktober. Danach beginnt der neue Jahresplan.

Wie man dieses Buch benutzt

Der Seitenaufbau im Übungsteil dieses Buchs ist auf eine schnelle Orientierung sowie eine zielgerichtete und effektive Trainingsplanung ausgerichtet.

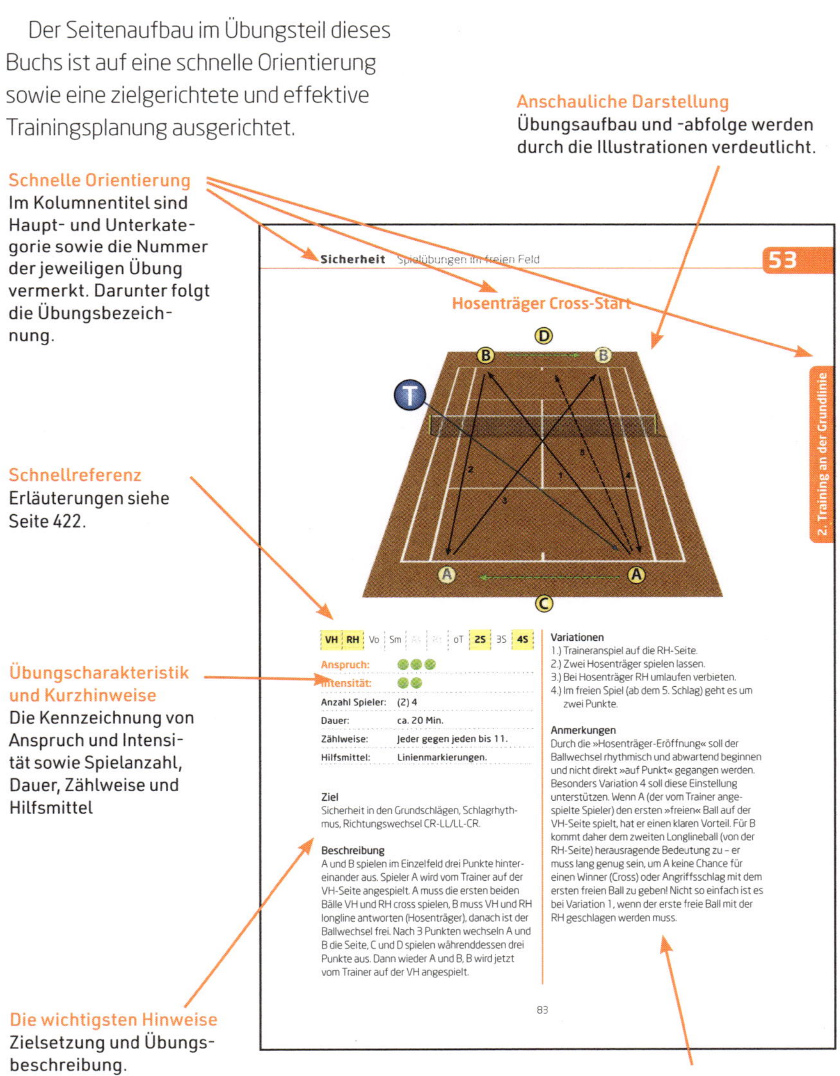

Sicherheit Spielübungen im freien Feld **53**

Hosenträger Cross-Start

VH | RH | Vo | Sm | As | Rt | oT | 2S | 3S | 4S

Anspruch:	●●●
Intensität:	●●
Anzahl Spieler:	(2) 4
Dauer:	ca. 20 Min.
Zählweise:	Jeder gegen jeden bis 11.
Hilfsmittel:	Linienmarkierungen.

Ziel
Sicherheit in den Grundschlägen, Schlagrhythmus, Richtungswechsel CR-LL/LL-CR.

Beschreibung
A und B spielen im Einzelfeld drei Punkte hintereinander aus. Spieler A wird vom Trainer auf der VH-Seite angespielt. A muss die ersten beiden Bälle VH und RH cross spielen, B muss VH und RH longline antworten (Hosenträger), danach ist der Ballwechsel frei. Nach 3 Punkten wechseln A und B die Seite, C und D spielen währenddessen drei Punkte aus. Dann wieder A und B, B wird jetzt vom Trainer auf der VH angespielt.

Variationen
1.) Traineranspiel auf die RH-Seite.
2.) Zwei Hosenträger spielen lassen.
3.) Bei Hosenträger RH umlaufen verbieten.
4.) Im freien Spiel (ab dem 5. Schlag) geht es um zwei Punkte.

Anmerkungen
Durch die »Hosenträger-Eröffnung« soll der Ballwechsel rhythmisch und abwartend beginnen und nicht direkt »auf Punkt« gegangen werden. Besonders Variation 4 soll diese Einstellung unterstützen. Wenn A (der vom Trainer angespielte Spieler) den ersten »freien« Ball auf der VH-Seite spielt, hat er einen klaren Vorteil. Für B kommt daher dem zweiten Longlineball (von der RH-Seite) herausragende Bedeutung zu – er muss lang genug sein, um A keine Chance für einen Winner (Cross) oder Angriffsschlag mit dem ersten freien Ball zu geben! Nicht so einfach ist es bei Variation 1, wenn der erste freie Ball mit der RH geschlagen werden muss.

83

Legende

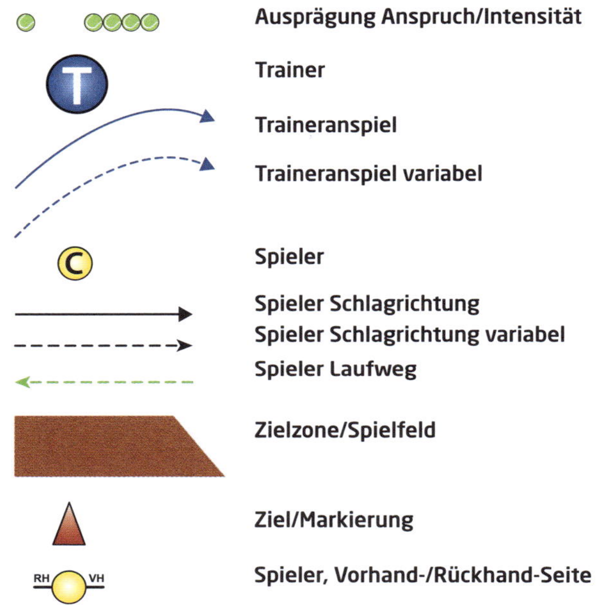
Ausprägung Anspruch/Intensität
Trainer
Traineranspiel
Traineranspiel variabel
Spieler
Spieler Schlagrichtung
Spieler Schlagrichtung variabel
Spieler Laufweg
Zielzone/Spielfeld
Ziel/Markierung
RH
VH
Spieler, Vorhand-/Rückhand-Seite

Übungsteil

Wir befinden uns im wichtigsten Teil dieses Buches, der Beschreibung der Übungen. 365 Übungen sind auf zwölf praxisrelevante Kapitel und Unterkapitel verteilt. Damit wird es möglich, schnell die richtige Übung für das geplante Thema der Stunde zu finden. Zusätzlich hilft bei der Suche das Register am Ende des Buches, in dem alle Übungen nach Kapitel und Gewichtung der Inhalte gekennzeichnet sind.

Die Aufteilung der Trainingsformen ist als erste Orientierung zu werten. Zahlreiche Übungen könnten auch mehreren Kapiteln zugeordnet werden. Zum Beispiel können Übungen des »Aufwärmens« auch im Kapitel »Grundlinie Sicherheit« angewendet werden, ebenso sind fast alle »Doppelübungen« auch »Taktikübungen«. Sehr viele anstrengende Spielformen aus den Kapiteln »Grundlinie« oder »Netzspiel« könnten genauso gut im Kapitel »Drillübungen« stehen und praktisch jede schwierige Übung, egal aus welchem Kapitel, schult natürlich auch die »Koordination«.

In den Einleitungen zu den verschiedenen Kapiteln wird auf diese Gemeinsamkeiten besonders hingewiesen (achten Sie dort auf die Hinweise in **farbiger Schrift**).

Und bevor es los geht noch eine wichtige Anmerkung: Tennistraining muss nicht immer und zu jedem Zeitpunkt minutiös durchgeplant und zielgerichtet sein. Es ist absolut legitim, auch einmal eine oder mehrere Übungen einfach nur aus Lust an Spiel, Spaß und Bewegung durchzuführen. Es heißt Tennis *spielen*, und einfach spielen macht einfach Spaß!

1. Aufwärmen/Rhythmustraining

Übungen 1-24

(siehe auch: *mentales Training/Konzentration*)

Das Aufwärmen/Rhythmustraining ist aufgegliedert in die Unterkapitel
Kleinfeld - Übungen 1-12
Großfeld - Übungen 13-24

Wir wollen den Übungsteil dieses Buches damit beginnen, womit auch eine Tennisstunde anfängt: dem Aufwärmen oder Einschlagen. Es macht enorm viel Sinn, wenn sich die Spieler bereits vor Beginn der Stunde durch leichte Lauf- und Dehnübungen außerhalb des Feldes aufwärmen, ist aber in der täglichen Praxis leider nicht die Regel. Umso mehr Bedeutung kommt dem richtigen tennisspezifischen Aufwärmen auf dem Platz zu, das leider von den Spielern oft sehr nachlässig durchgeführt wird. Ich spreche hier nicht vom Senioren-Doppel, bei dem nach drei Ballwechseln gefragt wird: »Wollen wir anfangen?« Vielmehr geht es um eigentlich schon sehr gute Spieler, die anspruchsvolle Matchübungen spielen sollen und sich dafür genauso vorbereiten müssen wie für ein Turniermatch. Statt alle Schläge konzentriert durchzuspielen, wird mitunter ein bisschen »hin- und hergeeiert« und sich dabei unterhalten. Oder einige »Spezialisten« probieren schon nach einer Minute die ersten Schüsse aus, die den eigentlich zum Aufwärmen benötigten Rhythmus dann gar nicht erst entstehen lassen. Viele Trainer schauen in diesem Moment nicht so genau hin, erledigen schnell etwas anderes oder sprechen mit den Eltern der Schüler.

Ein verantwortungsvoller Trainer muss, wenn die Schüler es nicht freiwillig tun, eingreifen und das Aufwärmen wie eine Übung kontrollieren. Ziel sind immer rhythmische, gleichmäßige Ballwechsel in reduziertem Schlagtempo. Es gibt unzählige Methoden und Anweisungen, die Spieler zu erfolgreichem und kontrolliertem Aufwärmen zu ermuntern. Oft genug angewendet, wird sorgfältiges Einspielen so selbstverständlich, dass es irgendwann nicht mehr kontrolliert werden muss. Dann ist immer noch Zeit, sich mit den Eltern zu unterhalten.

Eine Anmerkung zu den Übungen 1-12: Übungen im T-Feld sind sehr wichtig - besonders für Jugendliche und weniger fortgeschrittene Spieler, aber im Allgemeinen wird das »Einspielen im T« etwas überbewertet oder manchmal auch nur dazu benutzt, um sich am Anfang der Stunde noch ein wenig länger unterhalten zu können (funktioniert auf die kürzere Distanz besser!). Gute und sehr gute Spieler können ganz darauf verzichten und mit konzentrierten, rhythmischen Ballwechseln direkt an der Grundlinie anfangen!

Je nach Zusammensetzung und Spielstärke der Gruppe sind im **Kleinfeld** auch sogenannte Ballgewöhnungsübungen aus den Kapiteln 8 (»Koordinationstraining«) oder 9 (»Kindertraining«) zum Aufwärmen geeignet.
Im **Großfeld** bieten sich für spielstarke Gruppen auch Übungen aus Kapitel 6a (»Mentales Training - Konzentration«) an. Einige der Schlagübungen des nächsten Kapitels (»Training an der Grundlinie - Sicherheit«; Übungen 25-28) sind genauso zum Aufwärmen geeignet
wie einige Übungen dieses Kapitels (13-20) auch in den nächsten Abschnitt passen.

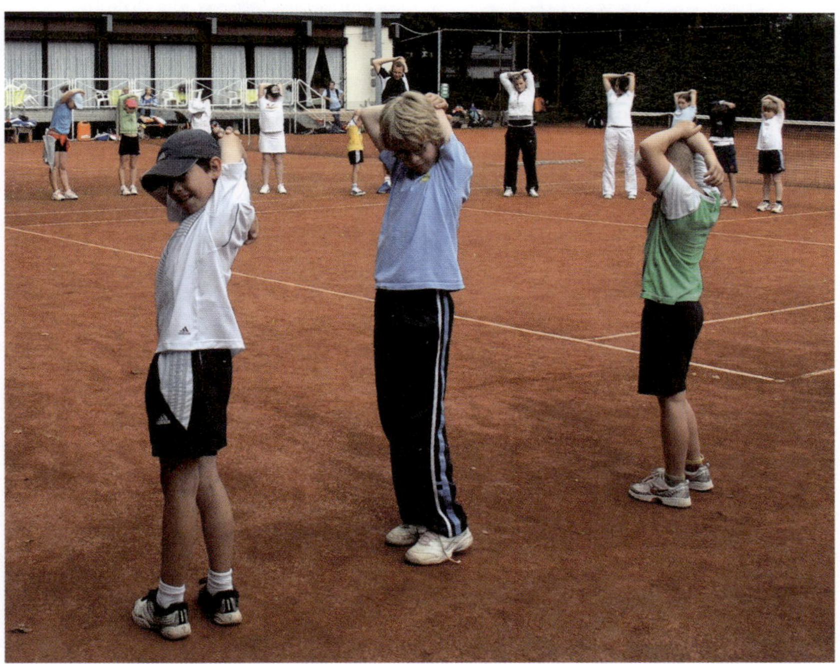

Aufwärmen gehört dazu ...

VH-RH-Wechsel longline

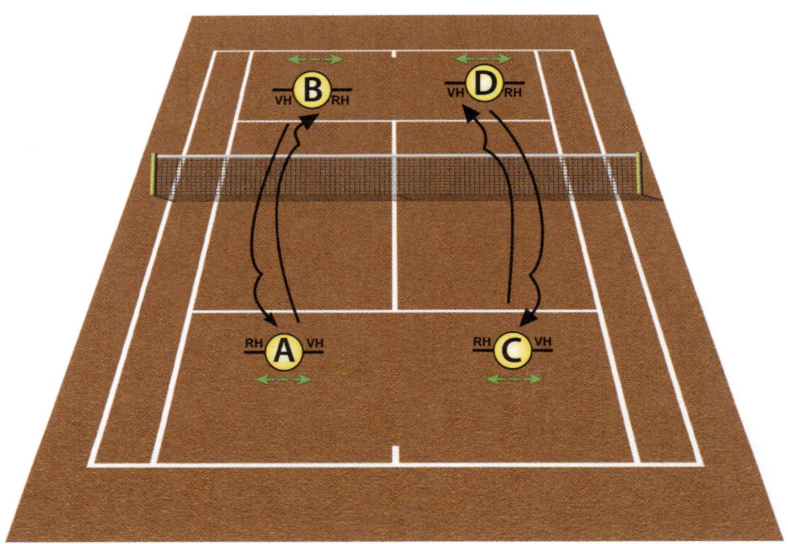

VH	RH	Vo	Sm	As	Rt	oT	2S	3S	4S

Anspruch:	
Intensität:	
Anzahl Spieler:	(2) 4
Dauer:	3 Min.
Zählweise:	Welche Paarung schafft in 3 Minuten die meisten Ballwechsel?

Ziel
Aufwärmen, Ballgefühl.

Beschreibung
A und B spielen den Ball innerhalb des halben T-Feldes longline hin und her und müssen beide jeweils zwischen VH-Schlag und RH-Schlag wechseln. Keine Volleys. C und D machen parallel das gleiche.

Variationen
Wer macht in 3 Minuten die wenigsten Fehler?

Anmerkungen
intensive Beinarbeit (Side Steps) nötig.

VH-RH-Wechsel cross

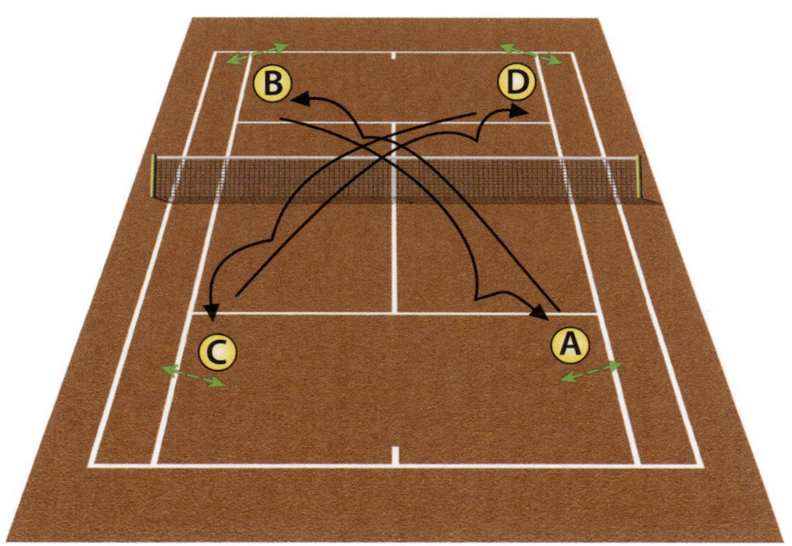

VH	RH	Vo	Sm	As	Rt	oT	2S	3S	4S

Anspruch:	●●
Intensität:	●●
Anzahl Spieler:	(2) 4
Dauer:	2 x 2 Min.
Zählweise:	Welche Paarung schafft in 2 Minuten die meisten Ballwechsel?

Ziel
Aufwärmen, Ballgefühl, korrekte Körperdrehung zum Ball.

Beschreibung
A und B spielen den Ball innerhalb des T-Feldes über die VH-Seite cross hin und her und müssen beide jeweils zwischen VH-Schlag und RH-Schlag wechseln. Keine Volleys. C und D machen das gleiche über die RH-Seite. Jede Paarung einen Durchgang auf jeder Seite.

Variationen
Wer macht in 2 Minuten die wenigsten Fehler?

Anmerkungen
intensive Beinarbeit (Side Steps) nötig, zusätzlich deutliche Körperdrehung zwischen den Schlägen, da jeder zweite Ball von innen nach außen (Inside Out) gespielt werden muss. Auf der VH-Seite muss Rückhand Inside Out gespielt werden, ein Schlag, der zu ausgeprägter Beinarbeit zwingt.

Auf Ziel

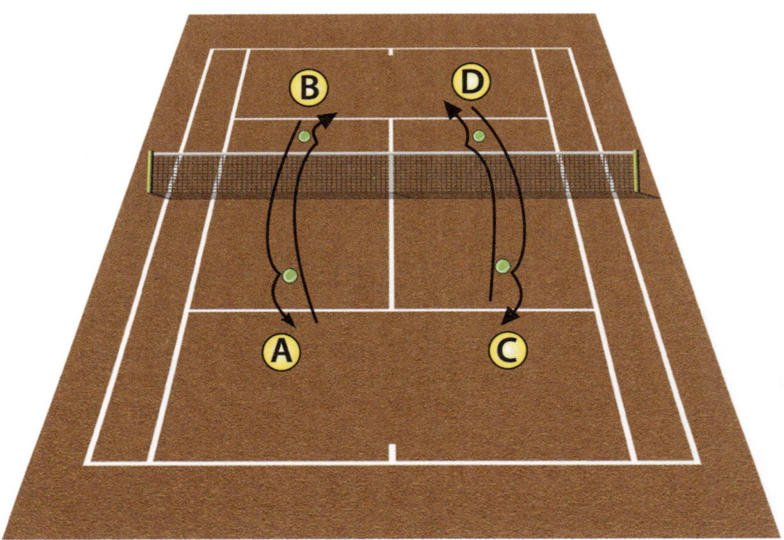

VH	RH	Vo	Sm	As	Rt	oT	2S	3S	4S

Anspruch:	●●
Intensität:	●●
Anzahl Spieler:	(2) 4
Dauer:	ca. 3 Min.
Zählweise:	Welche Paarung trifft zuerst?
Hilfsmittel:	Tennisbälle als Ziel.

Ziel
Aufwärmen, Ballgefühl, sorgfältige Führung des Balles.

Beschreibung
A und B positionieren an beliebiger Stelle im T-Feld jeder auf seiner Seite einen Tennisball als Ziel (dort, wo sie glauben, ihn am leichtesten treffen zu können). C und D machen das gleiche, es wird ein Wettkampf ausgetragen, welche Paarung bei ihren Ballwechseln zuerst trifft.

Variationen
zwei oder drei Bälle als Ziel auslegen.

Anmerkungen
Das Einspielen im Kleinfeld wird sehr viel konzentrierter durch diese sehr schwierige Zielvorgabe!

Kleiner Hosenträger

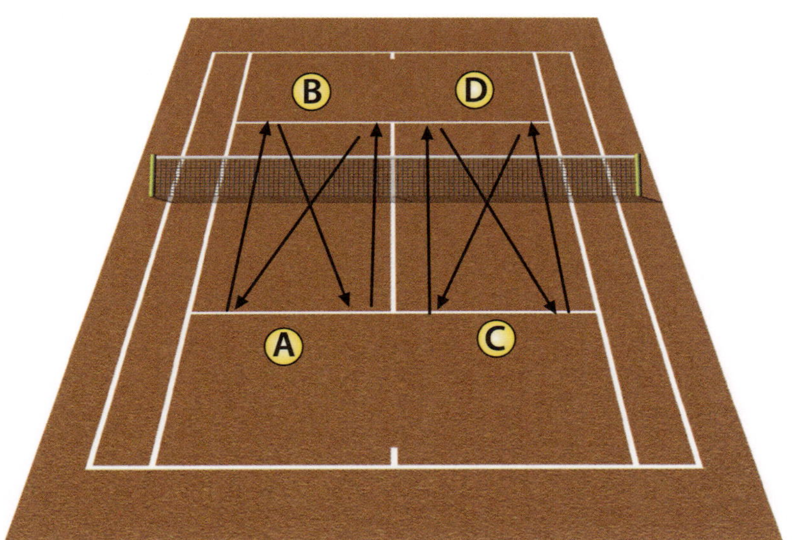

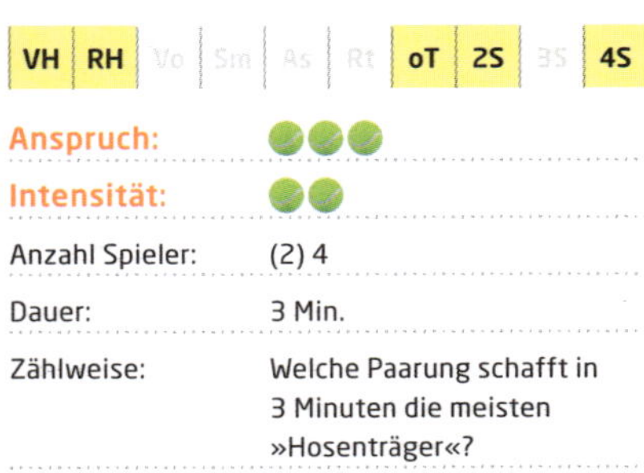

VH | RH | Vo | Sm | As | Rt | oT | 2S | 3S | 4S

Anspruch:	●●●
Intensität:	●●
Anzahl Spieler:	(2) 4
Dauer:	3 Min.
Zählweise:	Welche Paarung schafft in 3 Minuten die meisten »Hosenträger«?

Ziel
Aufwärmen, Ballgefühl, genaue Platzierung.

Beschreibung
A und B spielen den Ball innerhalb des **halben** T-Feldes hin und her und spielen einen »Hosenträger«, d. h. A spielt nur longline, B spielt nur cross. Es sind keine Volleys erlaubt. C und D machen das gleiche.

Variationen
10 »Hosenträger« auf Zeit.

Anmerkungen
4 Schläge (VH cross – VH longline – RH cross – RH longline) bilden einen kompletten Hosenträger.

VH gegen RH

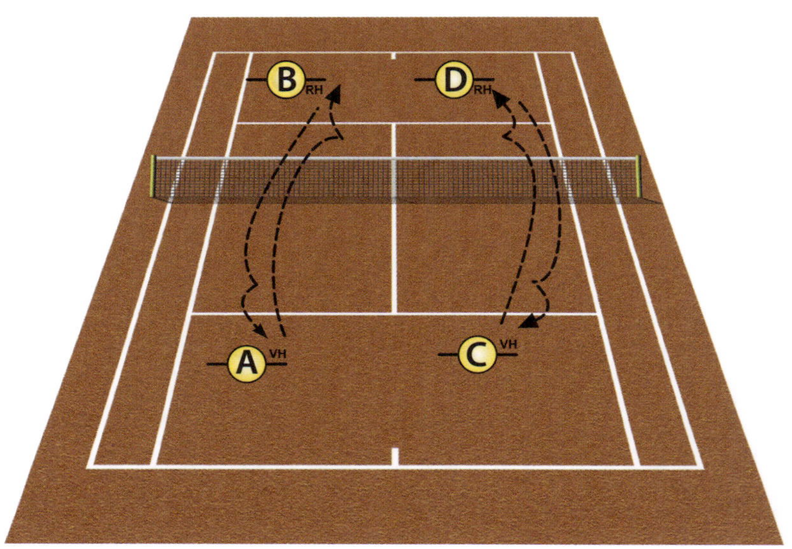

VH	RH	Vo	Sm	As	Rt	oT	2S	3S	4S

Anspruch:	●●●
Intensität:	●●
Anzahl Spieler:	(2) 4
Dauer:	2 x 3 Min.
Zählweise:	Satz bis 7, Halbfinale und Finale.

Ziel

Aufwärmen, Ballgefühl, Platzierung.

Beschreibung

A und B spielen innerhalb des halben T-Feldes longline ein Match aus. A darf nur VH spielen, B nur Rückhand. Volleys sind erlaubt. Nach 3 Punkten wechseln VH-RH. C und D in der anderen Hälfte des T-Feldes machen das gleiche.

Variationen

Volley ist frei (kann VH oder RH gespielt werden).

Anmerkungen

Wenn sich die beiden parallel laufenden Matches stören, wird der Punkt wiederholt.

VH cross und RH cross

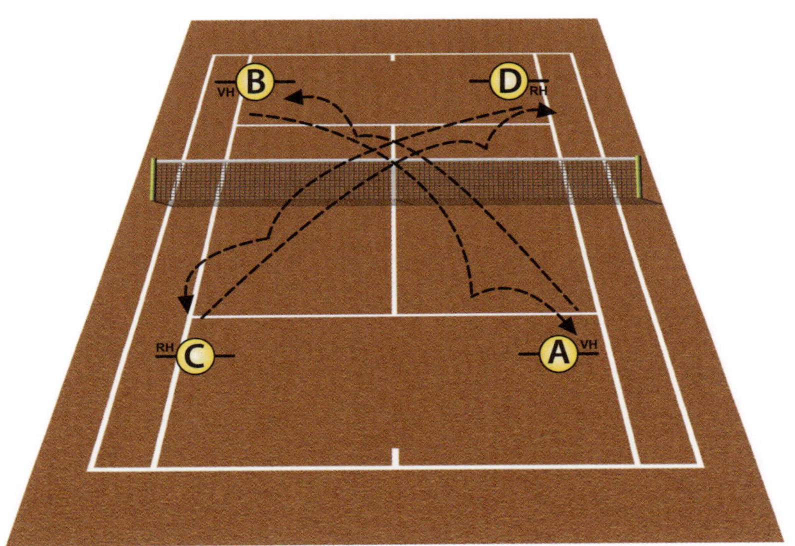

VH	RH	Vo	Sm	As	Rt	oT	2S	3S	4S

Anspruch:	●●●
Intensität:	●●
Anzahl Spieler:	(2) 4
Dauer:	2 x 3 Min.
Zählweise:	Satz bis 7, Halbfinale und Finale.

Ziel

Aufwärmen, Ballgefühl, Platzierung.

Beschreibung

A und B spielen innerhalb des halben T-Feldes cross ein Match aus. Beide spielen nur VH, RH ist nicht erlaubt. C und D spielen gleichzeitig RH-cross ein Match, VH ist verboten. Volleys erlaubt, müssen aber ebenfalls VH oder RH gespielt werden.

Variationen

Volley ist frei (kann VH und RH gespielt werden).

Anmerkungen

Wenn sich die beiden parallel laufenden Matches stören, wird der Punkt wiederholt.

Volley verboten

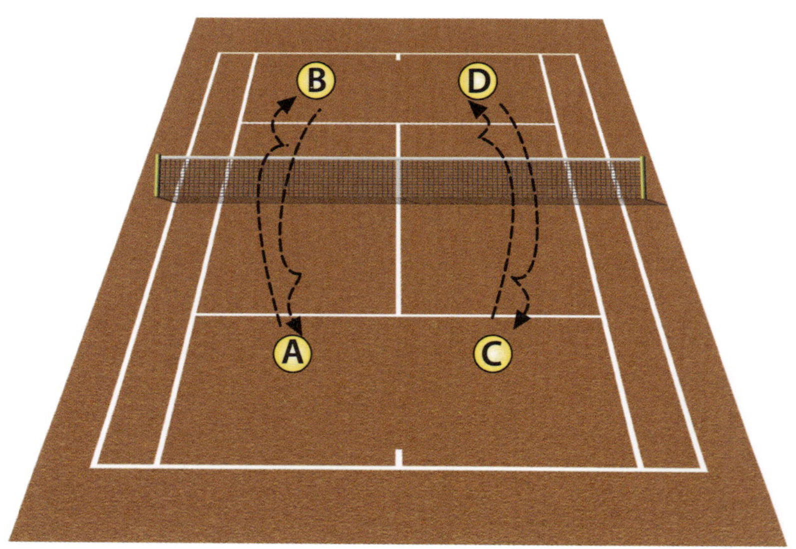

VH	RH	Vo	Sm	As	Rt	oT	2S	3S	4S

Anspruch:	●●●
Intensität:	●●●
Anzahl Spieler:	(2) 4
Dauer:	2 x 3 Min.
Zählweise:	Satz bis 7, Halbfinale und Finale.

Ziel

Aufwärmen, Ballgefühl, Platzierung.

Beschreibung

A und B spielen innerhalb des halben T-Feldes longline ein Match aus. Es ist kein Volley erlaubt, d.h. man versucht, den Gegner mit dem Wechsel von langen und kurzen Bällen in Bedrängnis zu bringen, C und D parallel das Gleiche.

Variationen

Ein Volley pro Ballwechsel erlaubt.

Anmerkungen

Wenn sich die beiden parallel laufenden Matches stören, wird der Punkt wiederholt.

Volley-Halbvolley

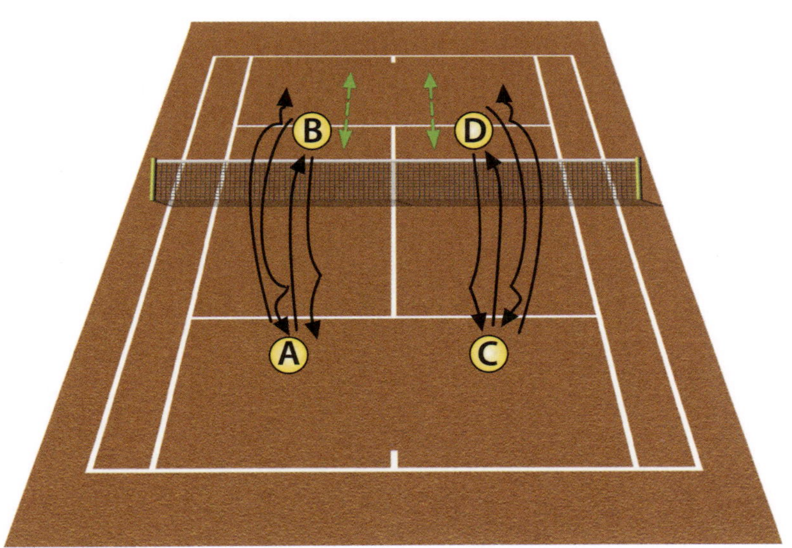

VH	RH	Vo	Sm	As	Rt	oT	2S	3S	4S

Anspruch:	●●●
Intensität:	●●●
Anzahl Spieler:	(2) 4
Dauer:	2 x 2 Min.
Zählweise:	Welche Paarung schafft zuerst 20 Volleys (unterbrochen von immer wieder einem Halbvolley) pro Spieler?

Ziel
Aufwärmen, Ballgefühl, Beinarbeit.

Beschreibung
A und B spielen innerhalb des halben T-Feldes longline. A ist der Zuspieler, B muss immer einen Ball Volley spielen, den nächsten aufspringen lassen, dann wieder Volley usw. Es entsteht ein Wechsel zwischen Volley und Halbvolleyschlägen. Die Volleys werden gezählt, bis eine bestimmte Zahl erreicht ist, dann wird B Zuspieler, A spielt Volley-Halbvolley. C und D machen parallel das gleiche.

Variationen
Beide Spieler spielen Volley-Halbvolley (schwierig, für gute Spieler).

Anmerkungen
hochintensive Beinarbeit vorwärts-rückwärts.

Angriff im T

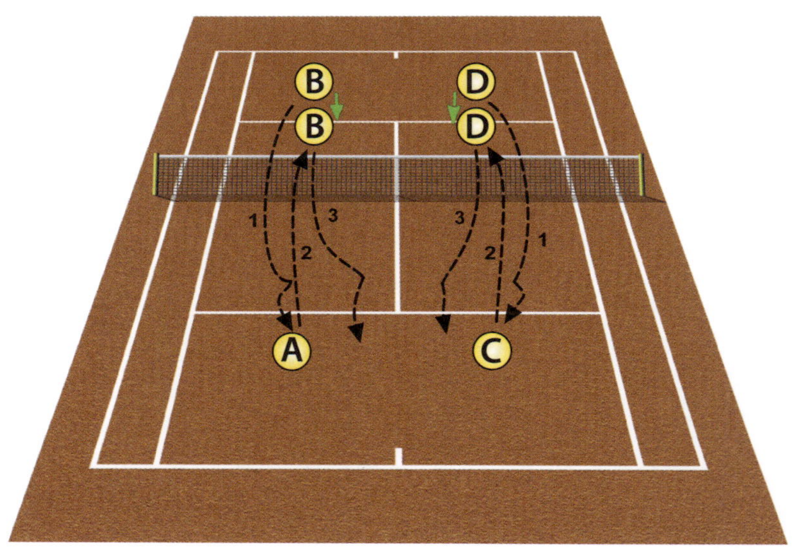

VH	RH	Vo	Sm	As	Rt	oT	2S	3S	4S

Anspruch:	●●●
Intensität:	●●
Anzahl Spieler:	(2) 4
Dauer:	2 x 3 Min.
Zählweise:	Halbfinale und Finale bis 7.

Ziel

Aufwärmen, Ballgefühl, Beinarbeit.

Beschreibung

A und B spielen innerhalb des halben T-Feldes longline. Jeder Spieler greift direkt mit seinem Anspiel von der T-Linie aus an, geht also ans Netz und versucht mit dem Volley zu punkten. Beide Spieler dürfen nicht schießen, d. h. es wird nur mit Gefühl gespielt, auch bei hohen Volleys (Trainer kontrolliert!). Das Aufschlagrecht wechselt nach jedem Punkt. C und D machen parallel das gleiche.

Variationen

Wer punktet, hat weiter Aufschlagrecht.

Anmerkungen

Mit sehr guten Spielern kann man ohne Tempokontrolle spielen lassen, dann wird das Ganze ein Reaktionstraining.

Kleinfeldmatch

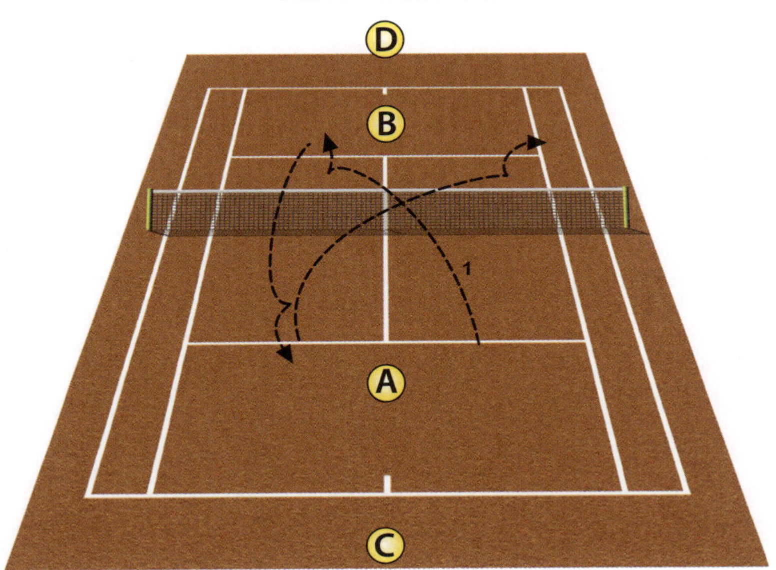

VH	RH	Vo	Sm	As	Rt	oT	2S	3S	4S

Anspruch: ●●●

Intensität: ●●●

Anzahl Spieler:	(2) 4
Dauer:	2 x 5 Min.
Zählweise:	Satz bis 7, Halbfinale und Finale.

Ziel
Aufwärmen, Ballgefühl, Platzierung, Beinarbeit.

Beschreibung
A und B spielen innerhalb des ganzen T-Feldes ein Match aus. Der Anschlag muss cross ausgeführt werden, dann ist das Spiel offen. Jeder Spieler hat dreimal Aufschlagrecht, dann wird gewechselt. Es ist jeder Schlag erlaubt. C und D machen das gleiche, die Paarungen wechseln nach jedem Punkt.

Variationen
Wer punktet, hat Aufschlagrecht.

Anmerkungen
Spieler müssen mit Gefühl und Platzierung arbeiten und sollen nicht versuchen, den Gegner wegzuschießen. Das Spiel hat nur einen Sinn, wenn Ballwechsel mit viel Beinarbeit vorkommen.

Tischtennisdoppel

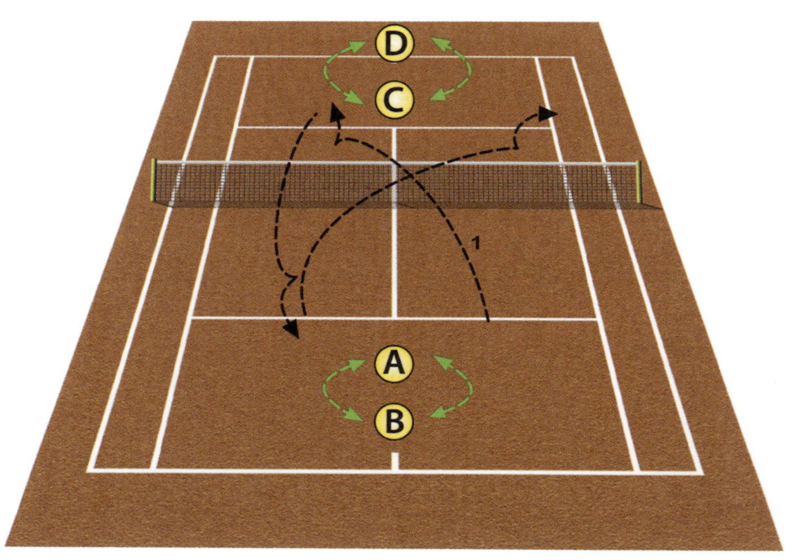

VH	RH	Vo	Sm	As	Rt	oT	2S	3S	4S

Anspruch:	●●●
Intensität:	●●●
Anzahl Spieler:	4
Dauer:	5-10 Min.
Zählweise:	Satz bis 15 oder 21.

Ziel

Aufwärmen, Ballgefühl, Platzierung, Beinarbeit.

Beschreibung

A und B spielen gegen C und D innerhalb des ganzen T-Feldes ein Match aus. Der Anschlag muss cross ausgeführt werden, dann ist das Spiel offen. Jedes Team hat fünfmal Aufschlagrecht, dann wird gewechselt. Es ist jeder Schlag erlaubt. Die Spieler müssen abwechselnd schlagen, wie im Tischtennisdoppel.

Variationen

Wer punktet, hat Aufschlagrecht.

Anmerkungen

Spieler sollen mit Gefühl und Platzierung arbeiten und nicht versuchen, den Gegner wegzuschießen. Das Spiel hat nur einen Sinn, wenn Ballwechsel mit viel Beinarbeit vorkommen. Es ist schwieriger, den Gegner auszuplatzieren, da der freie Spieler immer den Platz abdeckt.

Jeder gegen jeden

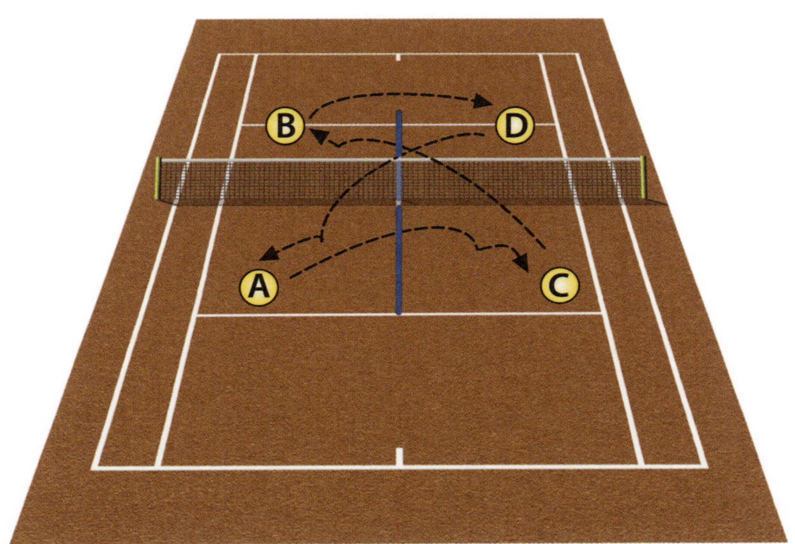

VH	RH	Vo	Sm	As	Rt	oT	2S	3S	4S

Anspruch:	●●
Intensität:	●●●
Anzahl Spieler:	4
Dauer:	ca. 10 Min.
Zählweise:	5 oder 7 Punkte pro Spieler auf 0 abspielen.
Hilfsmittel:	mobile Kindernetze, wenn vorhanden.

Ziel
Aufwärmen, Ballgefühl, Platzierung, Reaktion, Koordination, Beinarbeit.

Beschreibung
Es werden zwei Kindernetze auf der Trennlinie zwischen den Aufschlagfeldern aufgestellt, so dass die vier Aufschlagfelder durch Netze getrennt sind. Jeder der vier Spieler besetzt ein Aufschlagfeld und verteidigt diesen »Hof« gegen die anderen. Der Anschlag wird so ausgeführt, dass einer der Spieler (immer der, der den letzten Punkt verloren hat) den Ball von der Mitte der Netzkante in eines der Felder fallen lässt (nicht in sein eigenes), danach wird der Punkt ausgespielt. Jeder kann in jedes Feld spielen, der Ball muss immer in aufsteigender Linie gespielt werden. Volleys sind erlaubt. Alle haben 5 Punkte (»Leben«), die auf Null abgespielt werden. Null »Leben« scheidet aus. Sieger ist, wer »überlebt«.

Variationen
Wenn keine zusätzlichen Netze vorhanden sind, kann man sie auch weglassen. Wichtig: es muss unbedingt mit aufsteigenden Bällen gespielt werden (Trainerkontrolle).

Anmerkungen
Gefühl, Platzierung und Reaktion entscheiden. Das Spiel – auch »Mexiko« genannt – steht bei allen Kindern in der Wunschliste ganz vorne, macht aber auch Erwachsenen Spaß.

Lange Bälle

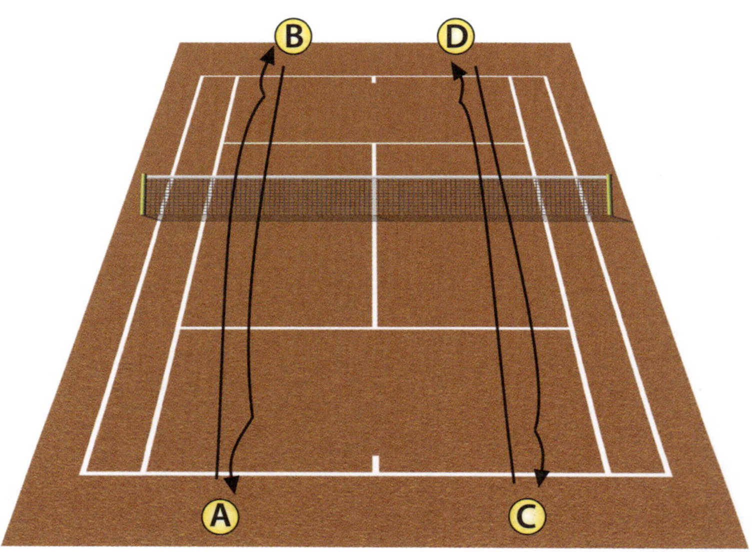

VH	RH	Vo	Sm	As	Rt	oT	2S	3S	4S

Anspruch:	●●
Intensität:	●●
Anzahl Spieler:	(2) 4
Dauer:	3 Min.
Zählweise:	Bestimmte Anzahl an Ballwechseln vorgeben, bei zwei Paarungen: Wer schafft es mit den wenigsten Fehlern?

Ziel

Aufwärmen, Ballgefühl, Platzierung, Beinarbeit, Rhythmus.

Beschreibung

A und B schlagen den Ball gleichmäßig und kontrolliert im halben Einzelfeld longline hin und her, C und D parallel in der anderen Platzhälfte. Ein Spieler, der einen Ball ins Netz schlägt, muss diesen holen, bevor weitergespielt wird.

Variationen

1.) Wer schafft wie viele Ballwechsel in 3 Minuten, das erfordert etwas höheres Tempo bei gleichbleibender Sicherheit (Spieler müssen aufgewärmt sein).
2.) gleiche Übung cross.

Anmerkungen

Spieler sollen sich Gefühl und Schlagrhythmus erarbeiten, es darf kein Ball im Netz landen, als Ziel »doppelte Netzhöhe« ausgeben. Es soll klar werden, dass ein Netzfehler der »dümmste« Fehler ist. Auch geeignet für »Grundlinie - Sicherheit« (Seite 54 ff.).

Lange Bälle VH auf RH

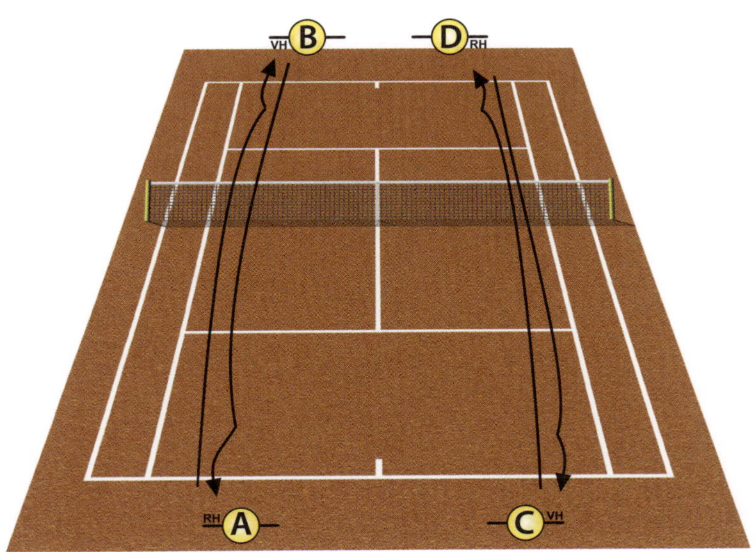

VH	RH	Vo	Sm	As	Rt	oT	2S	3S	4S

Anspruch: ●●

Intensität: ●●

Anzahl Spieler:	(2) 4
Dauer:	3 Min.
Zählweise:	Bestimmte Anzahl an Ballwechseln vorgeben, bei zwei Paarungen: Wer schafft es mit den wenigsten Fehlern?

Ziel
Aufwärmen, Ballgefühl, Platzierung, Beinarbeit, Rhythmus.

Beschreibung
A und B schlagen den Ball gleichmäßig und kontrolliert im halben Einzelfeld longline hin und her, A spielt nur VH, B nur RH, danach Wechsel, C und D parallel.

Variationen
1.) Wer schafft wie viele Ballwechsel in 3 Minuten? Das erfordert etwas höheres Tempo bei gleichbleibender Sicherheit (Spieler müssen aufgewärmt sein).
2.) Gleiche Übung cross, VH auf VH und RH auf RH, dann auch einen Durchgang VH Inside Out einbauen.

Anmerkungen
Übung zwingt zu mehr Beinarbeit und genauerem Spiel, die Spieler sollen sich Gefühl und Schlagrhythmus erarbeiten und keinen Ball ins Netz schlagen. Auch geeignet für »Grundlinie - Sicherheit« (Seite 54 ff.).

Lange Bälle VH/RH abwechselnd

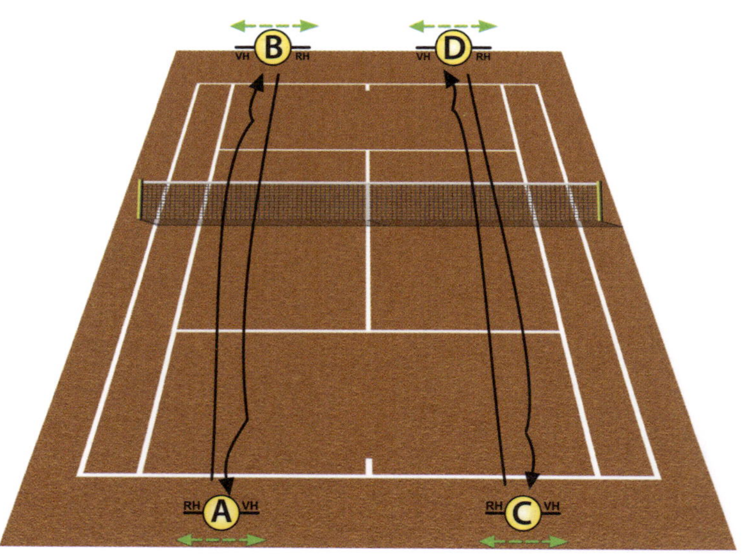

VH	RH	Vo	Sm	As	Rt	oT	2S	3S	4S

Anspruch: ●●

Intensität: ●●

Anzahl Spieler:	(2) 4
Dauer:	3 Min.
Zählweise:	**Bestimmte Anzahl an Ballwechseln vorgeben, bei zwei Paarungen: Wer schafft es mit den wenigsten Fehlern?**

Ziel

Aufwärmen, Ballgefühl, Platzierung, Beinarbeit, Rhythmus.

Beschreibung

A und B schlagen den Ball gleichmäßig und kontrolliert im halben Einzelfeld longline hin und her, beide schlagen abwechselnd einmal VH, einmal RH, C und D parallel.

Variationen

1.) Wer schafft wie viele Ballwechsel in 3 Minuten? Das erfordert etwas höheres Tempo bei gleichbleibender Sicherheit (Spieler müssen aufgewärmt sein).

2.) Übung cross im Einzelfeld.

Anmerkungen

Sehr gutes Stellungsspiel (Side Steps) notwendig, Spieler sollen so weit rechts oder links ausweichen, dass sie beim Schlag in den Ball gehen können. Besonders cross erfordert die Übung intensive Beinarbeit und genaues Spiel. Auch geeignet für »Grundlinie - Sicherheit« (Seite 54 ff.).

Longline nur RH

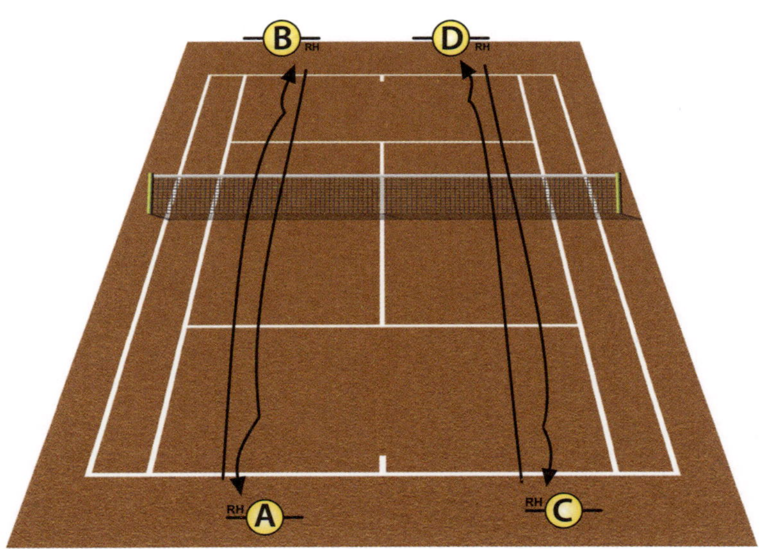

VH	RH	Vo	Sm	As	Rt	oT	2S	3S	4S

Anspruch:	●●●
Intensität:	●●
Anzahl Spieler:	(2) 4
Dauer:	3 Min.
Zählweise:	Bestimmte Anzahl an Ballwechseln vorgeben, bei zwei Paarungen: Wer schafft es mit den wenigsten Fehlern?

Ziel
Aufwärmen, Ballgefühl, Platzierung, Beinarbeit, Rhythmus.

Beschreibung
A und B schlagen den Ball gleichmäßig und kontrolliert im halben Einzelfeld longline hin und her, beide schlagen nur RH, C und D parallel.

Variationen
1.) Wer schafft wie viele Ballwechsel in 3 Minuten? Das erfordert etwas höheres Tempo bei gleichbleibender Sicherheit (Spieler müssen aufgewärmt sein).

Anmerkungen
auf korrekte Beinarbeit und Stellung zum Ball achten, gutes Training für die RH aus teilweise ungewohnter Position. Auch geeignet für »Grundlinie - Sicherheit« (Seite 54 ff.).

Lange Bälle im Korridor

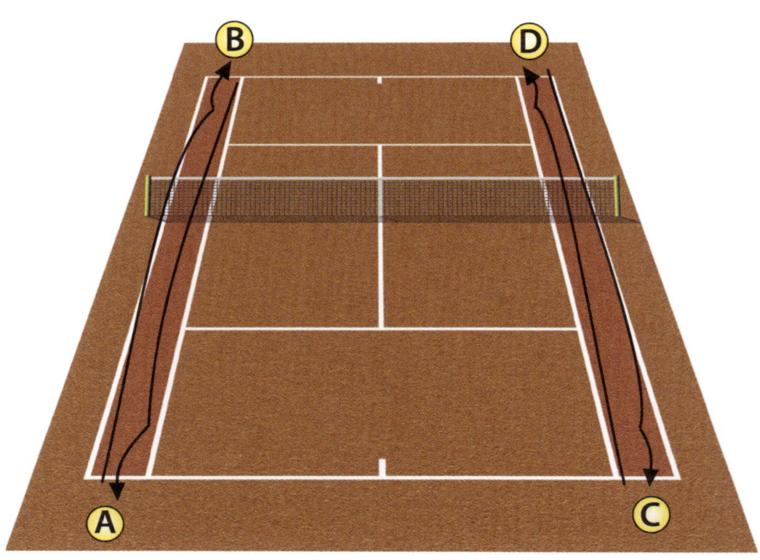

VH	RH	Vo	Sm	As	Rt	oT	2S	3S	4S

Anspruch:	●●●
Intensität:	●●
Anzahl Spieler:	(2) 4
Dauer:	3 Min.
Zählweise:	Bestimmte Anzahl an Treffern vorgeben, bei zwei Paarungen: Wer schafft es zuerst?

Ziel
Aufwärmen, Ballgefühl, genaue Platzierung, Rhythmus.

Beschreibung
A und B schlagen den Ball gleichmäßig und kontrolliert longline hin und her und versuchen, möglichst viele Bälle im Doppelkorridor zu platzieren, C und D spielen parallel im anderen Korridor.

Variationen
1.) Wer schafft wie viele Treffer in 3 Minuten? Das erfordert etwas höheres Tempo bei gleichbleibender Sicherheit (Spieler müssen aufgewärmt sein).
2.) Schlagvorgaben: nur VH, VH gegen RH, nur RH usw.

Anmerkungen
Auf korrekte Beinarbeit und Stellung zum Ball achten, Spieler muss dem Ball entgegen gehen können, um Genauigkeit zu erhöhen. Auch geeignet für »Grundlinie - Sicherheit« (Seite 54 ff.).

Zielzonen

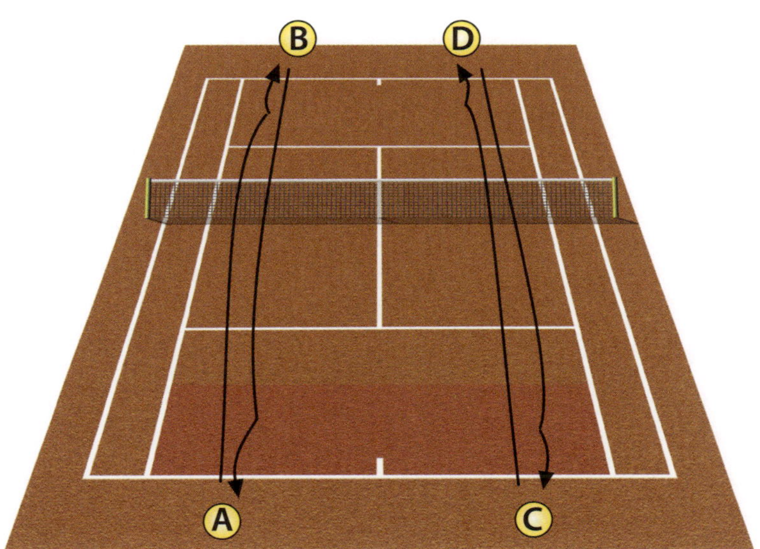

VH	RH	Vo	Sm	As	Rt	oT	2S	3S	4S

Anspruch:	●●●
Intensität:	●●
Anzahl Spieler:	(2) 4
Dauer:	3 Min.
Zählweise:	Bestimmte Anzahl an Treffern vorgeben, bei zwei Paarungen: Wer schafft es zuerst?
Hilfsmittel:	Linienmarkierungen

Ziel
Aufwärmen, Ballgefühl, genaue Platzierung, Rhythmus.

Beschreibung
Auf der Seite von A wird eine Zielzone markiert, z. B. durch eine Linie zwei Meter vor der GL, A und B schlagen den Ball gleichmäßig und kontrolliert longline hin und her, B versucht möglichst viele Bälle im die Zielzone zu bringen, C und D parallel.

Variationen
1.) Wer schafft wie viele Treffer in 3 Minuten? Das erfordert etwas höheres Tempo bei gleichbleibender Sicherheit (Spieler müssen aufgewärmt sein).
2.) Schlagvorgaben: Man darf nur mit VH oder nur mit RH treffen.
3.) Zielzonen vergrößern oder verkleinern.
4.) Beide Spieler spielen auf Zielzonen.
4.) cross spielen.

Anmerkungen
Auf korrekte Beinarbeit und Stellung zum Ball achten, Spieler muss dem Ball entgegen gehen können, um Genauigkeit zu erhöhen. Auch geeignet für »Grundlinie - Sicherheit« (Seite 54 ff.).

Spiel auf Ziel 1

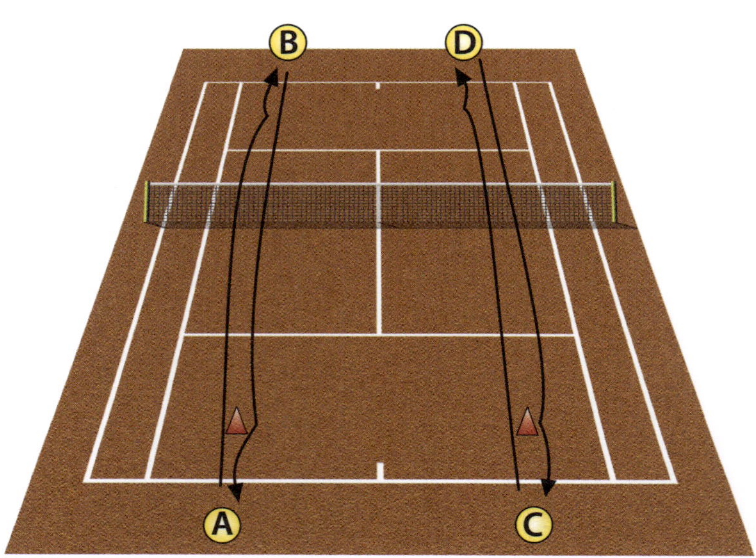

VH	RH	Vo	Sm	As	Rt	oT	2S	3S	4S

Anspruch:	●●●
Intensität:	●●
Anzahl Spieler:	(2) 4
Dauer:	ca. 3 Min.
Zählweise:	Wer schafft zuerst zwei oder drei Treffer?
Hilfsmittel:	Hütchen oder ähnliche Ziele.

Ziel
Aufwärmen, Ballgefühl, genaue Platzierung, Rhythmus.

Beschreibung
Auf der Seite von A wird ein relativ kleines Ziel aufgestellt (Hütchen, Wasserflasche oder ähnliches), A und B schlagen den Ball gleichmäßig und kontrolliert longline hin und her, B versucht möglichst viele Treffer zu landen, A spielt zu. C und D parallel.

Variationen
1.) Wer schafft wie viele Treffer in 3 Minuten? Das erfordert etwas höheres Tempo bei gleichbleibender Sicherheit (Spieler müssen aufgewärmt sein).
2.) Schlagvorgaben: Man darf nur mit VH oder nur mit RH treffen.
3.) Hütchen oder Wasserflasche muss umfallen (höheres Tempo nötig).
4.) cross spielen.

Anmerkungen
Auf korrekte Beinarbeit und Stellung zum Ball achten, Spieler muss dem Ball entgegen gehen können, um Genauigkeit zu erhöhen. A hat als Zuspieler die Aufgabe, so gleichmäßig wie möglich zurückzuspielen, um B in die beste Schlagposition zu bringen. Auch geeignet für »Grundlinie – Sicherheit« (Seite 54 ff.).

Spiel auf Ziel 2

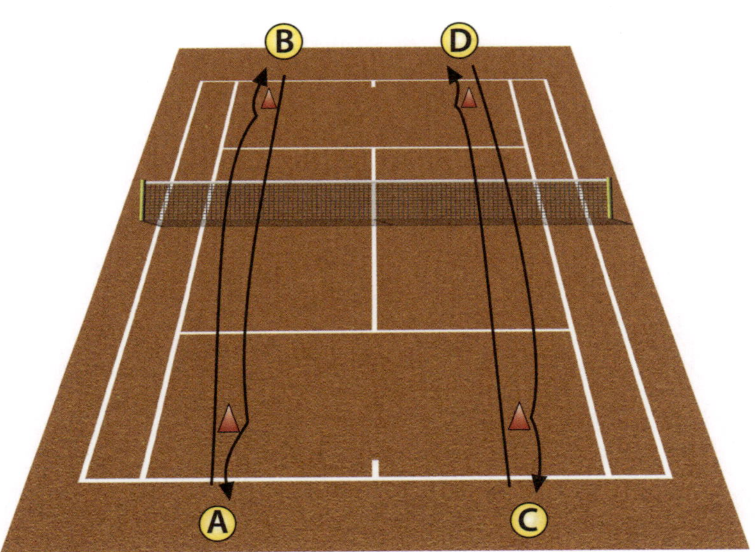

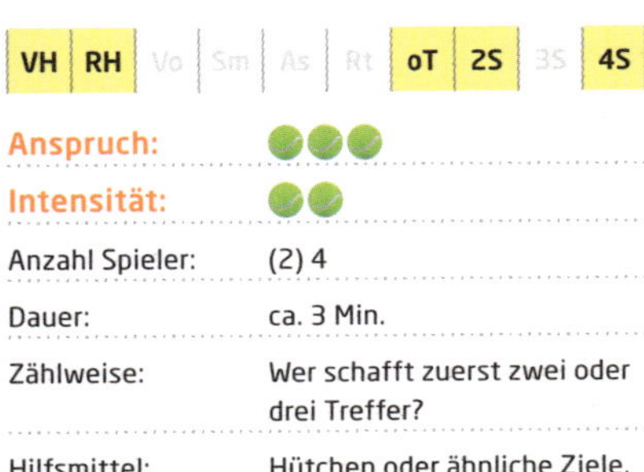

VH	RH	Vo	Sm	As	Rt	oT	2S	3S	4S

Anspruch:	●●●
Intensität:	●●
Anzahl Spieler:	(2) 4
Dauer:	ca. 3 Min.
Zählweise:	Wer schafft zuerst zwei oder drei Treffer?
Hilfsmittel:	Hütchen oder ähnliche Ziele.

Ziel

Aufwärmen, Ballgefühl, genaue Platzierung, Rhythmus, Ballbeobachtung.

Beschreibung

Auf beiden Platzhälften wird ein relativ kleines Ziel aufgestellt (Hütchen, Wasserflasche etc.), A und B schlagen den Ball gleichmäßig und kontrolliert longline hin und her, beide versuchen möglichst viele Treffer zu landen, C und D spielen parallel.

Variationen

1.) Wer schafft wie viele Treffer in 3 Minuten? Das erfordert etwas höheres Tempo bei gleichbleibender Sicherheit (Spieler müssen aufgewärmt sein).

2.) Schlagvorgaben: Man darf nur mit VH oder nur mit RH treffen.

3.) cross spielen.

Anmerkungen

Auf korrekte Beinarbeit und Stellung zum Ball achten, Spieler muss dem Ball entgegen gehen können, um Genauigkeit zu erhöhen. Übung schult die Ballbeobachtung, da viele Bälle knapp am Ziel vorbeifliegen und trotzdem weiter gespielt werden sollen. Funktioniert nur mit kontrolliertem Schlagtempo.

Auch geeignet für »Grundlinie - Sicherheit« (Seite 54 ff.).

Langer Volley

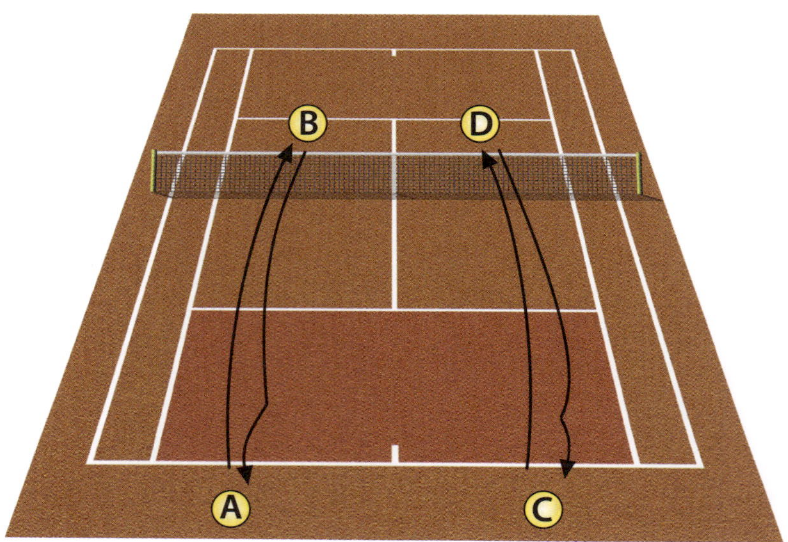

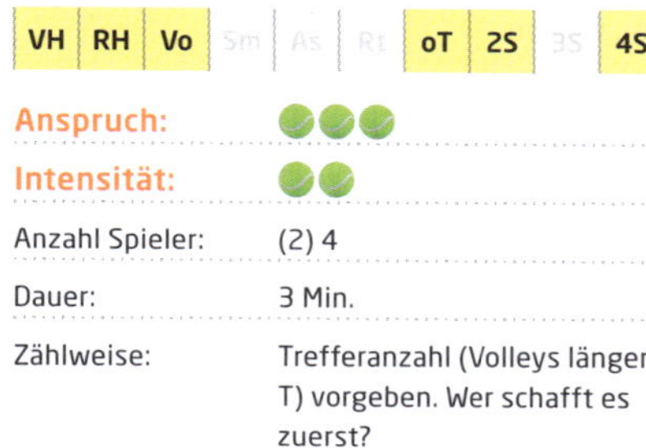

Anspruch:	●●●
Intensität:	●●
Anzahl Spieler:	(2) 4
Dauer:	3 Min.
Zählweise:	Trefferanzahl (Volleys länger T) vorgeben. Wer schafft es zuerst?

Ziel
Aufwärmen, Ballgefühl, Platzierung, Rhythmus.

Beschreibung
A spielt von der GL zu, B spielt Volleys länger als die T-Linie zurück, C und D spielen parallel.

Variationen
1.) Wer schafft wie viele Treffer in 3 Minuten? Das erfordert etwas höheres Tempo bei gleichbleibender Sicherheit (Spieler müssen aufgewärmt sein).
2.) Schlagvorgaben: GL darf nur mit VH oder RH zuspielen.
3.) cross spielen.

Anmerkungen
Auf korrekte Beinarbeit und Stellung zum Ball achten. Volleyspieler muss dem Ball entgegen gehen, um Genauigkeit und Länge zu bekommen.

Volley mit Druck

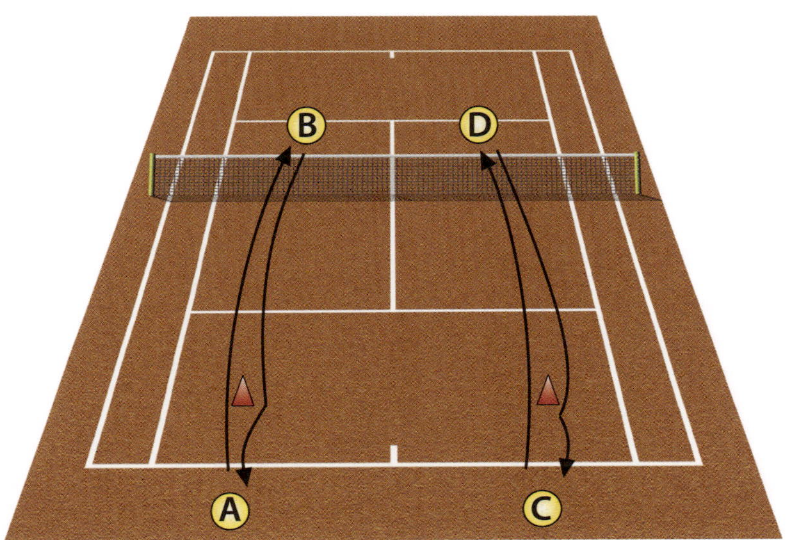

VH	RH	Vo	Sm	As	Rt	oT	2S	3S	4S

Anspruch:	●●●
Intensität:	●●
Anzahl Spieler:	(2) 4
Dauer:	3 Min.
Zählweise:	Wer schafft zuerst drei oder vier Treffer?
Hilfsmittel:	Hütchen oder Wasserflaschen, die umfallen können.

Ziel

Aufwärmen, Ballgefühl, Platzierung, Rhythmus.

Beschreibung

Auf der Seite von A wird ein relativ kleines Ziel aufgestellt (Hütchen, Wasserflasche oder ähnliches), A spielt von der GL zu und B versucht, mit dem Volley möglichst viele Treffer zu landen. Als Treffer zählt nur, wenn das Ziel fällt (druckvolle Volleys), C und D spielen parallel.

Variationen

1.) Wer schafft wie viele Treffer in 3 Minuten. Das erfordert etwas höheres Tempo bei gleichbleibender Sicherheit (Spieler müssen aufgewärmt sein).
2.) Schlagvorgaben: Man darf nur mit VH oder nur mit RH zuspielen.
3.) cross spielen.

Anmerkungen

Auf korrekte Beinarbeit und Stellung zum Ball achten. Spieler muss dem Ball entgegen gehen können, um Genauigkeit zu erhöhen.

Schmetterball Lob

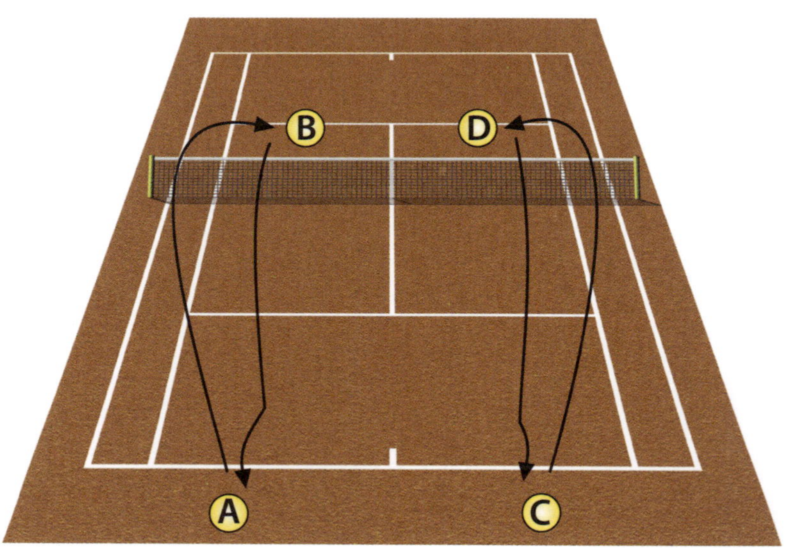

VH	RH	Vo	Sm	As	Rt	oT	2S	3S	4S

Anspruch:	●●●
Intensität:	●●
Anzahl Spieler:	(2) 4
Dauer:	3 Min.
Zählweise:	Wer schafft die längste Lob-Schmetterball-Serie in einem Ballwechsel?

Ziel
Aufwärmen, Ballgefühl, Beinarbeit.

Beschreibung
A und B schlagen den Ball gleichmäßig und kontrolliert im halben Einzelfeld longline hin und her, A spielt Lob, B schmettert. Es soll so dosiert gespielt werden, dass der Ball im Spiel bleibt, C und D parallel.

Variationen
Netzspieler muss zwischen den Schmetterbällen immer wieder eine Markierung (Linie) in Netznähe mit dem Fuß berühren (anstrengend, koordinativ anspruchsvoll).

Anmerkungen
Spieler sollen sich Gefühl und Rhythmus erarbeiten, besonders der Schmetterball muss dosiert und genau sein, hoch genug lobben.

Aufschlag Return

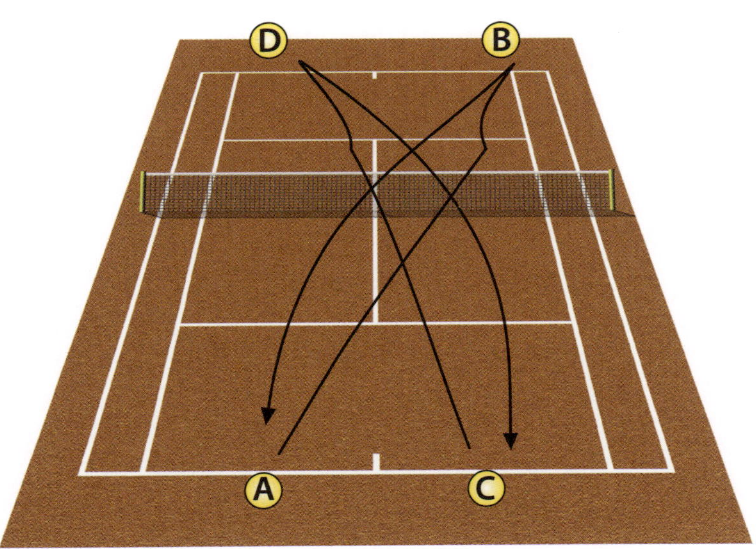

VH	RH	Vo	Sm	**As**	**Rt**	**oT**	**2S**	3S	**4S**

Anspruch:	●●●
Intensität:	●●
Anzahl Spieler:	(2) 4
Dauer:	3-5 Min.
Zählweise:	Kein Wettkampf, so lange spielen, bis beide ein gutes Gefühl haben.

Ziel
Aufwärmen, Gefühl für die Eröffnungsschläge.

Beschreibung
A macht ruhige und sichere zweite Aufschläge, B retourniert cross, A nimmt den Ball wieder auf, C und D cross in der anderen Richtung das Gleiche.

Variationen
Richtungen wechseln.

Anmerkungen
Aufschläger variiert mit Schnitt, spielt aber keine ersten Aufschläge. Returnspieler versucht, jeden Ball in der Vorwärtsbewegung zu spielen.

2. Training an der Grundlinie

Übungen 25-99

(siehe auch: *Aufwärmen, taktisches Training, Drilltraining*)

Das Training an der Grundlinie ist aufgegliedert in die Unterkapitel
Sicherheit - Übungen 25-61
Offensives Spiel - Übungen 62-71
Allroundspiel - Übungen 72-89
Stopp - Übungen 90-99

Einen großen Raum im Trainingsalltag nehmen die Übungen von der Grundlinie ein. Das Grundlinienspiel ist das, was der Anfänger gerne können möchte, womit der Fortgeschrittene 90% seines Spiels bestreitet und bildet das Basisspiel für jeden guten oder professionellen Spieler. Die Übungen ähneln sich alle ein wenig, schließlich gibt es ja nicht so viele Möglichkeiten, von der Grundlinie zu operieren: Man spielt wahlweise VH oder RH und diese beiden Schläge entweder longline oder cross. Die Unterschiede entstehen erst durch technische Nuancen, die Länge, Platzierung, Schlagtempo und vor allem den Drall des Balles beeinflussen.

Und diese Unterschiede kann man herausarbeiten, indem man scheinbar ein und dieselbe Übung mit verschiedenen Vorgaben oder Aufgaben so gestaltet, dass ganz andere Ziele verfolgt werden können. Nehmen wir eine einfache Basisübung: A und B schlagen den Ball von der Grundlinie VH Cross hin und her. Durch unterschiedliche Aufgaben und Bedingungen ist es jetzt möglich, verschiedene technische Ziele zu verfolgen und somit den Lerneffekt beim Übenden zu variieren.

Einige Beispiele:

1. Vorgabe: doppelte Netzhöhe spielen (alternativ: Netzschnur spannen).

Ergebnis: Die Spieler werden die Aufwärtsbewegung des Schlägers am Ball deutlicher ausführen mit allem was dazu gehört – mehr unter den Ball gehen, höheren Treffpunkt wählen etc. Wenn sie es nicht tun, hat der Trainer anhand der gestellten Aufgabe beste Argumente, um einzugreifen.

2. Aufgabe: Die Bälle sollen hinter der T-Linie aufspringen, also die nötige Länge haben.

Ergebnis: Ähnlich wie vorher, denn die geforderte Länge führt auch zu entsprechender Höhe.

3. Es werden kurz vor der Grundlinie auf beiden Seiten Ziele (Hütchen) aufgestellt.

Ergebnis: Die Spieler werden länger und sorgfältiger durchschwingen, weil sie den Ball ins Ziel »führen« wollen.

4. Die Ziele sollen umfallen.

Ergebnis: Die Schüler werden das Tempo erhöhen und dabei weiter auf korrekte

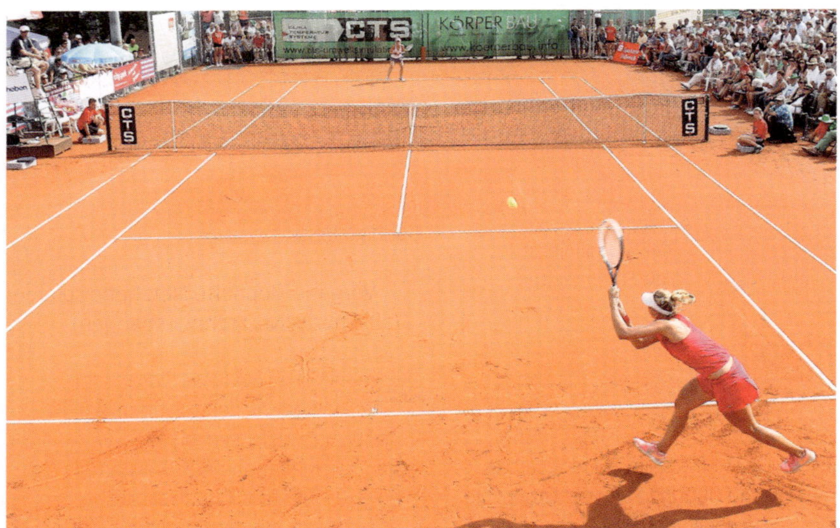

Führung des Balles achten, d. h. sie werden mehr Körpereinsatz zeigen und beim Schlag deutlicher gegen den Ball gehen.

5. Es sollen möglichst viele Ballwechsel in einer bestimmten Zeit geschafft werden.

Ergebnis: Die Spieler werden anfangen, den Ball möglichst früh und mit hohem Treffpunkt zu schlagen, außerdem mit weniger Drall, um die Flugphase zu verkürzen (der Ball soll schneller wieder drüben sein – genau das, was Topspieler auszeichnet).

6. Es werden Punkte ausgespielt.

Ergebnis: Da man den Gegner nicht ausplatzieren kann, müssen die Spieler Geduld zeigen. Sie werden versuchen, mit verschiedenen Tempi und Drallarten zu arbeiten, um den Gegner zum Fehler zu verleiten.

7. Der Doppelkorridor wird hinzu genommen.

Ergebnis: Es gibt mehr Möglichkeiten, den Gegner in Bewegung zu bringen. Winkelspiel mit viel Drall ist hierbei sinnvoll.

8. Es ist nur VH erlaubt.

Die Spieler werden zu korrekter Beinarbeit und Platzabdeckung (Side Steps zur Mitte) gezwungen, um auch Bälle in der Nähe der Mitte mit der VH schlagen zu können.

Man kann die Liste noch fortsetzen, z. B. könnte man noch Volleys und Stopps ins Spiel bringen (erlauben oder verbieten), oder Punkte mit Zielzonen ausspielen (Länge) usw. Mit identischen Grundübungen kann man folglich durch geschickte Variationen die unterschiedlichsten (technischen) Ziele verfolgen.

Offensives Spiel an der Grundlinie wird bei den meisten Spielern über einen aggressiven Vorhandschlag eingeleitet, die Weltklasse macht es vor. Selbst hervorragende Rückhandspieler können auf der Vorhandseite variabler und vor allem druckvoller spielen, da an der Schlagausführung durch die starke Körperrotation mehr Muskeln beteiligt sind als bei der Rückhand. Einige Beidhänder scheinen diese These widerlegen zu wollen, indem sie tatsächlich ab und zu die Vorhand zu Gunsten der Rückhand umlaufen, aber sie sind die absolute Ausnahme. Die Übungen 62 bis 71 beschäftigen sich daher ausschließlich mit dem variablen Einsatz der »Power Vorhand«!

Die Übungen zum **Allroundspiel** sind eine bunte Mischung mit verschiedenen Zählweisen und Vorgaben für das Spiel von der Grundlinie. Viele Übungen werden unter hoher Belastung durchgeführt, da der Spieler dann besonders variabel reagieren muss.

Viele der Übungen, die im Unterkapitel **Sicherheit** aufgeführt werden, eignen sich auch zum »Aufwärmen« (Seite 28 ff.), und einige Übungen aus **Offensives Spiel** oder **Allroundspiel** sind gute Ergänzungen zum »Taktiktraining« (Seite 206 ff.) sowie zum »Drilltraining« (Seite 272 ff.).

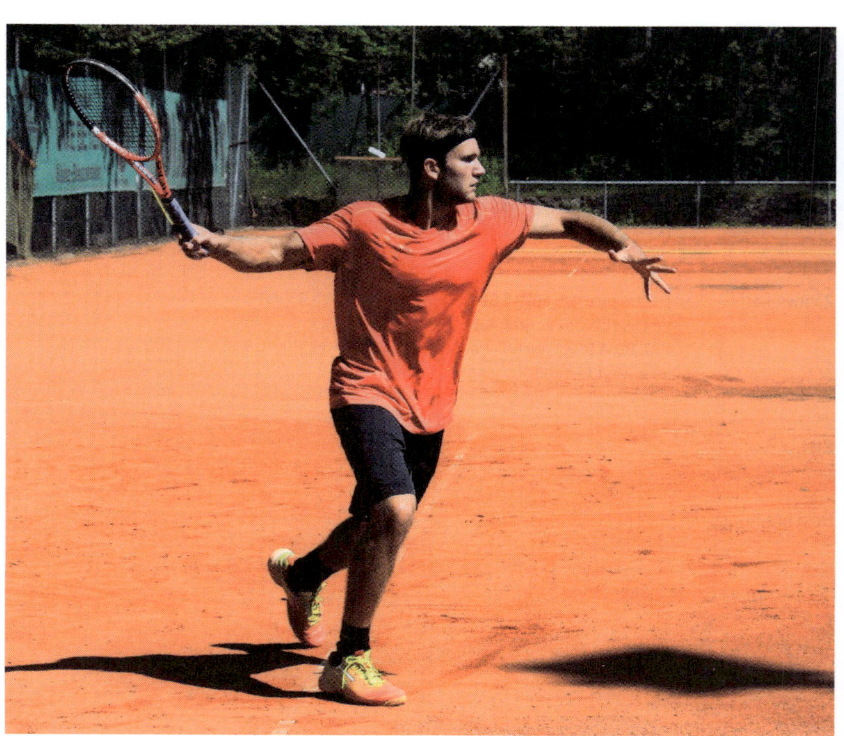

Im Vorwärtsgang ...

Ein Ball

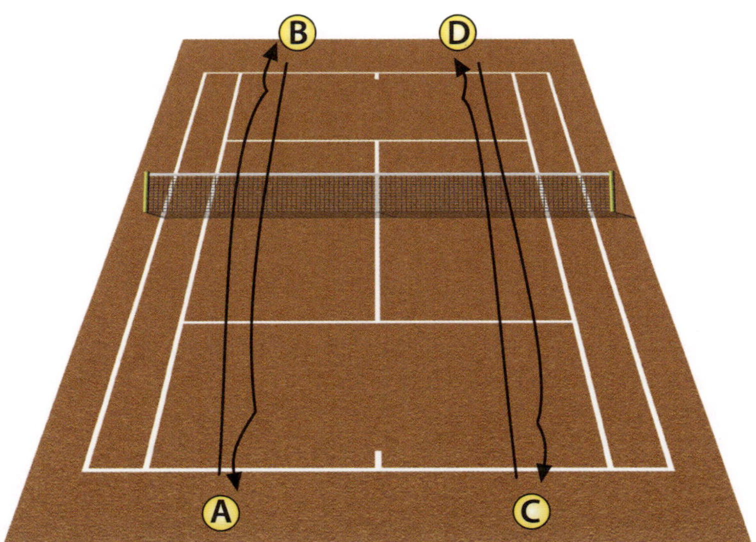

VH	RH	Vo	Sm	As	Rt	oT	2S	3S	4S

Anspruch:	●●
Intensität:	●●
Anzahl Spieler:	(2) 4
Dauer:	3-5 Min.
Zählweise:	Bestimmte Anzahl an Ballwechseln wird vorgegeben (60, 80, 100). Welches Paar ist zuerst fertig?

Ziel
Sicherheit, Beinarbeit, Rhythmusgefühl.

Beschreibung
A und B schlagen den Ball longline oder cross hin und her und haben nur einen Ball zur Verfügung, der bei Verlust wieder eingesammelt werden muss. C und D parallel.

Variationen
1.) Spieler haben einen »Jokerball« zur Verfügung.
2.) Schlagvorgaben VH oder RH.
3.) longline oder cross.

Anmerkungen
Viele Spieler sind es gewohnt, dass im Training grundsätzlich genügend Bälle zur Verfügung stehen und gehen entsprechend schlampig damit um, d. h. ein verschlagener Ball wird oft gar nicht wirklich registriert, es ist ja sofort Ersatz verfügbar. Diese Übung macht den Fehler bewusst und zwingt dazu, sich konzentrierter einzuschlagen. Es nervt schließlich, wenn man den Ball immer wieder holen muss ... Wenn die beiden Paare einen Wettkampf austragen, zählen alle Bälle, auch im Aus oder nach zweimaligem Aufsprung (kostet Zeit!), Netzfehler sollten unbedingt vermieden werden (kosten viel Zeit!). Auch als Aufwärmübung geeignet (Kapitel 1).

Seitenwechsel

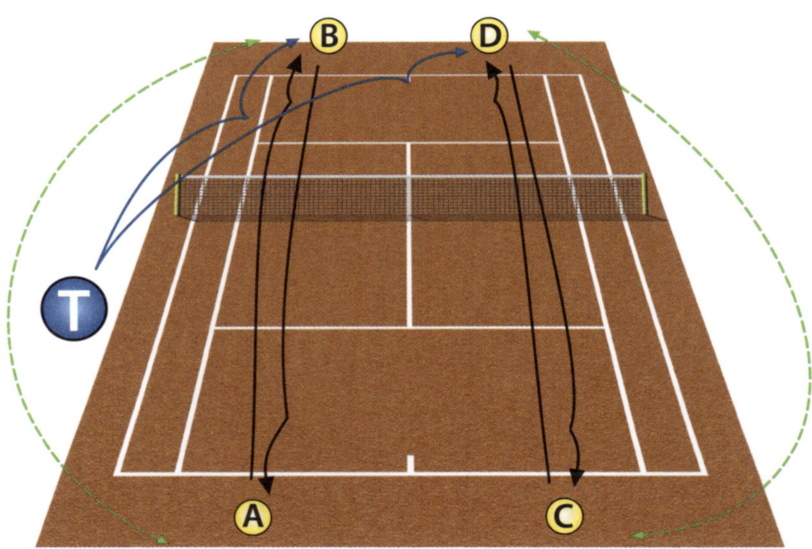

VH	RH	Vo	Sm	As	Rt	oT	2S	3S	4S

Anspruch:	●●
Intensität:	●●
Anzahl Spieler:	(2) 4
Dauer:	5 Min.
Zählweise:	**Bestimmte Anzahl an Ballwechseln (60, 80, 100). Welches Paar ist zuerst fertig?**

Ziel

Sicherheit, Beinarbeit, Rhythmusgefühl.

Beschreibung

A und B schlagen den Ball longline oder cross und her. Bei Ballverlust müssen beide Spieler die Platzseite wechseln, bevor der Trainer einen neuen Ball anspielt. C und D parallel.

Variationen

1.) Spieler haben einen »Jokerball« zur Verfügung.
2.) Schlagvorgaben VH oder RH.
3.) longline oder cross.

Anmerkungen

Übung mit gleicher Zielsetzung wie zuvor: Ein Fehler muss richtig weh tun! Besonders Jugendliche, die nur schwer zu konzentriertem Bälleschlagen anzuhalten sind, haben hier eine besondere Motivation: Lieber den Ball im Spiel halten, statt andauernd um den Platz zu joggen. Wenn die beiden Paarungen einen Wettkampf austragen, zählen alle Bälle, auch im Aus oder nach zweimaligem Aufsprung (kostet Zeit!), Netzfehler und nicht erreichte Bälle bedeuten Seitenwechsel. Auch als Aufwärmübung geeignet (Kapitel 1).

Länge

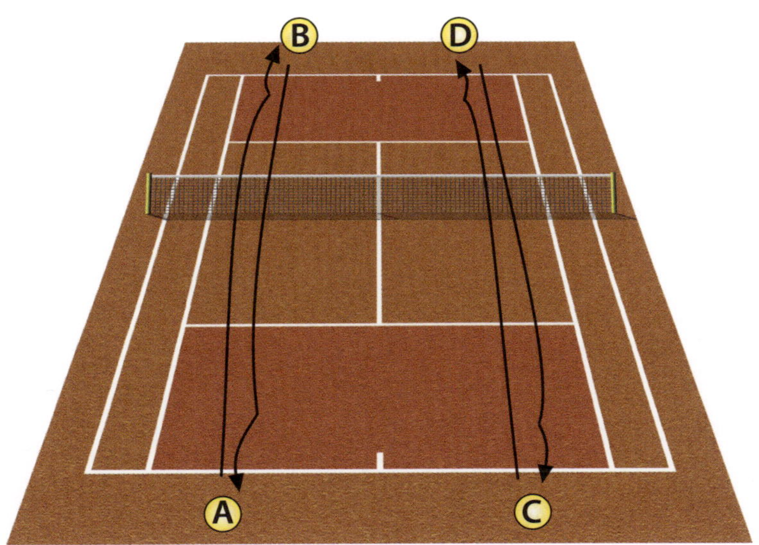

VH	RH	Vo	Sm	As	Rt	oT	2S	3S	4S

Anspruch:	●●
Intensität:	●●
Anzahl Spieler:	(2) 4
Dauer:	3 Min.
Zählweise:	Bestimmte Anzahl an Bällen vorgeben, die länger als T gehen müssen, bei zwei Paaren: Wer schafft es zuerst?
Hilfsmittel:	Linienmarkierungen.

Ziel

Gefühl entwickeln für Tempo und Länge der Schläge.

Beschreibung

A und B schlagen den Ball im halben Einzelfeld longline hin und her, beide versuchen mit Tempo grundsätzlich länger als die T-Linie zu spielen.

Variationen

1.) Nur mit einem Ball spielen lassen (siehe Übung 25).
2.) VH oder RH vorschreiben.
3.) Ziel verkleinern (eine Linie hinter der T-Linie markieren).
4.) gleiche Übung cross.

Anmerkungen

Gute Beinarbeit und Bewegung gegen den Ball nötig, um Länge zu erreichen.
Auch als Aufwärmübung geeignet (Kapitel 1).

Höhe

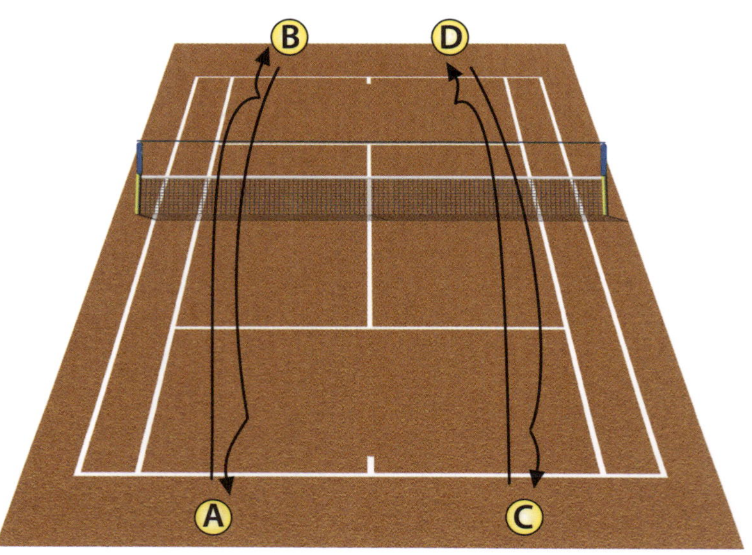

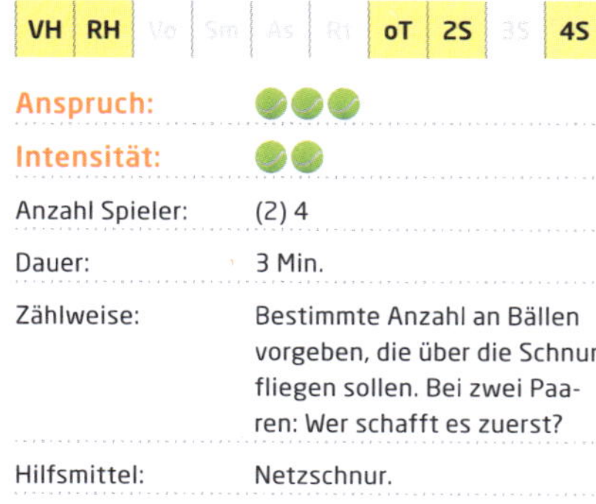

VH	RH	Vo	Sm	As	Ri	oT	2S	3S	4S

Anspruch:	●●●
Intensität:	●●
Anzahl Spieler:	(2) 4
Dauer:	3 Min.
Zählweise:	Bestimmte Anzahl an Bällen vorgeben, die über die Schnur fliegen sollen. Bei zwei Paaren: Wer schafft es zuerst?
Hilfsmittel:	Netzschnur.

Ziel
Sicherheit in den Grundschlägen durch Höhe und Drall, Gefühl entwickeln für Höhe und Länge.

Beschreibung
Es wird eine Netzschnur in doppelter Netzhöhe gespannt. Die Spieler schlagen den Ball gleichmäßig und kontrolliert im halben Einzelfeld longline hin und her und zählen die Bälle, die über die Schnur fliegen.

Variationen
1.) Nur mit einem Ball spielen lassen (s. Übung 25).
2.) VH oder RH vorschreiben.
3.) gleiche Übung cross.

Anmerkungen
Spieler müssen mit genügend Drall arbeiten, um sicher (=doppelte Netzhöhe), aber auch zügig (wer ist zuerst fertig?) spielen zu können, gute Beinarbeit und Körpereinsatz notwendig. Auch als Aufwärmübung geeignet (Kap. 1).

Tempovariation

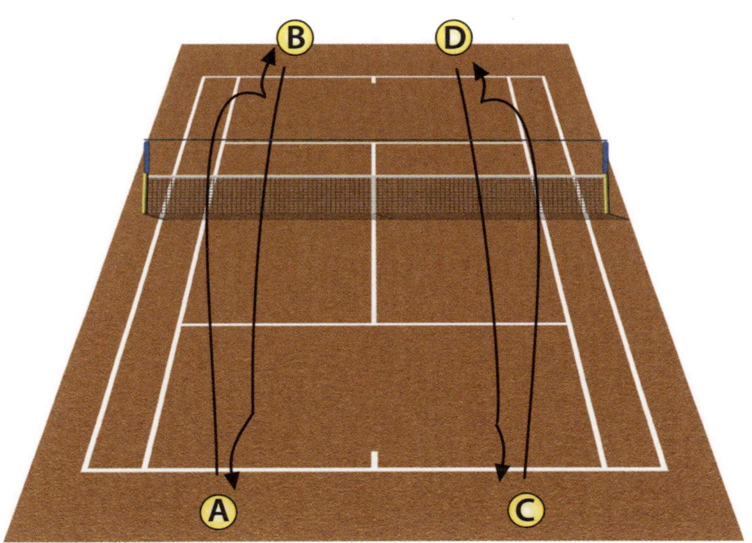

VH	RH	Vo	Sm	As	Rt	oT	2S	3S	4S

Anspruch:	●●●●
Intensität:	●●●
Anzahl Spieler:	(2) 4
Dauer:	3-5 Min.
Zählweise:	keine
Hilfsmittel:	Netzschnur.

Ziel
Gefühl entwickeln für Variationen in Tempo und Höhe.

Beschreibung
Es wird eine Netzschnur in doppelter Netzhöhe gespannt. A und B schlagen den Ball im halben Einzelfeld longline hin und her, wobei A grundsätzlich über die Netzschnur spielt und das Tempo herausnimmt und B den Ball beschleunigt und versucht, unter der Netzschnur mit Druck zurück zu spielen, vorzugsweise mit der VH (den langsamen Ball umlaufen). Nach 2 Minuten Wechsel der Aufgaben.

Variation
gleiche Übung cross.

Anmerkungen
Spieler zu Beinarbeit und Körpereinsatz anhalten. Sie sollen das »ewige« Duell »Power gegen Gummiwand« simulieren, sehr anspruchsvolle und anstrengende Übung. Üben bis es »funktioniert«. Netzschnur ist nicht unbedingt notwendig, hilft aber als Orientierung.

Dreierrunde

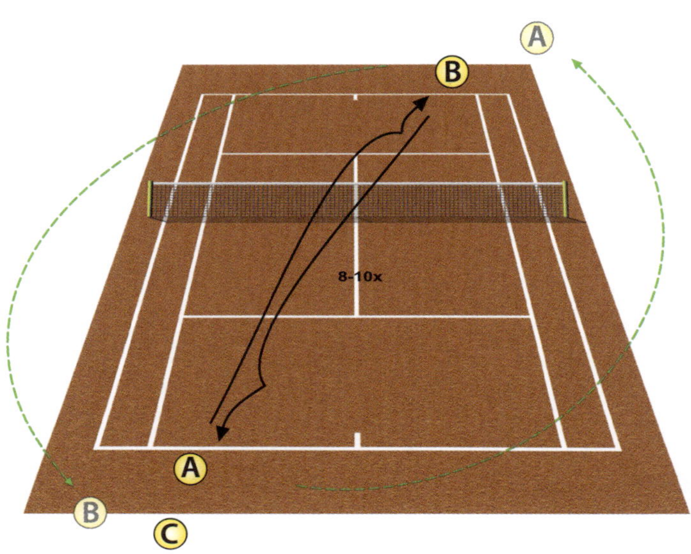

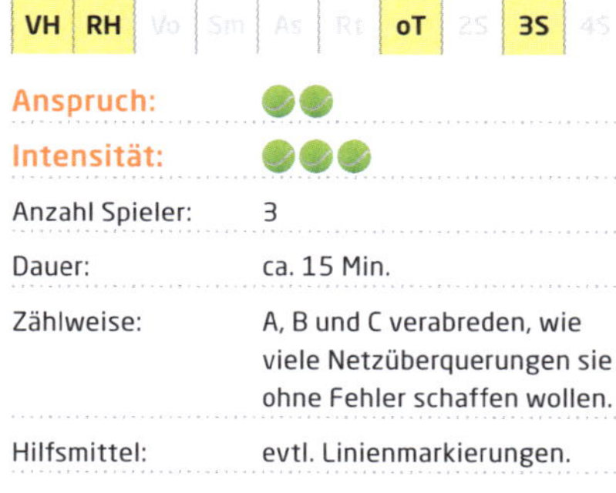

VH	RH	Vo	Sm	As	Rt	oT	2S	3S	4S

Anspruch:	●●
Intensität:	●●●
Anzahl Spieler:	3
Dauer:	ca. 15 Min.
Zählweise:	A, B und C verabreden, wie viele Netzüberquerungen sie ohne Fehler schaffen wollen.
Hilfsmittel:	evtl. Linienmarkierungen.

Ziel

Grundschlagübung mit allen Variationen für drei Spieler.

Beschreibung

A und B schlagen den Ball im halben Einzelfeld longline oder cross hin und her, nach einer der obigen Vorgaben. C hält sich hinter A bereit zum Einsatz. Nach 8–10 Netzüberquerungen läuft A langsam auf die andere Seite des Platzes, C übernimmt und führt den Ballwechsel mit B fort. Wenn A auf der anderen Seite angekommen ist, stellt er sich hinter B auf und sagt: »Bereit«. B wechselt dann die Seite, A übernimmt den Ballwechsel. B stellt sich hinter C auf und übernimmt usw.

Variationen

Verschiedene Vorgaben bei den Ballwechseln (cross/longline/VH/RH etc.).

Anmerkungen

Hervorragende Übung zum Aufwärmen oder als Grundschlagtraining für die ungeliebte Anzahl von drei Spielern. Der wechselnde Spieler sollte langsam joggen und sich sorgfältig hinter dem abzulösenden Spieler postieren. Das dauert etwa 8–10 Schläge bis zur Ablösung. Auch als Aufwärmübung geeignet (Kap. 1).

Monsterpunkt

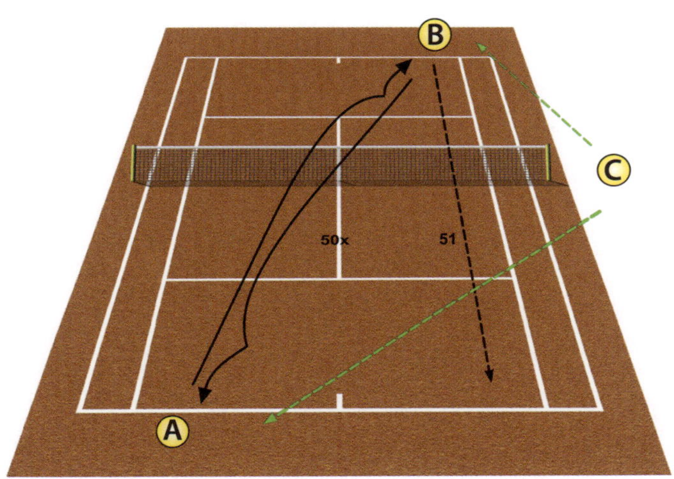

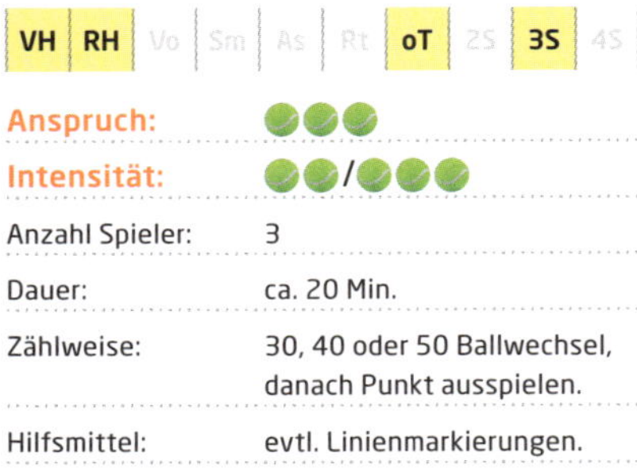

Anspruch:	
Intensität:	/
Anzahl Spieler:	3
Dauer:	ca. 20 Min.
Zählweise:	30, 40 oder 50 Ballwechsel, danach Punkt ausspielen.
Hilfsmittel:	evtl. Linienmarkierungen.

Ziel
Schlagsicherheit, Grundschlagübung mit allen Variationen für drei Spieler.

Beschreibung
A und B schlagen den Ball nach einer verabredeten, nicht zu leichten Vorgabe – z. B. RH cross, länger als T – hin und her. Es wurde vereinbart, dass der Ball 50-mal ohne Fehler das Netz überqueren muss, dann wird der »Monsterpunkt« frei im ganzen Feld ausgespielt. C beobachtet und zählt mit. Sobald einer der Spieler einen Fehler macht, wird er durch C ausgewechselt und es wird weitergezählt. Ziel ist nun, bis zu dem Zeitpunkt im Ballwechsel zu bleiben (also keinen Fehler zu machen), wenn der Monsterpunkt ausgespielt wird.

Variationen
Verschiedene Vorgaben bei den Ballwechseln (cross/longline/VH/RH, Hosenträger etc.)

Anmerkungen
Eine weitere hervorragende Übung als Grundschlagtraining für die ungeliebte Anzahl von drei Übenden. Das Ziel der Übung ist Schlagsicherheit, die Regel mit dem »Monsterpunkt« sorgt für einen zusätzlichen Spaß. Die Vorgaben für den Ballwechsel dürfen nicht zu einfach sein, so dass derjenige, der wartet, auch eine realistische Chance hat, ins Spiel zu kommen. Die Spieler müssen sich da entsprechend einschätzen.

Karussell

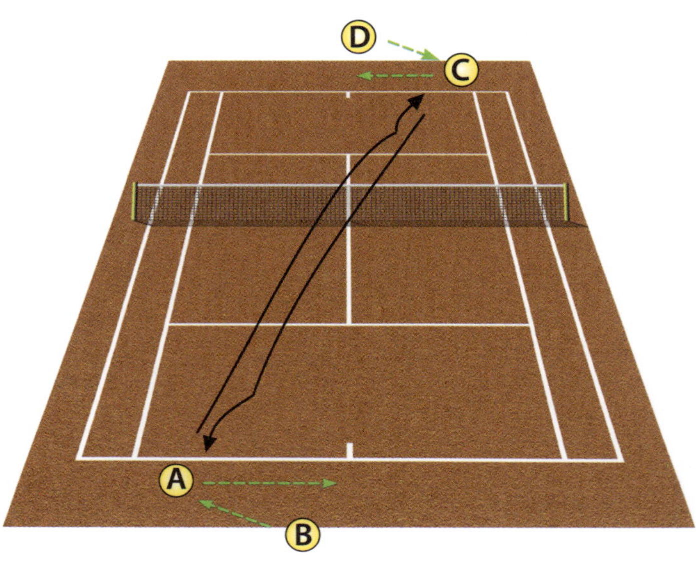

VH	RH	Vo	Sm	As	Rt	oT	2S	3S	4S

Anspruch:	●●●
Intensität:	●●
Anzahl Spieler:	3, 4
Dauer:	ca. 5 Min.
Zählweise:	Bestimmte Anzahl an Bällen vorgeben, die ohne Fehler gespielt werden müssen, bei Fehler Übung verlängern.
Hilfsmittel:	evtl. Linienmarkierungen.

Ziel
Optimale Beinarbeit zum Ball hin und zurück zur Platzmitte, gute Übung für Dreier-Gruppen.

Beschreibung
A und B schlagen den Ball im halben Einzelfeld Cross mit C und D hin und her, beide Paare müssen abwechselnd schlagen (wie im Tischtennisdoppel). Jeder Spieler hat die Aufgabe, nach dem Schlag mit schnellen Side Steps die Mitte des Platzes abzudecken.

Variationen
1.) Vorhand oder Rückhand cross.
2.) Wer einen Fehler macht, sprintet zum Netz (Strafrunde) und wieder zurück, während sein Partner alleine weiterspielt.

Anmerkungen
Unbedingt auf die richtige Beinarbeit des »Karussells« achten. Der Spieler soll sich auf dem äußeren Bein sofort nach dem Schlag wieder zur Platzmitte abdrücken und das Feld abdecken. Der Partner steht etwas hinter der Grundlinie und gibt so den Platz frei für die Bewegung nach innen. Auf der Rückhandseite ist vor allem bei Einhändern die Platzabdeckung schwieriger, es muss darauf geachtet werden, dass die Spieler rechtzeitig hinter den Ball kommen. Die Übung funktioniert hervorragend mit 3 Spielern: zwei bilden das Karussell, einer spielt zu.

Nur Vorhand

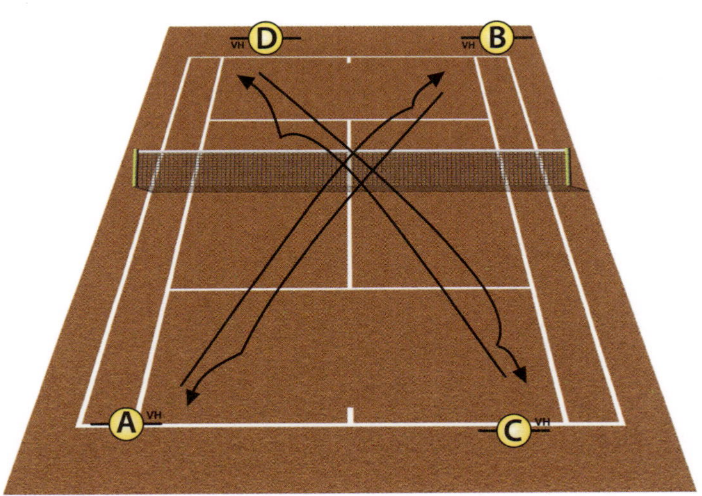

VH	RH	Vo	Sm	As	Rt	oT	2S	3S	4S

Anspruch:	●●
Intensität:	●●
Anzahl Spieler:	(2) 4
Dauer:	2 x 3 Min.
Zählweise:	Welche Paarung schafft in beiden Runden zusammen (Inside Out und Cross) die meisten Netzüberquerungen?
Hilfsmittel:	evtl. Linienmarkierungen ll/cr.

Ziel
Optimale Beinarbeit, um den Ball mit der VH zu beschleunigen.

Beschreibung
A und B schlagen den Ball mit kontrolliertem Druck im halben Einzelfeld cross über die RH-Seite hin und her, beide schlagen nur VH (Inside Out). C und D spielen währenddessen normal VH cross, nach einiger Zeit wird gewechselt.

Variationen
RH spielen gibt Punktabzug.

Anmerkungen
auf korrekte Beinarbeit und Umlaufen des Balles achten, Spieler sollen Gas geben (man umläuft die RH nicht, um langsam zu spielen).

Inside-Out-Karussell

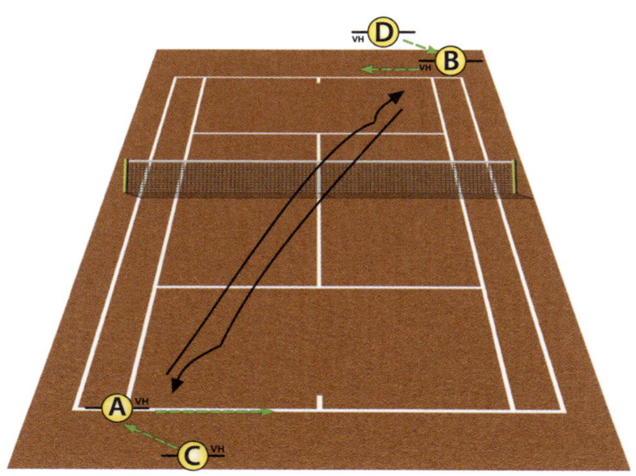

VH	RH	Vo	Sm	As	Rt	oT	2S	3S	4S

Anspruch:	
Intensität:	
Anzahl Spieler:	4
Dauer:	ca. 5 Min.
Zählweise:	Bestimmte Anzahl an Bällen vorgeben, die ohne Fehler gespielt werden müssen, bei Fehler Übung verlängern.
Hilfsmittel:	evtl. Linienmarkierungen.

Ziel

Optimale Beinarbeit, um den Ball mit der VH zu beschleunigen, Orientierung.

Beschreibung

A und C schlagen den Ball im halben Einzelfeld cross über die RH-Seite mit B und D hin und her, alle 4 spielen nur VH (Inside Out), beide Paare müssen abwechselnd schlagen. Jeder Spieler hat die Aufgabe, in den Schlag hineinzugehen und die Bewegung nach dem Treffpunkt zur Platzmitte fortzusetzen.

Variation

Wer einen Fehler macht, sprintet zum Netz und wieder zurück, während sein Partner alleine weiterspielt.

Anmerkungen

Unbedingt auf die richtige Beinarbeit des »Karussells« achten, die Spieler sollen weit genug umlaufen, um sich gegen den Ball und anschließend zur Platzmitte hin bewegen zu können. Die Übung ist anstrengend und funktioniert ebenfalls hervorragend mit 3 Spielern.

Hosenträger

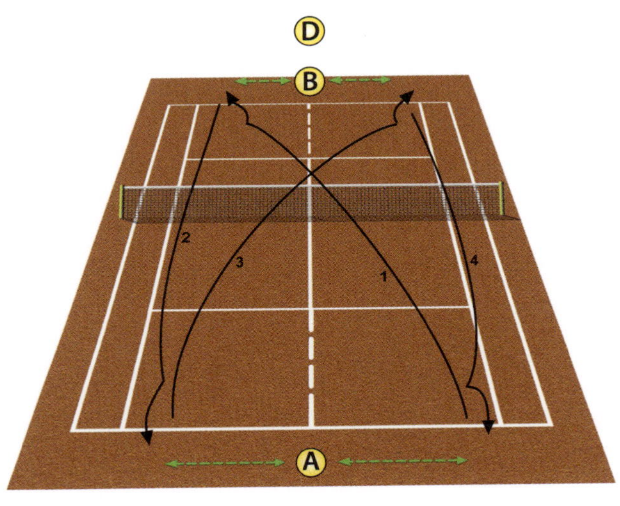

VH	RH	Vo	Sm	As	Rt	oT	2S	3S	4S

Anspruch:	●●●
Intensität:	●●●
Anzahl Spieler:	(2) 4
Dauer:	10-15 Min.
Zählweise:	Jede Paarung spielt einen Ball und zählt die vollendeten Hosenträger (4 Bälle ergeben einen Hosenträger, maximal 3 oder 4, damit die andere Paarung nicht zu lange warten muss). Wer schafft in einer bestimmten Anzahl an Versuchen mehr Hosenträger?
Hilfsmittel:	Linienmarkierungen ll/cr.

Ziel

Kontrolliertes GL-Spiel mit dauerndem Richtungswechsel.

Beschreibung

A und B schlagen den Ball im Einzelfeld hin und her, A spielt nur cross, B nur longline. Anschließend machen C und D das gleiche. 3 oder mehr Durchgänge, dann wechseln die Spieler longline und cross.

Variationen

1.) Es zählen alle Bälle, auch wenn sie im Aus landen.
2.) Spieler müssen VH-RH abwechselnd schlagen (Umlaufen der RH nicht gestattet).

Anmerkungen

Auf Beinarbeit achten (Side Steps Richtung Platzmitte, bis der Partner den Ball schlägt). Die Spieler tendieren dazu, nach einer Weile hin und her zu »joggen« (man weiß ja, wo der nächste Ball hingeht). Übung muss mit kontrolliertem Tempo gespielt werden, kurze Crossbälle sollten vermieden werden.

Briefkuvert

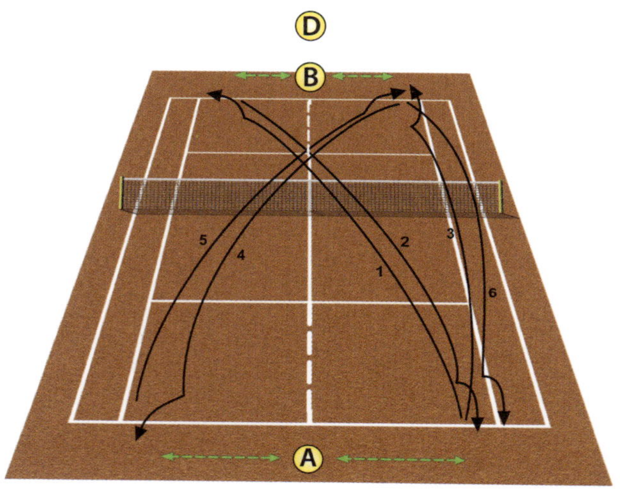

VH	RH	Vo	Sm	As	Ri	oT	2S	3S	4S

Anspruch:	●●●
Intensität:	●●●
Anzahl Spieler:	(2) 4
Dauer:	10–15 Min.
Zählweise:	Jedes Paar spielt einen Ball und zählt die Netzüberquerungen (Maximalzahl festlegen, damit die andern nicht zu lange warten müssen). Wer schafft in einer bestimmten Anzahl Durchgänge mehr?
Hilfsmittel:	Linienmarkierungen ll/cr.

Ziel

Kontrolliertes GL-Spiel, Schlagrichtung ändern oder beibehalten im Wechsel.

Beschreibung

A und B schlagen den Ball im Einzelfeld hin und her, es wird immer zweimal cross und einmal longline gespielt (es entsteht die Form eines Briefkuverts). Der Longlineball findet also immer auf der gleichen Platzhälfte statt. Anschließend machen C und D das gleiche. 3 oder mehr Durchgänge, dann wechseln die Spieler die »Longline-Seite«.

Variationen

Es zählen alle Bälle, auch wenn sie im Aus sind.

Anmerkungen

Auch hier auf korrekte Beinarbeit achten. Die Übung erfordert Konzentration, die Spieler »verheddern« sich gerne dabei, sie sollten am Anfang »cross-cross-longline-cross-cross-longline« leise mitsprechen.

Longline-Duell offen

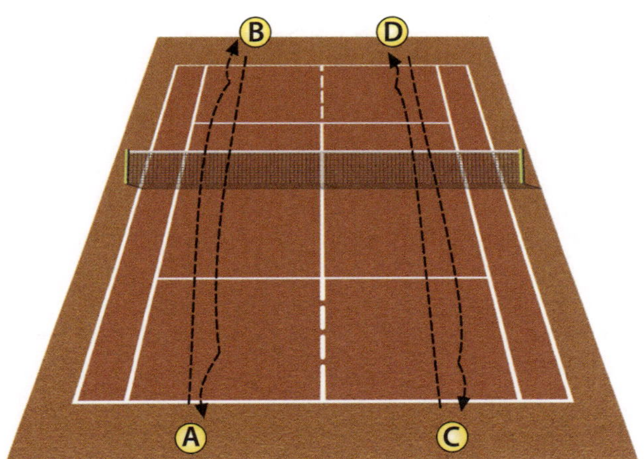

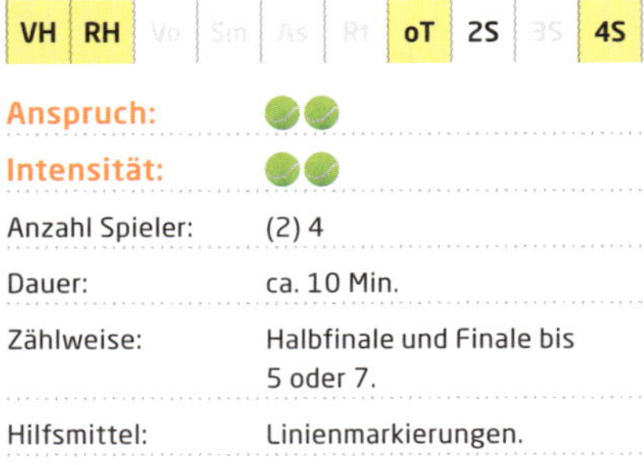

VH	RH	Vo	Sm	As	R1	oT	2S	3S	4S

Anspruch:	●●
Intensität:	●●
Anzahl Spieler:	(2) 4
Dauer:	ca. 10 Min.
Zählweise:	Halbfinale und Finale bis 5 oder 7.
Hilfsmittel:	Linienmarkierungen.

Ziel
Sicherheit in den Grundschlägen, Geduld, Gegner durch Sicherheit und Rhythmus-, Drall- und Tempowechsel zu Fehlern zwingen.

Beschreibung
A und B spielen im halben Doppelfeld longline Punkte aus. Anspiel muss fair sein, danach ist alles erlaubt. C und D machen parallel das gleiche.

Variationen
Stopps und Volleys sind verboten.

Anmerkungen
Spieler sollen vor allem mit Geduld arbeiten, Ausplatzieren des Gegners ist im halben Feld nicht möglich. Falls die beiden parallel spielenden Paare sich stören, wird der Ball wiederholt.

Cross-Duell offen

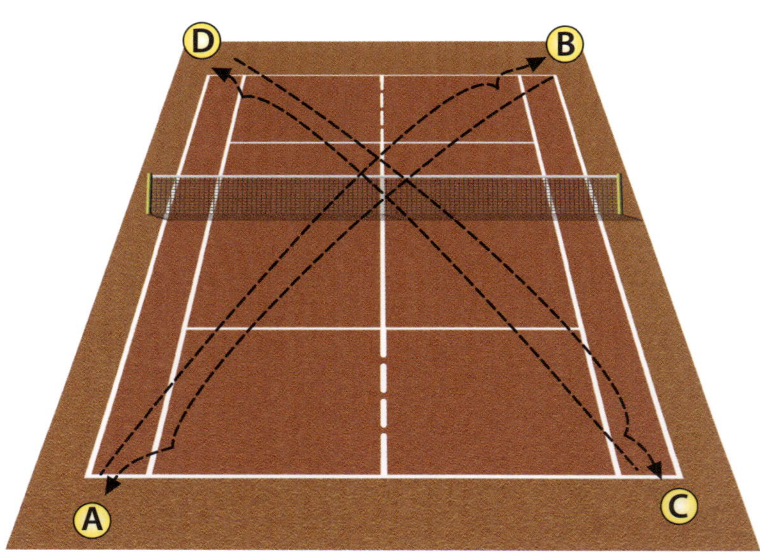

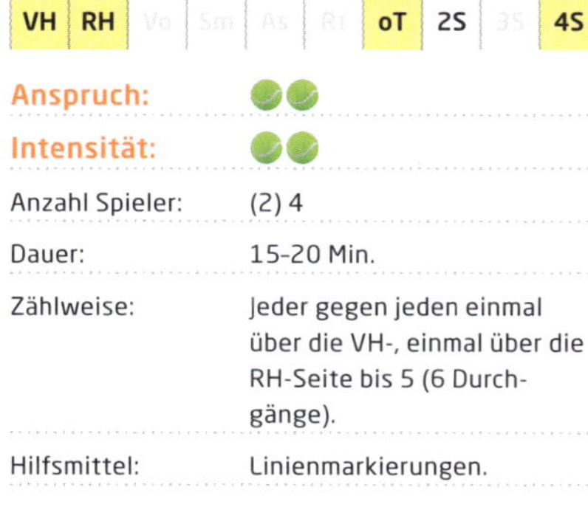

VH	RH	Vo	Sm	As	Rt	oT	2S	3S	4S

Anspruch:	●●
Intensität:	●●
Anzahl Spieler:	(2) 4
Dauer:	15-20 Min.
Zählweise:	Jeder gegen jeden einmal über die VH-, einmal über die RH-Seite bis 5 (6 Durchgänge).
Hilfsmittel:	Linienmarkierungen.

Ziel

Sicherheit in den Grundschlägen, Geduld, Gegner durch Sicherheit und Rhythmus-, Drall- und Tempowechsel zu Fehlern zwingen, Winkel spielen.

Beschreibung

A und B spielen im halben Doppelfeld cross Punkte aus. Anspiel muss fair sein, danach ist alles erlaubt. C und D machen das gleiche in die andere Richtung.

Variationen

Stopps und Volleys sind verboten.

Anmerkungen

Im Gegensatz zum Longline-Duell ist hier deutlich mehr Laufarbeit nötig und es ist möglich, den Gegner mit geschicktem Winkelspiel in Bedrängnis zu bringen, Spieler auf der RH-Seite können intensiv mit VH (Inside Out) arbeiten.

Cross-Duell VH/RH

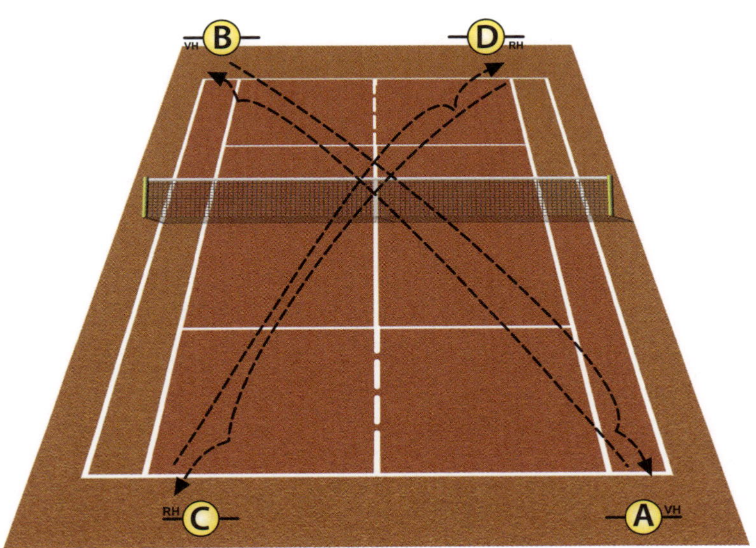

VH	RH	Vo	Sm	As	Rt	oT	2S	3S	4S

Anspruch:	●●●
Intensität:	●●/●●●
Anzahl Spieler:	(2) 4
Dauer:	15-20 Min.
Zählweise:	Jeder gegen jeden ein VH- und ein RH-Duell bis 5 (6 Runden).
Hilfsmittel:	Linienmarkierungen.

Ziel

Sicherheit in den Grundschlägen, Geduld, Gegner durch Sicherheit und Rhythmus-, Drall- und Tempowechsel zu Fehlern zwingen, Winkel spielen.

Beschreibung

A und B spielen im halben Doppelfeld cross nur mit der VH Punkte aus. Jedes Anspiel muss fair sein, es ist nur VH erlaubt. C und D spielen in der anderen Richtung nur RH cross im halben Einzelfeld. Stopps und Volleys sind verboten.

Variation

Die RH-Spieler haben in jedem Ballwechsel eine VH frei und spielen ebenfalls im halben Doppelfeld.

Anmerkungen

In dieser Variante ist es – besonders auf der VH-Seite – gut möglich, den Gegner mit geschicktem Winkelspiel kurz cross aus dem Feld zu schicken und danach durch die Mitte zu »erwischen«.

Longline Duell VH

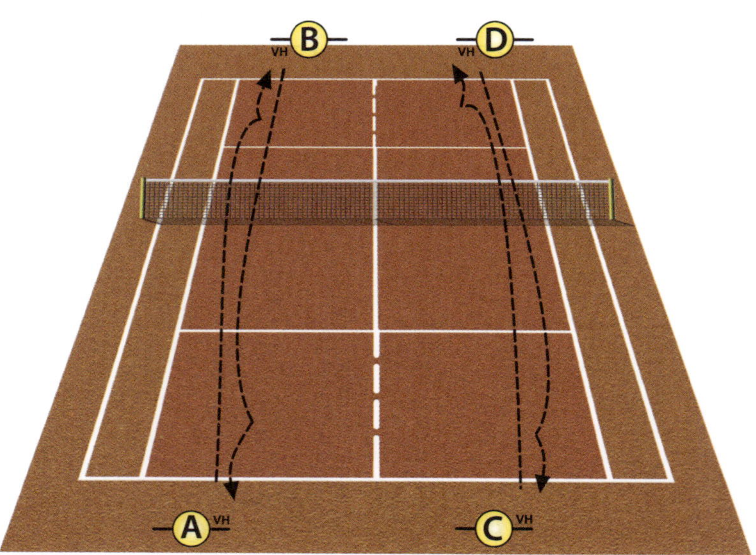

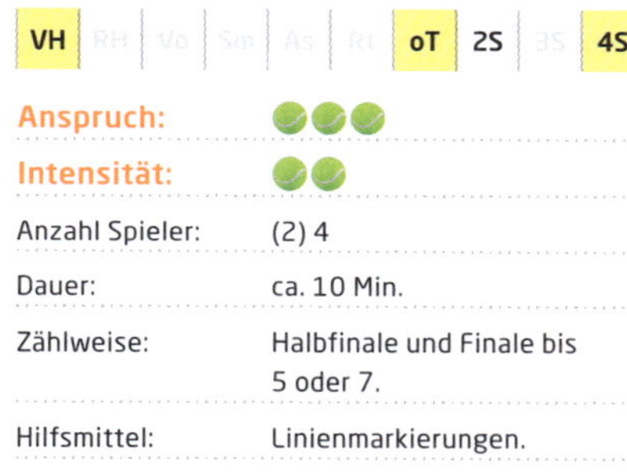

VH	RH	Vo	Sm	As	Rt	oT	2S	3S	4S

Anspruch:	●●●
Intensität:	●●
Anzahl Spieler:	(2) 4
Dauer:	ca. 10 Min.
Zählweise:	Halbfinale und Finale bis 5 oder 7.
Hilfsmittel:	Linienmarkierungen.

Ziel

Sicherheit im VH-Grundschlag, Geduld, Gegner durch Sicherheit und Rhythmus-, Drall- und Tempowechsel zu Fehlern zwingen.

Beschreibung

A und B spielen im halben Einzelfeld longline Punkte aus, dürfen aber nur die VH einsetzen. Anspiel muss fair sein, danach ist alles erlaubt. C und D machen parallel das gleiche.

Variationen

1.) Stopps und Volleys sind verboten.
2.) Im halben Doppelfeld (mit Korridor) spielen, dann ist pro Ballwechsel ein- oder zweimal RH erlaubt.

Anmerkungen

Spieler sollen vor allem mit Geduld arbeiten, entscheidend ist korrekte Beinarbeit und Körperdrehung, sehr gutes Training für das Umlaufen der RH. Falls die beiden parallel spielenden Paarungen sich stören, wird der Ball wiederholt. Wenn ein Rechts- und ein Linkshänder auf der gleichen Seite sind, müssen beide die Vorhand innen haben.

Longline-Duell RH

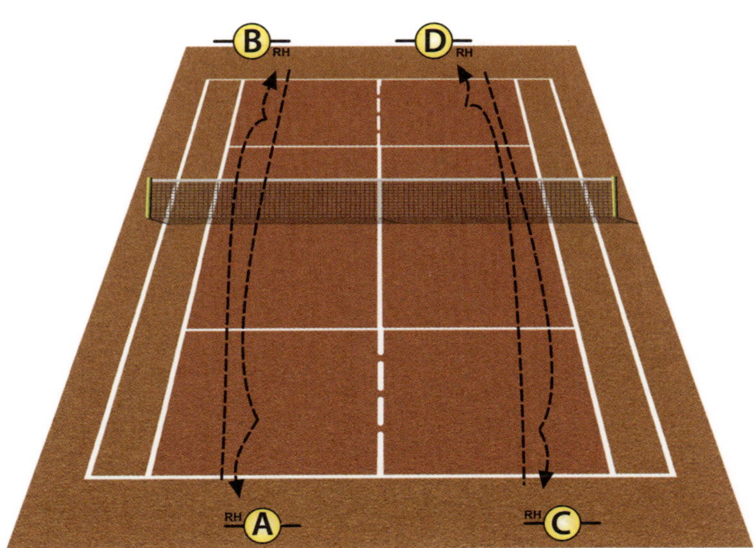

VH	**RH**	Vo	Sm	As	Rt	**oT**	**2S**	3S	**4S**

Anspruch:	●●●
Intensität:	●●
Anzahl Spieler:	(2) 4
Dauer:	ca. 10 Min.
Zählweise:	Halbfinale und Finale bis 5 oder 7.
Hilfsmittel:	Linienmarkierungen.

Ziel
Sicherheit im RH-Grundschlag, Geduld, Gegner durch Sicherheit und Rhythmus-, Drall- und Tempowechsel zu Fehlern zwingen.

Beschreibung
A und B spielen im halben Einzelfeld longline Punkte aus, dürfen aber nur die RH einsetzen. Anspiel (mit der VH) muss fair sein, danach ist alles erlaubt. C und D machen parallel das gleiche.

Variationen
1.) Stopps und Volleys sind verboten.
2.) Im halben Doppelfeld (mit Korridor) spielen, dann ist pro Ballwechsel ein- oder zweimal VH erlaubt.

Anmerkungen
Spieler sollen vor allem mit Geduld arbeiten, entscheidend ist korrekte Beinarbeit und Körperdrehung. Die Vorgabe ist etwas exotisch, man muss teilweise Rückhände in ungewohnter Position schlagen, aber genau das schult die Koordination und die korrekte Stellung zum Rückhandschlag. Falls die beiden parallel spielenden Paarungen sich stören, wird der Ball wiederholt. Wenn ein Rechts- und ein Linkshänder auf der gleichen Seite sind, müssen beide die Rückhand innen haben.

Inside-Out-Duell

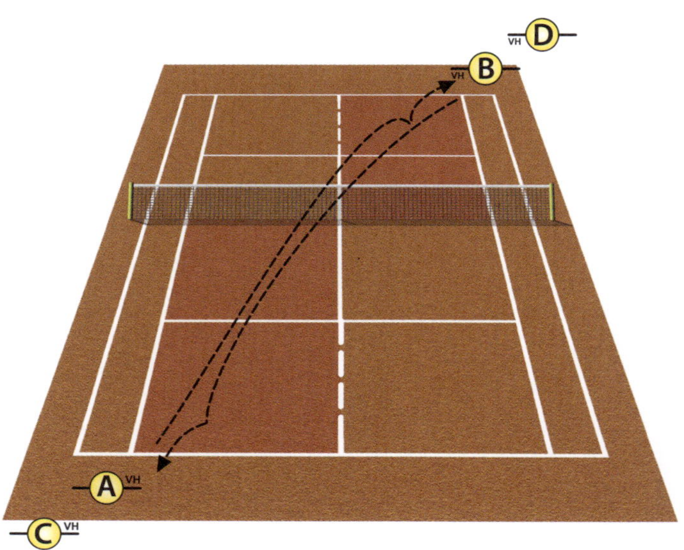

VH	RH	Vo	Sm	As	Ri	oT	2S	3S	4S

Anspruch:	●●●
Intensität:	●●
Anzahl Spieler:	(2) 4
Dauer:	ca. 15 Min.
Zählweise:	Halbfinale und Finale bis 5 oder 7.
Hilfsmittel:	Linienmarkierungen.

Ziel
VH-Power von weit außerhalb des Feldes.

Beschreibung
A und B spielen im halben Einzelfeld über die RH-Seite cross Punkte aus, dürfen aber nur die VH einsetzen. Anspiel (mit der VH) muss fair sein, danach ist alles erlaubt oder Trainer spielt an. C und D machen das gleiche, die Paarungen spielen abwechselnd jeweils einen Punkt über die RH-Seite aus.

Variationen
1.) Stopps und Volleys sind verboten.
2.) Korridor dazu nehmen (halbes Doppelfeld), dadurch wird ausplatzieren möglich.

Anmerkungen
Spieler sollen sich an den ungewohnten Schlagwinkel bei VH Inside Out gewöhnen und versuchen, jeden Ball mit Körpereinsatz zu schlagen.

Inside Out gegen RH

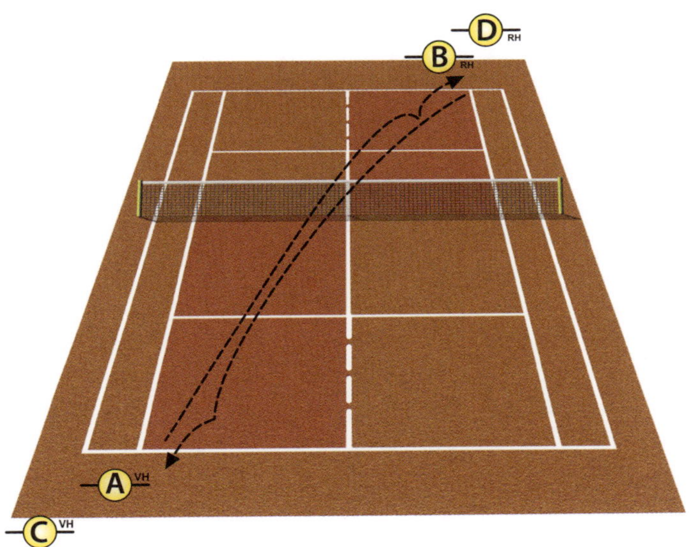

VH	RH	Vo	Sm	As	Rt	oT	2S	3S	4S

Anspruch:	●●●
Intensität:	●●
Anzahl Spieler:	(2) 4
Dauer:	ca. 15 Min.
Zählweise:	Jeder gegen jeden einmal als VH-Spieler und einmal als RH-Spieler bis 5 (6 Runden).
Hilfsmittel:	Linienmarkierungen.

Ziel
VH-Power von weit außerhalb des Feldes, solide Rückhand mit genügend Länge gegen Druck.

Beschreibung
A und B spielen im halben Einzelfeld über die RH-Seite cross Punkte aus. A darf nur die VH einsetzen, B wehrt sich mit RH cross und darf pro Ballwechsel einmal die VH einsetzen. Anspiel (mit der VH) muss fair sein, danach ist alles erlaubt oder Trainer spielt an. C und D machen das gleiche, die Paarungen spielen abwechselnd jeweils einen Punkt über die RH-Seite aus.

Variationen
1.) Stopps und Volleys sind verboten.
2.) Der VH-Spieler bekommt den Korridor dazu (halbes Doppelfeld), dadurch kann der RH-Spieler ihn vor unlösbare Aufgaben stellen (RH kurz cross kann nicht mehr umlaufen werden) und hat dadurch erhöhte Chancen.

Anmerkungen
Es wird die typische Spielsituation kreiert, dass ein Spieler mit umlaufener RH Druck auf die RH des Gegners macht. Dieser muss sich mit langen Cross-Bällen wehren. Die erlaubte VH des Spielers auf der RH-Seite soll dafür sorgen, dass der VH-Spieler nicht zu oft versucht, Punkte durch die Mitte zu erzielen, sondern wirklich Inside Out spielt.

Duell auf Länge 1

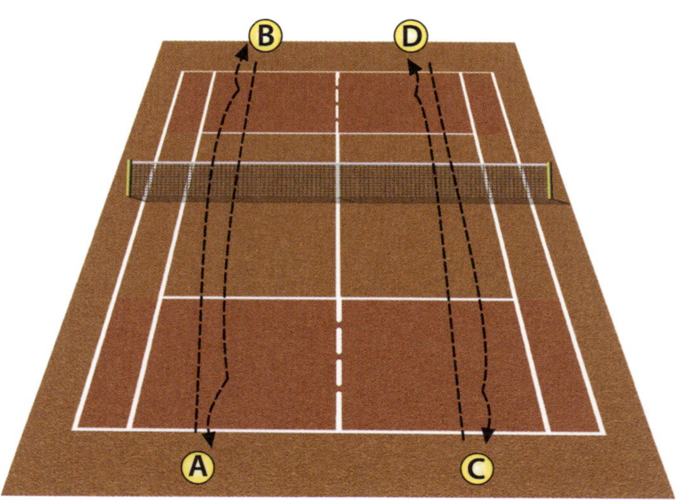

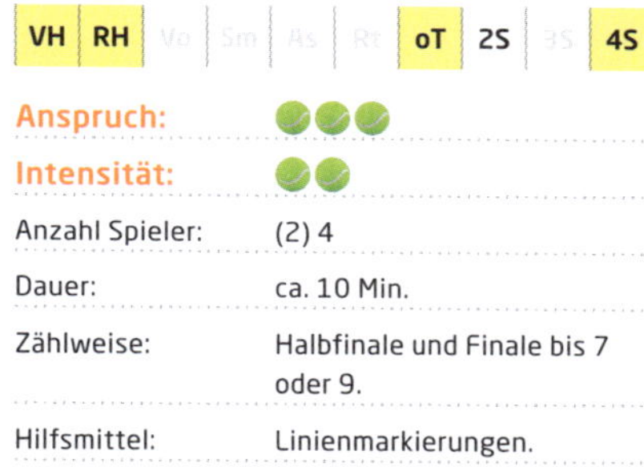

VH	RH	Vo	Sm	As	Rt	oT	2S	3S	4S

Anspruch:	●●●
Intensität:	●●
Anzahl Spieler:	(2) 4
Dauer:	ca. 10 Min.
Zählweise:	Halbfinale und Finale bis 7 oder 9.
Hilfsmittel:	Linienmarkierungen.

Ziel

Sicherheit in den Grundschlägen, Geduld, Gegner durch Sicherheit und Rhythmus-, Drall- und Tempowechsel zu Fehlern zwingen.

Beschreibung

A und B spielen im halben Doppelfeld longline Punkte aus. Die Bälle müssen hinter der T-Linie aufspringen. Anspiel muss fair sein, danach ist alles erlaubt. Jeder Spieler darf einmal »kurz« spielen (der Gegner sagt das an!), erst beim zweiten kurzen Ball ist der Punkt verloren. C und D machen parallel das gleiche.

Variationen

1.) Duell cross ausspielen.
2.) VH oder RH vorschreiben.

Anmerkungen

Spieler sollen vor allem mit Geduld arbeiten, Ausplatzieren des Gegners ist im halben Feld nicht möglich. Ansage »Kurz« muss deutlich hörbar sein.

Kein Netzball 1

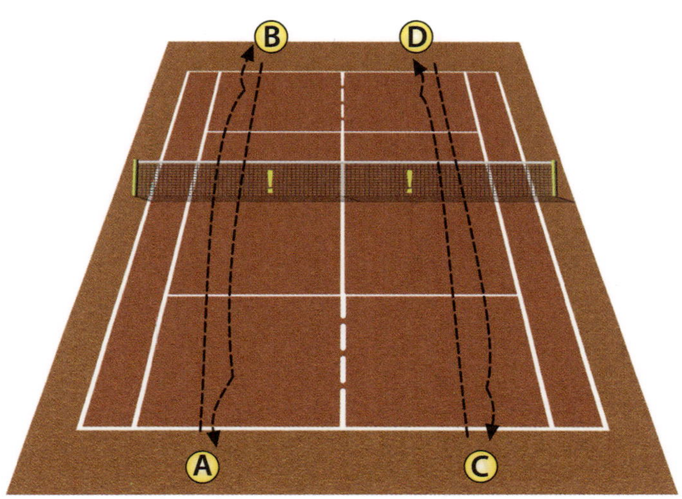

VH	RH	Vo	Sm	As	Rt	oT	2S	3S	4S

Anspruch:	●●●
Intensität:	●●
Anzahl Spieler:	(2) 4
Dauer:	ca. 10 Min.
Zählweise:	Halbfinale und Finale bis 11 oder 13.
Hilfsmittel:	Linienmarkierungen.

Ziel
Sicherheit in den Grundschlägen, Geduld, Gegner durch Sicherheit und Rhythmus-, Drall- und Tempowechsel zu Fehlern zwingen

Beschreibung
A und B spielen im halben Doppelfeld longline Punkte aus. Ein Ball im Netz bedeutet drei Punkte für den Gegner. Anspiel muss fair sein, Stopps und Netzangriffe sind verboten. C und D machen parallel das gleiche.

Variationen
1.) Duell cross ausspielen.
2.) VH oder RH vorschreiben.

Anmerkungen
Gleiche Zielsetzung wie bei vorheriger Übung, zusätzlich wird das Netz als »Hindernis« bewusst gemacht (das ist etwas, was viele Spieler vergessen!). Spieler sollen vor allem mit Geduld arbeiten, Ausplatzieren des Gegners ist im halben Feld nicht möglich. Volley und Stopp verbieten, da der Volleyspieler zu große Vorteile hat, wenn der Gegner auf keinen Fall ins Netz spielen darf (flache Passierbälle unmöglich).

Duell auf Ziel 1

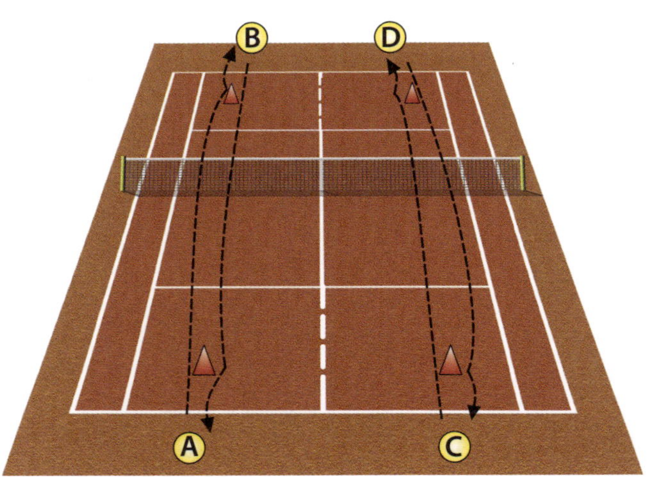

VH	RH	Vo	Sm	As	Rt	oT	2S	3S	4S

Anspruch:	●●●
Intensität:	●●
Anzahl Spieler:	(2) 4
Dauer:	ca. 10 Min.
Zählweise:	Halbfinale und Finale bis 7 oder 9.
Hilfsmittel:	Linienmarkierungen, Hütchen.

Ziel

Sicherheit in den Grundschlägen, Geduld, Gegner durch Sicherheit und Rhythmus-, Drall- und Tempowechsel zu Fehlern zwingen.

Beschreibung

A und B spielen im halben Doppelfeld longline Punkte aus. Auf jeder Seite wird mittig etwa 1 Meter vor der Grundlinie ein Ziel (Hütchen) aufgestellt. Beide Spieler können jetzt den Punkt auch dadurch gewinnen, dass sie das Ziel treffen. Anspiel muss fair sein (kein Treffer mit dem Anspiel erlaubt!). C und D machen parallel das gleiche.

Variationen

1.) Stopps und Volleys erlauben.
2.) VH oder RH vorschreiben.
3.) cross spielen.

Anmerkungen

Das Hütchen im eigenen Feld erhöht die Aufmerksamkeit des Spielers. Er muss den Ball genauer beobachten, besonders bei Bällen, die das Ziel knapp verfehlen. Gute Beinarbeit ist gefragt, das Hütchen im eigenen Feld darf nicht umgestoßen werden (Punktverlust). Die meisten Punkte werden »normal«, also ohne Treffer erzielt werden. Erlaubte Volleys verändern die Übung deutlich, da viele Spieler dann ans Netz aufrücken, um ihr Hütchen zu schützen.

Verteiler gegen Läufer

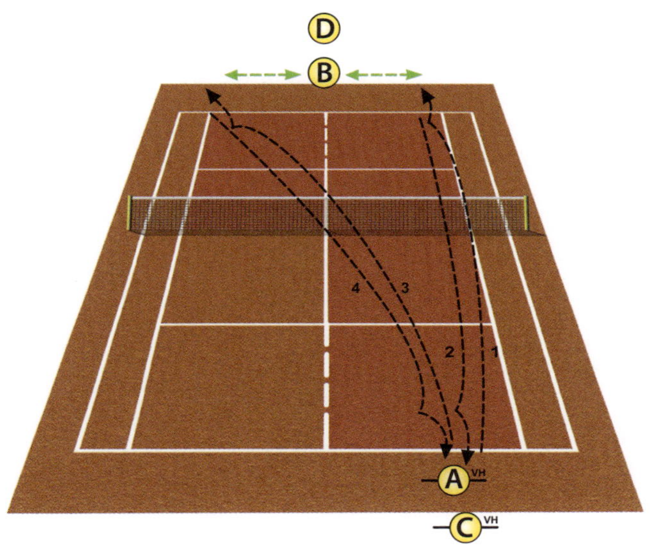

VH	RH	Vo	Sm	As	Rt	oT	2S	3S	4S

Anspruch:	●●●
Intensität:	●●●
Anzahl Spieler:	(2) 4
Dauer:	15-20 Min.
Zählweise:	Jeder spielt gegen jeden ein Match als Verteiler und als Läufer bis 5 oder 7 (6 Durchgänge bei 4 Spielern).
Hilfsmittel:	Linienmarkierungen.

Ziel

Druckvolles GL-Spiel mit dauerndem Richtungswechsel (Verteiler), sicheres Spiel aus dem Lauf (Läufer).

Beschreibung

A ist Verteiler. Sein Spielfeld ist das halbe Einzelfeld auf der VH- oder RH-Seite und er muss abwechselnd longline und cross schlagen. B hat das ganze Einzelfeld und ist Läufer. Er erläuft die abwechselnd rechts und links platzierten Bälle von A und spielt sie zurück ins halbe Einzelfeld von A. B kann jeden Schlag einsetzen, A darf ausschließlich VH oder RH spielen. Stopps oder Volleys sind für beide nicht erlaubt. C und D machen das gleiche, immer ein Punkt pro Paarung im Wechsel.

Variationen

1.) VH- oder RH-Verteiler.
2.) Volleys sind bei kurzem Spiel erlaubt, für den Verteiler aber nur VH oder RH.

Anmerkungen

Die »Mentalität« der Spieler muss stimmen, d. h. der Läufer muss auf Zermürbungstaktik setzen, der Verteiler versucht, durch Winkelspiel das Feld zu öffnen, um den Longlineschuss anzusetzen. Traineranspiel beschleunigt den Ablauf. Kann auch gut zu dritt gespielt werden (ein Verteiler, zwei Läufer). Bei sehr guten Spielern hat der Läufer keine Chance, dann sollte man ein Handicap für den Verteiler setzen (Beispiel: Ball ins Netz kostet 2 Punkte).

Winkel spielen

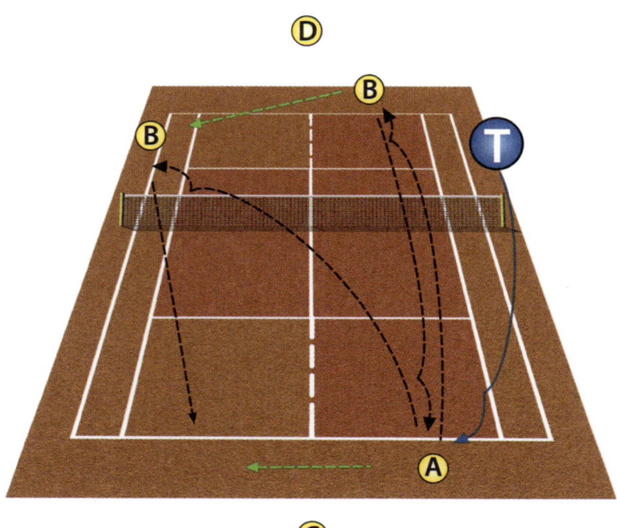

VH	RH	Vo	Sm	As	Rt	oT	2S	3S	4S

Anspruch:	●●●
Intensität:	●●●
Anzahl Spieler:	(2) 4
Dauer:	ca. 20 Min.
Zählweise:	Jeder spielt gegen jeden ein Match bis 7 oder 9 (6 Durchgänge bei 4 Spielern).
Hilfsmittel:	Linienmarkierungen ll/cr, evtl. Markierung für Crossball.

Ziel

GL-Ballwechsel mit kurz cross geschlagenen Bällen öffnen und Raum für den Winner oder Angriff schaffen.

Beschreibung

Der Trainer spielt A an, der den Ballwechsel mit B in der VH- oder RH-Hälfte des Feldes eröffnet (je nachdem, wohin das Traineranspiel ging). Der Ball wird im halben Einzelfeld ausgespielt bis A oder B einen kurzen Crossball in die andere Platzhälfte spielen (kurz = vor die T-Linie oder eine kürzere Markierung). Danach wird der Punkt im gesamten Einzelfeld ausgespielt.

Anmerkungen

Übung für das Öffnen des Feldes durch Winkelspiel. Kurz cross ist immer nur in eine Richtung möglich (je nach Traineranspiel und Eröffnung des Ballwechsels), bietet aber mit der ganzen freien Platzhälfte mehr Möglichkeiten. Spieler müssen vom ersten Schlag an mitdenken und die Aktionen des Gegners genau beobachten. Ist auch mit selbständigem Anspiel möglich, dann immer einen Punkt auf der VH- und den nächsten auf der RH-Seite spielen.

Inside Out - Inside In

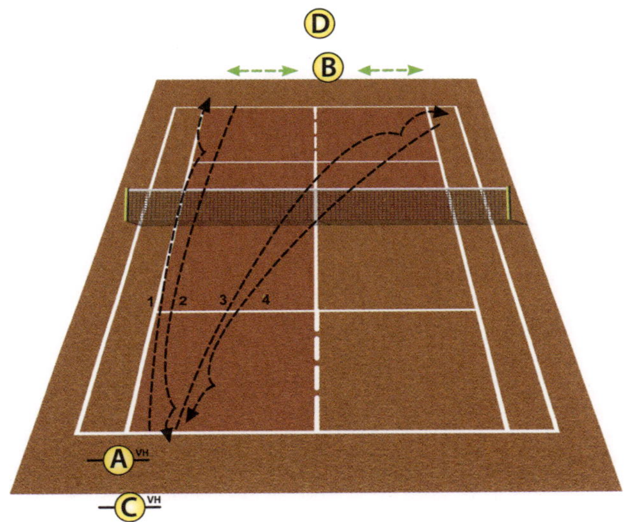

VH	RH	Vo	Sm	As	Rt	oT	2S	3S	4S

Anspruch:	●●●
Intensität:	●●●
Anzahl Spieler:	(2) 4
Dauer:	15-20 Min.
Zählweise:	Jeder spielt gegen jeden ein Match als Verteiler und als Läufer bis 5 oder 7 (6 Durchgänge bei 4 Spielern).
Hilfsmittel:	Linienmarkierungen.

Ziel
Druckvolles GL-Spiel mit dauerndem Richtungswechsel (Verteiler), sicheres Spiel aus dem Lauf (Läufer).

Beschreibung
A ist Verteiler. Sein Spielfeld ist das halbe Einzelfeld auf der RH-Seite, aber er umläuft alle Bälle und spielt mit der VH. Er muss abwechselnd longline (Inside In) und cross (Inside Out) schlagen. B ist Läufer. Er erläuft die abwechselnd rechts und links platzierten Bälle von A und spielt sie zurück ins halbe Einzelfeld von A. B kann jeden Schlag einsetzen. Stopps oder Volleys sind für beide nicht erlaubt. C und D machen das gleiche, immer ein Punkt pro Paarung im Wechsel.

Variation
Volleys sind erlaubt, für den Verteiler aber nur VH.

Anmerkungen
Auch hier muss die Einstellung der Spieler stimmen, d. h. der Läufer muss auf Zermürbungstaktik setzen, der Verteiler macht Druck mit der VH aus schwieriger Position, Traineranspiel beschleunigt den Ablauf. Kann auch gut zu dritt gespielt werden (ein Verteiler, zwei Läufer).

Alles auf die RH

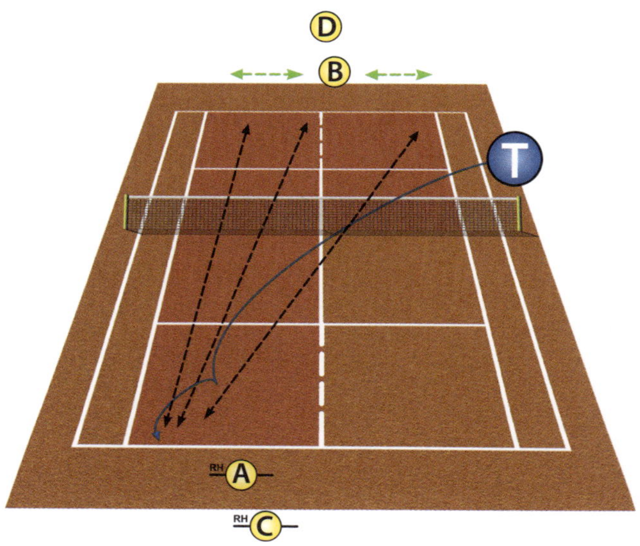

VH	RH	Vo	Sm	As	Rt	oT	2S	3S	4S

Anspruch:	●●●
Intensität:	●●●
Anzahl Spieler:	(2) 4
Dauer:	15-20 Min.
Zählweise:	Jeder spielt gegen jeden ein Match im halben und im ganzen Feld bis 5 oder 7 (6 Durchgänge bei 4 Spielern).
Hilfsmittel:	Linienmarkierungen.

Ziel
Sicheres GL-Spiel aus der RH-Seite, Gegner auf der schwächeren Seite halten.

Beschreibung
A hat das halbe Einzelfeld auf der RH-Seite, B das ganze Einzelfeld. Sie spielen Punkte gegeneinander aus, wobei A die RH einmal pro Ballwechsel umlaufen darf. Faires Anspiel auf A entweder vom Trainer oder durch B, um den Ballwechsel zu eröffnen. Es ist alles erlaubt, allerdings darf A nur angreifen, wenn B einen kurzen Ball spielt. C und D machen das gleiche, immer einen Punkt pro Paarung.

Variation
Volleys einsetzen.

Anmerkungen
Wenn beide taktisch denken, werden sich häufig abwartende RH-cross-Ballwechsel entwickeln, aus denen heraus der Halbfeldspieler irgendwann einen schnellen Longlineball ansetzt. Kann gut zu dritt gespielt werden (ein RH-Spieler, zwei frei Spieler).

Cross-Eröffnung 1

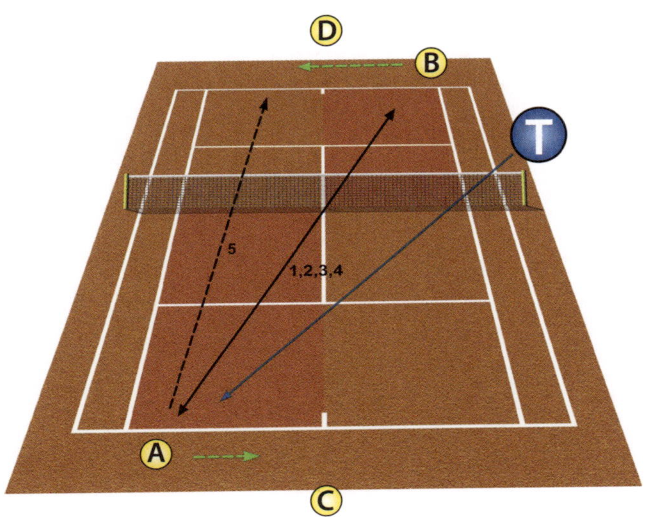

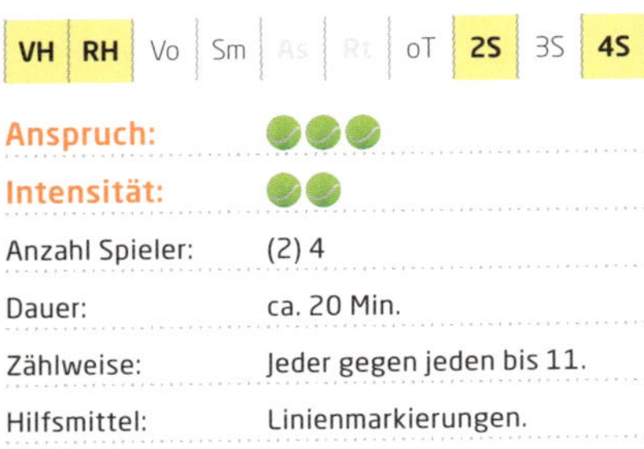

Anspruch:

Intensität:

Anzahl Spieler:	(2) 4
Dauer:	ca. 20 Min.
Zählweise:	Jeder gegen jeden bis 11.
Hilfsmittel:	Linienmarkierungen.

Ziel

Sicherheit in den Grundschlägen, Schlagrhythmus, Ballwechsel aufbauen.

Beschreibung

A und B spielen im Einzelfeld drei Punkte hintereinander aus. Spieler A wird vom Trainer angespielt, entweder auf VH oder auf RH. Der Ball muss viermal cross gespielt werden (zweimal pro Spieler), danach ist der Ballwechsel frei. Nach 3 Punkten wechseln A und B die Seite, C und D spielen währenddessen drei Punkte aus. Dann wieder A und B, B wird jetzt vom Trainer angespielt.

Variationen

1.) 6 Crossbälle.
2.) Bei Cross-Eröffnung über RH umlaufen verbieten.

Anmerkungen

Durch die Cross-Eröffnung soll der Ballwechsel rhythmisch und abwartend beginnen und nicht direkt »auf Punkt« gegangen werden. Der angespielte Spieler hat den ersten »freien« Ball und damit einen kleinen Vorteil.

Cross-Eröffnung 2

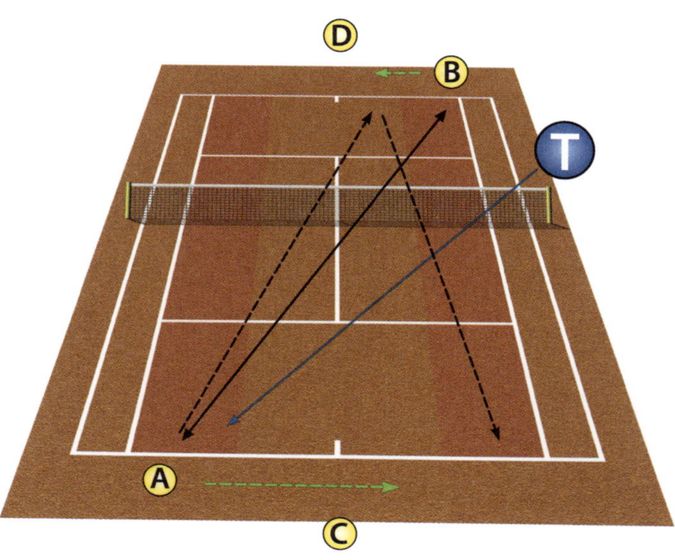

VH	**RH**	Vo	Sm	As	Rt	oT	**2S**	3S	**4S**

Anspruch:	●●●
Intensität:	●●
Anzahl Spieler:	(2) 4
Dauer:	ca. 20 Min.
Zählweise:	Jeder gegen jeden bis 11.
Hilfsmittel:	Linienmarkierungen.

Ziel

Hohe Genauigkeit in den Grundschlägen, Schlagrhythmus, Ballwechsel aufbauen.

Beschreibung

Das halbe Einzelfeld wird auf VH- und RH-Seite für beide Spieler noch einmal halbiert. A und B spielen im Einzelfeld drei Punkte hintereinander aus. Spieler A wird vom Trainer angespielt, entweder auf VH oder auf RH. Der Ball muss cross gespielt werden innerhalb der Zone zwischen Auslinie und Halbierungslinie (etwas mehr als 2 Meter breit). Sobald einer der Spieler zu weit nach innen spielt, ist der Ball frei. Einen Punkt kann jetzt aber nur noch der Spieler gewinnen, der nicht verschlagen hat. Der andere kann nur noch den Punkt des Gegners verhindern. Nach 3 Punkten wechseln A und B die Seite, C und D spielen währenddessen drei Punkte aus. Dann wieder A und B, B wird jetzt vom Trainer angespielt.

Variationen

1.) Nach drei Bällen wechseln.
2.) Nach drei Punkten wechseln (kann länger dauern).
3.) RH cross nur mit RH, umlaufen verboten.

Anmerkungen

Auch hier beginnt der Ballwechsel rhythmisch und abwartend, die enge Zielzone erfordert viel Konzentration. Wer dauernd verschlägt, kann nicht punkten.

Hosenträger Cross-Start

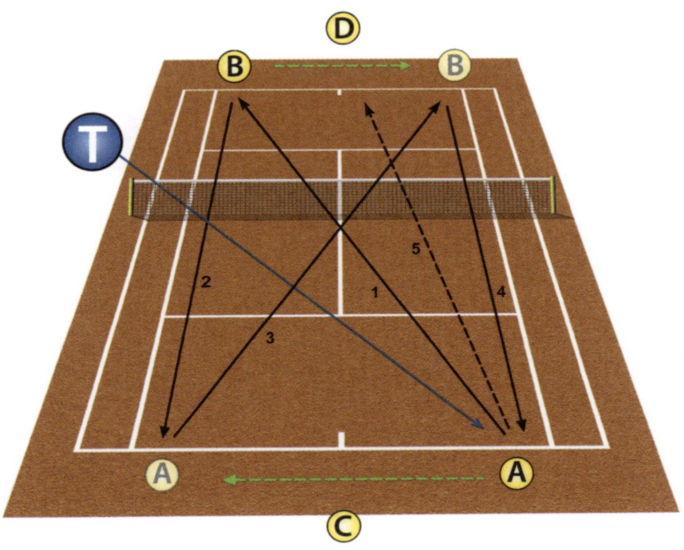

VH	RH	Vo	Sm	As	Rt	oT	2S	3S	4S

Anspruch:	●●●
Intensität:	●●
Anzahl Spieler:	(2) 4
Dauer:	ca. 20 Min.
Zählweise:	Jeder gegen jeden bis 11.
Hilfsmittel:	Linienmarkierungen.

Ziel

Sicherheit in den Grundschlägen, Schlagrhythmus, Richtungswechsel CR-LL/LL-CR.

Beschreibung

A und B spielen im Einzelfeld drei Punkte hintereinander aus. Spieler A wird vom Trainer auf der VH-Seite angespielt. A muss die ersten beiden Bälle VH und RH cross spielen, B muss VH und RH longline antworten (Hosenträger), danach ist der Ballwechsel frei. Nach 3 Punkten wechseln A und B die Seite, C und D spielen währenddessen drei Punkte aus. Dann wieder A und B, B wird jetzt vom Trainer auf der VH angespielt.

Variationen

1.) Traineranspiel auf die RH-Seite.
2.) Zwei Hosenträger spielen lassen.
3.) Bei Hosenträger RH umlaufen verbieten.
4.) Im freien Spiel (ab dem 5. Schlag) geht es um zwei Punkte.

Anmerkungen

Durch die »Hosenträger-Eröffnung« soll der Ballwechsel rhythmisch und abwartend beginnen und nicht direkt »auf Punkt« gegangen werden. Besonders Variation 4 soll diese Einstellung unterstützen. Wenn A (der vom Trainer angespielte Spieler) den ersten »freien« Ball auf der VH-Seite spielt, hat er einen klaren Vorteil. Für B kommt daher dem zweiten Longlineball (von der RH-Seite) herausragende Bedeutung zu – er muss lang genug sein, um A keine Chance für einen Winner (Cross) oder Angriffsschlag mit dem ersten freien Ball zu geben! Nicht so einfach ist es bei Variation 1, wenn der erste freie Ball mit der RH geschlagen werden muss.

Hosenträger Longline-Start

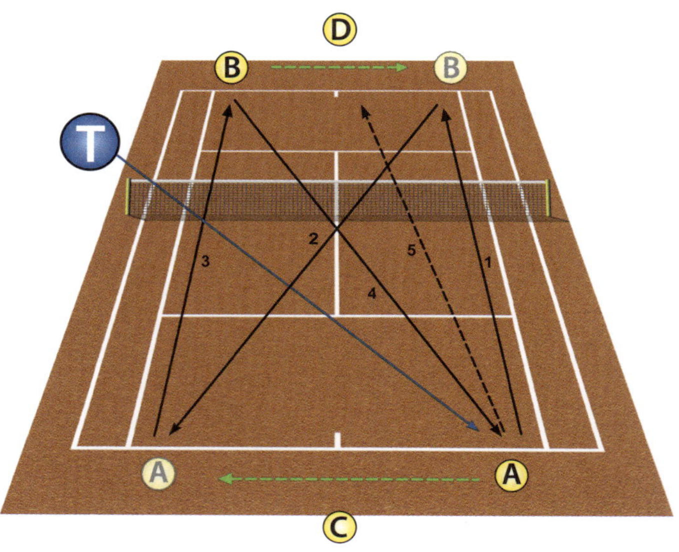

VH	RH	Vo	Sm	As	Rt	oT	2S	3S	4S

Anspruch:	●●●
Intensität:	●●
Anzahl Spieler:	(2) 4
Dauer:	ca. 20 Min.
Zählweise:	Jeder gegen jeden bis 11.
Hilfsmittel:	Linienmarkierungen.

Ziel

Sicherheit in den Grundschlägen, Schlagrhythmus, Richtungswechsel CR-LL/LL-CR.

Beschreibung

A und B spielen im Einzelfeld drei Punkte hintereinander aus. Spieler A wird vom Trainer auf der VH-Seite angespielt. A muss die ersten beiden Bälle RH und VH longline spielen, B muss RH und VH cross antworten, danach ist der Ballwechsel frei. Nach 3 Punkten wechseln A und B die Seite, C und D spielen währenddessen drei Punkte aus. Dann wieder A und B, B wird jetzt vom Trainer auf der VH angespielt.

Variationen

1.) Traineranspiel auf die RH-Seite.
2.) Zwei Hosenträger spielen lassen.
3.) Bei Hosenträger RH umlaufen verbieten.
4.) Im freien Spiel (ab dem 5. Schlag) geht es um zwei Punkte.

Anmerkungen

Die Vorgabe »Longline« für A ändert die Verhältnisse. Der erste freie Ball auf den VH-Crossball von B ist kein so großer Vorteil mehr, B hat wesentlich mehr Möglichkeiten, A schon mit den ersten zwei Bällen unter Druck zu setzen. Das Traineranspiel auf die RH-Seite (Variation 1) gleicht die Chancen total aus.

Briefkuvert-Eröffnung

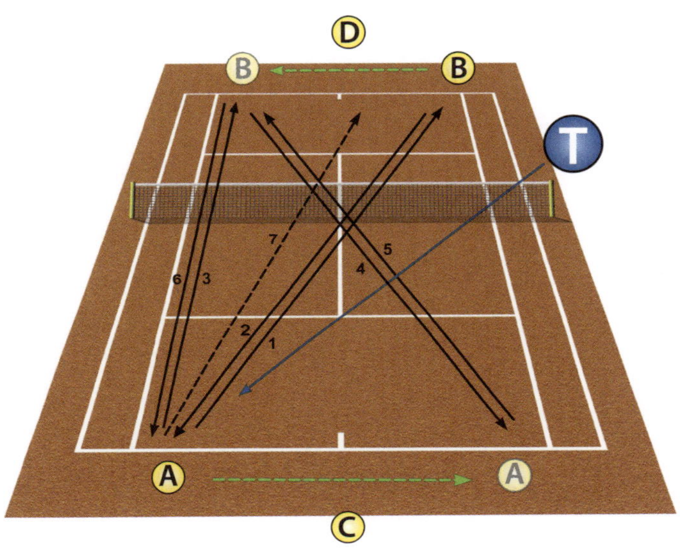

VH	RH	Vo	Sm	As	Rt	oT	2S	3S	4S

Anspruch:	●●●●
Intensität:	●●
Anzahl Spieler:	(2) 4
Dauer:	ca. 20 Min.
Zählweise:	Jeder gegen jeden bis 11.
Hilfsmittel:	Linienmarkierungen.

Ziel

Sicherheit in den Grundschlägen, Schlagrhythmus, Richtung wechseln und halten, Ballwechsel aufbauen.

Beschreibung

A und B spielen im Einzelfeld drei Ballwechsel nacheinander aus. Spieler A wird vom Trainer auf der VH- oder RH-Seite angespielt. Die Spieler beginnen mit dem aus Übung 36 bekannten Schema cross-cross-longline-cross-cross-longline, danach ist der Ballwechsel frei. Ein Fehler im Briefkuvert bringt dem Gegner einen Punkt, im freien Ballwechsel (ab dem 7. Schlag) erhält der Sieger 2 Punkte. Nach 3 Bällen wechseln A und B die Seite, C und D spielen währenddessen drei Bälle aus. Dann wieder A und B, B wird jetzt vom Trainer angespielt und hat den ersten freien Ball.

Anmerkungen

Diese Eröffnung erscheint schwieriger, ist aber rhythmischer als die Hosenträger-Eröffnung. Die Spieler sollten sich die Richtung leise vorsagen. Aufpassen, die Reihenfolge für die eigenen Schläge des angespielten Spielers A ist cross-longline-cross, die für B ist cross-cross-longline. Alle drei Übungen (53 bis 55) sollen die Spieler zum Vorausdenken animieren, d. h. während der richtungsvorgegebenen 4 oder 6 Bälle beginnt bereits die Vorbereitung auf das freie Spiel.

Duell auf Länge 2

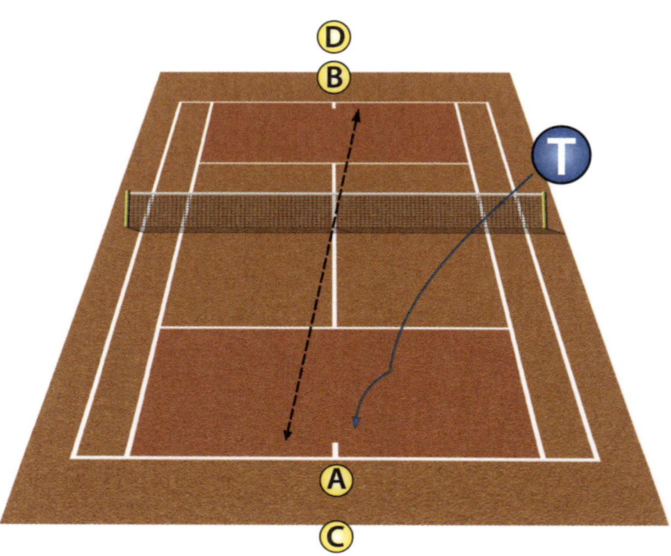

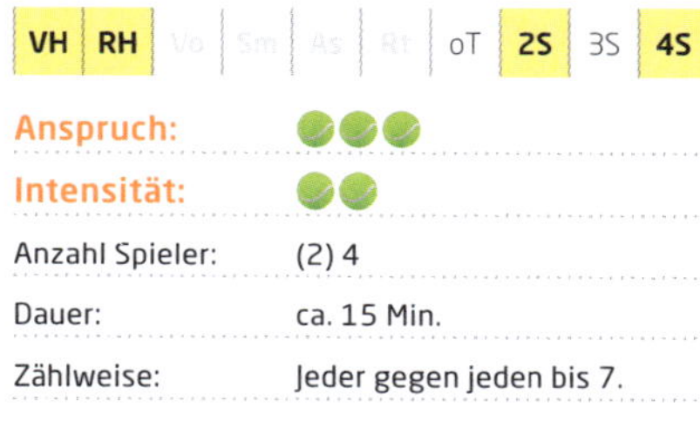

VH	RH	Vo	Sm	As	Rt	oT	2S	3S	4S

Anspruch:	●●●
Intensität:	●●
Anzahl Spieler:	(2) 4
Dauer:	ca. 15 Min.
Zählweise:	Jeder gegen jeden bis 7.

Ziel

Sicherheit in den Grundschlägen, Geduld, Gegner durch Sicherheit, Platzierung, Länge und Höhe zu Fehlern zwingen.

Beschreibung

A und B spielen im Einzelfeld drei Punkte hintereinander aus. Spieler A wird vom Trainer beliebig angespielt. Beide Spieler müssen die Bälle hinter der T-Linie platzieren, ein zu kurzer Ball bedeutet Punktverlust. Nach 3 Punkten wechseln A und B die Seite, C und D spielen währenddessen drei Punkte aus. Dann wieder A und B, B wird jetzt vom Trainer angespielt. Kein Netzspiel erlaubt.

Variation

Einen zu kurzen Ball erlauben (Joker).

Anmerkungen

Spieler sollen vor allem mit Geduld arbeiten, Gefühl für Länge und Höhe entwickeln und sich in Bedrängnis mit einem defensiven hohen Ball retten.

Duell auf Länge 3

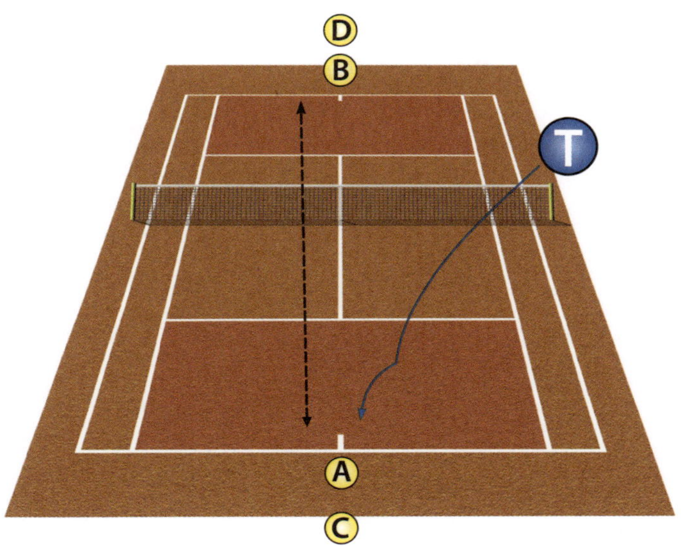

VH	RH	Vo	Sm	As	Rt	oT	2S	3S	4S

Anspruch: ●●●

Intensität: ●●

Anzahl Spieler:	(2) 4
Dauer:	ca. 20 Min.
Zählweise:	Jeder gegen jeden bis 11.

Ziel

Sicherheit in den Grundschlägen, Geduld, Gegner durch Sicherheit, Platzierung, Länge und Höhe zu Fehlern zwingen.

Beschreibung

A und B spielen im Einzelfeld drei Punkte hintereinander aus. Spieler A wird vom Trainer beliebig angespielt. Beide Spieler sollen die Bälle hinter der T-Linie platzieren, ein zu kurzer Ball bedeutet einen zusätzlichen Punkt für den Gegner, der Ballwechsel geht aber weiter. Nach 3 Punkten wechseln A und B die Seite, C und D spielen währenddessen drei Punkte aus. Dann wieder A und B, B wird jetzt vom Trainer angespielt.

Anmerkungen

Kurze Bälle sind jetzt noch schmerzhafter, da sie in einem Ballwechsel mehrmals vorkommen können und immer einen Punkt für den Gegner bedeuten. Wenn ein Spieler also den Ballwechsel gewinnt, dabei aber dreimal zu kurz gespielt hat, liegt er 1:3 zurück. Stopps sind bei dieser Variation natürlich möglich, aber taktisch fraglich. Der Trainer muss aufmerksam mitzählen und während der Ballwechsel die kurzen Bälle (Punkte) ansagen. Volleys müssen ebenfalls lang gespielt werden.

Kein Netzball 2

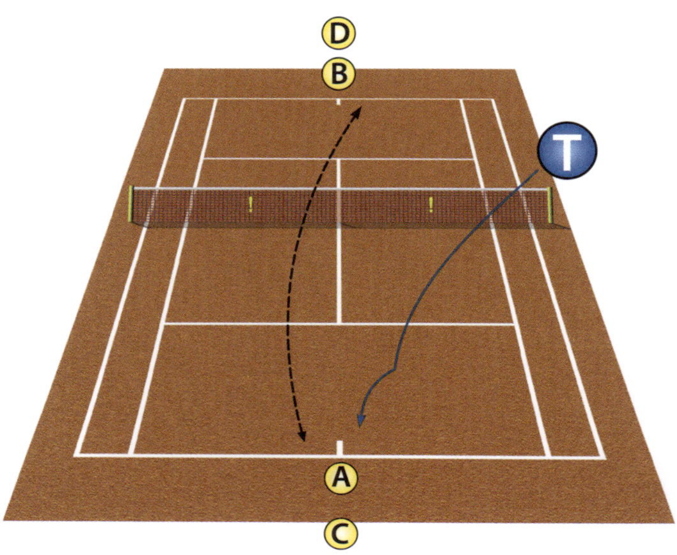

VH	RH	Vo	Sm	As	Rt	oT	2S	3S	4S

Anspruch:	
Intensität:	
Anzahl Spieler:	(2) 4
Dauer:	ca. 20 Min.
Zählweise:	Jeder gegen jeden bis 11.
Hilfsmittel:	Zielzonenmarkierung-

Ziel

Sicherheit in den Grundschlägen, Platzierung, Höhe und Drall.

Beschreibung

A und B spielen im Einzelfeld drei Punkte hintereinander aus. Spieler A wird vom Trainer beliebig angespielt. Jeder Ball, der ins Netz gespielt wird, bringt dem Gegner drei Punkte. Angriffsspiel ist nur erlaubt, wenn der Gegner kurz spielt. Nach 3 Punkten wechseln A und B die Seite, C und D spielen währenddessen drei Punkte aus. Dann wieder A und B, B wird jetzt vom Trainer angespielt.

Variation

»Netzregel« gilt nur für die ersten 6 Schläge.

Anmerkungen

Angriffsspiel muss deshalb limitiert werden, weil gute Volleyspieler einen erheblichen Vorteil haben, wenn der Passierball nicht flach gespielt werden kann.

Duell auf Ziel 2

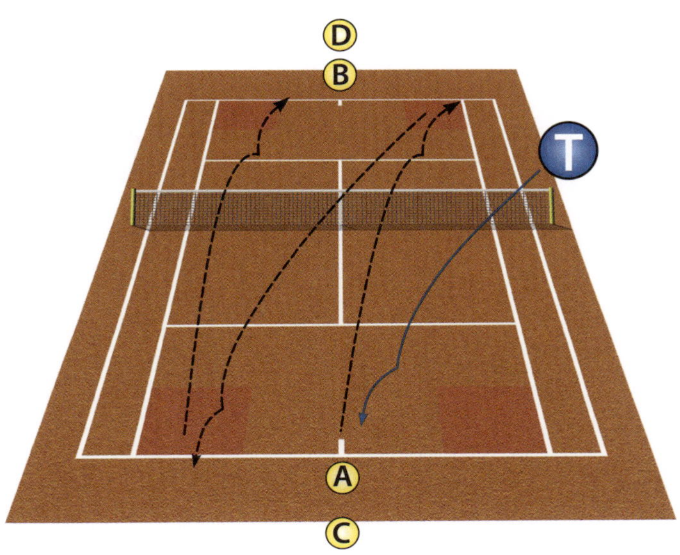

VH	RH	Vo	Sm	As	Rt	oT	2S	3S	4S

Anspruch:	●●●
Intensität:	●●
Anzahl Spieler:	(2) 4
Dauer:	ca. 20 Min.
Zählweise:	Jeder gegen jeden bis 11.
Hilfsmittel:	Zielzonenmarkierung.

Ziel
Sicherheit in den Grundschlägen, Platzierung, Länge.

Beschreibung
Auf jeder Seite des Platzes werden in der VH- und RH-Ecke Zielzonen markiert (Größe nach Leistungsstand der Spieler). A und B spielen im Einzelfeld drei Punkte hintereinander aus. Spieler A wird vom Trainer beliebig angespielt. Jeder Ball in eine der Zielzonen bringt einen zusätzlichen Punkt. Angriffsspiel ist nur erlaubt, wenn der Gegner kurz spielt. Nach 3 Punkten wechseln A und B die Seite, C und D spielen währenddessen drei Punkte aus. Dann wieder A und B, B wird jetzt vom Trainer angespielt.

Variation
Zielzonen auch für Winkelbälle.

Anmerkungen
Angriffsspiel muss deshalb limitiert werden, da einige risikofreudige Spieler andauernd ans Netz starten würden, um Treffer des Gegners in die Zielzonen zu verhindern, was nicht im Sinne der Übung wäre.

Freies Duell

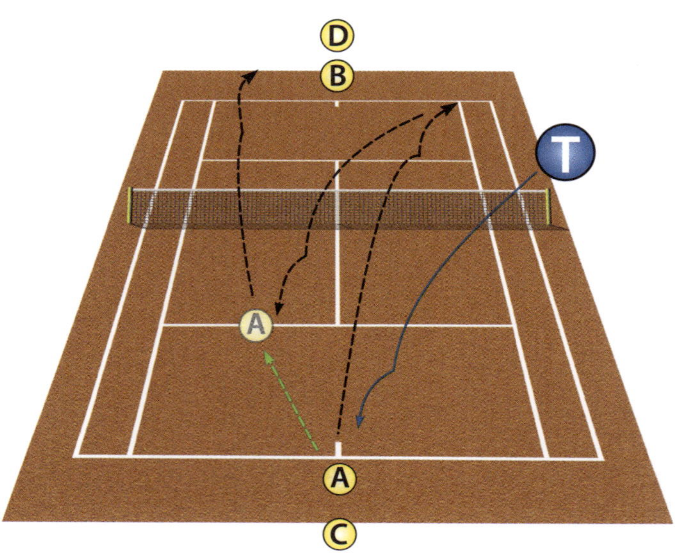

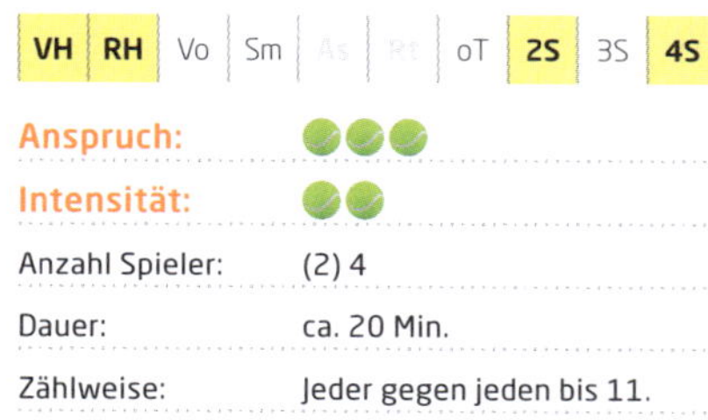

Anspruch:	●●●
Intensität:	●●
Anzahl Spieler:	(2) 4
Dauer:	ca. 20 Min.
Zählweise:	Jeder gegen jeden bis 11.

Ziel

Sicherheit in den Grundschlägen, Geduld, Platzierung, Länge.

Beschreibung

A und B spielen im Einzelfeld drei Punkte hintereinander aus. Spieler A wird vom Trainer beliebig angespielt. Beide Spieler können beliebig agieren. Es darf aber nur dann angegriffen werden, wenn der Ball des Gegners einen Spieler zwingt, bis an die T-Linie nach vorne zu laufen. Der Trainer entscheidet im Zweifel. Nach 3 Punkten wechseln A und B die Seite, C und D spielen währenddessen drei Punkte aus. Dann wieder A und B, B wird jetzt vom Trainer angespielt.

Variation

Zielvorgabe (»cross«) für den ersten Ball (bei sehr guten Spielern, die sofort Druck machen).

Anmerkungen

Die Spieler sollen Punkte im Grundlinienspiel erzielen, deswegen sind die Angriffsmöglichkeiten eingeschränkt. Sehr gute Spieler sollte der Trainer auf der RH anspielen, damit sie nicht sofort punkten oder zu viel Druck ausüben.

Einhundertundeins

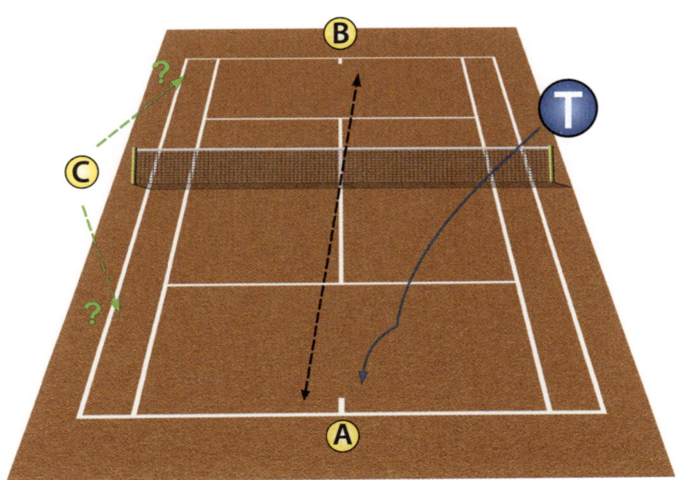

VH	RH	Vo	Sm	As	Rt	oT	2S	3S	4S

Anspruch:	●●●
Intensität:	●●
Anzahl Spieler:	3 (4)
Dauer:	ca. 20 Min.
Zählweise:	Welcher Spieler hat zuerst 101 Punkte.

Ziel

Sicherheit in den Grundschlägen, Ballwechsel taktisch aufbauen, Spiel für 3

Beschreibung

A und B spielen einen freien Ballwechsel aus (Traineranspiel auf A). Der Sieger bekommt so viel Punkte, wie der Ball hin und her geflogen ist (Netzüberquerungen). Je länger der Ballwechsel also dauert, umso wertvoller wird er. Maximalpunktzahl ist 10 pro Ballwechsel. Der Verlierer wird durch C ausgewechselt.

Variation

Ein Winner-Schlag zählt drei Punkte extra.

Anmerkungen

Die Übung funktioniert am besten mit drei Spielern, kann aber auch mit 4 gespielt werden. Die wartenden Spieler sollten sich am Netzpfosten aufhalten, um schnell in jede Richtung hineinlaufen zu können (Verlierer ersetzen). Kurze, ungeduldige Ballwechsel bringen wenig Punkte, die Spieler sollen einen Ballwechsel aufbauen und im richtigen Moment zuschlagen.

Vorhand-Schuss

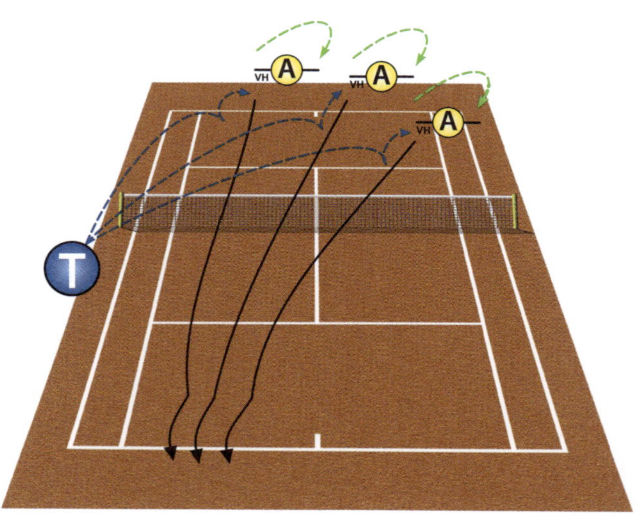

VH	RH	Vo	Sm	As	Rt	oT	2S	3S	4S

Anspruch:	●●●
Intensität:	●●●●
Anzahl Spieler:	2-4
Dauer:	ca. 10 Min.
Zählweise:	pro Spieler 2 Serien.
Hilfsmittel:	Ziel, das nicht zu leicht umfällt (leerer Balleimer oder ähnliches).

Ziel

Aggressive VH aus allen Positionen des Platzes.

Beschreibung

Der Trainer spielt 20 Bälle in recht schneller Folge verschieden lang und hoch an die Grundlinie oder ein wenig vor die Grundlinie zu. Der Spieler versucht, jeden Ball mit hohem Druck mit der VH zu spielen (RH umlaufen). Zur Erfolgskontrolle und Motivation ist ein Ziel in der RH-Ecke aufgebaut, das »fallen« muss.

Variation

3 Durchgänge à 10 Bälle.

Anmerkungen

Diese Schlagübung ist eine Vorbereitung auf die nachfolgenden Spielübungen und soll den Spieler auf den wichtigsten Schlag für aggressives Grundlinienspiel vorbereiten. Es macht Sinn, ab und zu eine kurze Einheit dieser Übungsform voranzustellen. Erfahrungsgemäß sind die Spieler danach »heiß« auf die »Power-Vorhand«.

Vorhand-Eröffnung

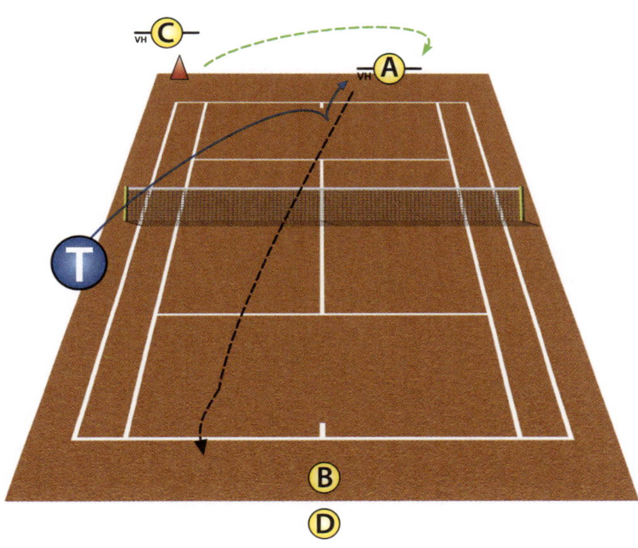

VH	RH	Vo	Sm	As	Rt	oT	2S	3S	4S

Anspruch:	●●●
Intensität:	●●
Anzahl Spieler:	(2) 4
Dauer:	ca. 20 Min.
Zählweise:	Jeder gegen jeden bis 7.
Hilfsmittel:	Markierungen (Linie, Hütchen).

Ziel
Aggressive Eröffnung des Ballwechsels, Druck aufbauen.

Beschreibung
A und B spielen im Einzelfeld drei Punkte hintereinander aus. Spieler A wird vom Trainer mit einem hohen Ball in die Mitte des Feldes angespielt. A startet von einer Markierung (Linie, Hütchen), die sich hinter der Grundlinie (Hütchen außerhalb der Laufwege aufstellen) auf seiner VH-Seite befindet und muss diesen ersten langsamen Ball umlaufen und mit der VH druckvoll spielen. Die Richtung ist frei. Nach jedem gespielten Punkt muss A erneut von der Markierung starten. Nach 3 Punkten wechseln A und B die Seite, C und D spielen währenddessen drei Punkte aus. Dann wieder A und B, B wird jetzt vom Trainer angespielt.

Variation
Zielvorgabe (Inside Out) für den ersten Ball.

Anmerkungen
Das Grundlinienduell wird direkt mit Druck eröffnet und nicht abwartend gespielt. Zielvorgabe für den ersten Ball ist bei sehr guten Spielern angebracht, da sonst zu viele Gewinnschläge entstehen.

Vorhand-Vorhand-Eröffnung

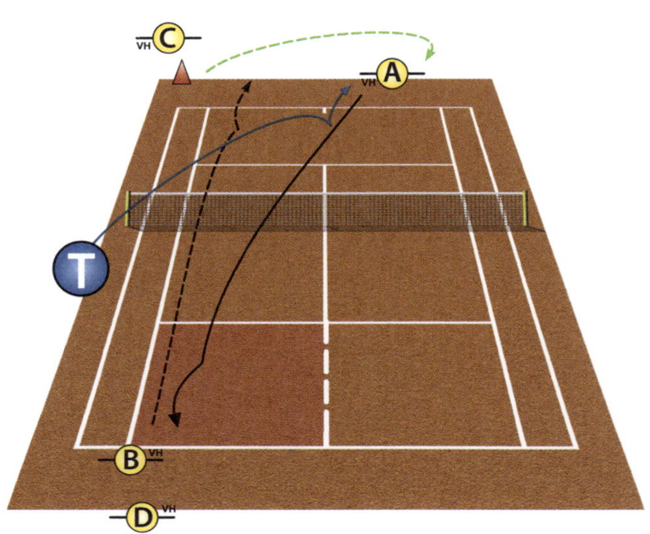

VH	RH	Vo	Sm	As	Rt	oT	2S	3S	4S

Anspruch:	●●●
Intensität:	●●●
Anzahl Spieler:	(2) 4
Dauer:	ca. 20 Min.
Zählweise:	Jeder gegen jeden bis 7.
Hilfsmittel:	Markierungen (Linie, Hütchen).

Ziel
Aggressive Eröffnung des Ballwechsels, Druck aufbauen.

Beschreibung
A und B spielen im Einzelfeld drei Punkte hintereinander aus. Spieler A wird vom Trainer mit einem hohen Ball in die RH-Ecke des Feldes angespielt. A startet von einer Markierung (Linie, Hütchen), die sich hinter der Grundlinie (Hütchen außerhalb der Laufwege aufstellen) in der Mitte des Feldes befindet und muss diesen ersten langsamen Ball umlaufen und mit der VH druckvoll Inside Out in eine Zielzone auf der RH-Seite des Gegners spielen. B antwortet ebenfalls mit VH aus der RH-Ecke. Nach jedem gespielten Punkt muss A erneut von der Markierung starten. Nach 3 Punkten wechseln A und B die Seite, C und D spielen währenddessen drei Punkte aus. Dann wieder A und B, B wird jetzt vom Trainer angespielt.

Variation
Zielvorgabe größer oder kleiner.

Anmerkungen
Hochaggressives Grundlinienspiel, da beide sofort mit der VH Tempo machen. Zielzone für den ersten Schlag nicht zu klein wählen, in den meisten Fällen reicht »halbes Feld länger T«. B kann mit einer schnellen VH direkt in die Lücke schießen, die A durch sein Umlaufen aufmacht.

Vorhand gegen Rückhand

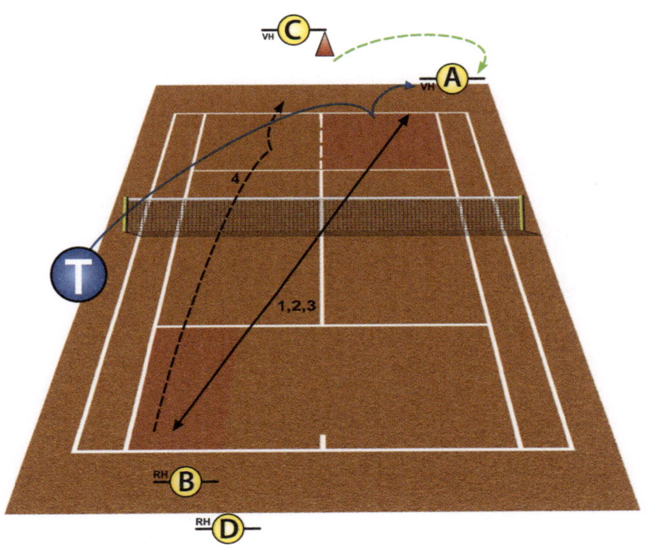

VH	RH	Vo	Sm	As	Rt	oT	2S	3S	4S

Anspruch:	●●●
Intensität:	●●●
Anzahl Spieler:	(2) 4
Dauer:	ca. 20 Min.
Zählweise:	Jeder gegen jeden bis 7.
Hilfsmittel:	Markierungen (Linie, Hütchen).

Ziel

Aggressive Eröffnung des Ballwechsels durch umlaufene RH, Druck aufbauen.

Beschreibung

A und B spielen im Einzelfeld drei Punkte hintereinander aus. A startet von einer Markierung (Linie, Hütchen), die sich hinter der Grundlinie (Hütchen außerhalb der Laufwege aufstellen) in der Mitte des Feldes befindet und wird vom Trainer mit einem hohen Ball in die RH-Ecke des Feldes angespielt. Er muss den Ball umlaufen und mit der VH druckvoll Inside Out in eine Zielzone auf der RH-Seite des Gegners spielen. B antwortet mit RH cross und versucht den Ball lang zu halten. A spielt ein weiteres Mal VH Inside Out auf die RH-Seite von B, der jetzt mit der RH frei antworten kann. Nach jedem gespielten Punkt muss A erneut von der Markierung starten. Nach 3 Punkten wechseln A und B die Seite, C und D spielen währenddessen drei Punkte aus. Dann wieder A und B, B wird jetzt vom Trainer angespielt.

Variationen

Zielvorgabe größer oder kleiner.

Anmerkungen

Aggressives Grundlinienspiel in der typischen Konstellation VH aus der RH-Ecke gegen RH.
Der VH-Spieler muss auf jeden Fall so viel Druck aufbauen, dass ihn der zweite (freie) RH-Ball des Gegners nicht longline überrascht. Zielzone für die VH-Schläge nicht zu klein wählen, 2 bis 3 Meter von der Seitenlinie und länger T ist realistisch. B versucht, die ersten beiden Bälle zu »überleben«, um sich dann eine Chance zu erarbeiten.

Inside In auf Signal

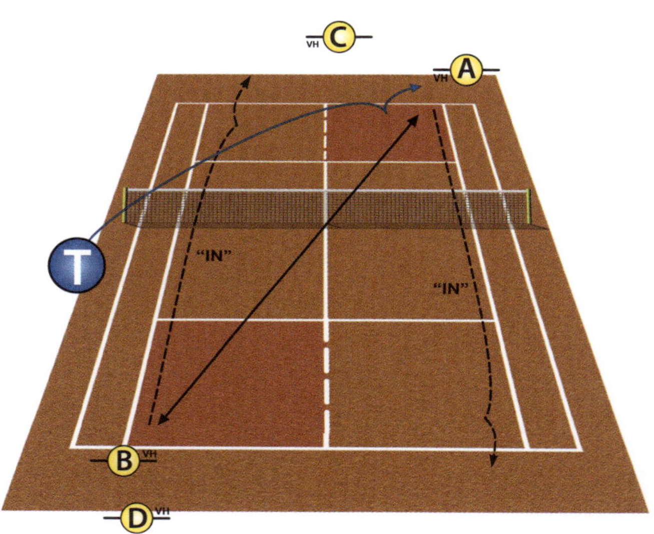

VH	RH	Vo	Sm	As	Rt	oT	2S	3S	4S

Anspruch:	●●●
Intensität:	●●●
Anzahl Spieler:	(2) 4
Dauer:	ca. 20 Min.
Zählweise:	Jeder gegen jeden bis 7.
Hilfsmittel:	Linienmarkierungen »halbes Feld«.

Ziel

Aggressive Eröffnung des Ballwechsels durch umlaufene RH, Druck aufbauen.

Beschreibung

A und B spielen im Einzelfeld drei Punkte hintereinander aus. Spieler A wird vom Trainer mit einem hohen Ball in die RH-Ecke des Feldes angespielt. A umläuft den Ball und spielt die VH Inside Out auf die RH-Seite des Gegners. B steht schon etwas links außerhalb des Feldes antwortet ebenfalls mit VH Inside Out. Die Spieler setzen das VH-Inside-Out-Duell fort, bis der Trainer »in« ruft. Der nächste Ball muss jetzt eine VH Inside In sein, danach ist der Ballwechsel offen. Nach 3 Punkten wechseln A und B die Seite, C und D spielen währenddessen drei Punkte aus. Dann wieder A und B, B wird jetzt vom Trainer angespielt.

Variationen

Vorgabe 4 oder 6 VH Inside Out, dann freies Spiel.

Anmerkungen

Aggressives Grundlinienspiel aus ungewöhnlicher Position, die viel Platzfläche freigibt. Der Trainer muss gut überlegen, wann er »in« ruft, um keinen Spieler auf Dauer zu bevorteilen.

Vorhand-Power

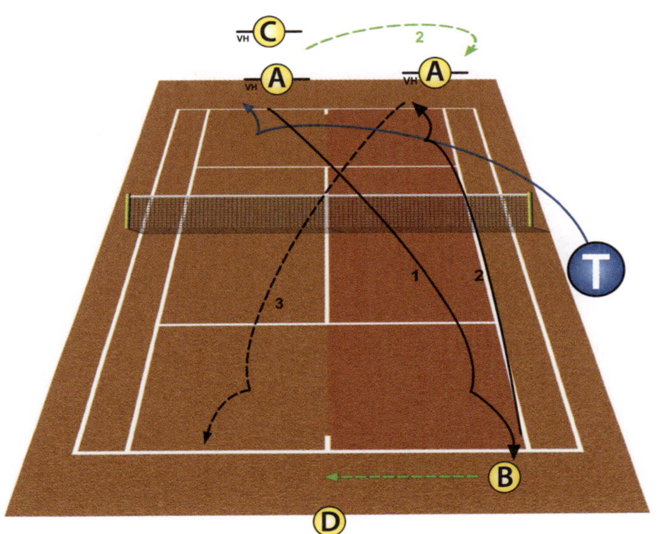

VH	RH	Vo	Sm	As	Rt	oT	2S	3S	4S

Anspruch:	●●●
Intensität:	●●●
Anzahl Spieler:	(2) 4
Dauer:	ca. 20 Min.
Zählweise:	Jeder gegen jeden bis 7.
Hilfsmittel:	Linienmarkierungen »halbes Feld«.

Ziel
Aggressive Eröffnung des Ballwechsels durch umlaufene RH, Druck aufbauen.

Beschreibung
Spieler A wird vom Trainer auf der VH-Seite angespielt und schlägt den ersten Ball VH cross. B antwortet VH longline in die RH-Ecke von A.
A umläuft den Ball und versucht, mit seiner VH Druck zu machen. Der Ball ist frei und wird im ganzen Feld ausgespielt. Den nächsten Punkt spielen C und D auf die gleiche Weise. Nach 3 Punkten pro Paarung wechseln alle vier Spieler die Seite, den VH-Powerball schlagen jetzt B und D.

Variationen
Sehr gut ohne Trainerzuspiel möglich, Spieler eröffnen selbst mit VH-Cross-Anspiel.

Anmerkungen
Der eröffnende VH-Crossball sollte mit genügend Länge gespielt werden, damit der Rückspieler die VH longline nicht beliebig und mit Druck platzieren kann, sonst wird das Umlaufen sehr schwer.

Winner zählt doppelt

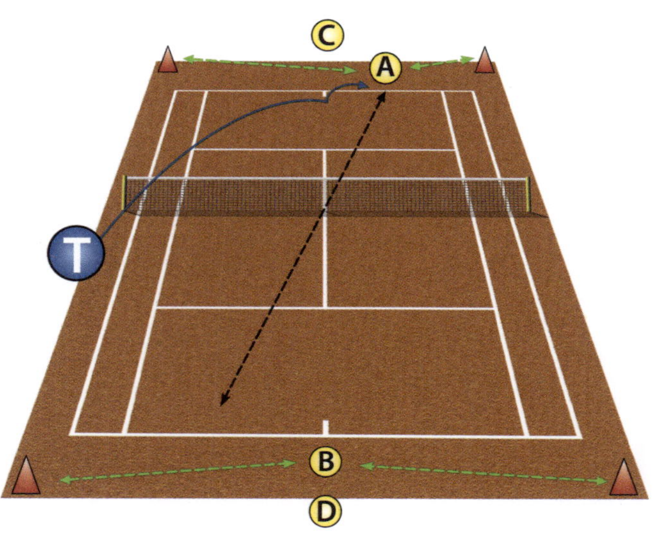

VH	RH	Vo	Sm	As	Rt	oT	2S	3S	4S

Anspruch:	●●●
Intensität:	●●●
Anzahl Spieler:	(2) 4
Dauer:	ca. 20 Min.
Zählweise:	Jeder gegen jeden bis 9, direkte Gewinnschläge zählen doppelt.
Hilfsmittel:	Markierungen (Linie, Hütchen).

Ziel
Aggressives Spiel, Druck aufbauen, Feld öffnen.

Beschreibung
A und B spielen im Einzelfeld drei Punkte hintereinander aus. Beide Spieler haben Markierungen (Linie, Hütchen), die sich hinter der Grundlinie (Hütchen außerhalb der Laufwege aufstellen) in den Ecken des Spielfeldes befinden und müssen zu jedem Ballwechsel von diesen Markierungen starten. Der Trainer spielt A beliebig an. A gibt den Zuspielrhythmus vor, d. h. wenn er nach dem Ballwechsel sehr schnell an seiner Markierung ist und B etwas »nachhängt«, hat er Chancen, diesen auf dem falschen Fuß zu erwischen oder aggressiv in die freie Ecke zu spielen und Winner zu schlagen. Die Spieler entscheiden bei jedem Ballwechsel selbst, von welcher Markierung sie starten. Nach 3 Punkten wechseln A und B die Seite, C und D spielen währenddessen drei Punkte aus. Dann wieder A und B, B wird jetzt vom Trainer angespielt.

Variation
Zielvorgabe größer oder kleiner.

Anmerkungen
Keine vorgegebene Spieleröffnung, durch die Markierungen, von denen gestartet werden muss, ist sehr viel Laufarbeit auf beiden Seiten angesagt. B wird immer von der nächstgelegenen Markierung starten, A wird versuchen, möglichst seine Vorhand einzusetzen und daher wenn möglich von der Markierung in der RH-Ecke zu starten.

Rückhand umlaufen

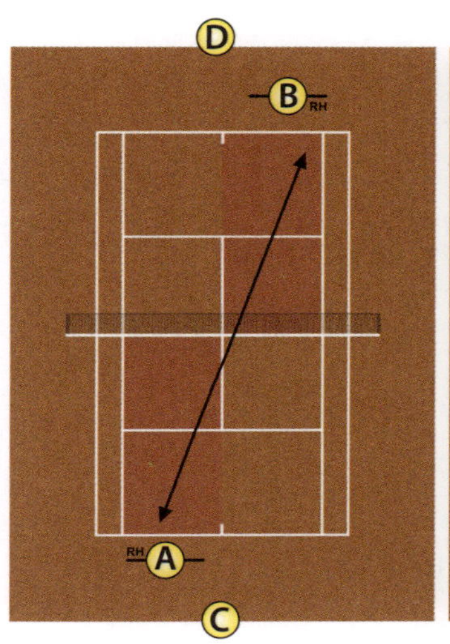

Rückhand cross Eröffnung

B umläuft, das Spiel ist offen

VH	**RH**	Vo	Sm	Äs	Rt	oT	**2S**	3S	**4S**

Anspruch:	●●●●
Intensität:	●●
Anzahl Spieler:	(2) 4
Dauer:	ca. 20 Min.
Zählweise:	Jeder gegen jeden bis 7.
Hilfsmittel:	Linienmarkierungen »halbes Feld«.

Ziel

Chance zu aggressivem Spiel erarbeiten, Druck im richtigen Moment erhöhen, Gegner beobachten.

Beschreibung

A und B spielen im Einzelfeld drei Punkte hintereinander aus. Spieler A wird vom Trainer auf der RH-Seite angespielt und spielt RH cross. B antwortet ebenfalls mit RH cross. Es ist so lange nur RH cross erlaubt, bis einer der Spieler umläuft, um die VH einzusetzen. Dieser VH-Schlag ist frei und der Punkt wird im ganzen Feld ausgespielt. Nach 3 Punkten wechseln A und B die Seite, C und D spielen währenddessen drei Punkte aus. Dann wieder A und B, B wird jetzt vom Trainer angespielt.

Variation

Spieler müssen mindestens jeder zweimal RH cross schlagen.

Anmerkungen

Sehr realistisches Grundlinienduell, bei dem beide Spieler versuchen, den Gegner auf der schwächeren Seite zu halten und auf ihre Chance warten, Druck zu machen. Wichtig ist die periphere Beobachtung des Gegners aus dem Augenwinkel, um rechtzeitig zu erkennen, was dieser vorhat. Die Übung beinhaltet wichtige taktische Elemente, da man auch immer den eigenen gerade geschlagenen Ball beurteilen muss (könnte der andere jetzt umlaufen?). Taktische Übung (Kap.5)

Niemandsland-Duell

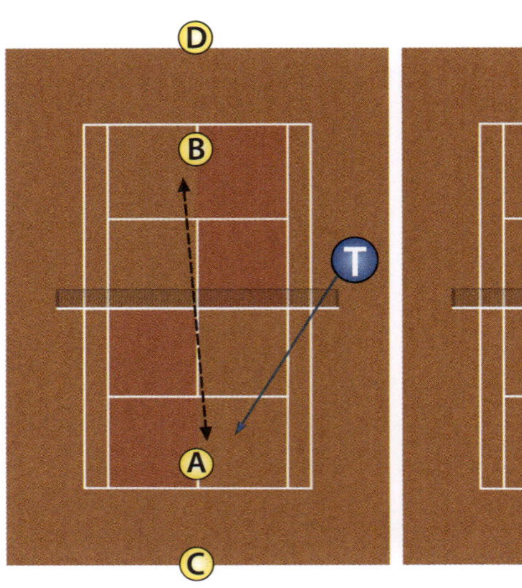

Spielbeginn zwischen T- und Grundlinie

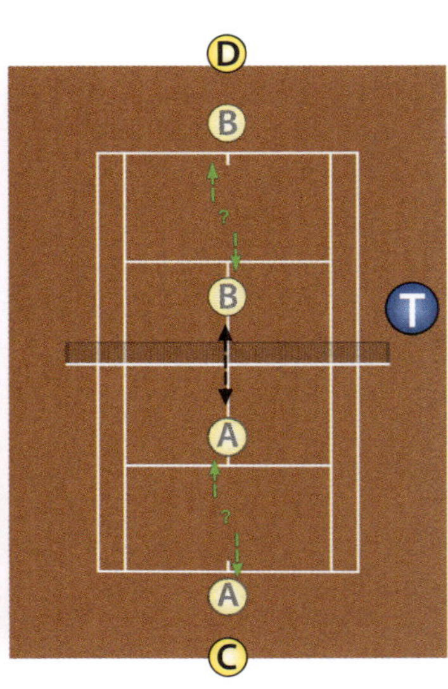

Trainer ruft »frei«, das Spiel ist offen

VH	**RH**	Vo	Sm	As	Rt	oT	**2S**	3S	**4S**

Anspruch:	●●●●
Intensität:	●●●
Anzahl Spieler:	(2) 4
Dauer:	ca. 20 Min.
Zählweise:	Jeder gegen jeden bis 7.

Ziel

Aggressive Eröffnung des Ballwechsels durch Position kurz vor der Grundlinie.

Beschreibung

A und B positionieren sich beide kurz vor der Grundlinie. Spieler A wird vom Trainer auf der RH angespielt. Beide Spieler müssen jetzt den Ballwechsel solange innerhalb Grundlinie und T ausspielen (keine Stopps erlaubt), bis der Trainer »frei« ruft. Danach ist das Spiel offen. Nach 3 Punkten wechseln A und B die Seite, C und D spielen währenddessen drei Punkte aus. Dann wieder A und B, B wird jetzt vom Trainer angespielt.

Variation

Erster Ball muss cross gespielt werden (bei sehr guten Spielern, die sofort viel Druck machen können).

Anmerkungen

Aggressives Grundlinienspiel aus ungewöhnlicher Position, die viel Improvisation und schnelle Reaktion verlangt. Nach dem Signal »frei« können die Spieler zurückweichen oder, wenn es die Situation erlaubt, zum Netz durchstarten.

Power Points

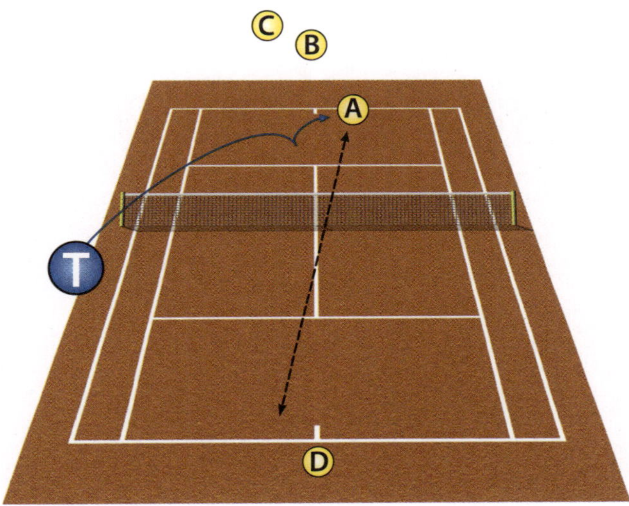

VH	RH	Vo	Sm	As	Rt	oT	2S	3S	4S

Anspruch:	●●●
Intensität:	●●●
Anzahl Spieler:	3 oder 4
Dauer:	ca. 20 Min.
Zählweise:	Wer macht die meisten »Power Points«?

Ziel
Aggressive Eröffnung des Ballwechsels, Druck aufbauen.

Beschreibung
Spieler A, B und C sind auf der »Power-Point«-Seite und spielen gegen D. A wird vom Trainer mit einem einfachen Ball beliebig angespielt und versucht sofort, Druck zu machen. Er muss drei Punkte auf einfaches Trainerzuspiel gegen D gewinnen und darf sich nur einen Fehler erlauben (3 von 4), dann hat er einen »Power Point« gewonnen. Macht er zwei Fehler, muss er mit D wechseln. Anschließend B und C mit der gleichen Aufgabe.

Variation
Zwei von drei Punkten reichen zum Erfolg (für schwächere Spieler).

Anmerkungen
Der Trainer kann mit seinem Anspiel sehr differenziert steuern und Unterschiede ausgleichen. Keine Anspiele zu weit auf die RH-Seite, jeder Spieler soll mit VH eröffnen und Druck machen können.

Tischtennis-Jogg

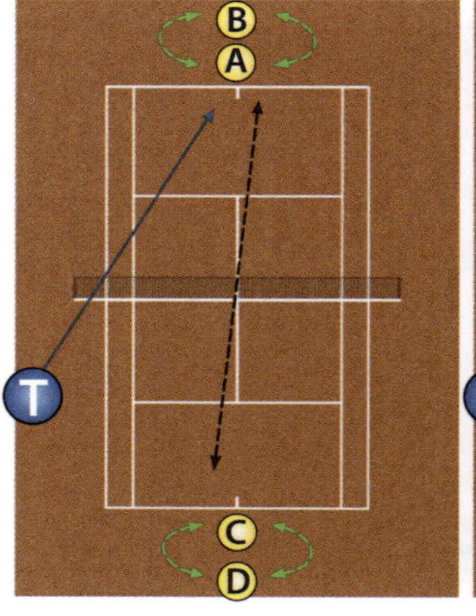

B verschlägt den Ball

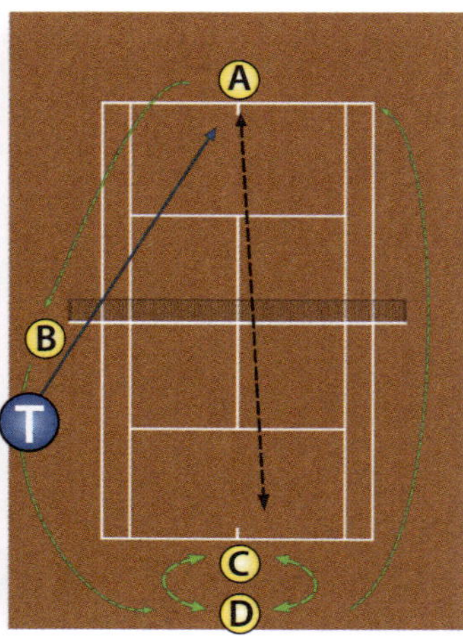

A spielt alleine weiter, B läuft um den Platz

VH	RH	Vo	Sm	As	R1	oT	2S	3S	4S

Anspruch:	●●
Intensität:	●●●
Anzahl Spieler:	4
Dauer:	ca. 15 Min.
Zählweise:	Hin- und Rückspiel (Seite Traineranspiel) bis 11.

Ziel
Allroundspiel an der Grundlinie unter Belastung.

Beschreibung
A und B spielen als Team gegen C und D. Es wird wie in der Kleinfeldübung Nr. 11 der Punkt in Tischtennisdoppel-Regel ausgespielt, d. h. die Spieler müssen abwechselnd schlagen. Der Spieler, der einen Ball verschlägt oder nicht erreicht, muss sofort eine Runde um den Platz laufen. Sein Partner spielt in der Zwischenzeit den nächsten Ballwechsel alleine (und hat dadurch einen Nachteil), sobald der Spieler die Runde beendet hat, darf er wieder ins Spielgeschehen eingreifen.

Variation
Spieler muss nach Fehler das Netz mit dem Schläger berühren und darf dann wieder mitspielen.

Anmerkungen
Schöne Übung für Kinder und Jugendliche, die auch sehr anstrengend ist, aber wegen dem Teamgedanken klaglos absolviert wird. Der »alleine gelassene« Spieler kann das Spiel durch hohe Bälle verzögern. Wenn beide Spieler eines Teams unterwegs sind (zwei schnelle Fehler hintereinander), erfolgt das neue Trainerzuspiel (Lob) dann, wenn der erste den Netzpfosten passiert hat.

Rotation

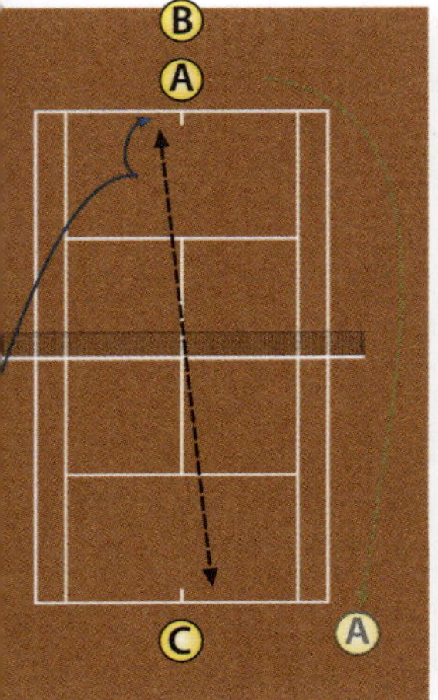

A gegen C, danach rotiert A

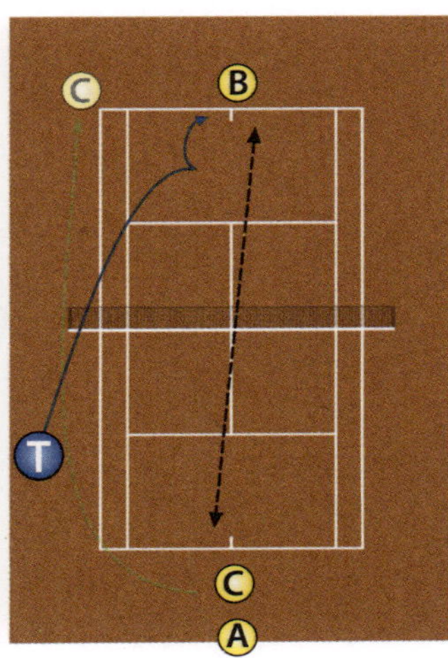

B gegen C, danach rotiert C

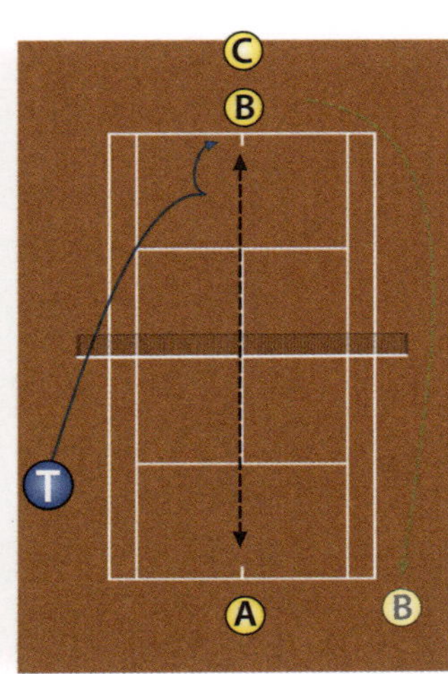

B gegen A, danach rotiert B

VH	RH	Vo	Sm	As	Rt	oT	2S	3S	4S

Anspruch:	●●
Intensität:	●●●
Anzahl Spieler:	3
Dauer:	ca. 20 Min.
Zählweise:	Wer zuerst 5 Punkte hat, beendet die Rotation und gewinnt einen »Big Point«. Sieger ist, wer zuerst 5 »Big Points« hat.

Ziel

Allroundspiel Grundlinie unter Belastung.

Beschreibung

Übung für 3 Spieler. A und B stehen C gegenüber. A spielt auf Zuspiel des Trainers einen Punkt gegen C aus und läuft anschließend auf die andere Seite. Danach spielt B auf Zuspiel des Trainers gegen C und C wechselt anschließend auf die andere Seite. B spielt einen weiteren Punkt gegen A (der auf der anderen Seite angekommen ist) und wechselt dann ebenfalls, während C gegen A spielt usw.

Variation

Ein Spieler, der bei Beendigung einer Rotation 4 Punkte hat (»Matchball«) darf auf jeden Fall noch den nächsten Punkt spielen und versuchen, auch einen »Big Point« zu machen.

Anmerkungen

Anstrengend, Spieler müssen mit zunehmender Müdigkeit die Ballwechsel ökonomisch planen. »Matchball«-Regel soll verhindern, dass Spieler zu früh aufgeben, weil ein anderer nach Punkten vorne ist.

Kurz oder Lang

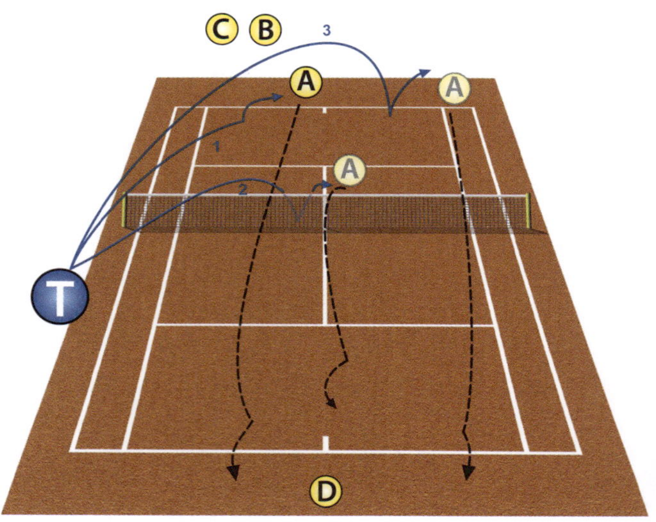

VH	RH	Vo	Sm	As	Rt	oT	2S	3S	4S

Anspruch:	●●●
Intensität:	●●●
Anzahl Spieler:	3 oder 4
Dauer:	ca. 20 Min.
Zählweise:	Sätze bis 7.

Ziel

Reaktion auf »unangenehme« Bälle.

Beschreibung

Spieler A, B und C spielen gegen D. A spielt 3 Punkte hintereinander und wird vom Trainer in folgender Reihenfolge angespielt: erster Ball langes Zuspiel an die Grundlinie, zweiter Ball Stopp, dritter Ball Lob. Ausnahme: Wenn der Spieler den ersten Ballwechsel am Netz beendet, folgt erst der Lob und dann der Stopp. Sollte er auch den zweiten Ballwechsel am Netz beenden, erfolgt noch ein Lob (Stopp fällt aus). Der Trainer spielt also immer dort hin, wo der Spieler nicht ist!

Variation

Bei 4 Spielern nicht 3 gegen einen, sondern 2 Matches parallel mit Seitenwechseln nach 3 Punkten.

Anmerkungen

Anspruchsvolles Trainerzuspiel – der Spieler soll unter Druck sein, aber eine reelle Chance haben.

Ausplatzieren

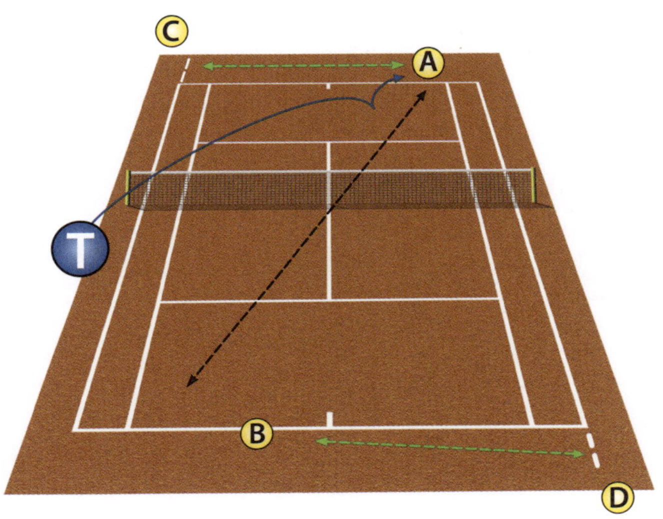

VH	RH	Vo	Sm	As	Rt	oT	2S	3S	4S

Anspruch:	●●●
Intensität:	●●●
Anzahl Spieler:	(2) 4
Dauer:	ca. 20 Min.
Zählweise:	Jeder gegen jeden bis 7.
Hilfsmittel:	Linienmarkierungen (verlängerte Seitenaus-Linie).

Ziel
Freie Zonen erkennen, Druck im richtigen Moment erhöhen, Gegner beobachten.

Beschreibung
Die Seitenlinie des Doppelfeldes wird auf beiden Platzseiten hinter der Grundlinie auf der VH-Seite verlängert und ist die Startlinie für beide Spieler. A und B spielen im Einzelfeld drei Punkte hintereinander aus. Spieler A wird vom Trainer zügig auf der RH-Seite angespielt und kann frei spielen. Nach Beendigung des Punktes müssen beide Spieler zur Startlinie zurück (mit dem Fuß berühren), bevor der nächste Punkt ausgespielt wird. Der Trainer richtet sich mit dem Zuspiel nach A,
d. h. wenn A schneller ist als B, hat er freie Platzzonen, in die er spielen kann. Nach 3 Punkten wechseln A und B die Seite, C und D spielen währenddessen drei Punkte aus. Dann wieder
A und B, B wird jetzt vom Trainer angespielt.

Variation
Spieler starten von der RH-Seite.

Anmerkungen
Für taktisch clevere Spieler eröffnen sich auf der Zuspielseite interessante Möglichkeiten, z. B. Stopps, die den Gegner ans Netz locken und ihm den Weg zur Startlinie vor dem nächsten Punkt sehr weit machen, wodurch Lücken für den nächsten Ballwechsel entstehen.

Grundlinien-König

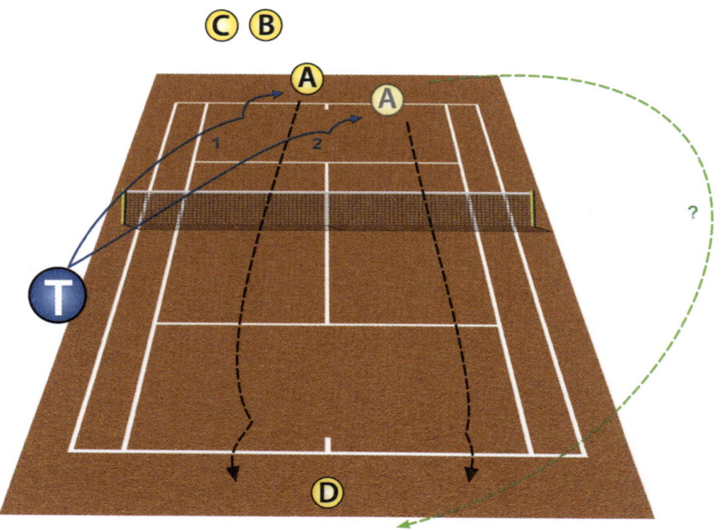

VH	RH	Vo	Sm	As	Rt	oT	2S	3S	4S

Anspruch:	●●
Intensität:	●●
Anzahl Spieler:	3 oder 4
Dauer:	ca. 20 Min.
Zählweise:	Wer macht die meisten »Big Points«?

Ziel

besondere Konzentration beim »zweiten« Punkt.

Beschreibung

Spieler A, B und C spielen gegen D. A wird vom Trainer beliebig angespielt und versucht, zwei Punkte hintereinander zu gewinnen, um D auf der »Big-Point«-Seite abzulösen. Wenn er es schafft, muss er schnell auf die andere Seite wechseln, denn das nächste Anspiel erfolgt schon, wenn er den Netzpfosten passiert (Lob). Anschließend B und C mit der gleichen Aufgabe. Wenn D drei Punkte sammelt, bevor er abgelöst wird, erzielt er einen »Big Point«.

Variationen

1.) Zwei von drei Punkten (schwächere Spieler).
2.) Der Spieler auf der »Big-Point«-Seite («King«) wird angespielt.

Anmerkungen

Der Trainer kann mit seinem Anspiel sehr differenziert steuern und Unterschiede ausgleichen. Die Übung ist besonders bei Kindern beliebt. Kann in vielen Variationen mit vielen verschiedenen Aufgaben kombiniert werden und heißt dann »Vorhand-König« oder »Volley-König« usw.

Drei gegen einen

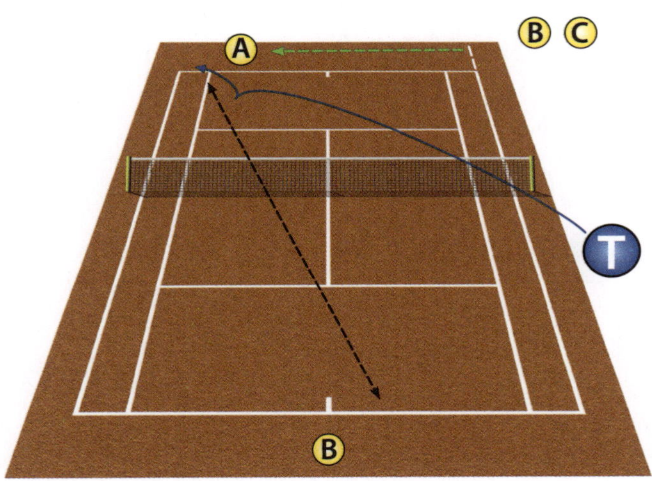

VH	RH	Vo	Sm	As	Rt	oT	2S	3S	4S

Anspruch:	●●●
Intensität:	●●●
Anzahl Spieler:	3 oder 4
Dauer:	ca. 20 Min.
Zählweise:	Satz bis 9. Wer spielt am besten alleine gegen das Team?
Hilfsmittel:	Linienmarkierungen .

Ziel

Spieleröffnung unter Druck, Platzabdeckung.

Beschreibung

Spieler A, B und C sind ein Team und spielen gegen D. A startet von der verlängerten Doppelseitenlinie auf der RH-Seite hinter der Grundlinie, erläuft das schwierige Trainerzuspiel in die VH-Ecke und spielt einen Punkt gegen D aus. Anschließend B und C.

Variationen

1.) Spieler starten von der VH-Seite.
2.) Spieler starten abwechselnd von der VH- und der RH-Seite.
3.) Start von der VH-Seite zur RH von der verlängerten Einzelseitenlinie.

Anmerkungen

Der Trainer kann mit seinem Anspiel sehr differenziert steuern und Unterschiede ausgleichen. Die Spieler müssen, besonders bei der Eröffnung mit der RH, zunächst einmal ins Spiel kommen, da sie den ersten Ball aus dem vollen Lauf schlagen müssen. Platzabdeckung ist essentiell. Übung ist anstrengend für den Einzelspieler.

Pfostenlauf

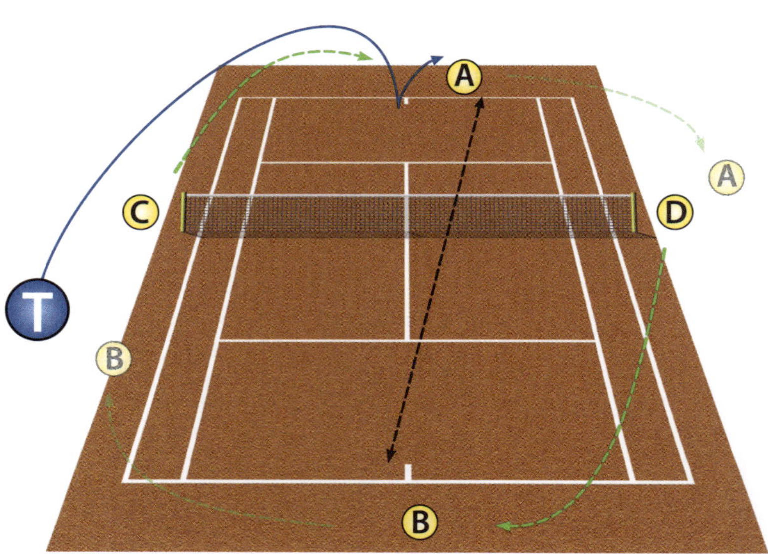

VH	RH	Vo	Sm	4S

Anspruch:	●●●
Intensität:	●●●●
Anzahl Spieler:	4
Dauer:	ca. 20 Min.
Zählweise:	Jeder gegen jeden, Satz bis 7 oder 9.

Ziel

Spieleröffnung unter Druck, Platzabdeckung.

Beschreibung

Spieler A und B stehen an den gegenüberliegenden Netzpfosten. Der Trainer spielt einen Lob in das Feld von A, beide starten gleichzeitig in ihre Platzhälften. A erläuft den Lob, B darf diesen ersten Ball nicht Volley nehmen, der Punkt wird ausgespielt. Anschließend stellen sich beide am jeweils anderen Netzpfosten für den nächsten Punkt auf. C und D machen das Gleiche, beide Paare spielen immer im Wechsel einen Punkt aus.

Variationen

Übung gegen den Uhrzeigersinn – Lob wird mit VH erlaufen, Übung mit dem Uhrzeigersinn – Lob wird mit RH erlaufen.

Anmerkungen

Der Trainer kann mit seinem Anspiel sehr differenziert steuern und Unterschiede ausgleichen. Entscheidend ist die Laufarbeit zum ersten Ball. Übung ist anstrengend. Auch als Drillübung einsetzbar (Kap. 7).

Start am T

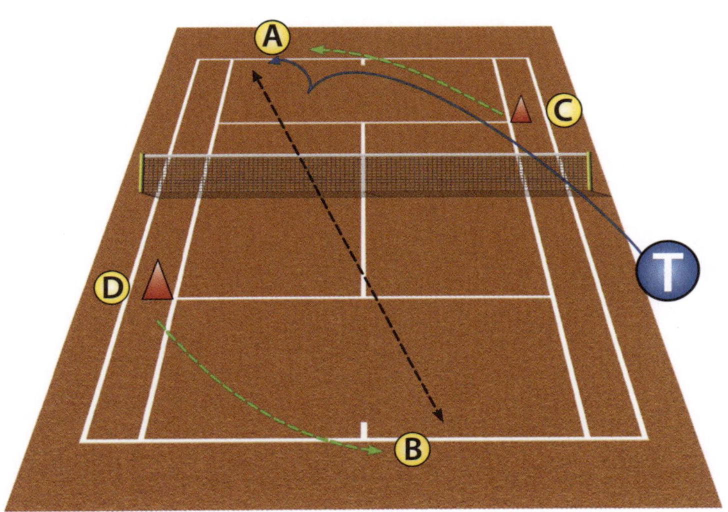

VH	RH	Vo	Sm	As	Rt	oT	2S	3S	4S

Anspruch:	●●●
Intensität:	●●●
Anzahl Spieler:	4
Dauer:	ca. 20 Min.
Zählweise:	Jeder gegen jeden, Satz bis 7 oder 9.

Ziel
Spieleröffnung unter Druck, Platzabdeckung

Beschreibung
Außerhalb des Spielfeldes wird jeweils auf Höhe der T-Line ein Markierung (Hütchen, Linie) auf der RH-Seite platziert, an denen sich A und B positionieren. Der Trainer spielt einen langsamen Ball in die VH-Ecke von A, A und B starten gleichzeitig, A erläuft den Ball und spielt einen Punkt gegen B aus. Anschließend sind C und D dran. Nach 3 gespielten Punkten wechseln beide Paarungen die Platzseite.

Variationen
1.) Pro Paar drei Punkte am Stück spielen lassen (anstrengend).
2.) Von der VH-Seite starten und ersten Ball mit der RH erlaufen (schwieriger).

Anmerkungen
Der Trainer kann mit seinem Anspiel sehr differenziert steuern und Unterschiede ausgleichen. Entscheidend ist die Laufarbeit zum ersten Ball, der aus schwieriger Position gespielt werden muss. Übung ist anstrengend.

Start am Netz

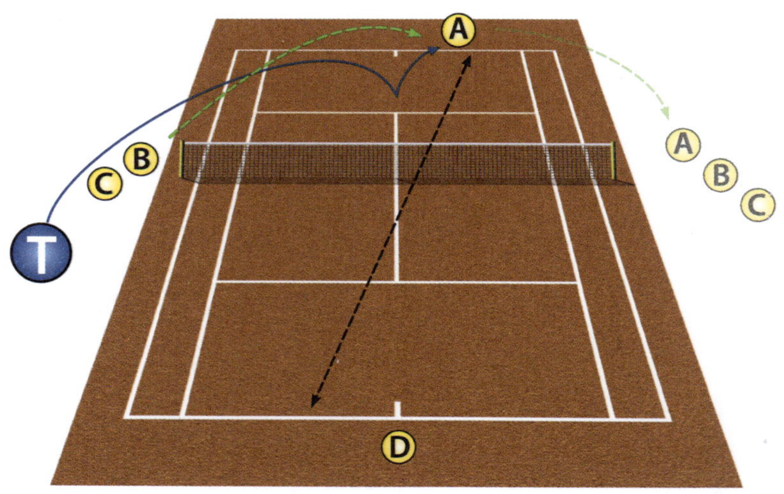

VH	RH	Vo	Sm	As	Ri	oT	2S	3S	4S

Anspruch:	●●●
Intensität:	●●●●
Anzahl Spieler:	3 oder 4
Dauer:	ca. 20 Min.
Zählweise:	Jeder »Netzklopfer« spielt einen Satz bis 5 gegen den Grundlinienspieler. Es werden so viele Runden wie Spieler gespielt. Wer hat am Ende die meisten Punkte gemacht?

Ziel
Allroundspiel Grundlinie unter Belastung.

Beschreibung
Übung für 3 bis 4 Spieler. A, B und C stehen am rechten Netzpfosten, Spieler D an der Grundlinie gegenüber. A klopft mit dem Schläger auf die Netzkante und bekommt vom Trainer auf dieses Signal einen hohen Ball zugespielt. Er erläuft den Ball, spielt einen Punkt gegen C aus und läuft zum anderen Netzpfosten. B und C machen das Gleiche. Die nächste Runde startet vom linken Netzpfosten. D darf den ersten Ball nicht Volley spielen.

Variation
Der Grundlinienspieler muss nach jedem gespielten Punkt die T-Linie mit dem Fuß berühren, d. h. er muss in schnellen Schritten nach vorne und wieder zurück (er darf ja den ersten Ball nicht volley nehmen) ohne den Gegner aus den Augen zu verlieren (anstrengend).

Anmerkungen
Anstrengende Übung, passt gut an das Ende einer Stunde. Die Variation auch als Drillübung einsetzbar (Kap. 7).

Start mit Lob

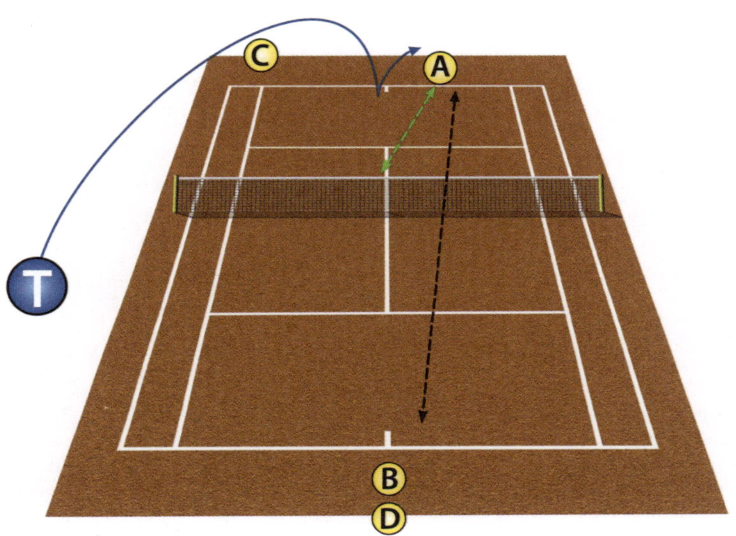

VH	RH	Vo	Sm	As	Rt	oT	2S	3S	4S

Anspruch:	●●●
Intensität:	●●●●
Anzahl Spieler:	2 (4)
Dauer:	ca. 15 Min.
Zählweise:	Bei 2 Spielern einen Satz bis 11. Bei 4 Spielern Halbfinale und Finale bis 7.

Ziel
Allroundspiel Grundlinie unter Belastung.

Beschreibung
A und B spielen im Einzelfeld Punkte gegeneinander aus. Spieler A berührt mit dem Schläger das Netz und wird vom Trainer überlobbt. Er erläuft den Ball, B muss den ersten Ball aufspringen lassen, dann ist das Spiel frei. A muss 2 Punkte gewinnen, um auf die »gute« Seite wechseln zu dürfen (Seitenwechsel, B muss mit dem Lob starten). Jetzt versucht B, möglichst schnell 2 Punkte zu gewinnen, um zurück auf die »gute« Seite zu kommen. Alle Punkte zählen, es geht bis zur vereinbarten Punktzahl.

Variation
Anderer, weniger anstrengender Startpunkt (Linie oder Markierung zwischen T und Netz)

Anmerkungen
Sehr anstrengend, vor allem die Punkte zum Schluss fühlen sich an wie im »fünften Satz«. Auch als Drillübung einsetzbar (Kap. 7).

Pausenlos

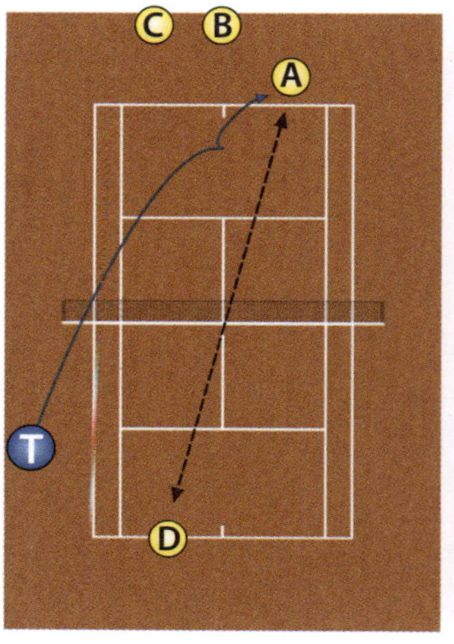

A gegen D, dann ...

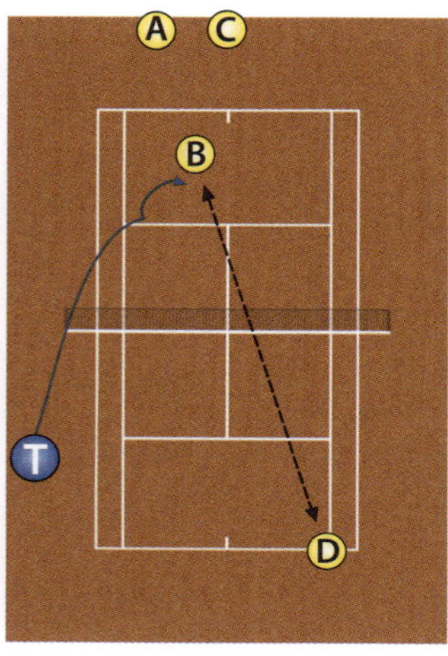

... sofort B gegen D und ...

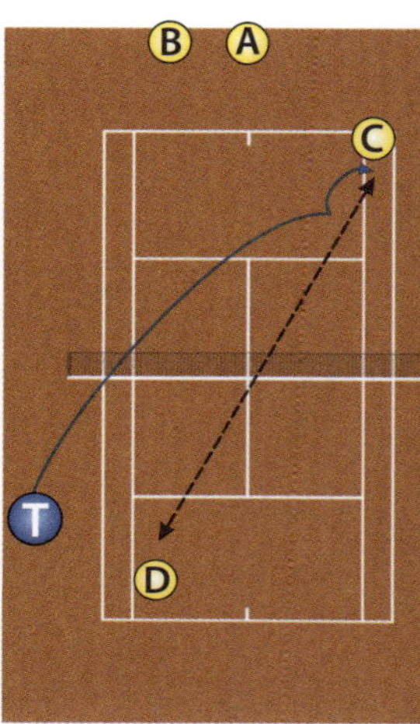

... sofort C gegen D

VH	RH	Vo	Sm	As	Rt	oT	2S	3S	4S

Anspruch:	●●●
Intensität:	●●●●
Anzahl Spieler:	3 oder 4
Dauer:	ca. 20 Min.
Zählweise:	A, B und C als Team gegen D bis 9. Jeder ist einmal auf der »unfairen« Seite. Wer schlägt sich am besten?

Ziel
Allroundspiel Grundlinie unter Belastung.

Beschreibung
Übung für 3 bis 4 Spieler. A, B und C stehen D an der Grundlinie gegenüber. Der Trainer spielt A, B und C, die Punkte gegen D ausspielen, in schneller Folge nacheinander mit schwierigen Bällen an. Der nächste Ball wird immer sofort angespielt, wenn der vorangehende Punkt entschieden ist, egal wo D sich gerade auf dem Platz befindet. Es wird also nicht auf seine Bereitschaft gewartet, es geht »pausenlos« weiter. D muss kämpfen und unter Umständen auch mal einen Ball laufen lassen.

Variation
Der Einzelspieler bekommt für Winnerschläge Doppelpunkte, das gleicht das Spiel etwas aus.

Anmerkungen
Sehr anstrengend für den Einzelspieler. Der Trainer muss das Spiel mit gutem Timing in seinem Anspiel kontrollieren. Auch als Drillübung einsetzbar (Kap. 7).

Rote Zone

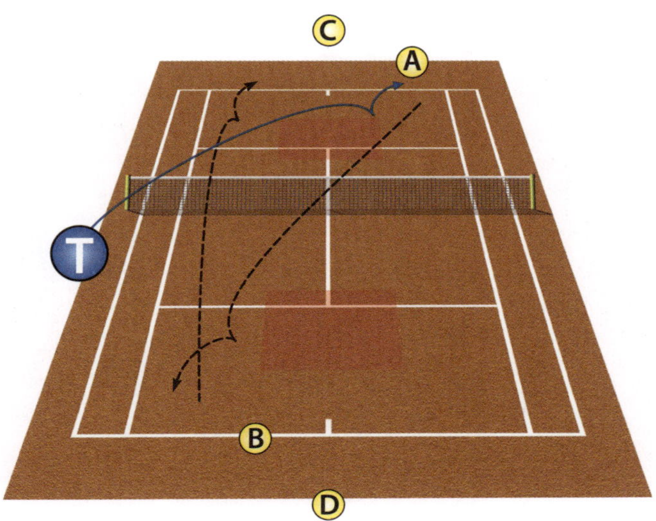

VH	RH	Vo	Sm	As	Rt	oT	2S	3S	4S

Anspruch:	●●●
Intensität:	●●●
Anzahl Spieler:	(2) 4
Dauer:	ca. 20 Min.
Zählweise:	Jeder gegen jeden bis 7 oder Halbfinale und Finale bis 11.
Hilfsmittel:	Linienmarkierungen, Zeitungen, Matten etc.

Ziel
Überlegtes und genaues Grundlinienspiel, Gegner »bewegen« durch Platzierung in Liniennähe.

Beschreibung
Auf jeder Seite wird eine »rote Zone« von ca. 2 x 2 m um das T-Kreuz herum markiert, mit Linien, Zeitungen oder Matten. A und B spielen im Einzelfeld drei Punkte hintereinander aus (Anspiel Trainer auf A). Keiner der Spieler darf die »rote Zone« treffen, sonst ist der Punkt verloren, außerdem sind kurze Bälle verboten (Ball springt zweimal vor der T-Linie auf). Nach 3 Punkten wechseln A und B die Seite, C und D spielen währenddessen drei Punkte aus. Dann wieder A und B, B wird jetzt vom Trainer angespielt.

Variationen
Verschieden große »rote Zonen« auswählen.

Anmerkungen
Der einfache Ball in die Mitte wird verhindert, Spieler müssen genau und überlegt spielen. Wenn man die »rote Zone« mit Matte oder Zeitung markiert, sind Stopps verboten (kein Laufen über die Markierung), bei Linienmarkierung können sie erlaubt werden.

Attacke

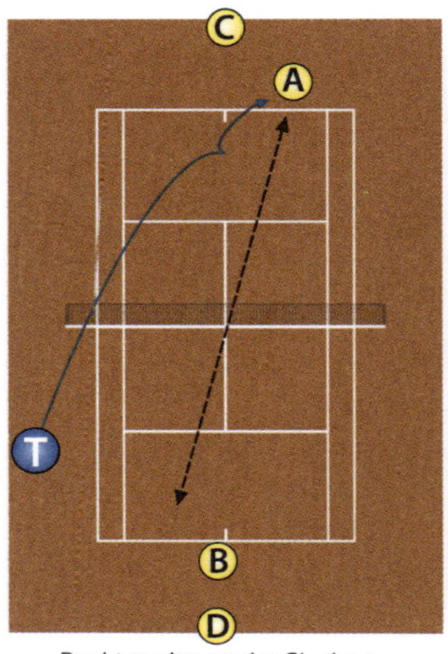

Punktgewinn an der GL, dann ...

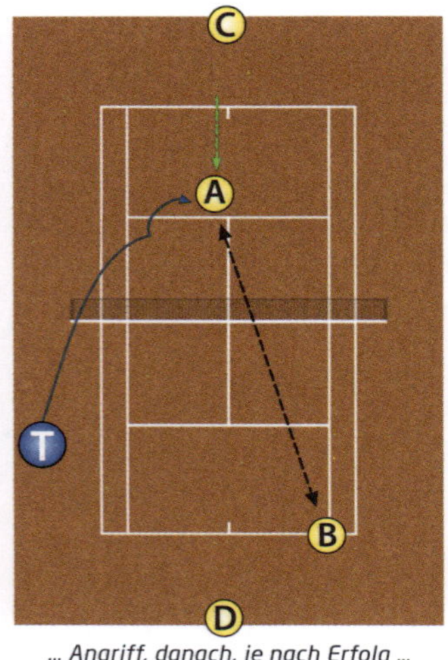

... Angriff, danach, je nach Erfolg ...

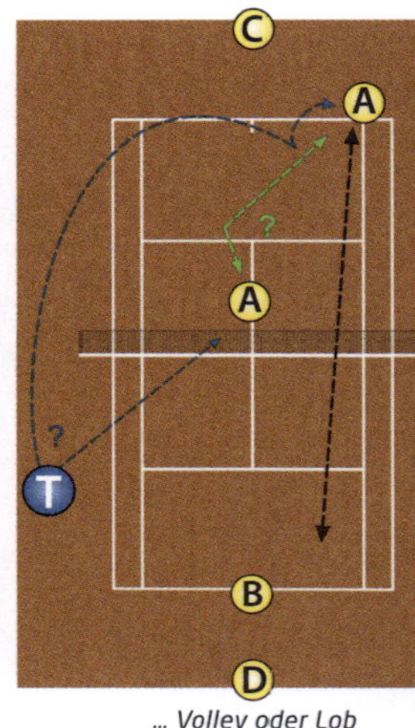

... Volley oder Lob

VH	RH	Vo	Sm	As	Rt	oT	2S	3S	4S

Anspruch:	●●●●
Intensität:	●●●
Anzahl Spieler:	(2) 4
Dauer:	ca. 20 Min.
Zählweise:	Jeder gegen jeden bis 15.

Ziel
Grundlinienspiel mit Angriff und Netzspiel kombinieren.

Beschreibung
A und B spielen 4 Punkte gegeneinander aus. Gewinnt A einen Punkt von der Grundlinie, erhält er vom Trainer ein einfaches Zuspiel auf die T-Linie (Vorlage zum Angriff). Gewinnt er auch diesen Punkt, darf er weiter am Netz spielen, wo er den ersten Volley auf Trainerzuspiel länger als die T-Linie spielen muss. Sobald A einen Punkt verliert, muss er wieder zur GL zurück (Traineranspiel Lob). Wenn A einen an der Grundlinie begonnenen Ballwechsel erfolgreich am Netz abschließt, geht es direkt mit Volleyanspiel weiter (kein Angriffsball). Nach vier Punkten wechseln A und B die Seite, C und D spielen währenddessen vier Punkte aus. Dann wieder A und B, B wird jetzt vom Trainer angespielt.

Variation
5 Punkte spielen, dann wechseln.

Anmerkungen
Sehr rasante und variable Übung für gute Allroundspieler und die, die es werden wollen, anspruchsvolles Trainerzuspiel.

Schlägerdrehen

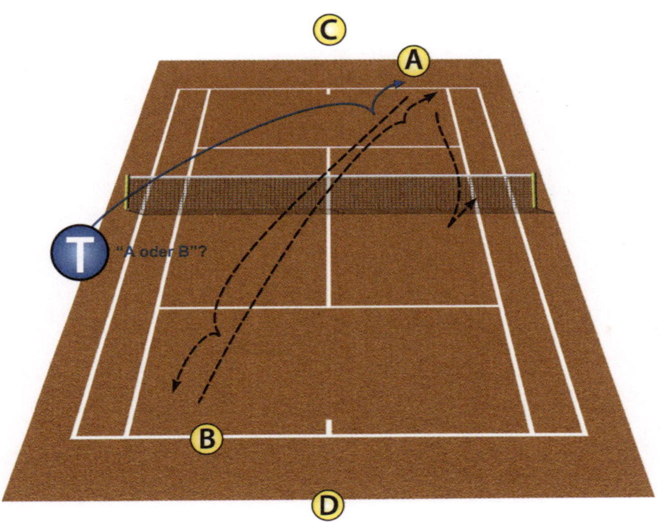

VH	RH	Vo	Sm	As	Rt	oT	2S	3S	4S

Anspruch:	●●●●
Intensität:	●●
Anzahl Spieler:	(2) 4
Dauer:	ca. 20 Min.
Zählweise:	Jeder gegen jeden bis 11.

Ziel
Grundlinienspiel mit Variation Stopp.

Beschreibung
A und B werden Ober- und Unterseite des Trainerschlägers zugeordnet. Beispiel: Der Trainer spielt einen Wilson, wenn er den Schläger dreht, erscheint ein »W« oder ein »M«, A wählt »W«, B wählt »M«. Der Trainer spielt A an und dreht danach sofort den Schläger. Er ruft »W« oder »M« in den laufenden Ballwechsel. Der entsprechende Spieler hat jetzt die Möglichkeit, mit einem erfolgreichen Stopp zwei Punkte zu machen. Nach 3 gespielten Punkten sind C und D dran, A und B wechseln die Seite.

Variationen
1.) Andere Aufgaben als Stopp (Volley, Winner etc.).
2.) 3 Punkte für Erfolg.

Anmerkungen
Sehr anspruchsvolle Übung für gute Techniker und Taktiker, viel Konzentration erforderlich.

Volley erlaufen

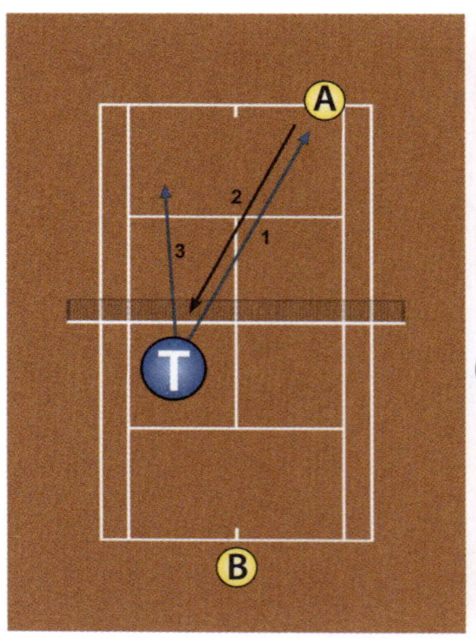

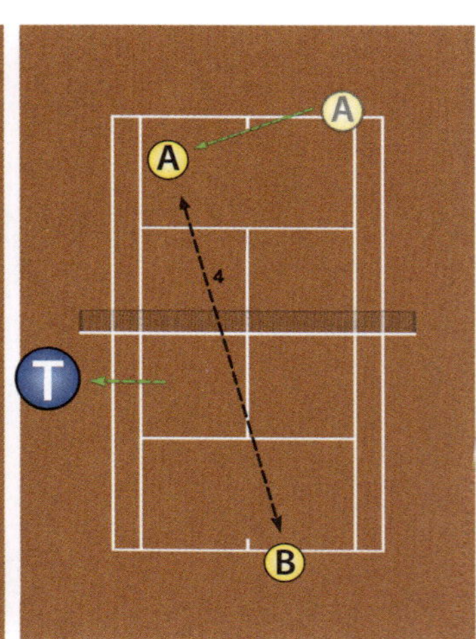

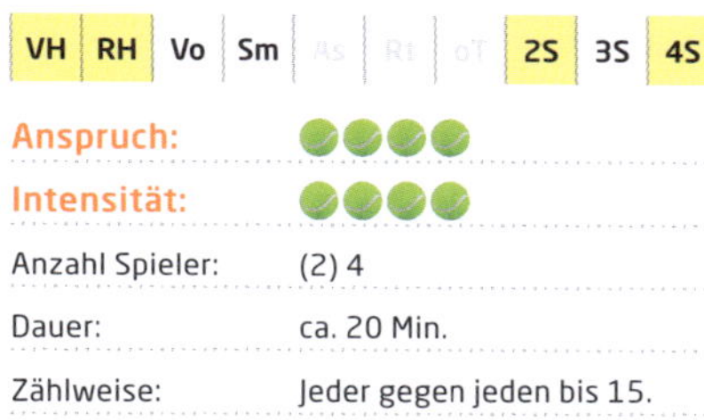

VH	RH	Vo	Sm	As	Rt	oT	2S	3S	4S

Anspruch:	●●●●
Intensität:	●●●●
Anzahl Spieler:	(2) 4
Dauer:	ca. 20 Min.
Zählweise:	Jeder gegen jeden bis 15.

Ziel
Grundlinienspiel unter Belastung.

Beschreibung
A und B spielen 5 Punkte gegeneinander aus. Der Trainer steht im Feld von B auf der RH-Seite am Netz, B ist hinter ihm an der GL. Er spielt A auf der anderen Seite an der GL an, A muss den Ball zum Trainer zurückspielen (genaues Zuspiel, Trainer lässt ungenaue Bälle ins Aus gehen). Der Trainer spielt den Ball als Volley so zu A zurück, dass der noch gerade drankommt und geht einen Schritt nach links aus dem Feld. A spielt jetzt gegen B. Sobald der Punkt entschieden ist, erfolgt das nächste Trainerzuspiel zu A, egal, wo A sich gerade auf dem Platz befindet (muss den Ball erlaufen).

Der nächste Punkt wird genauso ausgespielt. Bälle, die nicht von A zum Trainer zurückgespielt werden, zählen als Punkt für B. Seitenwechsel nach 5 Punkten, C und D sind dran. In der nächsten Runde müssen B und D »Volleys ausgraben«.

Variation
Ein »Joker« pro Serie (Spieler darf einen Ball, der zum Trainer zurück muss, verschlagen)

Anmerkungen
Sehr anspruchsvolle Übung, Trainer muss dosiert und situationsangepasst zuspielen können, sonst fühlen sich die Spieler überfordert. Leistungsunterschiede sind durch das Anspiel gut zu steuern. Auch als Drillübung einsetzbar (Kap. 7).

Punkte-Ampel

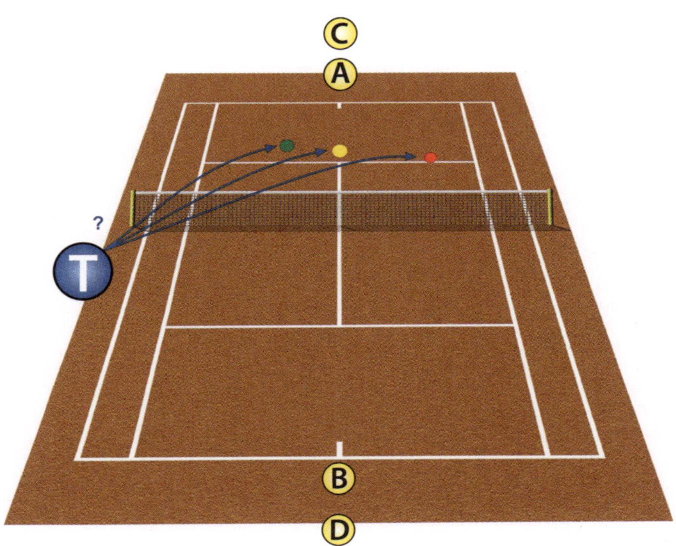

VH	RH	Vo	Sm	As	Rt	oT	2S	3S	4S

Anspruch:	●●●
Intensität:	●●
Anzahl Spieler:	(2) 4
Dauer:	ca. 20 Min.
Zählweise:	Jeder gegen jeden bis 15.
Hilfsmittel:	Verschiedenfarbige oder markierte Bälle.

Ziel

Unterschiedliches taktisches Verhalten im Grundlinienspiel je nach Wichtigkeit des Ballwechsels.

Beschreibung

Der Trainer hat einen Ballkorb mit Bällen in drei verschiedenen Farben. A und B spielen im Einzelfeld drei Punkte hintereinander aus. Spieler A wird vom Trainer beliebig angespielt. Je nachdem, welche Farbe er (zufällig) aus dem Korb holt, geht es um einen, zwei oder drei Punkte. Nach 3 gespielten Bällen wechseln A und B die Seite, C und D spielen währenddessen drei Bälle aus. Dann wieder A und B, B wird jetzt vom Trainer angespielt.

Variation

Den Bällen andere Wertungen geben wie z. B. »zwei Punkte Abzug für den Verlierer« usw.

Anmerkungen

Oftmals werden keine verschiedenfarbigen Bälle zur Verfügung stehen. Es genügt auch, wenn die Bälle unterschiedlich markiert sind, dann ruft der Trainer beim Anspiel die Punktezahl aus. Interessant ist das unterschiedliche taktische Verhalten der Spieler je nach Punktzahl. Auch als taktische Übung einsetzbar (Kap. 5).

Kalkuliertes Risiko 1

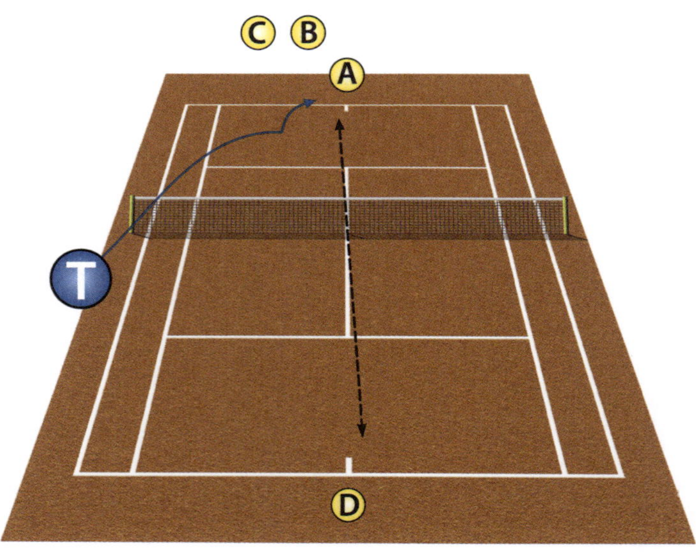

VH	RH	Vo	Sm	As	Rt	oT	2S	3S	4S

Anspruch:	
Intensität:	
Anzahl Spieler:	3 oder 4
Dauer:	ca. 20 Min.
Zählweise:	Wer zuerst 5, 7 oder mehr »Big Points« hat, gewinnt.

Ziel
aggressives Grundlinienspiel mit dosiertem Risiko.

Beschreibung
A, B und C spielen gegen D. A ist an der Reihe und hat 5 Bälle Zeit, um 4 Punkte zu machen (4 Punkte = 1 Big Point). Für einen Winnerschlag (Gegner kommt nicht mehr an den Ball) gibt es 3 Punkte. Allerdings darf der Spieler nur einen Fehler machen, beim zweiten Fehler wird der Versuch abgebrochen und A muss mit D die Seite tauschen. Wer gewinnt (vier Punkte bei maximal 5 Bällen), darf bleiben und weiter »Big Points« erzielen.

Variationen
Traineranspiel oder selbständig.

Anmerkungen
Man kann drei Punkte durch riskante Schläge gewinnen, sich aber nur einen einzigen Fehler leisten. Schwierige Kombination, die den Spielern eine interessante taktische Aufgabe gibt. Vor allem die einfachen Fehler tun weh. Auch als taktische Übung einsetzbar (Kap. 5).

Kalkuliertes Risiko 2

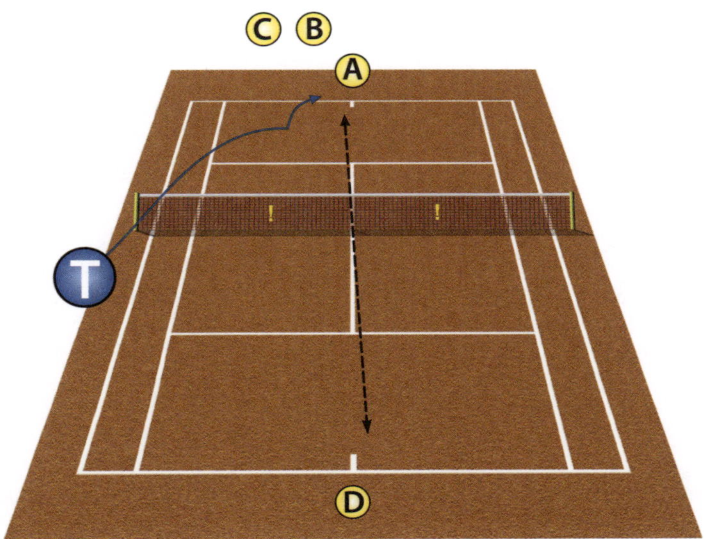

VH	RH	Vo	Sm	As	Rt	oT	2S	3S	4S

Anspruch:	●●●
Intensität:	●●
Anzahl Spieler:	3 oder 4
Dauer:	ca. 20 Min.
Zählweise:	Satz bis 9.

Ziel
Aggressives Grundlinienspiel mit dosiertem Risiko und viel Drall, Vermeidung des einfachsten Fehlers (Netz).

Beschreibung
A, B und C spielen gegen D. In jedem Ballwechsel zählt ein Winnerschlag (Gegner kommt nicht an den Ball) 3 Punkte, ein Schlag ins Netz zählt 2 Punkte für den Gegner.

Variationen
Traineranspiel oder selbständig.

Anmerkungen
Ähnlich wie zuvor, soll den Spielern das Netz als Hindernis bewusst machen, etwas, was oft vergessen wird. Auch als taktische Übung einsetzbar (Kap. 5).

Der Grund, warum dem **Stopp** ein eigenes Unterkapitel gewidmet wird, ist, dass es der einzige Schlag im Tennis ist, der an eine bestimmte Schlagtechnik gebunden ist. Wer keinen Slice-Grundschlag beherrscht, wird keinen Stopp spielen können. Und leider wird die Slice-Technik heutzutage etwas vernachlässigt. Das liegt vor allem daran, dass fast alle Kinder mit einer beidhändigen Rückhand anfangen und häufig auch dabei bleiben. Damit kann man im Gegensatz zur einhändigen Rückhand praktisch aus jeder Lage Druck machen, so dass der gefühlvolle Slice, der auch als Rhythmuswechsel sehr wichtig wäre, oft auf der Strecke bleibt. Auf der Vorhandseite wird sowieso kein Slice gespielt und geübt, so dass die Probleme dann entstehen, wenn es an den Volley oder eben an den Stopp geht. Wir wollen, wie bereits an anderer Stelle erwähnt, nicht auf technische Details eingehen, aber dennoch darauf aufmerksam machen, dass Übungen zum Stopp nur dann Sinn machen, wenn der Schüler weiß, wie ein Ball mit Rückwärtsdrall geschlagen wird. Im Repertoire eines guten und variablen Grundlinienspielers ist der Stopp eine gefährliche und unerlässliche Waffe. Es ist ein **offensiver** Schlag, d. h. man spielt ihn in Situationen, in denen man auch einen druckvollen Grund- oder Angriffsschlag spielen könnte. Gute Volleyspieler folgen oft dem Stopp ans Netz, genau wie einem Angriffsball.

In der Verteidigung oder unter Druck ist der Stopp keine Alternative. Der entscheidende Faktor ist die Überraschung, d. h. der Gegner darf nicht zu früh erkennen, dass man aus den verschiedenen Schlagmöglichkeiten, die in einer Situation zur Verfügung stehen, den Stopp auswählt.

Und wichtig ist auch das Erkennen des richtigen Zeitpunkts: Wenn der Gegner weit hinter der Grundlinie steht und mit einem weiteren Powerball rechnet, braucht es oft keinen tollen unterschnittenen und riskanten Super-Stopp, um den Punkt zu machen, ein einfacher kurzer Ball, vielleicht noch cross aus dem Feld heraus, reicht dann schon. Da der Stopp ein situationsbezogener taktischer Schlag ist, ist er nicht ganz einfach zu trainieren. Er ist ja im Prinzip nur ein ganz normaler Grundschlag mit Rückwärtsdrall, der im richtigen Moment kurz gespielt wird. Um aber den Schülern das Gefühl für diesen Schlag zu vermitteln oder überhaupt einmal zu zeigen, wie sich ein Stopp »anfühlt«, macht es schon Sinn, einige der nachfolgenden Übungen von Zeit zu Zeit durchzuführen. Häufig entsteht bei Spielern der Wunsch nach »Stopp-Training« dann, wenn sie gerade einmal wieder gegen jemanden verloren haben, der sie mit Stopps zur Verzweiflung gebracht hat. Nach dem Motto: Einem Stoppspieler, der mich so schlecht aussehen lässt, muss ich es beim nächsten Mal mit gleicher Münze heimzahlen. In diesem Fall sollte man dem Spieler erklären, dass eine gute Waffe gegen Stopps eigene lange Bälle sind, denn ein Gegner, der weit hinter die Grundlinie gedrängt wird, kann keine »tödlichen« kurzen Bälle spielen. Die zweite Waffe ist frühes Erkennen, sprich genaue Beobachtung von Ball und Gegner und Anti-zipation beim Ballwechsel. Die dritte und wichtigste Waffe ist jedoch gute Bein-arbeit und Fitness, um die Stopps erlau-fen zu können! Wenn der Gegner sieht, dass man an fast alles dran kommt, was dieser an kurzen Bällen produziert, wird er sich eine andere Taktik ausdenken müssen.

Supercross

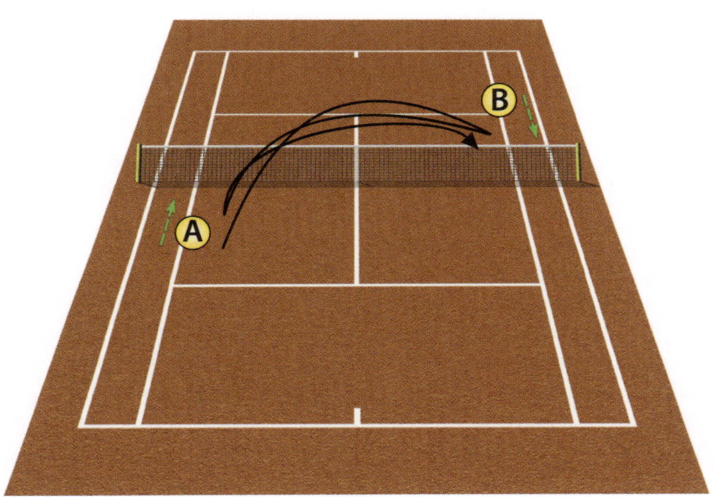

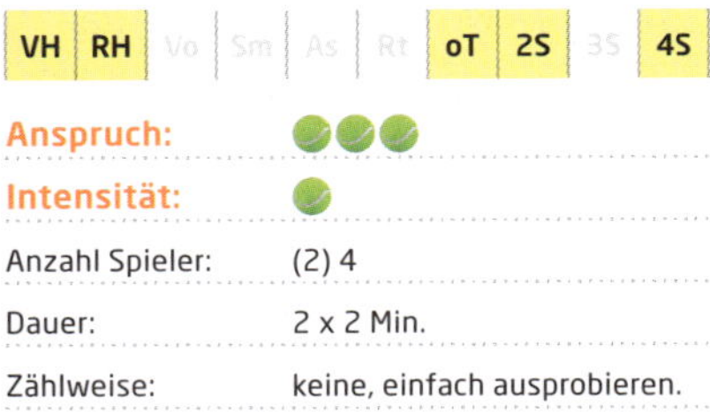

Anspruch:	●●●
Intensität:	●
Anzahl Spieler:	(2) 4
Dauer:	2 x 2 Min.
Zählweise:	keine, einfach ausprobieren.

Ziel
Gefühl für kurzen weichen Ball mit Rückwärtsdrall.

Beschreibung
Zwei Spieler spielen den Ball im T-Feld cross hin und her und bewegen sich immer näher zum Netz hin ohne den Ball zu verlieren.

Variationen
VH und RH cross wechseln.

Anmerkungen
Lustige Übung, die zeigt, wer Gefühl hat. Die Spieler werden irgendwann versuchen, Netzroller absichtlich zu spielen.

Minivolleys

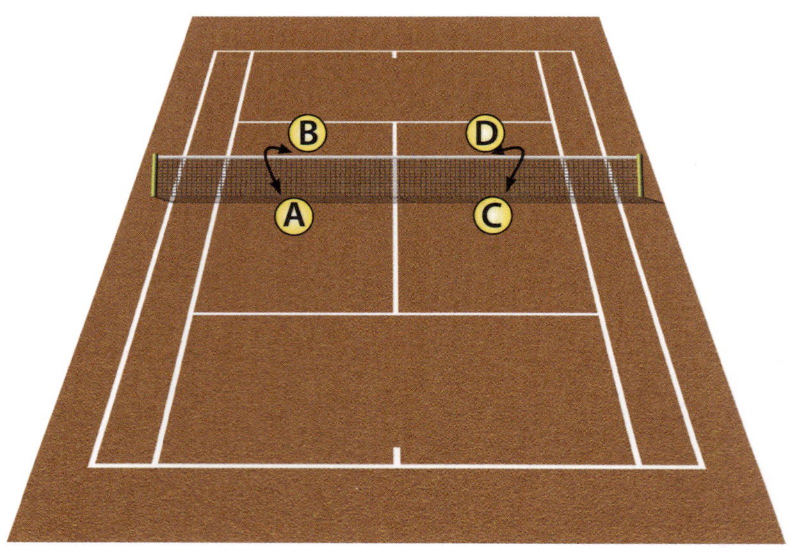

VH	RH	**Vo**	Sm	As	Rt	**oT**	**2S**	3S	**4S**

Anspruch:	●●●
Intensität:	●
Anzahl Spieler:	(2) 4
Dauer:	3 Min.
Zählweise:	keine, einfach ausprobieren.

Ziel

Gefühl für kurzen gefühlvollen Ball mit Rückwärtsdrall.

Beschreibung

Zwei Spieler stehen im T-Feld ganz dicht gegenüber (1 m vom Netz). Sie sollen den Ball »ganz weich« volley hin und her spielen. Jeder Volley muss mit aufsteigender Flugkurve gespielt werden.

Anmerkungen

Übung zur Tempokontrolle, »Einwickeln« des Balles.

Toter Ball

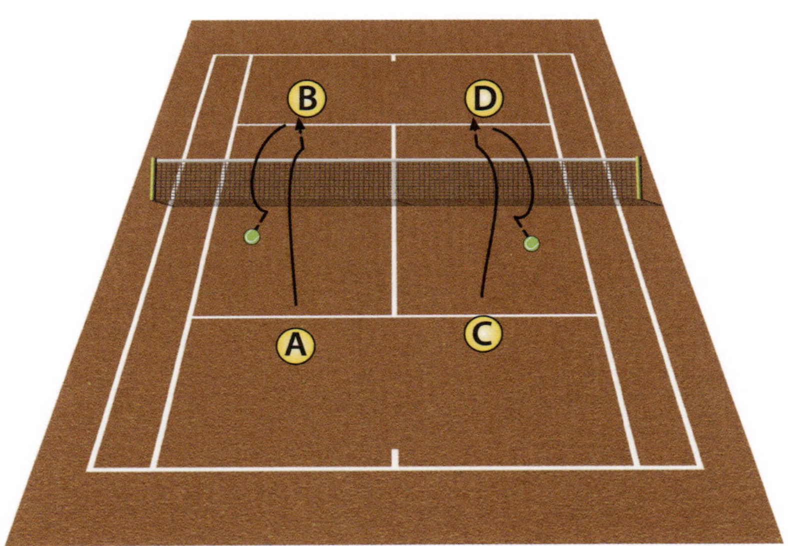

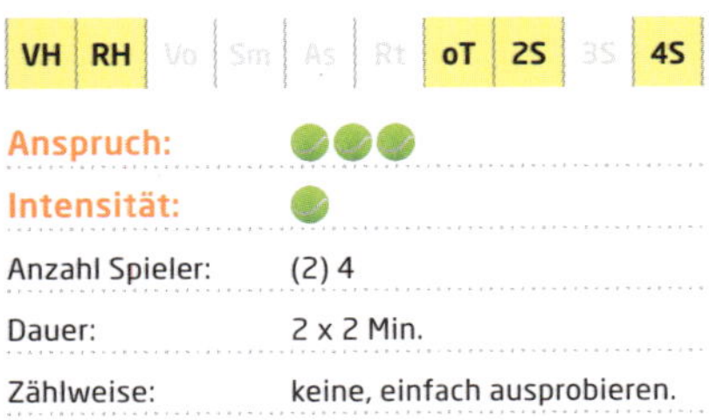

Anspruch:

Intensität:

Anzahl Spieler:	(2) 4
Dauer:	2 x 2 Min.
Zählweise:	keine, einfach ausprobieren.

Ziel
Gefühl für kurzen gefühlvollen Ball mit Rückwärtsdrall.

Beschreibung
A und B stehen sich an der T-Linie gegenüber. A spielt zu und B versucht, »tote Bälle« zu spielen, d. h. der Ball sollte vor A möglichst oft aufspringen und im Idealfall »tot« liegen bleiben. Wenn der Ball noch springt, spielt A ihn zurück und B startet den nächsten Versuch.

Anmerkungen
Übung zur Tempokontrolle, »Einwickeln« und Führen des Balles.

Einlochen

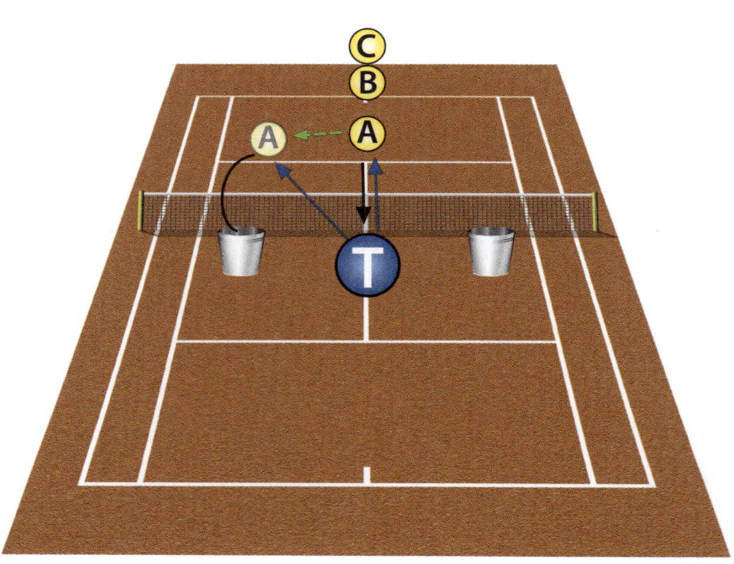

VH	RH	Vo	Sm	As	Rt	oT	2S	3S	4S

Anspruch:	●●●
Intensität:	●
Anzahl Spieler:	2-4
Dauer:	ca. 10 Min.
Zählweise:	Wer locht die meisten ein?
Hilfsmittel:	2 leere Balleimer (nicht zu klein).

Ziel
Gefühl für kurzen gefühlvollen Ball mit Rückwärtsdrall aus der Bewegung.

Beschreibung
Die Spieler stellen sich hintereinander an der T-Linie auf. Der Trainer spielt A einen beliebigen Ball zu, den A zurück zum Trainer spielt, der spielt Volley in die andere Hälfte des T-Feldes, A erläuft den Ball und versucht ihn in einen der Balleimer auf der Trainerseite »einzulochen«.

Variationen
Balleimer näher ans Netz stellen, Zuspiel und Stopps variieren (VH, RH).

Anmerkungen
Der Balleimer macht dem Spieler die Flugkurve eines guten Stopps bewusst, steil abfallend hinter das Netz.

Magnet

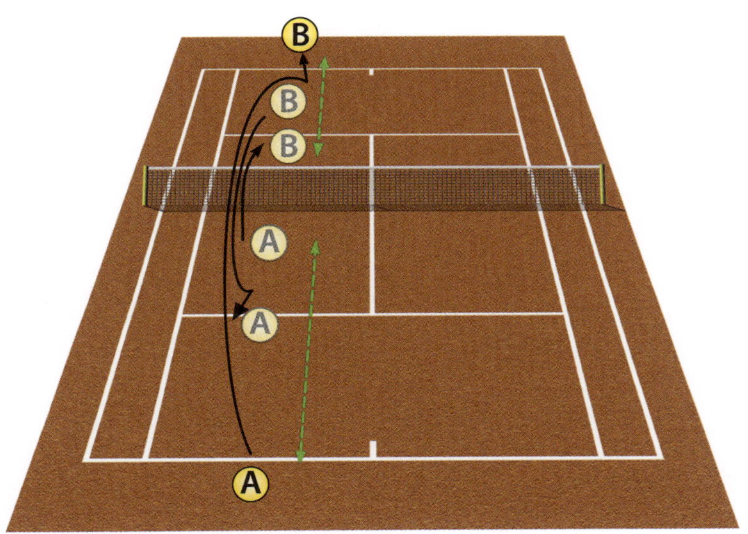

VH	RH	Vo	Sm	As	Rt	oT	2S	3S	4S

Anspruch:	●●●
Intensität:	●
Anzahl Spieler:	(2) 4
Dauer:	3 Min.
Zählweise:	keine, spielen, bis es »klappt«.

Ziel
Gefühl für kurzen gefühlvollen Ball mit Rückwärtsdrall auf verschiedene Distanzen.

Beschreibung
A und B beginnen einen Ballwechsel an der Grundlinie und rücken mit jedem Ball einen Schritt nach vorne, ohne den Ball zu verlieren. Volley sollte vermieden werden. Wenn sie der »Magnet« bis ans Netz gezogen hat, gehen sie zurück und beginnen von vorne.

Variation
Vom Netz wieder zurück zur GL und Ballwechsel weiter spielen.

Anmerkungen
Gute Gefühlsübung für immer kürzere Bälle.

Stopp von der Grundlinie

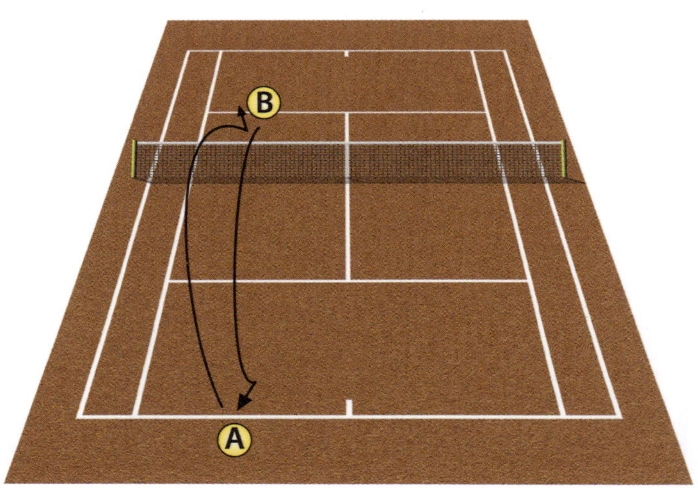

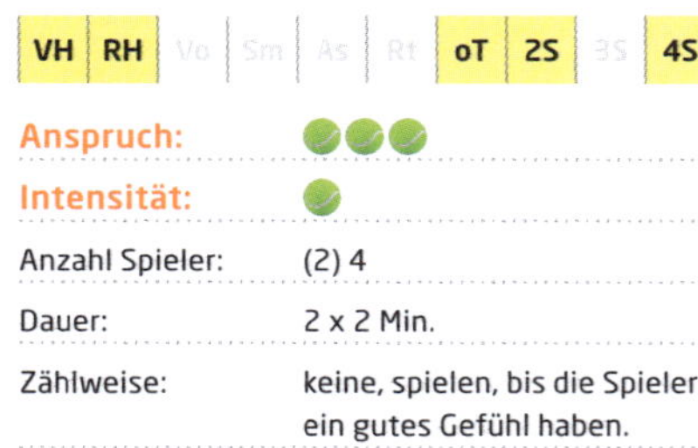

Anspruch:	●●●
Intensität:	●
Anzahl Spieler:	(2) 4
Dauer:	2 x 2 Min.
Zählweise:	keine, spielen, bis die Spieler ein gutes Gefühl haben.

Ziel
Gefühl für kurzen gefühlvollen Ball mit Rückwärtsdrall auf längere Distanz.

Beschreibung
A steht kurz vor der Grundlinie, B kurz vor der T-Linie. Sie spielen einen Ballwechsel, bei dem A versucht, jeden Ball so zu spielen, dass er vor B aufspringt. B spielt den Ball lang zu A zurück.

Variation
B geht immer näher ans Netz heran.

Anmerkungen
Gute Gefühlsübung für kurze Bälle aus dem Grundlinienbereich, wichtig, dass A »im Feld« ist, B muss entsprechend sorgfältig zuspielen.

Stopp aus dem Lauf

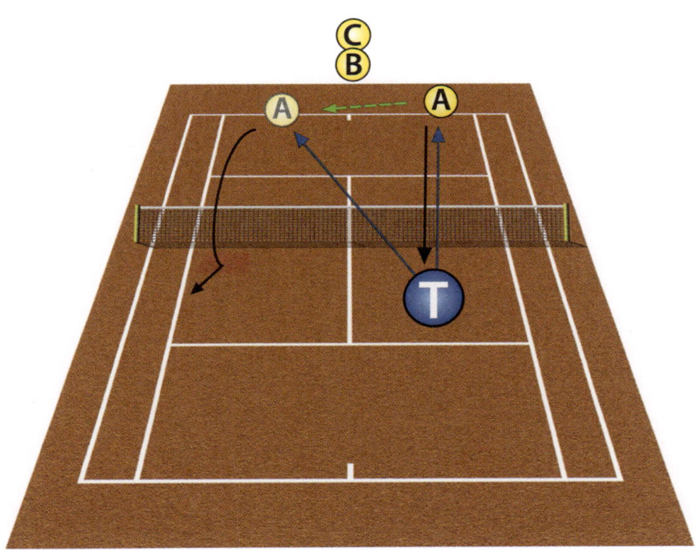

VH	RH	Vo	Sm	As	Rt	oT	2S	3S	4S

Anspruch:	●●●
Intensität:	●●
Anzahl Spieler:	2-4
Dauer:	ca. 10 Min.
Zählweise:	Wer hat die meisten Treffer?
Hilfsmittel:	Zielmarkierung (Zeitung, Linien).

Ziel
Gefühl für kurzen gefühlvollen Ball mit Rückwärtsdrall aus dem Lauf.

Beschreibung
Die Spieler stellen sich hintereinander an der Grundlinie auf. Der Trainer spielt A einen beliebigen Ball zu, den A zurück zum Trainer spielt, der spielt Volley in die andere Hälfte des Feldes, A erläuft den Ball und versucht ihn, auf ein Ziel (Zeitung) im T-Feld des Trainers zu spielen.

Variationen
Zuspiel und Stopps variieren (VH, RH), Ziel näher ans Netz.

Anmerkungen
Trainerzuspiel (Volley) muss so sein, dass der Spieler Zeit hat, einen Stopp anzusetzen. Der Spieler muss den Ball vor der GL schlagen können.

Gegen-Stopp

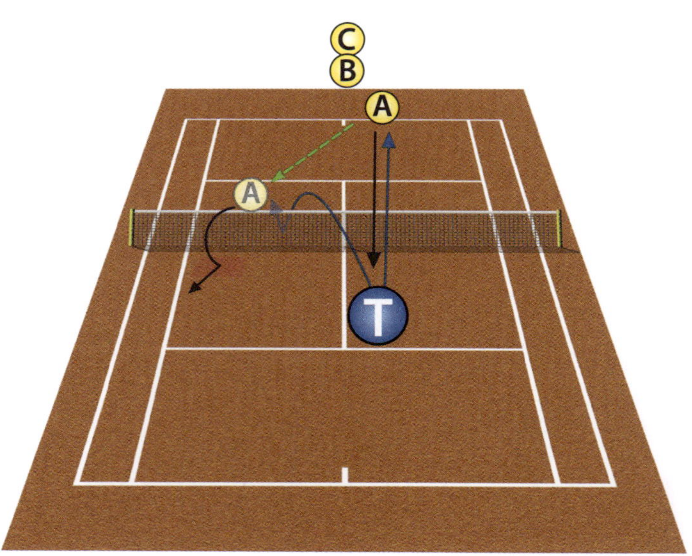

VH	RH	Vo	Sm	As	Rt	oT	2S	3S	4S

Anspruch:	●●●
Intensität:	●●
Anzahl Spieler:	2-4
Dauer:	ca. 10 Min.
Zählweise:	Wer hat die meisten Treffer?
Hilfsmittel:	Zielmarkierung (Zeitung, Linien).

Ziel

Gefühl für sehr kurzen gefühlvollen Ball mit Treffpunkt unter Netzhöhe.

Beschreibung

Die Spieler stellen sich hintereinander an der Grundlinie auf. Der Trainer spielt A einen beliebigen Ball zu, den A zurück zum Trainer spielt, der spielt einen Volley-Stopp in die andere Hälfte des Feldes, A erläuft den Ball und versucht ihn, auf ein Ziel (Zeitung) im T-Feld des Trainers zu spielen (Gegen-Stopp).

Variationen

Zuspiel und Stopps variieren (VH, RH), Ziel näher ans Netz.

Anmerkungen

Trainerzuspiel (Volley-Stopp) muss so dosiert sein, dass der Spieler den Ball bekommt, ihn aber unter Netzhöhe schlagen muss. Nur dann ist der Gegen-Stopp eine sinnvolle Option. Anspruchsvolle Übung für beide Seiten.

Richtiger Moment

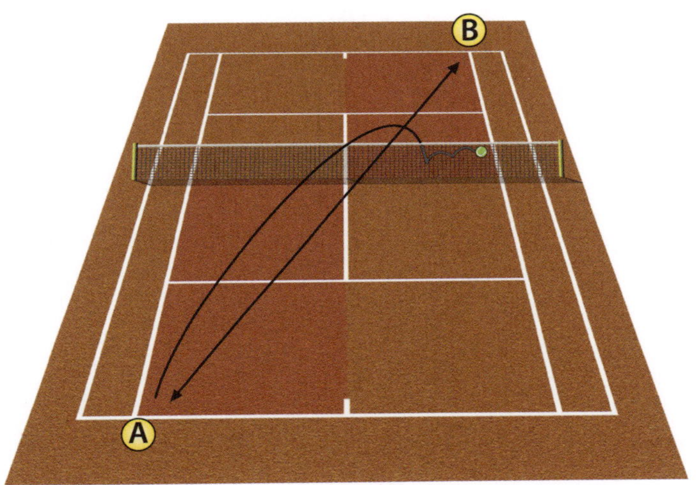

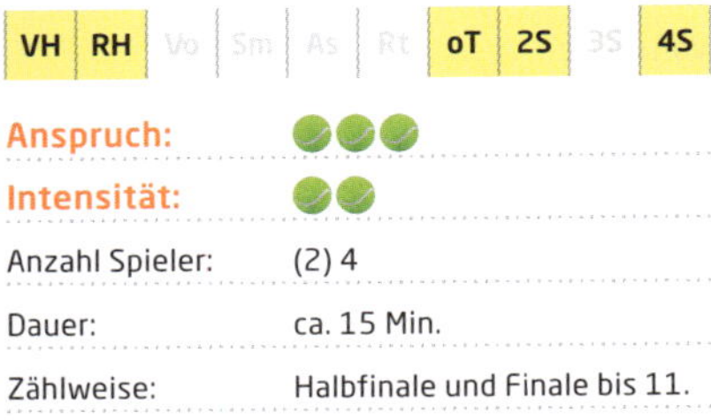

Anzahl Spieler:	(2) 4
Dauer:	ca. 15 Min.
Zählweise:	Halbfinale und Finale bis 11.

Ziel

Gefühl für kurzen gefühlvollen Ball mit Rückwärtsdrall aus dem Ballwechsel heraus.

Beschreibung

A schlägt »fair« an und spielt mit B einen Cross-Ballwechsel von der Grundlinie (halbes Einzelfeld). A hat 5 Schläge Zeit, einen Stopp zu spielen. B darf den Stopp nicht erlaufen. Wenn der Ball dreimal vor der T-Linie aufspringt, ist der Stopp korrekt und A hat den Punkt. Springt er weniger, geht der Punkt an B. Es können auch ganz normale Punkte gemacht werden (keine Angriffe, kein Volley). Nach 5 Punkten schlägt B »fair« an und darf Stopps spielen. C und D machen das gleiche in die andere Cross-Richtung.

Anmerkungen

Die Motivation für den Stopp ist, dass man damit einfach einen Punkt machen kann. Man muss aber den richtigen Zeitpunkt abwarten!

Stopp lohnt sich

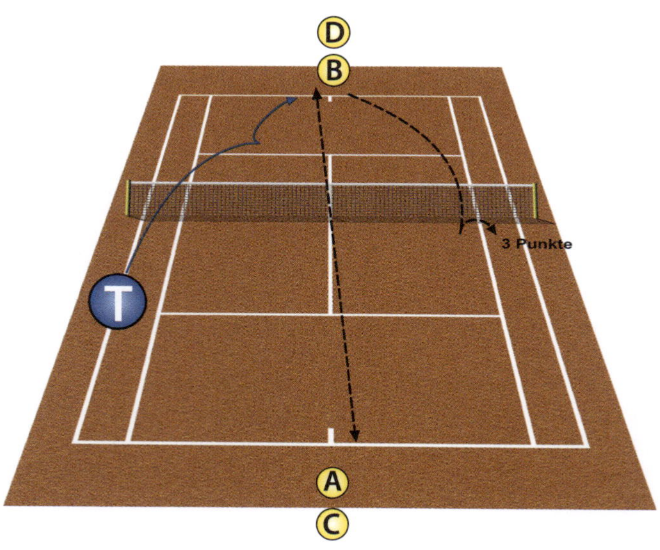

VH	RH	Vo	Sm	As	Rt	oT	2S	3S	4S

Anspruch:	●●●
Intensität:	●●
Anzahl Spieler:	(2) 4
Dauer:	ca. 15 Min.
Zählweise:	Halbfinale und Finale bis 11.

Ziel

Stopp zum richtigen Zeitpunkt im Ballwechsel ansetzen.

Beschreibung

A spielt auf Traineranspiel eine Punkt gegen B im Einzelfeld aus. Beide Spieler haben die Chance auf drei Punkte, wenn sie einen Stopp spielen und den Ballwechsel gewinnen (muss kein direkter Punktgewinn sein). Der Trainer entscheidet bei strittigen Fragen (Stopp oder nicht?). Nach 3 Punkten werden die Seiten gewechselt, C und D sind dran.

Anmerkungen

Die Motivation für den Stopp sind die drei Punkte. Der Ballwechsel muss nicht direkt mit dem Stopp gewonnen werden. Auch als taktische Übung einsetzbar (Kap. 5).

3. Training am Netz

Übung 100–145

(siehe auch: *Doppeltraining*)

Das Training am Netz ist aufgegliedert in die Unterkapitel
Volleytraining - Übung 100-121
Überkopf-Training - Übung 122-131
Allroundspiel - Übung 132-145

Am Netz kann im Einzel nur erfolgreich sein, wer eine Spielsituation richtig erfasst, die Möglichkeiten des Gegners richtig einschätzt und entschlossen handelt. Der Volley selbst ist nur der Abschluss einer Gesamthandlung, genauso wichtig sind Laufweg, Raumaufteilung und Positionierung des Netzspielers. Er muss den Gegner peripher beobachten, um den besten Moment für den Angriff zu erkennen, muss die Passierballmöglichkeiten des Gegners optimal abdecken (Winkelhalbierende, nicht zu nah am Netz wegen Lob), muss sich in die richtige Startposition zur Reaktion auf den Passierball bringen (Split Step) und schließlich den richtig dosierten und platzierten Volley spielen, der ihm den Punkt vorbereitet oder direkt bringt. Vor dem erfolgreichen Abschlussvolley müssen in der Regel mit dem Angriffsball und dem Übergangsvolley zwei absolute Spezialschläge fehlerfrei durchgeführt werden, die man so oft wie möglich in der entsprechenden Situation trainieren muss. Und nur der erfahrene Netzspieler, der schon viele hundert Angriffssituationen durchgeführt und erlebt hat, kann dann auch mal einen Passierball cool vorbeifliegen lassen, weil er rechtzeitig erkennt, dass er ins Aus geht! Während es in den ersten beiden Abschnitten vor allem um die Ausführung und das Training von Volley und Schmetterball geht, werden im dritten Teil dieses Kapitels Netzspiel Allround Übungen vorgestellt, die die Komponenten Angriffsball, Weg zum Netz, Übergangsvolley und Abschluss kombinieren.

Weitere hervorragende Übungen zum Training am Netz findet man im Kapitel »Doppeltraining« (Seite 337 ff.).

Volley T zu T

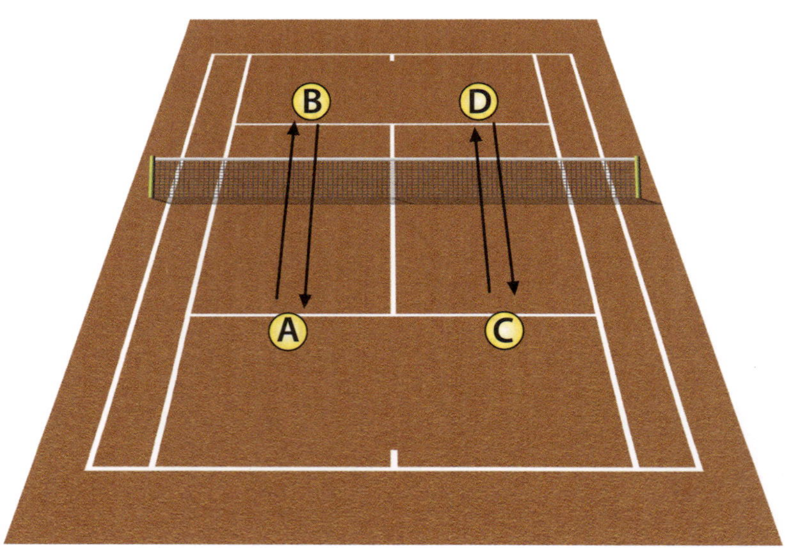

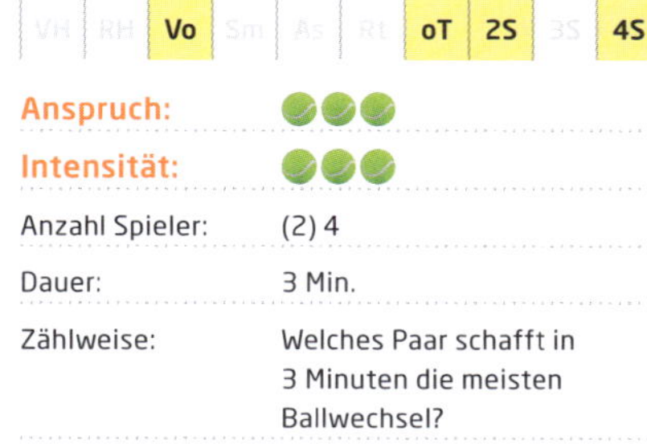

VH	RH	Vo	Sm	As	Rt	oT	2S	3S	4S

Anspruch:	●●●
Intensität:	●●●
Anzahl Spieler:	(2) 4
Dauer:	3 Min.
Zählweise:	Welches Paar schafft in 3 Minuten die meisten Ballwechsel?

Ziel
Kontrolliertes Volley-Spiel mit Länge.

Beschreibung
A und B stehen sich an der T-Linie gegenüber. Sie spielen lange Volleys longline hin und her. der Ball soll möglichst nicht aufspringen. C und D parallel.

Variation
Traineranspiel (geht schneller).

Anmerkungen
Auf Beinarbeit achten, d. h. die Bewegung der Spieler gegen den Ball in den Volley hinein, nur so sind lange Volleys (T zu T) möglich. Die Spieler tendieren dazu, alles aus dem Stand zu machen. Anstrengend bei korrekter Durchführung!

Volley-Hosenträger

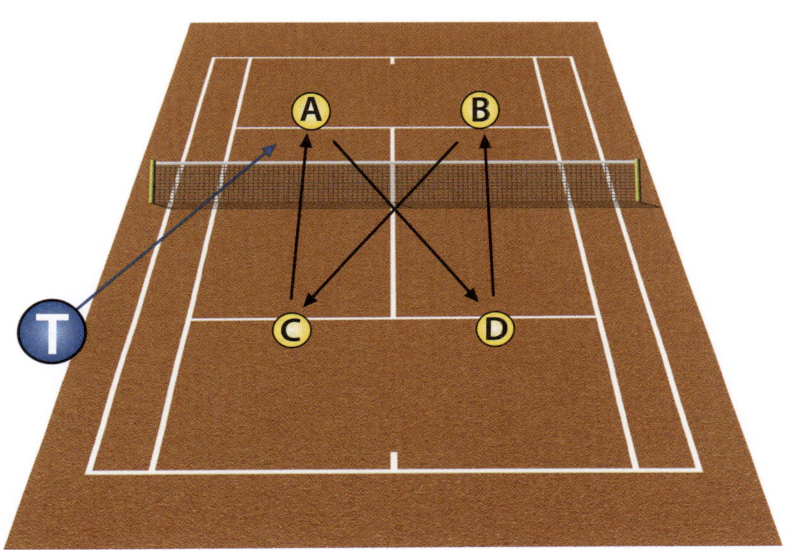

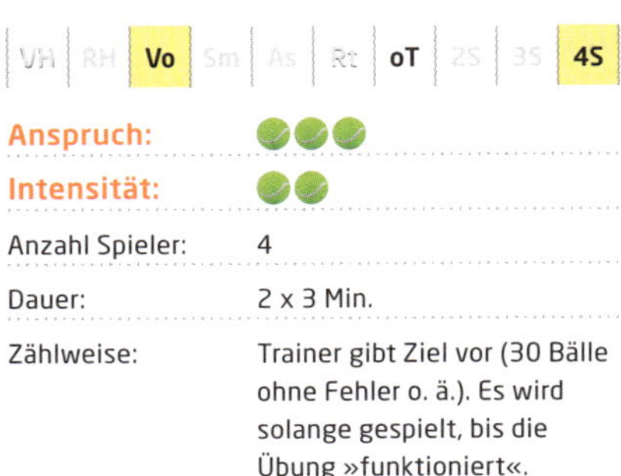

VH | RH | **Vo** | Sm | As | Rt | **oT** | 2S | 3S | **4S**

Anspruch:	●●●
Intensität:	●●
Anzahl Spieler:	4
Dauer:	2 x 3 Min.
Zählweise:	Trainer gibt Ziel vor (30 Bälle ohne Fehler o. ä.). Es wird solange gespielt, bis die Übung »funktioniert«.

Ziel

Kontrolliertes Volley-Spiel mit dauerndem Richtungswechsel.

Beschreibung

A und B stehen C und D an der T-Linie gegenüber. Der Trainer bringt den Ball ins Spiel, A und B spielen nur cross, C und D nur longline.

Variationen

cross und longline wechseln, Spieler etwas näher zusammenbringen.

Anmerkungen

Auf Beinarbeit achten, d. h. die Bewegung der Spieler gegen den Ball in den Volley hinein, nur so sind lange Volleys (T zu T) möglich. Die Spieler tendieren dazu, alles aus dem Stand zu machen.

Übergangsvolley

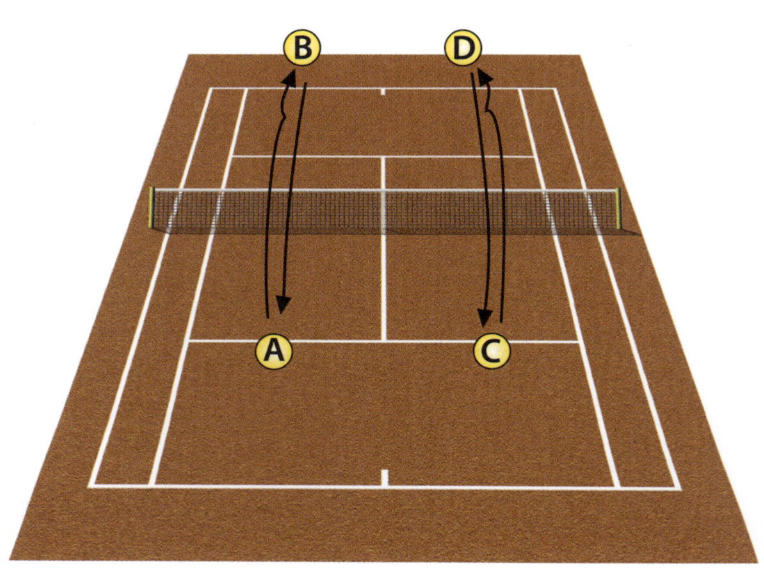

VH	RH	Vo	Sm	As	Rt	oT	2S	3S	4S

Anspruch:	●●●
Intensität:	●●●
Anzahl Spieler:	(2) 4
Dauer:	2 x 3 Min.
Zählweise:	keine, spielen, bis es »funktioniert«.

Ziel
Kontrolliertes Volley-Spiel mit Länge auf GL-Zuspiel.

Beschreibung
A und B stehen sich longline gegenüber, A an der T-Linie, B an der Grundlinie. A versucht, die Grundlinienschläge lang zurück zu spielen (tiefe Übergangs-Volleys vom T) und bleibt während der Ballwechsel auf Höhe der T-Linie (kein Aufrücken!). C und D parallel.

Variation
Traineranspiel (geht schneller).

Anmerkungen
Training für den vorbereitenden Volley bei Netzangriffen. Auf Beinarbeit achten, d. h. die Bewegung der Spieler gegen den Ball in den Volley hinein, nur so sind lange Volleys möglich. Der Volleyspieler muss tief unter den Ball gehen und die meisten Volleys nach oben spielen, nicht nach vorne unten. Anstrengend für den Volleyspieler.

Volley-Vorhand-Rückhand

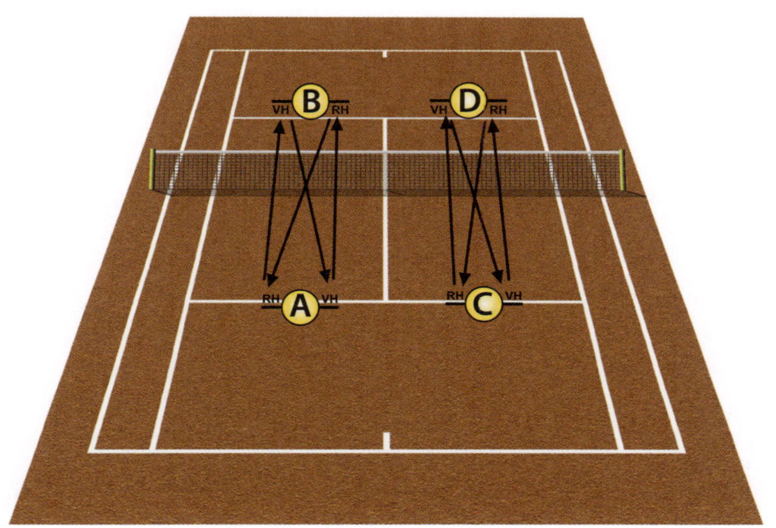

VH	RH	**Vo**	Sm	As	Rt	**oT**	**2S**	3S	**4S**

Anspruch:	●●●
Intensität:	●●●
Anzahl Spieler:	(2) 4
Dauer:	5 Min.
Zählweise:	keine, spielen, bis es »funktioniert«.

Ziel
Kontrolliertes Volley-Spiel, Volley aus schwierigen Positionen, Reaktion.

Beschreibung
A und B stehen sich kurz vor der T-Linie gegenüber. Sie spielen lange Volleys longline hin und her, der Ball soll möglichst nicht aufspringen. Beide haben die Aufgabe, den Ball abwechselnd mit der VH und der RH zu spielen. C und D parallel.

Variation
Traineranspiel (geht schneller).

Anmerkungen
Gute Beinarbeit und Reaktion erforderlich, viele Bälle gehen direkt auf den Körper.

Scheibenwischer

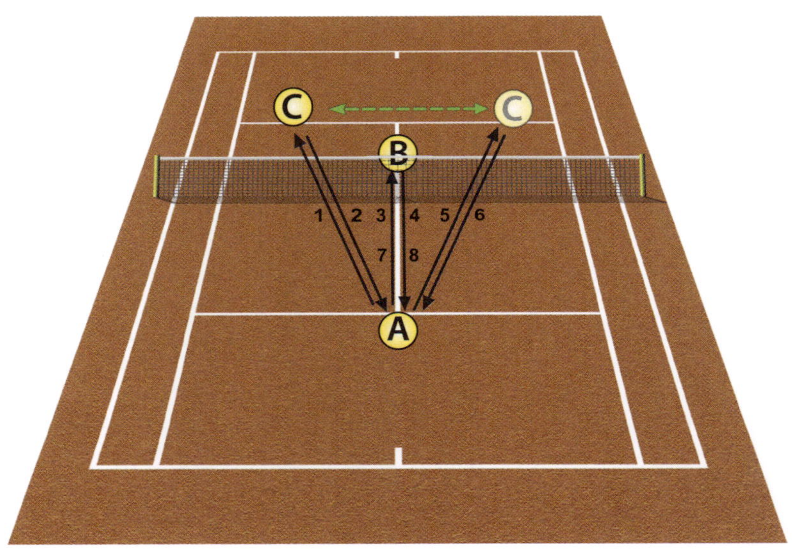

VH	RH	**Vo**	Sm	As	Rt	**oT**	2S	**3S**	4S

Anspruch:	●●●
Intensität:	●●●
Anzahl Spieler:	3
Dauer:	3 x 2 Min.
Zählweise:	keine, spielen, bis es »funktioniert«.

Ziel
Kontrolliertes Volley-Spiel mit Richtungswechsel und verschiedenen Tempi.

Beschreibung
Übung für drei Spieler. A steht kurz vor der T-Linie und ist »Verteiler«, ihm gegenüber steht B dicht am Netz als »Puffer« und dahinter C als »Wischer«. Der Verteiler schickt den Wischer auf der T-Linie von rechts nach links hin und her und spielt zwischendurch immer den Puffer an. Die Reihenfolge sieht so aus: A zu C auf der VH-Seite (1), C zurück zu A (2), A zu B (3), B zurück auf A (4), A zu C auf der RH-Seite (5), C zurück auf A, A auf B (7), B zurück zu A (8) und wieder von vorn.

Variation
Traineranspiel (geht schneller).

Anmerkungen
Schwierige Übung mit gefühlvollen Volleys, mit langen Volleys und mit tiefen Volleys.

Telefonzelle

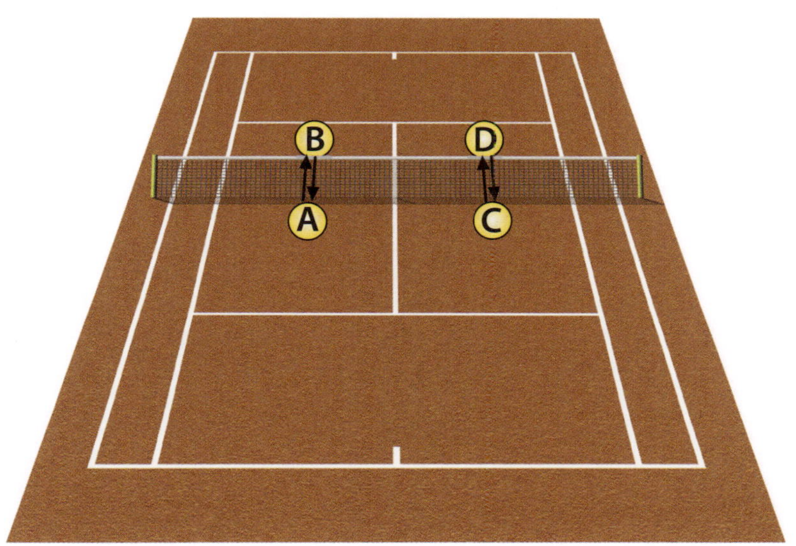

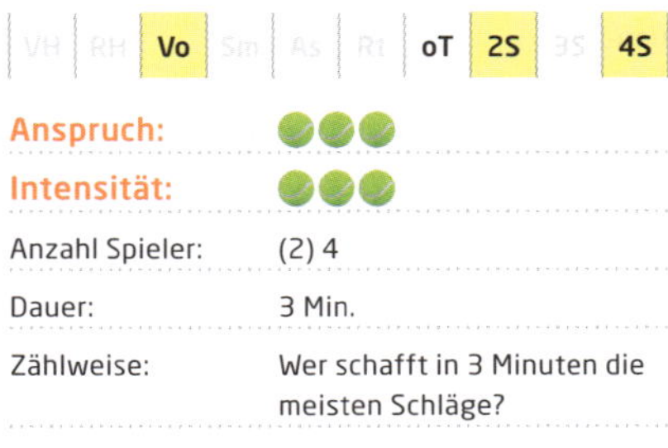

Anspruch:	●●●
Intensität:	●●●
Anzahl Spieler:	(2) 4
Dauer:	3 Min.
Zählweise:	Wer schafft in 3 Minuten die meisten Schläge?

Ziel

Volley-Reaktion auf kürzeste Distanz.

Beschreibung

A und B stehen sich sehr nahe (1,5 bis 2 m) an der T-Linie gegenüber. Sie spielen so schnell wie möglich Volleys longline hin und her. C und D parallel.

Variation

Traineranspiel (geht schneller).

Anmerkungen

Beweglichkeit und Reaktion auf kürzeste Distanz (in der »Telefonzelle«). Auch als Koordinationstraining geeignet (Kap. 8).

Mutprobe

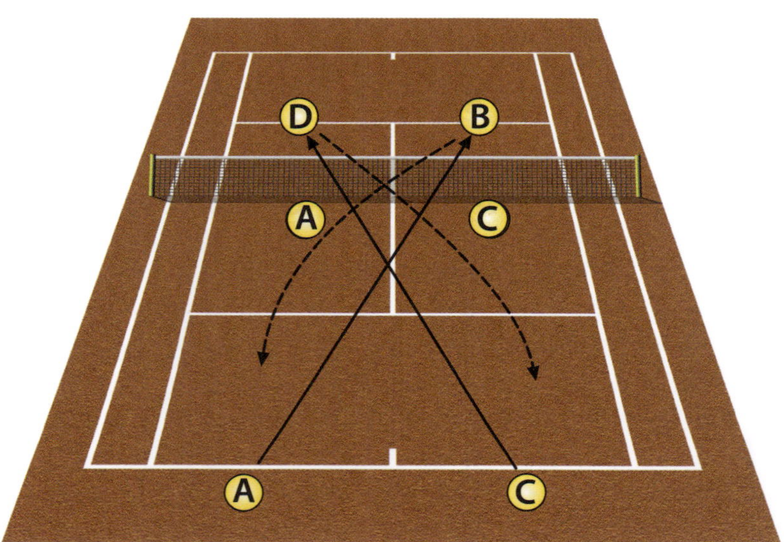

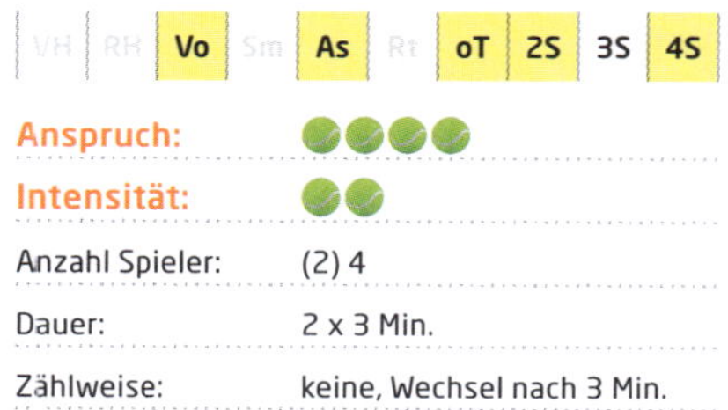

Anzahl Spieler:	(2) 4
Dauer:	2 x 3 Min.
Zählweise:	keine, Wechsel nach 3 Min.

Ziel
Volley-Reaktion auf schnelle Bälle.

Beschreibung
A schlägt auf (mittleres Tempo), B steht gegenüber im Aufschlagfeld kurz vor der T-Linie und versucht, die Aufschläge volley oder halbvolley zurückzuspielen. C und D machen das gleiche.

Anmerkungen
Reaktionstest auf harte und schnelle Bälle, erfordert Mut. Gute Aufschläger dürfen nicht mit der Härte übertreiben. Auch als Koordinationstraining geeignet (Kap. 8).

Angriff im T

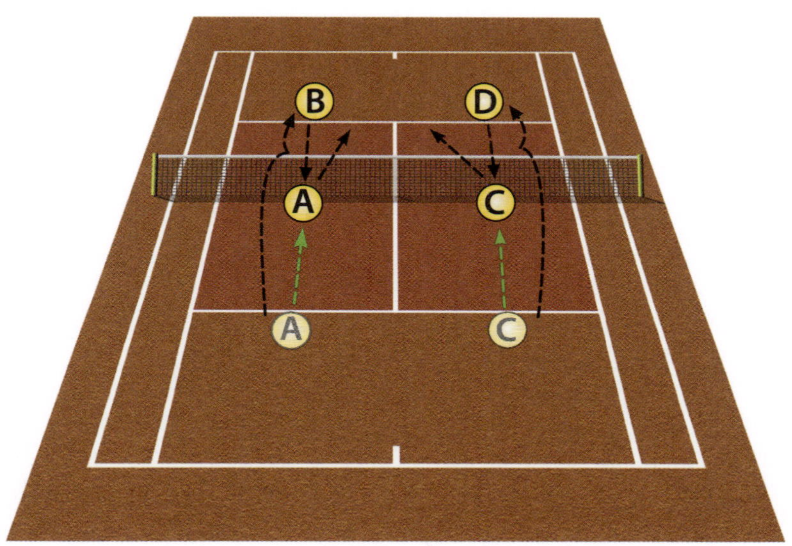

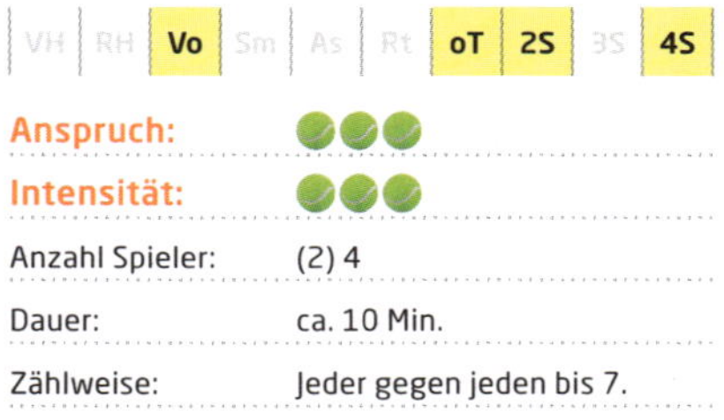

VH	RH	Vo	Sm	As	Rt	oT	2S	3S	4S

Anspruch:	●●●
Intensität:	●●●
Anzahl Spieler:	(2) 4
Dauer:	ca. 10 Min.
Zählweise:	Jeder gegen jeden bis 7.

Ziel
Volley-Reaktion auf schnelle Bälle.

Beschreibung
A und B spielen im halben T-Feld Punkte aus. Der Ball wird von unten angespielt, der Spieler rückt sofort ans Netz auf. Es gibt kein Tempolimit, beide Spieler können so hart und schnell spielen wie innerhalb des T-Feldes möglich. Es wird abwechselnd angeschlagen. C und D parallel.

Variation
Feld durch Doppelkorridor verbreitern.

Anmerkungen
Reaktionstest am Netz, erfordert Mut, nicht für ängstliche Spieler geeignet. Körpertreffer müssen in Kauf genommen werden. Auch als Koordinationstraining einsetzbar (Kap. 8).

Tennis-Badminton

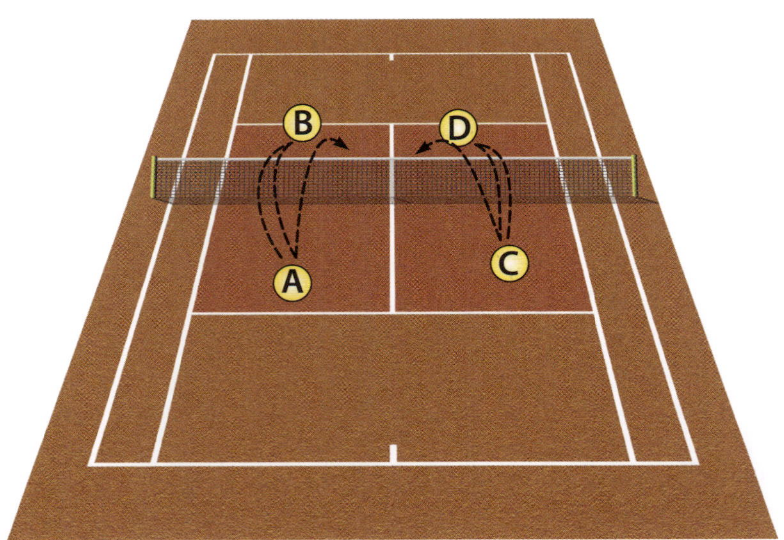

VH	RH	Vo	Sm	As	Rt	oT	2S	3S	4S

Anspruch:	●●●
Intensität:	●●●
Anzahl Spieler:	(2) 4
Dauer:	ca. 10 Min.
Zählweise:	Jeder gegen jeden bis 7.

Ziel
gefühlvolle Volleys, tiefe Volleys.

Beschreibung
A und B spielen im halben T-Feld (Aufschlagfeld) Punkte aus. Der Ball darf nur volley gespielt werden, der Ball muss grundsätzlich in aufsteigender Linie gespielt werden. Der Anschlag erfolgt von der T-Linie, es wird abwechselnd angeschlagen. C und D spielen parallel.

Anmerkungen
Gefühlvolles und hochintensives taktisches Spiel. Die Punkte werden vor allem durch den Wechsel zwischen tief/kurz und hoch/lang erzielt (ähnlich wie im Badminton). Bei Streitigkeiten (war der Ball aufsteigend?) Ball wiederholen lassen.

Netz gegen Grundlinie

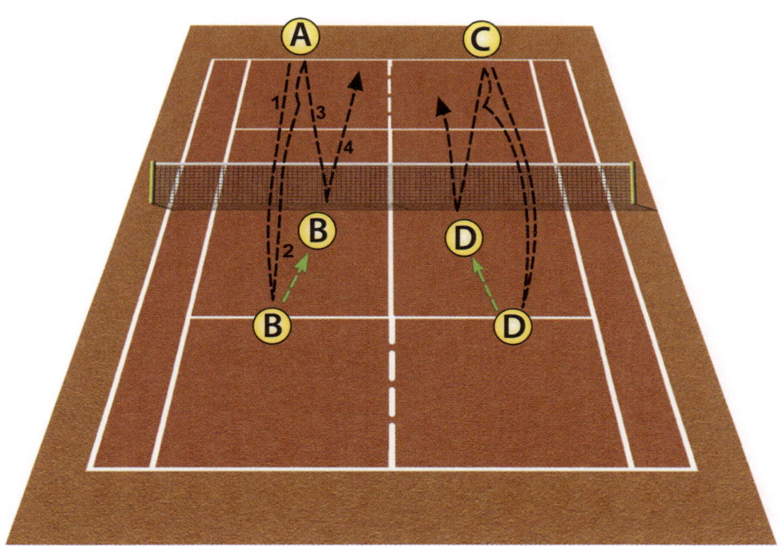

VH	RH	Vo	Sm	As	Rt	oT	2S	3S	4S

Anspruch:	
Intensität:	
Anzahl Spieler:	(2) 4
Dauer:	ca. 15 Min.
Zählweise:	Jeder gegen jeden mit Hin- und Rückspiel bis 7 (6 Runden bei 4 Spielern).
Hilfsmittel:	Linienmarkierungen.

Ziel

Netzabdeckung im Halbfeld.

Beschreibung

A spielt den Ball von der Grundlinie an auf B, der den Ball volley oder halbvolley an der T-Linie annimmt. Der Anschlag muss »fair« sein, d. h. B kann verweigern. B platziert den ersten (Halb-) Volley länger als die T-Linie und rückt auf, danach ist das Spiel offen. Der Punkt wird im halben Doppelfeld ausgespielt. C und D spielen parallel.

Anmerkungen

Taktisches Spiel, schon der Anschlag sollte nicht so ausgeführt werden, dass der erste Volley zu leicht wird. Lobs öffnen das Feld, der Verteidiger kann aufrücken. Zwei Paarungen sollten die Punkte abwechselnd spielen, gleichzeitig in beiden Halbfeldern ist wegen Querschlägern am Netz gefährlich.

Volleyduell

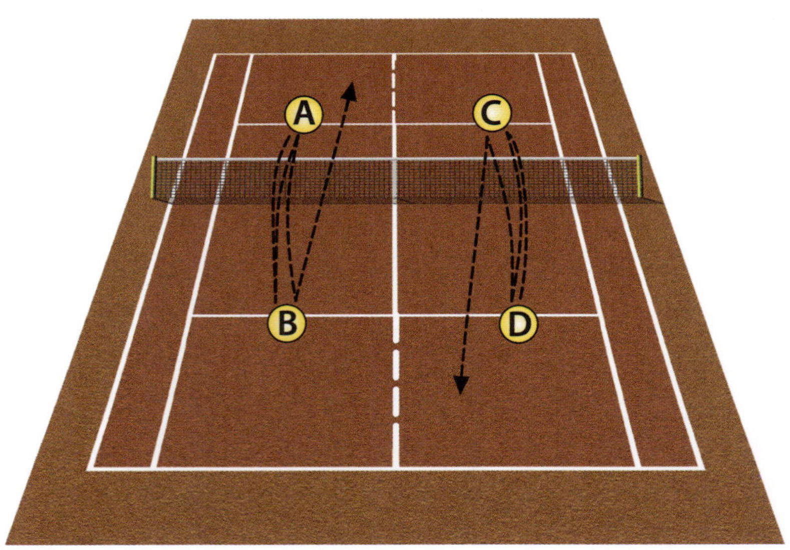

VH	RH	**Vo**	**Sm**	As	Rt	**oT**	**2S**	3S	**4S**

Anspruch:	●●●
Intensität:	●●●
Anzahl Spieler:	(2) 4
Dauer:	ca. 15 Min.
Zählweise:	Jeder gegen jeden mit Hin- und Rückspiel bis 7 (6 Runden bei 4 Spielern).
Hilfsmittel:	Linienmarkierungen.

Ziel
Netzabdeckung im Halbfeld.

Beschreibung
A und B stehen an der T-Linie gegenüber. A spielt den Ball an auf B. Der Anschlag muss »fair«, d. h. erreichbar sein, B kann verweigern. Danach ist das Spiel offen, es entsteht ein Volleyduell. Der Punkt wird im halben Doppelfeld ausgespielt. C und D spielen parallel.

Anmerkungen
Taktisches Spiel, schon der Anschlag sollte nicht so ausgeführt werden, dass der erste Volley zu leicht wird. Schnelle Reaktionen nötig, Volleylobs öffnen das Feld, beide Spieler sollten versuchen, von der T-Linie aufzurücken, um den Punkt abzuschließen.

Halbfeldkönig

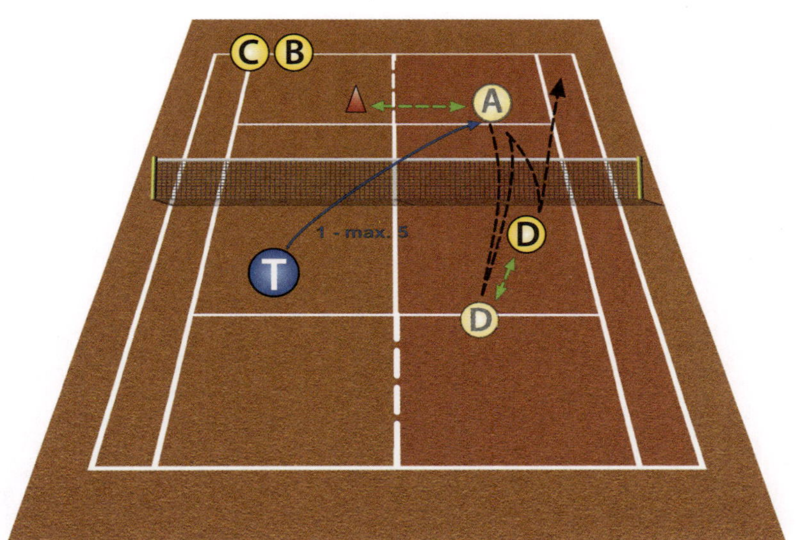

VH	RH	**Vo**	**Sm**	As	Rt	oT	2S	**3S**	**4S**

Anspruch:	●●●
Intensität:	●●●
Anzahl Spieler:	3 oder 4
Dauer:	ca. 20 Min.
Zählweise:	Wer macht die meisten »Big Points«?
Hilfsmittel:	Linienmarkierungen, Hütchen.

Ziel
Netzabdeckung im Halbfeld.

Beschreibung
Übung für 3 bis 4 Spieler. Spielfeld ist das halbe Doppelfeld. Außerhalb wird auf Höhe der T-Linie eine Markierung angebracht (Hütchen, Linie). A startet an der Markierung und spielt auf Zuspiel des Trainers einen tiefen Volley. D an der T-Linie auf der anderen Seite darf erst dann aufrücken, wenn A den Ball schlägt, der Punkt wird ausgespielt. Vor dem nächsten Punkt muss A die Markierung mit dem Fuß oder Schläger berühren, D muss zurück an die T-Linie. Das Spiel geht bis 3. Wenn A gewinnt, löst er D ab. Wenn D gewinnt, hat er einen »Big Point« und spielt gegen B.

Anmerkungen
Schwierige Übung mit gefühlvollen Volleys, mit langen Volleys und mit tiefen Volleys.

Volleykönig 1

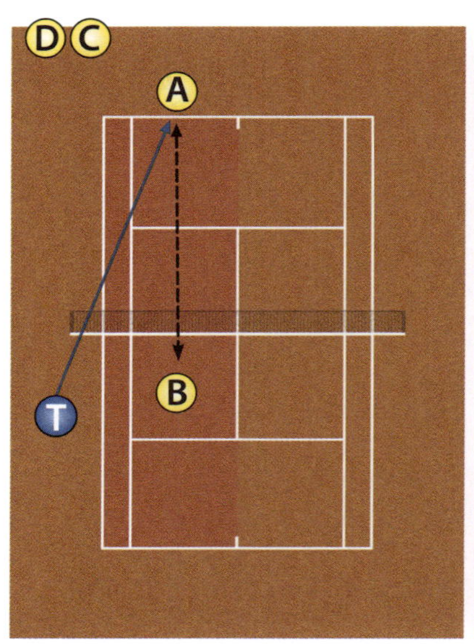

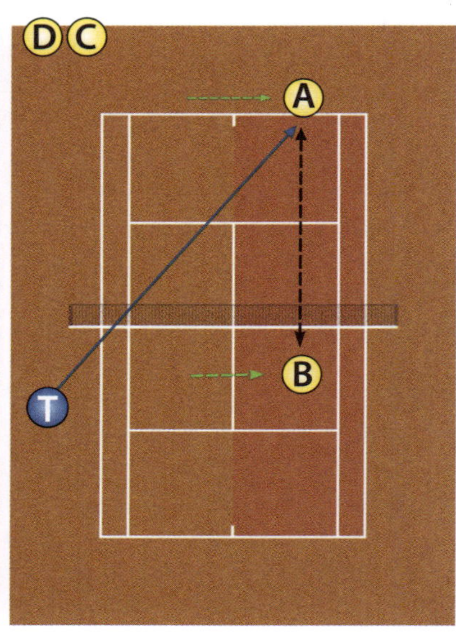

VH	RH	Vo	Sm	As	Rt	oT	2S	3S	4S

Anspruch:	●●●
Intensität:	●●●
Anzahl Spieler:	3 oder 4
Dauer:	ca. 20 Min.
Zählweise:	Das Grundlinienteam spielt gegen den Netzspieler bis 15 oder 21, wer das beste Ergebnis am Netz erzielt, ist »Volleykönig«.
Hilfsmittel:	Linienmarkierungen.

Ziel
Netzabdeckung im Halbfeld.

Beschreibung
Übung für 3 bis 4 Spieler. A an der Grundlinie wird vom Trainer angespielt und spielt einen Punkt gegen Netzspieler D im linken halben Doppelfeld aus. Es ist jeder Schlag erlaubt. Anschließend wird in das rechte Doppelfeld gewechselt und ein weiterer Punkt auf Trainerzuspiel ausgespielt. Die nächsten beiden Punkte spielt D gegen B.

Anmerkungen
Schwierige Übung für den Netzspieler, der immer rechts-links wechseln und Lobs abdecken muss.

Volleykönig 2

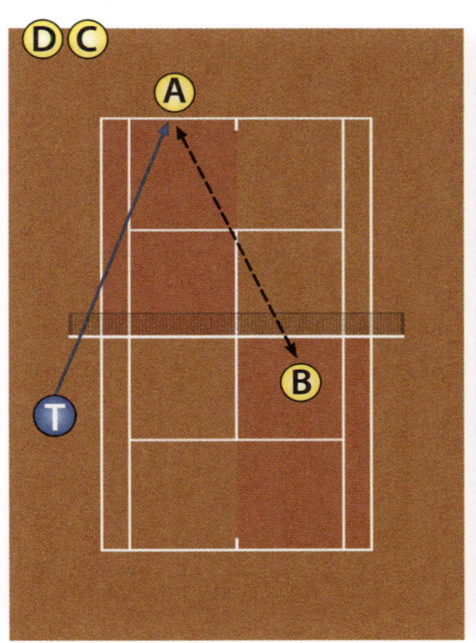

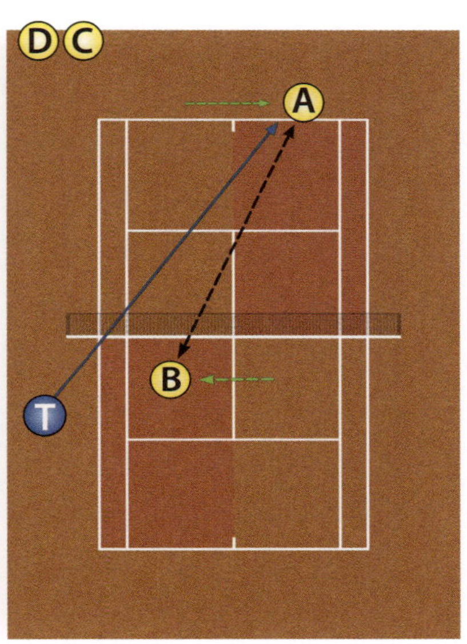

VH	RH	Vo	Sm	As	Rt	oT	2S	3S	4S

Anspruch:	●●●
Intensität:	●●●
Anzahl Spieler:	3 oder 4
Dauer:	ca. 20 Min.
Zählweise:	Das Grundlinienteam spielt gegen den Netzspieler bis 15 oder 21, wer das beste Ergebnis am Netz erzielt, ist »Volleykönig«.
Hilfsmittel:	Linienmarkierungen.

Ziel

Netzabdeckung im Halbfeld.

Beschreibung

Übung für 3 bis 4 Spieler. A an der Grundlinie wird vom Trainer angespielt und spielt einen Punkt gegen Netzspieler D in den cross gegenüberliegenden Doppelfeldern aus. Es ist jeder Schlag erlaubt. Anschließend wird auf die andere Seite gewechselt (Rechts-links-Wechsel der Spieler gegenläufig) und ein weiterer Punkt auf Trainerzuspiel cross im halben Doppelfeld ausgespielt. Die nächsten beiden Punkte spielt D gegen B.

Anmerkungen

Schwierige Übung für den Netzspieler, der immer rechts-links wechseln und Lobs abdecken muss. Die Cross-Übung eröffnet dem GL-Spieler mehr Möglichkeiten (kurz cross) und ist ein gutes Training für Netzaktivitäten im Doppel.

Volleykönig 3

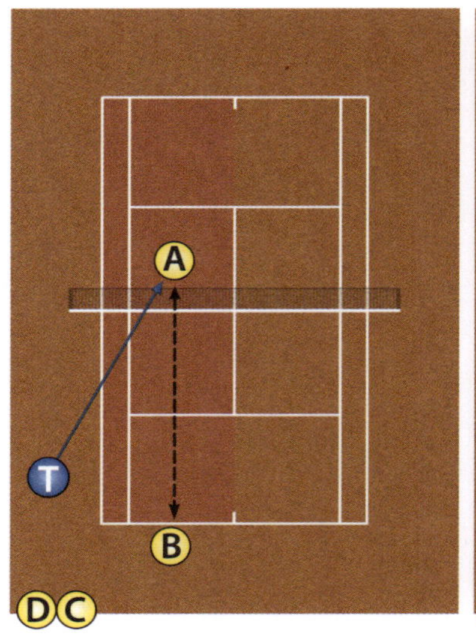

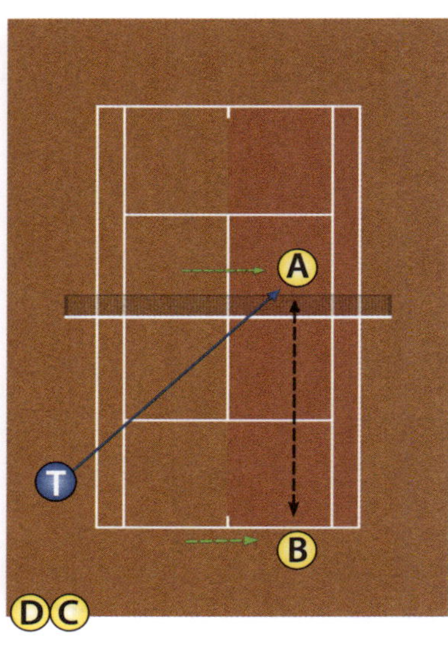

VH	RH	Vo	Sm	As	Rt	oT	2S	3S	4S

Anspruch:	●●●
Intensität:	●●●
Anzahl Spieler:	3 oder 4
Dauer:	ca. 20 Min.
Zählweise:	Das Grundlinienteam spielt gegen den Netzspieler bis 15 oder 21, wer das beste Ergebnis am Netz erzielt, ist »Volleykönig«.
Hilfsmittel:	Linienmarkierungen.

Ziel
Netzabdeckung im Halbfeld.

Beschreibung
Übung für 3 bis 4 Spieler. A am Netz wird vom Trainer angespielt und spielt einen Punkt gegen Grundlinienspieler B im halben linken Doppelfeld aus. Der erste Volley muss länger als die T-Linie sein, danach ist jeder Schlag erlaubt. Anschließend wird auf die andere Seite gewechselt und ein weiterer Punkt auf Trainerzuspiel im rechten halben Doppelfeld ausgespielt. Die nächsten beiden Punkte spielt A gegen C.

Anmerkungen
Schwierige Übung für den Netzspieler, der immer rechts-links wechseln und Lobs abdecken muss. Die Eröffnung mit dem Volley gibt ihm mehr Chancen, den Ballwechsel zu bestimmen.

115

Angriff im Halbfeld

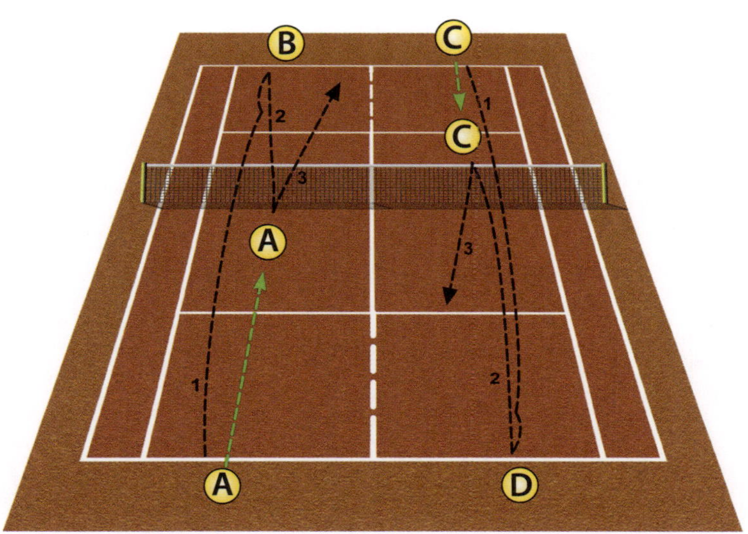

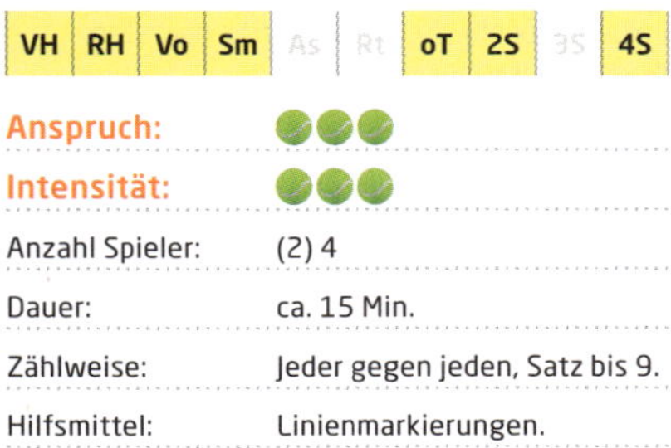

VH	RH	Vo	Sm	As	Rt	oT	2S	3S	4S

Anspruch:	●●●
Intensität:	●●●
Anzahl Spieler:	(2) 4
Dauer:	ca. 15 Min.
Zählweise:	Jeder gegen jeden, Satz bis 9.
Hilfsmittel:	Linienmarkierungen.

Ziel

Netzabdeckung im Halbfeld.

Beschreibung

A und B stehen an der Grundlinie gegenüber. A spielt den Ball an auf B und rückt sofort auf ans Netz. Der Punkt wird longline im halben Doppelfeld ausgespielt. Nach 3 Punkten wechselt der Anschlag, B greift an. C und D spielen parallel.

Anmerkungen

Übung mit Übergangs- und Abschlussvolley. Es ist sicherer, die Ballwechsel pro Paarung abwechselnd spielen zu lassen (wegen Querschlägern am Netz).

Volleykrieg

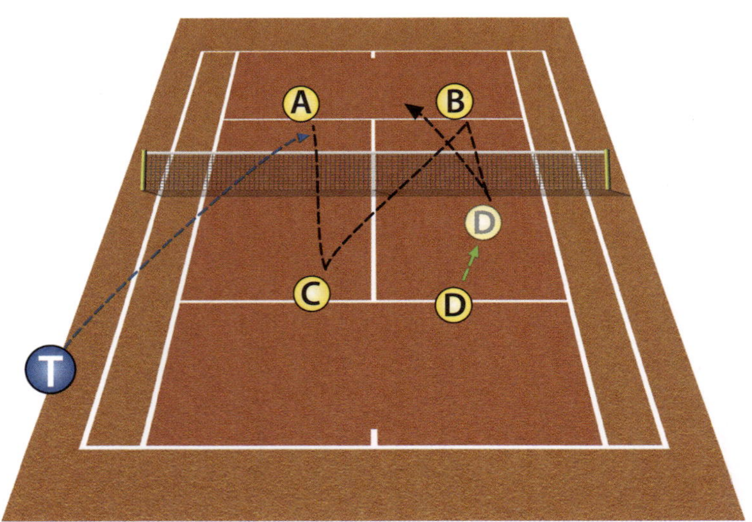

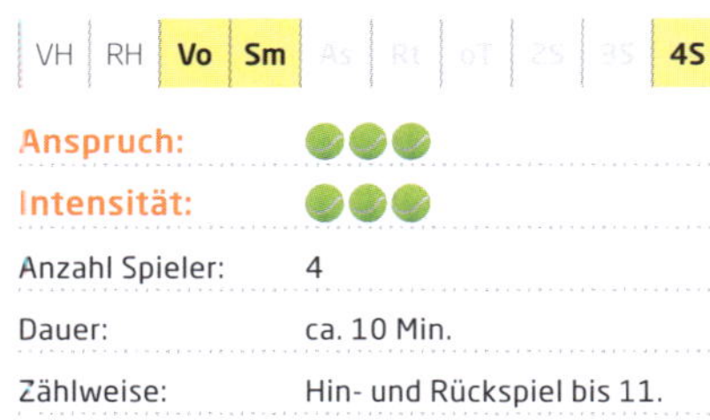

VH	RH	**Vo**	**Sm**	As	Rt	oT	2S	3S	**4S**

Anspruch:	●●●
Intensität:	●●●
Anzahl Spieler:	4
Dauer:	ca. 10 Min.
Zählweise:	Hin- und Rückspiel bis 11.

Ziel
Netzabdeckung, Reaktion, Volleylobs.

Beschreibung
A und B stehen C und D an der T-Linie gegenüber. Der Trainer bringt den Ball variabel ins Spiel, A und B spielen gegen C und D Punkte im Einzelfeld aus und agieren zusammen.

Variationen
Ein Satz bis 21, Seitenwechsel alle 5 Punkte.

Anmerkungen
Alle Spieler starten zu jedem Punkt wieder am T (schnelle Rückwärtsschritte mit Blick zum Gegner). Der erste Volley entscheidet schon oft, wer den Ballwechsel dominiert und ist für gute Spieler ein Vorteil, für schlechte Netzspieler ein Nachteil (Seiten wechseln!). Ein ganz wichtiger taktischer Ball ist der Volleylob! Das Spiel findet im Einzelfeld statt, damit der Punktgewinn schwieriger wird (kaum Passierbälle möglich).

Passierballkönig

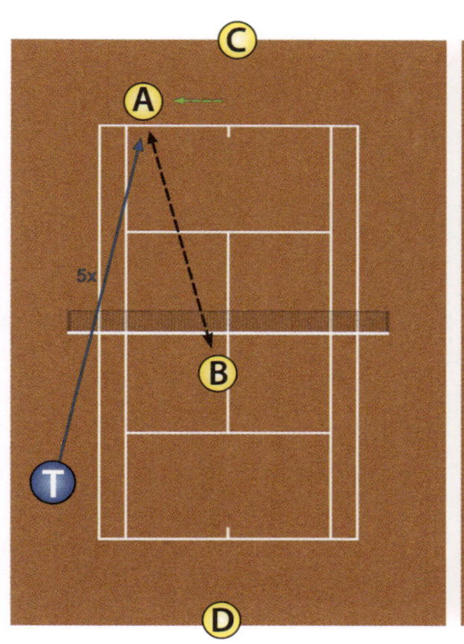

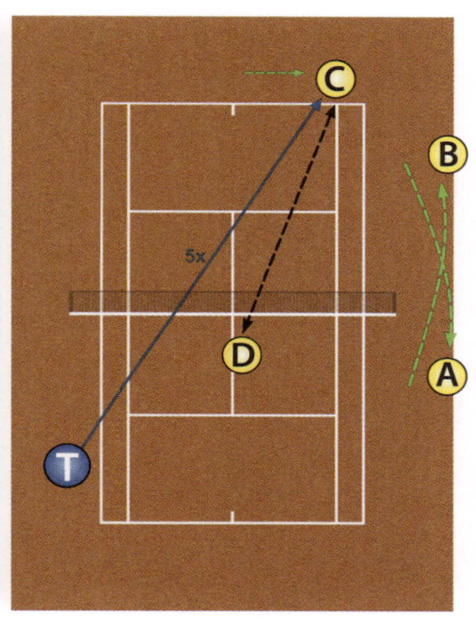

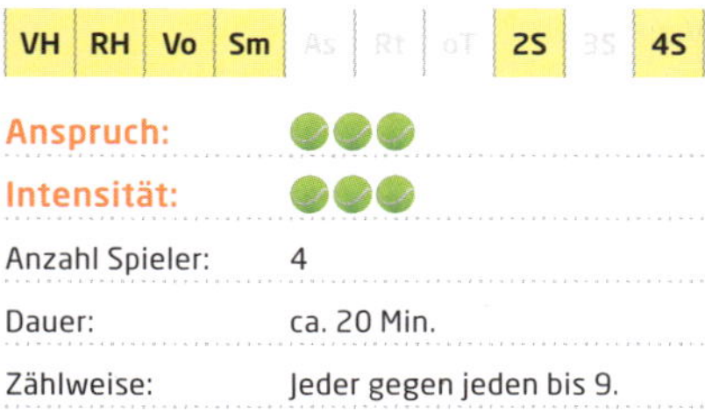

VH	RH	Vo	Sm	As	Rt	oT	2S	3S	4S

Anspruch:	●●●
Intensität:	●●●
Anzahl Spieler:	4
Dauer:	ca. 20 Min.
Zählweise:	Jeder gegen jeden bis 9.

Ziel
Netzabdeckung, Reaktion, Passierbälle.

Beschreibung
Der Trainer spielt A an der Grundlinie in der VH- oder RH-Ecke schwierig an. A versucht, B am Netz zu passieren. Es ist jeder Schlag erlaubt. Nach 5 Punkten wechseln A und B die Seiten, C und D spielen 5 Punkte aus. Anschließend B an der Grundlinie gegen A am Netz usw.

Variation
Erster Ball auf Trainerzuspiel darf kein Lob sein (für schwächere Netzspieler).

Anmerkungen
Trainerzuspiel steuert die Übung, muss so sein, dass ein Passierball möglich, aber nicht zu leicht ist.

Netz gegen alle

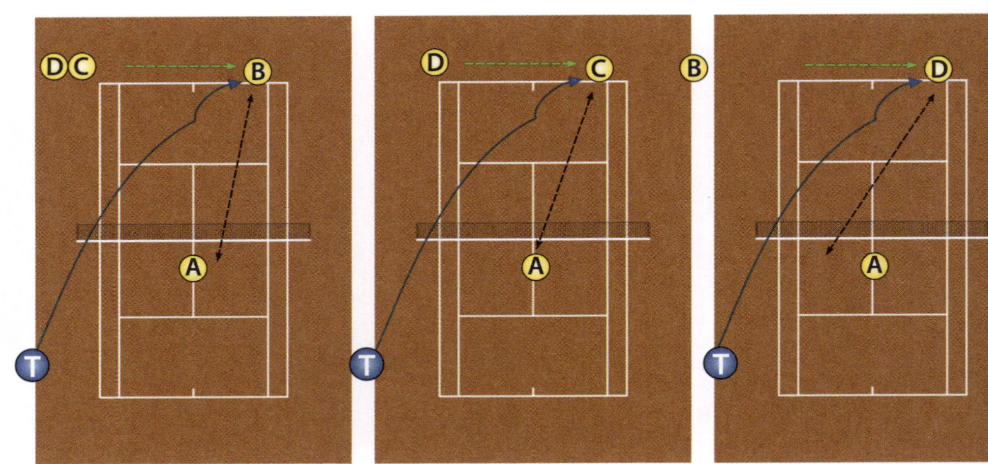

B gegen A *C gegen A* *D gegen A*

VH	RH	Vo	Sm	As	Rt	oT	2S	3S	4S

Anspruch:	●●●
Intensität:	●●●
Anzahl Spieler:	3 oder 4
Dauer:	ca. 20 Min.
Zählweise:	Das Grundlinienteam spielt gegen den Netzspieler bis 15. Wer das beste Ergebnis am Netz erzielt, gewinnt.
Hilfsmittel:	Linienmarkierungen

Ziel
Netzabdeckung, Passierbälle aus dem Lauf.

Beschreibung
Übung für 3 bis 4 Spieler. A am Netz spielt gegen das Team B, C und D an der Grundlinie. B startet hinter dem Korridor auf der VH-Seite und erläuft einen vom Trainer schwierig in die RH-Ecke zugespielten Ball. Er spielt einen Punkt gegen Netzspieler A aus, versucht zu passieren oder zu überlobben. Anschließend C, dann D. Die nächste Runde wird hinter dem Korridor der RH-Seite gestartet und der Trainer spielt in die VH-Ecke an.

Variation
Jeder Spieler zählt seine eigenen Ergebnisse gegen den Netzspieler (Sätze bis 5).

Anmerkungen
Harte Übung für den Netzspieler, der Winkelhalbierende und Lob abdecken und blitzschnell reagieren muss. Situation wie ein Torwart beim Elfmeter!

Smash mit Quali

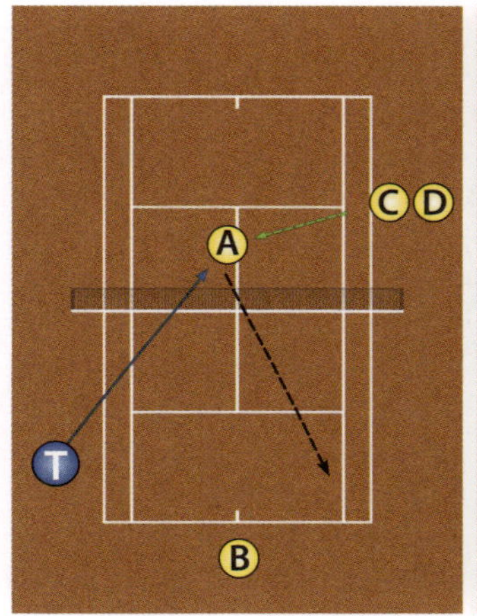

Zuspiel für einfachen Volley

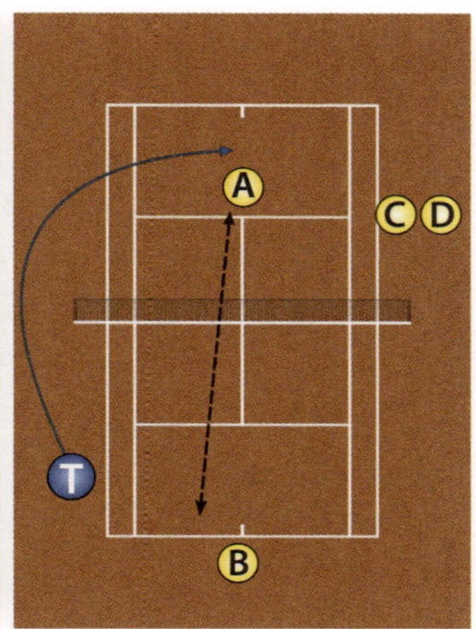

bei Punktgewinn Lob-Zuspiel

VH	RH	Vo	Sm	As	Rt	oT	2S	3S	4S

Anspruch:	●●●
Intensität:	●●●
Anzahl Spieler:	3 oder 4
Dauer:	ca. 15 Min.
Zählweise:	Sätze bis 6, jeder ist einmal Verteidiger, alle Punkte zählen.

Ziel
Einfachen Volley versenken, Schmetterball platzieren.

Beschreibung
Übung für 3 bis 4 Spieler. A startet am T und bekommt ein leichtes Trainerzuspiel für einen Volley-Winner. D versucht trotzdem, an den Ball zu kommen, der Punkt wird dann ausgespielt. Gewinnt A diesen sogenannten »Quali«-Ball, spielt der Trainer einen hohen Lob (zum Schmetterball) und A darf einen Punkt gegen D ausspielen. Verliert A den »Quali«-Ball, geht der Punkt an D. Anschließend sind B und C dran.

Variation
Volleyspieler muss vor dem Schmetterball das Netz mit dem Schläger berühren.

Anmerkungen
Nervenübung, besonders der »leichte« Volley hat es in sich. Auch als Überkopftraining einsetzbar (folgendes Kapitel).

Einzel-California

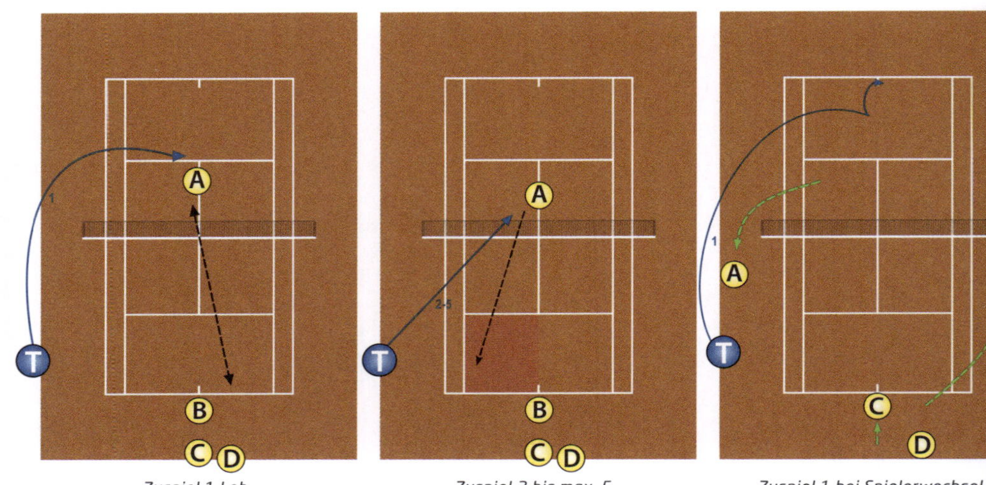

Zuspiel 1 Lob *Zuspiel 2 bis max. 5* *Zuspiel 1 bei Spielerwechsel*

VH	RH	Vo	Sm	As	Rt	oT	2S	3S	4S

Anspruch:	●●●
Intensität:	●●●
Anzahl Spieler:	3 oder 4
Dauer:	ca. 20 Min.
Zählweise:	Wer gewinnt die meisten »Big Points« am Netz?

Ziel

Netzabdeckung, lange Volleys, Passierbälle.

Beschreibung

Abwandlung der bekannten Doppelübung 326 für 3 bis 4 Spieler. A ist der Netzspieler und startet am T. Der Trainer spielt ihm einen Lob zu, worauf er den ersten Punkt gegen B ausspielt. Alle weiteren Zuspiele erfolgen flach und müssen mit einem Volley länger als die T-Linie und longline platziert beantwortet werden, worauf der Punkt gegen B ausgespielt wird. Das Match geht bis 3 (max. 5 Punkte), jeder Ballwechsel beginnt mit einem Volley longline und länger als das T. Wenn Netzspieler A gewinnt, hat er einen »Big Point« und spielt das nächste Match auf die gleiche Weise gegen C. Verliert A, darf B ans Netz und A stellt sich wieder an der Grundlinie an. Sobald B auf seinem Weg zum Netz den Netzpfosten umläuft, spielt der Trainer bereits den Lob für den ersten Punkt von B gegen C an. Dann weiter wie zuvor (flaches Anspiel, erster Volley longline länger T).

Variation

Erster Volley muss länger T, aber nicht longline (für schwächere Volleyspieler).

Anmerkungen

Eine der beliebtesten Tennisübungen überhaupt, vor allem in der Doppel-Version (siehe Übung 308).

Einzel-California verkehrt

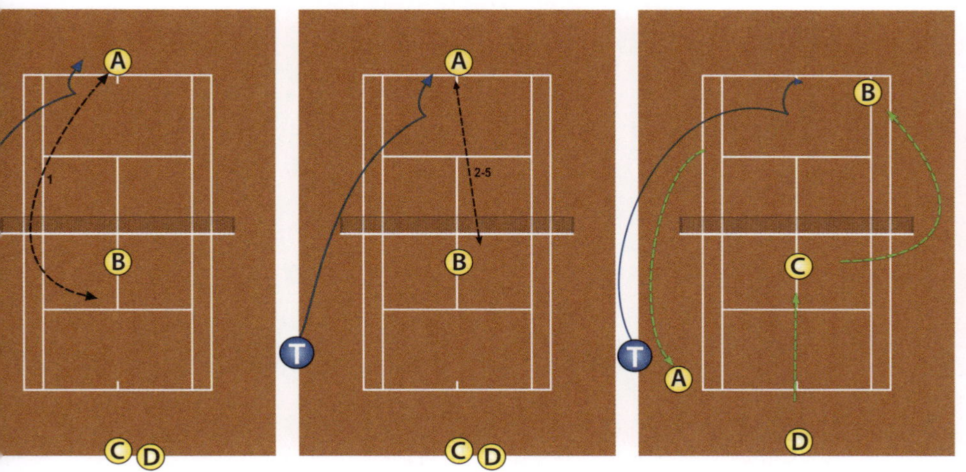

Ball 1 von A als Lob *Punkt 2 bis max. 5 freies Spiel* *Zuspiel T bei Spielerwechsel*

VH	RH	Vo	Sm	As	Rt	oT	2S	3S	4S

Anspruch:	●●●
Intensität:	●●●
Anzahl Spieler:	3 oder 4
Dauer:	20 Min.
Zählweise:	Wer gewinnt die meisten »Big Points« an der Grundlinie?

Ziel
Netzabdeckung, lange Volleys, Passierbälle.

Beschreibung
Übung für 3 bis 4 Spieler. Zählweise wie zuvor, nur gibt es die »Big Points« an der Grundlinie. A ist an der Grundlinie und muss das erste Traineranspiel als Lob zurückspielen, alle weiteren Trainerzuspiele sind frei spielbar. Er spielt bis 3 gegen Netzspieler B, der keine Vorgabe hat und am Netz alles machen darf (auch kurze Volleys). Gewinnt er, hat er einen »Big Point« und spielt als nächstes gegen C. Verliert er, läuft B an die Grundlinie und spielt gegen C. Das erste Trainerzuspiel erfolgt bereits während B noch unterwegs ist (muss gerade noch erreichbar sein, um einen Lob spielen zu können). Dann weiter mit freien Passierbällen auf Zuspiel des Trainers.

Variationen
Ab dem zweiten Punkt darf der erste Ball nach dem Trainerzuspiel kein Lob sein.

Anmerkungen
Ähnlich viel Action wie beim richtigen »California«. Es ist etwas schwerer, »Big Points« zu machen. Achtung: Traineranspiel darf nicht zu leicht sein.

Tauchen und Aufsteigen

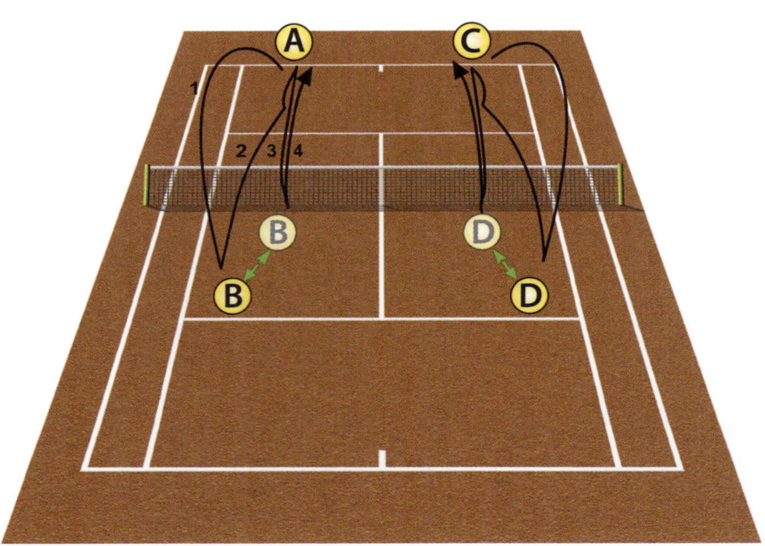

VH	RH	Vo	Sm	As	Rt	oT	2S	3S	4S

Anspruch:	●●●●
Intensität:	●●●
Anzahl Spieler:	(2) 4
Dauer:	5 Min.
Zählweise:	Keine, spielen, bis es »funktioniert«.

Ziel
Überkopfspiel unter schweren Bedingungen.

Beschreibung
A spielt von der Grundlinie immer abwechselnd einen tiefen weichen Ball und einen Lob. B am Netz muss nach dem tiefen Ball »tauchen« und einen gefühlvollen langen Volley spielen und zu dem Lob »aufsteigen« und dosiert zurück schmettern. Beide Spieler versuchen, den Ball im Spiel zu halten.

Variation
Traineranspiel bei Ballverlust (geht schneller).

Anmerkungen
Sehr schwierige und für den Netzspieler anstrengende Übung.

Schmetterball umlaufen

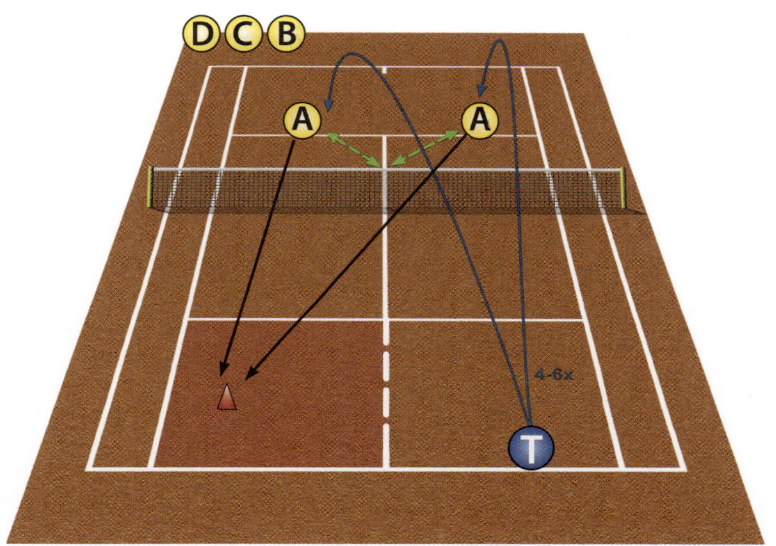

VH	RH	Vo	Sm	As	Rt	oT	2S	3S	4S

Anspruch: ●●●

Intensität: ●●●/●

Anzahl Spieler:	2-4
Dauer:	ca. 10 Min.
Zählweise:	Treffer zählen.
Hilfsmittel:	Linienmarkierung oder Ziel RH-Ecke.

Ziel
Überkopfspiel unter schweren Bedingungen.

Beschreibung
Der Trainer spielt pro Spieler zwei Lobs zu, den ersten über die VH-, den zweiten über die RH-Seite. Spieler A schmettert den ersten Lob longline in die RH-Ecke des Gegners (Ziel), sprintet dann zur Mitte des Netzes und berührt es mit dem Schläger. Den zweiten Lob über die RH-Seite »umläuft« er und schmettert den Ball Inside Out ebenfalls auf das Ziel in der RH-Ecke. Danach B, C, D.

Variationen
4 oder 6 Bälle pro Spieler, immer mit Netzberührung.

Anmerkungen
RH-Schmetterball soll auf jeden Fall vermieden werden, für den zweiten Schmetterball muss der Spieler seitlich rückwärts laufen. Je nach Länge der Serie auch als Drillübung einsetzbar (Kap. 7).

RH-Schmetterball

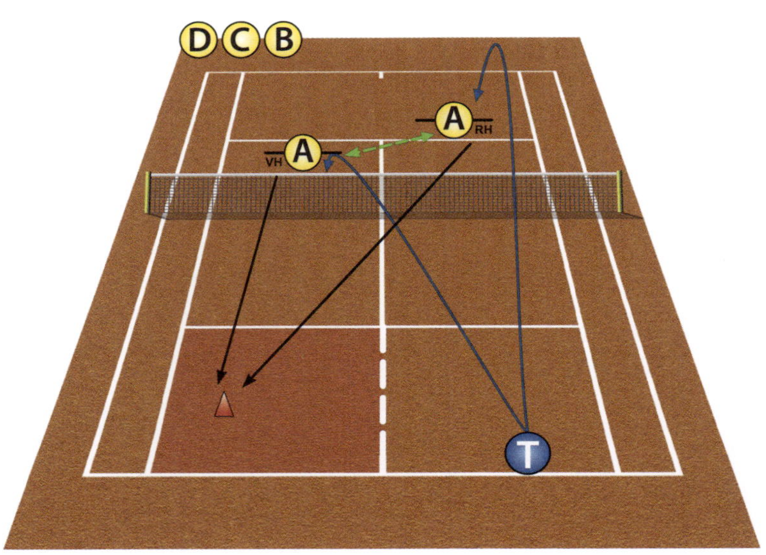

VH	RH	Vo	Sm	As	Rt	oT	2S	3S	4S

Anspruch:	
Intensität:	/
Anzahl Spieler:	2-4
Dauer:	ca. 10 Min.
Zählweise:	Keine, spielen, bis es »funktioniert«.

Ziel
Überkopfspiel unter schweren Bedingungen.

Beschreibung
Der Trainer spielt jedem Spieler eine Serie Bälle zu, wobei er immer einen tiefen Ball auf die VH-Seite spielt gefolgt von einem hohen Ball über die RH-Seite. Der hohe Ball ist so platziert, dass der Spieler mit der RH schmettern muss.

Variationen
Verschieden lange Serien, je nach Leistungsstand der Spieler.

Anmerkungen
Da es Situationen gibt, in denen sich ein RH-Schmetterball nicht vermeiden lässt, muss der Schlag zumindest einmal ausprobiert werden. Er ist technisch extrem schwierig und ist mehr ein hoher Volley als ein Schmetterball. **Je nach Länge der Serie auch Drillübung geeignet (Kap. 7).**

Drei von Vier

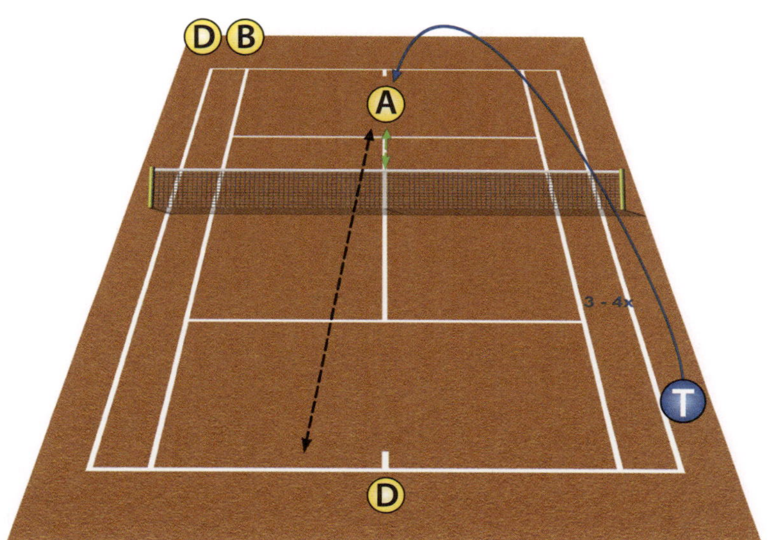

VH	RH	Vo	Sm	As	Rt	oT	2S	3S	4S

Anspruch:	●●●
Intensität:	●●●
Anzahl Spieler:	3 oder 4
Dauer:	ca. 20 Min.
Zählweise:	So viele Runden wie Spieler, pro Runde drei Durchgänge. Wer gewinnt die meisten »Dreier«?

Ziel

Überkopfspiel unter schweren Bedingungen.

Beschreibung

A, B und C schmettern, D verteidigt. Aufgabe ist es, 3 von 4 Punkten gegen D zu gewinnen. Jeder Ballwechsel wird mit einem Schmetterball eröffnet, der Trainer spielt den Lob dann zu, wenn der Spieler das Netz mit dem Schläger berührt (»klopfen«).

Variation

nicht 3 von 4, sondern Spiele bis 3 (für schwächere Netzspieler).

Anmerkungen

Anstrengend, der Verteidiger muss versuchen, so viel wie möglich zurück zu bringen.

Smash gegen Lob

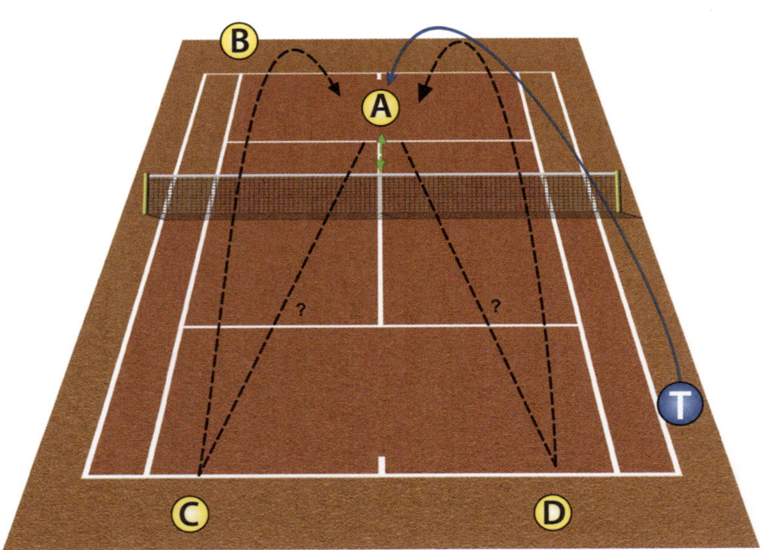

VH	RH	Vo	Sm	As	Rt	oT	2S	3S	4S

Anspruch:	
Intensität:	
Anzahl Spieler:	3 oder 4
Dauer:	ca. 15 Min.
Zählweise:	Ein Satz bis 11, Hin- und Rückspiel.

Ziel

Überkopfspiel unter schweren Bedingungen, Lob aus der Defensive.

Beschreibung

A, B spielen gegen C und D an der Grundlinie. Für A und B, die einzeln spielen, zählt das Einzelfeld, für C und D, die als Doppel agieren, das Doppelfeld. A fängt an und berührt das Netz mit dem Schläger. Der Trainer spielt einen hohen Lob zu.
A schmettert, C und D dürfen ausschließlich Lobs spielen. Danach spielt B, dann wieder A. Die Punkte von A und B werden zusammengezählt (Team).

Variation

Bei 3 Spielern wird eins gegen zwei gespielt.

Anmerkungen

Anstrengend, die Verteidiger müssen versuchen, hoch und weit zu lobben. Sie können durch Fehler der anderen punkten.

Smash gegen alles

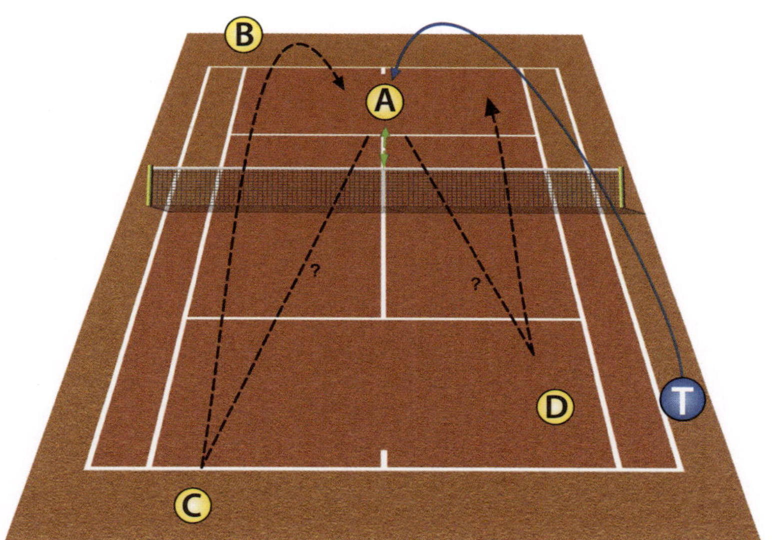

VH	RH	Vo	Sm	As	Rt	oT	2S	3S	4S

Anspruch:	●●●
Intensität:	●●●
Anzahl Spieler:	3 oder 4
Dauer:	ca. 15 Min.
Zählweise:	Ein Satz bis 15 mit Hin- und Rückspiel.

Ziel
Überkopfspiel unter schweren Bedingungen.

Beschreibung
A, B spielen gegen C und D an der Grundlinie. Für A und B, die einzeln spielen, zählt das Einzelfeld, für C und D, die als Doppel agieren, das Doppelfeld. A fängt an und berührt das Netz mit dem Schläger. Der Trainer spielt einen hohen Lob zu.
A schmettert, C und D dürfen alles spielen, der Punkt wird dann mit allen Schlägen zu Ende gespielt. A spielt drei Punkte, dann B drei Punkte. Die Punkte von A und B werden zusammengezählt (Team).

Variation
Bei 3 Spielern wird eins gegen zwei gespielt.

Anmerkungen
Anstrengend, der Netzspieler muss platziert und zügig schmettern, und das Netz optimal abdecken, sonst droht ein Passierball.

Smash auf die Rückhand

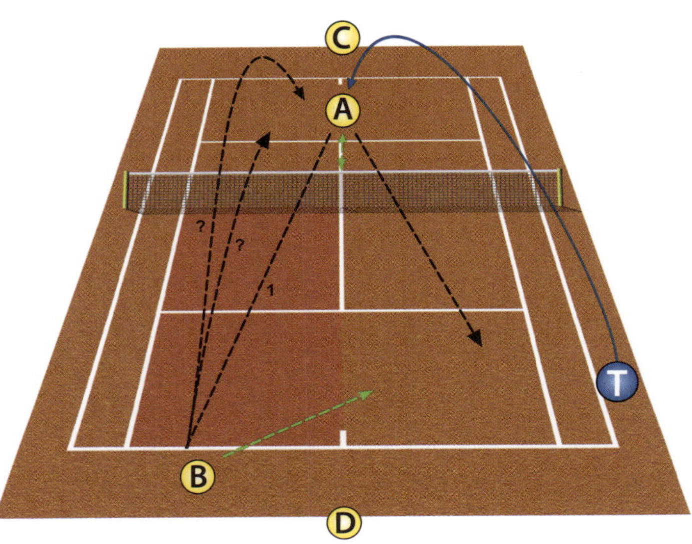

VH	RH	Vo	Sm	As	Rt	oT	2S	3S	4S

Anspruch:	●●●
Intensität:	●●●
Anzahl Spieler:	(2) 4
Dauer:	ca. 20 Min.
Zählweise:	Halbfinale und Finale bis 11.
Hilfsmittel:	Linienmarkierung RH-Ecke.

Ziel
vorbereitendes Überkopfspiel und Abschluss.

Beschreibung
A spielt gegen B. Er startet von der Grundlinie ans Netz und berührt es mit dem Schläger. Der Trainer spielt einen mittelhohen Lob zu, den A auf die RH-Seite von B schmettern muss. Ab dann ist das Spiel offen. B antwortet mit allen zur Verfügung stehenden Schlägen. 3 Punkte hintereinander, dann wechseln A und B die Seiten. Anschließend C gegen D.

Variation
Bei 3 Spielern zwei gegen eins spielen.

Anmerkungen
A soll seinem Schmetterball nachsetzen, d. h. ans Netz folgen und mit dem Volley abschließen. Da B weiß, wo der Schmetterball hingeht, ist es fast unmöglich, den Punkt direkt zu gewinnen (nicht zu leichtes Traineranspiel!).

Schwieriger Lob

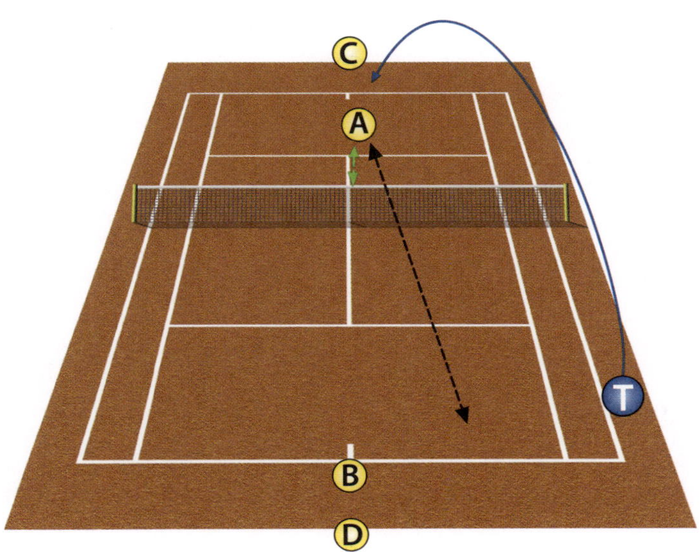

VH	RH	Vo	Sm	As	Rt	oT	2S	3S	4S

Anspruch:	
Intensität:	
Anzahl Spieler:	(2) 4
Dauer:	ca. 20 Min.
Zählweise:	Halbfinale und Finale bis 11.

Ziel
Matchsituation mit Lob unter schweren Bedingungen bewältigen.

Beschreibung
A spielt gegen B. Er startet von der Grundlinie ans Netz und berührt es mit dem Schläger. Der Trainer spielt einen sehr hohen und weiten Lob zu. Ab dann ist das Spiel offen. A kann versuchen, zu schmettern oder den Lob springen lassen, B antwortet mit allen zur Verfügung stehenden Schlägen. Anschließend C gegen D. Nach 5 Punkten pro Paarung werden die Seiten gewechselt.

Variationen
Bei 3 Spielern zwei gegen eins spielen.

Anmerkungen
Typische Matchsituation – Netzspieler wird mit einem Lob konfrontiert und muss die Situation lösen. Im Gegensatz zu Übung 125 spielt der Trainer so zu, dass es sehr schwierig ist, den Ball zu schmettern. **Auch als Drillübung geeignet (Kap. 7).**

Stopp - Lob - Punkt

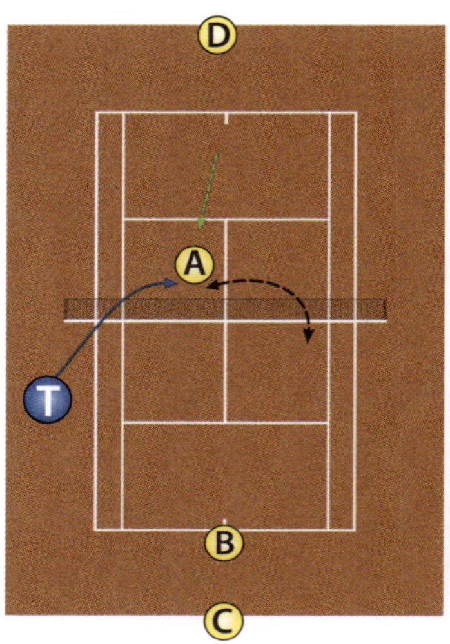

Trainerzuspiel Stopp, Gegenstopp cross

Trainerzuspiel Lob, Punkt ausspielen

VH	RH	Vo	Sm	As	Rt	oT	2S	3S	4S

Anspruch:	●●●
Intensität:	●●●
Anzahl Spieler:	(2) 4
Dauer:	ca. 20 Min.
Zählweise:	Halbfinale und Finale bis 11.

Ziel

Matchsituation mit Lob unter schweren Bedingungen bewältigen.

Beschreibung

A spielt gegen B. Er startet von der Grundlinie, erläuft einen vom Trainer aus der Hand zugespielten Stoppball und spielt einen Gegen-Stopp cross. Gelingt ihm das, spielt der Trainer sofort einen mittelhohen Lob. Ab dann ist das Spiel offen. A kann schmettern oder den Lob springen lassen, B antwortet mit allen zur Verfügung stehenden Schlägen. Anschließend C gegen D. Nach 3 Punkten pro Paarung werden die Seiten gewechselt.

Variationen

1.) Verschlagener oder nicht erreichter Stopp muss wiederholt werden (anstrengend).
2.) Verschlagener oder nicht erreichter Stopp ist Punkt für den Gegner.
3.) Bei 3 Spielern zwei gegen eins spielen.

Anmerkungen

Ähnliche Übung wie zuvor mit typischer Matchsituation. Trainer muss die Übung mit seinem Zuspiel sorgfältig steuern. Gegen-Stopp cross, damit der Ball aus dem Feld rollt. Auch als Übung für den Stop geeignet (Kap.2).

Lob abfangen

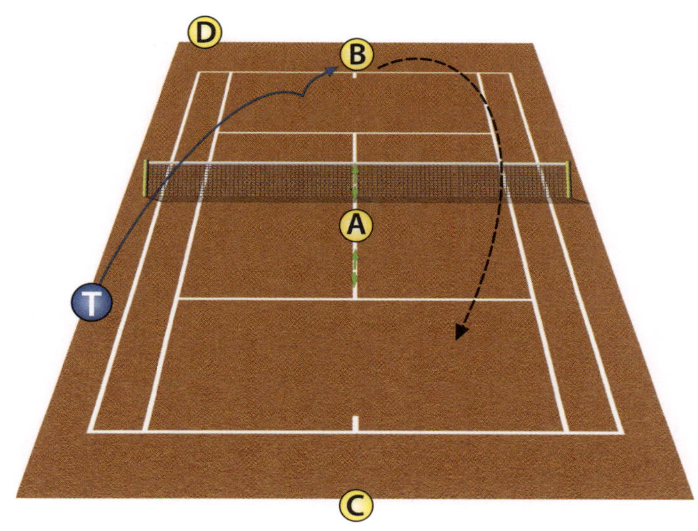

VH	RH	Vo	Sm	As	Rt	oT	2S	3S	4S

Anspruch:	●●●
Intensität:	●●●●
Anzahl Spieler:	(2) 4
Dauer:	ca. 20 Min.
Zählweise:	Halbfinale und Finale bis 13.

Ziel
Matchsituation mit Lob unter schweren Bedingungen bewältigen, Lob aus der Defensive.

Beschreibung
A spielt gegen B. A startet von der T-Linie zum Netz in dem Moment, wenn der Trainer B an der Grundlinie anspielt. A muss das Netz berühren, B muss lobben. Ab dann ist das Spiel offen. Wenn A schmettert, erhält er bei gewonnenem Ballwechsel zwei Punkte, lässt er den Lob springen, geht es nur um einen Punkt. B antwortet mit allen zur Verfügung stehenden Schlägen. 5 Bälle ausspielen und die Seiten wechseln. Anschließend C gegen D.

Variation
Bei 3 Spieler zwei gegen eins spielen.

Anmerkungen
Ebenfalls typische Matchsituation. Trainerzuspiel auf B muss schwierig sein (Lob aus der Defensive). A sollte auf jeden Fall versuchen, zu schmettern. Auch als Drillübung geeignet (Kap. 7).

Vorhand-Angriff

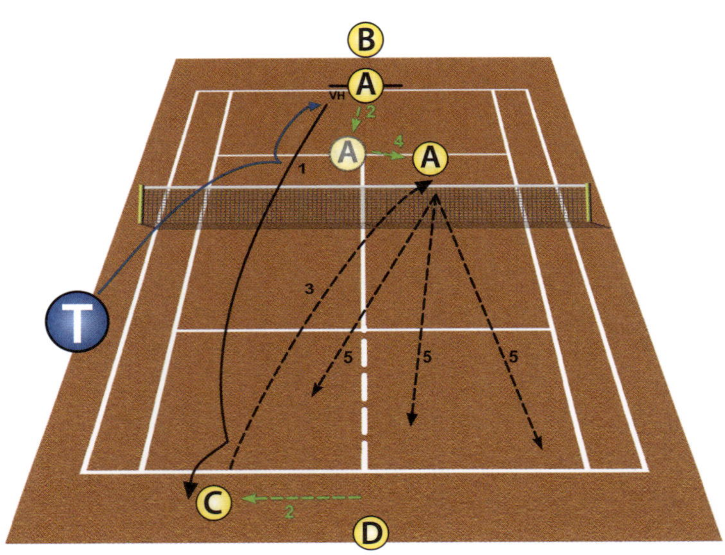

VH	RH	Vo	Sm	As	Rt	oT	2S	3S	4S

Anspruch:	●●●
Intensität:	●●●
Anzahl Spieler:	2 bis 4
Dauer:	ca. 20 Min.
Zählweise:	Hin- und Rückspiel jeder gegen jeden bis 5 (6 Durchgänge).
Hilfsmittel:	Linienmarkierungen (cr-ll).

Ziel
Kontrollierter Angriff, Beinarbeit, Raumaufteilung, optimale Netzposition.

Beschreibung
Der Trainer sagt an, ob cross oder longline angegriffen werden soll und spielt einen kurzen Ball in T-Linien-Höhe auf die VH-Seite an. Spieler A startet von der Mitte der Grundlinie, spielt den Ball als Angriffsball und rückt ans Netz vor. Punkt wird gegen C ausgespielt. Anschließend greift B Spieler D an.

Variationen
1.) Es wird zuerst eine Serie longline, dann eine Serie cross gespielt.
2.) Der Trainer sagt bei jedem Anspiel die Richtung neu an.

Anmerkungen
Ziel ist das mehrfache Durchspielen von ein und derselben Situation. Auf Beinarbeit achten, d. h. die Bewegung der Spieler gegen den Ball in den Angriffsschlag hinein, Split Step und Winkelhalbierende (Netzposition) besprechen. Der Angriffsspieler bekommt zwar eine »Vorlage«, aber dadurch, dass der Verteidiger die Richtung des Angriffsballes erahnt, ist ein Winnerschlag unmöglich und es muss fast immer ein Volley geschlagen werden. Allerdings muss der Verteidiger realistisch aus der Mitte des Platzes starten und darf sich nicht zu früh in die vorbestimmte Ecke bewegen. Die klar effektivere Angriffsvariante ist der Longline-Ball, der schneller beim Gegner ist, diesem auf die (schwächere) Rückhand geht und bei dem der Passierball leichter abzudecken ist (Winkelhalbierende). Die Unterschiede bzw. Vor- und Nachteile longline/cross sollen mit den Schülern erarbeitet werden.

Rückhand-Angriff

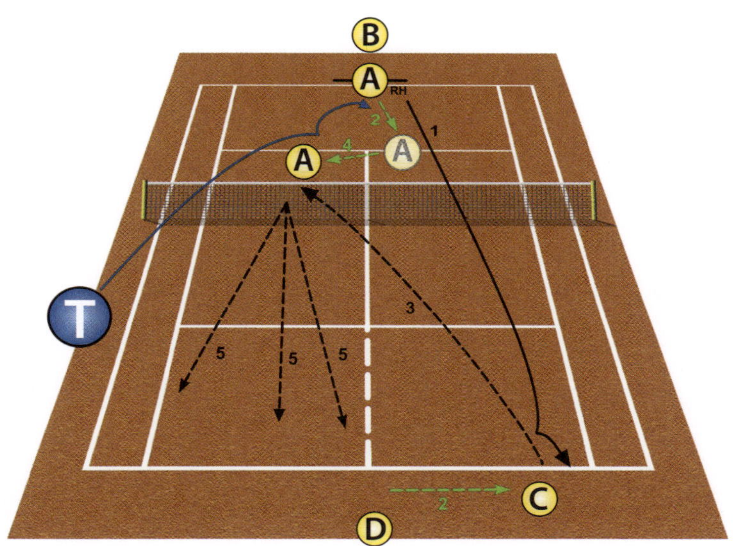

VH	RH	Vo	Sm	As	Rt	oT	2S	3S	4S

Anspruch:	●●●
Intensität:	●●●
Anzahl Spieler:	2 bis 4
Dauer:	ca. 20 Min.
Zählweise:	Hin- und Rückspiel jeder gegen jeden bis 5 (6 Durchgänge).
Hilfsmittel:	Linienmarkierungen (cr-ll).

Ziel
Kontrollierter Angriff, Beinarbeit, Raumaufteilung, optimale Netzposition.

Beschreibung
Der Trainer sagt an, ob cross oder longline angegriffen werden soll und spielt einen kurzen Ball in T-Linien-Höhe auf die RH-Seite an. Spieler A startet von der Mitte der Grundlinie, spielt den Ball als Angriffsball und rückt ans Netz vor. Punkt wird gegen C ausgespielt. Anschließend greift B Spieler D an.

Variationen
1.) Es wird zuerst eine Serie longline, dann eine Serie cross gespielt.
2.) Der Trainer sagt bei jedem Anspiel die Richtung neu an.

Anmerkungen
Auch hier ist das Ziel das mehrfache Durchspielen von ein und derselben Situation. Wieder auf Beinarbeit achten, Split Step und Winkelhalbierende (Netzposition) besprechen. Auf der Rückhandseite ist ein Cross-Angriff empfehlenswerter als auf der Vorhand, da erstens die (schwächere) Rückhandseite des Verteidigers angespielt wird und zweitens der Rückhandschlag cross in der Vorwärtsbewegung vielen Spielern leichter fällt als der Longline-Ball. Ein tief gespielter Longline-Slice ist für denjenigen, der es technisch beherrscht, ebenfalls eine gute Option. Vor- und Nachteile mit den Schülern herausarbeiten.

Angriff oder Winner

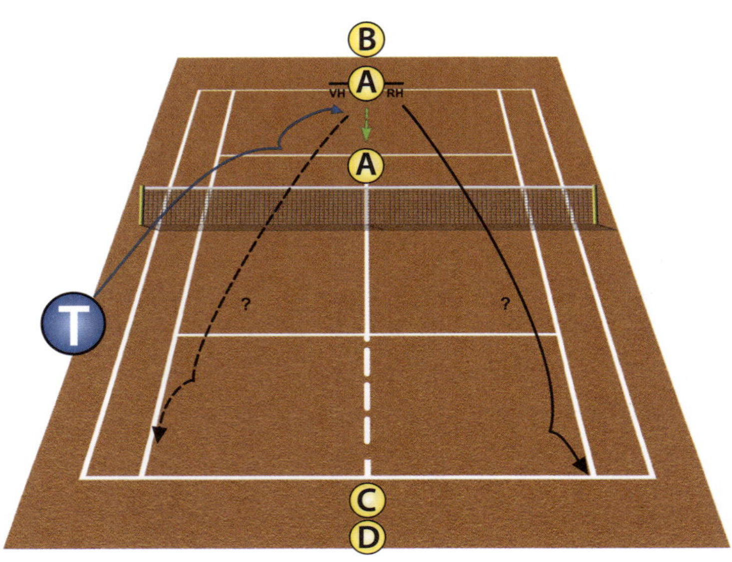

VH	RH	Vo	Sm	As	Rt	oT	2S	3S	4S

Anspruch:	●●●
Intensität:	●●●
Anzahl Spieler:	2 bis 4
Dauer:	ca. 20 Min.
Zählweise:	Hin- und Rückspiel jeder gegen jeden bis 5 (6 Durchgänge).
Hilfsmittel:	Linienmarkierungen (cr-ll).

Ziel

Kontrollierter Angriff, Beinarbeit, Raumaufteilung, optimale Netzposition.

Beschreibung

Der Trainer sagt an, ob cross oder longline angegriffen werden soll und spielt einen kurzen Ball in T-Linien-Höhe auf die VH- oder RH-Seite an. Spieler A startet von der Mitte der Grundlinie, spielt den Ball als Angriffsball und rückt ans Netz vor. Punkt wird gegen C ausgespielt. Der Angriffsspieler darf die angesagte Richtung ändern, muss dann aber einen Winner schlagen (Gegner berührt den Ball nicht). Beispiel: der Trainer sagt »Longline« an und spielt dem Angreifer auf die Vorhand. Der »tötet« den Ball cross und erzielt damit einen Punkt.

Variation

Es muss kein Winnerschlag sein, aber der Passierball darf nicht zurückkommen.

Anmerkungen

Diese Variante ist matchrealistischer und beseitigt den Nachteil, dass der Verteidiger weiß, wo der Angriffsball hingeht. Trotzdem kann der Trainer die Angriffsrichtung ansagen und damit eine bestimmte Variation favorisieren, denn der Angreifer muss beim Richtungswechsel ein erhöhtes Risiko für den Punktverlust eingehen (Gegner muss den Ball nur berühren oder – bei der Variation – zurückspielen).

Angriff durch die Mitte

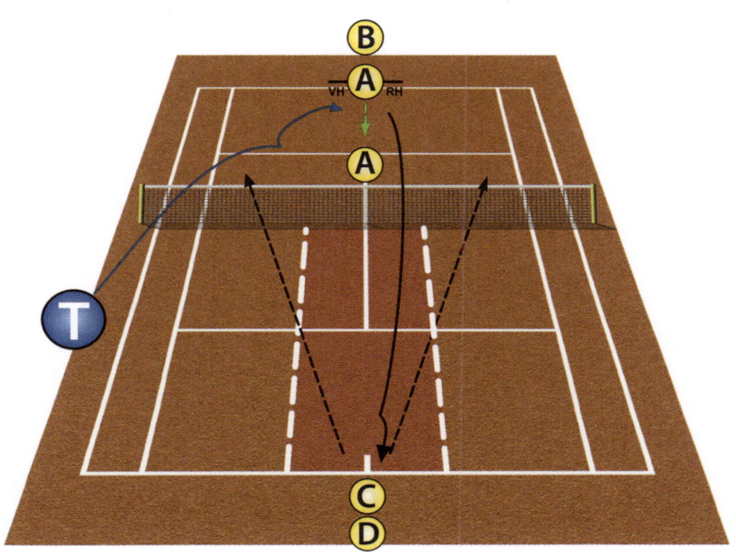

VH	RH	Vo	Sm	As	Rt	oT	2S	3S	4S

Anspruch:	●●●
Intensität:	●●●
Anzahl Spieler:	2 bis 4
Dauer:	ca. 20 Min.
Zählweise:	Hin- und Rückspiel jeder gegen jeden bis 5 (6 Durchgänge).
Hilfsmittel:	Linienmarkierungen.

Ziel

Kontrollierter Angriff, Beinarbeit, Raumaufteilung, optimale Netzposition.

Beschreibung

Auf der Seite der Verteidiger wird ein ca. 2 m breiter Streifen vom Netz bis zur Grundlinie mittig markiert. Der Trainer spielt einen kurzen Ball in T-Linien-Höhe auf die VH- oder RH-Seite an. Spieler A startet von der Mitte der Grundlinie, spielt den Ball als Angriffsball in die markierte Mittelzone und rückt ans Netz vor. Punkt wird gegen C ausgespielt.

Variationen

1.) Breite der Mittelzone variieren.
2.) Es darf in die Ecken gespielt werden, aber es muss ein direkter Punkt sein (Passierball darf nicht zurückkommen, siehe vorherige Übung).

Anmerkungen

Diese Variante ist vielen Spielern überhaupt nicht bewusst, da die meisten in einer Angriffssituation den Gegner »schicken« wollen und hoffen, einen direkten Punkt zu erzielen. Mit dem mittigen Angriff wird zwar in den meisten Fällen ein Ball zurückkommen und es muss ein Volley geschlagen werden, aber die Passierballmöglichkeiten sind extrem eingeschränkt und der angreifende Spieler kann das Netz leicht abdecken. Variante für gute Volleyspieler, die Vor- und Nachteile sollen mit den Spielern erarbeitet werden.

Elfmeter

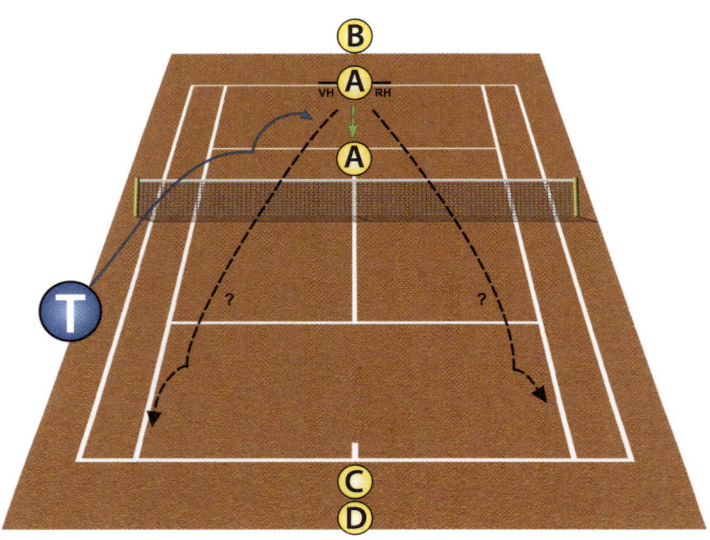

VH	RH	Vo	Sm	As	Rt	oT	2S	3S	4S

Anspruch:	●●●
Intensität:	●●●
Anzahl Spieler:	2 bis 4
Dauer:	ca. 20 Min.
Zählweise:	Hin- und Rückspiel jeder gegen jeden bis 5 (6 Durchgänge).

Ziel

Kontrollierter Angriff, Beinarbeit, Raumaufteilung, optimale Netzposition.

Beschreibung

Der Trainer spielt einen kurzen Ball in T-Linien-Höhe beliebig an. Spieler A startet von der Mitte der Grundlinie, spielt den Ball als freien Angriffsball und rückt ans Netz vor. Punkt wird gegen C ausgespielt. Anschließend greift B Spieler D an.

Variationen

1.) Verteidiger bekommt zwei Punkte für direkten Passierball (zum Ausgleich, da er bei freiem Angriff kaum eine Chance hat).
2.) Länge des Anspiels variieren und es damit für den Angreifer leichter oder schwieriger machen.

Anmerkungen

Die Übung ist gut für Spieler, die sich selten ans Netz trauen und so die Gelegenheit haben, diese Situation vielfach erfolgreich durchzuspielen. Die Spieler dazu ermuntern, den Ball aus dem Halbfeld auf dem höchsten Punkt und möglichst mit der VH zu schlagen (RH umlaufen). Das Spiel muss eindeutig an den Angreifer gehen, der praktisch lauter »Elfmeter« hat. Allerdings ist das für den einen oder anderen eine besondere Belastung.

Übergangsvolley 1

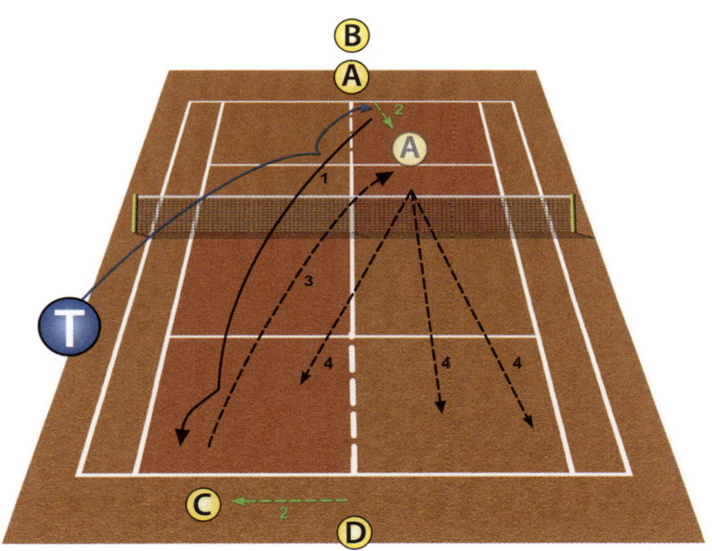

VH	RH	Vo	Sm	As	Rt	oT	2S	3S	4S

Anspruch:	●●●
Intensität:	●●●
Anzahl Spieler:	3 oder 4
Dauer:	ca. 20 Min.
Zählweise:	Sätze bis 6, jeder ist dreimal Angreifer und einmal Verteidiger (4 Runden).
Hilfsmittel:	Linienmarkierungen (cr-II).

Ziel

Optimale Netzposition und Abschluss nach Übergangsvolley.

Beschreibung

Der Trainer spielt einen mittelschnellen Ball an die Grundlinie beliebig an. Spieler A startet von der Mitte der Grundlinie, nimmt den Ball so früh wie möglich, spielt ihn cross auf D und folgt sofort ans Netz. D spielt cross zurück, A nimmt den Ball volley oder halbvolley in Höhe der T-Linie und rückt weiter ans Netz auf, um den Punkt abzuschließen. Die ersten beiden Bälle müssen cross gespielt werden, D darf nicht lobben, mit dem Ball von A an der T-Linie ist das Spiel frei. Anschließend greifen B und C Spieler D an.

Anmerkungen

Keine typische Angriffssituation (langes Anspiel), dadurch wird der Spieler zu einem Übergangsvolley gezwungen. Auf Beinarbeit achten, d. h. die Bewegung der Spieler gegen den Ball in den Angriffsschlag hinein, Split Step für den Übergangsvolley und Winkelhalbierende für optimale Netzposition zum Abschluss besprechen. Der Trainer variiert das Anspiel (VH oder RH ohne Ansage).

Übergangsvolley 2

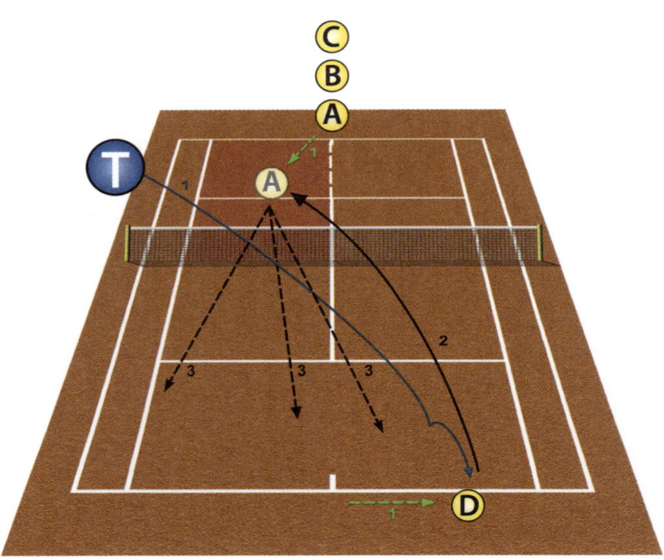

VH	RH	Vo	Sm	As	R1	oT	2S	3S	4S

Anspruch:	●●●
Intensität:	●●●
Anzahl Spieler:	3 oder 4
Dauer:	ca. 20 Min.
Zählweise:	Sätze bis 6, jeder ist dreimal Angreifer und einmal Verteidiger (4 Runden).
Hilfsmittel:	Linienmarkierungen (cr-II).

Ziel

Optimale Netzposition und Abschluss nach Übergangsvolley.

Beschreibung

Der Trainer spielt einen Ball beliebig an die Grundlinie von Verteidiger D an. D muss cross zurückspielen (kein Lob erlaubt). Spieler A, der mit dem Traineranspiel von der Grundlinie nach vorne gestartet ist, nimmt den Ball volley oder halbvolley in Höhe der T-Linie und rückt weiter ans Netz auf, um den Punkt abzuschließen. Anschließend greifen B und C gleichzeitig mit dem Traineranspiel D an.

Anmerkungen

Ähnliche Übung wie zuvor, etwas rasanter, es werden mehr Volleys gespielt. Der Trainer kann mit Zuspiel von weiter vorne (näher am Netz) die Zeit zum ersten Volley verkürzen und den Angriff erschweren. Auf Beinarbeit achten, den Split Step für den Übergangsvolley und Winkelhalbierende für optimale Netzposition zum Abschluss besprechen. Der Trainer variiert das Anspiel (VH oder RH ohne Ansage).

Volley oder Cross

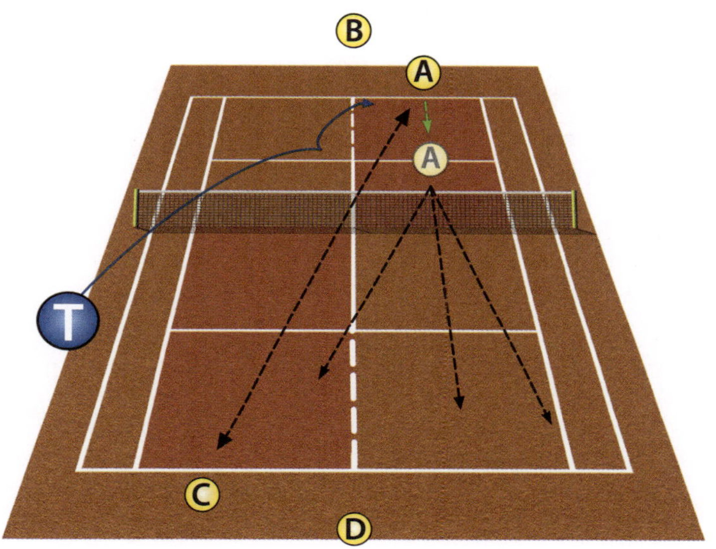

VH	RH	Vo	Sm	As	Rt	oT	2S	3S	4S

Anspruch:	●●●
Intensität:	●●●
Anzahl Spieler:	(2) 4
Dauer:	ca. 20 Min.
Zählweise:	Jeder gegen jeden bis 7 (3 Runden).
Hilfsmittel:	Linienmarkierungen (Platzhälften).

Ziel

Aufrücken und Volleyabschluss.

Beschreibung

A beginnt mit C auf Trainerzuspiel oder mit Selbstanspiel einen Cross-Ballwechsel, der so lange dauert, bis einer der Spieler aufrückt und einen Volley (Halbvolley) spielt. Der Volley ist frei, das Spiel ist offen. Anschließend spielt B gegen D. Nach 3 Punkten pro Paarung werden die Seiten gewechselt.

Variation

Erster Volley muss noch cross gespielt werden.

Anmerkungen

Trainer wechselt ohne Ansage zwischen Anspiel auf VH und RH.

Longline Angriff

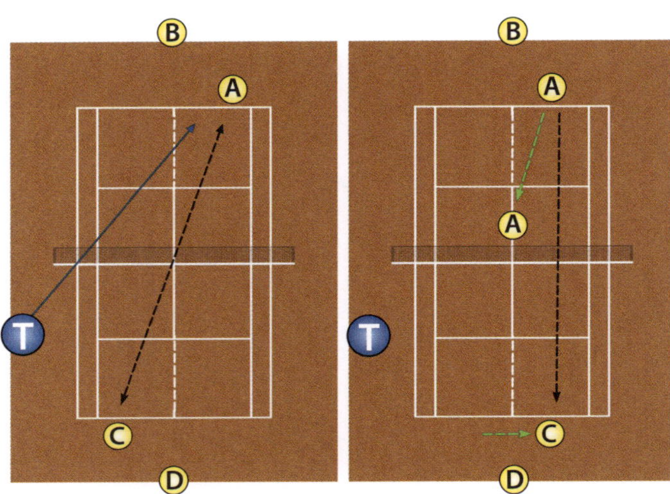

Spieler beginnen einen Cross-Ballwechsel ... *... bis einer auf LL wechselt und sofort aufrückt*

VH	RH	Vo	Sm	As	Rt	oT	2S	3S	4S

Anspruch:	●●●
Intensität:	●●●
Anzahl Spieler:	(2) 4
Dauer:	ca. 20 Min.
Zählweise:	Jeder gegen jeden bis 7 (3 Runden).
Hilfsmittel:	Linienmarkierungen (Platzhälften).

Ziel
Aufrücken und Volleyabschluss.

Beschreibung
A beginnt mit C auf Trainerzuspiel oder mit Selbstanspiel einen Cross-Ballwechsel. Beide dürfen auch longline spielen, müssen dann aber mit diesem Schlag ans Netz aufrücken (Ausnahme Winnerschlag). Keiner der Spieler darf gleich den ersten Ball longline spielen. Anschließend spielt B gegen D. Nach 3 Punkten pro Paarung werden die Seiten gewechselt.

Variation
Bestimmte Anzahl von Cross-Bällen vorschreiben (Spielrhythmus aufbauen).

Anmerkungen
Jeder Spieler muss sich gut überlegen, zu welchem Zeitpunkt er die Richtung wechselt und das Spiel »öffnet«. Es sollte entweder ein kurzer Ball des Gegners sein oder eine Situation, in der das Longline-Feld vollkommen offen ist für einen Winnerschlag (z. B. nach einem kurz cross gespielten Ball). Der Trainer wechselt beim Anspiel ohne Ansage zwischen VH- und RH-Cross. Auch gutes Taktiktraining (Kap. 5).

Freier Angriff

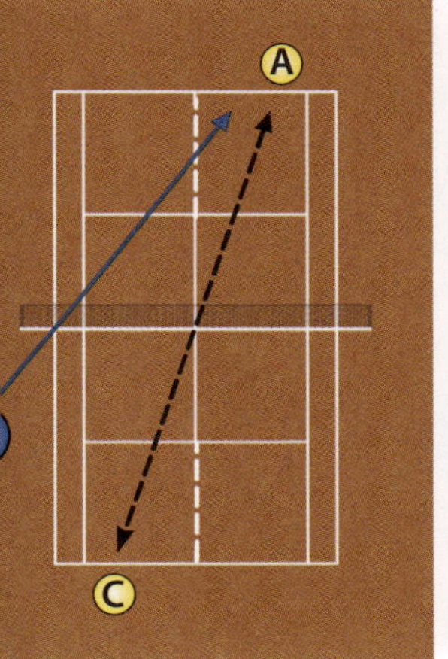

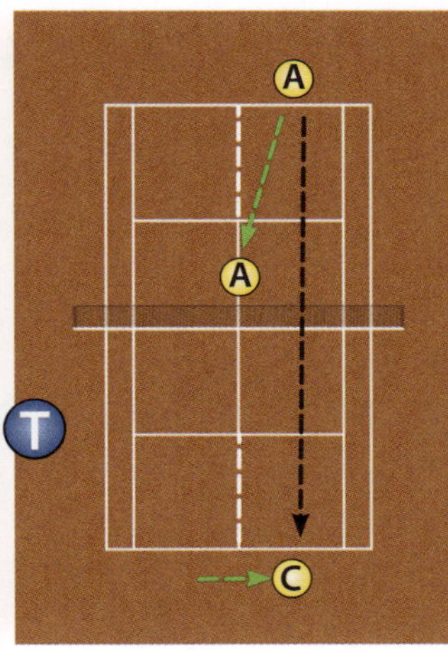

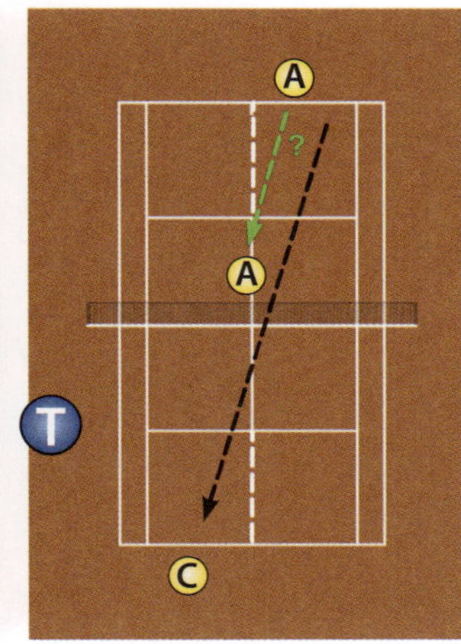

Cross-Ballwechsel ... *... bis ein Spieler aufrückt (CR kann, LL muss aufrücken!)*

VH	RH	Vo	Sm	As	Rt	oT	2S	3S	4S

Anspruch:	●●●
Intensität:	●●●
Anzahl Spieler:	(2) 4
Dauer:	ca. 20 Min.
Zählweise:	Jeder gegen jeden bis 7 (3 Runden).
Hilfsmittel:	Linienmarkierungen (Platzhälften).

Ziel
Aufrücken und Volleyabschluss.

Beschreibung
Die Übung ist eine Kombination aus den Übungen 139 und 140. A beginnt mit C auf Trainerzuspiel oder mit Selbstanspiel einen Cross-Ballwechsel. Es wird so lange cross gespielt, bis einer der beiden ans Netz vorrückt. Mit einem Crossschlag kann der Spieler aufrücken, mit einem Longlineschlag muss er aufrücken. Der Passierschlag ist in beiden Fällen frei. Keiner der Spieler darf gleich den ersten Ball longline spielen. Anschließend spielt B gegen D.

Nach 3 Punkten pro Paarung werden die Seiten gewechselt.

Variation
Wer aufrückt, kann zwei Punkte machen (dann Satz bis 11).

Anmerkungen
Diese Übung ist sehr matchrealistisch. Die Spieler können jederzeit aus dem Cross-Schema ausbrechen, dürfen das aber nur offensiv. Durch den festgelegten Cross-Beginn entsteht immer ein Ballwechsel, auf dem man aufbauen kann. Die Spieler müssen keine großen Laufwege absolvieren und kommen in viele Situationen, die zum Angriff einladen. Der Trainer wechselt beim Anspiel ohne Ansage zwischen VH- und RH-Cross. Sehr gutes taktisches Training (Kap. 5).

Vier zum Volley

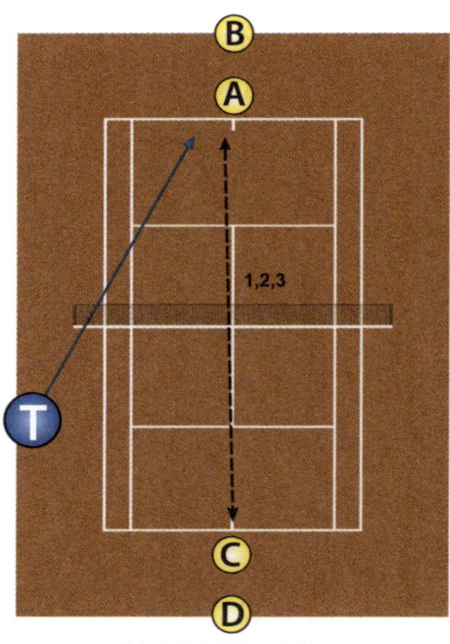

A hat 3 Schläge Zeit ...

... spätestens der 4. muss (Halb-)Volley sein

VH	RH	Vo	Sm	As	Rt	oT	2S	3S	4S

Anspruch:	●●●●
Intensität:	●●●
Anzahl Spieler:	4 (2)
Dauer:	ca. 20 Min.
Zählweise:	Jeder gegen jeden bis 7.

Ziel

Offensiv spielen, Angriff vorbereiten, ans Netz aufrücken.

Beschreibung

Trainerzuspiel auf A, A und C spielen Punkte von der GL aus. A hat 3 Schläge Zeit, einen Netzangriff vorzubereiten. Spätestens der vierte Ball muss vor der T-Linie geschlagen werden (Volley oder Halbvolley). Nach 3 gespielten Punkten wechseln A und B die Seiten. B gegen D sind an der Reihe, spielen ebenfalls 3 Punkte aus und wechseln die Seiten.

Variationen

1.) A darf nie mit dem ersten Ball aufrücken.
2.) Mit 3 Spielern im zwei gegen eins durchführbar.

Anmerkungen

Spieler A soll von Anfang an aggressiv spielen, aber möglichst nicht den einfachen Weg wählen und mit dem ersten Ball ans Netz starten. Es soll vor allem die Variante trainiert werden, mit einem langen und hohen Ball (Lob) aufzurücken, wenn sich keine andere Möglichkeit bietet. Taktisch geprägte Übung (Kap. 5).

Dreier am Netz

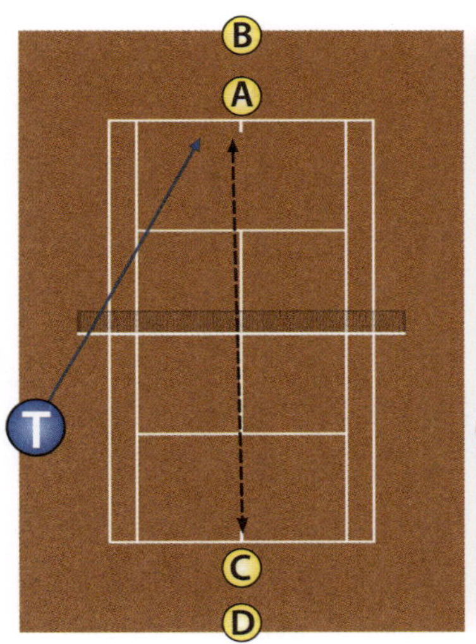

A und B beginnen den Ballwechsel an der GL ...

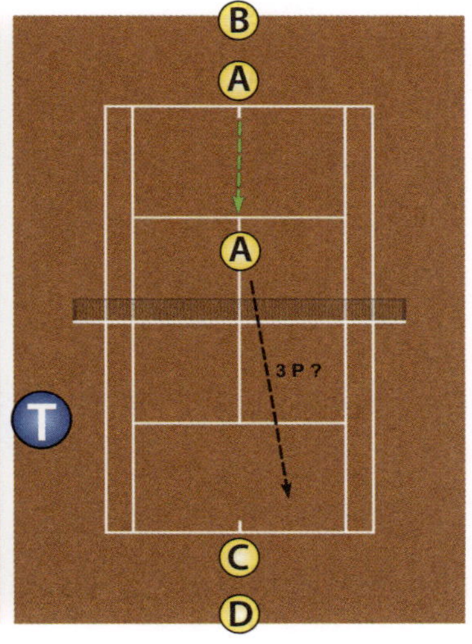

... ein Volley bringt die Chance auf 3 Punkte

VH	RH	Vo	Sm	As	Rt	oT	2S	3S	4S

Anspruch:	●●●
Intensität:	●●●
Anzahl Spieler:	(2) 4
Dauer:	ca. 20 Min.
Zählweise:	Jeder gegen jeden bis 11 (3 Runden).

Ziel
Chance zum Netzangriff an der Grundlinie erarbeiten, Aufrücken und Volleyabschluss.

Beschreibung
A beginnt mit C auf Trainerzuspiel oder mit Selbstanspiel einen Ballwechsel von der Grundlinie. Es ist keine Richtung vorgegeben, der Ballwechsel ist nach dem fairen Anspiel frei. Der Spieler, der aufrückt und einen Volley spielt, hat die Chance auf drei Punkte, wenn er den Ballwechsel gewinnt. Anschließend spielt B gegen D. Nach 3 Punkten pro Paarung werden die Seiten gewechselt.

Variation
Spieler darf nicht sofort nach Traineranspiel oder Selbstanspiel nach vorne (einige »Zocker« werden das versuchen wollen ...).

Anmerkungen
Bei guten Spielern Traineranspiel lang auf die RH. Sich die Chance zum Angriff zu erarbeiten ist bei guten Grundlinienspielern schwer! Daher als Anreiz drei Punkte, die zu größerem Risiko verleiten sollen. Achtung: der Spieler muss den Ballwechsel nicht direkt mit dem Volley gewinnen. Wenn beide im Verlauf des Ballwechsels einen Volley gespielt haben, können beide drei Punkte gewinnen. Taktisches Training (Kap. 5), da der Spieler in seinen Entscheidungen frei ist.

Cross-Volley

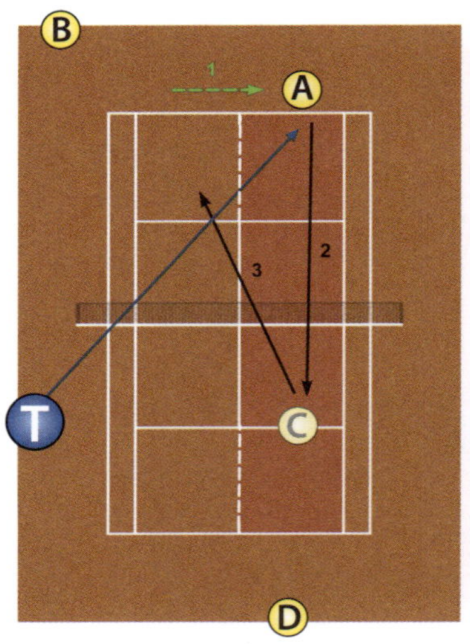

RH-LL von A, CR-Volley von C ...

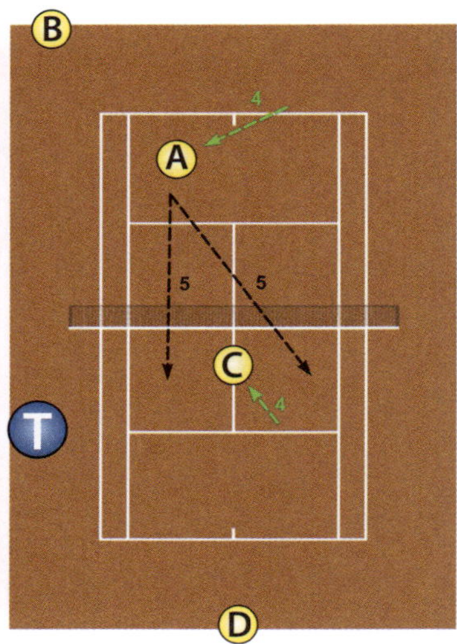

... A erläuft, Punkt ausspielen im freien Feld

VH	RH	Vo	Sm	As	Rt	oT	2S	3S	4S

Anspruch:	●●●
Intensität:	●●●
Anzahl Spieler:	(2) 4
Dauer:	ca. 20 Min.
Zählweise:	Jeder gegen jeden bis 9 (3 Runden).
Hilfsmittel:	Linienmarkierungen (Platzhälften).

Ziel

Vorbereitungsvolley und Abschluss, Passierball aus dem Lauf.

Beschreibung

A startet hinter dem Korridor auf der VH-Seite, Trainer spielt in die RH-Ecke an. A erläuft den Ball und spielt RH longline auf den an der T-Line positionierten C (VH-Seite von C). C darf sich erst dann von der T-Linie nach vorne bewegen, wenn A schlägt. C spielt den Volley oder Halbvolley cross. A erläuft den Volley und versucht zu passieren. Punkt wird ausgespielt. Anschließend B gegen D. Seitenwechsel nach 3 oder 5 Punkten pro Paarung.

Variation

Cross-Volley muss länger sein als T (schwierig).

Anmerkungen

Anspruchsvolle Volleyübung. Wichtig ist, dass der erste RH-Longline-Ball nicht mit vollem Risiko gespielt wird.

Stopp erlaufen

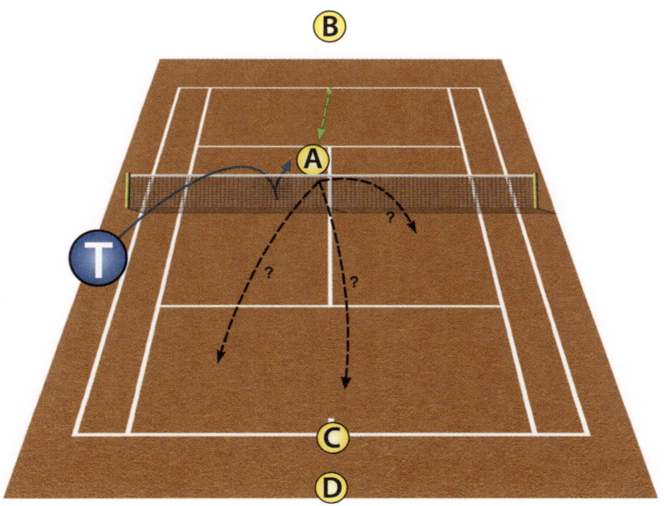

VH	RH	Vo	Sm	As	Rt	oT	2S	3S	4S

Anspruch:	●●●
Intensität:	●●●●
Anzahl Spieler:	(2) 4
Dauer:	ca. 15 Min.
Zählweise:	Halbfinale und Finale bis 9.

Ziel

Reaktion und Improvisation am Netz nach Stopp.

Beschreibung

A startet in der Mitte der Grundlinie und erläuft einen vom Trainer aus der Hand zugespielten Stopp. Er spielt einen Punkt gegen C aus, der so regieren muss, als hätte er den Stopp selbst gespielt (z. B. aufrücken, wenn er erkennt, dass A zum Gegen-Stopp ansetzt). Den nächsten Punkt spielen B und D. Nach 3 Punkten pro Paarung werden die Seiten gewechselt und C und D erlaufen die Stopps.

Anmerkungen

Anstrengende Übung und anspruchsvolles Traineranspiel. Achtung: Die Spieler tendieren mit der Zeit zum Frühstart. Auch als Drillübung einsetzbar (Kap. 7).

4. Training der Eröffnungsschläge

Übung 146-168

(siehe auch: *Taktisches Training* und *Mentales Training*)

Das Training der Eröffnungsschläge ist aufgegliedert in die Unterkapitel
Aufschlag-Return-Training - Übung 146-161
Matchübungen - Übung 162-168

Vorhand und Rückhand werden meist stundenlang trainiert, Aufschlag und Return oft vernachlässigt. Denn die aktionsgeladenen Ballwechsel entstehen einfacher ohne diese beiden störenden »Rhythmusbrecher«. Dabei sind es diese Eröffnungsschläge, die im Match den nachfolgenden Ballwechsel entscheidend bestimmen. Bei den Topspielern gibt es in vielen Fällen gar keinen Ballwechsel, d. h. der Aufschlag alleine (»Service Winner, Ass«) oder der Aufschlag in Verbindung mit dem gewinnbringenden Folgeschlag entscheiden schon über einen Punkt, der genauso viel zählt wie der nach einer anstrengenden Rallye mit 30 Schlägen. Und im Doppel sind diese beiden Schläge fast alleine spielentscheidend. Gute Gründe also, sich intensiv mit der Qualität der Eröffnungsschläge zu befassen.

Für den Aufschlag, den einzigen Schlag im Tennis ohne Einfluss des Gegners, sieht das Training etwas anders aus als für alle anderen Schläge. Es findet keine Interaktion statt, sondern es geht um eine Automatisierung unter immer gleichen Bedingungen und – auf Wettkampfniveau – um die besondere psychische Belastung bei diesem Eröffnungsschlag. Dass der Aufschlag der einzige Schlag ist, bei dem man genügend Zeit hat, darüber nachzudenken, wie man ihn ausführt, ist einerseits eine besondere taktische Chance und stellt andererseits für viele Tennisspieler eine ganz besondere Herausforderung dar. Es ist extrem wichtig, die Unterschiede zwischen erstem und zweitem Aufschlag herauszuarbeiten, und zwar nicht nur die Details der technischen Ausführung, sondern auch in Bezug auf die die psychologische Situation. Eine hohe Quote beim ersten Aufschlag ist nicht nur wünschenswert, weil sie die Nerven des Aufschlägers schont, sondern auch weil sie eine sehr viel schwierigere Situation für den Returnspieler darstellt, der – anders als beim zweiten (Sicherheits-) Aufschlag – niemals genau wissen kann, was ihn erwartet. Genau deshalb kann der Return als Eröffnungsschlag nicht ähnlich standardisiert trainiert werden. Er ist ein Grundschlag unter Zeitdruck und kann gegen einen sehr guten Aufschläger nicht hundertprozentig geplant werden. Da er die direkte Antwort des Aufschlages darstellt, macht es absolut Sinn, beide Schläge so oft wie möglich zusammen zu trainieren, auch wenn man theoretisch hunderte von Aufschlägen hintereinander ohne Return machen könnte.

Bei praktisch allen Aufschlagübungen, bei denen man dem Aufschläger eine Zielvorgabe oder technische Hinweise gibt, kann man einen anderen Spieler den Ball zurückschlagen und damit die Besonder-

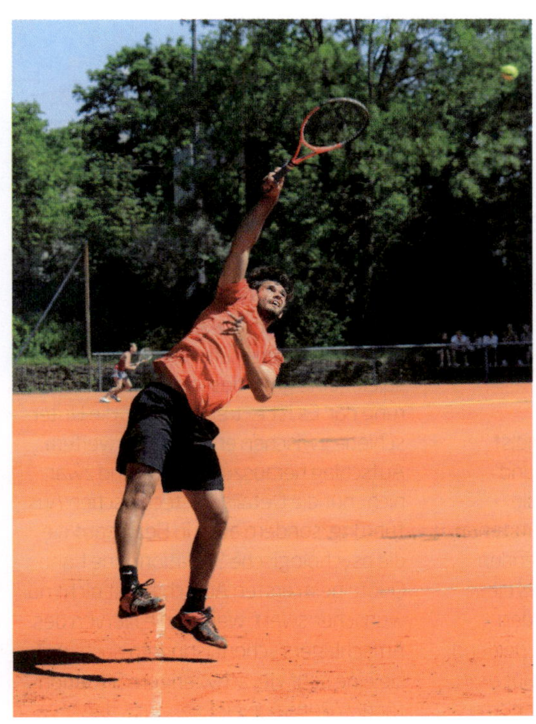

Kickaufschlag ...

heiten dieses »Grundschlages« (Position, Beinarbeit, Ausholbewegung) trainieren lassen. Extrem wichtig für das Training vor allem des zweiten Aufschlages ist die Zielvorgabe, auf die Rückhand des Gegners aufzuschlagen. Vor allem von der Einstandsseite durch die Mitte tun sich hier viele auch gute Spieler besonders schwer. Wer von rechts seinen zweiten Aufschlag immer mit vermindertem Tempo in die Mitte oder nach außen setzt, lädt den Returnspieler geradezu ein, mit der Vorhand offensiv zu werden. Das Training für den Aufschlag auf die Rückhand (Stellung, Ballwurf etc.) ist ein gutes Beispiel für ein technisches Training mit stark taktisch geprägtem Inhalt (Vorbereitung auf Übungen in Kap. 5: »Taktik der Eröffnungsschläge«).

Aufschlagtraining mit Zielen und Ansagen ist immer auch ein sehr gutes Konzentrationstraining. Insofern passen einige der hier aufgeführten Schlagübungen (Nr. 146-161) auch in das Kapitel 6: »Mentales Training«.

Die Matchübungen (Nr. 162-168) haben zum Teil starke taktische Prägung und stellen daher eine Ergänzung für die Übungen des nächsten Kapitels »Taktisches Training« dar (siehe die Ausführungen zu **Taktik der Eröffnungsschläge** im nächsten Kapitel).

Aufschlagserien

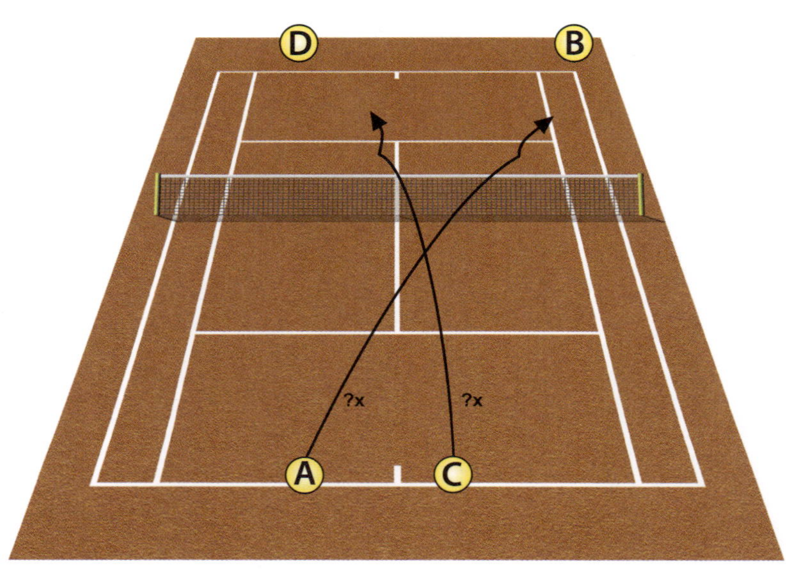

VH	RH	Vo	Sm	As	Rt	oT	2S	3S	4S	5S	6S

Anspruch:	●●●
Intensität:	●
Anzahl Spieler:	bis zu 6
Dauer:	2 Versuche von jeder Seite für jeden Spieler.
Zählweise:	Serie von links und von rechts von jedem Spieler wird zusammengezählt.

Ziel
Solide und sichere zweite Aufschläge, Druck steigt mit zunehmender Anzahl.

Beschreibung
Die Spieler sollen so viele Aufschläge wie möglich hintereinander (Serien) ohne Fehler machen. Netzroller werden wiederholt. Die beste Serie gewinnt.

Variationen
1.) Zielzonen im Aufschlagfeld markieren (Serie wird deutlich schwieriger).
2.) Ein Fehler (Joker) pro Serie erlaubt.
3.) Bei mehreren Spielern Duelle austragen – die Spieler schlagen abwechselnd auf, Fehler verliert.

Anmerkungen
Der Trainer muss auf korrekte und »vernünftige« Ausführung des Aufschlages achten. Manche Spieler fangen an, den Ball »hineinzueiern«, nur um eine möglichst lange Serie zu schaffen. Auch als Konzentrationsübung einsetzbar (Kap. 6: »Mentales Training«).

Aufschlagpoker

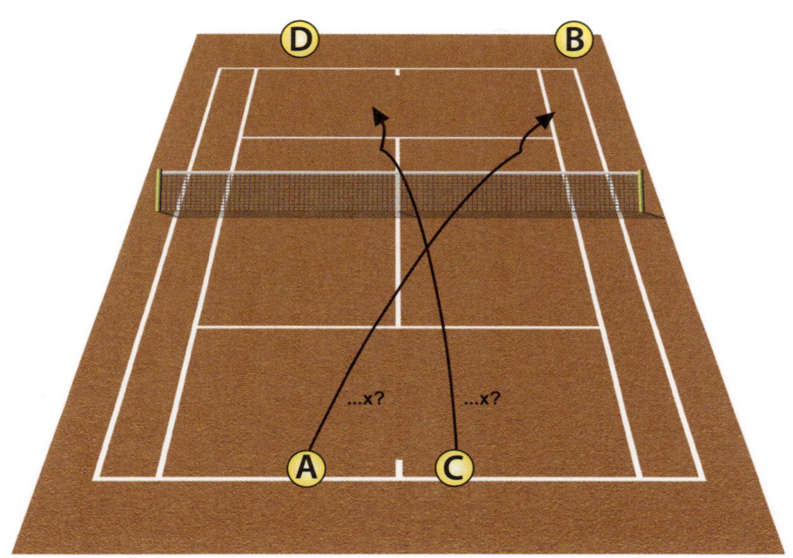

VH	RH	Vo	Sm	As	Rt	oT	2S	3S	4S	5S	6S

Anspruch:	●●●
Intensität:	●
Anzahl Spieler:	bis zu 6
Dauer:	6 Versuche von jeder Seite für jeden Spieler.
Zählweise:	Alle erfolgreichen Serien werden pro Spieler zusammengezählt.

Ziel

Solide und sichere zweite Aufschläge, Druck steigt mit zunehmender Anzahl, realistische Einschätzung der eigenen Möglichkeiten.

Beschreibung

Die Spieler sollen Aufschlagserien ohne Fehler machen. Netzroller werden wiederholt. Der Spieler sagt vorher an, welche Serie er schafft (mindestens 3). Wenn ihm das gelingt, bekommt er drei (oder mehr) Punkte.

Variationen

1.) Zielzonen im Aufschlagfeld markieren (Serie wird deutlich schwieriger).
2.) Ein Fehler (Joker) pro Serie erlaubt, dafür muss mindestens eine Serie von 5 angesagt werden.
3.) Eine missglückte Serie darf wiederholt werden (Joker).

Anmerkungen

Ziel ist eine realistische Selbsteinschätzung (Prognosetraining). Der Trainer muss auf korrekte und vernünftige Ausführung des Aufschlages achten. Spieler sollen nicht »eiern«, nur um eine möglichst lange Serie zu schaffen. Konzentrationsübung (Kap. 6: »Mentales Training«).

Kickaufschlag

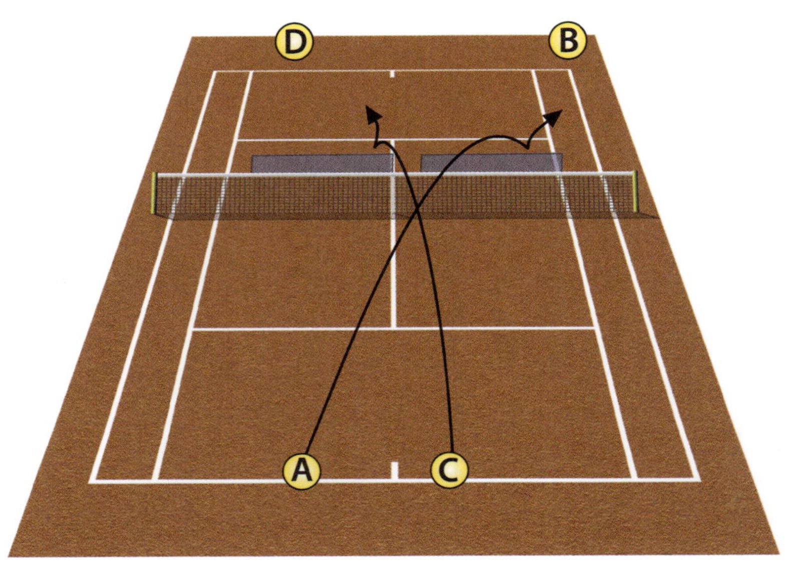

VH	RH	Vo	Sm	As	Rt	oT	2S	3S	4S	5S	6S

Anspruch:	
Intensität:	
Anzahl Spieler:	bis zu 6
Dauer:	3 Serien à 10 pro Spieler pro Seite.
Zählweise:	Treffer zählen.
Hilfsmittel:	Kindernetz, Bank o. ä.

Ziel

Solide und sichere Aufschläge mit Vorwärtsdrall, Flugkurve bewusst werden lassen.

Beschreibung

In das Aufschlagfeld wird ein zweites (Kinder-) Netz gestellt. Die Spieler sollen den Ball mit so viel Drall schlagen, dass er hinter diesem zweiten Netz ins Feld geht. Je weiter das Netz nach hinten gerückt wird, umso höher muss die Flugkurve sein. Wenn kein zweites Netz vorhanden ist, können eine Bank oder ein Balleimer das Hindernis bilden.

Variationen

1.) Zusätzlich die Rückhandecke markieren.
2.) Einen Spieler die hohen Aufschläge retournieren lassen.

Anmerkungen

Sehr technische Übung, auf korrekte Griffhaltung und Schwung der Aufschläger eingehen, der Returnspieler soll experimentieren, wo er den Ball am besten nimmt (im Aufstieg oder im Fallen).

Volle Streckung

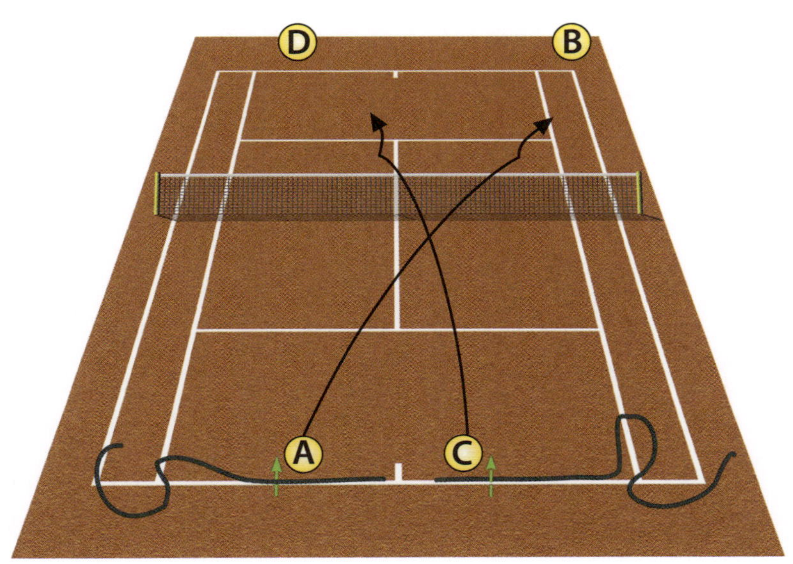

VH	RH	Vo	Sm	As	Rt	oT	2S	3S	4S	5S	6S

Anspruch:	●●●●
Intensität:	●
Anzahl Spieler:	bis zu 6
Dauer:	3 Serien à 10 pro Spieler pro Seite.
Zählweise:	Erfolgreiche Aufschläge zählen.
Hilfsmittel:	Hindernis auf der Grundlinie (Wasserschlauch).

Ziel
Aufschlag auf dem höchsten erreichbaren Punkt treffen.

Beschreibung
Direkt auf der Grundlinie wird ein niedriges ungefährliches (weiches) Hindernis aufgestellt. Ideal ist ein Bewässerungsschlauch, der über die Grundlinie gelegt wird. Die Spieler sollen den Aufschlag hinter dem Hindernis (Schlauch) beginnen und nach voller Körperstreckung und Treffen des Balles vor dem Hindernis landen.

Variationen
Zielzonen markieren.

Anmerkungen
Sehr technische Übung, auf korrekte Ausgangsstellung, hohen Ballwurf und volle Streckung aus der Bogenspannung achten. An »Sprungwurf« beim Handball erinnern.

Tempoansage

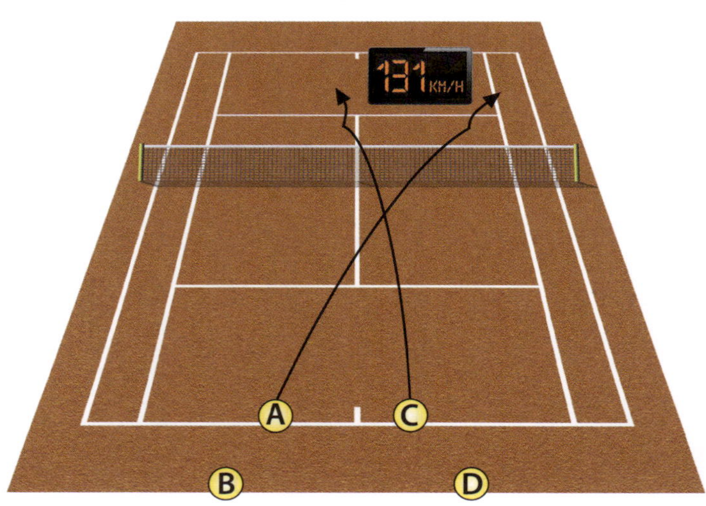

VH	RH	Vo	Sm	As	Rü	oT	2S	3S	4S	5S	6S

Anspruch: ●●●●

Intensität: ●

Anzahl Spieler:	bis zu 6
Dauer:	3 Serien pro Spieler pro Seite.
Zählweise:	keine.
Hilfsmittel:	Aufschlag-Geschwindigkeits-Messgerät (optional).

Ziel

Gefühl für das Tempo (und die damit verbundene Schlagtechnik) entwickeln.

Beschreibung

Die Spieler machen Aufschlagserien mit 30, 50, 70, 90, 120 und 150 kmh (Trainer sagt an)

Variation

Spieler sagen beabsichtigtes Tempo selbst an.

Anmerkungen

Ebenfalls technische Übung. Es geht darum, verschiedene Tempi und deren (technische) Entstehung bewusst zu machen. Falls ein Geschwindigkeitsmessgerät zur Verfügung steht, kann man die Ansage natürlich kontrollieren. Es reicht aber auch, »gefühlsmäßig« zu entscheiden, ob das Ziel erreicht wurde oder nicht.

Erster Aufschlag

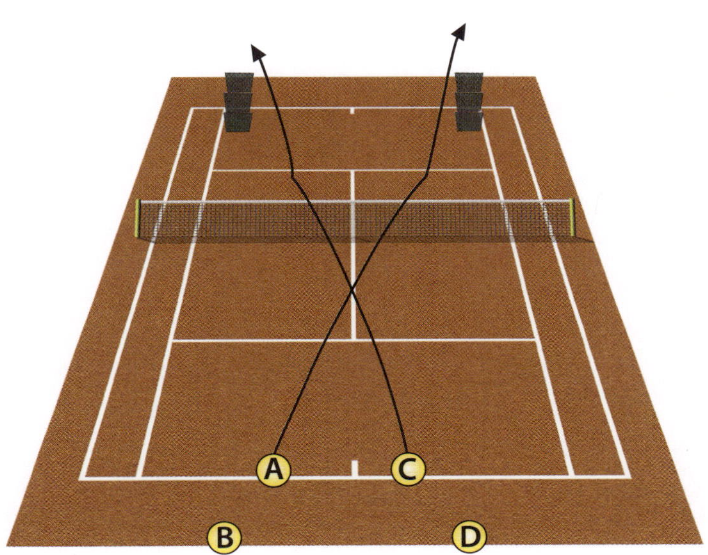

VH	RH	Vo	Sm	As	Rt	oT	2S	3S	4S	5S	6S

Anspruch:	●●●●
Intensität:	●●
Anzahl Spieler:	bis zu 6
Dauer:	3 Serien à 10 pro Spieler und pro Seite.
Zählweise:	Der »höchste« Aufschlag gewinnt, es zählen nur gültige Aufschläge.
Hilfsmittel:	Balleimer, Bank, Stuhl o. ä.

Ziel

Schnelle und harte erste Aufschläge ohne Drall.

Beschreibung

An der Grundlinie wird eine »Höhenmarkierung« aufgebaut – mehrere Balleimer übereinander oder eine seitlich aufgestellte Bank etc. Die Spieler schlagen so hart und glatt auf wie möglich. Es wird gemessen, in welcher Höhe die Bälle am Hindernis vorbeifliegen. Alternativ kann man auch markieren, in welcher Höhe sie am Zaun ankommen, bzw. wo sie zum zweiten Mal aufspringen.

Variationen

Mit einem Geschwindigkeitsmessgerät kontrollieren, wenn es zur Verfügung steht.

Anmerkungen

Die Übung macht eigentlich nur Sinn mit sehr guten Aufschlägern. Spaß macht sie allerdings auch Jugendlichen und Damen. Die Spieler müssen gut aufgewärmt sein.

Aufschlagwinkel

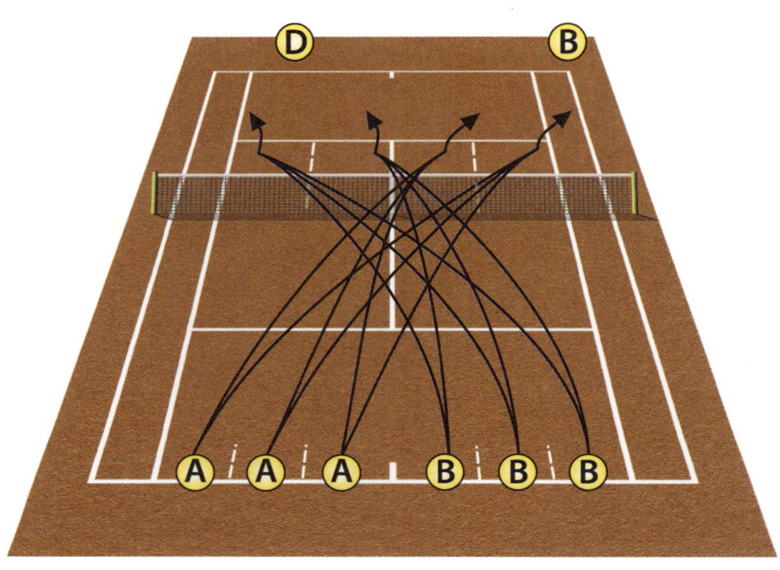

VH	RH	Vo	Sm	As	Rt	oT	2S	3S	4S	5S	6S

Anspruch:	●●●●
Intensität:	●●
Anzahl Spieler:	bis zu 6
Dauer:	2 Serien à 36 Aufschläge (3 pro Ziel und Zone) pro Spieler.
Zählweise:	Wer hat die meisten Treffer in die Zielzone?
Hilfsmittel:	Linienmarkierungen.

Ziel
Aufschläge von verschiedenen Grundlinienpositionen und deren Wirkung kennen lernen.

Beschreibung
Die Grundlinie wird in sechs Zonen geteilt:
Ganz links, Mitte links, links mittig, rechts mittig, Mitte rechts und ganz rechts. Die Aufschlagfelder sind unterteilt in VH- und RH-Seite. Aus jeder der Zonen macht der Spieler drei Aufschläge in die Rückhandseite und drei Aufschläge in die Vorhandseite. Ein weiterer Spieler retourniert. Die Resultate werden besprochen.

Variation
Punkt ausspielen lassen (Aufschlagwirkung).

Anmerkungen
Die Übung soll dem Spieler bewusst machen, welche Wirkung der Winkel des Aufschlages hat und welche (Drall-)Möglichkeiten sinnvoll sind.

Aufschlag auf Zeit

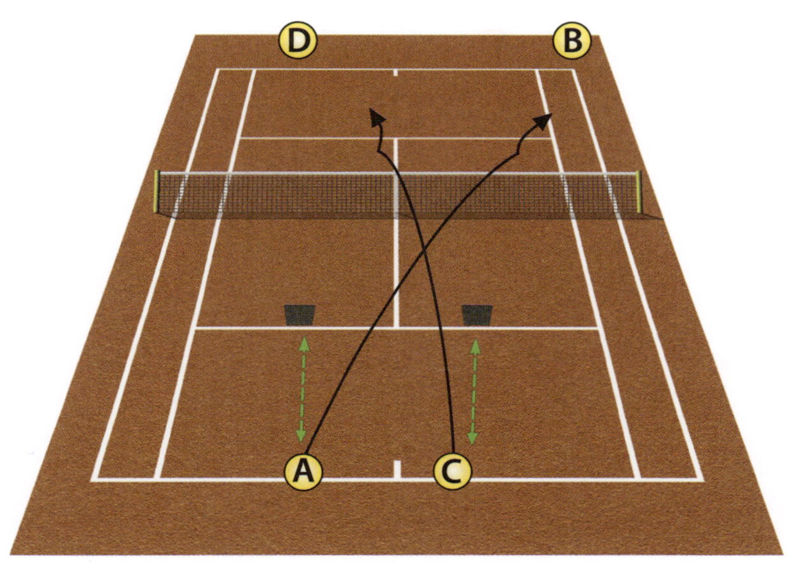

VH	RH	Vo	Sm	As	Rt	oT	2S	3S	4S	5S	6S

Anspruch:	●●●●
Intensität:	●●●●
Anzahl Spieler:	bis zu 6
Dauer:	1 Serie à 3 Min. pro Spieler.
Zählweise:	Gültige Aufschläge zählen.
Hilfsmittel:	Balleimer am T.

Ziel
Solide und sichere Aufschläge unter Zeitdruck und Belastung.

Beschreibung
Es wird ein Eimer mit Bällen auf die T-Linie gestellt. Der Spieler muss jeden Ball einzeln aus dem Eimer holen, zurück zur GL laufen und aufschlagen. Wie viele schafft er in 3 Minuten?

Variation
Mit Zielzonen (schwer).

Anmerkungen
Ein interessantes Resultat dieser Übung ist, dass der Spieler mehr in den Aufschlag hineingehen wird, weil er möglichst schnell wieder am Eimer sein will – ein gewünschter Effekt. Ähnlich wie Drillübung Nr. 249 (Kap. 7), aber weniger anstrengend.

Aufschlag auf die Rückhand

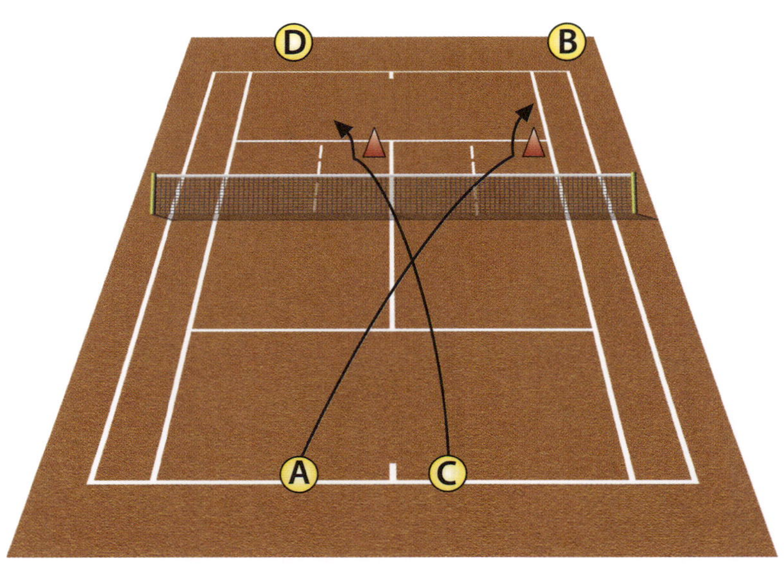

VH	RH	Vo	Sm	As	Rt	oT	2S	3S	4S	5S	6S

Anspruch:	●●●
Intensität:	●
Anzahl Spieler:	bis zu 6
Dauer:	3 Serien pro Spieler und pro Seite.
Zählweise:	Alle Punkte pro Spieler werden zusammengezählt.
Hilfsmittel:	Linienmarkierungen, Ziele (Hütchen o. ä.).

Ziel

Solide und sichere zweite Aufschläge auf Ziele.

Beschreibung

Das Aufschlagfeld wird in zwei Hälften geteilt, in die RH-Seite wird zusätzlich ein Ziel (Hütchen) gestellt. Die Spieler machen 10 Aufschläge von einer Seite. Aufschlag im Feld zählt eins, Treffer auf RH-Seite zählt 2, Treffer auf kleines RH-Ziel zählt 3.

Variationen

1.) Das gleiche auf die VH-Seite des Aufschlagfeldes (Training für Matches gegen Linkshänder).
2.) Fehler gibt einen Punkt Abzug.
3.) Bei mehreren Spielern Duelle austragen – die Spieler schlagen ihre Serie gleichzeitig (einer von rechts, einer von links), die höchste Punktzahl gewinnt.

Anmerkungen

Training des »Standard«-Aufschlages auf die normalerweise schwächere Returnseite. Extrem wichtig: von der Einstandseite durch die Mitte. Der Trainer muss auf korrekte und »vernünftige« Ausführung des Aufschlages achten. Auch als Konzentrationsübung sinnvoll (Kap. 6: »Mentales Training«).

Aufschlagzonen

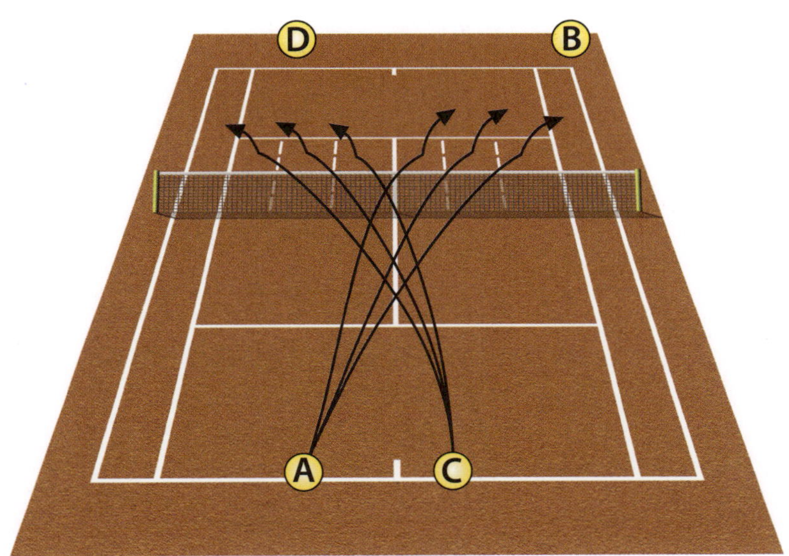

VH	RH	Vo	Sm	As	Rt	oT	2S	3S	4S	5S	6S

Anspruch:	●●●●
Intensität:	●
Anzahl Spieler:	bis zu 6
Dauer:	3 Durchgänge pro Spieler pro Seite.
Zählweise:	Alle Versuche pro Spieler werden zusammengezählt.
Hilfsmittel:	Linienmarkierungen.

Ziel
Solide und sichere zweite Aufschläge mit verschiedenen Richtungen.

Beschreibung
Das Aufschlagfeld wird in drei Hälften geteilt, links (VH) – Mitte – rechts (RH). Aufgabe der Spieler ist, 3 Aufschläge in jede Zielzone zu bringen. Wer die wenigsten Versuche braucht, um die Aufgabe zu erfüllen, gewinnt.

Variationen
1.) Aufschlagfehler gibt einen Treffer Abzug
2.) Bei mehreren Spielern Duelle austragen – die Spieler schlagen ihre Serie gleichzeitig (einer von rechts, einer von links), die höchste Punktzahl gewinnt.

Anmerkungen
Ähnlich wie die Übung zuvor, allerdings steht hier nicht der »Standard«, sondern die Variabilität im Fokus. Der Trainer muss auf korrekte und »vernünftige« Ausführung des Aufschlages achten. Konzentrationsübung (Kap. 6: »Mentales Training«).

Rundreise

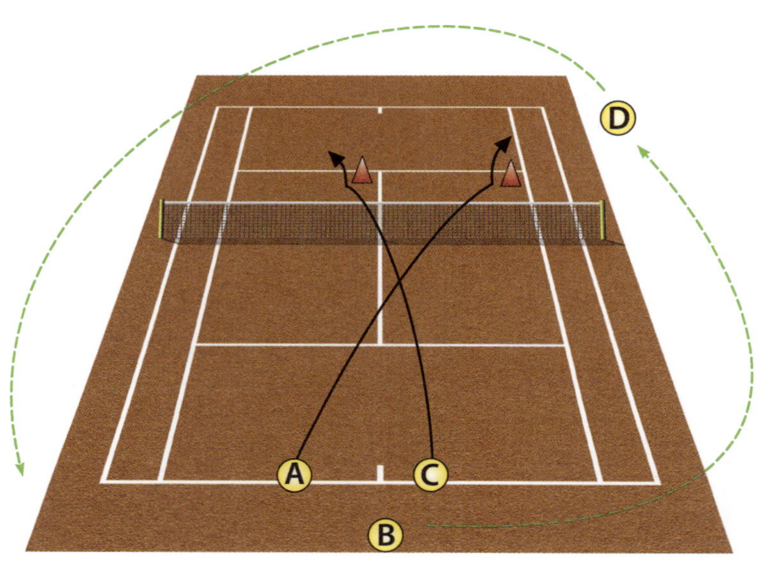

VH | RH | Vo | Sm | **As** | Rt | **oT** | **2S** | **3S** | **4S** | 5S | 6S

Anspruch:	●●●
Intensität:	●●
Anzahl Spieler:	3 oder 4
Dauer:	etwa 20 Min.
Zählweise:	Fehler oder Treffer bedeuten eine Laufrunde.
Hilfsmittel:	Ziele (Hütchen, Wasserflaschen o. ä.)

Ziel

Erster und zweiter Aufschlag solide ohne Doppelfehler.

Beschreibung

In den Aufschlagfeldern wird ein Hütchen als Ziel aufgebaut. Es darf nicht zu schwer sein und muss umfallen können (alternativ: gefüllte Wasserflasche). 3 oder 4 Spieler schlagen im Wechsel auf, immer einmal von links, das nächste Mal von rechts (zwei können gleichzeitig aufschlagen). Ein Spieler hat zwei Aufschläge und soll einen ersten und einen zweiten Aufschlag auf das Ziel durchführen. Beim ersten Aufschlag muss das Hütchen umfallen, beim zweiten reicht ein Treffer. Wenn er das Ziel trifft, müssen die anderen eine Runde um den Platz laufen. Wenn er einen Doppelfehler produziert, muss er selbst eine Runde um den Platz laufen (»Rundreise«). Wer läuft, ist in Gefahr, dass die anderen weiter treffen und die »Rundreise« weitergeht ...

Variationen

1.) Andere Aufgaben als Rundenlaufen (z. B. Liegestütz, Froschsprünge etc.)
2.) Statt Runde oder Strafe muss der Spieler 5 Bälle einsammeln.

Anmerkungen

Das Ziel darf nicht zu leicht umfallen, weil sonst keine ersten Aufschläge nötig sind. Es darf aber auch nicht bombenfest stehen, weil die Spieler sonst die Motivation verlieren. Der Trainer stellt das Hütchen wieder auf, wenn es umfällt.

Aufschlag-Return-Serie

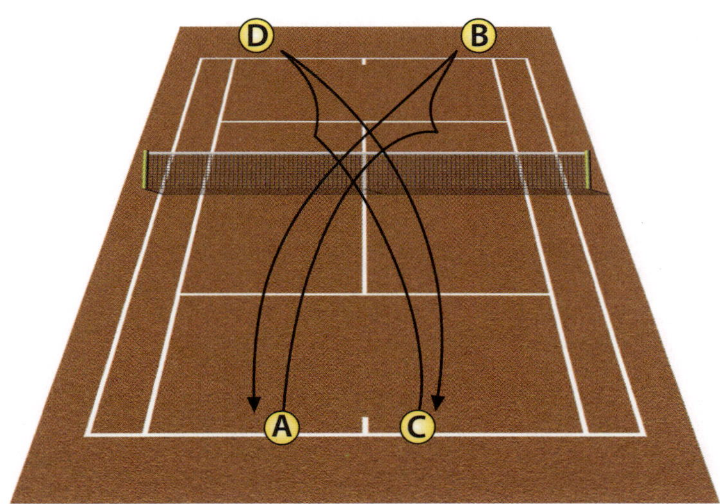

VH	RH	Vo	Sm	**As**	**Rt**	**oT**	**2S**	3S	**4S**

Anspruch:	●●●
Intensität:	●
Anzahl Spieler:	(2) 4
Dauer:	3 Min. pro Durchgang.
Zählweise:	Jede Netzüberquerung zählt.
Hilfsmittel:	Linienmarkierungen.

Ziel

Solide und sichere zweite Aufschläge, solide und sichere Returns cross.

Beschreibung

Spieler A und B bilden ein Team und haben einen einzigen Ball zur Verfügung. A schlägt auf, B retourniert cross zu A zurück, der den Ball wieder aufnimmt und damit erneut aufschlägt. Ein verlorener Ball muss wieder eingesammelt werden. Zwei Teams spielen gleichzeitig, eines über die VH-, eines über die RH-Seite. Alle Bälle zählen, d. h. auch Bälle, die im Aus landen, sie kosten nur Zeit. Wer in einer vorgegebenen Zeit die meisten Netzüberquerungen schafft, gewinnt.

Variationen

1.) Nur Bälle, die »drin« sind, zählen.
2.) Spieler haben einen »Ersatzball« in der Tasche.
3.) 2 Teams spielen gegeneinander bis 50 oder 60 Netzüberquerungen (Wer schafft er zuerst?).

Anmerkungen

Der Trainer muss auf korrekte und »vernünftige« Ausführung des Aufschlages achten und den Returnspieler dazu anhalten, den Ball auf dem höchsten Punkt zu nehmen (Zeitgewinn).

Aufschlagsdreieck

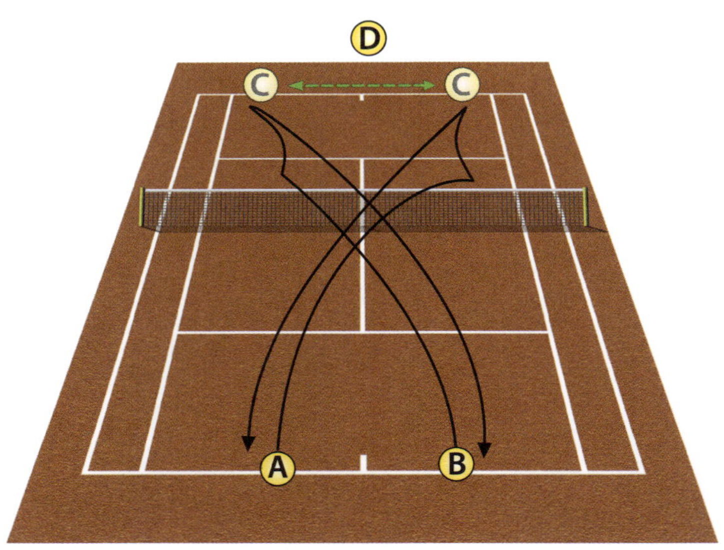

VH	RH	Vo	Sm	As	Rt	oT	2S	3S	4S

Anspruch:	🎾🎾🎾
Intensität:	🎾/🎾🎾
Anzahl Spieler:	3 oder 4
Dauer:	40 Aufschläge pro Durchgang (20 pro Spieler) bei 4 Spielern.
Zählweise:	Jeder Schlag ohne Fehler zählt als Punkt, Fehler führen zu Punktabzug.

Ziel
Solide und sichere zweite Aufschläge, solide und sichere Returns cross.

Beschreibung
A schlägt von der VH-Seite auf, B von der RH-Seite. C retourniert auf beiden Seiten cross und bewegt sich zwischen den Returns in Sidesteps hin und her. A und B nehmen den retournierten Ball wieder zum nächsten Aufschlag auf. Bei 4 Spielern wird C nach einer bestimmten Anzahl von D abgelöst. Es werden mehrere Durchgänge gespielt, so dass jeder Spieler jede Position einmal einnimmt. Wer nach allen Durchgängen die meisten Bälle ohne Fehler gespielt hat, gewinnt.

Variationen
1.) Bei 4 Spielern wechseln 2 Returnspieler nach immer 4 Returns ab, es werden 4 Durchgänge (Positionenwechsel der Spieler) à 40 Aufschläge gespielt.
2.) Mit 3 Spielern spielt der Returnspieler alle Returns am Stück (anstrengend). Es wird auf 3 Durchgänge (Positionenwechsel der Spieler) à 30 Aufschläge reduziert.

Anmerkungen
Der Trainer muss auf korrekte und »vernünftige« Ausführung des (zweiten) Aufschlages achten und den Returnspieler dazu anhalten, nicht nur rechts-links zu joggen, sondern sich in Side Steps zu bewegen und dem (zweiten) Aufschlag aus dem Split Step heraus entgegenzugehen. Die Aufschläger müssen im richtigen Rhythmus abwechselnd aufschlagen, damit der Returnspieler Zeit für den Split Step vor seinem Return hat. Anhaltspunkt: Der Aufschläger wirft seinen Ball dann an, wenn der Returnspieler die Platzmitte auf seinem Weg zur Returnposition überquert hat.

Returnzonen

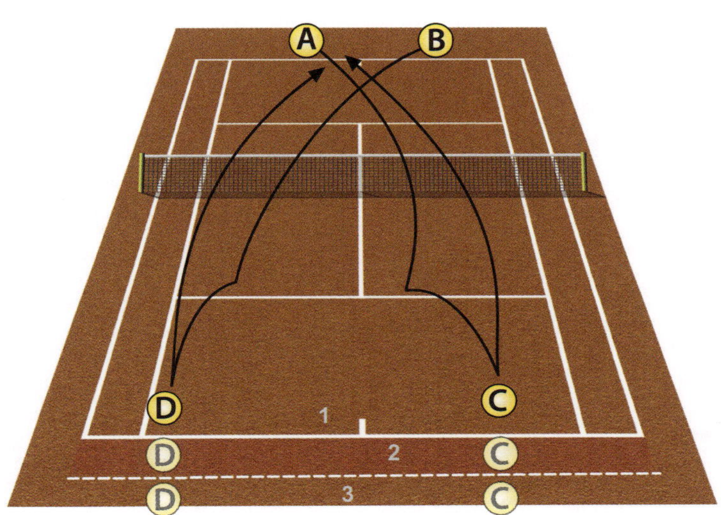

VH	RH	Vo	Sm	As	Rt	oT	2S	3S	4S	5S	6S

Anspruch:	●●●●
Intensität:	●●
Anzahl Spieler:	4 (2)
Dauer:	ca. 20 Min.
Zählweise:	keine.
Hilfsmittel:	Linienmarkierungen .

Ziel

Der Returnspieler soll die Möglichkeiten und die Wirkung des Returns aus verschiedenen Zonen (Abstand zur Grundlinie) in Abhängigkeit vom Aufschlag (erster oder zweiter Aufschlag) kennenlernen.

Beschreibung

Es werden drei Zonen für den Returnspieler markiert: Zone 1 ist innerhalb der Grundlinie. Zone 2 ist ein Bereich bis 2,50 m hinter der Grundlinie. Zone 3 ist der Bereich hinter Zone 2. Er soll eine Serie von Returns aus allen diesen Zonen schlagen. Die Ergebnisse werden analysiert und besprochen.

Variationen

Zone 2 größer oder kleiner (je nach Qualität der Aufschläger).

Anmerkungen

Zone 1 kommt – einen guten Aufschläger vorausgesetzt – nur für den Return gegen den zweiten Aufschlag in Frage. Der Ball wird geblockt, nicht geschlagen, und ist daher sehr schnell wieder zurück beim Aufschläger. Chip and Charge funktioniert nur aus dieser Zone. In Zone 2 können zweite Aufschläge bereits mit einem kurzen Schwung aus dem Unterarm beschleunigt werden (offensiv) oder erste Aufschläge geblockt werden (offensiv). Bei schwächeren Aufschlägern besteht unter Umständen die Möglichkeit, den Schlag voll durchzuziehen. Zone 3 bietet sich an, wenn der Spieler den Return wie einen Grundschlag ziehen will (entsprechende Ausholbewegung braucht Zeit). Ziel sollte dann ein langer und relativ hoher Return mit viel Drall sein. Zone 3 ist nicht geeignet beim ersten Service von sehr guten Aufschlägern, da der Winkel für nach außen platzierte Bälle zu groß ist.

Aufschlag gegen Return 1

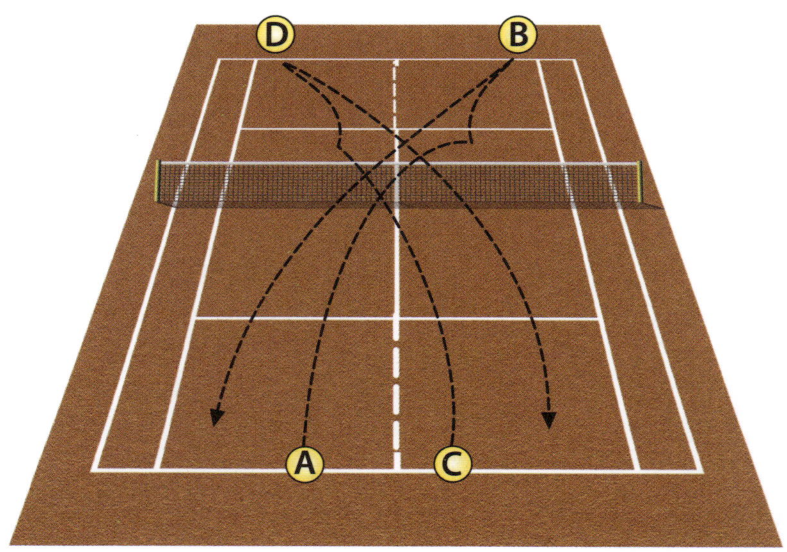

VH	RH	Vo	Sm	As	Rt	oT	2S	3S	4S

Anspruch:	
Intensität:	
Anzahl Spieler:	bis 4
Dauer:	ca. 20 Min.
Zählweise:	Hin und Rückspiel bis 11 oder 15, jeder gegen jeden.
Hilfsmittel:	Linienmarkierungen.

Ziel

Aufschläger: Returnspieler vor Probleme stellen. Returnspieler: solide und sicher auf Ziel retournieren.

Beschreibung

Spieler A schlägt auf, Spieler B retourniert cross. Sie spielen gegeneinander. Schlägt A ein Ass, gewinnt er 5 Punkte. Für einen Aufschlagwinner (Return geht nicht über das Netz) gibt es drei Punkte und wenn der Return zwar über das Netz, aber nicht ins Crossfeld geht, zählt das einen Punkt. Der Returnspieler gewinnt bei einem Doppelfehler drei Punkte, bei einem Return im Crossfeld lang (länger T) zwei Punkte und bei einem Crossreturn kurz einen Punkt. Wer zuerst 15 Punkte hat, gewinnt.

Variationen

1.) Andere Punktevergabe je nach Niveau der Spieler.
2.) Aufschlagwechsel, wenn der Returnspieler eine bestimmte Zielzone trifft.

Anmerkungen

Bei drei Spielern 2 (Aufschläger) gegen 1 (Returnspieler) spielen, 3 Durchgänge mit Wechsel der Positionen.

Aufschlag gegen Return 2

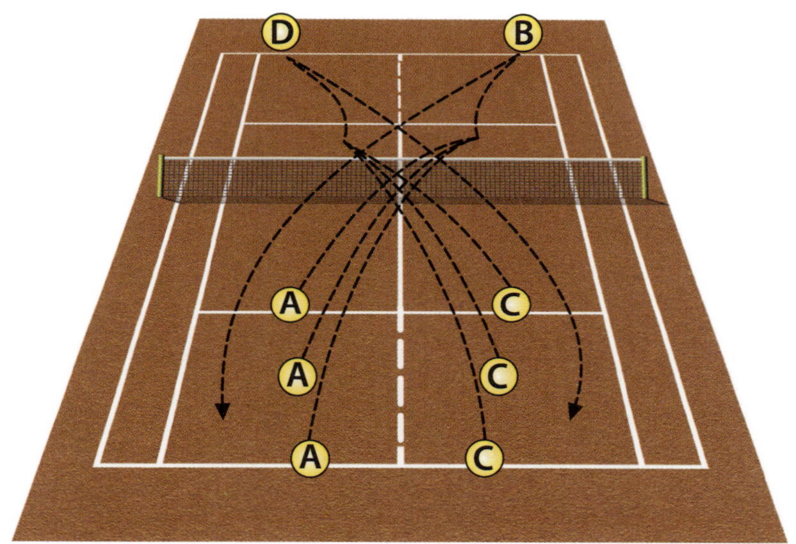

VH	RH	Vo	Sm	As	Rt	oT	2S	3S	4S

Anspruch:	●●●●
Intensität:	●●
Anzahl Spieler:	bis 4
Dauer:	ca. 20 Min.
Zählweise:	Hin- und Rückspiel, jeweils 15 Aufschläge (Punkte), jeder gegen jeden.
Hilfsmittel:	Linienmarkierungen.

Ziel

Aufschläger: Hart aufschlagen, Returnspieler vor Probleme stellen, koordinative Anforderung durch verschiedene ungewohnte Aufschlagpositionen. Returnspieler: Return-Reflexe trainieren, Ausholbewegung verkürzen.

Beschreibung

Spieler A schlägt auf, Spieler B retourniert cross. Sie spielen gegeneinander. A schlägt 5-mal von der Grundlinie auf, danach 5-mal von einer Position genau zwischen GL und T und zuletzt 5-mal von der T-Linie. Jeder ins Crossfeld zurückgespielte Return oder Aufschlagfehler ist ein Punkt für B, jeder Returnfehler ein Punkt für A. Anschließend schlägt B auf, A retourniert. Wer über 15 Punkte hat (von 30), gewinnt.

Variation

3 x 7 Aufschläge.

Anmerkungen

Bei drei Spielern 2 (Aufschläger) gegen 1 (Returnspieler) spiele, 3 Durchgänge mit Wechsel der Positionen. Bei 4 Spielern sollten die Paarungen abwechselnd spielen, parallel würden sie sich behindern (durch Positionswechsel des Aufschlägers bis auf die T-Linie). Es ist schwerer als man denkt, von vor der Grundlinie aufzuschlagen. Gute koordinative Schulung für den Aufschläger, der Ballwurf und Timing etwas verändern muss.

Tennis Squash

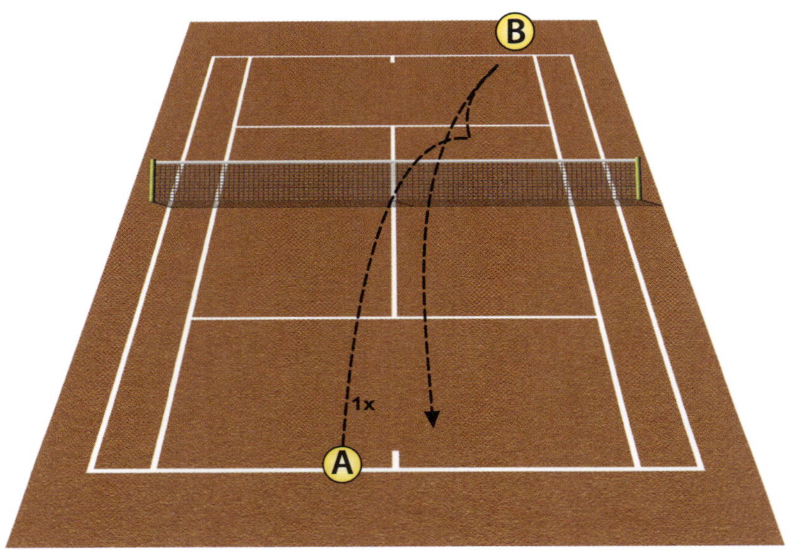

VH	RH	Vo	Sm	As	Rt	oT	2S	3S	4S

Anspruch:	●●●
Intensität:	●●
Anzahl Spieler:	2 oder 4
Dauer:	ca. 20 Min.
Zählweise:	Match geht bis 9 (auch 9:8), Punkte nur für den Aufschläger, Halbfinale und Finale.

Ziel
Punkt auf einem soliden zweiten Aufschlag aufbauen.

Beschreibung
2 Spieler tragen ein Match nach (alten) Squash-Regeln aus. Nur der Aufschläger kann punkten, der Returnspieler muss einen Punkt gewinnen, um selbst das Aufschlagrecht zu haben. Es wird abwechselnd von links und rechts aufgeschlagen, allerdings hat der Aufschläger unabhängig vom Spielstand die Wahl, auf welcher Seite er anfängt. Es gibt nur einen Aufschlag.

Variationen
Sätze nur bis 7 oder 5, je nach verfügbarer Zeit.

Anmerkungen
Wenn der Aufschlag dauernd wechselt, kann das Match sehr lange dauern, bei begrenzter Zeit eventuell von vornherein auf 10 Minuten begrenzen (erreichter Spielstand zählt).

Gurkenaufschlag

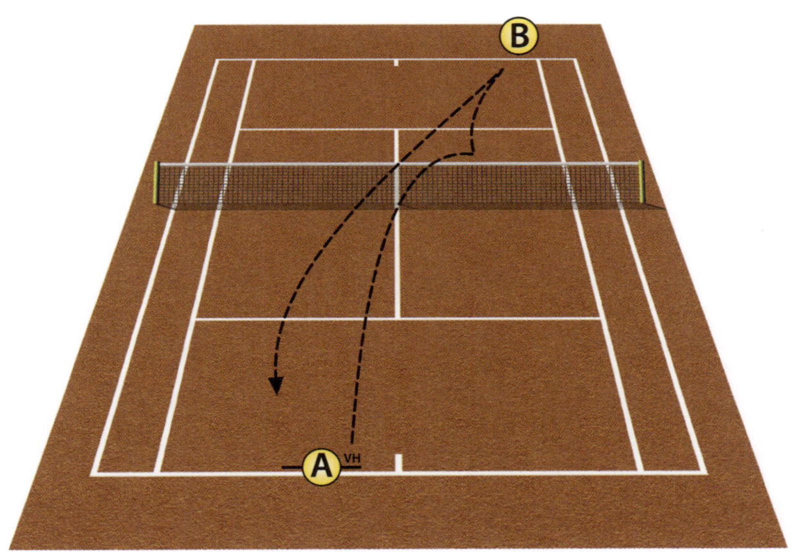

VH	RH	Vo	Sm	As	Rt	oT	2S	3S	4S

Anspruch:	●●●
Intensität:	●●
Anzahl Spieler:	2 oder 4
Dauer:	ca. 30 Min.
Zählweise:	Normale Zählweise, eventuell »Sudden Death«.

Ziel
solider Return auf einen besonders schwachen (zweiten) Aufschlag.

Beschreibung
2 Spieler spielen einen Satz. Es wird normal gezählt. Beide Spieler dürfen nur von unten aufschlagen.

Variationen
1.) Aufschläger hat nur einen Aufschlag.
2.) Aufschläger verliert bei Doppelfehler (von unten) sofort das Spiel.
3.) Returnspieler verliert bei zweitem Returnfehler das Spiel.

Anmerkungen
Diese Übung beschäftigt sich mit einem Schlag, der im Club- und Hobbytennis besonders gefürchtet ist: dem »Gurkenaufschlag« oder »Einwurf«. Er kommt im Jugendtennis und im Aktiventennis der niedrigeren Klassen häufig vor (bei Damen sicher öfter als bei Herren) und stellt den Retournierenden oft vor große Probleme. Man muss den Spielern klar machen, dass es bei der Übung um den Umgang mit dieser schwierigen Situation geht. Die Regeln unter »Variationen« sollen dafür sorgen, dass der Aufschläger keine Trickbälle probiert (1 und 2) und den Returnspieler dazu anhalten, den Rückschlag konzentriert zu spielen. Spieler auffordern, den Return auf dem höchsten Punkt zu nehmen und dem »Einwurf« entgegen zu gehen. Die Übung lädt zu Spielerei ein, sollte aber ernsthaft durchgeführt werden, denn das nächste Match und die nächsten »Einwürfe« kommen bestimmt. Die Übung ist stark taktisch geprägt.

Serve and Volley light

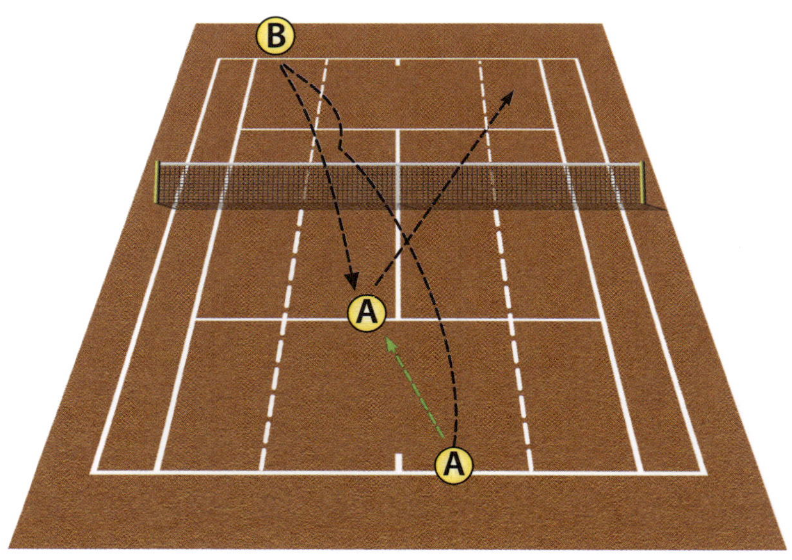

VH	RH	Vo	Sm	As	Rt	oT	2S	3S	4S

Anspruch:	●●●●
Intensität:	●●
Anzahl Spieler:	2 oder 4
Dauer:	ca. 30 Min.
Zählweise:	Satz bis 3 oder 4, »Sudden Death«-Regel (entscheidender Punkt bei 40:40, Returnspieler bestimmt die Seite), Halbfinale und Finale spielen.
Hilfsmittel:	Linienmarkierungen.

Ziel

Serve and Volley als Spielmöglichkeit auch für GL-Spieler erfahren, Return bei angreifendem Spieler trainieren.

Beschreibung

2 Spieler tragen ein Match gegeneinander aus. Auf jeder Seite wird im Einzelfeld ein sogenannter Return-Korridor markiert (siehe Grafik), in den der Return platziert werden muss. Der Aufschläger hat dadurch beste Chancen, einen Volley spielen zu können.

Variationen

Größe des Korridors oder Trichters an Volleyspielfähigkeit und Aufschlagqualität anpassen.

Anmerkungen

Da Serve and Volley mit Ansage kaum erfolgversprechend ist, hier die »Light«-Version mit Korridor, um es überhaupt trainieren zu können. Den Aufschläger zu hoher Quote beim ersten Aufschlag anhalten, Returnspieler soll lernen, dem Angreifer in die Füße zu spielen.

Chip and Charge

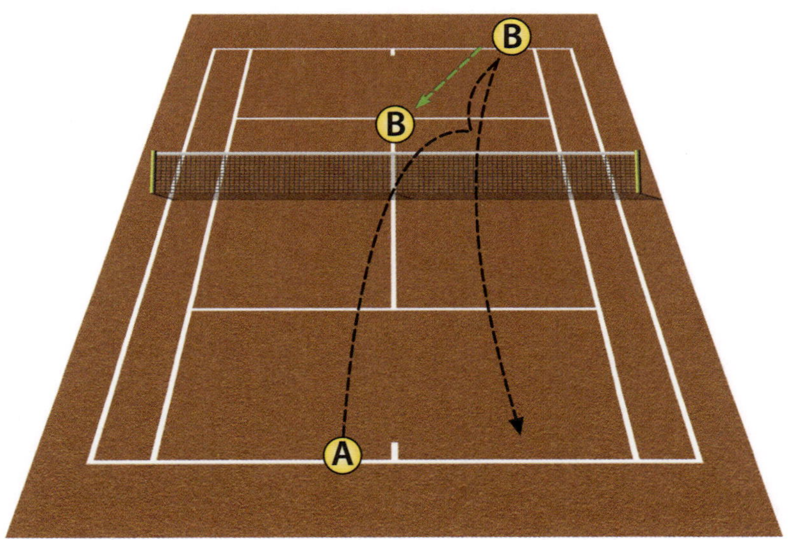

VH	RH	Vo	Sm	As	Rt	oT	2S	3S	4S

Anspruch:	●●●●
Intensität:	●●
Anzahl Spieler:	2 oder 4
Dauer:	ca. 30 Min.
Zählweise:	Satz bis 3 oder 4, »Sudden Death«-Regel (entscheidender Punkt bei 40:40, Returnspieler bestimmt die Seite), Halbfinale und Finale spielen.

Ziel

Aufschläger: solider zweiter Aufschlag, um den Return-Angriff möglichst zu erschweren, Konzentration auf den nächsten Ball aus der Defensive. Returnspieler: offensiv denken und offensiv handeln beim Return, den Ball so früh wie möglich nehmen.

Beschreibung

2 Spieler tragen ein Match gegeneinander aus. Der Aufschläger hat nur einen (»zweiten«) Aufschlag. Der Returnspieler muss mit dem Return ans Netz aufrücken, wenn er eine Chance haben will, den Punkt zu machen. Bleibt er (ausnahmsweise) hinten, kann er nur den Punkt des Aufschlägers verhindern, selbst aber keinen machen (dann wird der Punkt wiederholt).

Variation

Returnspieler darf nicht zweimal nacheinander hinten bleiben.

Anmerkungen

Den Aufschläger davon abhalten, mit dem Aufschlag zu »zocken«. Er soll solide aufschlagen und sich sofort für den Passierball in Position bringen. Den Returnspieler dazu bringen, den Aufschlag im Aufsteigen zu nehmen, am besten geblockt oder als Slice (»Chip«) und voll in den Ball zu gehen, um sofort ans Netz folgen zu können (»Charge«). Es wird von einigen Spielern das Argument kommen »aber das mach' ich doch nie ...«. Sie müssen jedoch verstehen, dass damit realistische Matchsituationen trainiert werden (Aufschläger: Gegendruck, Returnspieler: offensiver Return). Übung mit starken taktischen Elementen.

Drei Aufschläge

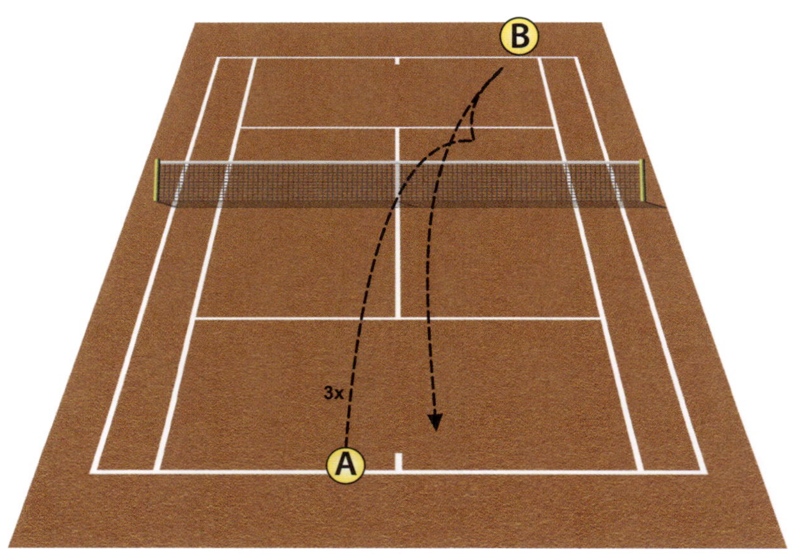

VH	RH	Vo	Sm	As	Rt	oT	2S	3S	4S

Anspruch: ●●●

Intensität: ●●

Anzahl Spieler: 2 oder 4

Dauer: ca. 30 Min.

Zählweise: Satz bis 3 oder 4, »Sudden Death«-Regel (entscheidender Punkt bei 40:40, Returnspieler bestimmt die Seite), Halbfinale und Finale spielen.

Ziel
Ersten und zweiten Aufschlag bewusst einsetzen, Risikokalkulation.

Beschreibung
2 Spieler tragen ein Match gegeneinander aus. Wenn der Aufschläger keinen zweiten Aufschlag benötigt, hat er beim nächsten Punkt einen Aufschlagfehler frei (Joker), also drei Aufschläge zur Verfügung. Die Joker können nicht gesammelt werden, sie gelten immer nur für den nächsten Punkt.

Variation
Es gibt nur dann einen Joker, wenn der Aufschläger mit dem ersten Aufschlag den Punkt macht (für sehr gute Spieler).

Anmerkungen
Der Aufschläger soll seine Aufschlagvariante sorgfältig planen und bewusst zwischen riskanten und sicheren Aufschlägen variieren. Übung mit starken taktischen Elementen.

Aufschlag ansagen

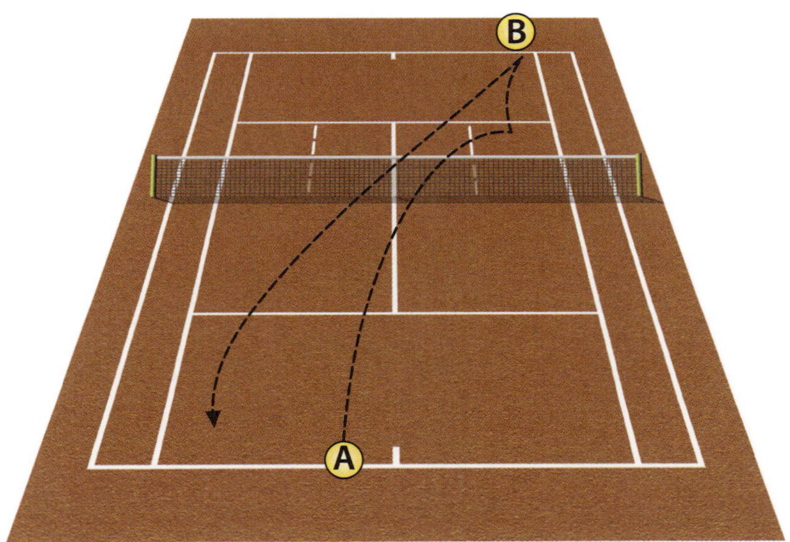

VH	RH	Vo	Sm	As	Rt	oT	2S	3S	4S

Anspruch:	●●●●
Intensität:	●●
Anzahl Spieler:	2 oder 4
Dauer:	ca. 30 Min.
Zählweise:	Satz bis 3 oder 4, »Sudden Death«-Regel (entscheidender Punkt bei 40:40, Returnspieler bestimmt die Seite), Halbfinale und Finale spielen.
Hilfsmittel:	Linienmarkierung im Aufschlagfeld.

Ziel

Solide und gezielt aufschlagen, Spielfortsetzung sorgfältig planen, beide Spieler konzentrieren sich voll auf den Eröffnungsschlag.

Beschreibung

2 Spieler tragen ein Match gegeneinander aus. Die Aufschlagfelder sind in VH- und RH-Seite aufgeteilt (halbiert). Der Aufschläger muss vor jedem Aufschlag die Zielzone benennen, in die er den Ball platziert. Nur dann wird der Punkt ausgespielt. In jedem Aufschlagspiel hat der Aufschläger zwei Joker, d. h. die ersten beiden Male, wenn der Ball *nicht* in der Zielzone aufspringt, wird der Punkt trotzdem ausgespielt.

Variationen

1.) Zielzonenansage gilt nur für den ersten Aufschlag (schwächere Aufschläger).
2.) Nur ein Joker (starke Aufschläger).

Anmerkungen

Der Aufschläger soll seine Aufschlagvariante sorgfältig planen und sich über die Konsequenzen (Fortsetzung des Ballwechsels) Gedanken machen. Die Joker-Regel sorgt dafür, dass der Returnspieler nicht zu sicher ist, wohin der Aufschlag geht. Der gute Aufschläger wird im richtigen Moment »lügen«, der unsichere Aufschläger hat zwei freie »Fehlschüsse«. Taktische Übung.

Spieleröffnung auf Rückhand

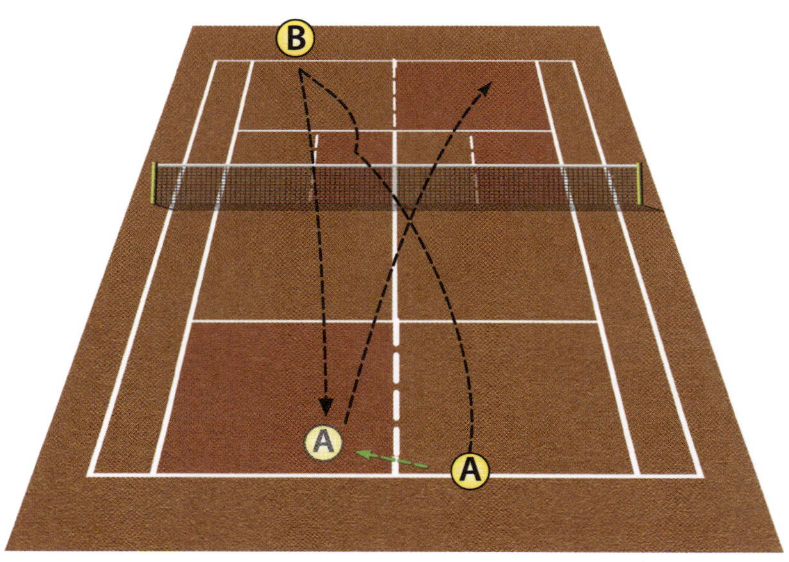

VH	RH	Vo	Sm	As	Rt	oT	2S	3S	4S

Anspruch:	●●●
Intensität:	●●
Anzahl Spieler:	2-4
Dauer:	Je nach Spieleranzahl 15-30 Minuten.
Zählweise:	Satz bis 11, nur einer schlägt auf, Hin- und Rückspiel (Aufschlagrecht wechselt).
Hilfsmittel:	Linienmarkierungen.

Ziel

Geplante Spieleröffnung bewusst durchführen.

Beschreibung

3 Zielzonen mit Linien markieren: eine für den Aufschlag (RH-Ecke des Aufschlagfeldes), eine für den Return (RH-Seite des Aufschlägers) und eine für den Folgeschlag des Aufschlägers (RH-Seite des Returnspielers). Der Punkt wird so ausgespielt, dass jeder Spieler für einen Treffer einen Extrapunkt erhält, der Trainer ist Schiedsrichter und entscheidet. Bei korrekter Spieleröffnung (3 Treffer) bekommt der Aufschläger 2 und der Returnspieler 1 Punkt extra. Nach dem ersten erfolgreichen Ballwechsel könnte es also schon 3:1 oder 2:2 stehen.

Variationen

1.) Andere Zielzonen definieren.
2.) Wer den Ballwechsel gewinnt, schlägt auf, bei einem unentschiedenen Ballwechsel (1:1 oder 2:2) oder Niederlage wechselt der Aufschlag.

Anmerkungen

Selbst bei Topspielern ist die Rückhandseite normalerweise die etwas schwächere. Auch deshalb, weil die Platzabdeckung nach einem Return oder Grundschlag weit außerhalb des Feldes schwieriger ist als bei der Vorhand. Die Automatisierung des Schlagens auf die RH-Seite bietet sich also an.

5. Taktisches Training

Übung 169-205

(siehe auch: *Aufschlag-Return-Training Matchübungen, Kindertraining Taktik mit den Jüngsten, Doppeltraining und Mannschaftstraining 2 Plätze Doppel Matchplay*)

Das taktische Training ist aufgegliedert in die Unterkapitel
Einzel-Spielübungen - Übung 169-176
Taktik der Eröffnungsschläge - Übung 177-186
Einzel-Matchübungen - Übung 187-196
Doppel-Spielübungen - Übung 197-200
Doppel-Matchübungen - Übung 201-205

Taktisches Training beginnt da, wo der Schüler kann, aber nicht muss. D. h. im Gegensatz zu Übungen mit (zumindest teilweise) vorbestimmtem Ablauf ist der Spieler in seinen Entscheidungen weitgehend frei. Er soll lernen, die Möglichkeiten und Situationen im Spiel zu beurteilen, um bestimmte taktische Mittel einzusetzen und er soll die Erfolgsaussichten einschätzen lernen. Taktisches Verhalten ist immer an persönliche technische Möglichkeiten und Charaktereigenschaften gebunden. Wer einen sehr guten Aufschlag hat, wird öfter ans Netz vorrücken können als jemand, der mit diesem Ball nur das nächste Grundlinienduell eröffnet. Ein risikofreudiger Spieler wird sehr viel aggressiver agieren als der eher zurückhaltende und geduldige Mensch.

Ein Trainer muss auf diese Voraussetzungen natürlich Rücksicht nehmen, sollte aber immer dem Spieler auch taktische Möglichkeiten aufzeigen und anbieten – und sie ausprobieren lassen –, die nicht unbedingt den Vorlieben des Spielers entsprechen.

Eine Mahnung sei vorangestellt: Bei aller Liebe zu ausgeklügelten Strategieplänen sollte man eines nicht vergessen – drei von vier Punkten auf »Normalspielerniveau« entstehen durch Fehler. Folglich lautet das wirkungsvollste taktische Verhalten im Einzel (zum Doppel kommen wir noch) »Fehler vermeiden«. Grundsätzlich sollte ein Spieler versuchen, ein Match mit seinen Stärken zu gewinnen, nicht mit Schlägen, die er unter Druck ohnehin nicht beherrscht.

Die effektivste Methode, taktische Verhaltensweisen zu vermitteln, ist es, Anreize in Form von Extrapunkten für bestimmte Spielzüge zu setzen. Beispiel: Wer den Ballwechsel mit einem Volley gewinnt, bekommt zwei Punkte. Taktik trainiert man grundsätzlich in Wettkampfform, wobei natürlich vorbereitende Übungen, in denen die entsprechenden Spielzüge trainiert werden, auch einen taktischen Hintergrund haben. Wenn z. B. eine Übung durchgeführt wird, bei der der Schüler aus dem Halbfeld Vorhand longline angreifen soll, ist das ein Training für die taktisch sehr kluge Entscheidung, den Gegner auf der vermeintlich schwächeren Passierballseite, nämlich der Rückhand, anzugreifen. So gesehen haben fast alle Trainingsformen auch einen taktischen Bestandteil, genau wie jede Übung im Tennis technische Elemente beinhaltet. Die Übergänge sind fließend, aber wie bereits ausgeführt fängt das eigentliche taktische Training mit der *freien Anwendung* der Spielzüge und der entsprechenden Erfolgskontrolle an.

Die erste Aufgabe des Trainers ist das Besprechen und Aufzeigen von taktischen Varianten. Wie oben angedeutet sollte der Grundstock bereits im »normalen« Training gelegt werden, in dem der Trainer dem Spieler schon erklärt hat, *warum* bestimmte Spielzüge oder Verhaltensweisen trainiert werden. Beispiele dafür sind Trainingsformen, bei denen die Rückhand umlaufen wird (um aggressiver von der GL zu spielen) oder Aufschlagtraining mit Zielen auf der Rückhandseite des Gegners (um den schwächeren Return zu erzwingen) oder die bereits erwähnte Angriffsübung auf die Rückhandseite des Gegners.

Im taktischen Anwendungstraining kennt der Spieler bereits bestimmte Möglichkeiten, soll aber frei entscheiden, zu welchem Zeitpunkt es sinnvoll ist, sie einzusetzen.

Die vier Ebenen der Taktik

In einer komplexen Spielsituation steht der Spieler vor taktischen Entscheidungen auf verschiedenen Ebenen.

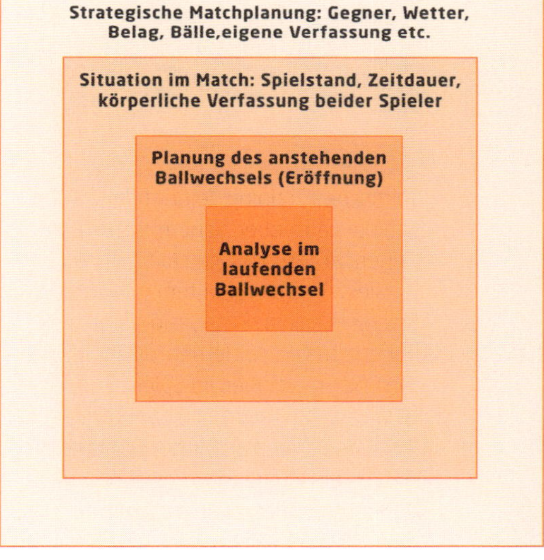

Er muss zunächst einmal sehr kurzfristig jede Schlagsituation analysieren und entscheiden, wie er reagiert. Beispiel: Antworte ich auf den hohen Topspin mit ebenfalls einem Topspin oder setze ich einen Slice ein? Ist der Ball kurz genug, um anzugreifen oder nicht? Diese ***aktuelle Analyse***, die während des Ballwechsels abläuft, kann ein Spieler nur dann bewältigen, wenn er sich mental unter Kontrolle hat und sich geistig nicht mit anderen Dingen beschäftigt wie Ärger, Frustration oder Angst (siehe dazu auch das nächste Kapitel »Mentales Training«). Jeder Rückschlag beinhaltet also idealerweise eine spontane Entscheidung für ein bestimmtes taktisches Verhalten in dieser Schlagsituation, gefolgt von der Analyse des Erfolges der jeweiligen Entscheidung (was wiederum das weitere Verhalten beeinflusst).

Dem übergeordnet sollte die ***vorausgehende Planung*** für den anstehenden Punkt sein. Beispiel: Der Spieler ist Aufschläger und nimmt sich bei der Vorbereitung auf den nächsten Punkt vor, nach einem guten ersten Aufschlag die Vorhand einzusetzen, um den Gegner unter Druck zu setzen und einen kurzen Ball zu erzwingen. Umgekehrt wird der Returnspieler vielleicht planen, möglichst lang und auf die schwächere Seite des Gegners zu retournieren. Ein konzentrierter Spieler wird jedem Punkt eine solche Planung vorausgehen lassen. Ob die Umsetzung letztendlich gelingt oder nicht, ist in diesem Zusammenhang nicht das Entscheidende, wichtig ist die taktische Konditionierung und die absolute Konzentration auf das Spiel (siehe dazu »Taktik der Eröffnungsschläge«, Übung Nr. 177–186).

Noch über dieser Ebene der Planung für den nächsten Punkt liegt die ***taktische Einschätzung der Situation im Match***. Ein erfahrener Spieler wird sich nicht immer absolut gleich verhalten, sondern seine Marschroute variabel gestalten, je nach Gegner oder Spielstand. Beispiel: Bei 40:0 und eigenem Aufschlag beide Aufschläge etwas riskanter zu spielen ist sicher sinnvoller, als das gleiche bei Vorteil Rückschläger zu versuchen. Oder, wenn der Gegner Anzeichen von Ermüdung zeigt, machen Stopps im richtigen Moment sehr viel mehr Sinn als gegen einen frischen Dauerläufer.

Und über allem, sozusagen als Rahmen für die angesprochenen taktischen Ebenen steht die zu Grunde liegende ***Strategie, die ein guter Spieler vor dem Wettkampf*** plant. Sie ist abhängig von den eigenen Fähigkeiten (Stärken ausspielen!) und – die Kenntnis darüber vorausgesetzt – den Fähigkeiten des Gegners. Beispiel: Ich weiß, der andere ist geduldig, spielt gerne ewig lange Ballwechsel, um den Gegner zu ermüden und hat eine etwas schwächere Rückhand. Also nehme ich mir als Masterplan vor, über seine Rückhand kurze Bälle zu erzwingen und konsequent aufzurücken, um die Ballwechsel zu verkürzen. Voraussetzung ist in diesem Fall natürlich, dass ich Vertrauen in mein eigenes Angriffsspiel habe. Bei sehr erfahrenen Turnierspielern sind weitere äußere Faktoren (Bodenbelag, Wetter etc.) für deren strategische Planung relevant.

Grundsätzliche taktische Verhaltensweisen

Einfach gesagt gibt es eigentlich nur zwei taktische Grundanlagen auf dem Platz: eher offensiv oder eher defensiv-abwartend (und dazwischen sehr viele Mischformen). Dieses Verhalten hängt einerseits sehr mit dem Charakter des jeweiligen Spielers zusammen: Will er eher das Heft in die Hand nehmen und das Geschehen bestimmen oder ist er eher einer, der abwartet und erst einmal schaut und darauf reagiert, was der andere macht. Andererseits bestimmen natürlich die spielerischen Fähigkeiten und die daraus resultierende »Kompetenzerwartung« des Spielers (s. dazu auch Ausführungen Kap. 13: »Schaltjahr«), was auf dem Platz möglich ist: Ein eher aktiver Spieler braucht gute Aufschläge, eine druckvolle Vorhand und einen sicheren Volley, der abwartende Spieler gute Beine und sichere Grundschläge. Ideal ist, wenn man alles hat und entsprechend einsetzen kann, aber auch dann wird sich eine bestimmte Grundeinstellung (offensiv/defensiv) durchsetzen. Beim Training taktischer Verhaltensweisen im Grundlinienspiel geht es eigentlich immer um diesen Unterschied zwischen aktivem (Druck mit der VH, Aufrücken ans Netz etc.) und eher abwartendem Spiel und richtigen Einsatz zum richtigen Zeitpunkt.

Taktik der Eröffnungsschläge (Übungen 177-186)

Viele Spieler auf Club- und Hobbyniveau vernachlässigen dieses extrem wichtige Element der Matchführung. Aufschläger und Returnspieler beschäftigen sich mit allem möglichen, aber nicht mit dem bevorstehenden Schlag, der den nächsten Ballwechsel eröffnet und in vielen Fällen bereits punktentscheidend ist. Und wenn, dann sind die Gedanken oft negativ wie »hoffentlich kein Doppelfehler ...« oder »den Return verschlage ich sowieso ...«. Die Übungen 177 bis 186 (»Taktik der Eröffnungsschläge«) beschäftigen sich intensiv mit dieser Thematik. Auch die Übungen 162 bis 168 des vorherigen Kapitels (**Matchübungen Eröffnungsschläge**) trainieren das richtige Verhalten in dieser speziellen Situation. Es gibt kaum eine Komponente des Wettkampfs, in der ein fortgeschrittener und ambitionierter Spieler sich mit den richtigen Übungen schneller verbessern kann als in diesem auch das mentale Training (»Konzentration«) betreffenden Bereich (siehe auch Übung 366; Startplan).

Eine Warnung zu den folgenden Übungen sei vorher ausgesprochen: Einige Spieler reagieren auf »Zusatzregeln«, die bestimmte taktische Verhaltensweisen in matchähnlichen Situationen schulen sollen, zunächst einmal gestresst. Sie müssen plötzlich nachdenken und planen und werden vor Entscheidungen gestellt, was sie tun wollen. Zusätzlich müssen sie aufmerksam mitzählen. Alles Dinge, die manche Spieler in ihren immer gleich ablaufenden Matches nie tun, weil sie im Prinzip nur mit den Defiziten ihres eigenen Spiels beschäftigt sind. Als Trainer erkennen Sie daran den eher misserfolgsorientierten und ängstlichen Spieler (siehe dazu auch die Ausführungen zu den Spielertypen in Kap. 6 »Mentales Training«). Gerade diese Gruppe von Spielern kann von taktischem, mentalem und Konzentrationstraining am meisten profitieren!

Doppeltraining ist Taktiktraining

Sind die taktischen Möglichkeiten im Einzel stark vom Niveau und den technischen Möglichkeiten der Spieler abhängig, spielt die Taktik im Doppel eine viel größere, vielleicht sogar die entscheidende Rolle, und zwar auf jedem Spielniveau. Das fängt schon mit der Aufstellung vor Beginn des Ballwechsels an, bei der sich die Spieler bewusst machen sollten, was sie beim nächsten Punkt vorhaben. Nicht umsonst sprechen sich Spitzendoppel permanent untereinander ab. Doppeltraining in jeder Form hat also grundsätzlich einen viel größeren taktischen Inhalt als die meisten Einzeltrainingsübungen. Die Positionen der Spieler vor und während des Ballwechsels bestimmen, wohin der Ball gespielt werden sollte und wohin nicht, und der Trainer sollte ständig bemüht sein, mit den Schülern über das Positionsspiel und die zugrundeliegenden Absichten und Möglichkeiten zu sprechen. Beide Seiten, sowohl die Aufschläger als auch die Retournierenden, können zwischen eher defensiven oder eher offensiven Aufstellungsvarianten wählen. Die Aufschläger haben noch zusätzlich die Wahl, auf welcher Seite sich der freie Spieler positioniert.

Das Taktiktraining im Doppel sieht üblicherweise so aus, dass man eine bestimmte Aufstellung und die Möglichkeiten, die sich daraus ergeben, bespricht und die Situationen durchspielt. Die Spielzüge sind viel mehr vorherbestimmt als im taktischen Einzeltraining, da vier Spieler die Räume sehr viel enger machen als zwei Einzelspieler, die nach Aufschlag und Return das ganze freie Feld vor sich haben. Auch dem taktischen Doppeltraining liegen natürlich Übungen zugrunde, in denen die Spielzüge und Schläge, die man zur Durchführung einer taktischen Absicht braucht, ausgiebig trainiert wurden. Beispiel: Die Übung »Netz gegen Grundlinie« (Kap. 10: Doppeltraining, Übung 292) bereitet die Doppelpaarung auf die Situation vor, die entsteht, wenn das aufschlagende Paar gemeinsam ans Netz vorrückt. Es gilt hier noch mehr das, was bereits für das Einzeltraining festgestellt wurde: Praktisch jede Doppelübung hat auch einen taktischen Bestandteil.

Viele weitere und sehr intensive Doppelübungen sind in Kapitel 10: »Doppeltraining« zu finden, außerdem in den durch bestimmte Zählweisen stark taktisch geprägte Doppel-Match-Übungen im Kapitel 11: »Mannschaftstraining - Zwei Plätze, Doppel-Matchplay«.

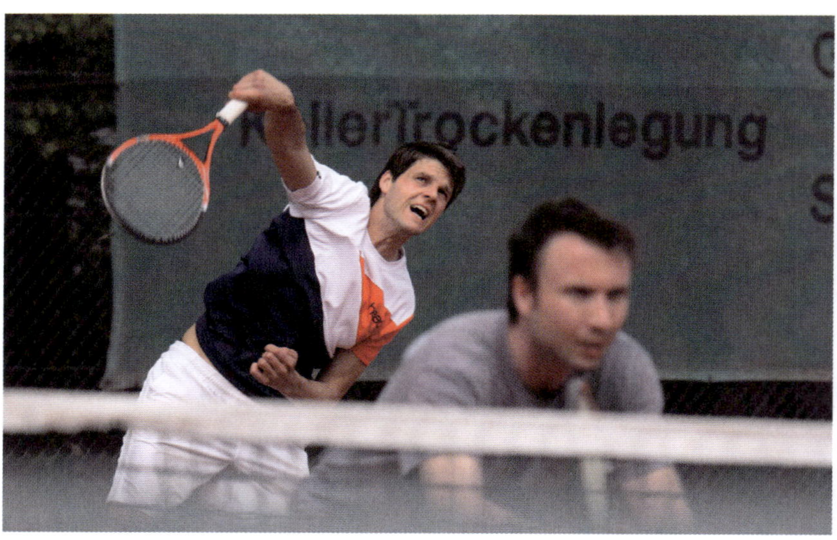

Rückhand verliert

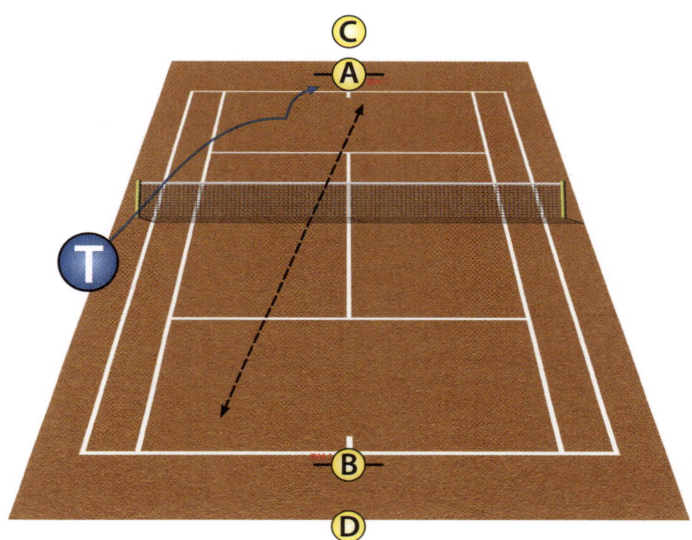

VH	RH	Vo	Sm	As	Rt	oT	2S	3S	4S

Anspruch:	
Intensität:	
Anzahl Spieler:	4 (2)
Dauer:	ca. 20 Min.
Zählweise:	Satz bis 7, 9 oder 11, jeder gegen jeden.

Ziel

Gegner zu RH zwingen, eigenes Spiel auf die schwächere Seite des Gegners ausrichten.

Beschreibung

Trainerzuspiel auf A, A und B spielen Punkte von der GL aus. Ein Spieler gewinnt den Punkt auf herkömmliche Weise und bekommt einen Zusatzpunkt, wenn der Gegner zum dritten Mal RH spielt (spielen muss). Nach 3 gespielten Bällen wechseln A und B die Seiten. C gegen D sind an der Reihe, spielen ebenfalls 3 Punkte aus und wechseln die Seiten.

Anmerkungen

Spiel soll auf die RH-Seite des Gegners ausgerichtet sein (VH-Inside-Out, RH-Cross). Mit 3 Spielern 2 gegen 1 spielen.

Vorhand gewinnt

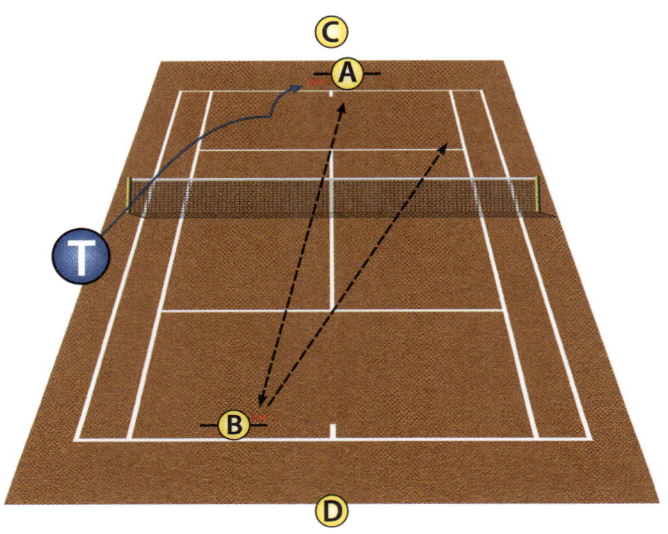

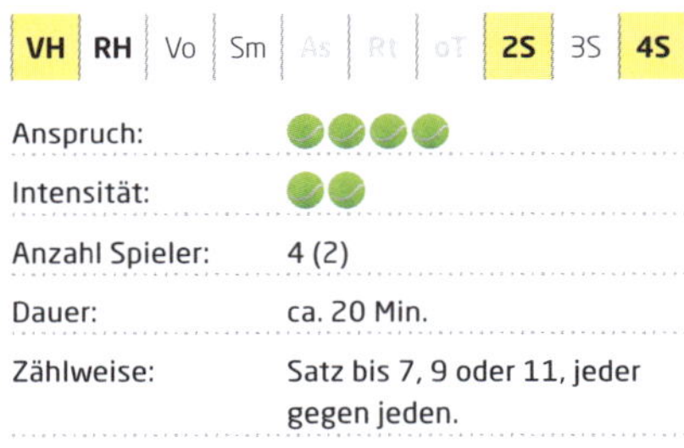

VH	RH	Vo	Sm	As	Rt	oT	2S	3S	4S

Anspruch:	●●●●
Intensität:	●●
Anzahl Spieler:	4 (2)
Dauer:	ca. 20 Min.
Zählweise:	Satz bis 7, 9 oder 11, jeder gegen jeden.

Ziel

Gegner auf RH halten, eigene VH aggressiv einsetzen, RH umlaufen.

Beschreibung

Trainerzuspiel auf RH von A, A und B spielen Punkte von der GL aus. Ein Spieler gewinnt den Punkt auf herkömmliche Weise und bekommt einen Zusatzpunkt, wenn er den Ballwechsel mit einem Vorhandschlag beendet (Winner oder Ball kommt nicht zurück). Nach 3 gespielten Bällen wechseln A und B die Seiten. C gegen D sind an der Reihe, spielen ebenfalls 3 Punkte aus und wechseln die Seiten.

Anmerkungen

Spieler sollen versuchen, möglichst oft die VH mit Druck einzusetzen. Und genau wie in der Übung zuvor, muss das Spiel auf die Rückhand des Gegners ausgerichtet sein, um die druckvolle Vorhand zu verhindern! Mit 3 Spielern 2 gegen 1 spielen.

Rückhand-Duell

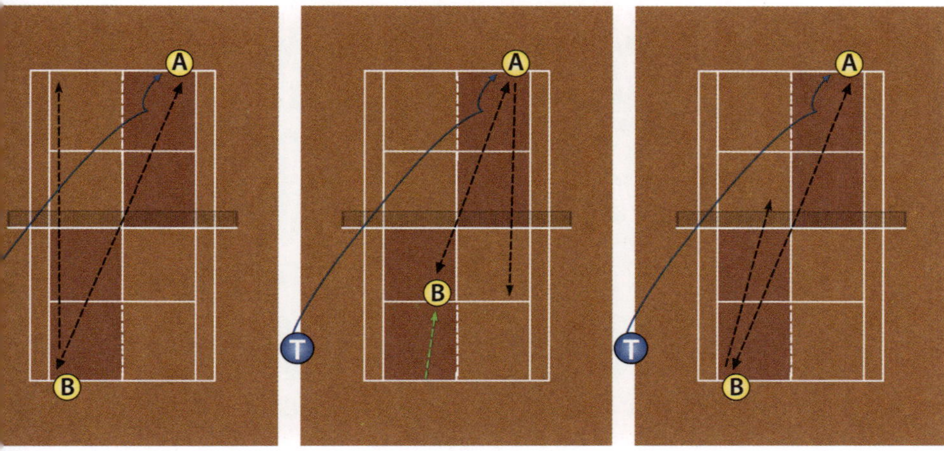

RH-LL-Winner oder VH ... ... aufrücken ans Netz ... ... Stopp spielen

VH	RH	Vo	Sm	As	Rt	oT	2S	3S	4S

Anspruch:	●●●●
Intensität:	●●
Anzahl Spieler:	4 (2)
Dauer:	ca. 20 Min.
Zählweise:	Satz bis 7, 9 oder 11, jeder gegen jeden.
Hilfsmittel:	Linienmarkierungen.

Ziel

Ballwechsel über RH-Seite kontrollieren, im richtigen Moment offensiv werden, Gegner beobachten, peripheres Sehen.

Beschreibung

Trainerzuspiel auf RH von A, A und B spielen ein RH-Duell von der GL aus. Die Crossfelder sind markiert (halbes Feld). Der Ballwechsel wird mit folgenden taktischen Optionen »offen« (d. h. das ganze Feld zählt):

1.) Einer der Spieler umläuft die RH und spielt VH (egal wohin, Schlag ist frei).
2.) Einer der Spieler spielt RH longline und macht einen freien Punkt (Ball darf nicht zurückkommen).
3.) Einer der Spieler rückt mit RH cross ans Netz (der Passierball ist dann frei).
4.) Einer der Spieler spielt einen RH-Stopp (der Stopp ist bereits frei). Es werden 3 Punkte gespielt, dann sind C gegen D an der Reihe, spielen ebenfalls 3 Punkte aus und wechseln die Seiten.

Variationen

1.) Jeder muss 2 oder mehr RH cross spielen, bevor variiert werden darf.
2.) Spiel mit 3 Spielern in der Form 2 gegen 1 möglich.
3.) Selbstanspiel möglich.

Anmerkungen

Sehr realistische Situation, in der beide Spieler zunächst abwartend agieren (RH cross), dann aber den Ballwechsel übernehmen und entscheiden wollen, nur mit guten Spielern durchführbar.

Offensiv - Defensiv

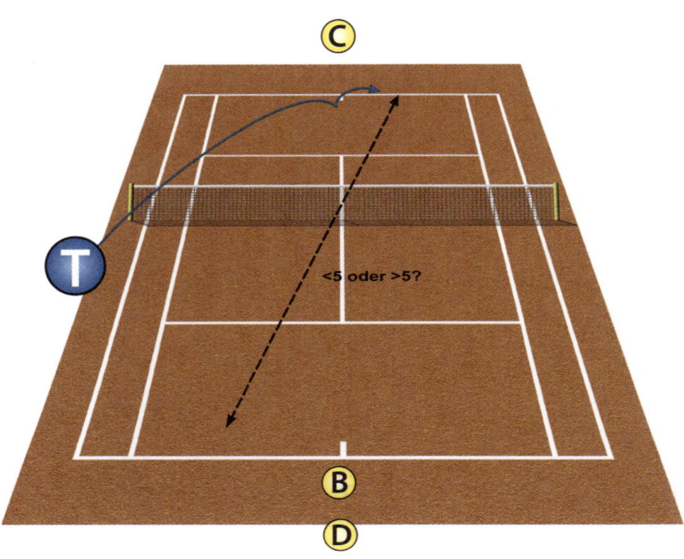

VH	RH	Vo	Sm	As	Rt	oT	2S	3S	4S

Anspruch:	●●●●
Intensität:	●●●
Anzahl Spieler:	4 (2)
Dauer:	3 Durchgänge, jeder gegen jeden.
Zählweise:	Satz bis 7, 9 oder 11.

Ziel

Die beiden grundlegenden taktischen Verhaltensweisen durchspielen.

Beschreibung

A und B spielen Punkte von der GL aus. A hat die Aufgabe, aggressiv zu spielen, B soll abwartend agieren. Der Trainer spielt A auf der RH an. Ist der Ballwechsel mit 5 oder weniger Schlägen zugunsten von A beendet (d. h. A muss spätestens mit dem dritten Schlag »punkten«), gewinnt dieser zwei Punkte. Dauert der Ballwechsel länger, gibt es einen Punkt. B bekommt bei einem Ballwechsel mit 5 Schlägen oder weniger bei Gewinn einen Punkt, bei einem längeren Ballwechsel zwei Punkte. Nach 5 gespielten Punkten wechseln A und B die Seiten, in der nächsten Runde wechseln die Aufgaben. C gegen D sind an der Reihe, spielen ebenfalls 5 Punkte aus und wechseln die Seiten.

Variationen

Selbständiges Anspiel aus der Hand (soll fair sein, es gilt, wenn der Rückschläger den Ball akzeptiert, d. h. versucht zurück zu schlagen). Es schlägt der Defensivspieler an, das Anspiel zählt nicht zum Ballwechsel.

Anmerkungen

Die Punktevergabe soll A zu aktiverem und B zu mehr abwartendem Spiel bringen.

Taktik Ampel 1

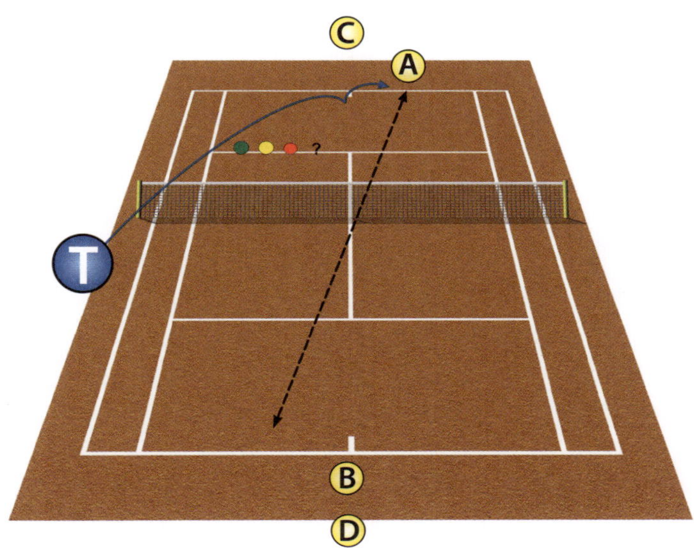

VH	RH	Vo	Sm	As	Rt	oT	2S	3S	4S

Anspruch:	●●●●
Intensität:	●●
Anzahl Spieler:	(2) 4
Dauer:	ca. 20 Min.
Zählweise:	Jeder gegen jeden bis 11.
Hilfsmittel:	Verschiedenfarbige oder markierte Bälle.

Ziel
Taktische Variationen im Grundlinienspiel.

Beschreibung
Der Trainer hat einen Ballkorb mit Bällen in drei oder mehr verschiedenen Farben, denen zuvor taktische Aufgaben zugeordnet wurden. Beispiel: rot = ans Netz aufrücken, grün = Gegner auf RH halten, gelb = hohe Bälle einstreuen. A und B spielen im Einzelfeld drei Punkte hintereinander aus. Spieler A wird vom Trainer beliebig angespielt. Je nachdem, welchen Farbe er (zufällig) aus dem Korb holt, hat Spieler A eine taktische Aufgabe zu erfüllen. Wenn er sie schafft – Trainer entscheidet – erhält er doppelte Punktzahl, wenn nicht, nur einen. Nach 3 gespielten Bällen wechseln A und B die Seite, C und D spielen währenddessen drei Bälle aus. Dann wieder A und B, B wird jetzt vom Trainer angespielt.

Variationen
1.) Den Farben andere taktische Aufgaben zuordnen.
2.) Mit drei Spielern in der Version zwei gegen eins spielen.

Anmerkungen
Wenn keine verschiedenfarbigen Bälle zur Verfügung stehen, genügt es auch, wenn die Bälle unterschiedlich markiert sind, dann ruft der Trainer beim Anspiel die Aufgabe aus. Da der Gegner die Aufgabe kennt, fällt eine Vorgabe wie »Stopp spielen«, die auf Überraschung basiert, aus.

Taktik Ampel 2

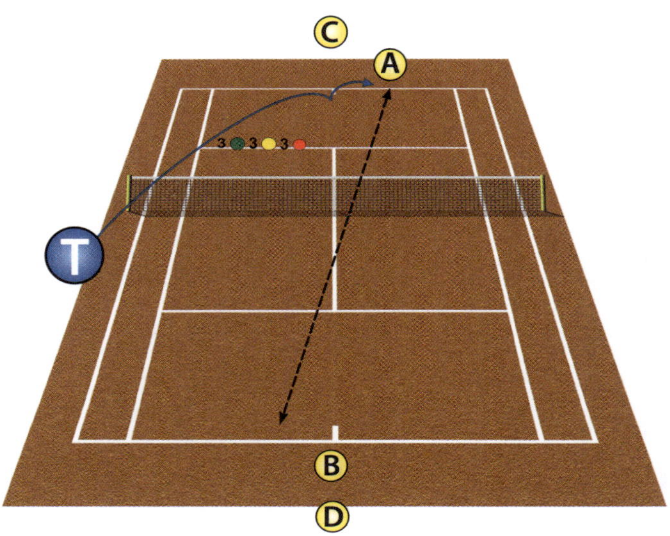

VH	RH	Vo	Sm	As	Rt	oT	2S	3S	4S

Anspruch:	●●●●
Intensität:	●●
Anzahl Spieler:	(2) 4
Dauer:	ca. 20 Min.
Zählweise:	Jeder gegen jeden bis 18.

Ziel
Grundlegenden taktischen Verhaltensweisen bewusst machen und spielen.

Beschreibung
Drei grundsätzliche taktische Verhaltensweisen werden festgelegt: rot = Attacke (offensives Spiel), gelb = Neutral (alles erlaubt), grün = Abwarten (Konterspiel). Der Trainer bringt den Ball ins Spiel und A spielt gegen B drei rote, drei gelbe und drei grüne Bälle. Die Reihenfolge der Farben kann er sich aussuchen. Nach Seitenwechsel spielt B die drei Farben gegen A durch. Der Trainer entscheidet, ob die Aufgabe erfüllt wurde.

Variation
Mit drei Spielern in der Version zwei gegen eins möglich.

Anmerkungen
Der Trainer soll den Ansatz des taktischen Verhaltens bereits honorieren. Einen Punkt bekommt der Spieler auf jeden Fall, wenn der Gegner gleich verschlägt. Es ist wichtig, dass die Spieler mitdenken und die Aufgabe ernst nehmen und nicht z. B. bei grün nur »Mondbälle« spielen.

Poker

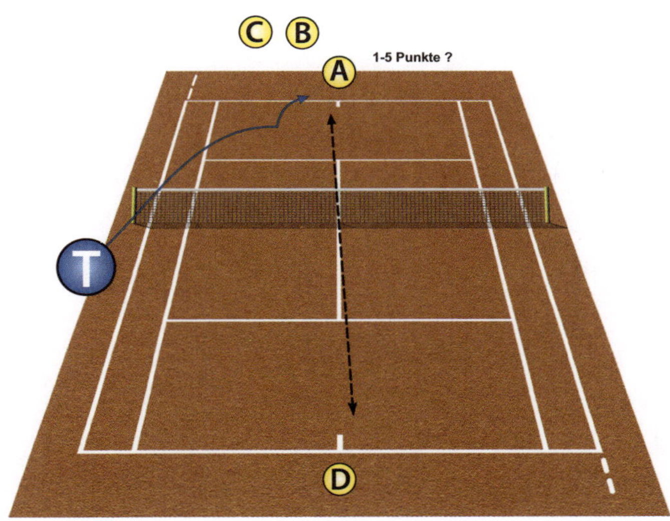

VH	RH	Vo	Sm	As	Rt	oT	2S	3S	4S

Anspruch:	●●
Intensität:	●●
Anzahl Spieler:	3 oder 4
Dauer:	ca. 20 Min.
Zählweise:	Wenn ein Spieler »pleite« ist, gewinnt der, der den größten Pot hat.

Ziel
Unterschiedliches taktisches Verhalten im Grundlinienspiel je nach Wichtigkeit des Ballwechsels.

Beschreibung
Jeder Spieler hat zu Anfang einen Pot von 21 Punkten. A, B und C spielen gegen D auf der »Zockerseite«. D setzt gegen A 1, 2, 3, 4 oder 5 Punkte, der Ball wird ausgespielt. Gewinnt er, kassiert er die Punkte und B ist der nächste Gegner. Gewinnt A (und bekommt die Punkte), wird ein zweiter Punkt ausgespielt. Dieses Mal darf A setzen (1 bis 5 Punkte). Gewinnt A wieder, kassiert er auch diese Punkte und darf auf die »Zockerseite«. Gewinnt D, gehen die Punkte an ihn und B ist der nächste Herausforderer.

Variationen
1.) Traineranspiel oder selbständig.
2.) Wenn ein Spieler unter 11 Punkte übrig hat, darf er Risiko gehen und »All In« spielen, also alles setzen, was er hat.

Anmerkungen
Extrem beliebt bei Kindern und Jugendlichen. Interessant ist das unterschiedliche taktische Verhalten der Spieler je nach Punktzahl.

Unfair

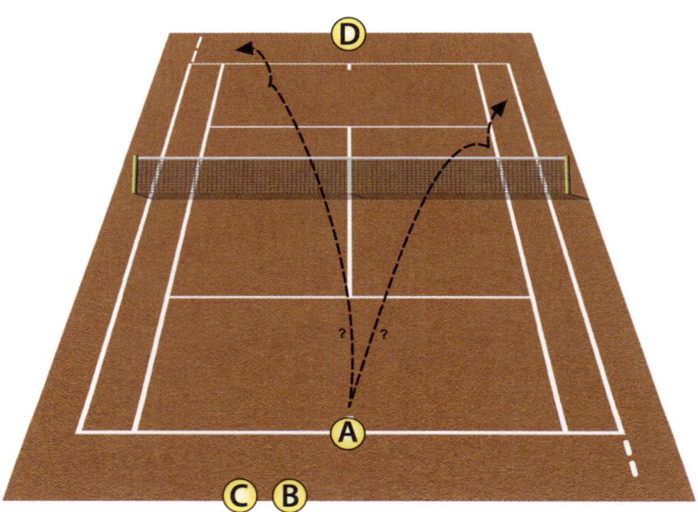

VH	RH	Vo	Sm	As	Rt	oT	2S	3S	4S

Anspruch:	●●●
Intensität:	●●
Anzahl Spieler:	2-4
Dauer:	15-20 Min.
Zählweise:	Satz bis 6, 4 (3) Runden 3 (2) gegen 1.

Ziel

Ballwechsel mit einer schwierigen Eröffnung kontrollieren, einen Plan haben.

Beschreibung

A, B und C spielen gegen D. A hat das Recht, das Spiel mit einem »unfairen« Anspiel aus der Hand von der GL zu eröffnen und sich dadurch einen Vorteil zu verschaffen. Anschließend B, dann C gegen D.

Variation

Bei zwei Spielern Match gegeneinander, wer punktet hat Anschlag.

Anmerkungen

Anspieler muss wie beim normalen Aufschlag warten, bis der Gegner bereit ist. Es ist aus der Hand normalerweise unmöglich so anzuspielen, dass ein direkter Punkt erzielt wird. Übung eignet sich besonders, um Kindern erste taktische Planungen nahe zu bringen.

Auf die Rückhand

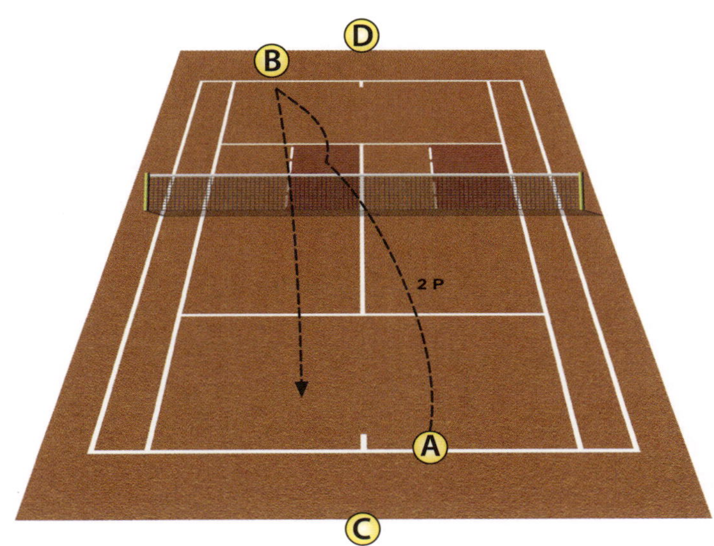

VH	RH	Vo	Sm	As	Rt	oT	2S	3S	4S

Anspruch:	●●●●
Intensität:	●●
Anzahl Spieler:	4 (2)
Dauer:	ca. 20 Min.
Zählweise:	Tiebreak, 3 Durchgänge jeder gegen jeden.
Hilfsmittel:	Linienmarkierungen.

Ziel
Auf die RH des Gegners aufschlagen, Druck aufbauen, Ballwechsel kontrollieren.

Beschreibung
In den Aufschlagfeldern wird die RH-Seite markiert. Wenn der Aufschläger diese trifft (erster oder zweiter Aufschlag), hat er die Chance auf doppelten Punktgewinn. Paarungen A gegen B und C gegen D wechseln nach jedem Punkt ab.

Variationen
1.) Keine Tiebreaks, sondern Sätze bis 3 (dauert länger).
2.) Doppelfehler zählt zwei Punkte für den Returnspieler.
3.) Nur ein Punkt statt zwei, aber der Gegner bekommt gleichzeitig einen Punkt abgezogen.

Anmerkungen
Ein guter Spieler muss in der Lage sein, den Aufschlag jederzeit auf die Rückhand des Gegners zu platzieren. Die RH-Seite ist die schwächere Returnseite und selbst bei Spielern mit hervorragender Rückhand ist die Platzabdeckung nach dem Aufschlag von der Vorteilsseite sehr viel schwieriger als umgekehrt mit der Vorhand auf der Einstandsseite. Für den Aufschläger ist daher ein zweiter Aufschlag von rechts auf die Vorhandseite des Gegners auch ein absolutes No-Go! Ein solcher Aufschlag wäre eine Einladung für einen guten Retournierer. Der zweite Aufschlag durch die Mitte muss trainiert werden bis er sitzt. Aufpassen beim Zählen: Nach doppeltem Punktgewinn stimmt im Tiebreak die Regel »gerade von rechts, ungerade von links« nicht mehr. In Aufschlagspielen kann man einfach noch einmal von der gleichen Seite aufschlagen, um Verwirrung zu vermeiden.

Vorhand einsetzen

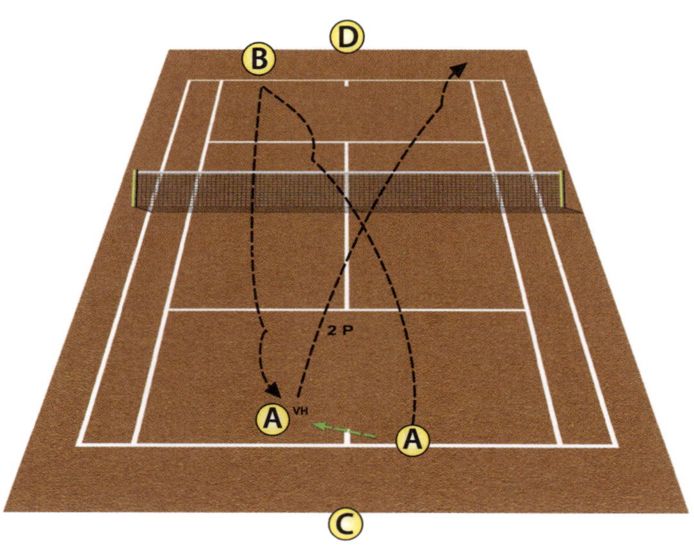

VH	RH	Vo	Sm	As	Rt	oT	2S	3S	4S

Anspruch:	●●●●
Intensität:	●●
Anzahl Spieler:	4 (2)
Dauer:	ca. 20 Min.
Zählweise:	Tiebreak, 3 Durchgänge jeder gegen jeden.

Ziel
Nach druckvollem Aufschlag die VH einsetzen und den Druck verstärken, Ballwechsel kontrollieren.

Beschreibung
Wenn der Aufschläger es schafft, nach dem Aufschlag direkt die VH einzusetzen, hat er die Chance auf doppelten Punktgewinn. Paarungen A gegen B und C gegen D wechseln nach jedem Punkt ab.

Variationen
1.) Keine Tiebreaks, sondern Sätze bis 3 (dauert länger).
2.) Return-Winner zählt auch zwei Punkte, um zu verhindern, dass der Aufschläger die VH-Seite zu weit aufmacht.
3.) Nur ein Punkt statt zwei, aber der Gegner bekommt gleichzeitig einen Punkt abgezogen.

Anmerkungen
Aufpassen beim Zählen: Nach doppeltem Punktgewinn stimmt im Tiebreak die Regel »gerade von rechts, ungerade von links« nicht mehr. In Aufschlagspielen kann man einfach noch einmal von der gleichen Seite aufschlagen, um Verwirrung zu vermeiden.

Vorhand-Return

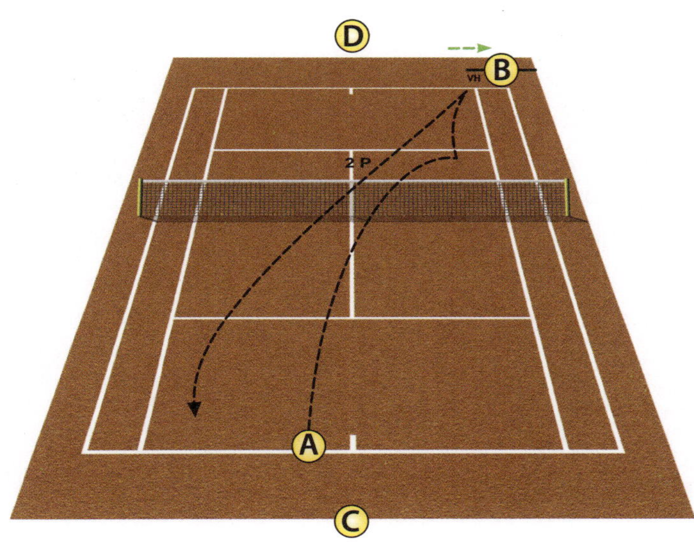

VH	RH	Vo	Sm	As	Rt	oT	2S	3S	4S

Anspruch:	●●●●
Intensität:	●●
Anzahl Spieler:	4 (2)
Dauer:	ca. 20 Min.
Zählweise:	Tiebreak, 3 Durchgänge jeder gegen jeden.

Ziel
Aufschlag des Gegners umlaufen und mit der VH offensiv retournieren, besonders bei zweiten Aufschlägen, Aufschläger versucht auf die Rückhand zu servieren und streut überraschend harte Aufschläge auf die VH ein.

Beschreibung
Wenn der Returnspieler es schafft, mit der VH zu retournieren, hat er die Chance auf doppelten Punktgewinn. Paarungen A gegen B und C gegen D wechseln nach jedem Punkt ab.

Variationen
1.) Keine Tiebreaks, sondern Sätze bis 3 (dauert länger).
2.) Ass zählt auch zwei Punkte, um zu verhindern, dass der Returnspieler die VH-Seite zu weit aufmacht.
3.) Nur ein Punkt statt zwei, aber der Gegner bekommt gleichzeitig einen Punkt abgezogen.

Anmerkungen
Sehr realistisches und matchtypisches Szenario mit klaren Aufgaben für den Eröffnungsball für beide Seiten. Man kann diese Übung sehr einfach mit Übung 177 verbinden: Beide Spieler haben die Chance auf doppelten Punktgewinn. Aufpassen beim Zählen: Nach doppeltem Punktgewinn stimmt im Tiebreak die Regel »gerade von rechts, ungerade von links« nicht mehr. In Aufschlagspielen kann man einfach noch einmal von der gleichen Seite aufschlagen, um Verwirrung zu vermeiden.

Aufschlag offensiv

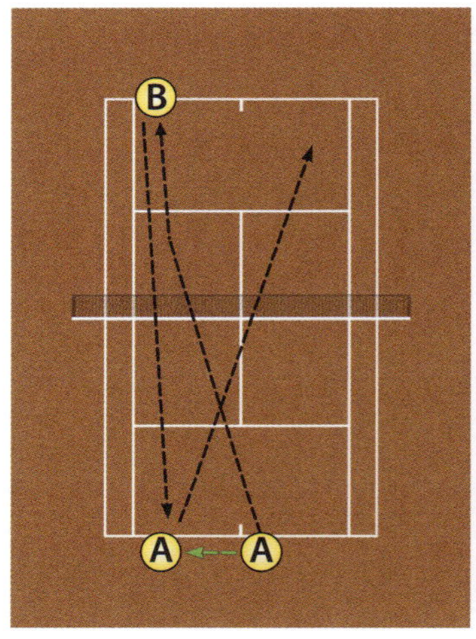

2. Schlag Winner …

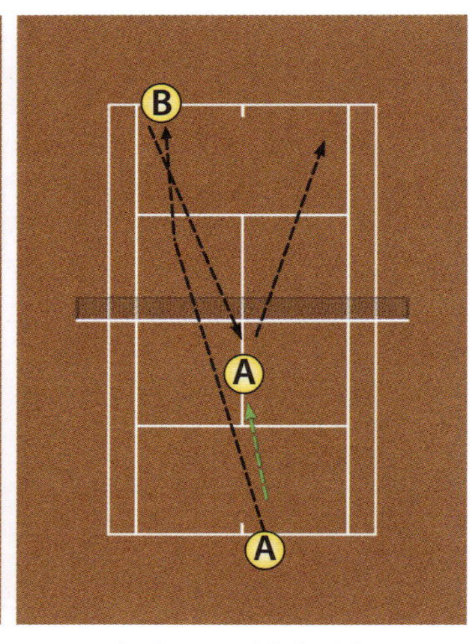

… oder Serve-and-Volley-Winner

VH	RH	Vo	Sm	**As**	Rt	**oT**	**2S**	3S	**4S**

Anspruch:	●●●●
Intensität:	●●
Anzahl Spieler:	4 (2)
Dauer:	ca. 20 Min.
Zählweise:	Tiebreak oder Satz bis 3, 3 Durchgänge jeder gegen jeden.

Ziel

Aufschläger soll offensiv denken und viele erste Aufschläge ins Feld bringen, häufiger Einsatz von Serve-and-Volley.

Beschreibung

Der Aufschläger bekommt einen Extrapunkt, wenn er nur zwei Schläge zum Punktgewinn braucht. Paarungen A gegen B und C gegen D wechseln nach jedem Punkt ab.

Anmerkungen

Die Vorgabe soll den Aufschläger dazu animieren, viele erste Aufschläge ins Feld zu bringen und offensiv zu denken. Ziel ist es, nach einem guten ersten Aufschlag entweder mit dem Folgeschlag von der Grundlinie den Punkt zu machen oder direkt Serve-and-Volley zu spielen. Übung macht nur Sinn mit guten Aufschlägern.

Aufschlag und drei

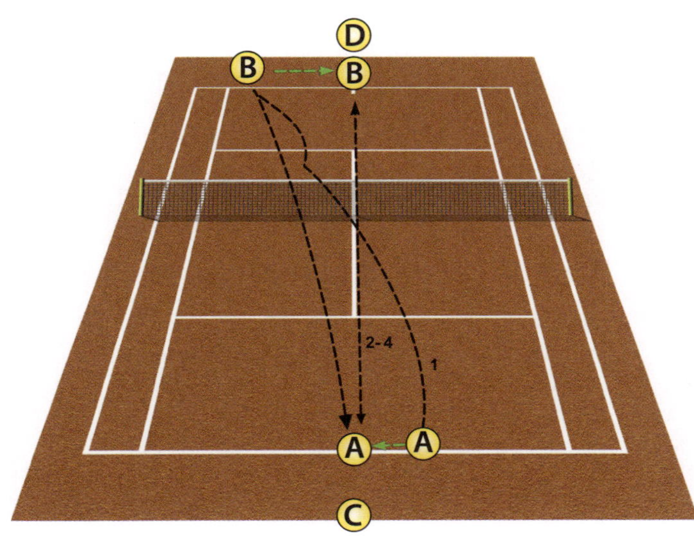

VH	RH	Vo	Sm	As	Rt	oT	2S	3S	4S

Anspruch:	●●●●
Intensität:	●●
Anzahl Spieler:	4 (2)
Dauer:	ca. 20 Min.
Zählweise:	Sätze bis 3, bei Einstand entscheidender Punkt (»Sudden Death«) oder Tiebreaks.

Ziel
Ähnliche Übung wie zuvor, Aufschläger soll offensiv denken und viele erste Aufschläge ins Feld bringen, ab und zu Einsatz von Serve-and-Volley.

Beschreibung
Der Aufschläger kann nur Punkte gewinnen, wenn er den Ballwechsel mit vier Schlägen (einschließlich Aufschlag) abschließt. Ab dem fünften Schlag kann er nur noch den Punkt des Returnspielers verhindern, selbst aber keinen machen.

Variationen
1.) Aufschläger hat ab dem 5. Schlag den Punkt verloren (für Top-Aufschläger).
2.) Pro Spiel ein oder zwei Joker für den Aufschläger, d. h. er kann auch mit mehr Schlägen den Punkt machen (für schwächere Aufschläger).

Anmerkungen
Die Vorgabe soll den Aufschläger animieren, viele erste Aufschläge ins Feld zu bringen, offensiv zu denken und sofort druckvoll zu agieren. Es braucht gute Aufschläger, kann mit Schwächeren aber sehr gut mit Variation 2 durchgeführt werden.

Return offensiv

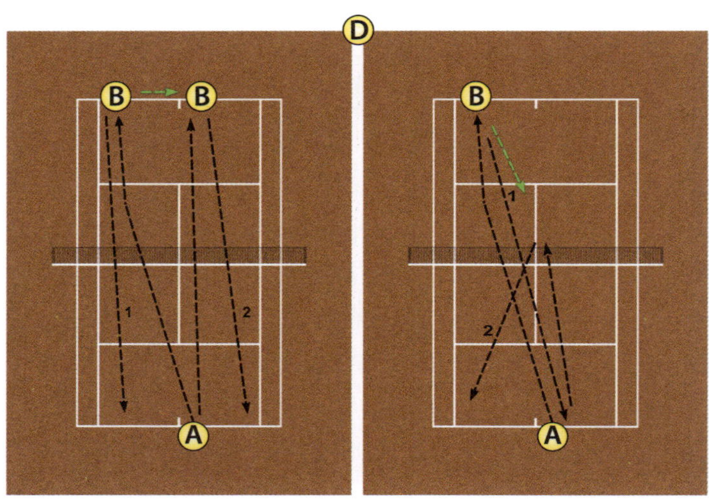

1. oder 2. Schlag Winner ... *... oder Chip-and-Charge-Winner*

VH	RH	Vo	Sm	As	**Rt**	**oT**	**2S**	3S	**4S**

Anspruch:	●●●●
Intensität:	●●
Anzahl Spieler:	4 (2)
Dauer:	ca. 20 Min.
Zählweise:	**Sätze bis 3, bei Einstand entscheidender Punkt (»Sudden Death«) oder Tiebreaks.**

Ziel

Retournierer soll offensiv denken und viele (zweite) Aufschläge in der Vorwärtsbewegung schlagen, häufiger Einsatz von »Chip and Charge«.

Beschreibung

Der Aufschläger hat nur einen Aufschlag. Der Returnspieler bekommt einen Extrapunkt, wenn er nur 2 Schläge zum Punktgewinn braucht. Offensive Returns (»Winner«) und Einsatz von »Chip and Charge« bieten sich an. Paarungen A gegen B und C gegen D wechseln nach jedem Punkt ab.

Variationen

1.) Komplette Sätze spielen (dauert länger).
2.) Aufschläger hat ein oder zwei Joker (bei schwächeren Aufschlägern).
3.) Aufschlagfehler bringt nur einen Punkt für den Returnierer.

Anmerkungen

Die Vorgabe soll den Returnspieler dazu bringen, einen zweiten Aufschlag nicht nur zurückzuspielen, sondern zu attackieren. Die Übung ist nur sinnvoll mit guten Aufschlägern, kann mit Schwächeren aber sehr gut mit Variation 2 oder 3 durchgeführt werden.

Return defensiv

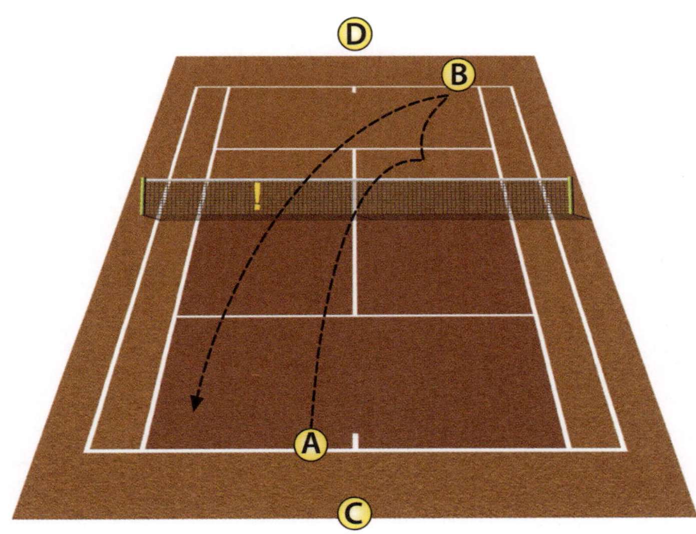

VH	RH	Vo	Sm	As	Rt	oT	2S	3S	4S

Anspruch:	●●●●
Intensität:	●●
Anzahl Spieler:	4 (2)
Dauer:	ca. 20 Min.
Zählweise:	Sätze bis 3, bei Einstand entscheidender Punkt (»Sudden Death«) oder Tiebreaks.

Ziel
Retournierer soll abwartend und sicher spielen sowie direkte Fehler (freie Punkte für Aufschläger) vermeiden.

Beschreibung
Der Returnspieler verliert zwei Punkte bei einem direkten Fehler. Paarungen A gegen B und C gegen D wechseln nach jedem Punkt ab.

Variation
Regel gilt nur für den zweiten Aufschlag (bei starken Aufschlägern).

Anmerkungen
Die Vorgabe soll den Returnspieler dazu bewegen, zunächst einmal solide den Ball ins Spiel zu bringen und einfache Fehler zu vermeiden, vor allem beim ersten Aufschlag.

Vier Bälle

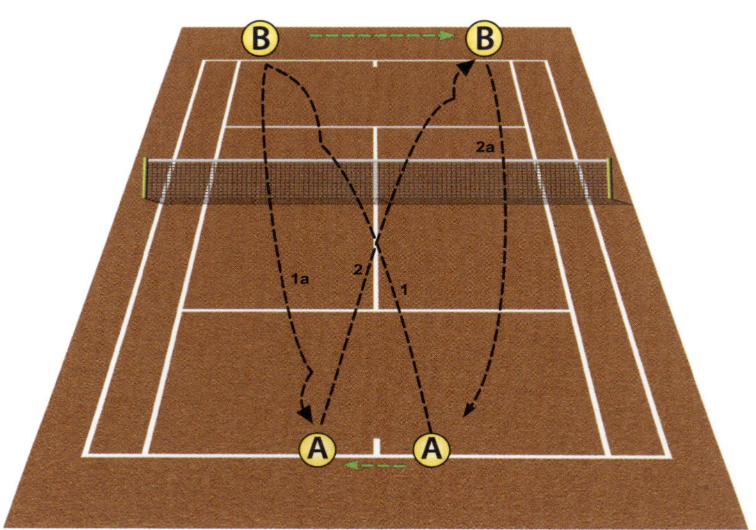

VH	RH	Vo	Sm	As	Rt	oT	2S	3S	4S

Anspruch:	●●●●
Intensität:	●●
Anzahl Spieler:	4 (2)
Dauer:	ca. 20 Min.
Zählweise:	Sätze oder Match-Tiebreaks.

Ziel
Aufschläger und Returnspieler sollen den Eröffnungs- und Folgeschlag solide und, wenn möglich, druckvoll spielen.

Beschreibung
Es wird normal gespielt. Wird der Ballwechsel bereits während der ersten 4 Schläge (2 pro Spieler) entschieden, erhält der Sieger einen Extrapunkt.

Anmerkungen
Über 50% aller Ballwechsel im Einzel sind bei den Profis bereits nach spätestens 4 Schlägen entschieden. Das zeigt die enorme Wichtigkeit des Eröffnungs- und Folgeschlages auf beiden Seiten.

Die Möglichkeit zum Doppelpunkt ist für den Aufschläger beim ersten Aufschlag am größten. Die Aufgabe des Returnspielers sollte hier sein, den schnellen Punktgewinn mit einem soliden und langen Return zu verhindern. Umgekehrt hat der Returnspieler beim zweiten Aufschlag gute Karten, offensiv zu werden. Der Aufschläger muss hier mit einem genügend druckvollen Service verhindern, dass er selbst unter Druck gerät, ohne einen Doppelfehler zu produzieren (Doppelfehler = 2 Punkte für den Retournierenden). Die wichtigste Erkenntnis dieser Übung wird für die Spieler sein, wie viele leichte Fehler schon beim ersten oder zweiten Schlag passieren und wie einfach die Punkte (in diesem Fall Doppelpunkte) an den Gegner gehen. Achtung: für Chancengleichheit muss der dritte Schlag des Aufschlägers (= 5. Ball) noch gültig sein. Ein Fehler wird genauso gewertet, als wenn der Returnspieler mit seinem zweiten Schlag (= 4. Ball) direkt gepunktet hätte. Um es sich einfach zu merken: Wer keinen dritten Schlag zum Punktgewinn benötigt, erhält zwei Punkte.

Sag die Wahrheit

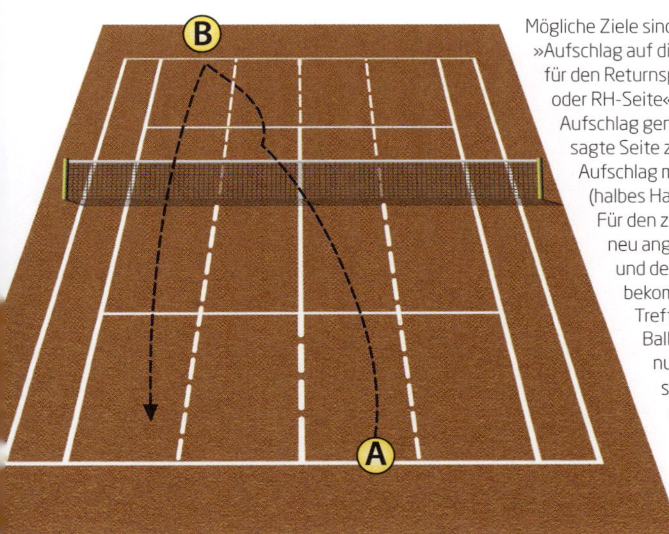

Mögliche Ziele sind für den Aufschläger »Aufschlag auf die RH oder auf die VH«, für den Returnspieler »Return auf VH- oder RH-Seite«, wobei es beim ersten Aufschlag genügt, die jeweilig angesagte Seite zu treffen, beim zweiten Aufschlag muss der seitliche Korridor (halbes Halbfeld) getroffen werden. Für den zweiten Aufschlag wird neu angesagt. Wer das Ziel trifft und den Ballwechsel gewinnt, bekommt zwei Punkte. Ohne Treffer geht es in dem Ballwechsel wie gewohnt um nur einen Punkt. Beispiel: Es steht 30:15, der Returnspieler sagt an, dass er den Return cross auf die RH-Seite des Aufschlägers spielen wird. Er schafft das, gewinnt auch den Ballwechsel und es steht 30:40 (jetzt darf der Aufschläger »ansagen«). Achtung: beide Spieler dürfen natürlich auch lügen und ihren Gegner in die Irre führen (dann gibt's aber nur einen Punkt, weil die Ansage nicht erfüllt wurde). Paarungen A gegen B und C gegen D wechseln nach jedem Punkt ab.

VH	RH	Vo	Sm	As	Rt	oT	2S	3S	4S

Anspruch:	●●●●
Intensität:	●●
Anzahl Spieler:	4 (2)
Dauer:	2 Sätze parallel bis 4.
Zählweise:	Satz bis 4, normale Zählweise (kein entscheidender Punkt bei 40:40).
Hilfsmittel:	Linienmarkierungen.

Ziel
Beide Spieler sollen so oft wie möglich versuchen, ihren Plan (Platzierung des ersten Balles) durchzusetzen.

Beschreibung
Die Zielzonen werden folgendermaßen markiert: Alle Aufschlagfelder werden durch eine Linie halbiert (VH- und RH-Seite), das Einzelspielfeld wird geteilt (Verlängerung der Mittellinie im T-Feld) und die halben Einzelfelder noch einmal halbiert. Im Matchverlauf darf jetzt immer der *zurückliegende* Spieler ein Ziel für seinen ersten Schlag ansagen.

Variationen
1.) Komplette Sätze spielen (dauert länger).
2.) Kleinere Zielzonen definieren.
3.) Weitere Ansagen zulassen (z. B. »Stopp« für den Returnspieler).

Anmerkungen
Steigerung der Übung 167. Beide Spieler sollen sich konzentrieren und sich für die Spieleröffnung etwas vornehmen. Wenn erkannt wird, dass der Gegner sich auf eine Seite orientiert, kann auch ein überraschender Schuss auf die andere Seite (und der Verzicht auf den Extrapunkt) die bessere Taktik sein. Die Zählweise macht das Spiel sehr ausgeglichen, weil nur der zurückliegende Spieler einen Doppelpunkt machen kann.

Guter Plan

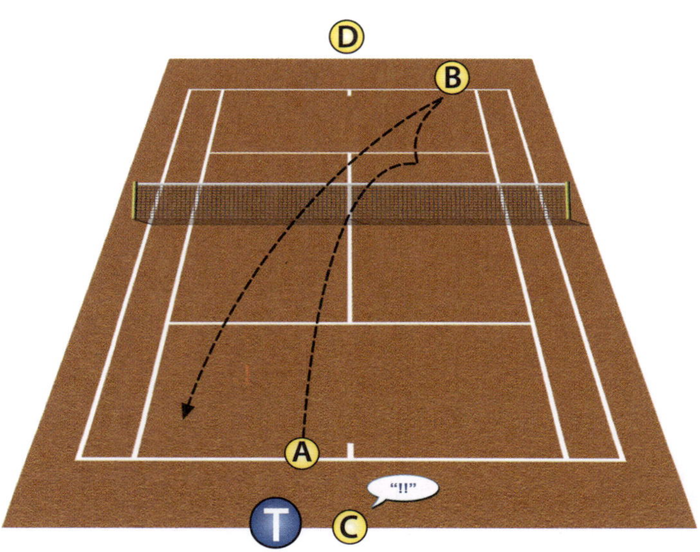

VH	RH	Vo	Sm	As	Rt	oT	2S	3S	4S

Anspruch:	●●●●
Intensität:	●●
Anzahl Spieler:	4 (2)
Dauer:	ca. 20 Min.
Zählweise:	Match-Tiebreak bis 10, jeder gegen jeden.

Ziel
Der Aufschläger soll versuchen, seinen taktischen Plan (Planung der ersten beiden Bälle) auszuführen, Bewusstmachen verschiedener Möglichkeiten.

Beschreibung
Der Aufschläger teilt dem Trainer (wie einem Doppelpartner) mit, was er vorhat. Er spielt den Punkt und danach entscheidet der Trainer, ob er den Plan erfolgreich ausgeführt hat und dafür einen Extrapunkt bekommt. Paarungen A gegen B und C gegen D wechseln nach jedem Punkt ab, nach 3 Punkten pro Paarung ist Seitenwechsel (Aufschlagwechsel, es wird nur auf der Trainerseite aufgeschlagen).

Variation
Einen Punkt Abzug bei Nichterfüllen des Plans.

Anmerkungen
Der Aufschläger soll eine klare Vorstellung haben und äußern, was er beim ersten und beim zweiten Aufschlag vorhat. Die Ansage könnte lauten: »1. Aufschlag auf die RH, ich gehe direkt ans Netz, 2. Aufschlag Kick auf die RH, ich umlaufe Return und mache Druck mit der VH«. Man muss vorher abklären, welche Varianten es geben soll (hängt vom Leistungsstand der Spieler ab).

Acht Aufschläge

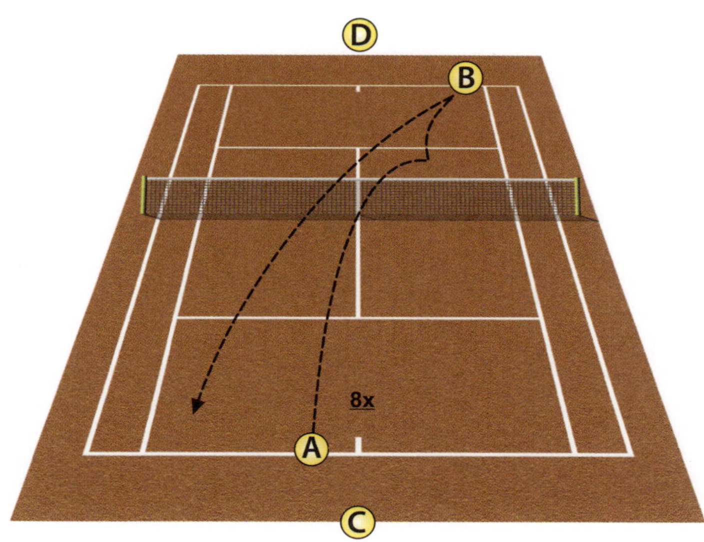

VH	RH	Vo	Sm	As	Rt	oT	2S	3S	4S

Anspruch: ●●●●

Intensität: ●●

Anzahl Spieler: 4 (2)

Dauer: ca. 20 Min.

Zählweise: 2 Sätze parallel bis 4, bei Einstand entscheidender Punkt (»Sudden Death«).

Ziel
Der Aufschläger soll sorgsam mit seinen ersten Aufschlägen umgehen, den ersten Aufschlag mit weniger Risiko spielen.

Beschreibung
Der Aufschläger hat nur acht Aufschläge, um das Spiel zu gewinnen. Wenn er die aufgebraucht hat und das Spiel nicht zu Ende ist, geht es an den Returnspieler. Paarungen A gegen B und C gegen D wechseln nach jedem Punkt ab.

Variationen
1.) Komplette Sätze spielen (dauert länger).
2.) 10 Aufschläge, um das Spiel etwas offensiver zu machen.

Anmerkungen
Da bei »Sudden Death« bis zu 7 Punkte zum Spielgewinn nötig sein können (entscheidender 7. Punkt bei 40:40) könnte es eng werden, wenn zu viele zweite Aufschläge benötigt werden. Ein cleveres und dosiert eingesetztes Risiko beim ersten Aufschlag ist also nötig.

Ansage

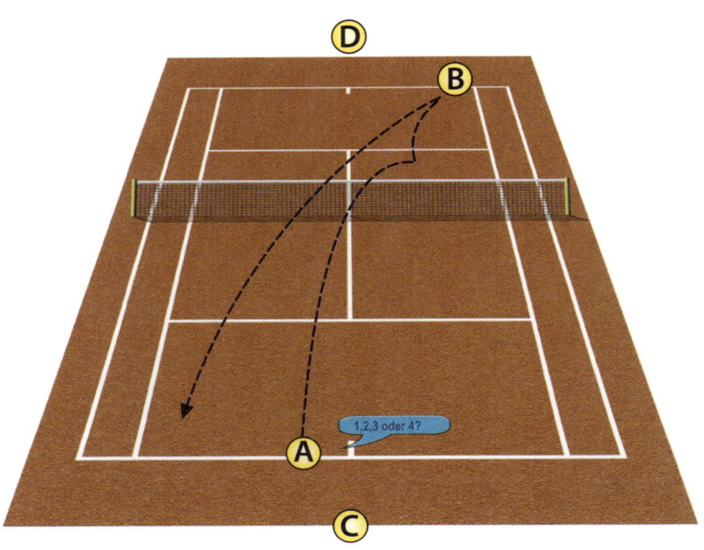

VH	RH	Vo	Sm	As	Rt	oT	2S	3S	4S

Anspruch:	●●●●
Intensität:	●●
Anzahl Spieler:	4 (2)
Dauer:	ca. 30 Min.
Zählweise:	Jeder gegen jeden, Hin- und Rückspiel bis 10.

Ziel

Beide Spieler sollen so oft wie möglich versuchen, ihren Plan für den nächsten Ballwechsel durchzusetzen.

Beschreibung

A spielt gegen B einen Match Tiebreak (bis 10), A ist immer Aufschläger sagt vor jedem Punkt an, wie viel Schläge er braucht, um den Punkt zu gewinnen. Zahlen zwischen 1 und 4 sind möglich, er darf eine Zahl maximal zweimal hintereinander nennen. Es wird folgendermaßen gewertet. Gewinnt der Aufschläger mit genau der angesagten Schlagzahl den Punkt, zählt er doppelt. Ansonsten gibt es bei mehr oder weniger Schlägen einen Punkt. Verliert er, zählt es bei weniger oder exakt der angesagten Zahl von Schlägen (des Aufschlägers) einen Punkt für den Returnspieler, bei mehr Schlägen allerdings zwei. Paarungen A gegen B und C gegen D wechseln nach jedem Punkt ab.

Variation

Nach zwei angesagten Punkten darf der Aufschläger auch einmal ohne Ansage spielen (mentale Pause).

Anmerkungen

Der Aufschläger soll sich einen taktischen Plan zurecht legen, wie er die Ansage erfüllen kann. Einen Doppelpunkt kann er nur mit offensiver Spielweise erzielen (1-4 Schläge). Der Returnspieler versucht, das zu verhindern, indem er so lange wie möglich im Spiel bleibt. Die Übung bewirkt, dass beide Spieler sich intensiv mit dem bevorstehenden Punkt beschäftigen. Die Zählweise erfordert etwas Gewöhnungszeit, deswegen für die Übung eine längere Zeitdauer einplanen.

Zeitspiel

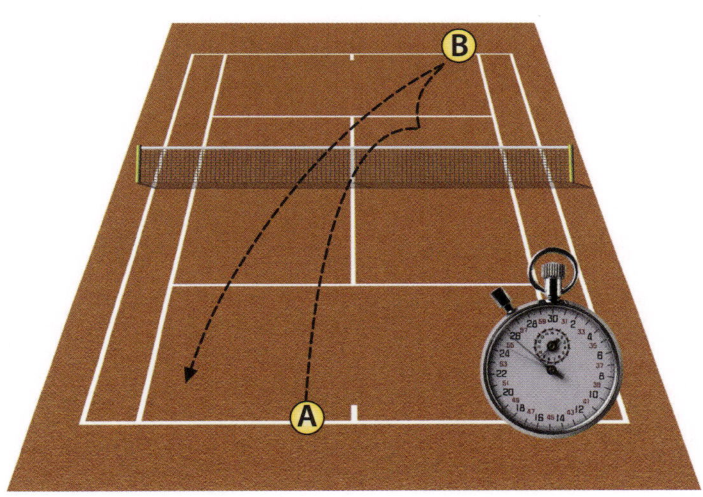

VH	RH	Vo	Sm	As	Rt	oT	2S	3S	4S

Anspruch:	●●●●
Intensität:	●●
Anzahl Spieler:	2-4
Dauer:	2 Min. pro Aufschlagspiel (reine Spielzeit).
Zählweise:	Hin und Rückspiel pro Paarung jeder gegen jeden, bei 3 Spielern 3 Runden (2 gegen 1) à 3 Min. pro Aufschlagspiel.
Hilfsmittel:	Zwei Stoppuhren.

Ziel
Punkte so schnell wie möglich erzielen und als Aufschläger entsprechende offensive Taktik wählen.

Beschreibung
Der Aufschläger soll in einer vorher festgelegten Zeitspanne möglichst viele Punkte gegen den Returnspieler erzielen. Pausen zählen nicht mit.

Variationen
1.) Andere Zeitvorgaben
2.) Wenn keine Stoppuhr vorhanden, längere Zeit spielen lassen und Pausen überwachen (keine Hektik, kein Zeitschinden).

Anmerkungen
Nur in etwa gleichstarke Spieler können diese Übung gegeneinander spielen. Aufschlagstarke Spieler sind bevorteilt (Ass ist der schnellste Punkt). Trainer muss Zeitverzögerungen des Returnspielers (wenn keine Stoppuhr verfügbar ist) und »Kamikaze-Aktionen« des Aufschlägers verhindern.

Aufschlagkonto

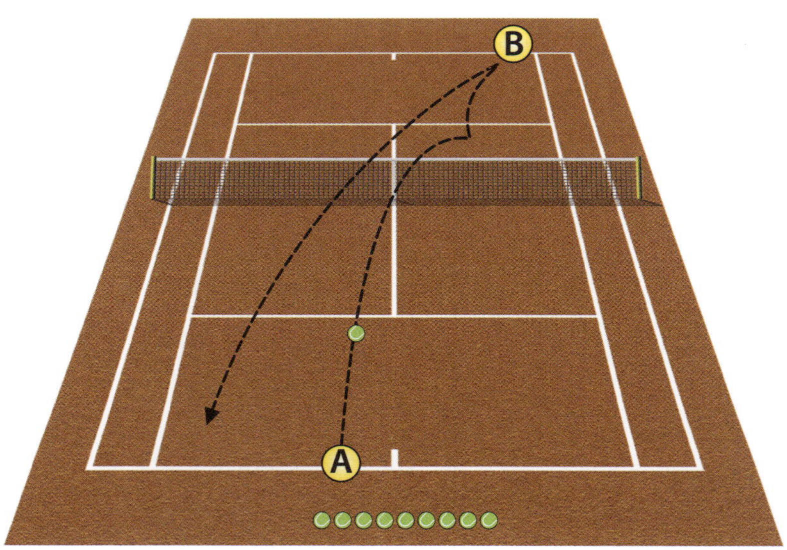

VH	RH	Vo	Sm	As	Rt	oT	2S	3S	4S

Anspruch:	●●●●
Intensität:	●●
Anzahl Spieler:	2-4
Dauer:	ca. 20 Min.
Zählweise:	Hin und Rückspiel pro Paarung, bei 3 Spielern 3 Runden (2 gegen 1) mit 15 Bällen.

Ziel

Sorgfältige Planung der Spieleröffnung durch den Aufschläger und sorgsamer Umgang mit den ersten Aufschlägen.

Beschreibung

Der Aufschläger hat 10 Bälle zur Verfügung und soll damit möglichst viele Punkte gegen den Returnspieler erzielen.

Variationen

Mehr oder weniger Bälle zur Verfügung.

Anmerkungen

Risikokalkulation beim ersten Aufschlag, hohe Quote erwünscht, Zielsetzung wie bei Nr. 187.

Stopp einsetzen

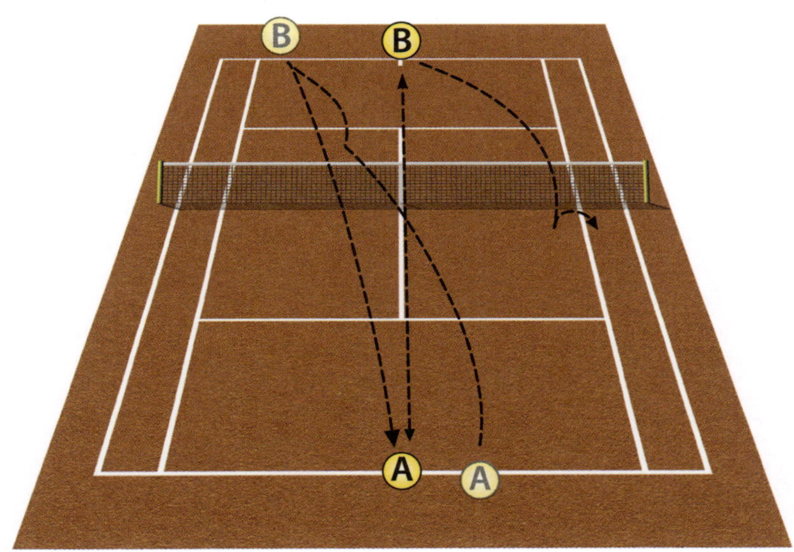

VH	RH	Vo	Sm	As	Rt	oT	2S	3S	4S

Anspruch:	●●●●
Intensität:	●●
Anzahl Spieler:	4 (2)
Dauer:	ca. 20 Min.
Zählweise:	**2 Sätze parallel bis 4, bei Einstand entscheidender Punkt (»Sudden Death«).**

Ziel
Rhythmus des Spiels durch überraschende Variante (Stopp) stören, Stopp sinnvoll einsetzen.

Beschreibung
Beide Spieler müssen in jedem Aufschlagspiel mindestens einen Stopp spielen. Der Versuch zählt bereits. Paarungen A gegen B und C gegen D wechseln nach jedem Punkt ab.

Variationen
1.) Komplette Sätze spielen (dauert länger).
2.) Es zählen nur Stopps, die auch über das Netz gehen, der Versuch alleine reicht nicht.

Anmerkungen
Die Vorgabe soll die Spieler dazu bringen, die Variante Stopp sinnvoll einzusetzen. Es ist wichtig, dass der Spieler den Stopp nicht nur spielt, »damit die Aufgabe erledigt ist«, sondern sich die richtige Gelegenheit erarbeitet. In diesem Zusammenhang ist es Aufgabe des Trainers, den Spielern zu vermitteln, das der Stopp ein offensiver Ball ist. Im Idealfall spielt man ihn dann, wenn man Zeit hat und auch die Möglichkeit zu einem Angriff hätte.

Kartenspiel

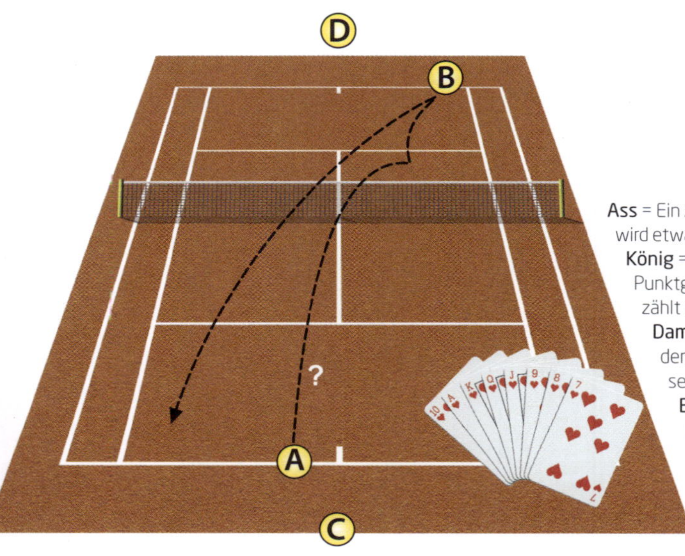

Ass = Ein Ass zählt 3 Punkte (Aufschläger wird etwas höheres Risiko eingehen).
König = Ein Volley mit anschließendem Punktgewinn (muss nicht direkt sein!) zählt doppelt.
Dame = Ein Stopp mit anschließendem Punktgewinn (muss nicht direkt sein!) zählt doppelt.
Bube = Freies Spiel, ein Winnerschlag zählt doppelt.
Zehn = Aufschläger hat drei Versuche (kann beim zweiten nochmal Risiko gehen und den Returnspieler überraschen).
Neun = Es steht nur ein Aufschlag zur Verfügung.
Acht = Es muss Serve-and-Volley gespielt werden (auch beim zweiten Aufschlag).
Sieben = Der Gegner darf nur eine Vorhand im Ballwechsel schlagen (schwierig, das Spiel muss komplett auf die RH ausgerichtet sein).

VH	RH	Vo	Sm	As	Rt	**oT**	**2S**	3S	**4S**

Anspruch:	●●●●
Intensität:	●●
Anzahl Spieler:	4 (2)
Dauer:	3 x ca. 5 Min.
Zählweise:	3 Runden mit 2 Paarungen, die jeweils 10 Punkte ausspielen.
Hilfsmittel:	Kartenspiel oder Aufgabenkarten.

Ziel

Der Aufschläger soll lernen, verschiedene taktische Variante umzusetzen.

Beschreibung

Aus einem handelsüblichen Kartenspiel (32-er) zieht der Aufschläger eine Karte. Jeder Wert steht für eine vorher festgelegte Aufgabe oder Regel, die die taktische Marschroute des nächsten Punktes bestimmt. *Der Returnspieler erfährt davon nichts!* z. B. könnte man folgendes vereinbaren und auf einem Merkblatt festhalten:

As, König, Dame, Bube bringen bei erfolgreicher Ausführung Extrapunkte, 10, 9, 8 und 7 sind taktische Anweisungen. Nach fünf Punkten wird Aufschlag und Return gewechselt. Bei vier Spielern spielt jeder gegen jeden. Wer nach 30 gespielten Punkten das höchste Ergebnis erzielt hat, gewinnt.

Variationen

1.) Mehr Punkte ausspielen oder bei 3 Spielern 3 Runden in der Form zwei (Aufschläger) gegen eins (Returnspieler) spielen.
2.) Andere Aufgaben mit den Karten verbinden (besonders bei Jugendlichen oder Damen Ass und Serve-and-Volley ändern).

Anmerkungen

Insbesondere Spieler, die sonst »einfach aufschlagen und schauen, was passiert«, werden durch diese Übung gezwungen, sich Gedanken über ihren Aufschlag und die folgenden Schläge zu machen und bekommen ein Gefühl für verschiedene Spieltaktiken.

Satz zu dritt

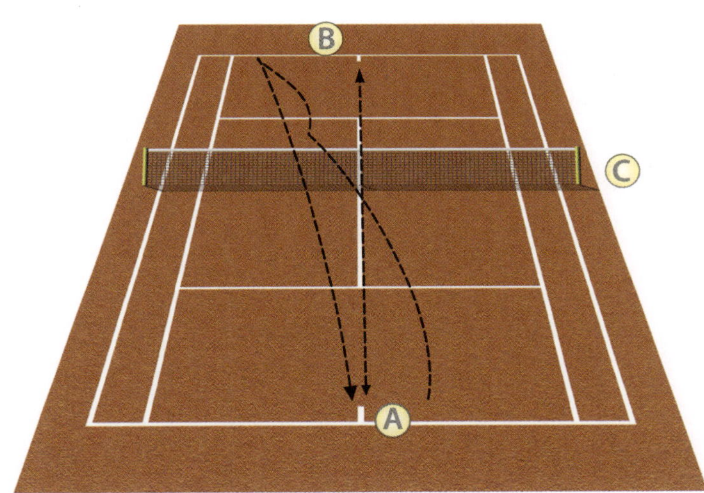

VH	RH	Vo	Sm	As	Rt	oT	2S	3S	4S

Anspruch:	●●●
Intensität:	●●
Anzahl Spieler:	3
Dauer:	ca. 20 Min.
Zählweise:	Wie ein normales Match, bei 40:40 »Sudden Death« (geringere Wartezeit).

Ziel
Matchtraining mit wechselnden Gegnern.

Beschreibung
Übung für 3 Spieler, die »matchen« wollen. A und B spielen das erste Spiel aus. Der Verlierer geht raus, wird durch C ersetzt. Der Verlierer von A gegen C wird wiederum durch B ersetzt. Der Spieler, der »drin« bleibt (also das letzte Spiel gewonnen hat), hat immer die Wahl (Aufschlag, Return, Seite). 6 Spiele führen zum Satzgewinn.

Variation
Wer gewinnt, hat automatisch weiter Aufschlag.

Anmerkungen
Gute Möglichkeit, auch mit der ungünstigen Anzahl von drei Spielern Matchtraining zu machen. Gute Aufschläger sind im Vorteil. Ist eigentlich keine taktische Übung, kann aber mit allen möglichen taktischen Aufgaben verbunden werden.

Handicap

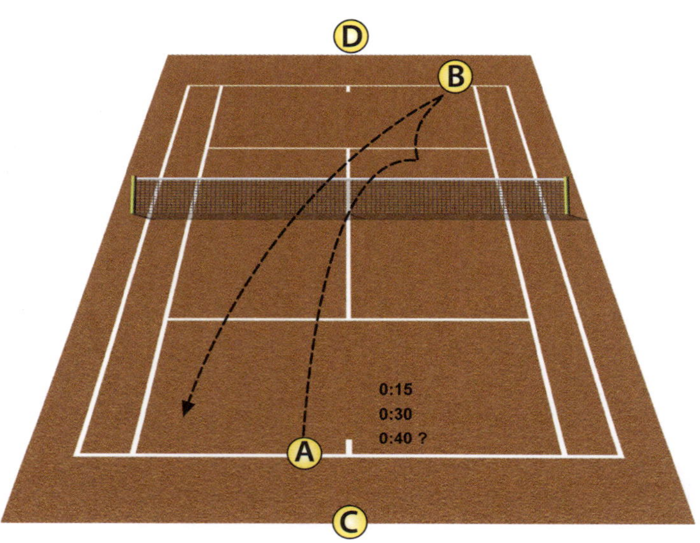

VH	RH	Vo	Sm	As	Rt	oT	2S	3S	4S

Anspruch:	●●●
Intensität:	●●
Anzahl Spieler:	(2) 4
Dauer:	40–60 Min.
Zählweise:	Wie ein normales Match, wenn zu viert bei 40:40 »Sudden Death« (geringere Wartezeit).

Ziel

Matchtraining bei unterschiedlichen Spielstärken.

Beschreibung

2 oder 4 Spieler (zwei Paarungen) »matchen«. Wenn A das erste Spiel gewinnt, bekommt B im nächsten Spiel 15:0 Vorgabe. Gewinnt A weiter, steht es im dritten Spiel 30:0 für B, verliert A das zweite Spiel, geht es wieder bei 0:0 los. Verliert A erst das dritte Spiel (das bei 30:0 für B begonnen hat), geht die Vorgabe zurück auf 15:0. Maximales Handicap ist 0:40!

Variation

Festes Handicap (15:0 oder 30:0 Vorgabe).

Anmerkungen

Das variable Handicap gleicht ein Match extrem aus und zwingt beide Spieler schnell, den Spielstand in die taktischen Überlegungen einzubeziehen. Wird leider von vielen, besonders schwächeren, Spielern abgelehnt, die eine Vorgabe für unter ihrer Würde halten.

Matchbeobachtung

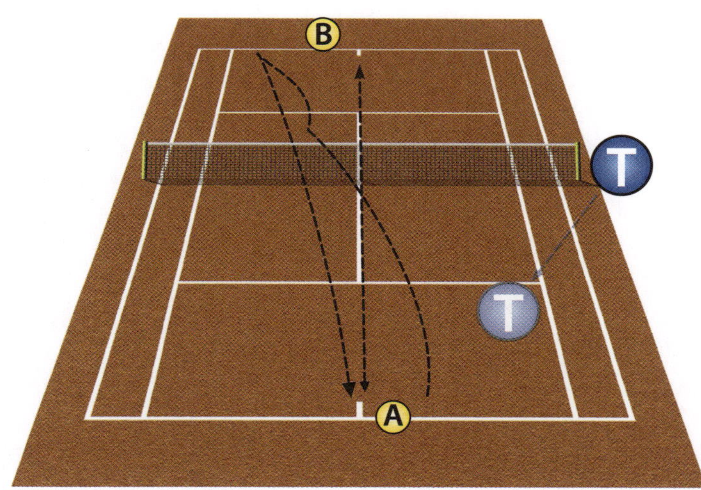

VH	RH	Vo	Sm	As	Rt	oT	2S	3S	4S

Anspruch:	●●●
Intensität:	●●
Anzahl Spieler:	(2) 4
Dauer:	40-60 Min.
Zählweise:	Wie ein normales Match, wenn zu viert bei 40:40 »Sudden Death« (geringere Wartezeit).

Ziel

Matchtraining mit strategischen und taktischen Reflexionen.

Beschreibung

2 oder 4 Spieler (zwei Paarungen) »matchen«. Der Trainer beobachtet und schreitet häufig ein, um Dinge abzufragen bzw. zu besprechen.

Variation

Match-Tiebreaks spielen (kostet weniger Zeit).

Anmerkungen

Oft außer Acht gelassene, aber gute Möglichkeit, den Spielern Taktik bewusst zu machen und Fehler zu besprechen. Funktioniert nur, wenn die Spieler bereit sind, sich darauf einzulassen.

Matchstatistik

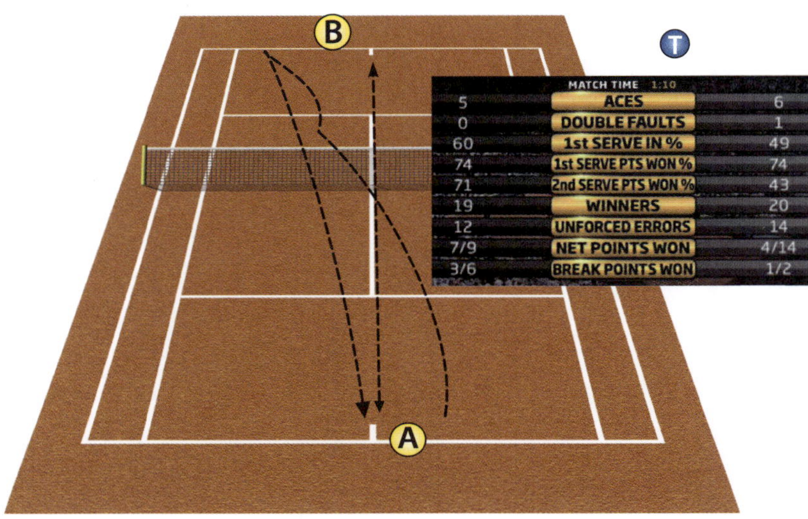

VH	RH	Vo	Sm	As	Rt	oT	2S	3S	4S

Anspruch:	●●●
Intensität:	●●
Anzahl Spieler:	(2) 4
Dauer:	40-60 Min.
Zählweise:	Wie ein normales Match, wenn zu viert bei 40:40 »Sudden Death« (geringere Wartezeit).
Hilfsmittel:	Notizblock, Smartphone, Tablet.

Ziel

Matchtraining mit strategischen und taktischen Reflexionen.

Beschreibung

2 oder 4 Spieler (zwei Paarungen) »matchen«. Der Trainer beobachtet und notiert Ablauf der Punkte nach einem vorher festgelegten Katalog. Es gibt auch Programme für Handy und Tablet, die man dafür verwenden kann. Man kann sich in der Auswertung sehr gut auf ganz individuelle Details der Spieler konzentrieren (Schwächen und Stärken).

Variation

Match-Tiebreaks spielen (kostet weniger Zeit).

Anmerkungen

Aufwändig, aber sehr sinnvoll. Kaum ein Spieler weiß nach dem Match noch, was er gut/schlecht oder häufig/selten gemacht hat. Statistik hilft dabei sehr! Natürlich auch bei Turniermatches anzuwenden.

Orientierung

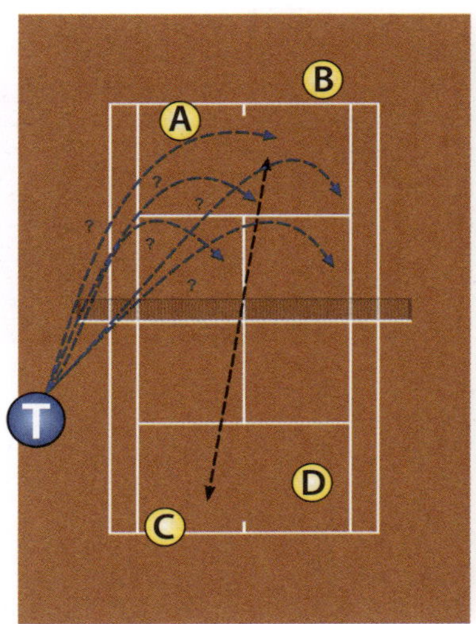

5 Punkte auf variables Anspiel ...

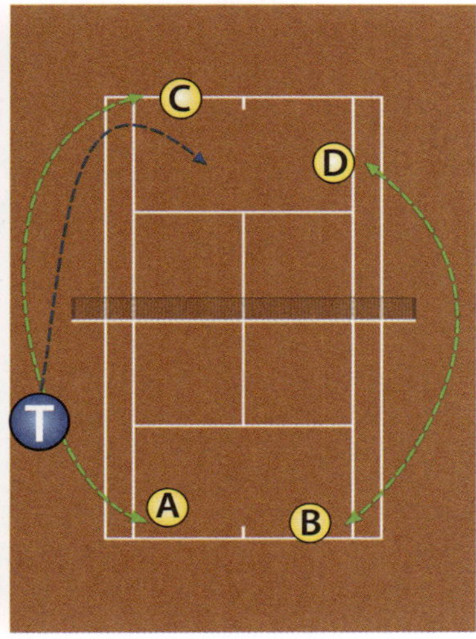

... dann Seitenwechsel mit frühem Lob-Anspiel

VH	RH	Vo	Sm	As	Rt	oT	2S	3S	4S

Anspruch:	●●●
Intensität:	●●●
Anzahl Spieler:	4
Dauer:	10 Min.
Zählweise:	Satz bis 21.

Ziel

Orientierung und Abstimmung mit dem Doppelpartner, flexible Reaktion auf schwierige Situationen, Kampf um die Netzposition.

Beschreibung

Doppel A und B spielt gegen Doppel C und D. Der Trainer spielt den Ball ins Feld von A und B an (irgendwohin, auch kurz oder Stopps), der Ball darf nicht volley genommen werden, Punkt wird gegen C und D ausgespielt. Nach 5 Punkten »fliegender« Seitenwechsel, der nächste Ball wird als Lob bereits angespielt, wenn C und D die Netzpfosten passieren.

Anmerkungen

Anstrengend, Trainer kann Möglichkeiten und Reaktionen der Spieler sehr gut mit seinem Zuspiel steuern, Doppelpartner müssen sich andauernd neu sortieren. Durch die Regel »erster Ball nicht als Volley« werden die Spieler gezwungen, immer wieder von neuem um die Netzposition zu kämpfen. Umgekehrt können Spieler, die das Netz scheuen, mit Trainer-Stopps ans Netz gelockt werden.

Cross-Cross

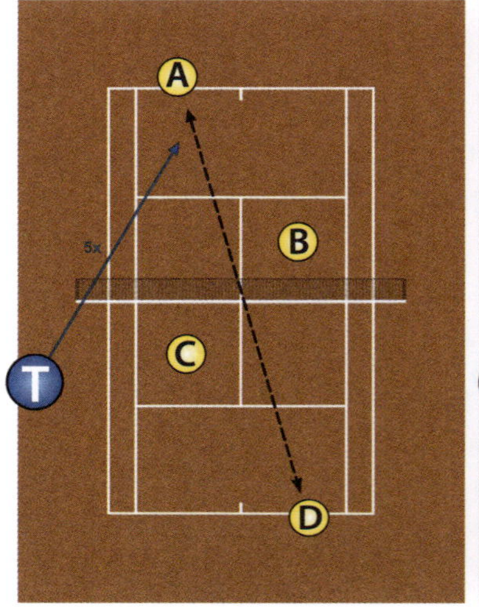

5 Punkte cross auf der Einstandsseite ...

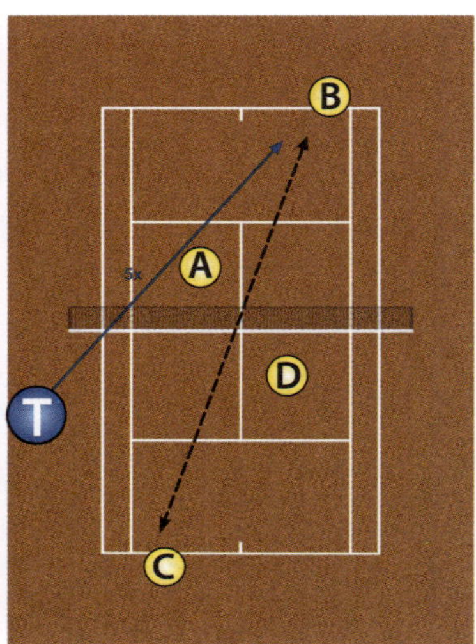

... 5 Punkte cross auf der Vorteilsseite

VH	RH	Vo	Sm	As	Rt	oT	2S	3S	4S

Anspruch:	●●●
Intensität:	●●
Anzahl Spieler:	4
Dauer:	ca. 20 Min.
Zählweise:	normale Zählweise.

Ziel

Punkte in der typischen Doppelaufstellung ohne Aufschlag und Return durchspielen und bewerten.

Beschreibung

Doppel A und B spielt gegen Doppel C und D. Die Doppel nehmen die übliche Doppelaufstellung ein (GL-Spieler cross gegenüber, Partner andere Seite am Netz oder T-Linie). Der Trainer spielt einen der GL-Spieler an und die Doppel spielen einen Ballwechsel aus, der üblicherweise mit Crossschlägen hin und her von der GL beginnt. Die Netzspieler haben die Aufgabe, sich aktiv einzuschalten (»wildern«). Die GL-Spieler können ebenfalls ans Netz aufrücken oder das Feld durch einen Longlineball (Lob) öffnen. Taktische Möglichkeiten, Entscheidungen und Fehler werden besprochen (Trainerunterbrechung).

Variation

Immer 5 Bälle gleiche Crossrichtung durchspielen, dann Richtung wechseln (dann kann man bestimmte Variationen mehrfach durchspielen durch gleiche Ausgangsposition).

Anmerkungen

Spieler müssen sich auf die Taktikbesprechungen einlassen.

Tandem

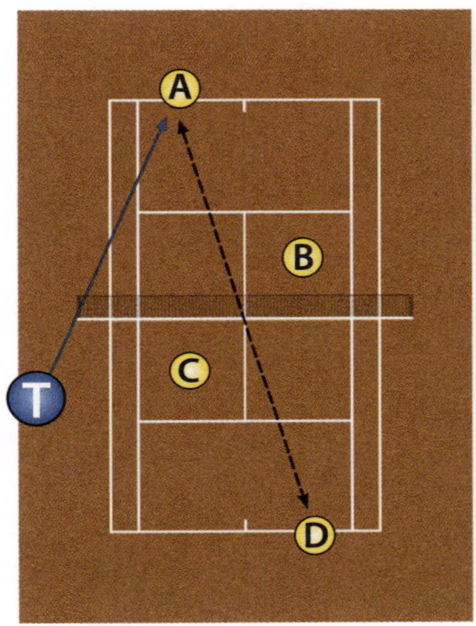

A und B spielen Tandem (A immer VH) ...

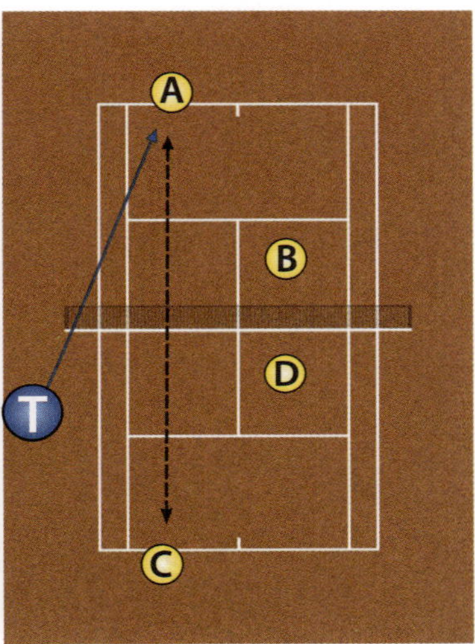

... C und D »retournieren« abwechselnd

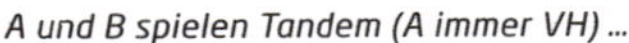

Anspruch:	●●●
Intensität:	●●
Anzahl Spieler:	4
Dauer:	ca. 20 Min.
Zählweise:	normale Zählweise.

Ziel

Punkte in der für die meisten Doppel ungewohnten Tandem-Aufstellung ohne Aufschlag und Return durchspielen und bewerten.

Beschreibung

Doppel A und B spielt gegen Doppel C und D. A spielt an der Grundlinie immer auf der VH-Seite, Partner B am Netz auf der Rückhandseite. Die beiden verändern diese Position nicht. C und D hingegen wechseln nach jedem Punkt Netz- und Grundlinienposition, wie es auch bei einem Doppel als retournierende Paarung der Fall wäre. Der Trainer spielt ausschließlich A an, der immer im Wechsel entweder mit einem VH-Crossball oder einem VH-Longlineball anfängt. Taktische Möglichkeiten, Entscheidungen und Fehler werden besprochen (Trainerunterbrechung).

Variation

2 x Spiel bis 15, jede Paarung ist einmal Tandem.

Anmerkungen

A und B, die vom Trainer angespielt werden, sind in diesem Fall das aufschlagende Paar, das die Tandem-Aufstellung wählt und dadurch A (Aufschläger) immer auf der (stärkeren) VH-Seite hat. Die Übung soll die Spieler an die ungewöhnliche Aufstellung, bei der jeder zweite Ballwechsel longline (mit direkt gegenüber stehenden Netzspielern) beginnt, gewöhnen und ihnen die Folgen aufzeigen. Die Vorteile des Tandems können erarbeitet werden, ohne sich gleichzeitig um Aufschlag und Return kümmern zu müssen (s. auch folgende Übung 204).

I-Punkt

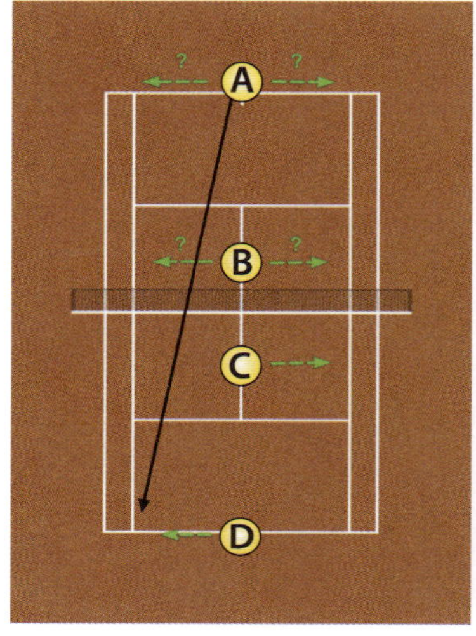

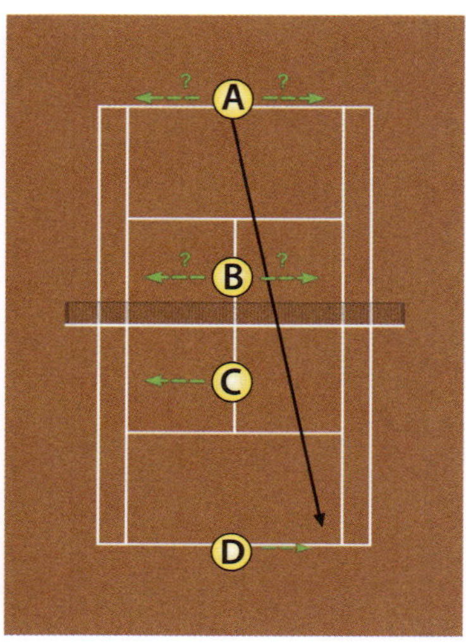

A spielt fair an, A und B bewegen sich wie abgesprochen, C und D reagieren auf das Anspiel

VH	RH	Vo	Sm	As	Rt	oT	2S	3S	4S

Anspruch:	●●●●
Intensität:	●●
Anzahl Spieler:	4
Dauer:	ca. 20 Min.
Zählweise:	normale Zählweise.

Ziel

Schnelle Platzorientierung der Doppelpaarungen bei wechselnden Grundaufstellungen.

Beschreibung

Doppel A und B spielt gegen Doppel C und D. In der Grundaufstellung stehen beide Doppelpaarungen hintereinander in der Mitte des Platzes, ein Spieler an der Grundlinie, der andere auf der T-Linie. A hat Anschlag (aus der Hand) und spielt den Ball entweder auf die VH- oder RH-Seite der Gegner. Der Anschlag muss innerhalb der Einzelfeldlinien landen, darf also nicht zu weit nach außen gehen. Der gegnerische Netzspieler C darf nicht eingreifen. Sobald das Anspiel erfolgt ist, nehmen alle vier Spieler ihre Positionen ein. D erläuft das Anspiel, C deckt die andere Seite am Netz ab. A und B haben sich abgesprochen, wer nach rechts und wer nach links geht, C und D müssen darauf kurzfristig reagieren.

Variation

2 x Spiel bis 15, jede Paarung ist einmal das aufschlagende Team.

Anmerkungen

In dieser Übung werden Elemente der sogenannten »I-Punkt«-Aufstellung oder australischen Variante verwendet, ohne Aufschlag und Return ins Spiel zu bringen. Ziel ist nicht das Einstudieren dieser sehr schwierigen Doppel-Aufstellungsvariante (die extrem von einem starken ersten Aufschlag abhängig ist), als vielmehr die schnelle Reaktion der beiden Doppel auf plötzliche Stellungswechsel. Von dieser Übung profitieren vor allem gewöhnlich sehr »statisch« agierende Doppel.

Wildern

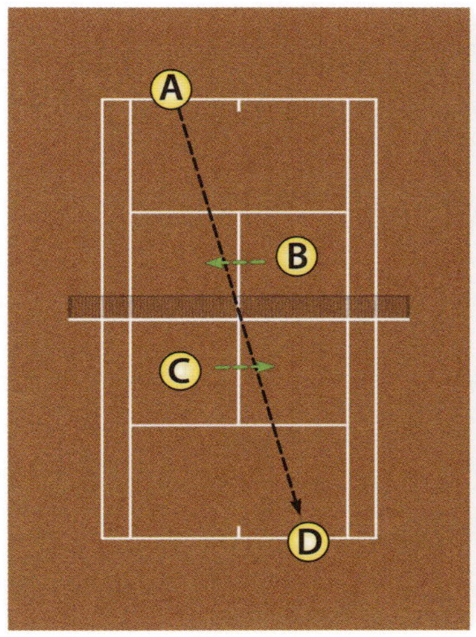

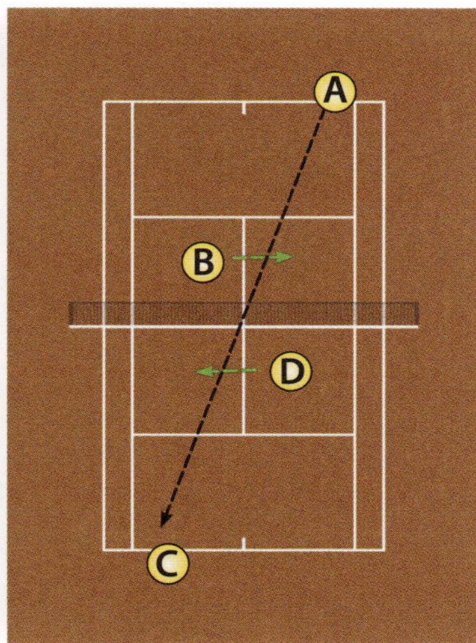

VH	RH	Vo	Sm	As	Rt	oT	2S	3S	4S

Anspruch:	●●●
Intensität:	●●
Anzahl Spieler:	4
Dauer:	ca. 30 Min.
Zählweise:	normale Zählweise, wer bei »Vorteil« zwei Punkte macht, führt im nächsten Spiel bereits mit 15:0.

Ziel

Häufiges und aktives Einmischen der Netzspieler im Doppel, Netzposition erarbeiten.

Beschreibung

Doppel A und B spielt gegen Doppel C und D. Ein Team, das während des Ballwechsels einen Volley spielt, kann zwei Punkte gewinnen. Der Punkt muss nicht direkt mit dem Volley gemacht werden. Die Regelung gilt für beide Teams (der Sieger eines Volleyduells kassiert also in jedem Fall zwei Punkte).

Anmerkungen

Aufpassen beim Zählen, nach einem Doppelpunkt (30:0) wird wieder von der gleichen Seite aufgeschlagen. Die Übung ist besonders für defensiv eingestellte Doppel sinnvoll und soll zu mehr Risiko am Netz einladen. Die Netzspieler sollen sich häufig einmischen (»wildern«).

Ein Aufschlag

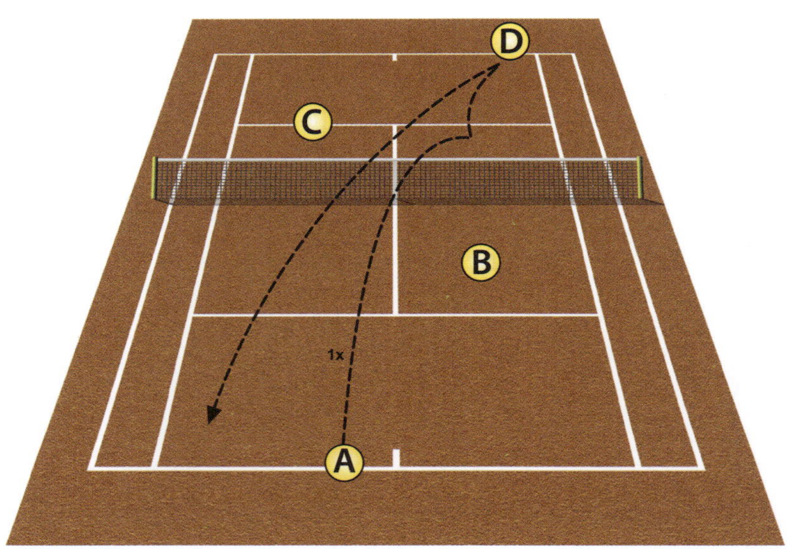

VH	RH	Vo	Sm	As	Rt	oT	2S	3S	4S

Anspruch:	●●●
Intensität:	●●
Anzahl Spieler:	4
Dauer:	ca. 30 Min.
Zählweise:	normale Zählweise.

Ziel

Planung für zweiten Aufschlag (Aufschlagplatzierung, Partner, Netzposition).

Beschreibung

Doppel A und B spielt gegen Doppel C und D. Die Aufschläger haben nur einen Aufschlag pro Punkt.

Variation

Ein Aufschlag-Joker pro Spiel.

Anmerkungen

Viele Spieler hassen das, weil sie die Situation nicht mögen. Gerade deswegen eine sinnvolle Übung. Schwache Aufschläger sollten über eine defensive Aufstellung (beide hinten) nachdenken.

203

Serve-and-Volley

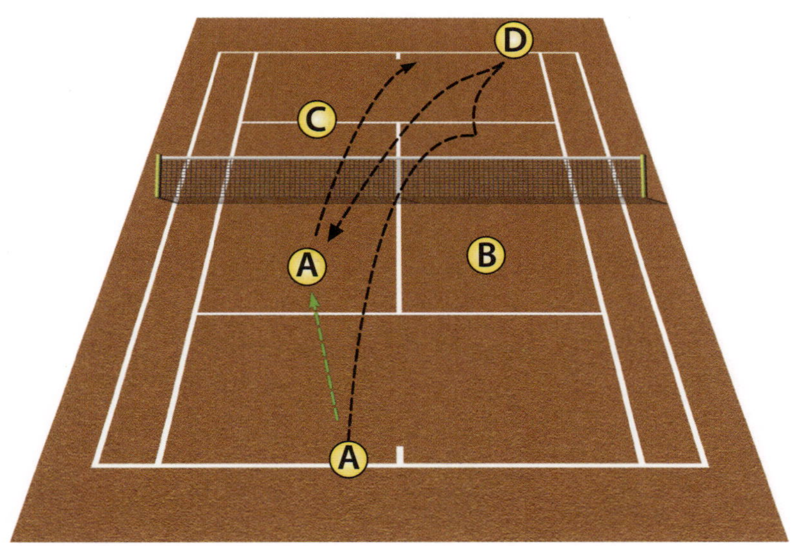

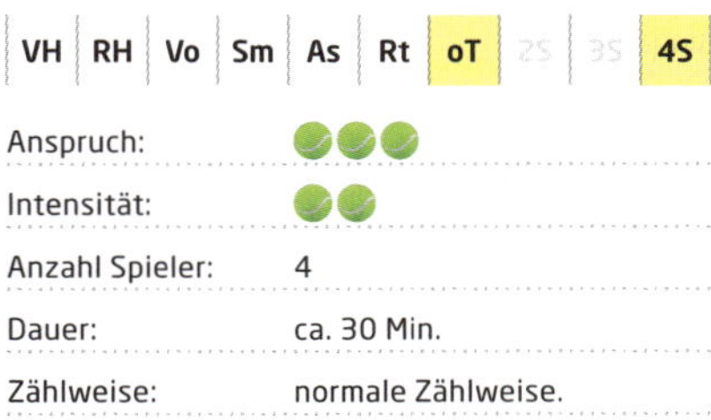

VH	RH	Vo	Sm	As	Rt	oT	2S	3S	4S

Anspruch:	●●●
Intensität:	●●
Anzahl Spieler:	4
Dauer:	ca. 30 Min.
Zählweise:	normale Zählweise.

Ziel
Sofortiges Aufrücken der Aufschläger in die Netzposition.

Beschreibung
Doppel A und B spielt gegen Doppel C und D. Das aufschlagende Team soll mit dem ersten und zweiten Aufschlag aufrücken und das Netz beherrschen (»Wand«).

Variation
Serve-and-Volley nur mit dem ersten Aufschlag (schwächere Doppel).

Anmerkungen
Wird selbst von sehr guten Doppeln nicht grundsätzlich gespielt und soll durch diese Übung trainiert werden. Wichtigkeit des ersten Aufschlages bewusst machen.

Tandem-Doppel

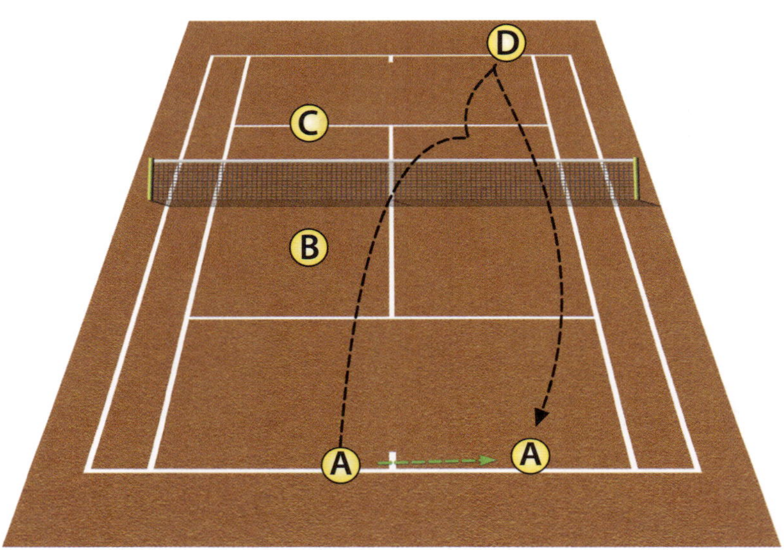

VH	RH	Vo	Sm	As	Rt	oT	2S	3S	4S

Anspruch:	●●●
Intensität:	●●
Anzahl Spieler:	4
Dauer:	ca. 30 Min.
Zählweise:	normale Zählweise.

Ziel
Aufschläger setzt nach dem Aufschlag seinen stärkeren Schlag (VH) ein, Gegner zu ungewohnten Returns zwingen.

Beschreibung
Doppel A und B spielt gegen Doppel C und D. Das aufschlagende Team spielt von der »Vorteil-Seite« (links, auf Rechtshänder bezogen) ausschließlich in der Tandem-Aufstellung.

Variation
Tandem nur beim ersten Aufschlag (schwache Aufschläger).

Anmerkungen
Wird selbst von sehr guten Doppeln selten gespielt und sollte als Variante einstudiert werden. Macht besonders viel Sinn für gute Vorhandspieler.

Absprache

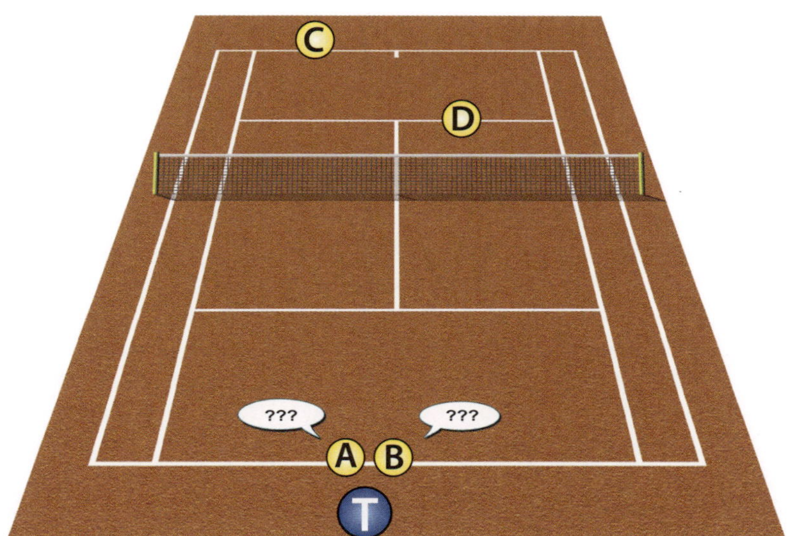

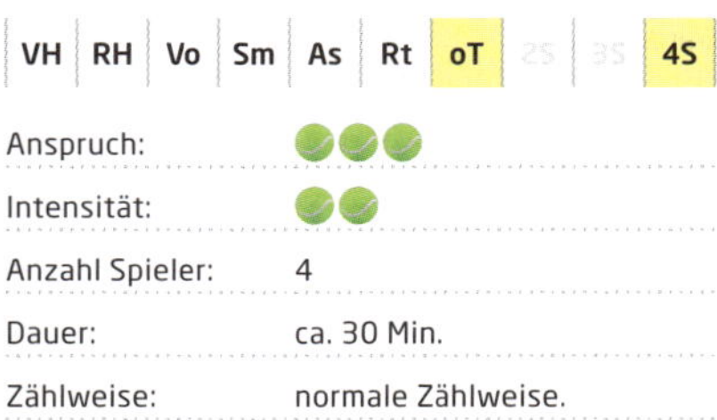

VH	RH	Vo	Sm	As	Rt	oT	2S	3S	4S

Anspruch:	●●●
Intensität:	●●
Anzahl Spieler:	4
Dauer:	ca. 30 Min.
Zählweise:	normale Zählweise.

Ziel
Taktische Planung des nächsten Punktes.

Beschreibung
Doppel A und B spielt gegen Doppel C und D. Das aufschlagende Team bespricht vor jedem Punkt die Strategie. Der Trainer hört zu und unterstützt.

Variation
Trainer hört beim retournierenden Team zu (Planung vor allem beim zweiten Aufschlag möglich).

Anmerkungen
Die wichtigste Voraussetzung überhaupt, damit ein Doppel harmoniert.

6. Mentales Training

Übung 206-231

(siehe auch: *Training der Eröffnungsschläge*)

> Das mentale Training ist aufgegliedert in die Unterkapitel
> Konzentration - Übung 206-217
> Rituale - Übung 218-231

Mentales Training bezieht sich, wie der Name schon sagt, auf alle geistigen Aktivitäten, die mit der ausgeübten Sportart zu tun haben, z. B. ist das Vorstellen von Bewegungen eine Art des mentalen Trainings. Man sieht dieses auch »ideomotorisches Training« genannte Vorgehen beispielsweise bei Skifahrern, die sich mit geschlossenen Augen einen Kurs einprägen. Weitere Formen des mentalen Trainings sind Aufmerksamkeits- oder Konzentrationstraining und vor allem psychoregulatives Training (Entspannung, Motivation). Im Tennis spielt – aufgrund der langen Matchdauer – die Psychoregulation eine herausragende Rolle. *Ohne Kontrolle der Psyche ist keine Konzentration, und ohne Konzentration ist keine Leistung möglich.*

Im Turniertennis auf Spitzenniveau ist es eine Selbstverständlichkeit, im Clubtennis nicht immer: Ein Spieler muss lernen, die Zeit *zwischen* den Schlägen optimal für sich zu nutzen. Nur wer es lernt, seine Emotionen zu regulieren und hochkonzentriert in den nächsten Schlagabtausch zu gehen, wird erfolgreich sein können. Die Leistungsfähigkeit eines Tennisspielers ist auf vier Pfeilern aufgebaut: Technik, Taktik, Kondition und Psyche. Wenn einer der ersten drei Pfeiler schwach ist, wackelt das Gebäude. Ist der vierte, die Psyche, schwach, bricht es komplett zusammen.

Im Tennis und in vielen anderen Sportarten hört man bei Misserfolgen häufig den Satz »Es ist nur der Kopf!«. Das Wörtchen »nur« verharmlost die Sache etwas, denn der Kopf ist das allerwichtigste, er ist im Gegensatz zu anderen Defiziten nicht kompensierbar, wenn man Bestleistungen bringen will.

In der Sportpsychologie unterscheidet man in Einzelsportarten zwischen erfolgsorientierten Spielern, die selbstbewusst alle ihre Fähigkeiten einsetzen mit dem Ziel, Erfolg zu haben, und misserfolgsorientierten Spielern, die oft ein geringeres Selbstbewusstsein haben und deren Hauptziel es ist, Misserfolg zu vermeiden. Die ersten empfinden Druck als Herausforderung, die zweiten als Bedrohung. Beide Spielertypen können übrigens erfolgreich Tennis spielen, aber es ist offensichtlich, dass die zweite, leider sehr viel größere Gruppe, im Tennis die problematischere ist, weil bei vielen von ihnen die dominierende Emotion die Angst ist. Sie befürchten, zu »versagen« und damit an Wertschätzung zu verlieren, ein Problem, dass der selbstbewusste Spieler nicht kennt.

Nun sind Emotionen nicht nur im Tennis die Triebfeder für alles, was wir tun. Nicht nur Freude oder gar Liebe treiben an und motivieren, auch negative Gefühle wie Ärger können eine positive Wirkung haben nach dem Motto »jetzt erst recht«. Sogar

Angst kann kurzfristig auf die Sprünge helfen (denken Sie an den Fluchtreflex von Tieren) aber auf Dauer ruft Angst vor irgendetwas – selbst wenn es wie im Tennis gar keinen echten Grund gibt – Blockaden hervor.

Es gibt unzählige sehr talentierte Spieler mit besten körperlichen Voraussetzungen, die mit den mentalen Hochs und Tiefs eines langen Tennismatches überhaupt nicht zurecht kommen (s. folgenden Abschnitt: »Tennistypen«). Die einen verschwenden ihre Zeit und Energie mit »Ärgern, Schimpfen und Erzählen«, dem Ventil des ängstlichen Spielers, der damit der Welt und sich erklären will, warum er versagt (d. h. verliert), andere erscheinen äußerlich ruhig, fangen aber bei wichtigen Punkten innerlich zu zittern an. Ärger und Angst lassen ab einem bestimmten Punkt dem Gehirn keine Kapazitäten mehr frei für die Konzentration auf den nächsten Punkt oder gar einen strategischen Plan, womit Säule drei, die Taktik, ebenfalls wegbricht. Diese mentale Energieverschwendung geschieht grundsätzlich in den Pausen – zwischen den Ballwechseln und bei den Seitenwechseln. Es ist reichlich Zeit vorhanden in einem Match, um sich entweder zu konzentrieren und zu erholen oder sich zu ärgern und zu verzweifeln: In einer Stunde fliegt der Ball nur etwa 15–20 Minuten hin und her, über 40 Minuten lang passiert nichts! Der erste und wichtigste Ansatz, der auch auf dem Platz geübt werden kann, ist also das »Pausenmanagement«. Man arbeitet dabei an sogenannten Ritualen, standardisierten Verhaltensweisen zwischen den Ballwechseln, die unabhängig von Spielstand und emotionaler Verfassung im Idealfall immer gleich ablaufen sollen. Sie können verhindern, dass der Spieler sich mit falschen Gedanken beschäftigt und Zeit mit Selbstzweifeln verschwendet. Allerdings darf man nicht außer Acht lassen, dass man sich in diesem Training mit den Symptomen und deren Kontrolle, nicht mit der **Ursache** eines psychologischen Problems beschäftigt. Die Suche danach ist sehr individuell und zeitaufwändig. Sie kann nur in Gesprächen außerhalb des Platzes, in denen die Begriffe Misserfolg, Versagen, Angst etc. persönlich definiert werden, stattfinden. Man sollte dabei die Frage aufwerfen, ob verlieren immer automatisch versagen bedeutet. Vielleicht ist scheitern das bessere Wort für Spieler, die zu solchen Gedanken neigen. Ihnen sei ein Spruch des irischen Schriftstellers Samuel Beckett ans Herz gelegt: ***»Immer versucht, immer gescheitert! Einerlei. Versuch's wieder, scheitere wieder, SCHEITERE BESSER!«***

Es ist grundsätzlich nicht ganz einfach, im Training das zu üben, was man unter Wettkampfbedingungen beherzigen soll – weil man zwar Wettkampfsituationen simulieren kann, jeder Spieler aber weiß, dass es nicht »echt« ist. Die Emotionen, um deren Kontrolle es geht, sind im Training oft nicht so intensiv wie im Match – oder sie sind grundsätzlich sehr viel positiver, weil man alles lockerer nimmt. Aber so wie z. B. auch Feuerwehr oder Polizei den »Ernstfall« unter gestellten Bedingungen trainieren, kann auch der Tennisspieler konstruierte Wettkampfsituationen wieder und wieder durchführen und sein Verhalten in diesen Momenten standardisieren, so dass er in der entsprechenden Stresssituation automatisch regiert. Jedes Trainingsmatch ist eine mentale Übung, in der man sich mit seinen Hochs und Tiefs beschäftigen und mit ihnen umgehen lernen muss. Deshalb sollte auch im Training möglichst oft um Punkte gespielt und dabei die entsprechenden Verhaltensweisen geübt werden, die der Konzentration und positiven Einstellung förderlich sind.

Als Trainer muss ich den Spielern klar machen, dass mentale Kontrolle genau wie Ballkontrolle trainierbar ist: durch Übungen und Wiederholungen, die konzentriert und intensiv durchgeführt werden müssen. Viele Tennisspieler neigen dazu, das »mentale Problem« zu verdrängen und nehmen Übungen in diesem Zusammenhang nicht besonders ernst.

Kleiner Exkurs: Tennistypen

Der »Babbler«
Sein Ziel ist, sich und der Welt in blumigen Worten zu erklären, warum etwas nicht klappt. Er ist sehr erfinderisch in der Wortwahl, und um seine Statements zu untermauern, spielt er auch schon einmal den gleichen blöden Ball mehrmals hintereinander, damit auch jeder sieht, was er meint. Der »Babbler« redet übrigens niemals über gelungene Schläge!

Der »Verzweifler«
Er geht, ohne es selbst zu merken, schon in der Überzeugung auf den Platz, dass das Schicksal gegen ihn ist. Der erste Platzfehler wird noch kopfschüttelnd akzeptiert, der zweite bereits laut beweint. Netzroller des Gegners und eigene, immer nur um Millimeter verfehlende Bälle bestätigen ihn darin, dass »heute« wirklich gar nichts geht. An ganz schlimmen Tagen fliegen Bälle über den Zaun und es müssen Rackets dran glauben.

Der »Technikfreak«
Er ist immer auf der Suche nach seiner Normalform, die er eigentlich noch nie im Leben gehabt hat. Denn Normalform ist bei ihm ein Synonym für Bestform. Darunter geht gar nichts. Kann ja auch nicht, denn entweder ist die Saite ein halbes Kilo zu weich, der Vorhandschwung immer 2 Millimeter zu flach oder das Griffband irgendwie rutschig. Er beschäftigt sich dann zwei Sätze mit der Perfektionierung der Aufschlagbewegung und merkt plötzlich, dass er verloren hat.

Der »Rhythmus-Spieler«
Er ist schon vor dem Match einfach daran zu erkennen, dass er sich am liebsten eine ganze Stunde einspielen würde, um endlich seinen Rhythmus zu finden. Leider trifft er immer auf Gegner, die einen solchen Mist zusammenspielen, dass vernünftiges rhythmisches Schlagen gar nicht möglich ist. Im Verlaufe des Matches werden daher alle seine Schläge zuverlässig schlechter statt besser – trotz stundenlangem Einspielen.

Zugegeben, diese Symptome findet man vorwiegend bei Männern. Frauen gehen mit den Problemen eines Tennismatches etwas weniger extrovertiert um. Alle diese Typen haben eines gemeinsam: dass sie es kaum oder gar nicht schaffen, sich um ihr Gegenüber zu kümmern, der auch nur ein Mensch ist und Schwächen hat, wodurch sie die eigentliche Aufgabe des Tennisspiels, nämlich die Auseinandersetzung mit dem *Gegner* statt mit sich selbst, aus dem Auge verlieren.

Konzentration

»Konzentriere dich!« ist wohl die meistgehörte Anweisung auf Tennisplätzen. Aber was ist damit eigentlich gemeint? Es gibt eine allgemeine und umfangreiche Konzentration auf das gesamte Geschehen im Match, darunter fällt zum Beispiel die taktische Planung so wie das Ausblenden von negativen Gedanken vor und während des Matches. Aber es gibt auch eine unmittelbare Konzentration auf den Schlagvorgang und vor allem das Spielgerät, den Ball. Die intensive Wahrnehmung der Aktionen auf dem Platz mit allen Sinnen (ich *sehe* den Ball, ich *höre* den Aufprall auf den Schläger, ich *fühle* die Schlagbewegung usw.) hilft einerseits, bei der Sache zu bleiben und nicht gedanklich abzuschweifen und andererseits natürlich bei der Ausführung der Schläge selbst. Diese sinnliche Wahrnehmung ist etwas, was man auf dem Tennisplatz gut trainieren und bewusst machen kann.

Viele der Konzentrationsübungen eignen sich auch hervorragend als Aufwärmprogramm für gute Spieler. Zusätzlich zu den folgenden interaktiven Übungen sind grundsätzlich auch Aufschlagübungen ein gutes Konzentrationstraining!

Rituale siehe Seite 264 .

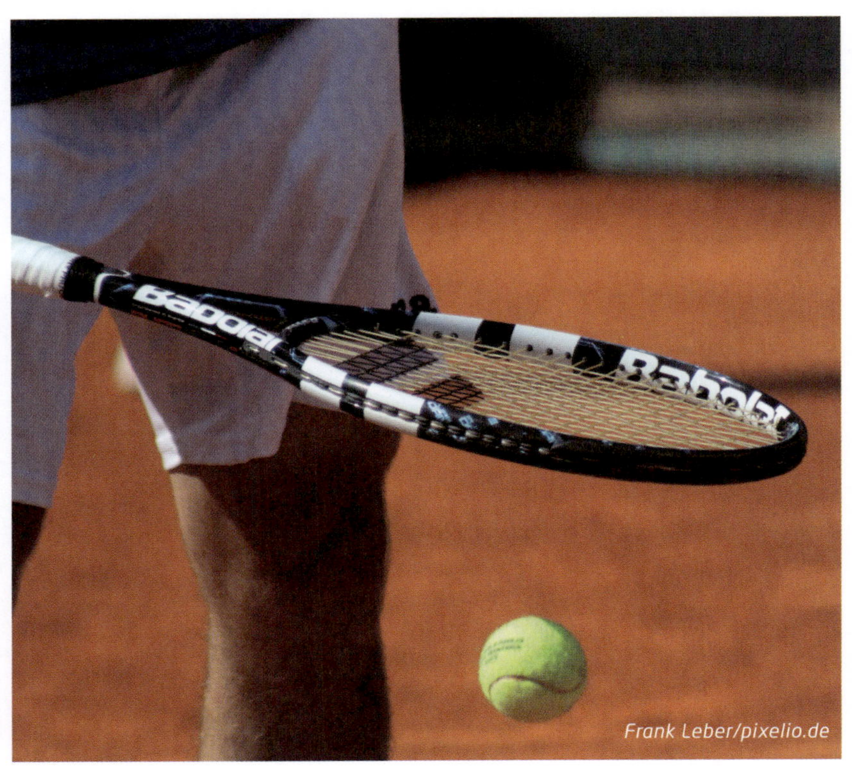

Frank Leber/pixelio.de

Rhythmus fühlen

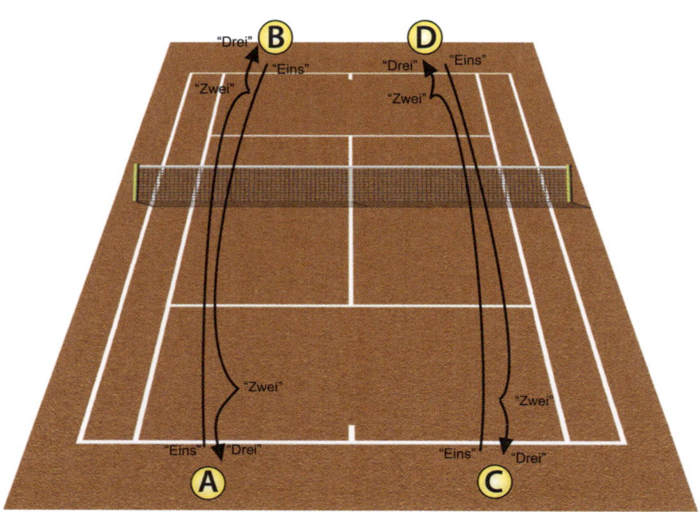

VH	RH	Vo	Sm	As	Rt	oT	2S	3S	4S

Anspruch:	●●●
Intensität:	●
Anzahl Spieler:	(2) 4
Dauer:	5 Min.
Zählweise:	keine, einfach ausprobieren.

Ziel

Konzentration auf Schlagrhythmus.

Beschreibung

A und B spielen lange Bälle (Einschlagen, Aufwärmen). Jeder begleitet den Spielrhythmus mit kurzen Ansagen. Beispiel: Gegner schlägt den Ball »eins«, Ball springt vor mir auf »zwei«, ich schlage den Ball »drei«. Durch die dauernde Wiederholung von »eins, zwei, drei« entsteht ein Gefühl für den Rhythmus der Übung und Konzentration auf die Bewegungsabläufe.

Variationen

Irgendetwas anders sagen (rot, gelb, grün) etc.

Anmerkungen

Spieler sollen Ansage deutlich aussprechen, allerdings so leise, dass der andere nicht gestört wird (die »drei« des einen ist die »eins« des anderen). Auch als Aufwärmübung geeignet (Kap. 1).

Drall fühlen

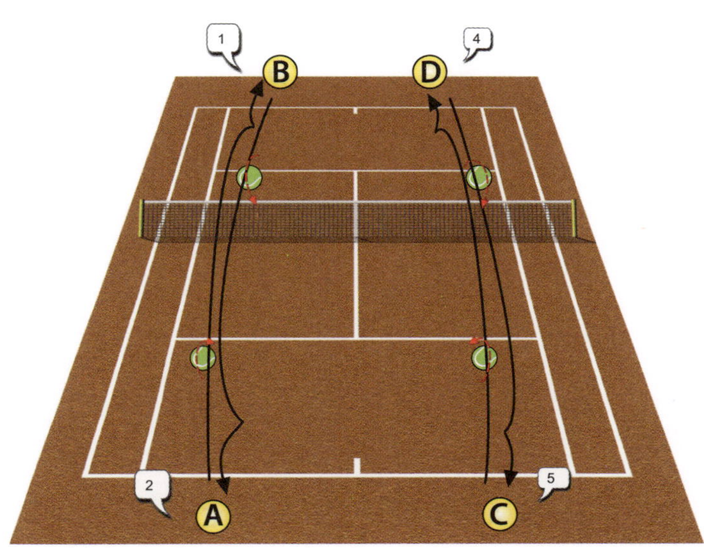

VH	RH	Vo	Sm	As	Rt	oT	2S	3S	4S

Anspruch:	●●●
Intensität:	●
Anzahl Spieler:	(2) 4
Dauer:	5 Min.
Zählweise:	keine, einfach ausprobieren.

Ziel
Konzentration auf Drall (eigener Ball).

Beschreibung
A und B spielen lange Bälle (Einschlagen, Aufwärmen). Jeder sagt bei seinen Schlägen den Drall des Balles an, in einer Wertung von »eins« (wenig oder kein Drall) bis »fünf« (maximaler Drall). Die Ausführung des Schlages findet bewusster statt.

Anmerkungen
Spieler sollen Ansage deutlich aussprechen. Die eigentliche Zahl spielt keine Rolle, wichtig ist, dass eine bewusste Beurteilung stattfindet. Auch als Aufwärmübung einsetzbar (Kap. 1).

Drall sehen

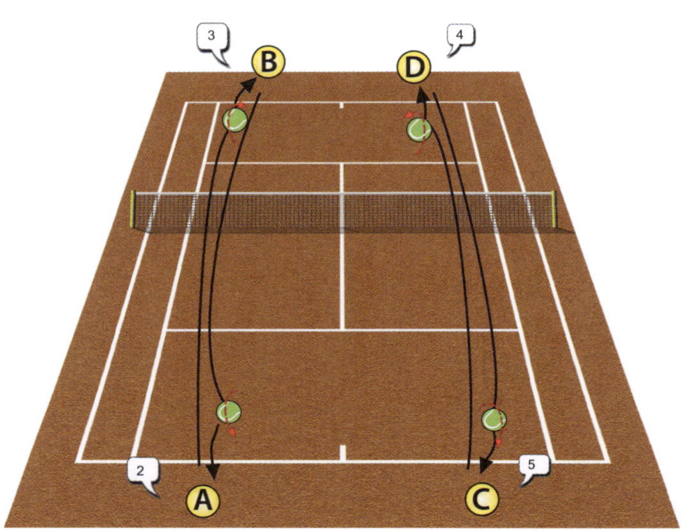

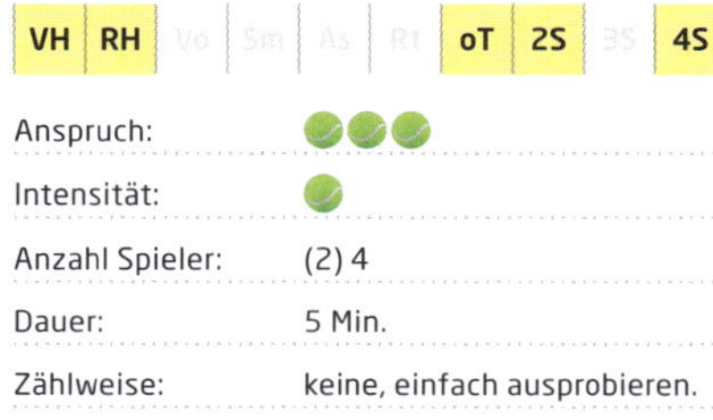

Anspruch:	
Intensität:	
Anzahl Spieler:	(2) 4
Dauer:	5 Min.
Zählweise:	keine, einfach ausprobieren.

Ziel

Konzentration auf Drall (Ball des Partners).

Beschreibung

A und B spielen lange Bälle (Einschlagen, Aufwärmen). Jeder kommentiert, wenn der Ball des Gegners vor ihm aufspringt, den Drall des Balles, in einer Wertung von »eins« (wenig oder kein Drall) bis »fünf« (maximaler Drall). Der ankommende Ball wird genauer angesehen.

Anmerkungen

Spieler sollen Ansage deutlich aussprechen. Die eigentliche Zahl spielt keine Rolle, wichtig ist, dass eine bewusste Beurteilung stattfindet! Auch als Aufwärmübung geeignet (Kap. 1).

Tempo spüren

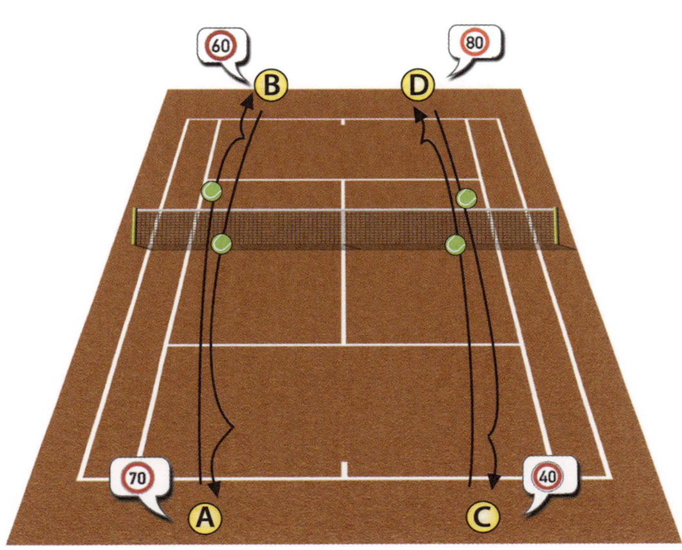

VH	RH	Vo	Sm	As	Rt	oT	2S	3S	4S

Anspruch:	●●●
Intensität:	●
Anzahl Spieler:	(2) 4
Dauer:	5 Min.
Zählweise:	keine, einfach ausprobieren.

Ziel

Konzentration auf das Tempo (eigener Ball).

Beschreibung

A und B spielen lange Bälle (Einschlagen, Aufwärmen). Jeder sagt bei seinen Schlägen das Tempo des Balles an, »schnell«, »mittel« oder »langsam«. Die Ausführung des Schlages findet bewusster statt.

Anmerkungen

Spieler sollen Ansage deutlich aussprechen. Auch als Aufwärmübung geeignet (Kap. 1).

Tempo sehen

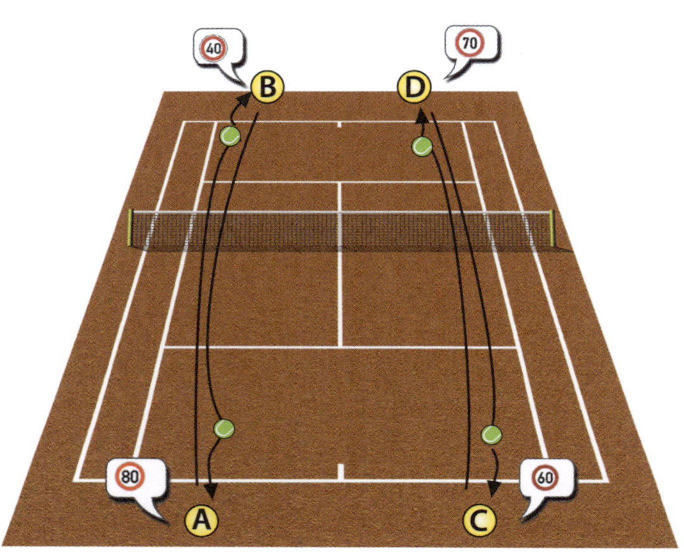

VH	RH	Vo	Sm	As	Rt	oT	2S	3S	4S

Anspruch:	●●●
Intensität:	●
Anzahl Spieler:	(2) 4
Dauer:	5 Min.
Zählweise:	keine, einfach ausprobieren.

Ziel
Konzentration auf das Tempo (Ball des Partners).

Beschreibung
A und B spielen lange Bälle (Einschlagen, Aufwärmen). Jeder kommentiert, wenn der Ball des Gegners vor ihm aufspringt, das Tempo des Balles in einer Wertung von »schnell«, »mittel« oder »langsam«. Der ankommende Ball wird genauer angesehen.

Anmerkungen
Spieler sollen Ansage deutlich aussprechen, jeder so leise, dass er den anderen nicht stört. Die eigentliche Zahl spielt keine Rolle, wichtig ist, dass eine bewusste Beurteilung stattfindet. Auch als Aufwärmübung geeignet (Kap. 1).

211

Höhe schätzen

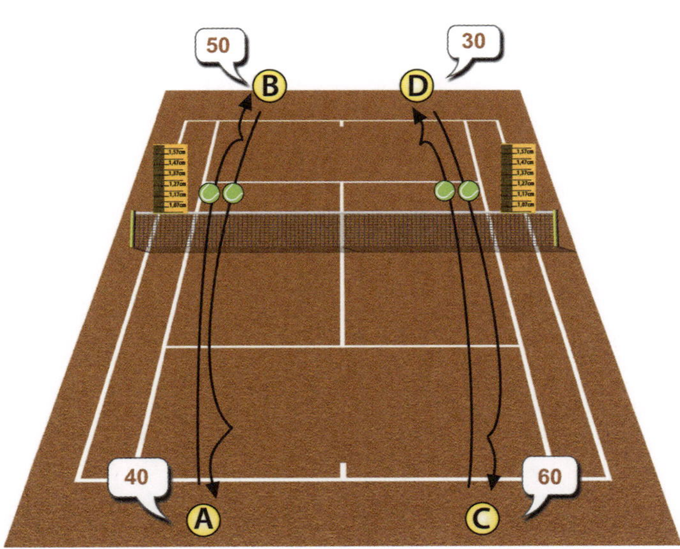

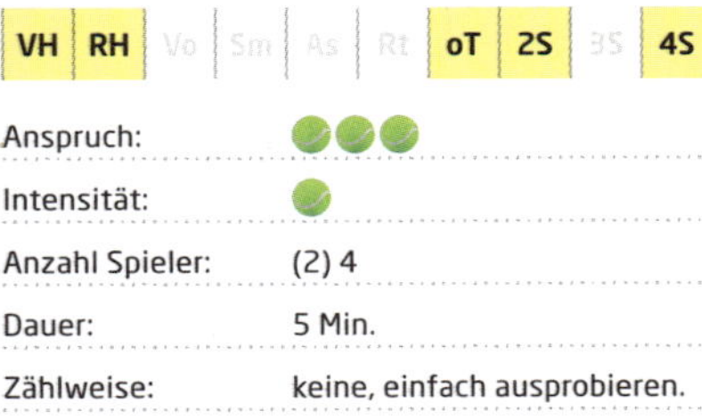

Anspruch:	●●●
Intensität:	●
Anzahl Spieler:	(2) 4
Dauer:	5 Min.
Zählweise:	keine, einfach ausprobieren.

Ziel

Konzentration auf Flugkurve (eigener und gegnerischer Ball).

Beschreibung

A und B spielen lange Bälle (Einschlagen, Aufwärmen). Jeder sagt, wenn der Ball das Netz überquert, die Höhe des Balles in cm an, und zwar bei dem eigenen und dem Ball des Gegners (also »80« oder »50« etc.). Die Exaktheit der Schätzung ist unwichtig, wichtig ist, dass man sich mit der Flugbahn beschäftigt und genau beobachtet.

Anmerkungen

Spieler sollen Ansage deutlich aber leise aussprechen. Nach einer Gewöhnungsphase wird es in dieser Übung keine Netzfehler mehr geben. Auch als Aufwärmübung einsetzbar (Kap. 1).

Atmung

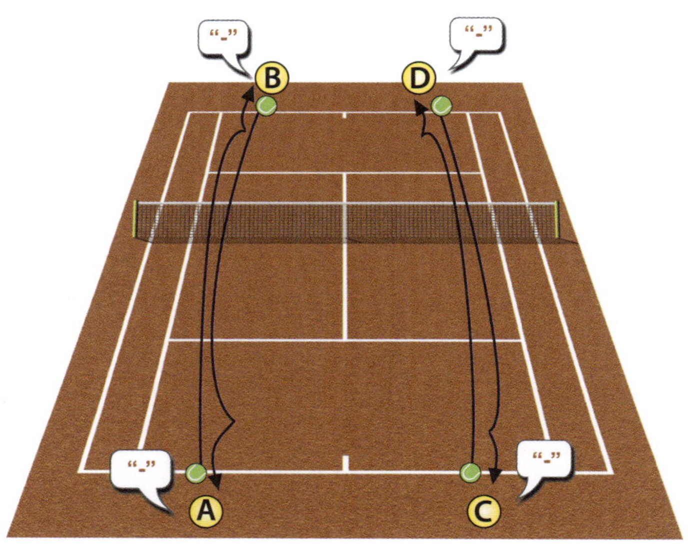

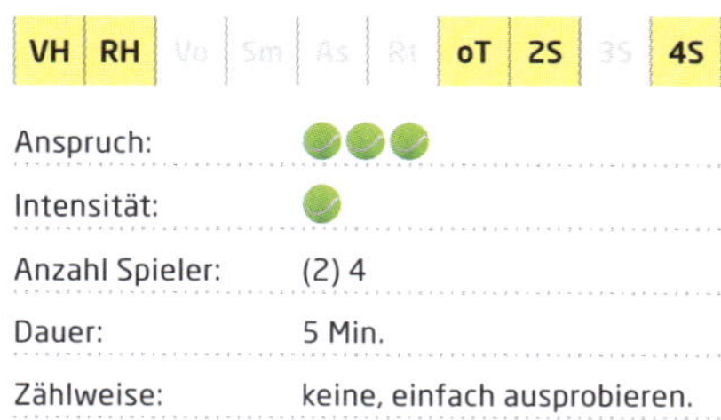

VH | RH | Vo | Sm | As | Rt | oT | 2S | 3S | 4S

Anspruch:	●●●
Intensität:	●
Anzahl Spieler:	(2) 4
Dauer:	5 Min.
Zählweise:	keine, einfach ausprobieren.

Ziel

»Freie« Bewegung spüren.

Beschreibung

A und B spielen lange Bälle (Einschlagen, Aufwärmen). Jeder Spieler atmet in dem Moment, in dem er seinen Schlag durchzieht, deutlich hörbar aus.

Anmerkungen

Dabei wird natürlich das Stöhnen einiger Profis imitiert werden, aber das ist okay. Das deutliche Ausatmen sorgt für eine optimal flüssige Kraftübertragung und einen freien Schwung. Macht die Bewegung bewusst und geht auch ohne Töne. Auch als Aufwärmübung geeignet (Kap. 1).

Tunnelblick

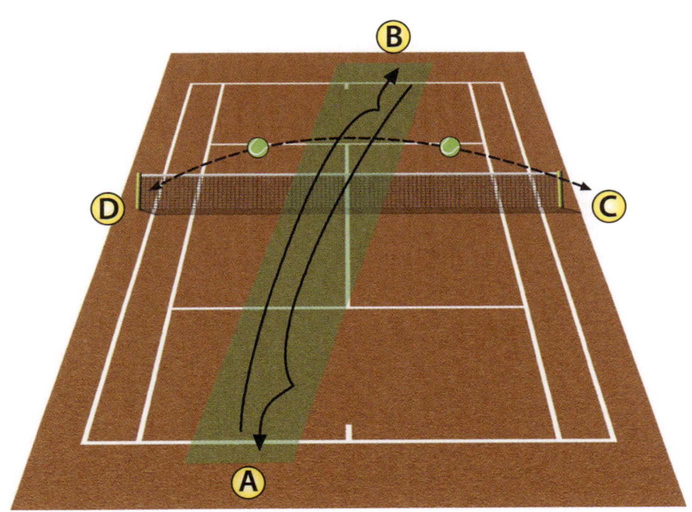

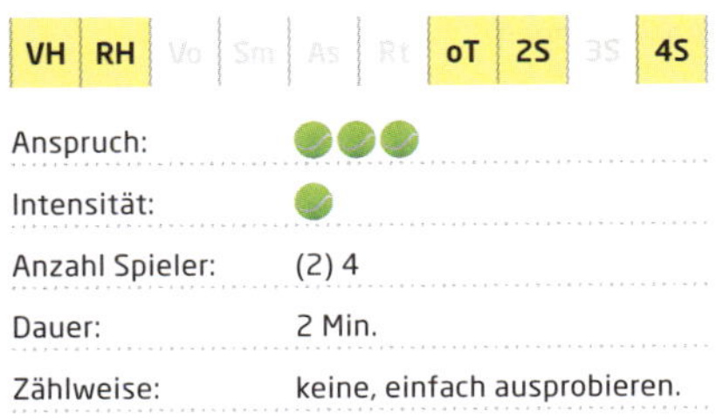

Anspruch:	●●●
Intensität:	●
Anzahl Spieler:	(2) 4
Dauer:	2 Min.
Zählweise:	keine, einfach ausprobieren.

Ziel
Konzentration auf den Ball.

Beschreibung
A und B spielen lange Bälle (Einschlagen, Aufwärmen). C und D stehen an den Netzpfosten und werfen während des Ballwechsels einen Ball hin und her.

Anmerkungen
Die Spieler sollen versuchen, trotz der Störung 2 Minuten lang keinen Ball zu verschlagen. Der Flug des eigenen Balles soll wie in einem Tunnel gesehen werden.

Ausblenden

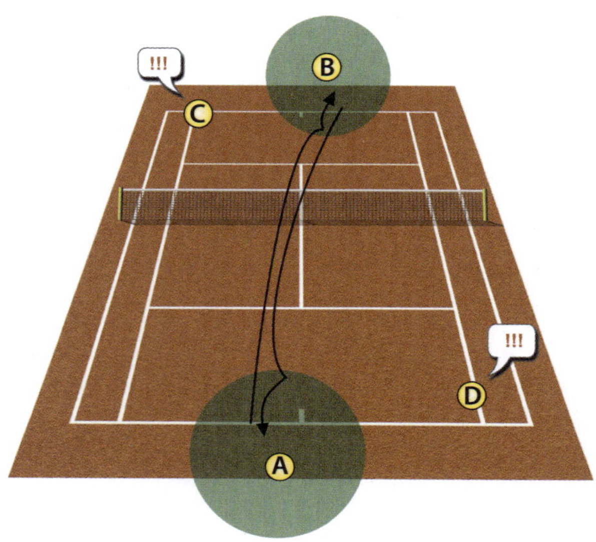

VH	RH	Vo	Sm	As	Rt	oT	2S	3S	4S

Anspruch:	●●●
Intensität:	●
Anzahl Spieler:	(2) 4
Dauer:	2 Min.
Zählweise:	keine, einfach ausprobieren.

Ziel

Konzentration auf den Ball.

Beschreibung

A und B spielen lange Bälle (Einschlagen, Aufwärmen). C und D stehen neben A und B an der Grundlinie und versuchen, mit Geräuschen, Gesten oder Rufen zu stören.

Anmerkungen

Die Spieler sollen versuchen, trotz der Störung 2 Minuten lang keinen Ball zu verschlagen. Kann leicht in Quatsch ausarten, sollte aber ernst genommen werden. Es sollen laute und störende Zuschauer simuliert werden, die der Spieler ausblenden muss.

Wahrsager

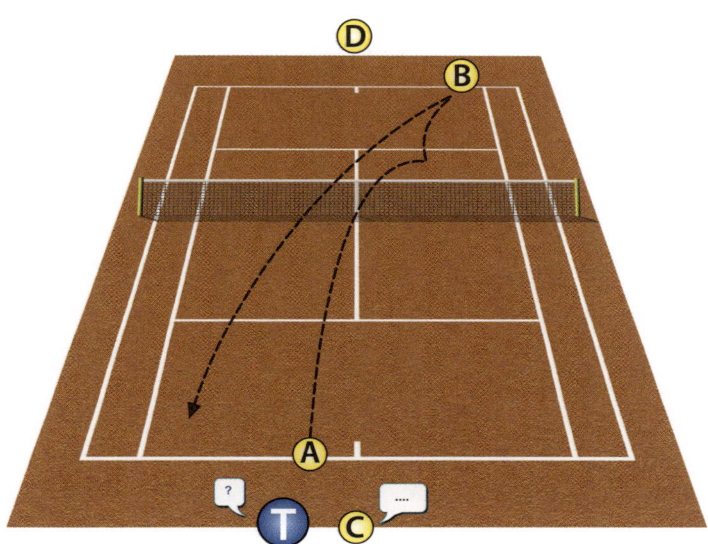

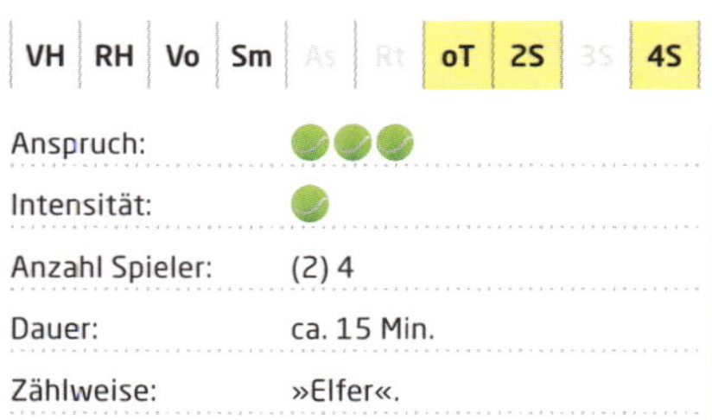

VH	RH	Vo	Sm	As	Rt	oT	2S	3S	4S

Anspruch:	●●●
Intensität:	●
Anzahl Spieler:	(2) 4
Dauer:	ca. 15 Min.
Zählweise:	»Elfer«.

Ziel

Realistische (Selbst-)Einschätzung.

Beschreibung

A und B spielen »Elfer« (siehe Übung Nr. 332). Der Trainer steht hinter A und fragt vor jedem Ballwechsel, was passieren wird. Nach Beendigung des Matches kurze Besprechung, ob die Ansagen realistisch waren.

Anmerkungen

Es können zwei Paare abwechselnd Punkte ausspielen, der Trainer fragt beide Spieler auf seiner Seite. Die Spieler sollen feststellen, ob sie sich realistisch einschätzen können.

Kommando

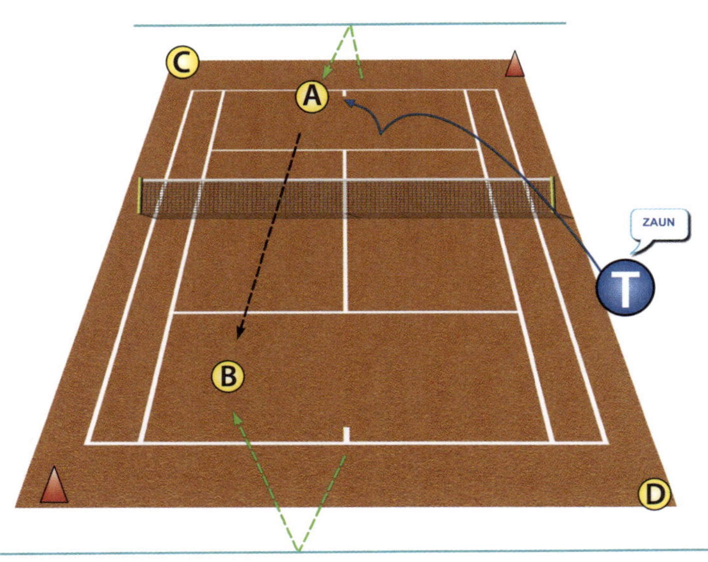

VH	RH	Vo	Sm	As	Rt	oT	2S	3S	4S

Anspruch:	
Intensität:	
Anzahl Spieler:	2-4
Dauer:	ca. 20 Min.
Zählweise:	Jeder gegen jeden bis 11.
Hilfsmittel:	Laufziele (Linien, Hütchen).

Ziel

Aufmerksamkeit, schnelle Reaktion.

Beschreibung

A und B spielen im Einzelfeld drei Punkte hintereinander aus. Der Trainer ruft ein Kommando (»Zaun«, »Netz«, »Hütchen«, »T-Linie«), auf das die Spieler zu dem entsprechenden Ziel oder Gegenstand laufen und diesen mit dem Schläger berühren müssen. Danach spielt er einen schwierigen Ball an und der Punkt wird ausgespielt. Nach 3 gespielten Bällen wechseln A und B die Seite, C und D spielen währenddessen drei Bälle aus. Dann wieder A und B, B wird jetzt vom Trainer angespielt.

Variationen

Kann mit 2, drei (zwei gegen einen) oder vier gespielt werden.

Anmerkungen

Der Trainer steuert die Übung mit seinem Zuspiel. Kann sehr anstrengend gestaltet werden. Klingt zunächst eher nach einer Drillübung, schult aber aufgrund der verschiedenen Ansagen die Wahrnehmungsfähigkeit der Spieler, besonders von Kindern.

Aufschlagprognose

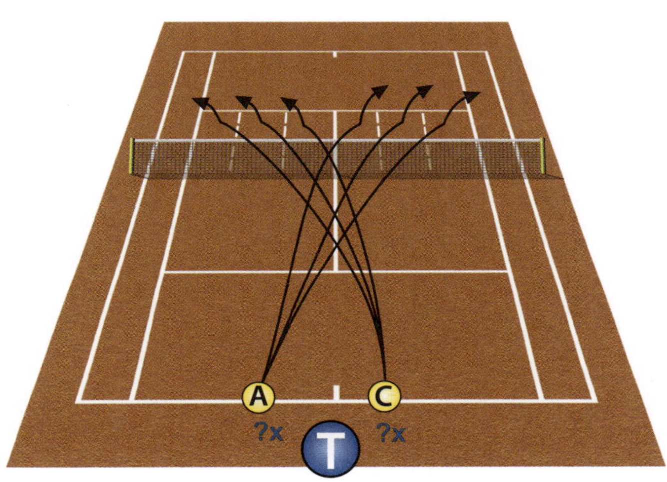

VH	RH	Vo	Sm	As	Rt	oT	2S	3S	4S

Anspruch:	●●●
Intensität:	●
Anzahl Spieler:	2-4
Dauer:	ca. 15 Min.
Zählweise:	Wie viele Treffer wurden richtig angesagt?

Ziel
Konzentration bei der Spieleröffnung, Selbsteinschätzung.

Beschreibung
Das Aufschlagfeld wird in 3 Zonen geteilt (VH-Mitte-RH). Der Spieler macht 10 Aufschläge und sagt vorher, wie viele in welches Feld gehen (Beispiel: 5 RH, 2 Mitte, 2 VH, ein Fehler). Anschließend wird überprüft, wie richtig die Prognose war.

Anmerkungen
Der Aufschlag ist der einzige Schlag, bei dem man immer Zeit hat, sich Gedanken zu machen. Man sollte lernen, diese Chance zu nutzen. Jede Aufschlagübung mit Vorgaben ist eine Konzentrationsübung. **Somit können fast alle Übungen im Kap. 4: »Eröffnungsschläge« auch Konzentrationstraining sein.**

Rituale

Bevor man bestimmte Verhaltensweisen zu Beginn eines jeden Punktes einübt muss der Spieler erst einmal den Sinn und den Hintergrund der Sache verstanden haben und sich selbst als Spieler richtig einschätzen können. Sodann muss eine Bereitschaft vorliegen, am eigenen Verhalten etwas zu verbessern und es müssen Vorbilder existieren, an denen man sich orientieren kann. Anschließend wird für das Match (bzw. für die Pausen im Match) ein »Drehbuch« festgelegt.

Sollten diese Voraussetzungen gegeben sein, muss der Spieler in jeder Übung mit matchähnlichem Charakter an seine Vorgaben erinnert werden und zu entsprechender Verhaltensweise auf gefordert werden. Die Rituale müssen zum Spieler passen, nicht jeder akzeptiert jedes Ritual.

Die Übungen Nr. 218–231 sind daher nur als Vorschläge zu sehen. Sie können nur während des Matchtrainings durchgeführt und kontrolliert werden, erläuternde Grafiken erübrigen sich also. Rituale sind so individuell wie der Spieler, der sie ausführt. Ziel ist immer das »Herunterkommen« nach einem gespielten Punkt, unabhängig vom Ausgang und die Konzentration auf bzw. der Einstieg in den nächsten Punkt.

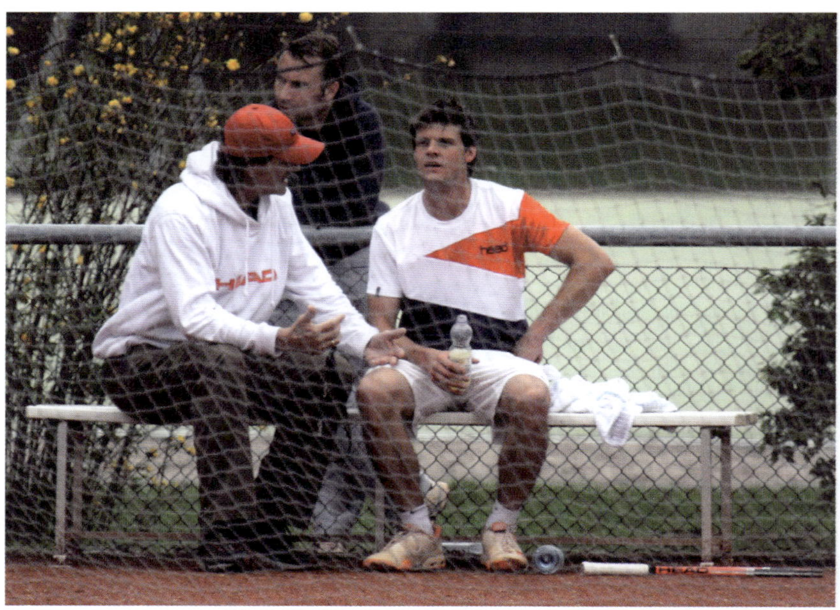

Die Pause muss genutzt werden ...

218 Atmung kontrollieren

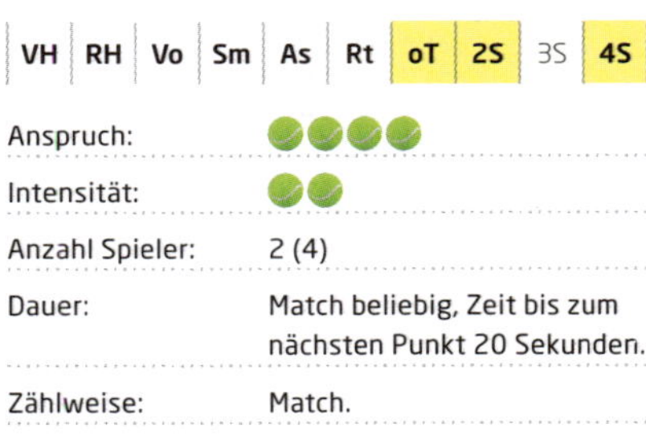

VH	RH	Vo	Sm	As	Rt	**oT**	**2S**	3S	**4S**

Anspruch:	●●●●
Intensität:	●●
Anzahl Spieler:	2 (4)
Dauer:	Match beliebig, Zeit bis zum nächsten Punkt 20 Sekunden.
Zählweise:	Match.

Ziel
Körperliche und mentale Belastung des gespielten Punktes verarbeiten.

Beschreibung
A und B »matchen«. Nach Beendigung eines Punktes achten beide Spieler darauf, sofort tief aus- und einzuatmen und dann die Atmung kontrolliert ruhiger werden zu lassen. Sie müssen ihre Atemzüge spüren.

Variation
Zwei Matches parallel auf einem Platz, immer zwei Punkte abwechselnd spielen (Aufschlag von rechts und von links).

Anmerkungen
Trainer gibt Aufgabe vor, überwacht und kontrolliert. Nichts beeinflusst die mentale Verfassung wirkungsvoller als die Atmung.

219 Augen kontrollieren

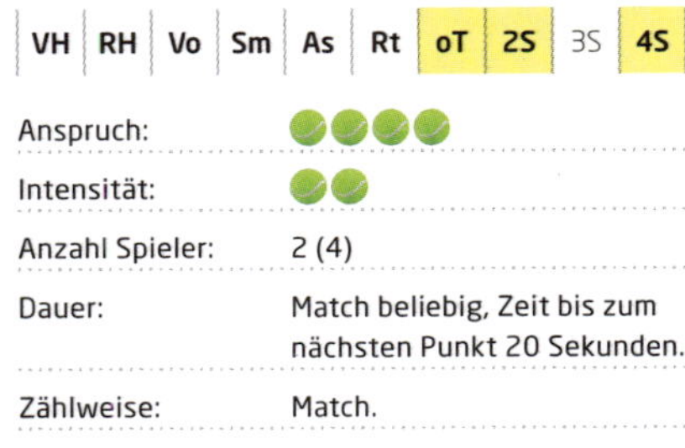

VH	RH	Vo	Sm	As	Rt	**oT**	**2S**	3S	**4S**

Anspruch:	●●●●
Intensität:	●●
Anzahl Spieler:	2 (4)
Dauer:	Match beliebig, Zeit bis zum nächsten Punkt 20 Sekunden.
Zählweise:	Match.

Ziel
Konzentration auf das Geschehen auf dem Platz.

Beschreibung
A und B »matchen«. Nach Beendigung eines Punktes fixieren beide Spieler einen Gegenstand auf oder am Platz (Ball, Linie, Plane am Zaun). Es wird bewusst vermieden, »nach draußen« (Zuschauer, Betreuer) zu blicken.

Variation
Zwei Matches parallel auf einem Platz, immer zwei Punkte abwechselnd spielen (Aufschlag von rechts und von links).

Anmerkungen
Trainer gibt Aufgabe vor, überwacht und kontrolliert. Wer die Augen auf dem Platz lässt, beschäftigt sich nicht mit Dingen, die außerhalb des Matches vorgehen.

Auf-und-ab-Gehen

VH	RH	Vo	Sm	As	Rt	**oT**	**2S**	3S	**4S**

Anspruch:	●●●●
Intensität:	●●
Anzahl Spieler:	2 (4)
Dauer:	Match beliebig, Zeit bis zum nächsten Punkt 20 Sekunden.
Zählweise:	Match.

Ziel
Weitere mentale und körperliche Erholung.

Beschreibung
A und B »matchen«. Nach Beendigung eines Punktes gehen beide Spieler ruhig ein paar Schritte hin und her. Normalerweise bietet es sich an, ruhig den Ball für den nächsten Punkt zu holen. Ansonsten reichen ein paar langsame Schritte Richtung Zaun und wieder zurück zur Grundlinie.

Variation
Zwei Matches parallel auf einem Platz, immer zwei Punkte abwechselnd spielen (Aufschlag von rechts und von links).

Anmerkungen
Trainer gibt Aufgabe vor, überwacht und kontrolliert. Wer es braucht, kann auch zu seinem Handtuch gehen, das er vorher in Grundliniennähe deponiert hat und Gesicht, Hände und Schlägergriff trocknen.

Saiten richten

VH	RH	Vo	Sm	As	Rt	**oT**	**2S**	3S	**4S**

Anspruch:	●●●●
Intensität:	●●
Anzahl Spieler:	2 (4)
Dauer:	Match beliebig, Zeit bis zum nächsten Punkt 20 Sekunden.
Zählweise:	Match.

Ziel
Einstimmung auf den nächsten Punkt.

Beschreibung
A und B »matchen«. Nach Beendigung eines Punktes und Verarbeitung des Erlebten bereiten sich beide auf den nächsten Schlagabtausch vor. Es bietet sich eine Handlung an wie das Richten der Saiten am Schläger. Besonders für den Returnspieler ist bis zum nächsten Punkt mehr »Warten« angesagt, so dass sich anbietet, die Zeit mit einem entsprechenden Ritual auszufüllen. Es kann auch etwas ganz anderes sein (Beschäftigung mit der Kleidung, mit dem Ball für den nächsten Aufschlag etc.). Es sollte aber ruhig und konzentriert stattfinden (kein nervöses Nesteln).

Variation
Zwei Matches parallel auf einem Platz, immer zwei Punkte abwechselnd spielen (Aufschlag von rechts und von links).

Anmerkungen
Trainer gibt Aufgabe vor, überwacht und kontrolliert. Zu diesem Zeitpunkt muss der vergangene Punkt abgehakt sein und die Planung des nächsten Balles setzt ein.

222

223

Lockern (Tänzeln)

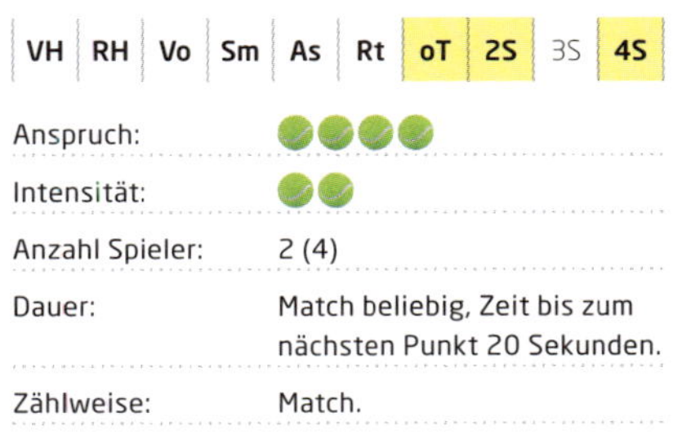

VH	RH	Vo	Sm	As	Rt	oT	2S	3S	4S

Anspruch:	●●●●
Intensität:	●●
Anzahl Spieler:	2 (4)
Dauer:	Match beliebig, Zeit bis zum nächsten Punkt 20 Sekunden.
Zählweise:	Match.

Ziel
Muskulatur entspannen.

Beschreibung
A und B »matchen«. Nach Beendigung eines Punktes und Verarbeitung des Erlebten bereiten sich beide auf den nächsten Schlagabtausch vor. Eine letzte Handlung vor dem Einstieg in den nächsten Ballwechsel ist die endgültige Entspannung der Muskulatur. Aufschläger hopsen oft ein paar Mal von einem Bein aufs andere, Returnspieler tänzeln oder gehen ein oder zweimal besonders tief in die Knie. Die Verhaltensweise ist sehr individuell, der Spieler sollte sich damit wohlfühlen. Schauspielerei hilft nicht weiter.

Variation
Zwei Matches parallel auf einem Platz, immer zwei Punkte abwechselnd spielen (Aufschlag von rechts und von links).

Anmerkungen
Trainer gibt Aufgabe vor, überwacht und kontrolliert. Die Spieler müssen jetzt gedanklich voll in der Planung für den nächsten Punkt sein.

Aktivieren

VH	RH	Vo	Sm	As	Rt	oT	2S	3S	4S

Anspruch:	●●●●
Intensität:	●●
Anzahl Spieler:	2 (4)
Dauer:	Match beliebig, Zeit bis zum nächsten Punkt 20 Sekunden.
Zählweise:	Match.

Ziel
Spannung aufbauen.

Beschreibung
A und B »matchen«. Nach Beendigung eines Punktes und Verarbeitung des Erlebten bereiten sich beide auf den nächsten Schlagabtausch vor. Nach der Entspannung beginnt die Aktivierungsphase für den bevorstehenden nächsten Punkt. Der Spieler atmet ein paar Mal verstärkt aus, klatscht sich auf den Oberschenkel, puscht sich evtl. durch einige an sich selbst gerichtete aufmunternde Worte (»weiter so«, »come on« etc.). Auch hier gilt: Die Verhaltensweise ist sehr individuell, der Spieler sollte sich damit wohlfühlen.

Variation
Zwei Matches parallel auf einem Platz, immer zwei Punkte abwechselnd spielen (Aufschlag von rechts und von links).

Anmerkungen
Trainer gibt Aufgabe vor, überwacht und kontrolliert. Die Spieler müssen jetzt gedanklich voll in der Planung für den nächsten Punkt sein.

224

225

Position einnehmen

VH	RH	Vo	Sm	As	Rt	oT	2S	3S	4S

Anspruch:	●●●●
Intensität:	●●
Anzahl Spieler:	2 (4)
Dauer:	Match beliebig, Zeit bis zum nächsten Punkt 20 Sekunden.
Zählweise:	Match.

Ziel

Vorbereitung zum Eröffnungsschlag, Zielplanung.

Beschreibung

A und B »matchen«. Nach Beendigung eines Punktes und Verarbeitung des Erlebten bereiten sich beide auf den nächsten Schlagabtausch vor. Der nächste Punkt steht an, beide nehmen ihre Positionen ein, die von der entsprechenden Zielsetzung abhängt. Der Aufschläger wird sich eventuell ein wenig mehr links oder rechts positionieren, je nachdem, wohin der Aufschlag platziert werden soll. Dem Gegner gibt das nicht unbedingt einen Hinweis, es könnte ja auch eine »Finte« sein. Der Returnspieler wird sich – je nach Erfahrung mit den ersten und zweiten Aufschlägen seines Gegners – überlegen, ob er sich näher oder weiter weg von der Grundlinie aufbaut.

Variation

Zwei Matches parallel auf einem Platz, immer zwei Punkte abwechselnd spielen (Aufschlag von rechts und von links).

Anmerkungen

Trainer gibt Aufgabe vor, überwacht und kontrolliert. Die Spieler gehen den geplanten Schlag im Kopf durch und haben den Gegner im Auge.

Zielfixierung

VH	RH	Vo	Sm	As	Rt	oT	2S	3S	4S

Anspruch:	●●●●
Intensität:	●●
Anzahl Spieler:	2 (4)
Dauer:	Match beliebig, Zeit bis zum nächsten Punkt 20 Sekunden,
Zählweise:	Match.

Ziel

Letzte Konzentration auf den geplanten Ball, Beobachtung des Gegners.

Beschreibung

A und B »matchen«. Nach Beendigung eines Punktes und Verarbeitung des Erlebten bereiten sich beide auf den nächsten Schlagabtausch vor. Der nächste Punkt steht an, beide haben ihre Positionen eingenommen. Beide fixieren ihre Ziele, der Aufschläger die Zone im Aufschlagfeld, wohin das Service gehen soll sowie die Position des Returnspielers, der Returnspieler fixiert ausschließlich den Aufschläger, um aus dessen Bewegungen eventuell Hinweise zu erhalten, was er vorhat.

Variation

Zwei Matches parallel auf einem Platz, immer zwei Punkte abwechselnd spielen (Aufschlag von rechts und von links).

Anmerkungen

Trainer gibt Aufgabe vor, überwacht und kontrolliert. Die heiße Phase vor dem Eröffnungsschlag hat begonnen. Beide Spieler sollten jetzt keinen anderen Gedanken mehr im Kopf haben als den nächsten Schlag.

226

227

Visualisierung

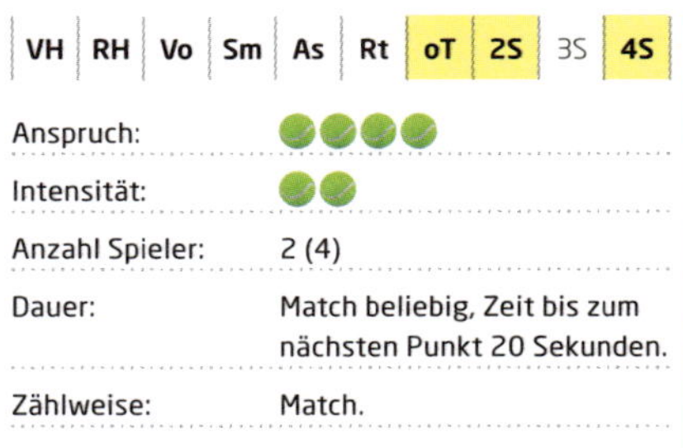

VH	RH	Vo	Sm	As	Rt	oT	2S	3S	4S

Anspruch:	●●●●
Intensität:	●●
Anzahl Spieler:	2 (4)
Dauer:	Match beliebig, Zeit bis zum nächsten Punkt 20 Sekunden.
Zählweise:	Match.

Ziel
Vorstellung (Visualisierung) des nächsten Schlages.

Beschreibung
A und B »matchen«. Nach Beendigung eines Punktes und Verarbeitung des Erlebten bereiten sich beide auf den nächsten Schlagabtausch vor. Der nächste Punkt steht an, beide fixieren ihre Ziele und gehen den beabsichtigten Schlag im Kopf durch, d. h. sie stellen sich Durchschwung, Flugbahn und Aufprall in der Zielzone intensiv vor (»ideomotorisch«). Der Aufschläger hat hier alle Freiheiten, da er unbeeinflusst agieren kann. Der Returnspieler plant nach bisherigen Erfahrungen, muss aber flexibel sein.

Variation
Zwei Matches parallel auf einem Platz, immer zwei Punkte abwechselnd spielen (Aufschlag von rechts und von links).

Anmerkungen
Trainer gibt Aufgabe vor, überwacht und kontrolliert. Wer diese »ideomotorische« Visualisierung mit voller innerer Überzeugung durchführen kann, hat einen klaren Vorteil gegenüber Spielern, die das nicht können. Die Voraussetzung dafür ist allerdings die im Training erarbeitete Fähigkeit, einen entsprechenden Aufschlag oder Return durchführen zu können (»Kompetenz«).

Ball tippen (Aufschläger)

VH	RH	Vo	Sm	As	Rt	oT	2S	3S	4S

Anspruch:	●●●●
Intensität:	●●
Anzahl Spieler:	2 (4)
Dauer:	Match beliebig, Zeit bis zum nächsten Punkt 20 Sekunden.
Zählweise:	Match.

Ziel
Einleitung der Aufschlagsbewegung.

Beschreibung
A und B »matchen«. Nach Beendigung eines Punktes haben beide ihre Positionen für den nächsten Ballwechsel eingenommen. Der Aufschläger leitet sein Service damit ein, dass er den Ball mit der Wurfhand einige Male vor der vorderen Fußspitze prellt.

Variation
Zwei Matches parallel auf einem Platz, immer zwei Punkte abwechselnd spielen (Aufschlag von rechts und von links).

Anmerkungen
Trainer gibt Aufgabe vor, überwacht und kontrolliert. Das meistverbreitete Ritual im Tennis, es gibt wohl kaum einen Aufschläger, der darauf verzichtet, obwohl es eigentlich ohne Sinn ist. Die ursprüngliche Absicht war wohl, Sand aus dem Ball zu prellen …

Bereit zum Split Step (Return)

VH	RH	Vo	Sm	As	Rt	oT	2S	3S	4S

Anspruch:	●●●●
Intensität:	●●
Anzahl Spieler:	2 (4)
Dauer:	Match beliebig, Zeit bis zum nächsten Punkt 20 Sekunden.
Zählweise:	Match.

Ziel
Einleitung des Returnschlages.

Beschreibung
A und B »matchen«. Nach Beendigung eines Punktes haben beide ihre Positionen für den nächsten Ballwechsel eingenommen. Der Aufschläger leitet gerade sein Service damit ein, dass er den Ball prellt, der Returnspieler steht offen mit gleichmäßiger Belastung auf beiden Füßen und geht in eine etwas tiefere und geduckte Haltung. Sobald der Aufschläger den Ball anwirft, macht er einen kleinen Sprung nach vorne in den sogenannten »Split Step«. Er kann jetzt optimal in jede Richtung reagieren.

Variation
Zwei Matches parallel auf einem Platz, immer zwei Punkte abwechselnd spielen (Aufschlag von rechts und von links).

Anmerkungen
Trainer gibt Aufgabe vor, überwacht und kontrolliert. Positionierung und Verhalten des Returnspielers sind sehr individuell. Manch einer ist extrem geduckt und sprungbereit, ein anderer steht so cool da, als ob er auf den Bus wartet. Grundsätzlich macht es Sinn, in einer Bewegung dem Ball entgegen in den Split Step zu kommen – exakt in dem Moment, wenn der Aufschläger den Ball trifft. Ein erfahrener Returnspieler fixiert in diesem Moment ausschließlich die Wurfbewegung und den Ball und kann unter Umständen die Aufschlagsrichtung dadurch früher erkennen (»Lesen« des Aufschlags).

Seitenwechsel

VH	RH	Vo	Sm	As	Rt	oT	2S	3S	4S

Anspruch:	●●●●
Intensität:	●●
Anzahl Spieler:	2 (4)
Dauer:	Match beliebig, Zeit bis zum nächsten Punkt 90 Sekunden.
Zählweise:	Match.

Ziel
Zeitmanagement beim Seitenwechsel.

Beschreibung
A und B »matchen«. Nach Beendigung eines Spiels zu ungeradem Spielstand wechseln beide die Seiten. Die folgenden Verhaltensweisen werden kontrolliert abgearbeitet: setzen und kurzes Verarbeiten des letzten Punktes (Atmung), muskuläre und geistige Entspannung, Gespräch mit dem Betreuer (Vergangenheit kurz, kommendes – nächstes Spiel – und taktisch-technische Pläne ausführlicher), trinken, abtrocknen etc., Aktivierung und aufstehen. Die Vorgehensweise ist die gleiche wie zwischen einzelnen Punkten, allerdings mit deutlich mehr Zeit.

Variation
Zwei Matches parallel auf einem Platz, immer zwei Punkte abwechselnd spielen (Aufschlag von rechts und von links).

Anmerkungen
Trainer agiert als Betreuer, sitzt mit auf der Bank. Als Betreuer hat der Trainer beste Möglichkeiten, den Spieler in die richtige Richtung zu bringen, auf der Bank ist mehr Zeit zur Verarbeitung der Situation. Coaching ist sehr individuell, der Trainer muss die richtigen Worte finden.

Gedanken notieren

VH	RH	Vo	Sm	As	Rt	oT	2S	3S	4S

Anspruch:	●●●●
Intensität:	●●
Anzahl Spieler:	2 (4)
Dauer:	beliebig.
Zählweise:	Match beliebig, Zeit bis zum nächsten Punkt 20 Sekunden.
Hilfsmittel:	Notizbuch.

Ziel

Mentale Belastung des gespielten Punktes festhalten.

Beschreibung

A und B »matchen«. Nach Beendigung eines Punktes drückt der Spieler auf der Trainerseite seine Gedanken laut aus. Der Trainer macht Notizen.

Variation

Zwei Matches parallel auf einem Platz, immer zwei Punkte abwechselnd spielen (Aufschlag von rechts und von links).

Anmerkungen

Mit zunehmendem Matchverlauf werden die Aussagen der Spieler realistischer. Nach dem Match werden die Notizen durchgesehen und besprochen.

Smiley

VH	RH	Vo	Sm	As	Rt	oT	2S	3S	4S

Anspruch:	●●●●
Intensität:	●●
Anzahl Spieler:	2 (4)
Dauer:	beliebig.
Zählweise:	Match beliebig, Zeit bis zum nächsten Punkt 20 Sekunden.

Ziel

Versuch, die Stimmung positiv zu beeinflussen.

Beschreibung

A und B »matchen«. Nach Beendigung eines Punktes zieht jeder der Spieler einen vorher eingesteckten »Smiley« (Button, Aufkleber) aus der Tasche und schaut ihn intensiv an.

Variation

Zwei Matches parallel auf einem Platz, immer zwei Punkte abwechselnd spielen (Aufschlag von rechts und von links).

Anmerkungen

Klingt zunächst lächerlich, wird am Anfang vielleicht auch so behandelt. Mit zunehmender Matchdauer wird der Spieler aber durch den Smiley gezwungen, über sein eigenes negatives Verhalten nachzudenken. Statt einen »Smiley« kann man auch einen selbstgestalteten Zettel einstecken.

7. Drilltraining

Übung 232-249

(siehe auch: *alle Übungsformen mit höherer Belastung*)

Das Drilltraining ist aufgegliedert in die Unterkapitel
Laufübungen - Übung 232 und 233
Traineranspiel - Übung 234-246
Selbständiges Spiel - Übung 247-249

Das Wort »Kondition« wird oft etwas schwammig benutzt. Die im Tennis entscheidenden Faktoren sind Beweglichkeit, Schnelligkeit und Schnelligkeitsausdauer, weniger Kraft und (aerobe) Ausdauer. Es macht also wenig Sinn für einen Tennisspieler, Dauerläufe von 10 oder 15 km zu absolvieren oder im Fitness-Studio Muskelmasse zuzulegen. Beides ist sogar, wenn man es übertreibt, der Leistung auf dem Tennisplatz abträglich. Obwohl Profis auch einige Zeit in »Gyms« verbringen, kann der normale Tennisspieler fast alles, was er an Kondition für sein Spiel braucht, auf dem Tennisplatz trainieren. Im Prinzip ist jede Übung mit viel Bewegung auch eine »Drill«- oder »Kondi«-Übung, wie die Tennisspieler gerne sagen. Oder sie kann mit leichten Modifizierungen dazu gemacht werden. Wichtig bei all diesen Übungen ist die Bereitschaft des Schülers, mitzumachen und an seine persönliche Belastungsgrenze zu gehen. Bei Menschen, die damit keine Erfahrung haben und sich beim Tennis normalerweise mit ihren konditionellen Defiziten »durchmogeln« (und davon gibt es viele, besonders technisch gute Spieler sind oft faul!), muss man als Trainer erst Überzeugungsarbeit leisten, dass Training unter hoher körperlicher Belastung einen Spieler weiterbringt. Schafft man es nicht, seine Schüler auf diesen Weg mitzunehmen, wird das Drilltraining zu einem Frusterlebnis – und zwar für beide Seiten! Es gibt Übungen, die Tennisfähigkeiten UND konditionelle Faktoren trainieren (sind zu bevorzugen) und solche, die ausschließlich die »Kondition« verbessern und auch außerhalb des Tennisplatzes stattfinden könnten. Eine Lösung dazwischen ist das mittlerweile recht bekannte und beliebte »Cardio-Tennis«, das Tennis-Schlagübungen mit konditionellen und koordinativen Aufgaben in rasanter Folge verbindet, teilweise zur Motivation mit Musik unterlegt. In seiner ursprünglichen Form ist das ein schönes »Work Out« und hat daher auch seine Berechtigung, bringt den ambitionierten Tennisschüler allerdings spielerisch nicht weiter. Inzwischen gibt es auch »Cardio-Tennis« für Fortgeschrittene, das mehr Ballwechsel integriert. Fazit also: »Tennisspezifische Kondition« ist mit den entsprechenden Übungen gut auf dem Platz trainerbar. Wer noch eine »Schippe drauf legen will«, muss außerhalb des Tennisplatzes etwas für Ausdauer, Schnelligkeit oder Schnellkraft tun.

Einige Übungen aus Kapitel 10: »Doppelübungen« eignen sich bei schnellem Zuspiel hervorragend als spielerische Drillübungen!

Bälle holen

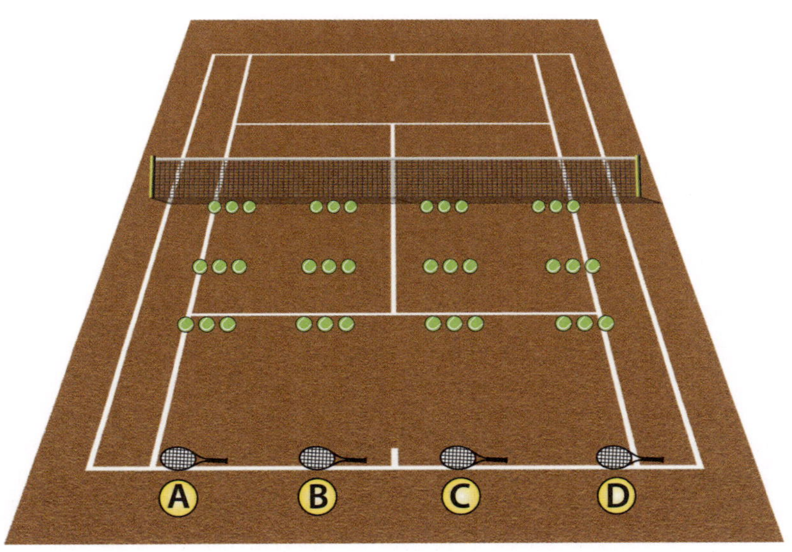

VH	RH	Vo	Sm	As	Rt	oT	2S	3S	4S	5S	6S

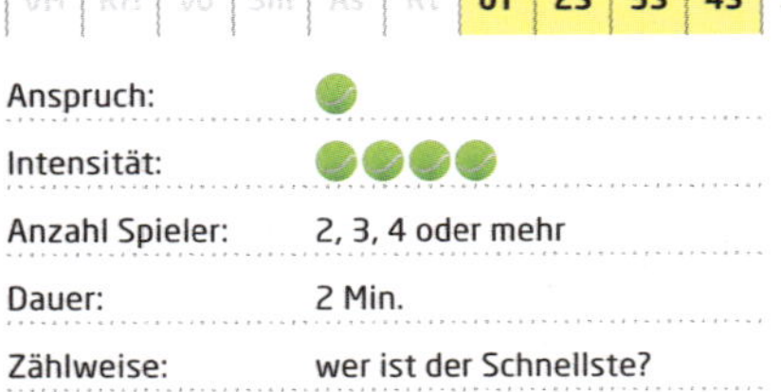

Anspruch:	
Intensität:	
Anzahl Spieler:	2, 3, 4 oder mehr
Dauer:	2 Min.
Zählweise:	wer ist der Schnellste?

Ziel
Schnelligkeitsausdauer

Beschreibung
Es werden jeweils 3 Bälle an der T-Linie, 3 Bälle mittig zwischen T und Netz und weitere 3 Bälle direkt ans Netz gelegt. Jeder Spieler hat eine solche Reihe von 9 Bällen vor sich und legt seinen Schläger auf die Grundlinie. Auf Kommando werden die Bälle *einzeln* eingesammelt und auf den Schläger gelegt. Die Reihenfolge ist beliebig.

Variationen
3 x 4 Bälle

Anmerkungen
anstrengende und einfache Übung, hervorragend für Kinder geeignet (Kap. 9: »Kinderübungen«).

Bälle klauen

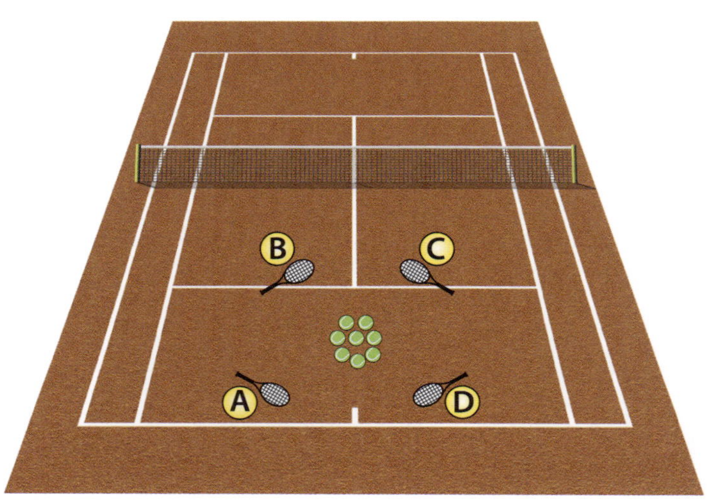

VH | RH | Vo | Sm | As | Rt | oT | 2S | 3S | 4S | 5S | 6S

Anspruch:	●
Intensität:	●●●
Anzahl Spieler:	3, 4 oder 5
Dauer:	2 Min.
Zählweise:	wer hat zuerst 3 Bälle?

Ziel
Schnelligkeit, Koordination, Orientierung

Beschreibung
Alle Spieler legen ihre Schläger im Kreis in gleichmäßigem Abstand voneinander auf den Boden. In der Mitte werden 6 Bälle bei 3 Spielern, 8 Bälle bei 4 Spielern und 11 Bälle bei 5 Spielern platziert. Bälle und Schläger sollen etwa 2 bis 3 Meter Abstand voneinander haben. Auf Kommando werden die Bälle einzeln aus der Mitte geholt. Ziel ist es, als erster 3 Bälle auf seinem Schläger zu haben. Da die Bälle nicht ausreichen, darf man vom Nachbarn »klauen«.

Variationen
Anzahl der Bälle in der Mitte verändern (ausprobieren!)

Anmerkungen
sehr lustige und einfache Übung, ganz besonders für Kinder geeignet (Kap. 9: »Kinderübungen«).

Schmetter-Drill

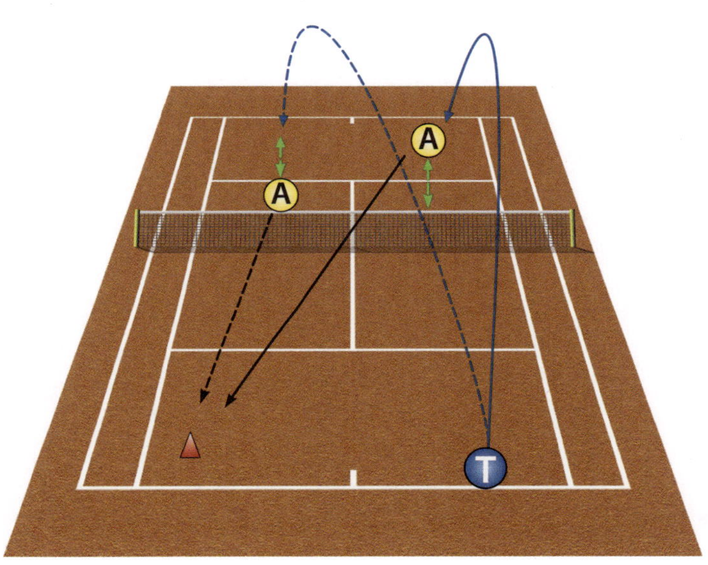

VH | RH | Vo | **Sm** | As | Rt | oT | **2S** | 3S | **4S**

Anspruch:	●●●
Intensität:	●●●●
Anzahl Spieler:	4 (2 im Wechsel)
Dauer:	10 Min.
Zählweise:	nach Vorgabe
Hilfsmittel:	Ziel in RH-Ecke

Ziel

Schnelligkeitsausdauer, Koordination unter Belastung

Beschreibung

Zwei Spieler postieren sich am Netz nebeneinander und schmettern abwechselnd auf Trainerzuspiel. Nach jedem Schmetterball muss die Netzkante mit der Schlägerspitze berührt werden. Ein Ziel (Hütchen, Balleimer) steht in der RH-Ecke. Spieler bekommen eine Vorgabe (Treffer, Anzahl der Schmetterbälle, wer schafft es länger o.ä.).

Variationen

verschiedene Vorgaben

Anmerkungen

Der Trainer steuert die Belastung mit seinen Lobs. Jeder Spieler sollte an seine Belastungsgrenze kommen. Zwei Spieler unter Belastung, zwei ruhen sich aus. Auch Kap. 3b: »Überkopf-Training«.

Squash-Drill

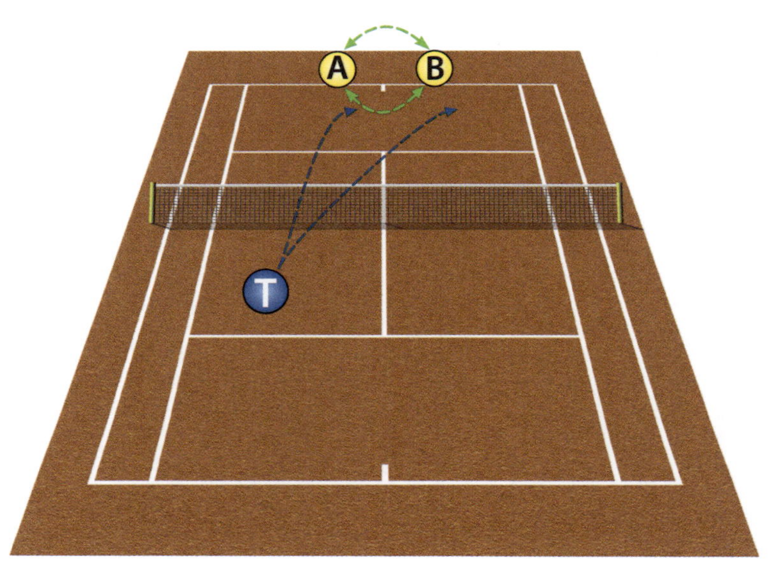

VH	RH	Vo	Sm	As	Rt	oT	2S	3S	4S

Anspruch:	●●●
Intensität:	●●●●
Anzahl Spieler:	2, 3 oder 4 (2 im Wechsel)
Dauer:	10 Min.
Zählweise:	abwärts von 30

Ziel
Schnelligkeitsausdauer, Schlaggenauigkeit unter Belastung

Beschreibung
Zwei Spieler an der Grundlinie erlaufen vom Trainer zugespielte Volleys. Sie müssen abwechselnd schlagen, wie beim Squash, der Ball bleibt im Spiel. Jeder Spieler muss 30 Bälle erlaufen und sicher zurückspielen (der Ball muss für den Trainer erreichbar sein). Ein Fehler bedeutet 3 Schläge zusätzlich. Die Spieler zählen jeweils ihre Schläge laut rückwärts herunter. Wer 0 hat, darf raus, der andere spielt alleine zu Ende.

Variationen
1.) höhere »Strafe« für Fehler (dauert länger)
2.) bei drei Spielern: wer einen Fehler macht, wird durch den dritten (wartenden) Spieler fliegend ersetzt.

Anmerkungen
Der Trainer steuert die Belastung mit seinen Volleys. Das Zuspiel ist extrem anspruchsvoll, die Bälle sollten nicht zu leicht und nicht zu schwer erreichbar sein. Schüler müssen motiviert sein.

Grundlinien-Drill

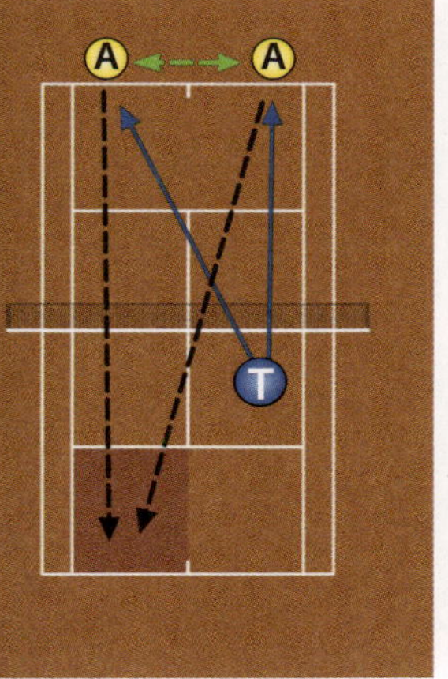

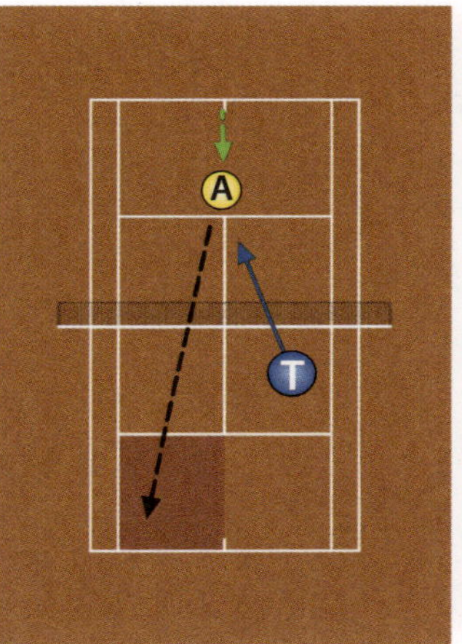

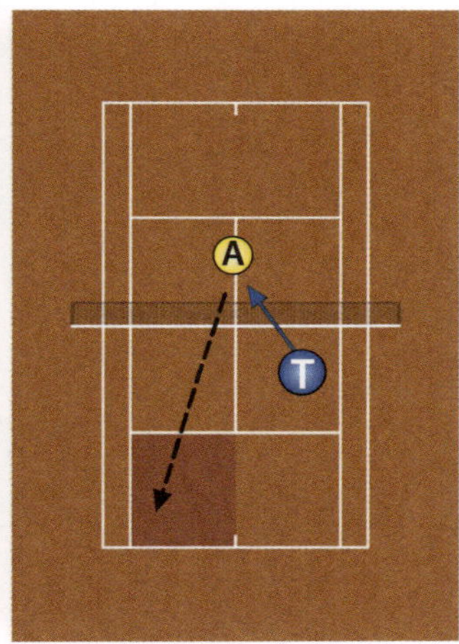

Zuspiel GL rechts-links ... *... nach 3 Treffern Zuspiel T-Linie und Zuspiel Volley*

VH	RH	Vo	Sm	As	Rt	oT	2S	3S	4S

Anspruch:	●●●
Intensität:	●●●●
Anzahl Spieler:	2-4
Dauer:	3 Min. pro Spieler
Zählweise:	1.) wieviele Punkte werden in 3 Minuten erreicht?
	2.) 30 Punkte müssen geschafft werden
Hilfsmittel:	Zielzone

Ziel

Schnelligkeitsausdauer, Schlaggenauigkeit unter Belastung

Beschreibung

Der Spieler an der Grundlinie wird vom Trainer abwechselnd auf der VH und der RH angespielt. Er soll eine Zielzone der RH-Ecke der anderen Seite treffen. Jeder Treffer zählt einen Punkt. Sobald er drei Punkte erreicht hat, erhält er ein kurzes Zuspiel auf die T-Linie und anschließend ein Zuspiel für einen Volley. Ein Treffer mit dem Angriffsball zählt 2 Punkte, der Volley 3 Punkte. Nach diesen »Bonus«-Schlägen geht es wieder zurück an die Grundlinie.

Variationen

Zielzone größer/kleiner oder verlegen

Anmerkungen

Zuspiel an der Grundlinie und Zielzone den konditionellen und technischen Fähigkeiten des Spielers anpassen, sonst gibt es Frust.

Stern-Drill

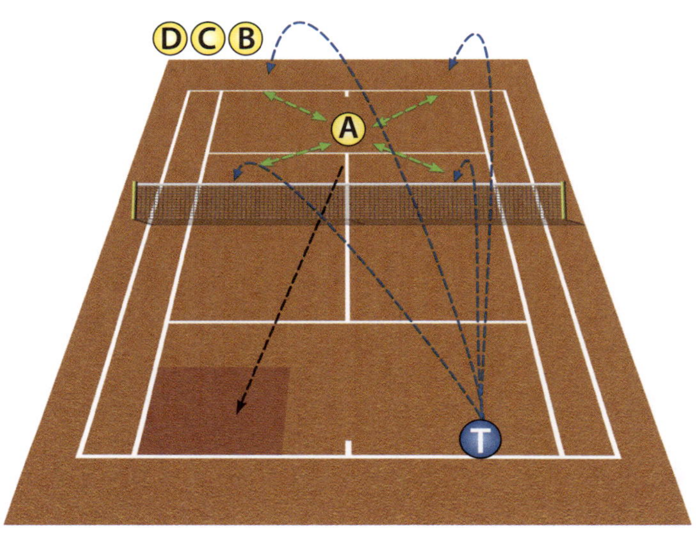

VH	RH	Vo	Sm	As	Rt	oT	2S	3S	4S

Anspruch:	
Intensität:	
Anzahl Spieler:	2-4
Dauer:	ca. 10 Min.
Zählweise:	wer genau spielt, muss weniger laufen
Hilfsmittel:	Zielzone

Ziel
Schnelligkeitsausdauer, Schlaggenauigkeit unter Belastung

Beschreibung
Der Ausgangspunkt liegt ein Meter innerhalb des Feldes mittig vor der Grundlinie, Der Trainer spielt entweder einen sehr langen und hohen Ball in die VH- oder RH-Ecke, so dass der Spieler nach hinten ausweichen muss, um den Ball gezielt schlagen zu können, oder er spielt einen Stopp. Der Spieler versucht alle Bälle zu erlaufen und eine Zielzone auf der anderen Seite zu treffen. Jeder Treffer zählt einen Punkt. Sobald er 10 Punkte erreicht hat, ist er »erlöst« und der nächste ist dran.

Variationen
1.) Zielzone größer/kleiner
2.) Bälle in festgelegter Reihenfolge anspielen oder unregelmäßig (»Stern«)
3.) wer schafft die meisten Treffer in 3 Minuten?

Anmerkungen
Auch hier gilt: Zuspiel den konditionellen Fähigkeiten des Spielers anpassen, sonst gibt es Frust.

Volley-Drill

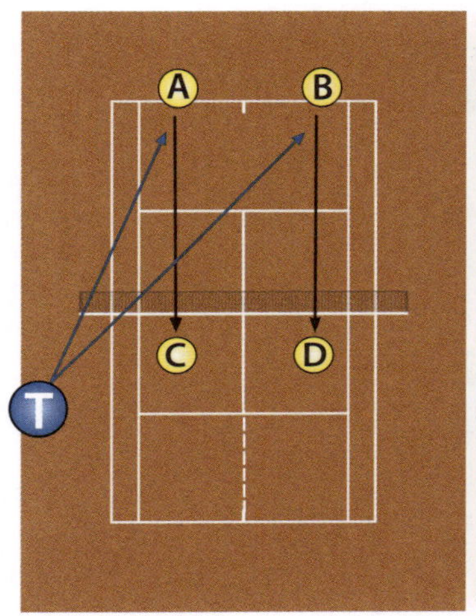

A und B spielen Partner am Netz an ...

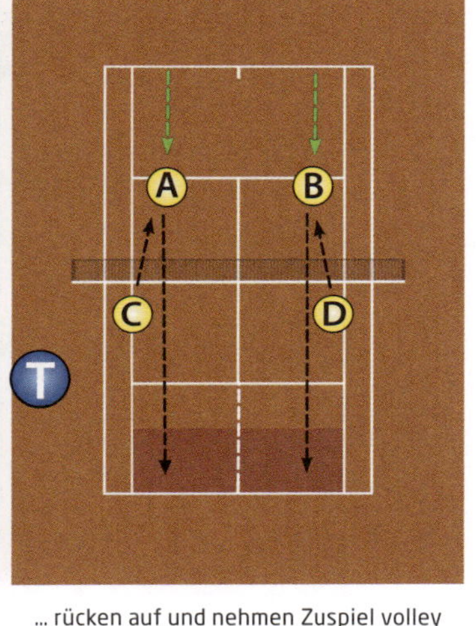

... rücken auf und nehmen Zuspiel volley

VH	RH	Vo	Sm	As	Rt	oT	2S	3S	4S

Anspruch:	●●●
Intensität:	●●●●
Anzahl Spieler:	(2) 4
Dauer:	6 Min.
Zählweise:	wieviele Treffer werden in 2 x 3 Minuten erreicht?
Hilfsmittel:	Zielzone

Ziel

Schnelligkeitsausdauer, Schlaggenauigkeit unter Belastung

Beschreibung

A und C sowie B und D bilden jeweils ein Team. A und B an der Grundlinie werden vom Trainer angespielt. Der GL-Spieler spielt den Ball seinem am Netz postierten Partner zu und rückt sofort auf. Der Partner spielt volley zurück, der aufgerückte GL-Spieler nimmt dieses Zuspiel ebenfalls volley und platziert den Ball in eine Zielzone (Partner am Netz lässt den Ball durch). Noch während sein Volley unterwegs ist, bewegt sich der GL-Spieler rückwärts zur Grundlinie, sobald er sie erreicht hat, bekommt er ein neues Zuspiel vom Trainer. Nach 3 Minuten wechseln die Partner die Positionen.

Variationen

Zielzone größer/kleiner

Anmerkungen

GL-Spieler dazu anhalten, weit genug zurück zu gehen (je anstrengender es wird, um so früher werden sie stehen bleiben und auf das Zuspiel warten). Ausgezeichnetes Volleytraining (Kap 3a).

239 Traineranspiel

Dreiecks-Drill

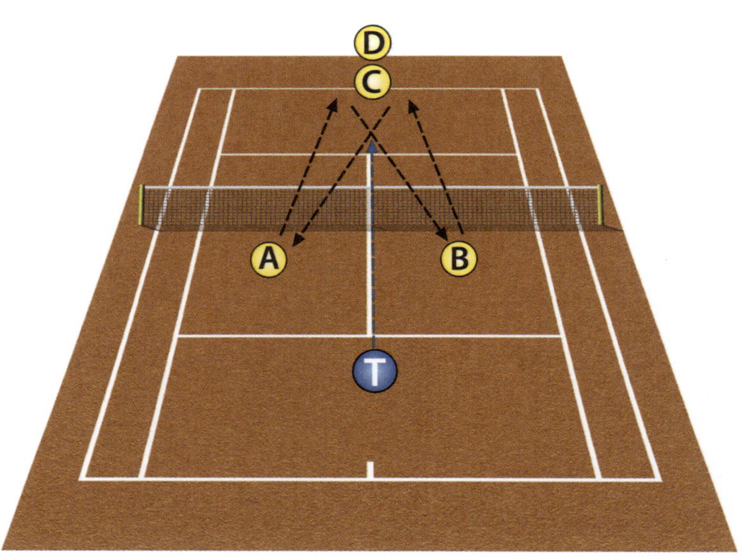

VH	RH	Vo	Sm	As	Rt	oT	2S	3S	4S

Anspruch:	●●●
Intensität:	●●●●
Anzahl Spieler:	(3) 4
Dauer:	10 Min.
Zählweise:	30 Bälle pro Spieler

Ziel
Schnelligkeitsausdauer, Schlaggenauigkeit unter Belastung

Beschreibung
A und B am Netz spielen Volleys, C muss 30 Bälle an der Grundlinie erlaufen und »sauber« (erreichbar) zurückspielen. Dabei soll er A und B abwechselnd anspielen. Der Trainer spielt nach Fehlern einen neuen Ball an. Anschließend ist D an der Reihe, danach Wechsel Netz/Grundlinie.

Variationen
weniger Bälle, bei Fehlern »Straf«bälle

Anmerkungen
Übung funktioniert nur ab einem entsprechenden Spielniveau und wenn die Spieler den »Geist« der Übung verstehen, d. h. sie sind bereit, sich zu konzentrieren und zu quälen. Volleys müssen erreichbar sein, ohne zugespielt zu werden.

Passierball-Drill

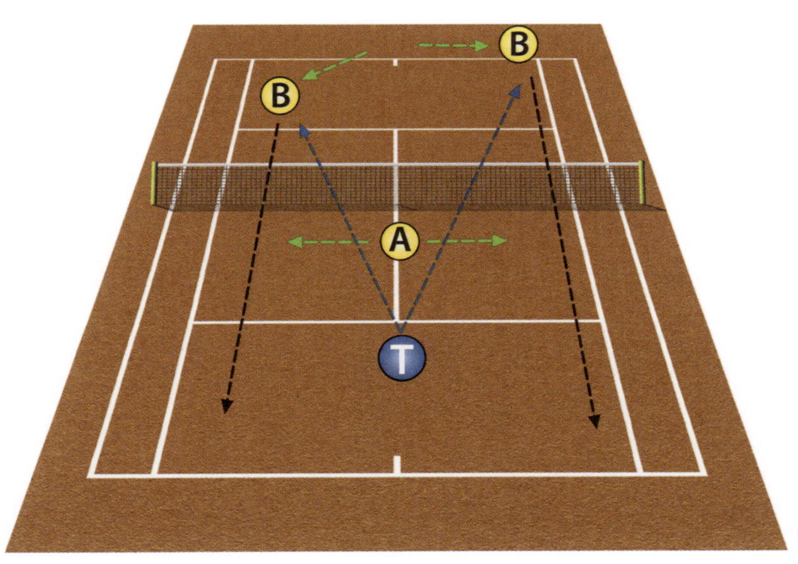

VH	RH	Vo	Sm	As	Rt	oT	2S	3S	4S

Anspruch:	●●●
Intensität:	●●●●
Anzahl Spieler:	2-4
Dauer:	max. 3 Min. an der GL pro Spieler
Zählweise:	bestimmte Anzahl von Passierballpunkten muss erreicht werden

Ziel

Schnelligkeitsausdauer, Schlaggenauigkeit unter Belastung

Beschreibung

A an der Grundlinie wird vom Trainer unregelmäßig auf VH und RH angespielt. Er versucht mit jedem Schlag, B am Netz zu passieren. Lobs sind verboten. A soll eine vereinbarte Anzahl von Passierbällen schaffen. B versucht ihn zu »ärgern« und die Übung zu verlängern, indem er möglichst viele Volleys zurückspielt.

Variationen

1.) Anzahl von Punkten muss erreicht werden, jeder zurückgebrachte Volley ist ein Punkt Abzug

2.) es gelten nur »glatte« Passierbälle, d. h. der Netzgegner darf den Ball nicht berühren (viel schwieriger).

Anmerkungen

Zurückgespielte Volleys werden nicht weitergespielt und sollten aus dem Feld laufen. Darauf achten und evtl. Spiel unterbrechen, wenn Bälle im Feld liegen. **Für den Netzspieler eine gute Volley- und Reaktionsübung (Kap. 3a: »Volleytraining«).**

Rotations-Drill

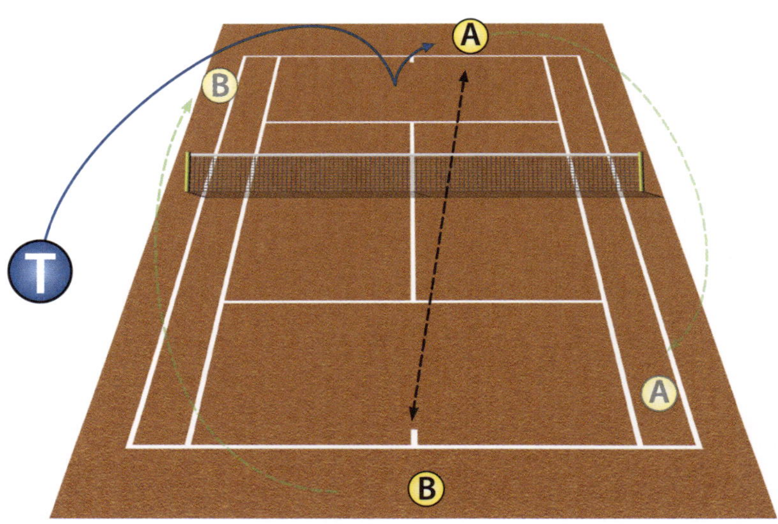

VH	RH	Vo	Sm	As	Rt	oT	2S	3S	4S

Anspruch:	●●●
Intensität:	●●●●
Anzahl Spieler:	4
Dauer:	ca. 15 Min.
Zählweise:	Satz bis 11, jeder gegen jeden

Ziel

Schnelligkeitsausdauer, Schlaggenauigkeit unter Belastung

Beschreibung

A und B spielen auf Trainerzuspiel einen Punkt von der Grundlinie aus. Danach starten beide sofort auf die andere Seite des Platzes. Der Trainer spielt einen Lob, sobald der annehmende Spieler den Netzpfosten erreicht. Der Spieler erläuft den Lob, *darf diesen ersten Ball nicht Volley nehmen*, der Punkt wird ausgespielt. Anschließend wieder Seitenwechsel für den nächsten Punkt. Der schnellere Spieler hat einen Vorteil. Vier Punkte werden so ausgespielt, danach sind C und D dran.

Variationen

längere oder kürzere Sätze je nach Leistungsfähigkeit der Spieler

Anmerkungen

Zuspiel den Möglichkeiten der Spieler anpassen

Elfer-Drill

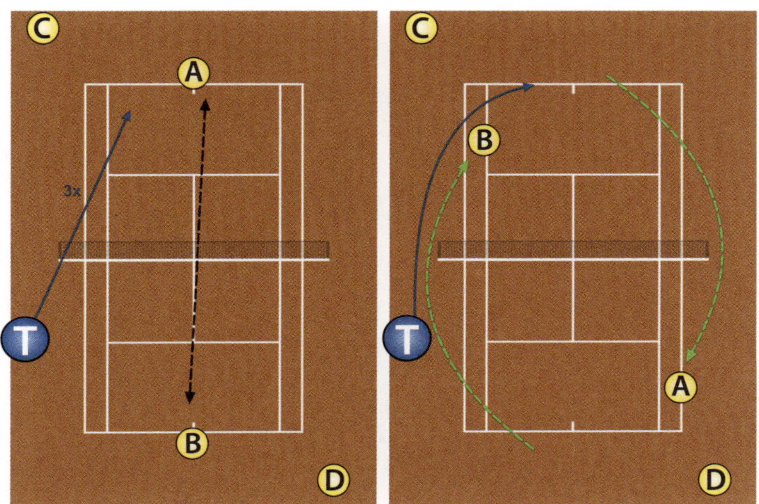

A und B spielen 3 Punkte aus, danach Seitenwechsel mit hohem Anspiel des Trainers

VH	RH	Vo	Sm	As	Rt	oT	2S	3S	4S

Anspruch:	●●●
Intensität:	●●●●
Anzahl Spieler:	2 (4)
Dauer:	ca. 10 Min.
Zählweise:	Satz bis 11 (2 Spieler), Halbfinale und Finale bis 7 (4 Spieler)

Ziel
Schnelligkeitsausdauer, Schlaggenauigkeit unter Belastung

Beschreibung
A und B spielen im Einzelfeld Punkte gegeneinander aus. Spieler A wird vom Trainer beliebig angespielt und kann frei spielen. Nach 3 Punkten werden zügig die Seiten gewechselt. Der Trainer spielt den Ball an, wenn B den Netzpfosten passiert.

Variationen
1.) erst beim fünften Ball Seite wechseln
2.) längere oder kürzere Sätze je nach Leistungsfähigkeit der Spieler

Anmerkungen
Zuspiel den Möglichkeiten der Spieler anpassen. Bei dieser Übung gilt extrem: die Spieler müssen mitmachen wollen! Bei vier Spielern spielt jeweils eine Paarung ihren Satz zu Ende, dann ist die nächste Paarung dran.

243 Traineranspiel

T-Linien-Drill

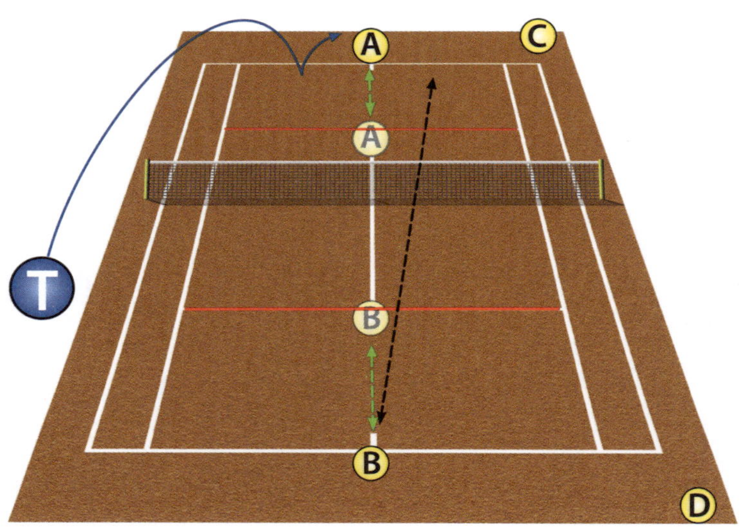

VH	RH	Vo	Sm	As	Rt	oT	2S	3S	4S

Anspruch:	●●●
Intensität:	●●●●
Anzahl Spieler:	4
Dauer:	ca. 15 Min.
Zählweise:	Jeder gegen jeden Satz bis 9

Ziel
Schnelligkeitsausdauer, Schlaggenauigkeit unter Belastung

Beschreibung
A und B spielen im Einzelfeld Punkte gegeneinander aus. Beide Spieler starten gleichzeitig von der Grundlinie zur T-Linie und berühren diese mit dem Fuß. Der Trainer spielt langsamen langen Ball an, sobald A auf die T-Linie tritt. Der erste Ball darf von beiden Spielern nicht volley gespielt werden, d. h. beide müssen sich in ganz schnellen Rückwärtsschritten wieder zur Grundlinie bewegen. Nach jedem Punkt müssen beide Spieler wieder das T berühren, A bestimmt mit seiner Schnelligkeit das Traineranspiel. Nach 5 Punkten sind C und D an der Reihe, A und B wechseln die Seite.

Variationen
längere oder kürzere Sätze je nach Leistungsfähigkeit der Spieler

Anmerkungen
Zuspiel den Möglichkeiten der Spieler anpassen, wenn der Spieler auf der Trainerseite etwas Verspätung am »T« hat, den ersten Ball als Lob anspielen. Motivation für den angespielten Spieler ist, schneller als der Gegner zu sein und so direkte Punkte machen zu können.

Netz-Drill Einzel

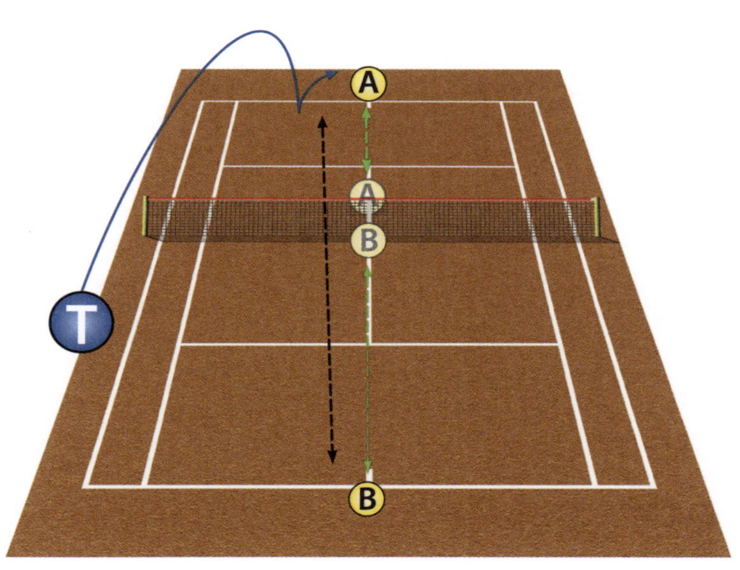

VH	RH	Vo	Sm	As	Rt	oT	2S	3S	4S

Anspruch:	●●●
Intensität:	●●●●
Anzahl Spieler:	4
Dauer:	15 Min.
Zählweise:	Jeder gegen jeden Satz bis 9

Ziel
Schnelligkeitsausdauer, Schlaggenauigkeit unter Belastung

Beschreibung
A und B spielen im Einzelfeld Punkte gegeneinander aus. Beide Spieler starten gleichzeitig von der Grundlinie zum Netz und berühren diese mit dem Schläger. Der Trainer spielt einen Lob an, sobald A das Netz berührt. Nach jedem Punkt müssen beide Spieler das Netz berühren, A bestimmt mit seiner Schnelligkeit das Traineranspiel. B muss den ersten Ball aufspringen lassen (kein Volley). Nach 3 Punkten sind C und D an der Reihe, A und B wechseln die Seite.

Variationen
längere oder kürzere Sätze je nach Leistungsfähigkeit der Spieler

Anmerkungen
Zuspiel den Möglichkeiten der Spieler anpassen

Netz-Drill Doppel

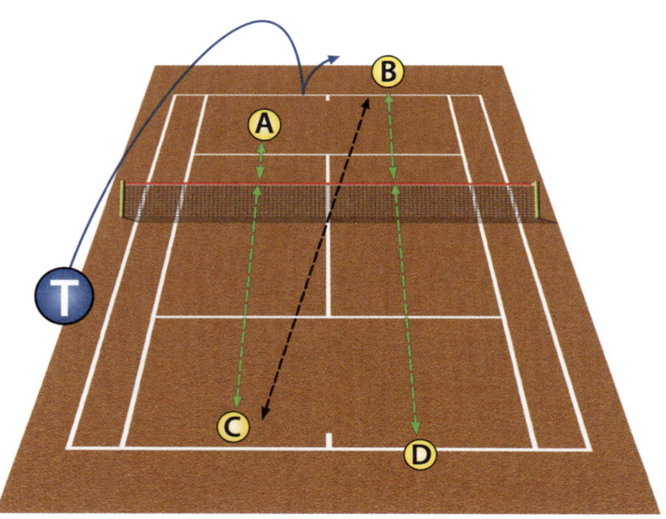

VH	RH	Vo	Sm	As	Rt	oT	2S	3S	4S

Anspruch:	●●●
Intensität:	●●●●
Anzahl Spieler:	4
Dauer:	10 Min.
Zählweise:	Satz bis 21

Ziel

Schnelligkeitsausdauer, Schlaggenauigkeit unter Belastung

Beschreibung

A und B spielen gegen C und D im Doppelfeld Punkte gegeneinander aus. Alle 4 Spieler starten gleichzeitig von der Grundlinie zum Netz und berühren diese mit dem Schläger. Der Trainer spielt einen Lob an, sobald A oder B das Netz berührt. *Das Traineranspiel darf niemals volley genommen werden!* Nach jedem Punkt müssen alle Spieler das Netz berühren, A oder B bestimmen mit ihrer Schnelligkeit das Traineranspiel. Ein Spieler, der noch nicht »geklopft« hat, darf keinen Ball schlagen. Nach 5 Punkten werden zügig die Seiten gewechselt, der Trainer spielt an, sobald der erste Spieler den Netzpfosten passiert. Bei diesem ersten Ball muss nicht »geklopft« werden.

Variationen

längere oder kürzere Sätze je nach Leistungsfähigkeit der Spieler

Anmerkungen

Zuspiel den Möglichkeiten der Spieler anpassen, gute Abstimmungs- und Reaktionsübung im Doppeltraining (Kap. 10).

Zweiplatz-Drill

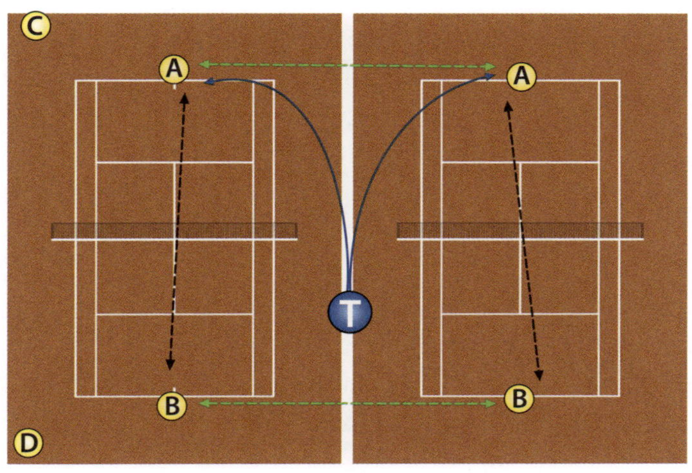

Platz wird nach jedem Punkt gewechselt, Trainer spielt sofort an (Lob)

VH	RH	Vo	Sm	As	Rt	oT	2S	3S	4S	5S	6S

Anspruch:	●●●
Intensität:	●●●●
Anzahl Spieler:	2-4
Dauer:	ca. 20 Min.
Zählweise:	Satz bis 5 oder 7, jeder gegen jeden
Hilfsmittel:	2 nebeneinander liegende Plätze

Ziel
Schnelligkeitsausdauer, Schlaggenauigkeit unter Belastung

Beschreibung
Diese Übung funktioniert nur bei nebeneinander liegenden Plätzen ohne Hindernisse. Spieler A und B stehen auf Platz 1 an der Grundlinie gegenüber. A wird vom Trainer, der zwischen beiden Plätzen steht, beliebig angespielt. Nach beendetem Punkt laufen beide auf den benachbarten Platz 2 und spielen auf Trainerzuspiel A einen weiteren Punkt aus. Dann wieder Platz 1, Platz 2 usw.

Variationen
2 x wechseln, einmal nicht wechseln (Erholung)

Anmerkungen
Spiel macht Riesenspaß und ist extrem anstrengend. Trainer muss mit seinem Zuspiel steuern. Kann auch mit mehr als 4 Spielern gespielt werden (s. Kap 11: »Mannschaftstraining«, Übung 335).

Hosenträger-Drill

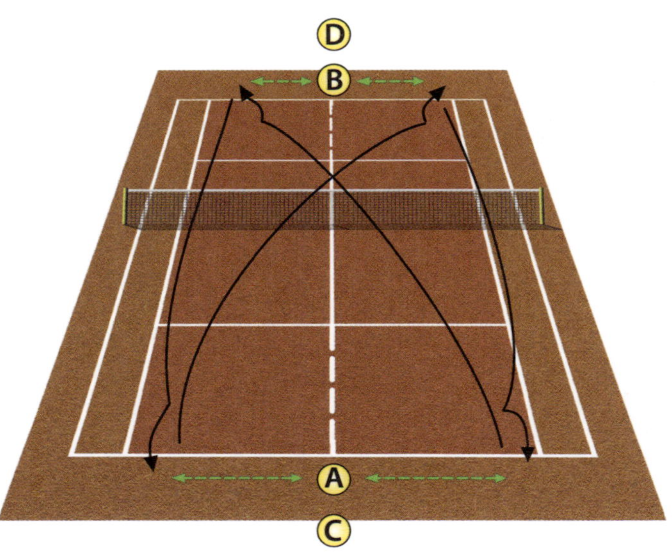

VH	RH	Vo	Sm	As	Rt	oT	2S	3S	4S

Anspruch:	●●●
Intensität:	●●●●
Anzahl Spieler:	2-4
Dauer:	15-20 Min.
Zählweise:	variabel, je nach Anzahl der Spieler
Hilfsmittel:	Linienmarkierung cr/ll

Ziel

Schnelligkeitsausdauer, Schlaggenauigkeit unter Belastung

Beschreibung

A spielt gegen B Punkte an der Grundlinie aus. A darf nur cross spielen, B nur longline. A spielt den ersten Ball VH cross an. Wer den Punkt gewinnt, hat Anschlagrecht und darf cross spielen.

Variationen

Sätze bis 7, 9 oder 11 je nach Leistungsfähigkeit der Spieler

Anmerkungen

Netzspiel ist verboten sein, es sei denn, einer der Spieler spielt so kurz, dass es nicht zu vermeiden ist. Durch die Richtungsvorgabe hat der Netzspieler einen erheblichen Vorteil. Der Longline-Spieler muss »beißen«. Spieler sollen mit Geduld spielen! Wer »zockt«, hat den Sinn der Übung nicht verstanden (oder keine »Kondition«!).

Wie Übung Nr. 35, Kap 2a: »Grundlinie - Sicherheit«, aber es geht um Punkte.

Hosenträger-Drill XL

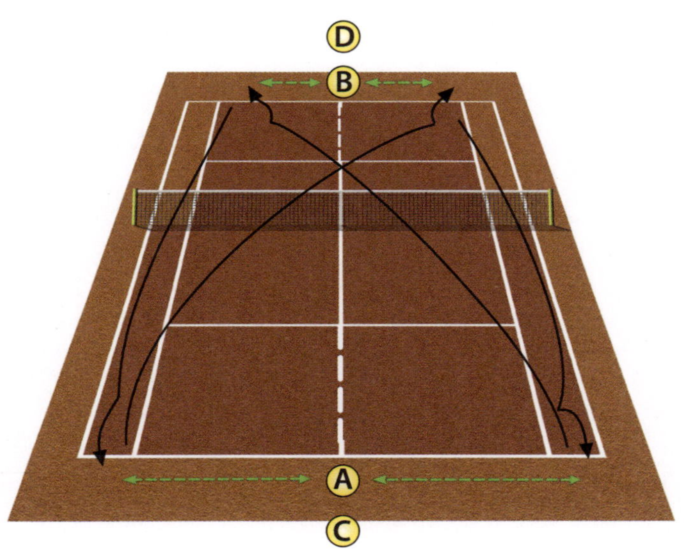

VH	RH	Vo	Sm	As	Rt	oT	2S	3S	4S

Anspruch:	●●●
Intensität:	●●●●
Anzahl Spieler:	2-4
Dauer:	15-20 Min.
Zählweise:	variabel, je nach Anzahl der Spieler
Hilfsmittel:	Linienmarkierung cr/ll

Ziel

Schnelligkeitsausdauer, Schlaggenauigkeit unter Belastung

Beschreibung

A spielt gegen B Punkte an der Grundlinie aus. A darf nur cross spielen, B nur longline. A (der Cross-Spieler) spielt im Doppelfeld. A spielt den ersten Ball VH cross an. Wer den Punkt gewinnt, hat Anschlagrecht und darf cross spielen.

Variationen

Sätze bis 7, 9 oder 11 je nach Leistungsfähigkeit der Spieler

Anmerkungen

Der Nachteil des Longline-Spielers wird dadurch kompensiert, dass er jetzt auch in den Doppelkorridor spielen darf. Beide Seiten haben dadurch etwa gleich lange Laufwege.

Aufschlag-Drill

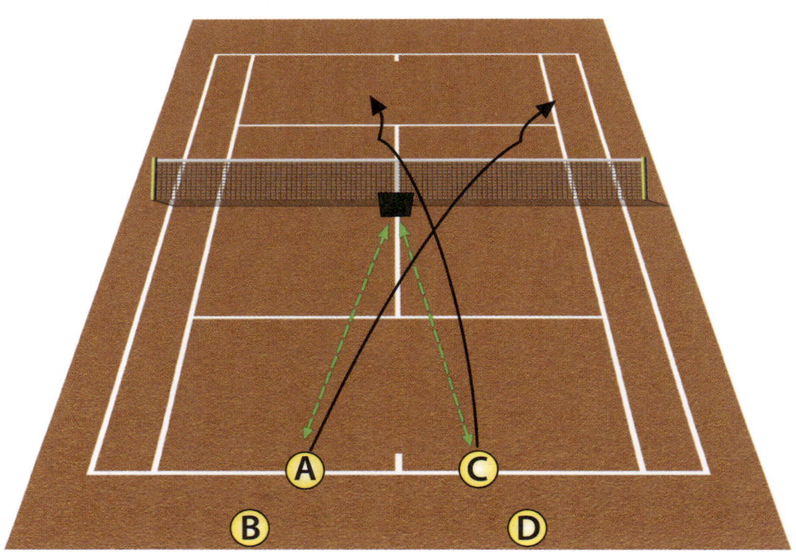

VH	RH	Vo	Sm	As	Rt	oT	2S	3S	4S

Anspruch:	●●●
Intensität:	●●●●
Anzahl Spieler:	2-4
Dauer:	3 Min. pro Spieler
Zählweise:	Wie viele Treffer in 3 Minuten?
Hilfsmittel:	Linienmarkierung cr/ll

Ziel
Schnelligkeitsausdauer, Koordination unter Belastung

Beschreibung
Am Netz wird ein Eimer mit Bällen aufgestellt. Der Spieler startet an der Grundlinie, holt sich einen Ball, kehrt zurück zur Grundlinie und macht einen Aufschlag. Dann holt er sich einen neuen Ball. Wieviele erfolgreiche Aufschläge schafft er in 3 Minuten?

Variationen
Anzahl von erfolgreichen Aufschlägen (20) vorgeben und Zeit nehmen

Anmerkungen
Spieler zu korrekten Aufschlägen anhalten. Wie Übung Nr. 153 (Kap. 4: »Eröffnungsschläge«), aber mit längerem Laufweg.

8. Koordinationstraining

Übung 250–274

(s. auch: *Kindertraining - Aufwärmen - Netzspiel/Reaktion*)

Das Koordinationstraining ist aufgegliedert in die Unterkapitel
Kleinfeld - Übung 250-262
Großfeld - Übung 263-274

Koordinationstraining ist ein Bestandteil des »Konditions«-Trainings, da Beweglichkeit und Koordination ein Bestandteil der *Kondition*, also der *Verfassung* oder des *Zustandes* eines Spielers sind.

Sportwissenschaftlich unterscheidet man unter dem Oberbegriff Koordination Elemente wie Orientierungsfähigkeit, Reaktionsfähigkeit, Kopplungsfähigkeit, Differenzierungsfähigkeit, Rhythmisierungsfähigkeit und Gleichgewichtsfähigkeit, was aber für die Praxis auf dem Platz zweitrangig ist. Im Prinzip ist jede Übung im Tennis auch eine Koordinationsübung, da die Sportart grundsätzlich hohe motorische Anforderungen stellt. Besonders für Kinder gilt, dass jede Übung mit Bewegung, Ball oder Schläger die Geschicklichkeit (ganz besonders das *Gleichgewicht*!) und damit die Koordination schult. Ältere Schüler oder Erwachsene trainieren die tennisspezifische Koordination auf dem Platz normalerweise durch Tennisübungen unter erschwerten Bedingungen.

Hervorragende Koordinationsübungen sind alle schnellen Übungen aus dem Kapitel 3: »Netzspiel«, besonders das Überkopf-Training auf Zuspiel. Umgekehrt kann man die hier vorgestellten Übungen im Kleinfeld problemlos in das Aufwärmprogramm integrieren.

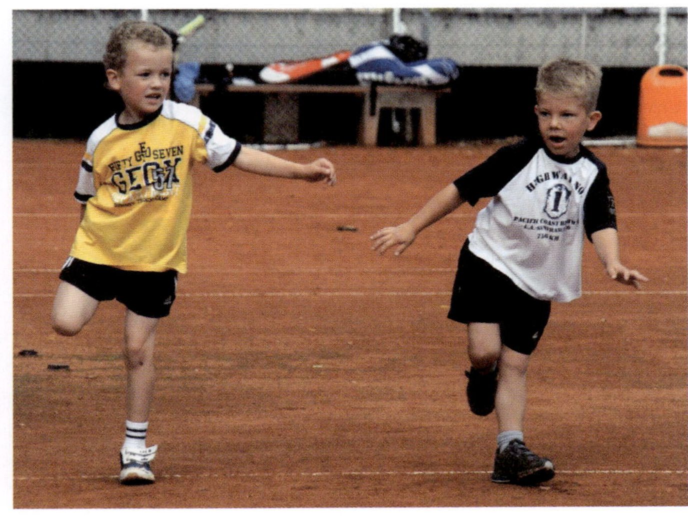

Früh übt sich …

Fußball

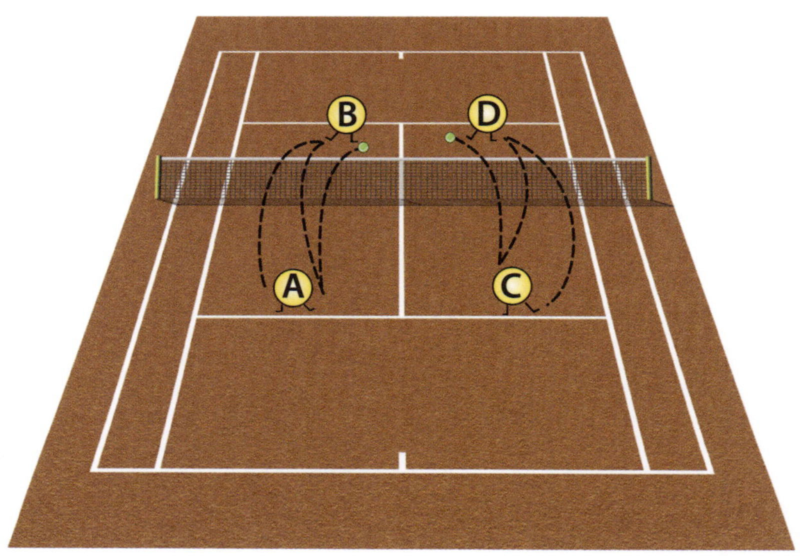

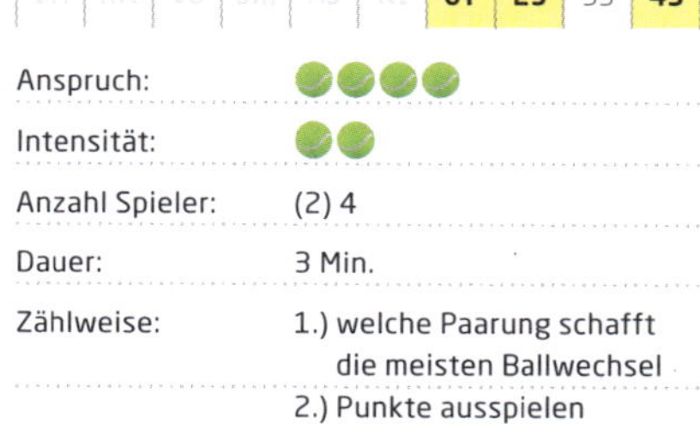

Anspruch:	●●●●
Intensität:	●●
Anzahl Spieler:	(2) 4
Dauer:	3 Min.
Zählweise:	1.) welche Paarung schafft die meisten Ballwechsel
	2.) Punkte ausspielen

Ziel
Koordination, Beweglichkeit, Geschicklichkeit, Aufwärmen, Ballgefühl

Beschreibung
A und B spielen innerhalb des halben T-Feldes den Tennisball (!) mit allen Körperteilen außer den Händen hin und her. C und D machen parallel das gleiche.

Variationen
als Doppel oder Team im gesamten T-Feld

Anmerkungen
ein Aufwärm-»Klassiker«, zeigt, wer Ballgefühl hat.

Touch and Go

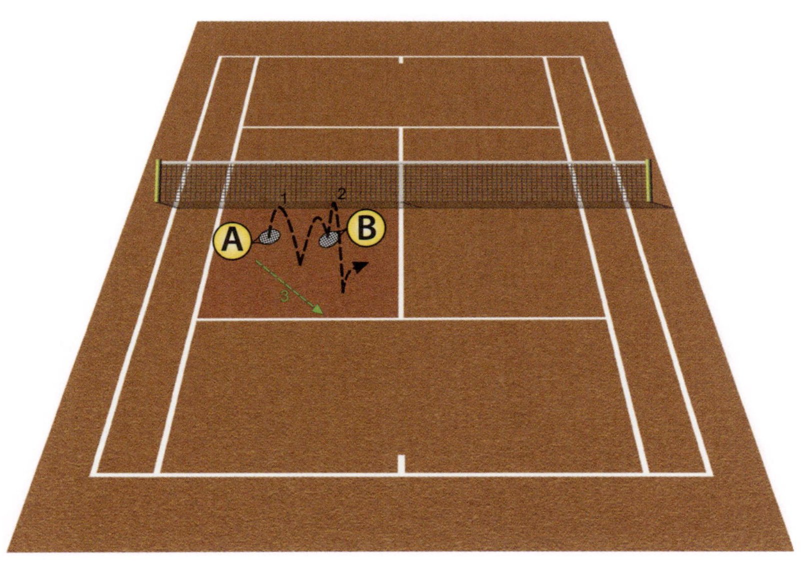

VH	RH	Vo	Sm	As	Rt	oT	2S	3S	4S

Anspruch:	●●●
Intensität:	●●●
Anzahl Spieler:	(2) 4
Dauer:	3 Min.
Zählweise:	5 oder mehr »Leben« pro Spieler

Ziel

Koordination, Beweglichkeit, Geschicklichkeit, Aufwärmen, Ballgefühl

Beschreibung

A und B spielen innerhalb des halben T-Feldes den Ball mit dem Schläger so nach oben, dass er immer wieder im Feld aufspringt. Sie sind abwechselnd dran und versuchen sich gegenseitig in Schwierigkeiten zu bringen, indem sie den Ball schwierig platzieren oder nur leicht nach oben spielen, damit der Gegner nur schwer darunter kommt. Der Ball muss nach jedem »Touch« einmal aufspringen und bei Ballberührung immer von der Schlagfläche des Schlägers steigen. Der Spieler muss wie im Squash seinem Gegner nach dem Schlag Platz machen. Besonders bei jüngeren Spielern ist Streit vorprogrammiert, der Trainer ist Schiedsrichter. Das Spiel funktioniert auch mit 3 oder 4 Spielern (Reihenfolge wird festgelegt). Wer fünf Fehler gemacht hat, scheidet aus.

Variationen

im Niemandsland spielen (größere Laufwege)

Anmerkungen

Übung, die ich von meinem Kollegen Philipp Born im Tennisverband Mittelrhein 1:1 übernommen habe, weil sie so gut ist.

Einbeinig

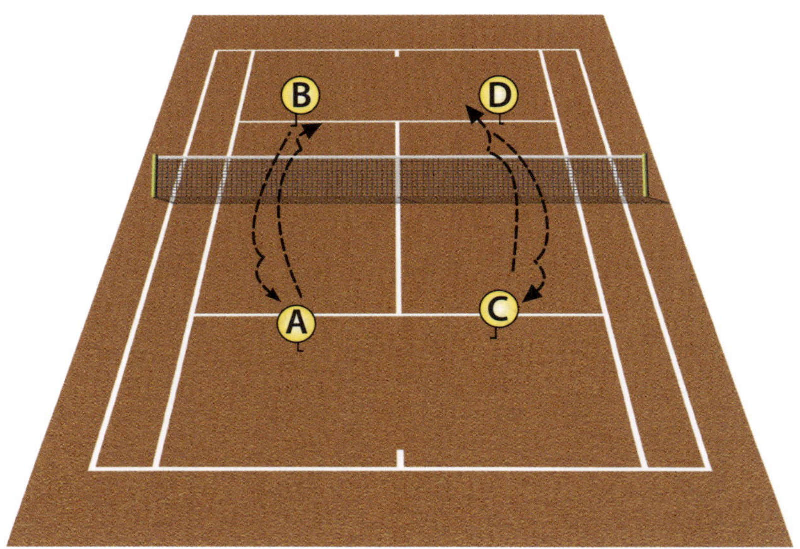

VH	RH	Vo	Sm	As	Rt	oT	2S	3S	4S

Anspruch:	●●
Intensität:	●●●
Anzahl Spieler:	(2) 4
Dauer:	3 Min.
Zählweise:	1.) welche Paarung schafft die meisten Ballwechsel auf dem linken Bein, wer auf dem rechten?
	2.) Punkte ausspielen

Ziel
Koordination, Beweglichkeit, Geschicklichkeit, Aufwärmen, Ballgefühl

Beschreibung
A und B spielen den Ball innerhalb des halben T-Feldes longline hin und her und bewegen sich nur auf einem Bein. Das Bein wird immer wieder gewechselt. C und D machen parallel das gleiche.

Variationen
1.) Punkte ausspielen
2.) als Doppel im gesamten T-Feld

Anmerkungen
nicht nur schwierig, sondern auch lustig

Falsche Hand

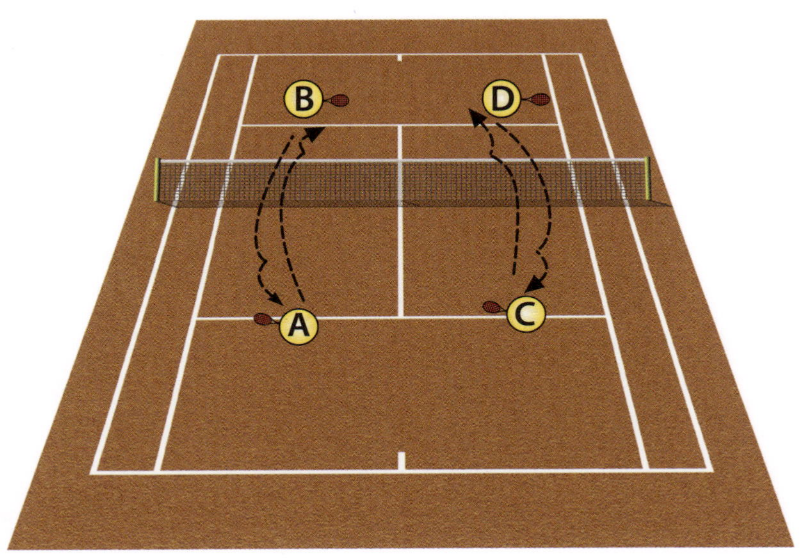

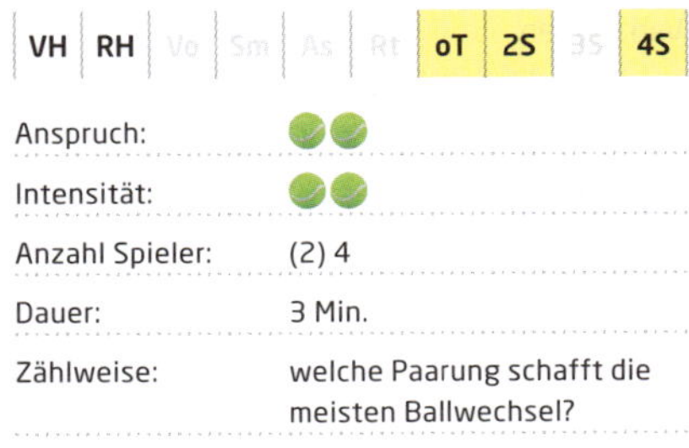

VH	RH	Vo	Sm	As	Rt	oT	2S	3S	4S

Anspruch:	●●
Intensität:	●●
Anzahl Spieler:	(2) 4
Dauer:	3 Min.
Zählweise:	welche Paarung schafft die meisten Ballwechsel?

Ziel
Koordination, Beweglichkeit, Geschicklichkeit, Aufwärmen, Ballgefühl

Beschreibung
A und B spielen den Ball innerhalb des halben T-Feldes longline hin und her und nehmen den Schläger in die falsche Hand. C und D machen parallel das gleiche.

Variationen
1.) Punkte ausspielen
2.) als Doppel im gesamten T-Feld

Anmerkungen
Nicht nur schwierig, sondern auch lustig. Da heute die meisten Spieler eine beidhändige Rückhand spielen, macht das Schulen der »falschen Hand« (bilaterales Training) absolut Sinn und sollte besonders mit Kindern öfter durchgeführt werden!

Zwei Schläger 1

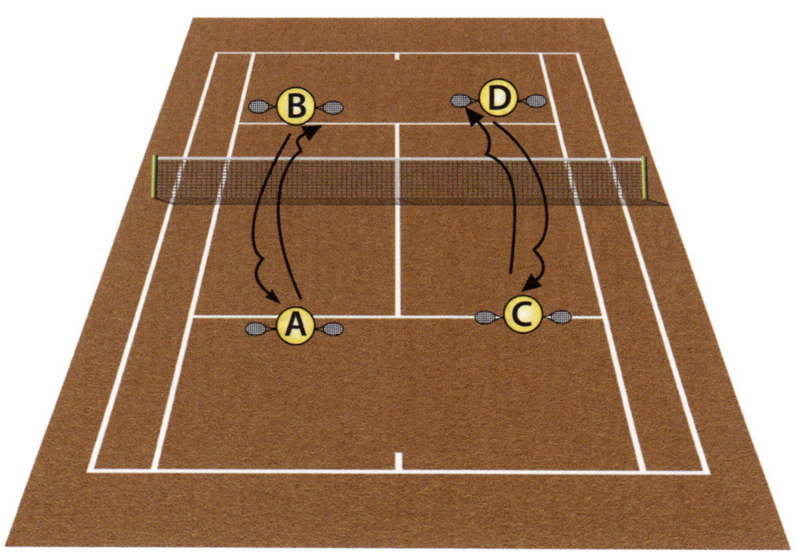

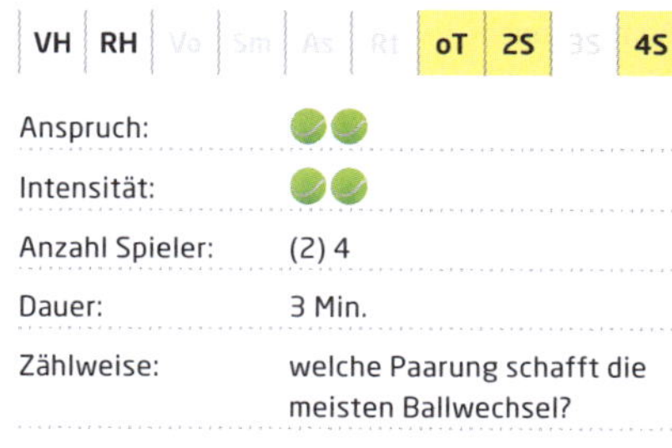

VH	RH	Vo	Sm	As	Rt	oT	2S	3S	4S

Anspruch:	2 balls
Intensität:	2 balls
Anzahl Spieler:	(2) 4
Dauer:	3 Min.
Zählweise:	welche Paarung schafft die meisten Ballwechsel?

Ziel
Koordination, Beweglichkeit, Geschicklichkeit, Aufwärmen, Ballgefühl

Beschreibung
A und B spielen den Ball innerhalb des halben T-Feldes longline hin und her und haben in jeder Hand einen Schläger. C und D machen parallel das gleiche.

Variationen
Punkte ausspielen

Anmerkungen
Nicht nur schwierig, sondern auch lustig, ebenfalls sinnvolles bilaterales Training!

Zwei Schläger 2

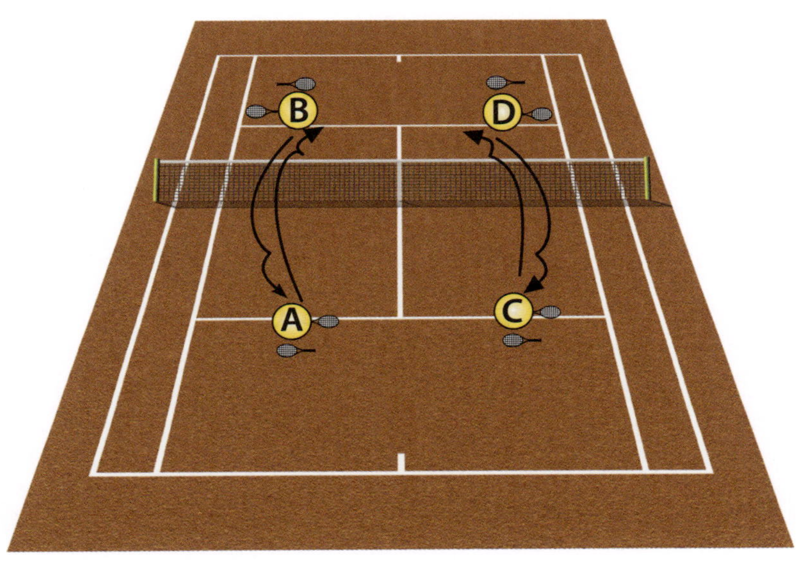

VH	RH	Vo	Sm	As	Rt	oT	2S	3S	4S

Anspruch:	●●●
Intensität:	●●●
Anzahl Spieler:	(2) 4
Dauer:	3 Min.
Zählweise:	welche Paarung schafft die meisten Ballwechsel?

Ziel

Koordination, Beweglichkeit, Geschicklichkeit, Ballgefühl

Beschreibung

A und B spielen den Ball innerhalb des halben T-Feldes longline hin und her. Jeder hat einen Schläger 1–2 m hinter sich auf dem Boden liegen und einen in der Hand. Nach jedem Schlag müssen die Schläger ausgetauscht werden.. C und D machen parallel das gleiche.

Anmerkungen

sehr schwierig, Schläger muss immer an die gleiche Stelle gelegt werde (*hinter* den Spieler!)

Ein Schläger für zwei

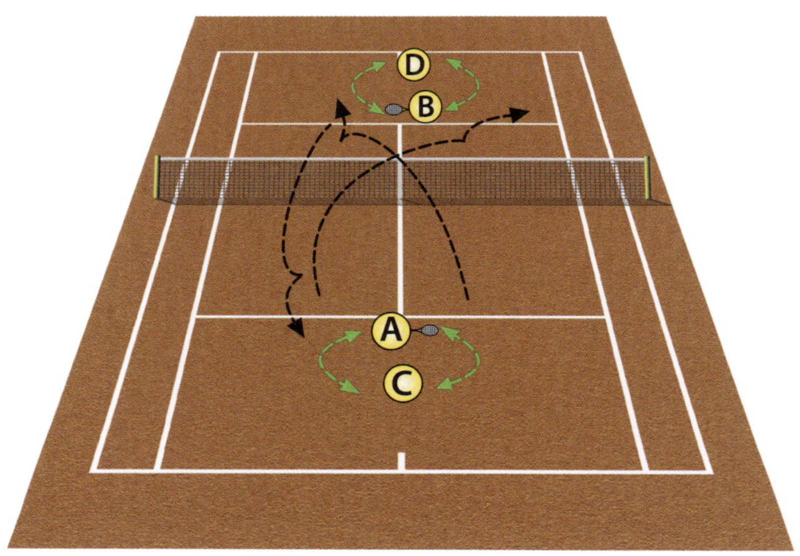

VH	RH	Vo	Sm	As	Rt	oT	2S	3S	4S

Anspruch:	●●
Intensität:	●●●
Anzahl Spieler:	(2) 4
Dauer:	5 Min.
Zählweise:	Satz bis 15

Ziel
Koordination, Beweglichkeit, Geschicklichkeit, Orientierung, peripheres Sehen, Ballgefühl

Beschreibung
A und B spielen gegen C und D im ganzen T-Feld Punkte aus. Die Spieler müssen abwechselnd schlagen (Tischtennisdoppel). Jedes Team hat nur einen Schläger zur Verfügung, muss also nach jedem Ball den Schläger an den Partner übergeben.

Anmerkungen
wer nicht mit seinem Partner »mitläuft«, hat keine Chance! Ist anstrengend, wenn man es richtig macht!

Hinlegen-Aufheben

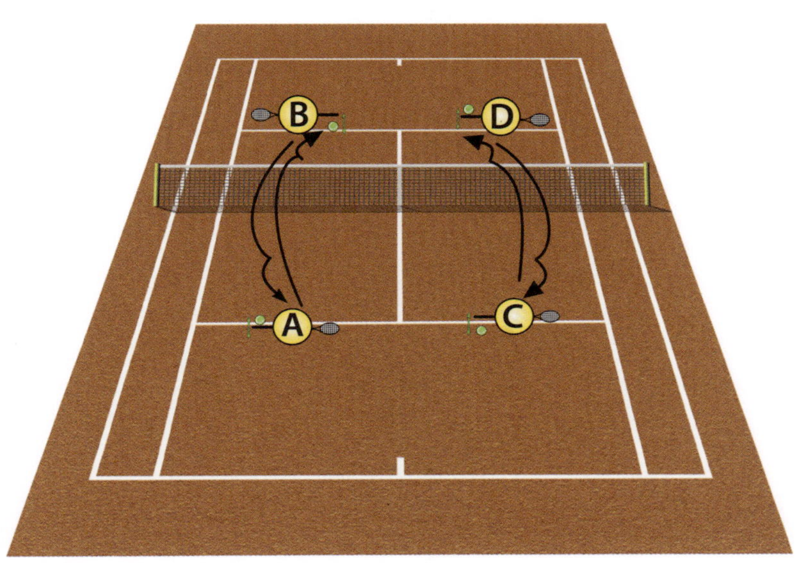

VH	RH	Vo	Sm	As	Rt	oT	2S	3S	4S

Anspruch:	●●
Intensität:	●●
Anzahl Spieler:	(2) 4
Dauer:	3 Min.
Zählweise:	welche Paarung schafft die meisten Ballwechsel?

Ziel

Koordination, Beweglichkeit, Geschicklichkeit, Kopplungsfähigkeit, Ballgefühl

Beschreibung

A und B spielen den Ball innerhalb des halben T-Feldes longline hin und her und haben in der freien Hand einen Weichball. Nach jedem Schlag muss der Weichball entweder auf den Boden gelegt werden oder aufgehoben werden, immer im Wechsel. C und D machen parallel das gleiche.

Variationen

Punkte ausspielen (schwierig!)

Anmerkungen

besonders für Kinder anspruchsvoll

Doppelball kurz

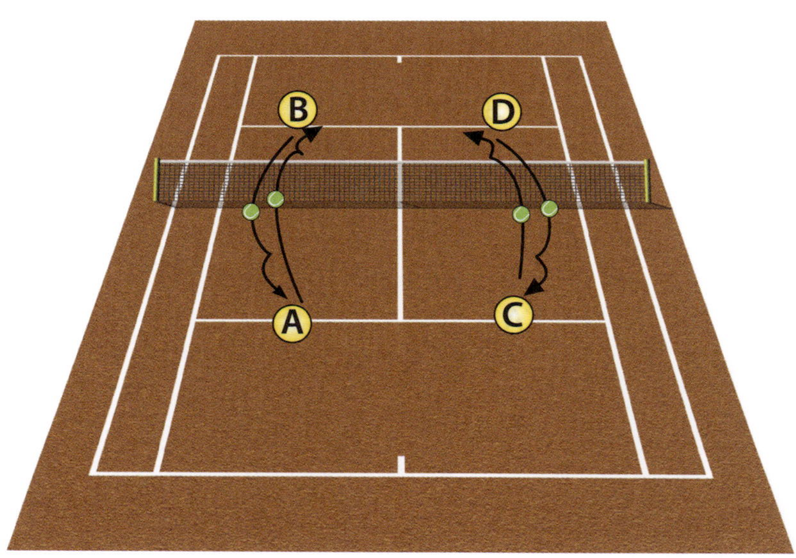

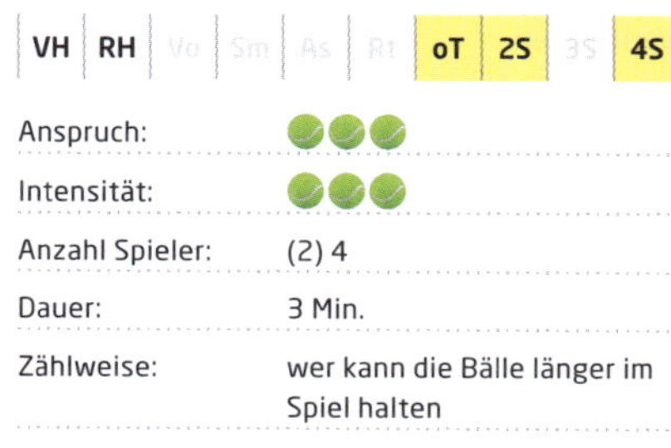

VH	RH	Vo	Sm	As	Rt	oT	2S	3S	4S

Anspruch:	●●●
Intensität:	●●●
Anzahl Spieler:	(2) 4
Dauer:	3 Min.
Zählweise:	wer kann die Bälle länger im Spiel halten

Ziel

Koordination, Beweglichkeit, Geschicklichkeit, Reaktion, Ballgefühl

Beschreibung

A und B spielen innerhalb des halben T-Feldes *2 Bälle gleichzeitig* longline hin und her. C und D machen parallel das gleiche.

Anmerkungen

schwierig, schult peripheres Sehen und Reflexe

Dropkick

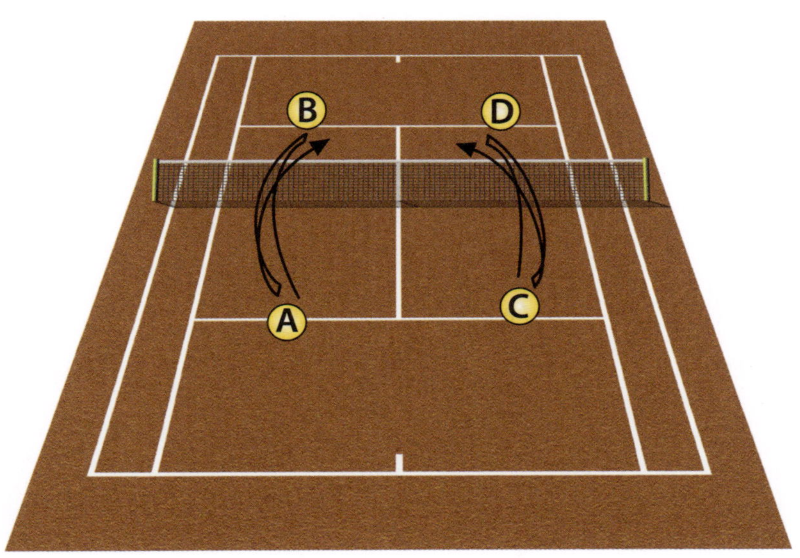

VH	RH	Vo	Sm	As	Rt	oT	2S	3S	4S

Anspruch:	●●●●
Intensität:	●●●
Anzahl Spieler:	(2) 4
Dauer:	3 Min.
Zählweise:	wer kann den Ball länger im Spiel halten

Ziel
Koordination, Beweglichkeit, Geschicklichkeit, Reaktion, Schnelligkeit, Ballgefühl

Beschreibung
A und B schlagen einen Ball innerhalb des halben T-Feldes hin und her und spielen ausschließlich Halbvolley (Dropkick). C und D machen parallel das gleiche.

Variationen
Punkte ausspielen

Anmerkungen
nur für bessere Spieler geeignet, dann aber hoch anspruchsvoll und anstrengend

Prellball

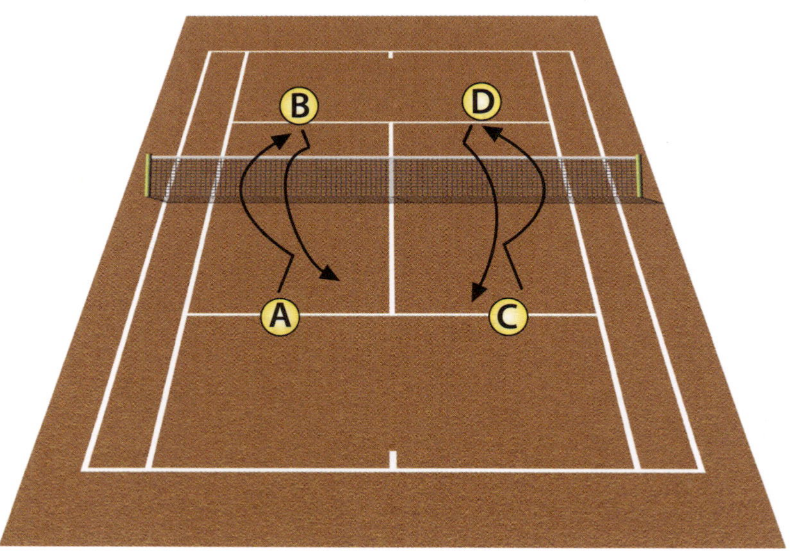

VH	RH	Vo	Sm	As	Rt	oT	2S	3S	4S

Anspruch:	●●●
Intensität:	●●●
Anzahl Spieler:	(2) 4
Dauer:	3-5 Min.
Zählweise:	Sätze bis 5 oder 7

Ziel
Koordination, Beweglichkeit, Geschicklichkeit, Reaktion, Schnelligkeit, Ballgefühl, Beinarbeit

Beschreibung
A und B spielen den Ball innerhalb des halben T-Feldes so hin und her, dass der Ball volley genommen und im eigenen Feld so auf den Boden geprellt wird, dass er übers Netz ins gegnerische Feld springt.

Anmerkungen
zunächst etwas gewöhnungsbedürftig, macht dann aber riesig Spaß. Spieler müssen schnell und kräftig genug sein. Mit jüngeren Spielern kann man das Spiel so durchführen, dass der ankommende Ball aufspringen darf, bevor er »geprellt« wird.
Auch Volleytraining (Kap. 3a).

Hand gegen Schläger

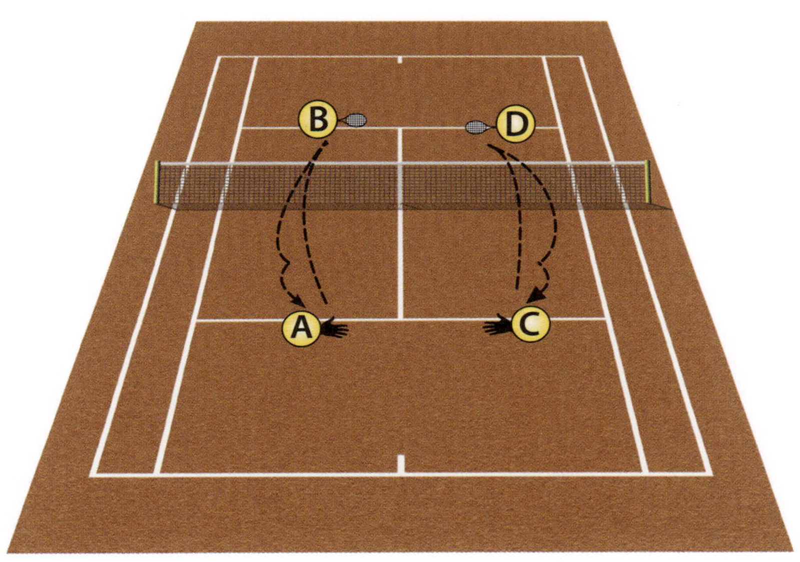

VH	RH	Vo	Sm	As	Rt	oT	2S	3S	4S

Anspruch:	●●●
Intensität:	●●●
Anzahl Spieler:	(2) 4
Dauer:	ca. 15 Min.
Zählweise:	Jeder gegen Jeden bis 5 Hin und Rückspiel

Ziel

Koordination, Beweglichkeit, Geschicklichkeit, Reaktion, Schnelligkeit, Ballgefühl, Beinarbeit

Beschreibung

A und B spielen gegeneinander im halben T-Feld. A spielt nur Volleys, B fängt und wirft den Ball. Die Volleys dürfen nur in aufsteigender Linie gespielt werden, der Ball darf nur von unten angeworfen werden. Der Fänger muss in einer flüssigen Bewegung fangen und werfen (keine Pausen oder Antäuschen).

Variationen

andere Zählweise

Anmerkungen

Trainer muss das Spiel überwachen und »schiedsen« (Volley aufsteigend?, Anwurf korrekt?). Auch Volleytraining (Kap. 3a).

Volley auf Zuwurf

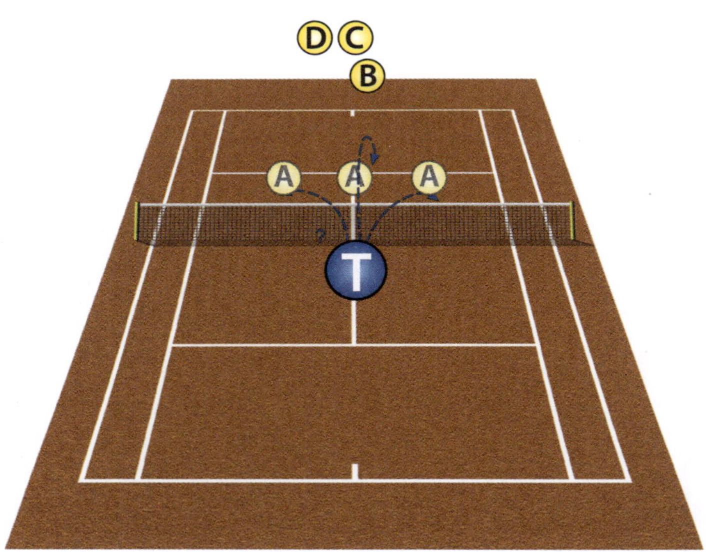

VH	RH	Vo	Sm	As	Rt	oT	2S	3S	4S

Anspruch:	●●●
Intensität:	●●●●
Anzahl Spieler:	2-4
Dauer:	pro Schüler 2 x 1 Min.
Zählweise:	keine

Ziel
Koordination, Beweglichkeit, Geschicklichkeit, Reaktion, Schnelligkeit, Ballgefühl, Beinarbeit

Beschreibung
Der Trainer steht dem Schüler am Netz dicht gegenüber. Er wirft eine Serie von Bälle in verschiedener Höhe unregelmäßig rechts/links an (Anwurf von unten), die der Schüler volley erwischen soll.

Variationen
Ball auf Zuruf durchlassen!

Anmerkungen
hochintensive Reaktionsübung, Trainer steuert mit Zuwurf, Super Drillübung (Kap. 7), auch hervorragendes Volleytraining (Kap. 3a) und die Variation (Zuruf) als Konzentrationstraining (Kap. 6).

Doppelball lang

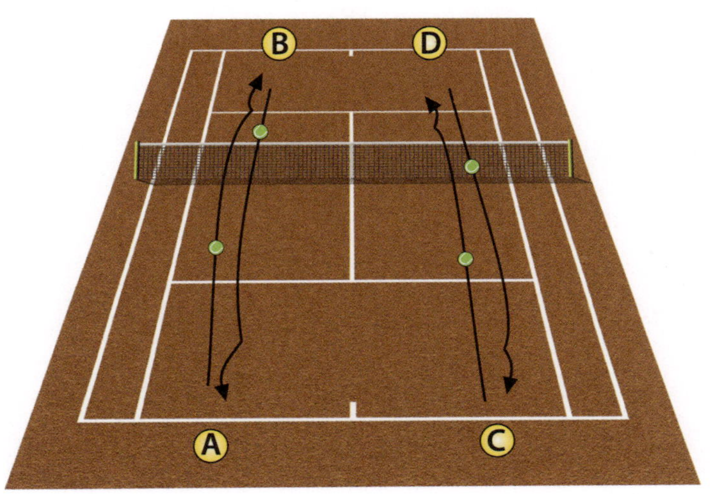

VH	RH	Vo	Sm	As	Rt	oT	2S	3S	4S

Anspruch:	●●●●
Intensität:	●●●
Anzahl Spieler:	(2) 4
Dauer:	3 Min.
Zählweise:	wer kann die Bälle länger im Spiel halten

Ziel
Koordination, Beweglichkeit, Geschicklichkeit, Reaktion, Ballgefühl

Beschreibung
A und B spielen innerhalb des halben Einzelfeldes *2 Bälle gleichzeitig* longline hin und her. C und D machen parallel das gleiche.

Anmerkungen
sehr anspruchsvoll, Spieler müssen Tempo und Rhythmus der langen Schläge perfekt kontrollieren, schult peripheres Sehen und Reflexe

Ball prellen

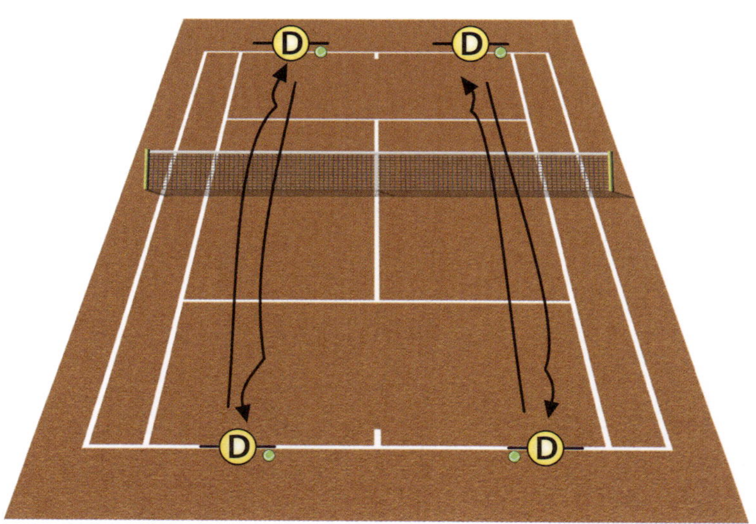

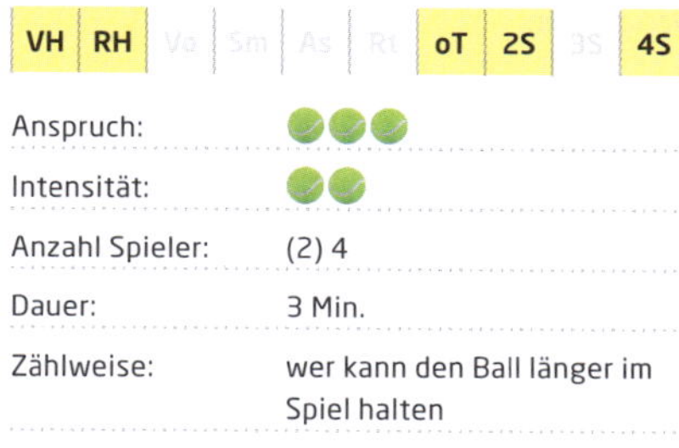

Anspruch:	
Intensität:	
Anzahl Spieler:	(2) 4
Dauer:	3 Min.
Zählweise:	wer kann den Ball länger im Spiel halten

Ziel

Koordination, Beweglichkeit, Geschicklichkeit, Reaktion, Ballgefühl

Beschreibung

A und B spielen den Ball innerhalb des halben Einzelfeldes longline hin und her. Jeder hat in der linken Hand einen zweiten Ball, den er nach jedem Schlag einmal auf den Boden prellen muss. C und D machen parallel das gleiche.

Anmerkungen

witzige Aufgabe, bei beidhändiger Rückhand wird's schwer.

Umdrehen

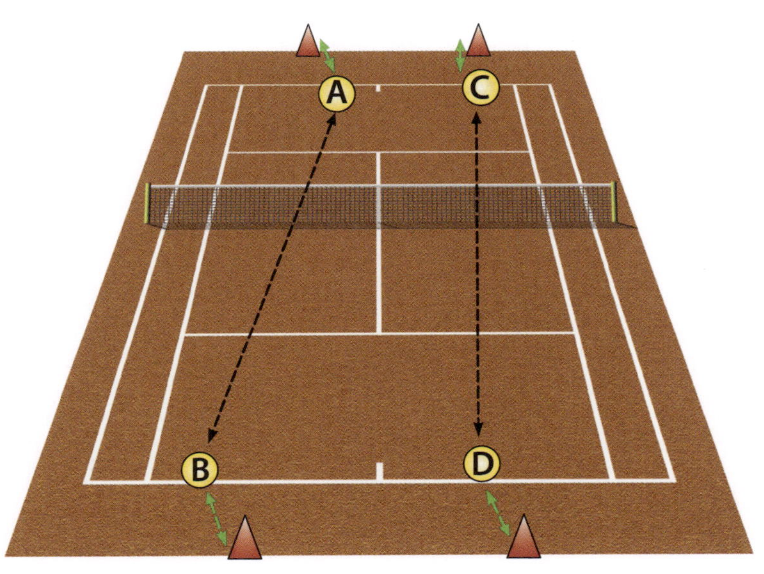

VH	RH	Vo	Sm	As	Rt	oT	2S	3S	4S

Anspruch:	●●●
Intensität:	●●●
Anzahl Spieler:	(2) 4
Dauer:	3 Min.
Zählweise:	welche Paarung schafft schneller 30 Ballwechsel (Fehler = minus 3)

Ziel
Koordination, Beweglichkeit, Geschicklichkeit, Reaktion, Ballgefühl, Schnelligkeit

Beschreibung
A und B spielen den Ball innerhalb des halben Einzelfeldes longline hin und her. Jeder hat hinter sich kurz vor dem Zaun ein Hütchen stehen, dass er nach jedem Schlag mit dem Schläger berühren muss. Wichtig ist, das das Hütchen wirklich berührt wird, der Spieler muss sich also umdrehen. Die Bälle dürfen nicht länger als die Grundlinie gespielt werden, um die Aufgabe zu erleichtern. C und D machen parallel das gleiche.

Variationen
andere Zählweise

Anmerkungen
Spieler müssen sich optimal bewegen und das Tempo der Schläge gut kontrollieren, nicht zu schnell, damit der Partner rechtzeitig wieder da ist, nicht zu langsam, da es zuviel Zeit kostet.

Schlag-Flug-Ball

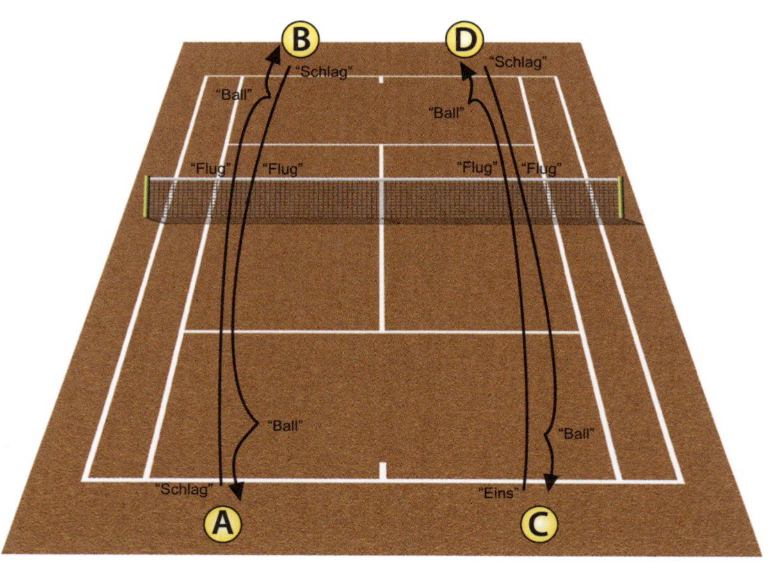

VH	RH	Vo	Sm	As	Rt	oT	2S	3S	4S

Anspruch:	●●●
Intensität:	●●●
Anzahl Spieler:	(2) 4
Dauer:	3 Min.
Zählweise:	keine

Ziel

Koordination, Rhythmisierungsfähigkeit, Ballgefühl, Konzentration

Beschreibung

A und B spielen den Ball innerhalb des halben Einzelfeldes longline hin und her und kommentieren (jeder für sich und halblaut) den Rhythmus mit »Schlag« (Treffpunkt) – »Flug« (Ball überquert das Netz)- »Ball« (Ball springt auf). Schlag und Ballflug des gegnerischen Balles ebenfalls kommentieren. C und D machen parallel das gleiche.

Variationen

andere Worte, sollten einsilbig sein

Anmerkungen

Den Spielern wird durch die Ansage der Spielrhythmus bewusster und als Resultat werden die Schläge gleichmäßiger. Sehr ähnlich zu Übung 206, allerdings konzentriert sich hier jeder Spieler auch auf den Rythmus des gegnerischen Schlages und kommentiert diesen. Auch »Mentales Training - Konzentration« (Kap. 6).

Achtung Stopp 1!

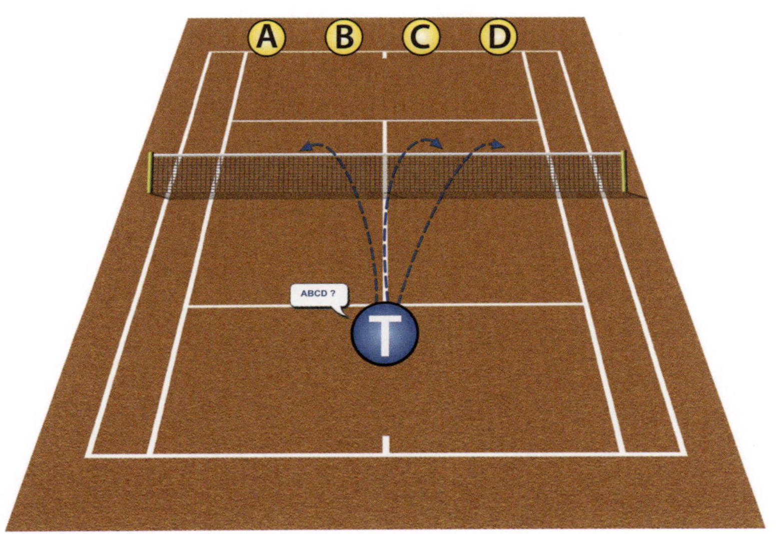

VH	RH	Vo	Sm	As	Rt	oT	2S	3S	4S

Anspruch:	●●●
Intensität:	●●●
Anzahl Spieler:	2-4
Dauer:	3 Min.
Zählweise:	keine

Ziel

Koordination, Reaktion, Schnelligkeit, Beweglichkeit, Orientierungsfähigkeit

Beschreibung

Alle Schüler stehen an der Grundlinie mit dem Rücken zum Netz. Der Trainer ruft einen Namen und spielt einen Stopp. Der Schüler dreht sich um und erläuft ihn.

Anmerkungen

Namen in relativ schneller Folge rufen, damit es nicht langweilig wird, eventuell ein Ziel für einen GegenStopp aufbauen. Macht auch Spaß im Kindertraining (Kap. 9), ist außerdem eine Konzentrationsübung (Kap. 6: Mentales Training).

Achtung Volley!

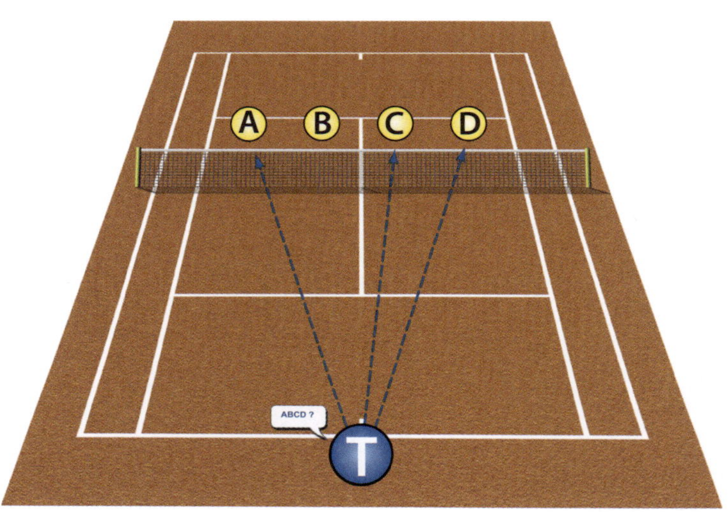

VH	RH	Vo	Sm	As	Rt	oT	2S	3S	4S

Anspruch:	
Intensität:	
Anzahl Spieler:	2-4
Dauer:	3 Min.
Zählweise:	keine

Ziel

Koordination, Reaktion, Schnelligkeit, Beweglichkeit, Orientierungsfähigkeit

Beschreibung

Alle Schüler stehen kurz vor der T-Linie mit dem Rücken zum Netz. Der Trainer ruft einen Namen und spielt von der Grundlinie einen Ball zu. Der Schüler dreht sich um und spielt den Ball mit einer deutlichen Bewegung nach vorne volley zurück.

Anmerkungen

Darauf achten, dass die Spieler deutlich in den Ball gehen. Bei guten Schülern, die den Volley so zurückspielen können, dass er vor dem Trainer aufspringt, ist es möglich, immer neue Namen zu rufen und den Ball im Spiel zu halten. Auch Volleytraining (Kap. 3a) und eine Konzentrationsübung (Kap. 6: Mentales Training).

Hochfrequenz 1

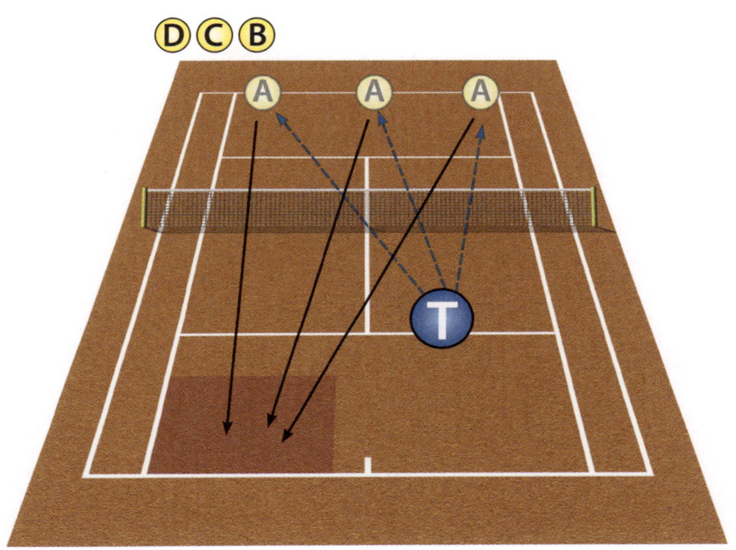

VH	RH	Vo	Sm	As	Rt	oT	2S	3S	4S

Anspruch:	●●●
Intensität:	●●●●
Anzahl Spieler:	2-4
Dauer:	2 x 20 Bälle pro Spieler
Zählweise:	keine
Hilfsmittel:	markierte Zielzone

Ziel
Koordination, Reaktion, Schnelligkeit, Beweglichkeit, Orientierungsfähigkeit

Beschreibung
A an der Grundlinie wird vom Trainer mit schnellem gleichmäßigem Zuspiel aus dem Korb »gefüttert«. A versucht, alle Bälle in die Zielzone zu spielen. Das neue Zuspiel erfolgt immer schon, wenn der geschlagene Ball gerade das Netz passiert. Nach 20 Bällen ist B dran.

Variationen
1.) Trainer variiert sein Zuspiel stark mit Geschwindigkeit, Höhe und Drall der Bälle und macht die Aufgabe dadurch schwieriger
2.) verschiedene Zielzonen
3.) Spieler ist solange dran, bis er 10 Mal getroffen hat

Anmerkungen
Trainer beschäftigt den Spieler am Limit nach seinen individuellen Fähigkeiten (Zuspiel weiter nach außen, auf falschem Fuß etc.). Kann zur Drillübung (Kap. 7) umfunktioniert werden.

Hochfrequenz 2

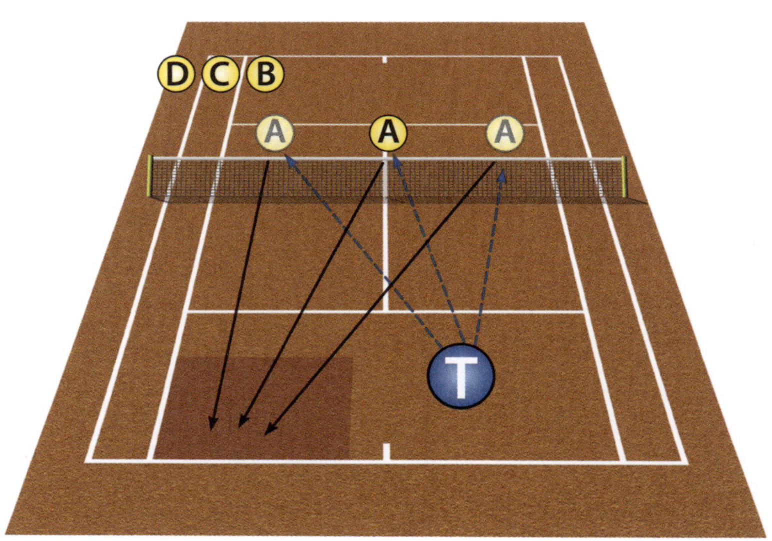

VH	RH	Vo	Sm	As	Rt	oT	2S	3S	4S

Anspruch:	●●●
Intensität:	●●●●
Anzahl Spieler:	2-4
Dauer:	2 x 20 Bälle pro Spieler
Zählweise:	keine
Hilfsmittel:	markierte Zielzone

Ziel
Koordination, Reaktion, Schnelligkeit, Beweglichkeit, Orientierungsfähigkeit

Beschreibung
A am Netz wird vom Trainer mit schnellem Zuspiel aus dem Korb »gefüttert«. A versucht, alle Bälle volley in die Zielzone zu platzieren. Das neue Zuspiel erfolgt schon, bevor der vorherige Volley aufspringt. Nach 20 Bällen ist B dran.

Variationen
verschiedene Zielzonen

Anmerkungen
Trainer beschäftigt den Spieler am Limit nach seinen individuellen Fähigkeiten (Zuspiel weiter nach außen, auf falschem Fuß etc.). Top-Übung im Volleytraining (Kap. 3a).

Halbvolley und Rückhand-Smash

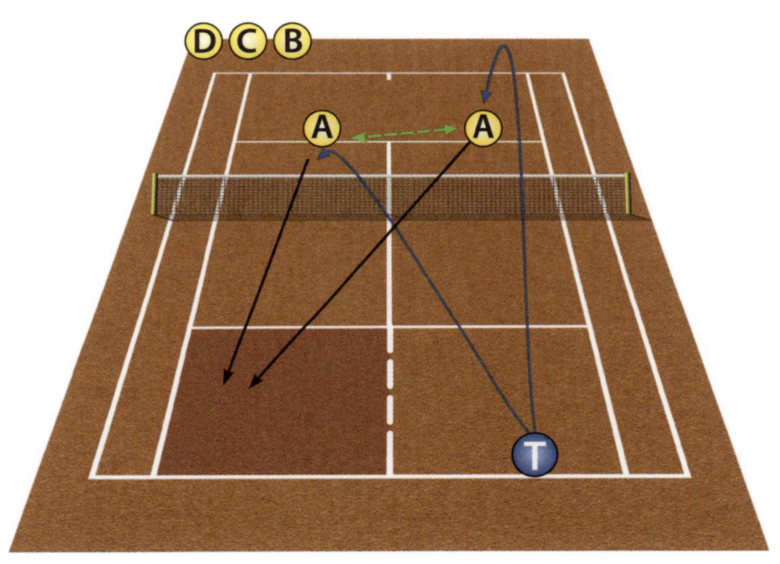

VH	RH	Vo	Sm	As	Rt	oT	2S	3S	4S

Anspruch:	●●●●
Intensität:	●●●●
Anzahl Spieler:	2-4
Dauer:	2 x 20 Bälle pro Spieler
Zählweise:	keine

Ziel

Koordination, Schnelligkeit, Beweglichkeit, Orientierungsfähigkeit, Geschicklichkeit

Beschreibung

A an der T-Line wird vom Trainer mit schnellem Zuspiel aus dem Korb »gefüttert«. Der Trainer wechselt unregelmäßig zwischen Bällen, die auf der T-Linie aufspringen und Lobs über die Rückhandseite. Aufgabe von A ist, nur Halbvolley oder RH-Schmetterball zu schlagen. Nach 20 Bällen ist B dran.

Variationen

1.) Spieler muss eine bestimmte Anzahl Bälle über's Netz bekommen

2.) bestimmte Anzahl ins Ziel treffen

Anmerkungen

der Spieler wird mit den zwei schwierigsten Schlägen im Tennis intensiv in Beschäftigung gehalten. Voraussetzung ist die technische Fähigkeit zum RH-Smash! **Noch etwas schwieriger als Übung 124, Kap. 3b: »Überkopf-Training«.**

Durch die Beine

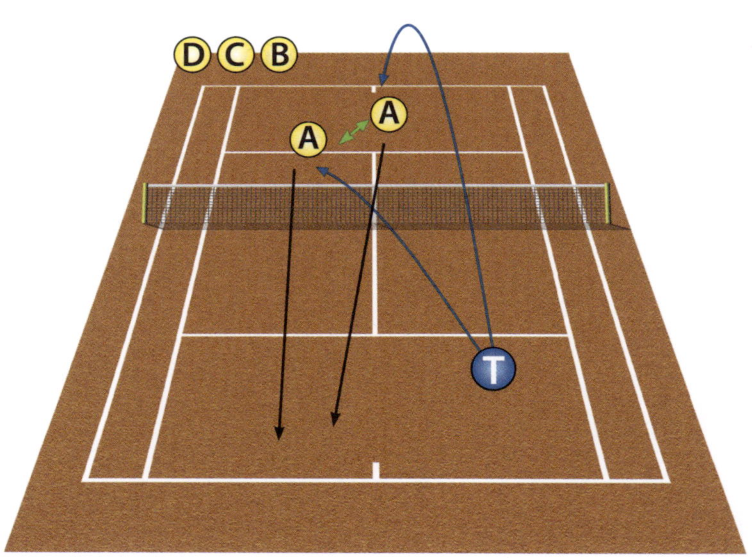

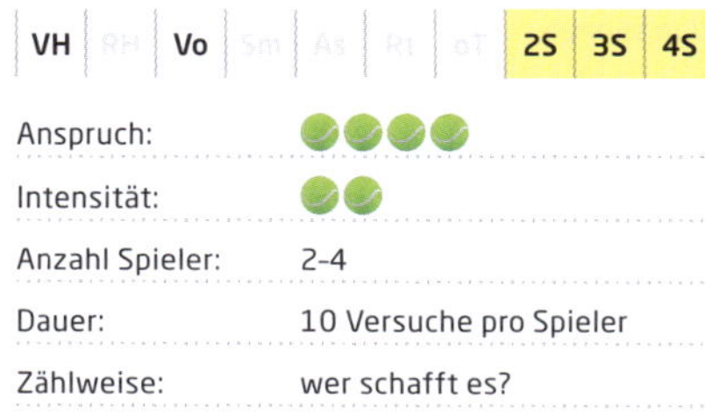

VH	RH	Vo	Sm	As	Rt	oT	2S	3S	4S

Anspruch:	●●●●
Intensität:	●●
Anzahl Spieler:	2-4
Dauer:	10 Versuche pro Spieler
Zählweise:	wer schafft es?

Ziel

Koordination, Schnelligkeit, Beweglichkeit, Orientierungsfähigkeit, Geschicklichkeit

Beschreibung

A am der T-Line wird vom vom Trainer zunächst mit einem tiefen Volley angespielt, danach folgt ein hoher Lob, den der Spieler erlaufen muss. Er versucht, den Ball durch die Beine hindurch zurück zu schlagen. Anschließend B, dann C usw.

Anmerkungen

etwas exotische und hochschwierige Übung, die jeder schon immer einmal probieren wollte, weil er es im Fernsehen gesehen hat. Wer's schafft, ist koordinativ wirklich top! Der Trainer sollte es vormachen können!

Handball gegen Tennis

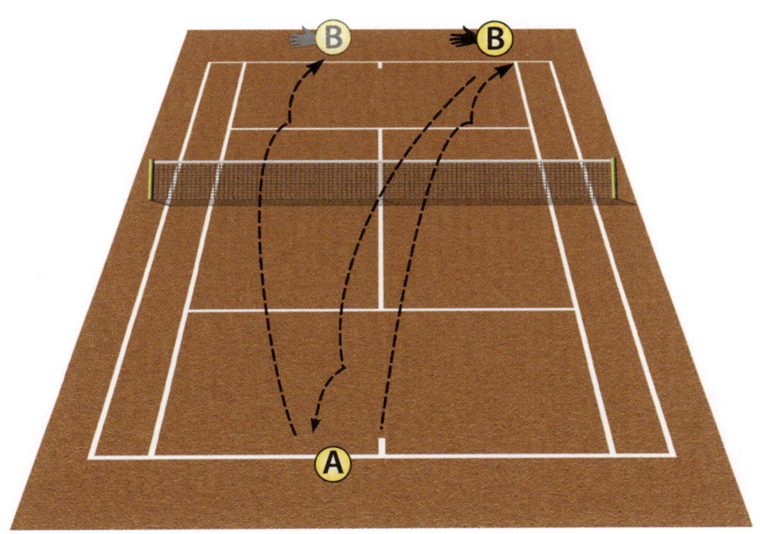

VH	RH	Vo	Sm	As	Rt	oT	2S	3S	4S

Anspruch:	●●●
Intensität:	●●●
Anzahl Spieler:	(2) 4
Dauer:	ca. 10 Min.
Zählweise:	Jeder gegen jeden bis 9

Ziel

Koordination, Beweglichkeit, Geschicklichkeit, Beinarbeit

Beschreibung

A spielt gegen B einen »Elfer«. B hat keinen Schläger und fängt und wirft die Bälle. Er darf nach dem Fangen nicht mit dem Ball laufen und keine Würfe antäuschen.

Variationen

mit Aufschlag und Return spielen

Anmerkungen

Übung 255 im großen Feld, aber trotzdem ganz anders. Die Laufarbeit ist sehr intensiv, der »Handballer« darf auf jede Art zurückwerfen, für den Tennisspieler ist es sehr schwer, die unrhythmischen Würfe sauber zurück zu spielen. Hochinteressant, bei »Wetten dass« gewann damals der Werfer beinahe gegen einen deutschen Top-Profi!

Im Niemandsland

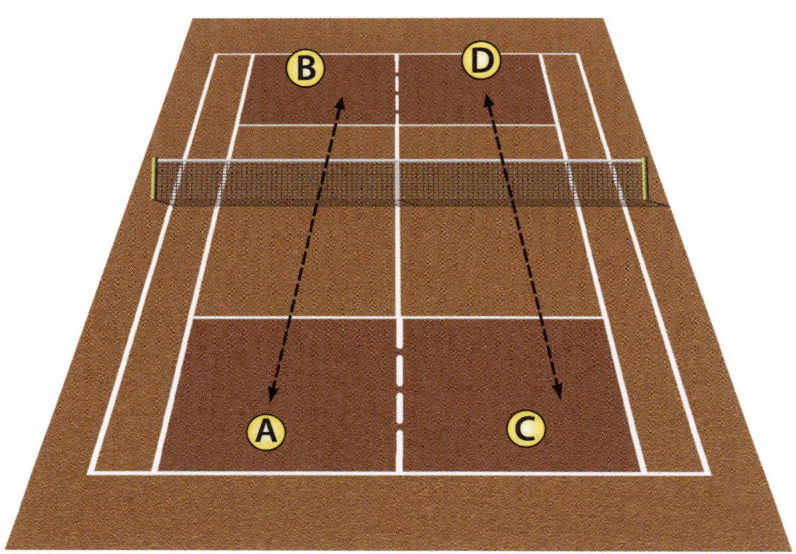

VH	RH	Vo	Sm	As	Rt	oT	2S	3S	4S

Anspruch:	●●●
Intensität:	●●●
Anzahl Spieler:	(2) 4
Dauer:	ca. 10 Min.
Zählweise:	Jeder gegen jeden bis 9
Hilfsmittel:	Linienmarkierungen LL/CR

Ziel
Koordination, Beweglichkeit, Geschicklichkeit, Beinarbeit

Beschreibung
A und B dürfen sich nur innerhalb von Grundlinie und T-Linie (Niemandsland) aufhalten und spielen Punkte im halben Einzelfeld gegeneinander aus. Der Anschlag muss fair sein, Stopps (Bälle, die zweimal vor der T-Linie aufspringen) sind ein Punkt für den Gegner. C und D machen parallel das gleiche.

Variationen
andere Zählweisen

Anmerkungen
Spieler müssen viel improvisieren und sehr viele Halbvolleys schlagen. Beide dazu anhalten, »tief« zu bleiben (nicht aufrecht stehend den Ball erwarten). Wie Übung 70, Kap 2b: »Grundlinie offensiv«, allerdings wird hier ausschließlich zwischen T und Grundlinie gespielt.

9. Kindertraining

Übung 275-290

Das Kindertraining ist aufgegliedert in die Unterkapitel
Ballschule - Übung 275-284
Taktik mit den Jüngsten - Übung 285-290

Eine besondere Herausforderung ist das Training mit Kindern, besonders kleinen Kindern. Während Jugendliche ab einem bestimmten Leistungsniveau alle Übungen spielen können, die auch Erwachsene spielen (eventuell mit geringen Einschränkungen wegen fehlender Körpergröße), so müssen die Jüngsten auf einem ganz eigenen Weg ans Tennisspiel herangeführt werden. Bei Kindern im Alter zwischen fünf und acht liegt der Fokus auf Koordination und Ballgewöhnung, das gilt auch für die fortgeschritteneren Kinder dieses Alters, die »schon spielen können«. Jede Übung, ob mit oder ohne Ball, ob auf dem Platz oder woanders (Turnhalle) trainiert die Geschicklichkeit und bringt die Kinder in ihrer motorischen Entwicklung voran. Das, was sie in diesem Alter an Bewegungserfahrungen machen, hilft ihnen nicht nur im Sport oder im Tennis, sondern ihr ganzes Leben lang auch im Alltag.

Wir wollen im Rahmen dieses Kapitels nicht zu detailliert auf die einzelnen koordinativen Fähigkeiten eingehen (Reaktions-, Orientierungs-, Differenzierungs-, Kopplungs-, Anpassungs- und vor allem Gleichgewichtsfähigkeit – die Übergänge sind fließend), sondern einfach einige Beispiele für kindgerechte Übungen kleiner Tennisanfänger zeigen, die Spaß machen und die man beliebig erweitern kann. Man sollte bei der Kreation eines Spiels der Fantasie freien Lauf lassen und als Trainer eine besondere Sprache verwenden. Eine gutes Vorgehen ist es, die Kinder beim »Erfinden« von Spielen mitwirken zu lassen, Sie werden staunen, auf welche Ideen die kommen. Denn viel wichtiger als die Struktur einer Übung ist für die Kinder das Erlebnis oder das »Abenteuer«, das darin steckt. Kinder lernen anders als Erwachsene, sie fühlen, spüren, tasten, hören und lernen aus dem, was sie dabei empfinden (affektives Lernen), während

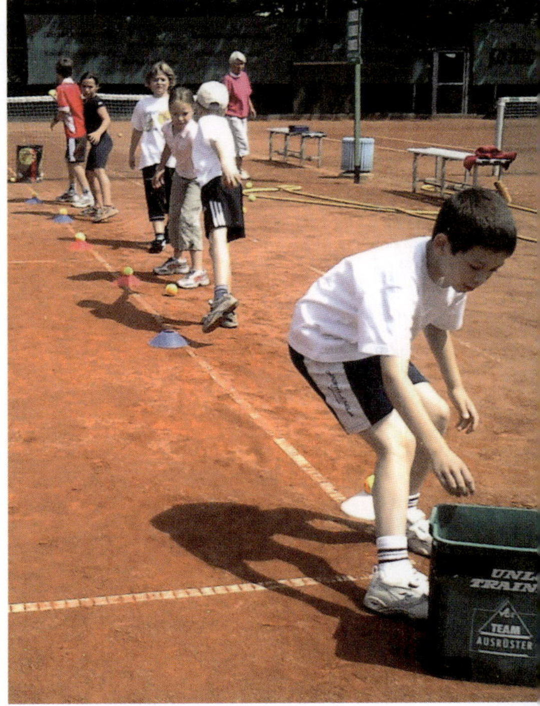

bei Älteren und Erwachsenen sich immer mehr der (manchmal auch hinderliche) Kopf dazuschaltet und der kognitive Anteil des Lernens zunimmt.

Um ein Spiel fürs Kindertraining entstehen zu lassen, nimmt man ein Grundspiel mit bereits beherrschten motorischen Fähigkeiten (laufen, springen) und kombiniert es mit weiteren anspruchsvolleren Aufgaben (werfen, fangen etc.) und eventuell leichten sportartspezifischen Anforderungen (Schlägerhandhabung, Ballkontrolle etc.). Wenn bei Übungen Spieler ausscheiden (was im Sinne eines Wettkampfs, den die Kinder austragen wollen und auch sollen, nicht immer zu vermeiden ist), dürfen diese Kinder nicht tatenlos herumstehen, sondern sollten mit einfachen Sonderaufgaben beschäftigt werden oder einfach ohne Wertung weiter mitspielen.

Um den einzelnen Aktionen oder Akteuren Namen zu geben, sind Tiere ganz besonders beliebt. Und »Geräusche« werden natürlich auch reichlich gemacht, das kann dann manchmal mit dem benachbarten Seniorendoppel zu Konflikten kommen. Kleine Belohnungen (Gummibärchen) sind schön und motivierend, sollten aber nicht zur Selbstverständlichkeit werden. Technische Anweisungen sollten zunächst ganz unterlassen werden, sehr viele Kinder finden durch die Aufgaben von alleine den richtigen Weg. Ansonsten ist »Vormachen«, nicht Erklären, die erste Wahl.

Bis zum Alter von zehn Jahren sollte man unbedingt Weichbälle der verschiedenen Stufen (Stage 1–3) verwenden, auch wenn die Kinder mit den »richtigen« Bällen spielen wollen. Außerdem unbedingt kleine mobile Netze einsetzen oder das große Netz runterkurbeln.

Wir beginnen mit **»Ballschule« (Ballgewöhnungsübungen und leichten Schlag- und Spielübungen; Übungen 275–284)** und steigern dabei langsam die Anforderungen. Zu jedem Thema werden zwei Ideen angeboten, die beliebig modifizierbar sind. Sobald die Kinder sich mit Ball und Schläger angefreundet haben beginnt das Üben von Ballwechseln, zunächst mit dem Trainer, später untereinander. Auch hier gilt: Netzhöhe anpassen und die richtige Ballhärte verwenden. Eine gute Grundlage bilden die Kleinfeldübungen aus Kapitel 1 »Aufwärmen« in diesem Buch, wobei die Kinder natürlich eine besondere Ansprache und Motivation für »langweiliges« Bälle schlagen brauchen. Die beste Motivation ist der Wettkampf untereinander und sobald das von den Fähigkeiten her möglich ist, sollte damit auch begonnen werden. Bald schon stellt sich dann die Frage, wie man es am Besten anstellt, dass man möglichst oft gewinnt. Und das ist schon eine taktische Frage, ein Thema, das also nicht nur den Älteren vorbehalten ist ...

Die **Übungen 285–290 »Taktik mit den Jüngsten«** richten sich an schon etwas fortgeschrittenere kleine Tennisspieler und sollen zeigen, dass man sehr wohl schon früh etwas für die Schulung des Wettkampfgedanken tun kann, obwohl es zunächst abwegig erscheinen mag, Elemente ins Training der Jüngsten zu integrieren, die man mit kognitiven Fähigkeiten wie Planen, Berechnen und Beurteilen verbindet. Selbstverständlich sind die taktischen Möglichkeiten kleiner Kinder eigeschränkt und ganz bestimmt kann man sie nicht mit ausschweifenden Erklärungen über Strategie und Psychologie belasten. Aber mit einigen wenigen einfachen Übungen kann man schon früh helfen, den Unterschied zwischen dem

Spielen ***miteinander*** (Training) und dem Spielen ***gegeneinander*** (Wettkampf) zu verstehen.

Obwohl zu diesem Zeitpunkt die Schwerpunkte im Training natürlich auf Konstanz und Wiederholung liegen (das Kind soll lernen, den Ball oft und sicher zurückzubringen), soll auch möglichst früh gespielt werden. Und spielen heißt Punkte gewinnen. Und auf Punkte kann ich warten – oder ich lasse mir etwas einfallen. Jeder kennt das Bild von zwei U10-Spielern, die ewig lange Ballwechsel spielen, also schon recht sicher sind, sich aber fast alle Bälle im immer gleichen Rhythmus und meist Vorhand cross zuspielen. Den Punkt macht dann der, der ein wenig geduldiger ist oder der, der aus Versehen einen Glücksball schlägt, den der andere nicht bekommt. Man wundert sich dann, dass keiner der beiden »aktiv« wird, sondern beide sich auf das Abwarten verlegen – als bestünde die einzige taktische Maßnahme der Jüngsten darin, so sicher und geduldig wie möglich zu spielen. Dass dem nicht so ist und man den Punktgewinn durchaus beeinflussen und beschleunigen kann, begreifen Kindern erfahrungsgemäß schon recht früh.

Taktik ist ein Begriff, mit dem U10-Spieler nicht viel anfangen können. Das Stichwort heißt eher **den Gegner »ärgern«**. Das versteht nicht nur jeder, sondern das ist auch etwas, was man gerne macht. Und gleichzeitig muss man versuchen, sich selbst möglichst wenig ärgern zu lassen. »Ärgern« kann man den Gegner, in dem man ihn laufen lässt. Und indem man ihn möglichst oft auf der schwächeren Seite anspielt, also normalerweise auf der Rückhand. Das funktioniert mit ganz einfachen Grundschlägen bei jeder Feldgröße (T-Feld oder 3/4-Feld). Umgekehrt wird man selbst am wenigsten geärgert, wenn man sich gut bewegt und den Platz abdeckt (Stichwort »Torwart«), und wenn man ab und zu einen Ball umläuft und mit der Vorhand statt mit der schwierigeren Rückhand spielt, kann man den Gegner sogar noch mehr ärgern. Das sind ganz einfache, auch für die Jüngsten verständliche und umsetzbare Vorgaben, die man schon sehr früh üben kann.

Die **Übungen 285-290** sind Vorschläge zu den angesprochenen taktischen Inhalten, die Kinder in diesem Alter bereits verstehen. Die Übungsbeispiele sind in vielen Punkten variierbar (Anzahl der Wiederholungen, Ziele, Aufgaben, Zählweise, Feldgröße). Die Anzahl der Spieler sollte nicht mehr als vier sein, da sonst die Wartezeit für die einzelnen Teilnehmer zu lange wird und die Aufmerksamkeit abfällt.

Schlange füttern

Anzahl Spieler:	**beliebig**
Dauer:	**ca. 5 Min.**
Zählweise:	**keine, bis kein »Futter« mehr da ist**
Hilfsmittel:	**verschiedene Ballsorten**

Ziel
Ballgefühl, Geschicklichkeit, Gleichgewicht, Reaktion

Beschreibung
Die Kinder stellen sich hintereinander in Abständen von etwa einem Meter (sie sollen sich nicht berühren können) auf und bilden eine Schlange. Die Form der Schlange (gerade, im Bogen, mit Windungen) bestimmen sie selbst. Der Trainer stellt sich drei Meter vor dem Kopf der Schlange auf und hat einen Eimer mit Bällen (Futter für die Schlange). Ideal ist es, wenn verschiedene Ballarten im Eimer sind, aber nur Tennisbälle tun es auch. Er wirft dem ersten Kind einen Ball zu (einen »Happen«), den der Kopfspieler fangen muss, d.h. die Schlange hat sich die Beute geschnappt. Das erste Kind dreht sich jetzt um und wirft dem nächsten Kind auf kurze Distanz den Ball zu (von unten, Ball nur lupfen), das wiederum zum nächsten, bis der Ball beim letzten Kind angekommen ist, das ihn in einen bereitgestellten Eimer legt. Dann hat die Schlange die »Beute verdaut«. Alle Kinder rücken um eine Position auf und der Trainer wirft den nächsten »Happen«. Wird ein Ball verloren, ist er nicht richtig »verdaut« und wird noch mal geworfen (»verfüttert«).

Variationen
Abstände verändern

Anmerkungen
Fangen, drehen und lupfen, ohne den Ball fallen zu lassen, stellt erste größere Anforderungen an Motorik und Ballgefühl.

Backe backe Kuchen

Anzahl Spieler:	**beliebig, bei vielen Kindern kleinere Kuchen backen**
Dauer:	**ca. 5 Min.**
Zählweise:	**keine, bis alle einen Kuchen haben**
Hilfsmittel:	**Kinderschläger, Tennisbälle (am besten Weichbälle)**

Ziel
Ballgefühl, Geschicklichkeit, Gleichgewicht, Reaktion, Orientierung

Beschreibung
Die Kinder legen ihre Schläger (Kuchenbleche) verteilt auf dem Platz aus. Es sollte genügend Abstand sein, so dass keiner den anderen behindert. Der Trainer hat einen Eimer mit zehn Bällen pro Kind vor sich und beginnt jetzt, einen Tennisball nach dem andern in hohem Bogen zu den Kindern zu werfen oder mit dem Schläger anzuspielen. Die Kinder versuchen die Bälle zu fangen, entweder direkt oder nach Aufspringen. Wenn er wegrollt, dürfen sie ihn holen, aber das kostet natürlich Zeit. Aufgabe ist es, so schnell wie möglich zehn Bälle zu erwischen und auf seinem Schläger einen »Kuchen zu backen«. Wer das geschafft hat, ruft laut »Backe backe Kuchen«. Das Spiel ist beendet, wenn alle Kinder ihren Kuchen fertig haben.

Variationen
Kuchen mit weniger Bällen

Anmerkungen
Trainer steuert durch das Anwerfen das Spiel, muss sehen, dass alle eine Chance haben, aufpassen, dass einige nicht zu wild agieren und sich und die Mitspieler verletzen.

Die Enten ziehen um

Anzahl Spieler:	beliebig, mindestens 4
Dauer:	ca. 5 Min.
Zählweise:	keine, bis alle Bälle im anderen Eimer sind
Hilfsmittel:	Balleimer oder andere Behälter, Weichbälle

Ziel
Ballgefühl, Geschicklichkeit, Gleichgewicht, Reaktion, Orientierung

Beschreibung
Die Kinder werden in zwei Gruppen aufgeteilt. Die Werfer stellen sich im T-Feld auf, die Fänger hinter der Grundlinie. Das Feld zwischen T-Linie und Grundlinie ist der »Niemandsland-See« und darf nicht betreten werden. Die Werfer haben einen Eimer mit Weichbällen (»Entennest«), bei den Fängern steht ein leerer Eimer (»Nest«). Sie nehmen sich einen Ball (eine »Ente«) heraus, gehen zum Rand des »Sees« (T-Linie) und werfen den Ball einem Fänger hinter der Grundlinie zu (andere Seite des »Sees«). Wird der Ball gefangen, hat die Ente ihren Flug geschafft und kommt ins Nest (Eimer). Lässt der Fänger den Ball fallen, muss er ihn holen (dafür darf ausnahmsweise auch mal in den See treten) und rollt ihn von der Grundlinie zur T-Linie zurück, d. h. die »Ente schwimmt zurück«. Das Spiel endet, wenn alle Enten in das neue Nest »umgezogen« sind.

Variationen
Ball darf einmal aufspringen, bevor er gefangen wird, d. h. »die Ente macht eine Zwischenlandung« (einfacher).

Anmerkungen
Das richtige gezielte Werfen und das Fangen auf lange Distanz ist anspruchsvoll

Gassi gehen

Anzahl Spieler:	genügend für zwei Teams
Dauer:	ca. 5 Min.
Zählweise:	Wer ist zuerst fertig mit »Gassi gehen«?
Hilfsmittel:	Kinderschläger, Weichbälle, verschiedene Hindernisse

Ziel
Ballgewöhnung, Geschicklichkeit, Gleichgewicht, Orientierung auf dem Platz

Beschreibung
Die Kinder bilden zwei Mannschaften. Spielform ist ein Staffellauf. Aufgabe ist es, mit dem Schläger einen rollenden Ball um einige Hindernisse (Hütchen, Slalomstangen, Balleimer etc.) herumzuführen und zum Ausgangspunkt zurückzukehren. Der Ball ist der »Hund«, der Schläger ist die »Leine«, der aufgebaute Parcours ist ein »Park«. Jeder Spieler einer Mannschaft muss eine Runde »mit dem Hund im Park Gassi gehen«, und der muss dabei unbedingt an der Leine bleiben, denn das ist Vorschrift im Park!

Variationen
Parcours leichter oder schwerer gestalten

Anmerkungen
Die Kinder sollen den Ball am Schläger führen (Hund muss an der Leine bleiben).

Wer - wo - was?

Anzahl Spieler:	beliebig
Dauer:	beliebig
Zählweise:	Wer hat zuerst fünf Punkte
Hilfsmittel:	Kinderschläger, Weichbälle

Ziel
Ballgewöhnung, Geschicklichkeit, Gleichgewicht, Orientierung auf dem Platz

Beschreibung
Alle Kinder nehmen sich einen Ball aus dem Eimer und legen ihn auf den Schläger. Jeder kann sich irgendwo auf dem Platz aufstellen, während der Trainer sich umdreht. Der Trainer ruft ein Ziel (»Grundlinie«, »T-Linie«, »Einzelseitenlinie«, »Netzpfosten« etc.) und alle Kinder starten mit dem Ball auf dem Schläger und legen den Ball auf das Ziel. Der Trainer zählt bis drei und dreht sich um. Wer das Ziel rechtzeitig »gefunden« hat, bekommt einen Punkt.

Variationen
zusätzliche Extraziele aufbauen

Anmerkungen
Erste Gewöhnung an Ball und Schläger und gleichzeitig Platz und Begriffe kennenlernen.

Komm mit - lauf weg!

Anzahl Spieler:	beliebig, mindestens 6
Dauer:	beliebig
Zählweise:	keine
Hilfsmittel:	Kinderschläger, Weichbälle

Ziel
Ballgewöhnung, Geschicklichkeit, Gleichgewicht, Orientierung

Beschreibung
Alle Kinder stellen sich im Kreis auf, jeder balanciert einen Ball auf dem Schläger. Ein Kind geht um den Kreis herum und balanciert ebenfalls einen Ball. Es klopft einem der Kinder im Kreis auf die Schulter und ruft entweder »Komm mit!« oder »Lauf weg!« Die beiden machen jetzt einen Wettlauf um den Kreis mit dem Ball auf dem Schläger. Bei »Komm mit!« laufen beide in die gleiche Richtung um den Kreis, bei »Lauf weg!« nimmt der neue Kandidat die entgegengesetzte Richtung. Wer zuerst den freien Platz erreicht, nimmt ihn ein, der andere muss weiter im Kreis laufen und klopft einem anderen Kind auf die Schulter.

Anmerkung
Der Kreis muss groß genug sein. Wer den Ball fallen lässt, muss ihn holen und da weitermachen, wo er ihn verloren hat.

Kreisel

Anzahl Spieler:	beliebig
Dauer:	beliebig
Zählweise:	Welcher Kreisel holt die meisten Punkte
Hilfsmittel:	Kinderschläger, Weichbälle

Ziel
Ballgewöhnung, Geschicklichkeit, Gleichgewicht

Beschreibung
Die Kinder prellen den Ball mit dem Schläger auf den Boden. Wer es schafft, sich einmal um die eigene Achse zu drehen (Kreisel) und den Ball weiter zu prellen, hat einen Punkt gewonnen. Während der Drehung darf der Ball mehrmals aufspringen.

Variationen
Ball darf bei der Drehung nur einmal springen (schwierig).

Anmerkungen
ist nicht so einfach, wie es sich anhört ...

Ansteckend

Anzahl Spieler:	beliebig
Dauer:	ca. 5 Min.
Zählweise:	keine
Hilfsmittel:	Kinderschläger, Weichbälle

Ziel
Ballgewöhnung, Geschicklichkeit, Gleichgewicht

Beschreibung
Die Kinder stellen sich im Kreis auf und ein Kind beginnt, den Ball auf den Boden zu prellen. Alle anderen stecken sich der Reihe nach an und machen die Übung nach, bis der Kreis geschlossen ist und alle den Ball prellen. Dann beginnt das nächste Kind mit Prellen und macht die Übung etwas schwieriger (Beispiel: auf einem Bein). Wieder stecken sich alle anderen an. Jedes weitere Kind soll sich jetzt etwas einfallen lassen, womit das Prellen schwieriger wird (Kreisel wie oben, Kniebeuge, Hüpfen, mit der freien Hand am Rücken kratzen etc.). Wenn jemandem nichts einfällt, macht der Trainer etwas vor. Alle anderen stecken sich immer wieder an. Die Übung ist beendet, wenn jeder etwas vorgemacht hat.

Variationen
mit Balljonglieren oder Ball lupfen (siehe nächstes Thema)

Anmerkungen
alle »langweiligen« Übungen spielerisch gestalten

Schiffe versenken

Anzahl Spieler:	beliebig
Dauer:	ca. 10 Min.
Zählweise:	Wer versenkt die meisten Schiffe?
Hilfsmittel:	Kinderschläger, Weichbälle, Eimer

Ziel
Ballgewöhnung, Geschicklichkeit, Gleichgewicht, Ballflug beobachten, Orientierung

Beschreibung
An der T-Linie wird ein leerer Eimer aufgestellt. Die Kinder starten an der Grundlinie und »lupfen« den Ball mit dem Schläger (nach oben spielen und aufspringen lassen). Sie versuchen dabei, näher an den Eimer heranzukommen und zum Schluss den Ball so zu lupfen, dass er in den Eimer fällt (»Schiff versenkt!«).

Variationen
Ball wird auf den Boden geprellt und soll in den Eimer springen.

Anmerkungen
ebenfalls nicht so einfach ...

Wer zahlt die Pizza?

Anzahl Spieler:	max. 8
Dauer:	beliebig
Zählweise:	Wer holt sich die Pizza?
Hilfsmittel:	Kinderschläger, Weichbälle, Markierung auf dem Platz

Ziel
Ballgewöhnung, Geschicklichkeit, Gleichgewicht, Ballflug beobachten

Beschreibung
Auf dem Platz wird ein großer Kreis aufgemalt (»Pizza«) und in so viele gleich große Stücke unterteilt, wie Kinder mitspielen. Es wird festgelegt, was es für eine Pizza ist und was sie kostet (Beispiel: eine »Pizza Tonno« für acht Euro). Jedes Kind stellt sich hinter einem »Pizzastück« auf. Die Kinder »lupfen« den Ball mit dem Schläger (nach oben spielen und aufspringen lassen), er muss innerhalb der Pizza aufspringen. Derjenige, in dessen Pizzastück er fällt, muss ihn wieder lupfen. Wer einen Fehler macht (Ball nicht erwischt oder so gespielt, dass er außerhalb der Pizza aufspringt), verliert einen Euro (macht einen Strich in sein Pizzastück). Wer acht Euro erreicht hat, muss die Pizza bezahlen und derjenige, der die wenigsten Euros auf dem Konto hat, bekommt sie. Es werden mehrere Pizzen ausgespielt.

Variationen
1.) Trainer wirft den Ball hinein.
2.) Derjenige, der den letzten Fehler gemacht hat, spielt einen neuen Ball an.

Anmerkungen
Funktioniert nur auf Sand, ansonsten sehr aufwändig zu markieren. Aufpassen, dass keiner schummelt und der Ball wirklich nach oben gespielt wird. Für den Sieger sollte es statt Pizza irgendetwas Leckeres geben.

Giftige Kräuter

Anzahl Spieler:	beliebig
Dauer:	ca. 5 Min.
Zählweise:	Wer hat bei Abpfiff die wenigsten Giftkräuter in seinem Garten (Bälle zählen)?
Hilfsmittel:	Kinderschläger, Weichbälle, Eimer

Ziel
Ballgewöhnung, Geschicklichkeit, Gleichgewicht, Orientierung

Beschreibung
Die Kinder bilden zwei Teams, jedes Team stellt sich auf einer Netzseite »in seinem Garten« auf. In jedem Garten steht ein leerer Eimer. Der Trainer wirft auf jede Seite einige Bälle, d. h. »giftige Kräuter« hinein. Die Gartenbesitzer sammeln die Kräuter ein, so schnell es geht. Weil sie giftig sind, darf man sie nur kurz anfassen (auf den Schläger legen) und muss sie dann zur »Mülltonne« (leerer Eimer) transportieren. Von Zeit zu Zeit wird der »Müll« über das Netz in Nachbars Garten gekippt.

Variationen
ab und zu zusätzlich Bälle hineinwerfen

Anmerkungen
Ein etwas gemeines, aber lustiges Spiel. Es darf nur die »Mülltonne« in Nachbars Garten gekippt werden, keine einzelnen Bälle! Fünf Minuten sind eine lange Zeit, die Kinder sind danach normalerweise fix und fertig. Es bieten sich zwei oder drei Runden à 2 Minuten an.

Chaos Tennis

Anzahl Spieler:	mindestens 6
Dauer:	ca. 15 Min
Zählweise:	bis 7, 9, 11 etc.
Hilfsmittel:	Kinderschläger, Weichbälle

Ziel
Reaktion, Geschicklichkeit, Gleichgewicht, Orientierung, Ballbeobachtung

Beschreibung
Die Kinder bilden zwei Teams, jedes stellt sich auf einer Seite des Netzes beliebig auf. Es gilt die gesamte Platzhälfte bis zum Zaun und den Platzumrandungen. Der Trainer bringt einen Ball ins Spiel und jedes Team versucht, ihn mit den Schlägern auf die andere Seite zu bringen. Der Ball darf beliebig oft springen und von beliebig vielen Spielern berührt werden. Er darf nicht auf dem Schläger getragen werden. Der Punkt ist entschieden, wenn der Ball »tot« ist, d. h. er rollt oder liegt.

Anmerkungen
Ein Spiel mit reichlich Aktion (»Chaos«). Der Trainer muss aufpassen, dass nicht immer die gleichen das Spiel gestalten, sondern dass jeder einmal zum Zuge kommt. Wichtig, dass die Bälle nur gelupft oder nach oben gespielt werden und das keiner unkontrolliert »herumschießt«.

Versteinert

Anzahl Spieler:	4 bis 6
Dauer:	ca. 15 Min.
Zählweise:	Wer schafft die meisten Punkte?
Hilfsmittel:	Kinderschläger, Weichbälle

Ziel
Geschicklichkeit, Gleichgewicht, Schlaggefühl, Konzentration, Ballflug beobachten

Beschreibung
Der Trainer wirft einem Kind über das Netz Bälle zu. Aufgabe ist es, den Ball zum Trainer zurückzuspielen, so dass der ihn auffängt. Nach drei oder vier Bällen »wird der Trainer zu Stein«, d. h. er ruft: »Stein!«, wirft einen Ball zu und rührt sich nicht mehr. Wenn der Kandidat den nächsten Ball jetzt so genau spielt, dass er den »Stein« (Trainer) trifft, erhält er einen Punkt.

Variationen
Der Trainer darf ausweichen, aber die Füße nicht bewegen (schwieriger).

Anmerkungen
Sehr anspruchsvoll, die Kinder sollen lernen, im richtigen Moment konzentriert auf ein Ziel zu spielen. Lustiges Spiel: Den Trainer »abschießen« macht Spaß!

15, 30, 40

Anzahl Spieler:	4 bis 6
Dauer:	ca. 15 Min.
Zählweise:	Wer gewinnt den Satz (6 Spiele)?
Hilfsmittel:	Kinderschläger, Weichbälle, Ziele, Linienmarkierungen, Papptafeln

Ziel
Zählen lernen, Geschicklichkeit, Gleichgewicht, Schlaggefühl, Konzentration, Ballflug beobachten

Beschreibung
Es werden drei Ziele aufgestellt oder drei Zielzonen eingezeichnet. Die Ziele heißen »15«, »30« und »40« (ideal: mit großen Pappschildern markieren). Die Kinder bekommen vom Trainer Bälle über das Netz zugeworfen und versuchen nacheinander die Ziele zu treffen. Man muss in der richtigen Reihenfolge treffen: 15, 30, 40 – wer das schafft, hat ein Spiel.

Variationen
Satz bis 3 oder 4

Anmerkungen
Einfache Art, auf spannende Weise das Zählen im Tennis beizubringen. Anspruchsvoll, Ziele dürfen nicht zu klein sein.

Sterntaler

Anzahl Spieler:	beliebig
Dauer:	ca. 15 Min.
Zählweise:	Wer macht die meisten Punkte?
Hilfsmittel:	Kinderschläger, Weichbälle, Hütchen

Ziel
Ballgewöhnung, Geschicklichkeit, Gleichgewicht, Schlaggefühl, Ballflug beobachten, Orientierung

Beschreibung
Die Kinder bilden zwei Gruppen, die sich auf den beiden Netzseiten aufstellen. Die eine Gruppe hat Schläger (»Mondballspieler«), die andere hat Hütchen in der Hand (»Sterntaler«). Der Trainer steht auf der Seite der Sterntaler spielt einen hohen Ball auf die Seite der Mondballspieler an, die ihn ebenfalls hoch über das Netz zurückzuspielen versuchen (der Spieler, der am schnellsten reagiert). Aufgabe der Sterntaler ist es, den Ball mit dem Hütchen aufzufangen. Wenn das gelingt, erhalten der Mondballspieler und der Sterntaler jeweils einen Punkt. Nach einiger Zeit werden die Aufgaben gewechselt.

Variationen
Mehrere Runden, es wechseln immer nur zwei Spieler die Seite

Anmerkungen
Übung bringt die Kinder dazu, bewusst nach oben über das hohe Netz zu spielen.

Bobfahrer

Anzahl Spieler:	5, 6 oder mehr
Dauer:	ca. 15 Min.
Zählweise:	keine, wer sitzt am längsten im Bob?
Hilfsmittel:	Kinderschläger, Weichbälle

Ziel
Geschicklichkeit, Gleichgewicht, Schlaggefühl, Ballflug beobachten

Beschreibung
Drei oder vier Kinder bilden einen »Bob« und setzen sich innerhalb des linken oder rechten Aufschlagfeldes hintereinander dichtgedrängt auf den Boden (bei Sandplatz auf die Schläger setzen). Der Trainer steht im benachbarten Aufschlagfeld. Er spielt einem »Schützen«, der auf der anderen Seite am T steht, einen Ball zu. Der Schütze versucht, den Bob zu treffen und hat drei Versuche. Die Bobfahrer versuchen, auszuweichen, dürfen aber nicht aufstehen. Wenn der Schütze trifft, darf er selbst in den Bob und löst den getroffenen Fahrer ab. Trifft er nicht, ist der nächste Schütze an der Reihe.

Variationen
Der Frontmann hat einen Schläger und darf den Bob beschützen. Nach jedem Treffer rücken die Fahrer um eins auf und der nächste kommt nach vorne.

Anmerkungen
Sehr beliebtes und lustiges Spiel.

Triathlon

Anzahl Spieler:	4 bis 6
Dauer:	ca. 15 Min.
Zählweise:	Wer schafft die meisten Punkte?
Hilfsmittel:	Kinderschläger, Weichbälle, Eimer

Ziel
Ballgewöhnung, Geschicklichkeit, Gleichgewicht, Schlaggefühl, Reaktion

Beschreibung
Der Trainer spielt einen Ball zu, der Kandidat lässt ihn aufspringen und spielt ihn zurück (Aufgabe 1), der Trainer spielt diesen oder einen zweiten Ball noch einmal weich und genau zu, diese Mal muss der Kandidat ihn aus der Luft nehmen und volley zurückspielen (Aufgabe 2). Den dritten Ball, den der Trainer zuspielt, fängt der Kandidat auf und wirft ihn über das Netz in einen leeren Eimer (Aufgabe 3). Für jede erfüllte Aufgabe gibt es einen Punkt, für den kompletten Triathlon noch einen Extrapunkt.

Variationen
Wer den Triathlon schafft, kriegt keinen Extrapunkt, sondern darf gleich noch mal.

Anmerkungen
Anspruchsvoll für die Kinder, bei Aufgabe 3 kann man den Ball mit einer Hand, mit beiden Händen (Schläger schnell auf den Boden legen) oder mit Hand und Schläger fangen.

Die Mauer

Anzahl Spieler:	maximal 6
Dauer:	ca. 15 Min.
Zählweise:	Schafft es der Trainer, die Mauer aufzulösen (natürlich nicht!)?
Hilfsmittel:	Kinderschläger, Weichbälle

Ziel
Ballgewöhnung, Geschicklichkeit, Gleichgewicht, Schlaggefühl, Reaktion

Beschreibung
Alle Kinder stellen sich auf einer Seite dicht am Netz auf und bilden die »Mauer«. Der Trainer versucht von der anderen Seite mit aus der Hand angespielten Bällen, die Mauer zu »durchlöchern«. Wenn einer der Spieler einen Ball durchlässt, muss er ihn ganz schnell holen und inden Eimer des Trainers legen. Die Mauer hat dann einen Spieler weniger, ist also »löchriger«. Je mehr Spieler fehlen, um so schwieriger wird es für die Mauer.

Anmerkungen
Eigentlich sehr simpel, aber die Kinder spielen es als Team gegen den Trainer mit Hingabe und verbessern spielerisch ihre Reaktion und Ballbeobachtung. Das Netz sollte kindgerecht heruntergedreht werden.

Riesentorte

Anzahl Spieler:	**beliebig**
Zählweise:	**keine oder die Bälle zählen (kostet Zeit)**
Hilfsmittel:	**Kinderschläger, Weichbälle**

Ziel
Bälle sammeln, Geschicklichkeit, Gleichgewicht

Beschreibung
Alle Bälle sind gespielt und müssen eingesammelt werden. Wer kann die meisten Bälle auf seinem Schläger aufbauen (Riesentorte backen) und in den Ballkorb transportieren (zum Bäcker bringen), ohne dass einer runterfällt?

Anmerkungen
Übung erleichtert das leidige Einsammeln.

Kartoffelernte

Anzahl Spieler:	**beliebig**
Zählweise:	**Welcher Bauernhof hat die größte Ernte eingefahren (gibt eine Belohnung!)?**
Hilfsmittel:	**Kinderschläger, Weichbälle**

Ziel
Bälle sammeln, Geschicklichkeit, Gleichgewicht, Ballgewöhnung

Beschreibung
Alle Bälle sind gespielt und müssen eingesammelt werden. Die Kinder werden in zwei oder drei Teams (Bauernhöfe) eingeteilt. Jedes Team bekommt einen leeren Eimer. Auf Kommando strömen alle aus und holen Bälle (Kartoffeln), die sie auf ihren Schläger legen und zum Eimer transportieren. Es darf immer nur ein Ball geholt werden.

Variationen
Es dürfen zwei oder drei Bälle auf einmal geholt werden

Anmerkungen
Übung erleichtert das leidige Einsammeln.

Torwartspiel

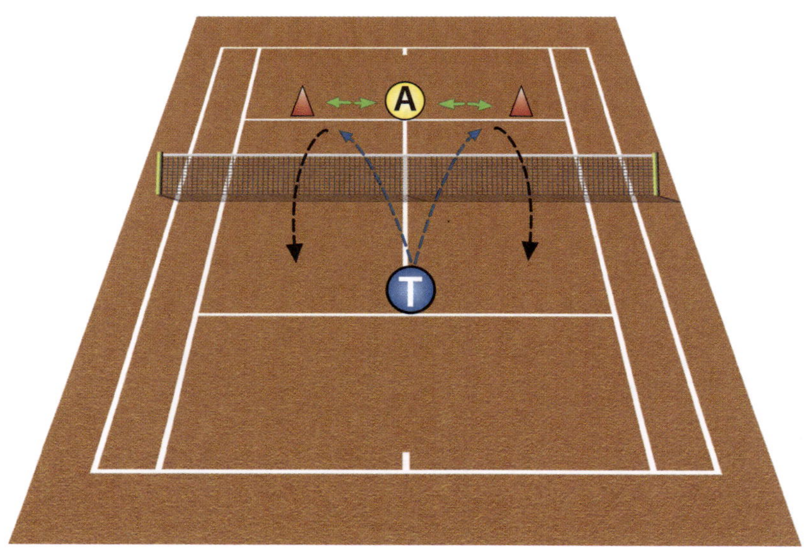

Anzahl Spieler:	bis 4
Dauer:	15-20 Min.
Zählweise:	variabel bzw. siehe Übungsbeschreibung

Ziel

Platzabdeckung (»sich nicht ärgern lassen«)

Beschreibung

Der Schüler steht in einem »Tor« auf Höhe der T-Linie, das durch zwei Hütchen oder zwei Stangen markiert ist. Der Trainer »schießt« jetzt in schneller Reihenfolge elf »Elfmeter«. Als gehalten gilt ein Elfmeter, wenn der Schüler den Ball übers Netz zurückspielen kann.

Variation

Torgröße, Abstand, Anzahl der Elfmeter

Anmerkungen

Ganz natürlich werden die Kinder durch die »Torwart«-Situation die Mitte des Feldes abdecken und nach dem Schlag (gehaltener Elfmeter) sich sofort wieder optimal positionieren. Genau das, was bei einem Tennismatch verhindert, dass der Gegner einen zu sehr »ärgert« oder gar ausplatziert.

Festgewachsen

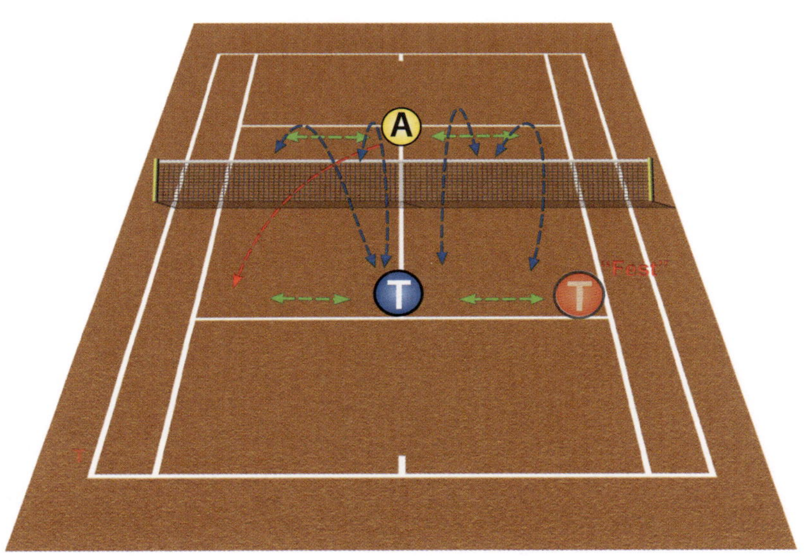

Anzahl Spieler:	bis 4
Dauer:	15-20 Min.
Zählweise:	variabel bzw. siehe Übungsbeschreibung

Ziel

peripheres Sehen trainieren, Erkennen von Chancen

Beschreibung

Trainer und Schüler spielen den Ball im T-Feld variabel hin und her. Beide müssen laufen. Plötzlich bleibt der Trainer stehen und ruft »fest«. Eine Seite ist dadurch völlig frei. Der Schüler muss den Ball so platzieren, dass der Trainer ihn aus dem Stand nicht mehr bekommen kann.

Variation

1.) Der Trainer sagt nichts, der Schüler muss selbst merken, wann der Gegner »festgewachsen« ist (peripheres Sehen)

2.) Der Schüler muss eine vorher markierte Zielzone in der freien Ecke treffen (schwierig).

Anmerkungen

Mit dieser Übung soll die Wahrnehmung der Position des Gegners und die schnelle Reaktion auf sich bietende Chancen geschult werden. Peripheres Sehen ist bei kleinen Kindern praktisch nicht vorhanden. Die Feldgröße ist variierbar, es kann auch nur ein Teil des T-Feldes gelten. Mit Älteren kann man auch im 3/4-Feld spielen und Ziele für den Entscheidungsschlag festlegen.

Babyball

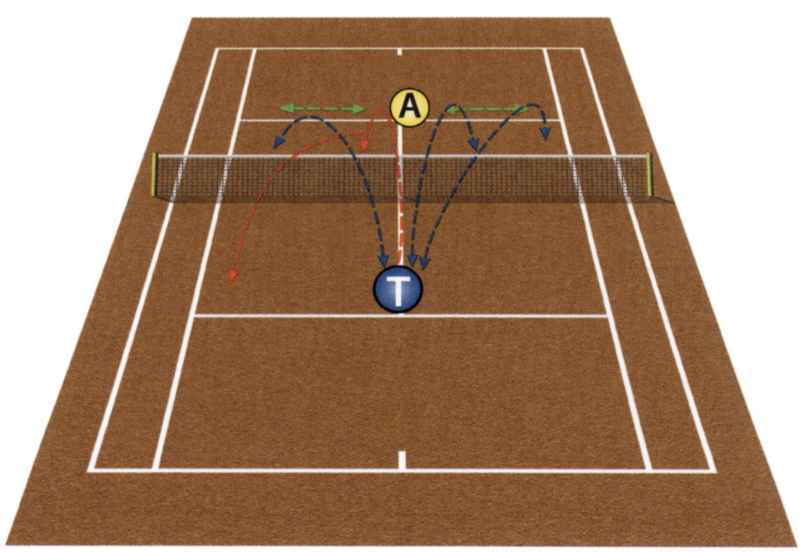

Anzahl Spieler:	bis 4
Dauer:	15-20 Min.
Zählweise:	variabel bzw. siehe Übungsbeschreibung

Ziel

Richtige Einschätzung der eigenen Spielsituation

Beschreibung

Der Trainer spielt eine Serie Bälle zu, nach denen der Schüler laufen muss. Seine Aufgabe ist, diese Bälle sicher mittig zurückzuspielen. Plötzlich kommt ein ganz einfacher Ball, bei dem der Schüler sehr viel Zeit hat (»Babyball«). Den soll er für den Trainer unerreichbar platzieren.

Variation

»Babyball« auf Ziel zurückspielen.

Anmerkungen

Die Kinder lernen, die Spielsituation besser einzuschätzen. Der Schüler soll Entscheidungen treffen. Solange er unter Druck steht, spielt er sicher, wenn er Zeit hat (Babyball), wird er offensiv. Wichtig: der Schüler entscheidet selbst, was ein Babyball ist.

Grillwürstchen

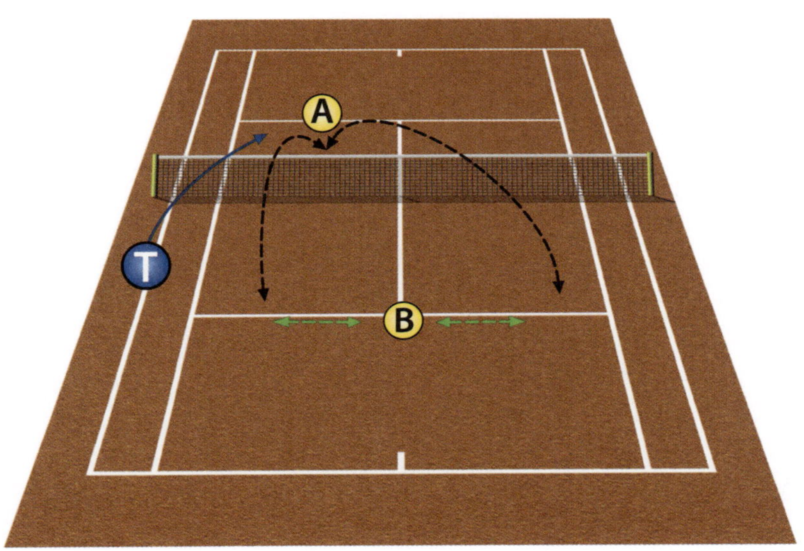

Anzahl Spieler:	bis 4
Dauer:	15-20 Min.
Zählweise:	variabel bzw. siehe Übungsbeschreibung

Ziel
Schläge platzieren, Richtungswechsel

Beschreibung
A darf B »grillen«, d. h. laufen lassen. Der Trainer bringt den Ball ins Spiel und A versucht, mit seiner Vorhand immer rechts/links bzw. longline/cross zu spielen. B ist das »Grillwürstchen« und versucht, alles zurückzubringen. Bei guten Schülern als fortlaufender Ballwechsel, bei weniger guten spielt der Trainer die Bälle einzeln zu, die dann abwechselnd cross und longline gespielt und vom Gegner erlaufen werden sollen. Vorgaben machen (Wie viel soll das »Grillwürstchen« zurückbringen?) oder Wettspiel durchführen (Welches »Grillwürstchen« hält am längsten durch?). Wichtig: Zum Schluss fühlt der Trainer an der Stirn des »Grillwürstchens«, ob es auch richtig heiß ist!

Variation
A kann frei spielen

Anmerkungen
Die Kinder lernen, kontrolliert Richtungen zu wechseln und zu platzieren. Insbesondere der wichtige und sehr effektive VH-longline-Ball wird dabei trainiert. Es ist eine eigentlich langweilige Übung, bei der es wichtig ist, die Kinder zu motivieren. Der eine wird versuchen, das »Würstchen« richtig zu grillen, der andere wird laufen, bis er richtig »glüht« ...

Falsche Vorhand

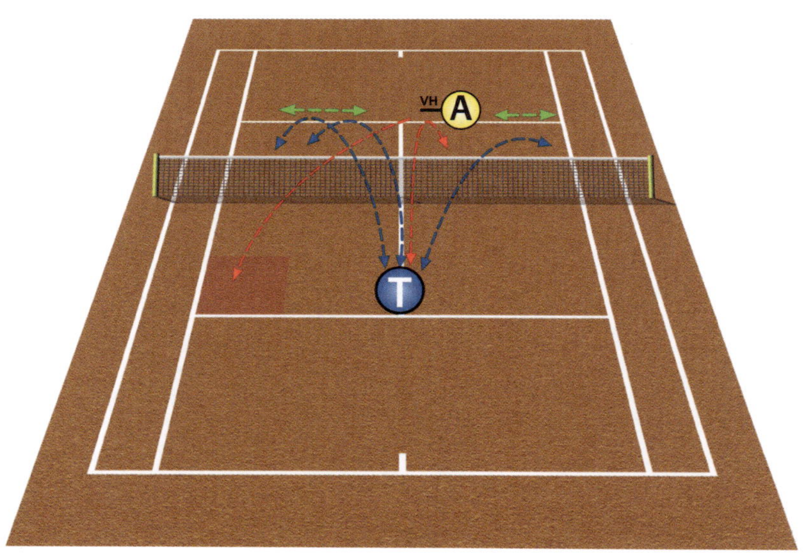

Anzahl Spieler:	bis 4
Dauer:	15-20 Min.
Zählweise:	variabel bzw. siehe Übungsbeschreibung

Ziel

Häufiger Einsatz der Vorhand

Beschreibung

Der Trainer verteilt Bälle im T-Feld, die der Schüler erlaufen und mit VH und RH sicher ins Feld zurückspielen soll. Jeder erfolgreiche Ball bringt einen Punkt. Wenn der Schüler es schafft, einen Ball auf der Rückhandseite zu umlaufen und mit der Vorhand zurückzuspielen (»falsche« Vorhand), bekommt er zwei Punkte. Wenn er damit sogar ein Ziel trifft, gibt es drei Punkte. Wer schafft in zwei Minuten die meisten Punkte?

Anmerkungen

Einführung in einen der wichtigsten Schläge im Tennis. Das Ziel sollte in der RH-Ecke sein (Inside Out). Der Schüler lernt schon früh zu entscheiden, ob er lieber eine sichere Rückhand oder eine etwas schwierigere (weil die RH umlaufende) Vorhand spielt, die aber etwas mehr bringt (in diesem Fall Bonuspunkte, ansonsten einen Vorteil im Ballwechsel oder vielleicht sogar einen direkten Punktgewinn).

Gegner ärgern

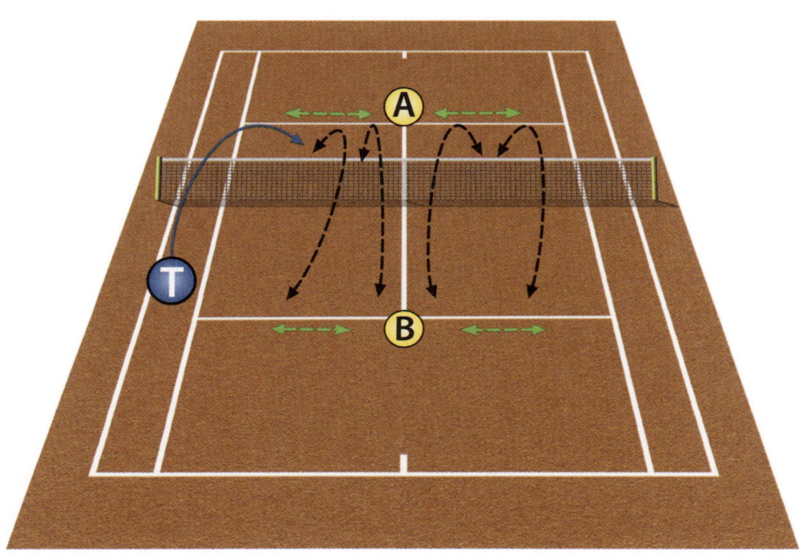

Anzahl Spieler:	bis 4
Dauer:	15-20 Min.
Zählweise:	variabel bzw. siehe Übungsbeschreibung

Ziel
Ballwechsel mit taktischen Elementen

Beschreibung
Der Trainer bringt den Ball ins Spiel und A spielt gegen B Punkte im T-Feld aus. Es ist alles erlaubt. Die besondere Regel lautet: Wer seinem Gegner dreimal auf die Rückhand gespielt hat (nicht unbedingt in einem Ballwechsel, sondern insgesamt), bekommt einen Zusatzpunkt.

Variation
Eventuell Feld etwas schmaler machen, um es zu erschweren, auf die RH zu spielen.

Anmerkungen
Sehr komplexe Übung, in der das in den vorangegangenen Übungen Gelernte umgesetzt werden soll: Gegner laufen lassen, RH-Seite öffnen und anspielen, VH-longline schlagen, selbst das Feld optimal abdecken, selbst RH umlaufen und wenn möglich »inside out« spielen. Gute Möglichkeiten, den Kindern anhand des Ballwechsels und Spielverlaufs taktische Inhalte zu vermitteln, ohne sie zu überfordern.

10. Doppeltraining

Übung 291–314

(siehe auch: *Mannschaftstraining/Netzspiel/taktisches Training*)

Das Doppeltraining ist aufgegliedert in die Unterkapitel
Traineranspiel - Übung 291-310
Selbständiges Spiel - Übung 311-314

Doppelübungen sind im Gruppentraining sehr beliebt, nicht nur bei Kindern. Ein Grund ist sicher, dass die Verantwortung für Sieg und Niederlage geteilt werden kann, was für viele Schüler eine gewisse Entspannung bedeutet. Ein anderer Grund ist, dass der Trainer mit Übungen, bei denen immer alle Vier beteiligt sind, sehr viel mehr »Action« ins Training bringen kann. Bei allem Spaß sollte aber nie die Zielsetzung der jeweiligen Übung vergessen werden. Da im Doppeltraining sehr viel Netzspiel stattfindet, ist es auch ein gutes Training für Volley und Schmetterball, die im Einzeltraining spielerisch schwieriger zu üben sind. Und Passier- oder Angriffsbälle, die man im Doppel braucht, sind ebenfalls wichtige Komponenten des Einzelspiels. Wenn die Möglichkeit besteht, sollte man Paarungen zusammen trainieren lassen, die auch in Wettkämpfen als Kombination möglich sind und so die Abstimmung untereinander verbessern. In diesem Kapitel sind die »schnellen« Übungen dargestellt, die Aufschlag und Return ausklammern und per Traineranspiel (oder selbständigem Anspiel) direkt in den Ballwechsel führen. Es geht um Positionskampf, Abstimmung untereinander und schnelle Reaktion auf überraschende oder schwierige Situationen.

**Alle hier aufgeführten Doppelübungen sind hervorragende Ergänzungen zum Kapitel 3: »Training am Netz«.
Übungen zum Doppel-Matchtraining mit Training der Eröffnungsschläge (Aufschlag, Return) und entsprechender Positionierung sind extrem taktisch geprägt und daher in Kapitel 5: »Taktisches Training« aufgeführt (Übungen 201-205). Weitere stark taktisch geprägte Doppel-Match-Übungen finden Sie in Kapitel 11: »Mannschaftstraining - Zwei Plätze, Doppel Matchplay« (Übungen 350-357).**

Eine Anmerkung zum dem in diesen Übungsbeschreibungen häufig vorkommenden Begriff »erster Volley länger als T«: in Spielsituationen, in denen ein Ballwechsel von der offensiven Netzpaarung mit einem Volley (auf Zuspiel des Trainers) eröffnet wird, wäre es sinnlos, diesen Schlag frei zu geben. Ein kurzer Volley würde sofort den Punkt bringen, da die verteidigenden Grundlinienspieler keine Reaktionschance hätten. Ein Ballwechsel im Sinne der Übung würde also gar nicht stattfinden. Wenn dagegen der erste Volley hinter der T-Linie aufspringt, haben die Grundlinienspieler eine realistische Chance, den Ball zu erreichen.

Duell am T

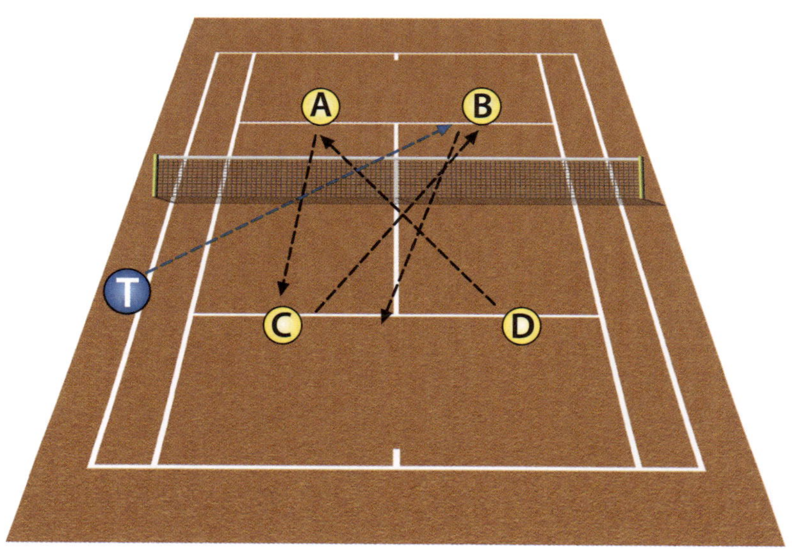

VH	RH	Vo	Sm	As	Rt	oT	2S	3S	4S

Anspruch:	
Intensität:	
Anzahl Spieler:	4
Dauer:	5-10 Min.
Zählweise:	Hin und Rückspiel bis 11

Ziel

Orientierung und Abstimmung mit dem Doppelpartner, gemeinsame Eroberung und Verteidigung der Netzposition

Beschreibung

Doppel A und B am Netz spielt gegen Doppel C und D. Alle Spieler positionieren sich im sogenannten »Niemandsland« kurz hinter der T-Linie. Der Trainer spielt A und B mit einem tiefen Ball an, der besser positionierte Spieler nimmt das Anspiel volley oder halbvolley auf und beide rücken sofort nach. Auch C und D haben sich mit einem Split Step offensiv an der T-Linie positioniert, um optimal reagieren zu können und es entsteht ein Volley-Duell. Nach beendetem Ballwechsel bewegen sich alle vier wieder knapp hinter die T-Linie als Ausgangsposition für den nächsten Punkt.

Anmerkungen

Das Trainerzuspiel ist durchgehend schwierig, die Doppel haben die Aufgabe, sich aus dieser unangenehmen Lage zu befreien und aufzurücken. Übung ähnlich wie 116, Kap 3a: »Volleytraining«).

Netz gegen Grundlinie

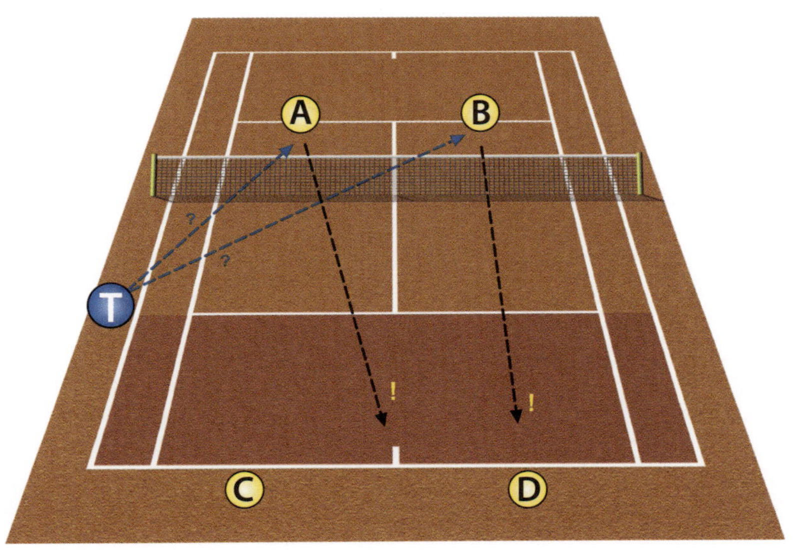

VH	RH	Vo	Sm	As	Rt	oT	2S	3S	4S

Anspruch:	●●●
Intensität:	●●●
Anzahl Spieler:	4
Dauer:	ca. 10 Min.
Zählweise:	Hin und Rückspiel bis 11

Ziel
Orientierung und Abstimmung mit dem Doppelpartner, gemeinsames Netzspiel, Verteidigung gegen offensives Doppel

Beschreibung
Doppel A und B am Netz spielt gegen Doppel C und D an der Grundlinie. A und B am Netz werden vom Trainer angespielt und müssen jeweils den ersten Volley länger als die T-Linie platzieren. Anschließend ist alles erlaubt. Der Trainer streut überraschende Lobs als Zuspielvariante ein, damit die Netzspieler nicht zu dicht am Netz »parken«. Nach einem Lob ist die »länger als T« – Regel aufgehoben.

Anmerkungen
Dadurch, dass der erste Volley der Netzpaarung immer länger als die T-Linie gespielt werden muss, kann der Punkt nicht direkt mit einem kurzen Volley gemacht werden und es entsteht immer ein Ballwechsel gegen die Grundlinienpaarung. Darauf achten, dass die Netzpartei nach jedem gespielten Punkt für das neue Traineranspiel etwas zurückweicht, um den ersten (langen) Volley in der Vorwärtsbewegung spielen zu können.

Grundlinie gegen Netz

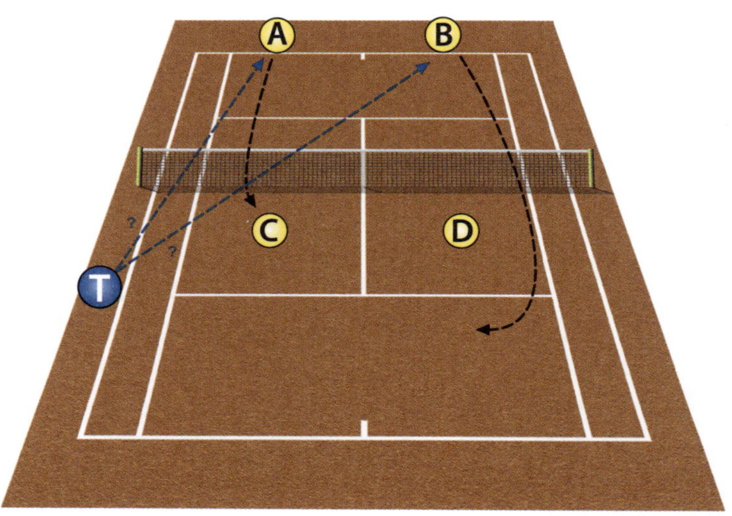

VH	RH	Vo	Sm	As	Rt	oT	2S	3S	4S

Anspruch:	●●●
Intensität:	●●●
Anzahl Spieler:	4
Dauer:	ca. 10 Min.
Zählweise:	Hin und Rückspiel bis 11

Ziel

Orientierung und Abstimmung mit dem Doppelpartner, gemeinsames Netzspiel, Verteidigung gegen offensives Doppel

Beschreibung

Doppel A und B an der Grundlinie spielt gegen Doppel C und D am Netz. A und B an der GL werden vom Trainer angespielt und können mit jedem Ball antworten. Allerdings dürfen sie nicht zweimal hintereinander den Punkt mit einem Lob eröffnen.

Variationen

Lob immer erlaubt

Anmerkungen

Dadurch, dass Lob erlaubt ist, kann die Netzpaarung nicht zu weit vorne »parken«. Es soll aber nicht nur mit Lob gearbeitet werden, deswegen die Einschränkung. Die Netzpaarung kann bereits den ersten Volley frei platzieren.

Smash gegen Grundlinie

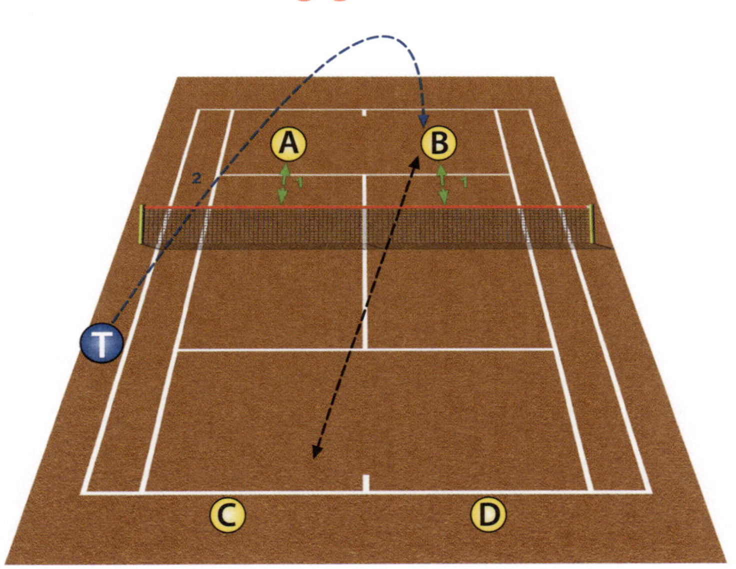

VH	RH	Vo	Sm	As	Rt	oT	2S	3S	4S

Anspruch:	●●●
Intensität:	●●●●
Anzahl Spieler:	4
Dauer:	ca. 10 Min.
Zählweise:	Hin und Rückspiel bis 11

Ziel

Orientierung und Abstimmung mit dem Doppelpartner, gemeinsames Netzspiel, Verteidigung gegen offensives Doppel

Beschreibung

Doppel A und B am Netz spielt gegen Doppel C und D an der Grundlinie. A und B am Netz müssen mit dem Schläger die Netzkante berühren und werden vom Trainer mit einem Lob angespielt. Anschließend ist alles erlaubt, die Spieler sollen immer versuchen, zu schmettern. Vor jedem neuen Lob-Anspiel müssen die Spieler A und B die Netzkante berühren.

Variationen

es muss immer nur ein Spieler (wer besser positioniert ist) das Netz vor dem Anspiel berühren

Anmerkungen

Der Trainer steuert das Spiel mit der Angabe. Er wartet nicht, d. h. die Spieler müssen sich mit der Netzberührung beeilen. Wenn sie nicht schmettern können, müssen sie den Lob erlaufen. Drillübung (Kap. 7) für die Netzspieler.

Lob gegen Netz

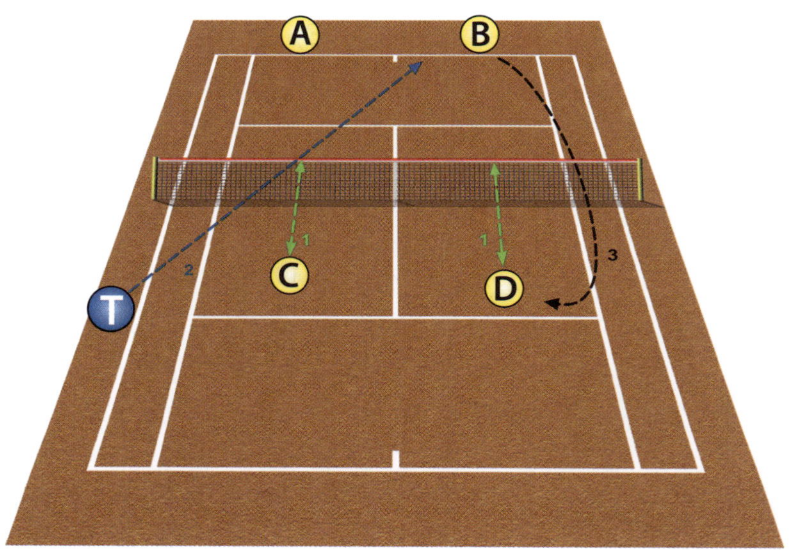

VH	RH	Vo	Sm	As	Rt	bT	2S	3S	4S

Anspruch:	●●●
Intensität:	●●●
Anzahl Spieler:	4
Dauer:	ca. 10 Min.
Zählweise:	Hin und Rückspiel bis 11

Ziel
Orientierung und Abstimmung mit dem Doppelpartner, gemeinsames Netzspiel, Verteidigung gegen offensives Doppel

Beschreibung
Doppel A und B an der Grundlinie spielt gegen Doppel C und D am Netz. A und B an der GL werden vom Trainer angespielt und müssen den Punkt mit einem Lob eröffnen. C und D starten bei jedem Traineranspiel von der T-Linie nach vorne und berühren die Netzkante mit dem Schläger.

Variationen
Position des Trainers näher zum Netz für schnelleres Anspiel und bessere Chancen für die Grundlinie

Anmerkungen
Traineranspiel sollte so abgestimmt sein, dass der Lob in dem Moment erfolgt, wenn die Netzspieler die Netzkante berühren. Je stärker (und größer) die Paarung am Netz, desto schneller kann die GL angespielt werden. Das verteidigende Team bei erfolgreichem Lob (Angreifer lassen springen und laufen hinterher) unbedingt dazu anhalten, dem Lob ans Netz zu folgen.

Ab durch die Mitte

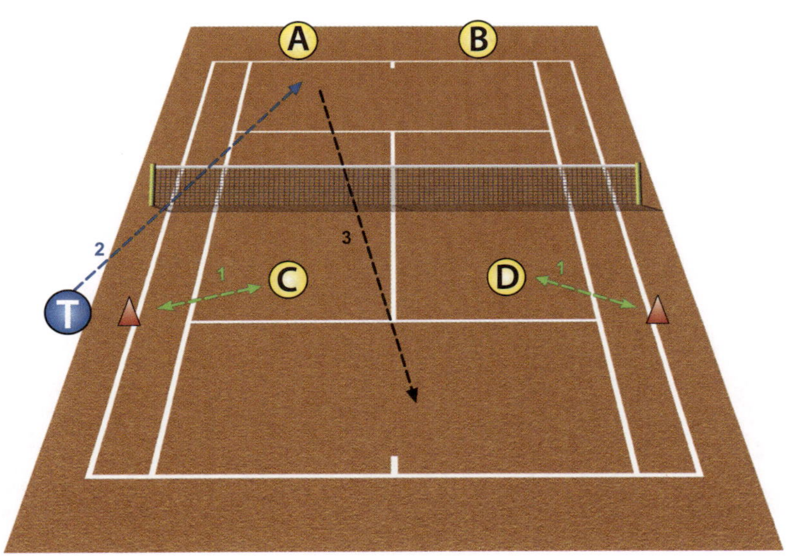

VH	RH	Vo	Sm	As	Rt	oT	2S	3S	4S

Anspruch:	●●●
Intensität:	●●●●
Anzahl Spieler:	4
Dauer:	ca. 10 Min.
Zählweise:	Hin und Rückspiel bis 11
Hilfsmittel:	Markierungen oder Hütchen außerhalb auf Höhe der T-Linie

Ziel

Orientierung und Abstimmung mit dem Doppelpartner, gemeinsame Netzeroberung, Verteidigung gegen offensives Doppel

Beschreibung

Doppel A und B an der Grundlinie spielt gegen Doppel C und D an der T-Linie. A und B an der GL werden vom Trainer angespielt, C und D müssen vor jedem Punkt zwei Markierungen (Hütchen) außerhalb der Doppellinie auf Höhe der T-Linie mit dem Schläger berühren. Der nächste Ball wird währenddessen schon angespielt.

Variationen

1.) Position des Trainers näher zum Netz für schnelleres Anspiel und noch mehr Zeitdruck für die Netzpartei
2.) Auch die Grundlinie bekommt Hütchen.

Anmerkungen

Hoch rasante und anstrengende Übung für die Netzspieler, die sich jedes Mal wieder von vorne unter hohem Zeitdruck vom T ans Netz arbeiten müssen. Die Spieler an der Grundlinie haben viele Gelegenheiten für den im Doppel sehr effektiven Ball durch die Mitte! Drillübung (Kap. 7) für die Netzspieler.

Achtung Lob!

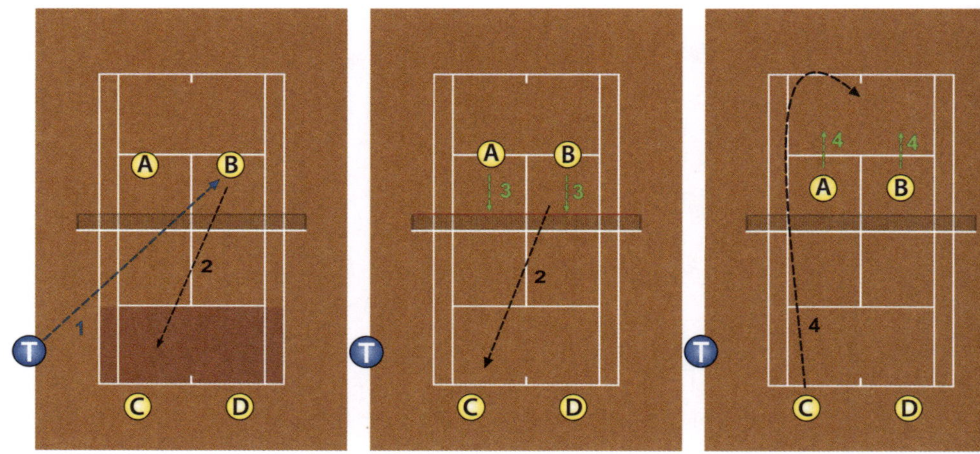

erster Volley länger als T ... *... Netzkante berühren ...* *... Lob erlaufen oder schmettern*

VH	RH	**Vo**	**Sm**	As	Rt	oT	2S	3S	**4S**

Anspruch:	●●●
Intensität:	●●●
Anzahl Spieler:	4
Dauer:	ca. 15 Min.
Zählweise:	Hin und Rückspiel bis 11
Hilfsmittel:	Linie in Netznähe

Ziel
Orientierung und Abstimmung mit dem Doppelpartner, gemeinsames Netzspiel, Verteidigung gegen offensives Doppel

Beschreibung
Doppel A und B am Netz spielt gegen Doppel C und D an der Grundlinie. A und B starten an der T-Linie und werden vom Trainer mit einem sehr tiefen Ball angespielt, den der besser positionierte Spieler mit einem Volley länger als die T-Linie beantwortet. Anschließend berühren beide Spieler mit dem Fuß oder Schläger eine Markierungslinie zwischen T-Linie und Netz. C und D müssen mit einem hohen Ball antworten. Jeden neuen Punkt beginnen A und B an der T-Linie.

Variationen
Passierballwinner auf den ersten Volley sind erlaubt

Anmerkungen
Der Trainer steuert das Spiel mit der Angabe. Der Ball muss erreichbar, aber so tief sein, dass der Netzspieler weit aufrücken muss. C und D müssen mit »echten« Lobs antworten (Trainer entscheidet!). Die Variation bewirkt, dass die Angreifer sich nicht zu sicher sein können, dass ein Lob folgt.

Rochade

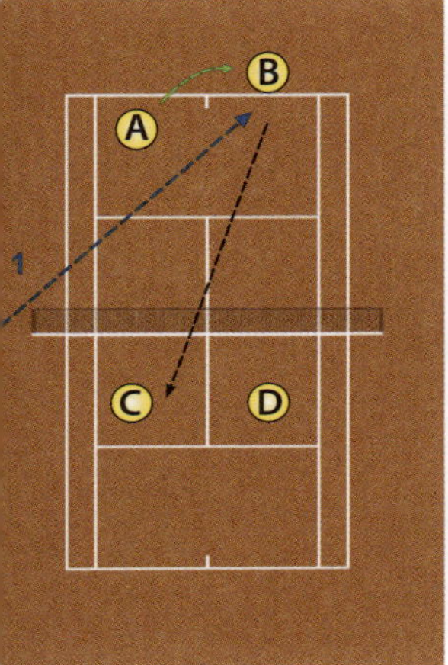

Anspiel auf RH von B ...

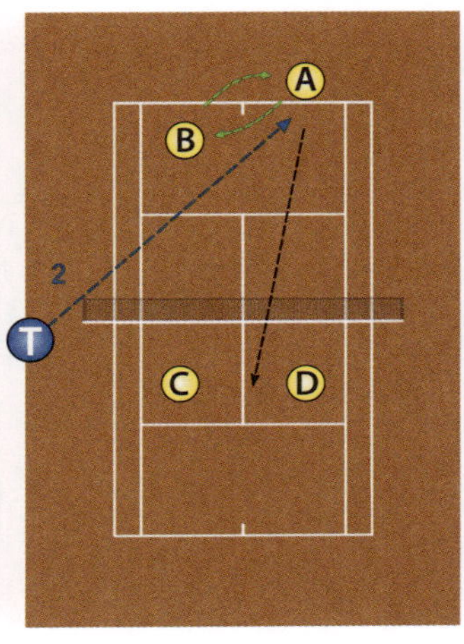

... nächster Punkt RH von A ...

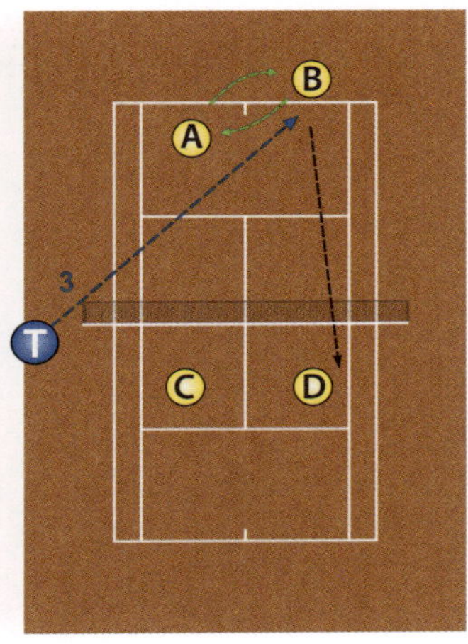

... dann wieder RH von B

VH	RH	Vo	Sm	As	Rt	oT	2S	3S	4S

Anspruch:	●●●●
Intensität:	●●●
Anzahl Spieler:	4
Dauer:	ca. 10 Min.
Zählweise:	Hin und Rückspiel bis 11

Ziel

Orientierung und Abstimmung mit dem Doppelpartner, gemeinsames Netzspiel, Verteidigung gegen offensives Doppel

Beschreibung

Doppel A und B an der Grundlinie spielt gegen Doppel C und D am Netz. A und B an der GL werden vom Trainer angespielt und können jeden Ball spielen. Das Trainerzuspiel erfolgt grundsätzlich auf die RH-Seite und muss immer von dem Spieler erlaufen werden, der sich auf der anderen, der VH-Seite, befindet. Sein Partner wechselt gleichzeitig die Seite, um den freiwerdenden Raum auf der VH-Seite abzudecken (»Rochade«). Es ist jeder Schlag erlaubt.

Variationen

das ganze spiegelverkehrt, d. h. der Ballwechsel beginnt mit einem erlaufenen Vorhandball

Anmerkungen

Anstrengend und anspruchsvoll für A und B, die dauernd in Bewegung sind. Eröffnung mit RH ist bei stärkeren Spielern sinnvoll (Vermeiden von direkten VH-Winnern). Darauf achten, dass die Netzspieler nach Platzierung des Traineranspiels reagieren und die Winkelhalbierende abdecken (gemeinsame Positionsverschiebung rechts/links).

Hoch oder Tief

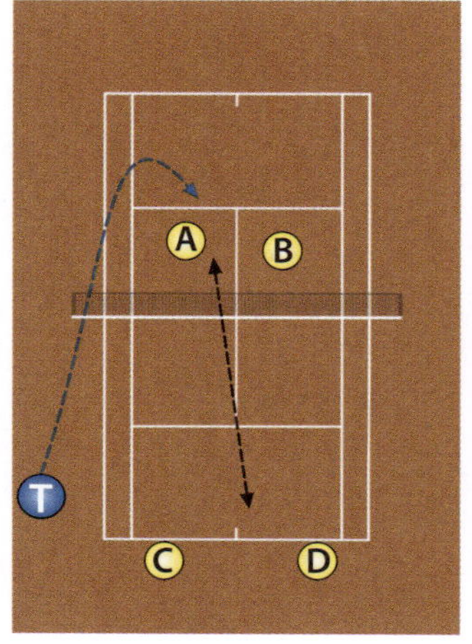

Hohes Anspiel auf A und B ...

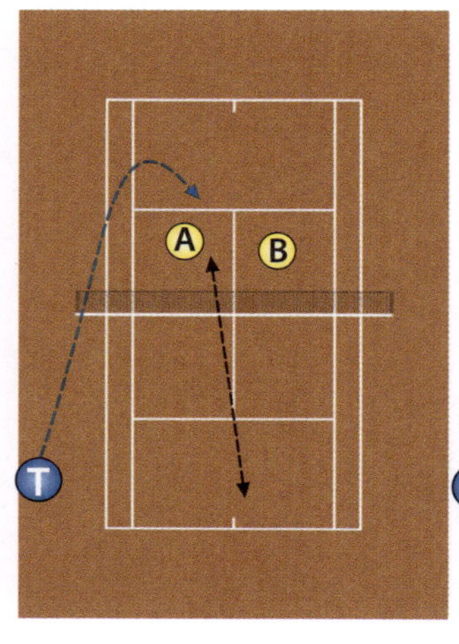

... bei Punktverlust wieder hoch ...

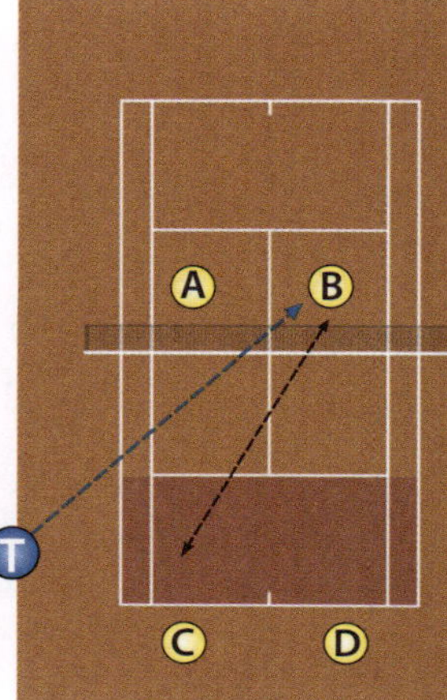

... bei Punktgewinn tief

VH	RH	Vo	Sm	As	Rt	oT	2S	3S	4S

Anspruch:	●●●
Intensität:	●●●
Anzahl Spieler:	4
Dauer:	ca. 10 Min.
Zählweise:	Hin und Rückspiel bis 11

Ziel
Orientierung und Abstimmung mit dem Doppelpartner, gemeinsames Netzspiel, Verteidigung gegen offensives Doppel

Beschreibung
Doppel A und B am Netz spielt gegen Doppel C und D an der Grundlinie. Der Trainer spielt A und B am Netz mit einem hohen Ball (Lob) an. Wenn sie den Punkt gewinnen, erfolgt das nächste Zuspiel flach und der erste Volley von AB muss länger als die T-Linie sein. Bei Punktverlust wird weiter hoch angespielt. Jeder verlorene Punkt bedeutet Lob und folgender Schmetterball, jeder gewonnene Punkt heißt flaches Zuspiel und folgender langer Volley.

Anmerkungen
Wie bei allen vorhergehenden Übungen entscheidet das Trainerzuspiel darüber, dass es die Netzspieler nicht zu leicht haben.

Volley oder Lob

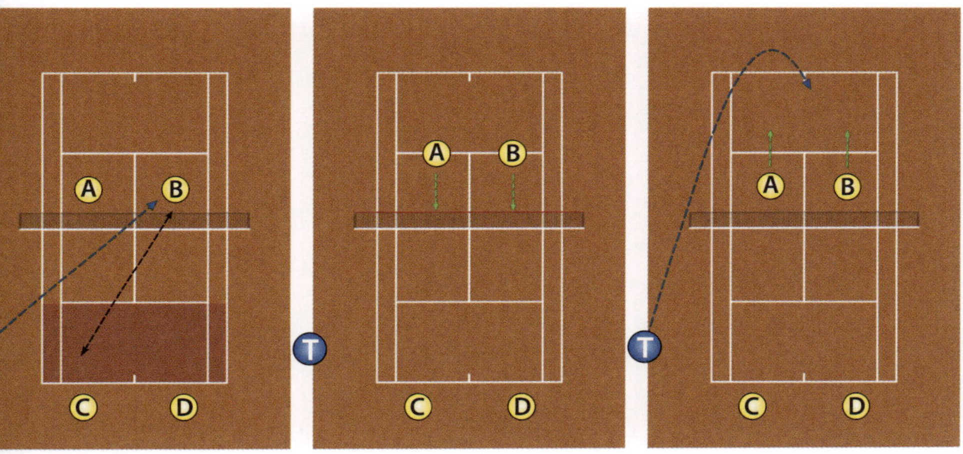

Netz gegen GL solange, bis ... *... Punktverlust, dann Netz berühren und Lob erlaufen*

VH	RH	Vo	Sm	As	Rt	oT	2S	3S	4S

Anspruch:	●●●
Intensität:	●●●
Anzahl Spieler:	4
Dauer:	ca. 10 Min.
Zählweise:	Hin und Rückspiel bis 11

Ziel

Orientierung und Abstimmung mit dem Doppelpartner, gemeinsames Netzspiel, Eroberung und Verteidigung der Netzposition, Verteidigung gegen offensives Doppel

Beschreibung

Doppel A und B am Netz spielt gegen Doppel C und D an der Grundlinie. Der Trainer spielt A und B am Netz mit flachen Bällen an, der erste Volley muss länger als T-Linie gespielt werden. Bei Punktverlust berühren beide die Netzkante mit dem Schläger, der Trainer spielt einen Lob, der erlaufen werden muss (kein Schmetterball!). Erst bei erneutem Punktgewinn können A und B wieder die Netzposition einnehmen, ansonsten werden weiter Lobs nach Netzberührung angespielt.

Anmerkungen

Übung ähnlich wie zuvor, aber sehr viel anstrengender, wenn die Netzposition nicht lange genug gehalten werden kann (Lob darf nicht geschmettert werden!).

301 **Traineranspiel**

Kampf ums Netz

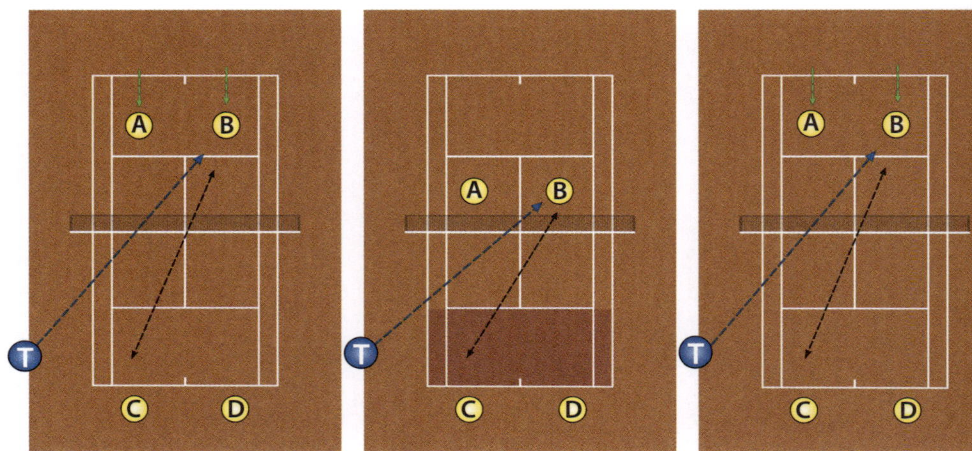

Kurzes Anspiel, A und B rücken auf, Punktgewinn = weiter am Netz, Punktverlust = neuer Angriff

VH	RH	Vo	Sm	As	Rt	oT	2S	3S	4S

Anspruch:	●●●
Intensität:	●●●
Anzahl Spieler:	4
Dauer:	ca. 10 Min.
Zählweise:	Hin und Rückspiel bis 11

Ziel

Orientierung und Abstimmung mit dem Doppelpartner, gemeinsames Netzspiel, Eroberung und Verteidigung der Netzposition, Verteidigung gegen offensives Doppel

Beschreibung

Doppel A und B spielt gegen Doppel C und D. Beide Doppel beginnen an der Grundlinie. Der Trainer spielt A und B am mit einem kurzen Ball an, der besser positionierte Spieler spielt einen Angriffsball und beide rücken gemeinsam ans Netz auf. Bei Punktgewinn wird der nächste Punkt am Netz ausgespielt, wobei der erste Volley auf Trainerzuspiel länger als T-Linie sein muss. A und B spielen weiter am Netz solange sie punkten. Bei Punktverlust bewegen sich beide in schnellen Schritten rückwärts zur Grundlinie, Blick nach vorn. Auf erneutes kurzes Anspiel des Trainers wird wieder angegriffen. C und D reagieren situationsangepasst.

Anmerkungen

Übung wird sehr anstrengend, wenn die Netzposition nicht lange genug gehalten werden kann. Darauf achten, dass die Spieler bei Punktverlust weit genug zurück gehen.

Mit Volley nach vorne

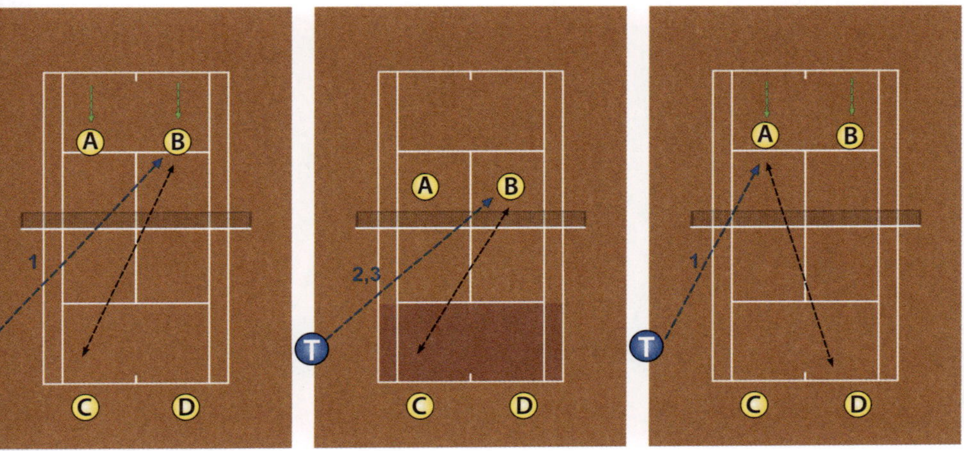

Übergangsvolley und aufrücken, zwei weitere Punkte am Netz, dann wieder von hinten starten

VH	RH	Vo	Sm	As	Rt	oT	2S	3S	4S

Anspruch:	●●●
Intensität:	●●●
Anzahl Spieler:	4
Dauer:	ca. 10 Min.
Zählweise:	Hin und Rückspiel bis 11

Ziel

Orientierung und Abstimmung mit dem Doppelpartner, gemeinsames Netzspiel, Verteidigung gegen offensives Doppel

Beschreibung

Doppel A und B spielt gegen Doppel C und D. Alle Spieler beginnen den Punkt an der Grundlinie. Der Trainer spielt einen langsamen halbhohen Ball ins Feld von AB, beide rücken sofort auf und der besser positionierte Spieler nimmt den Ball ***volley***, dem beide weiter ans Netz folgen. Am Netz werden noch weiter zwei Punkte gegen C und D ausgespielt, wobei der erste Volley auf Trainerzuspiel immer länger als T-Linie gespielt werden muss. Nach 3 Punkten weichen A und B zur GL zurück und beginnen wieder mit einem Volley aus dem Halbfeld, gefolgt von zwei Punkten am Netz. Es wird weiter im Rhythmus Übergangsvolley-Volley-Volley gespielt.

Variationen

Spieler müssen nach jedem Punktverlust mit einem neuen Volley aus dem Halbfeld starten (anstrengend)

Anmerkungen

Spieler dürfen sich nicht umdrehen, wenn sie nach 3 gespielten Punkten oder Punktverlust zur GL zurück müssen, sondern weichen in schnellen Schritten nach hinten aus (Augen zum Gegner oder Trainer!). Der Volley aus dem Halbfeld, mit dem beide Spieler aufrücken, ist frei (muss nicht länger als T-Linie gespielt werden).

Angiff-Volley-Smash

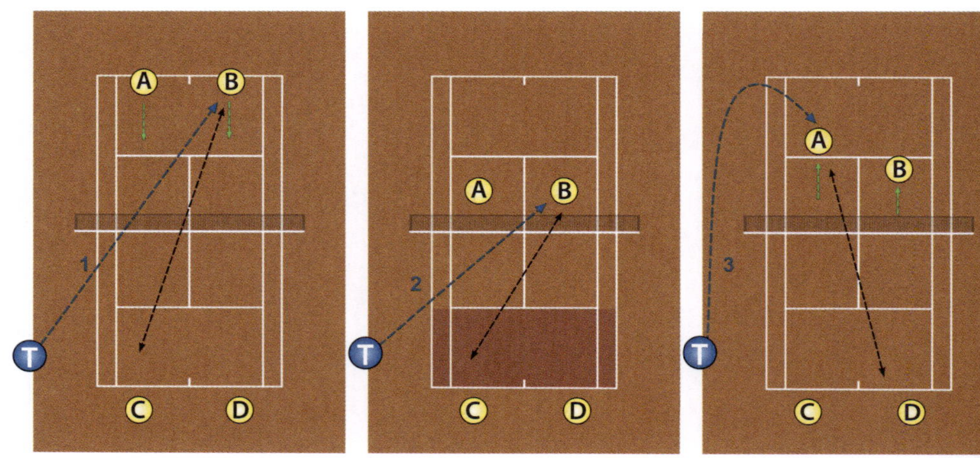

Angriffsball und Punkt ausspielen ... *... Volley und Punkt ausspielen ...* *... Lob und Punkt ausspielen*

VH	RH	Vo	Sm	As	Rt	oT	2S	3S	4S

Anspruch:	●●●
Intensität:	●●●
Anzahl Spieler:	4
Dauer:	ca. 10 Min.
Zählweise:	Hin und Rückspiel bis 11

Ziel
Orientierung und Abstimmung mit dem Doppelpartner, gemeinsames Netzspiel, Verteidigung gegen offensives Doppel

Beschreibung
Doppel A und B spielt gegen Doppel C und D. Alle Spieler beginnen den Punkt an der Grundlinie. Der Trainer spielt den Ball ins Feld von AB, etwa 2 m vor die Grundlinie. Der besser positionierte Spieler spielt einen Angriffsball und beide rücken sofort zusammen ans Netz und spielen den Punkt aus. Das zweite Anspiel erfolgt am Netz, der erste Volley muss länger als die T-Linie gespielt werden. Das dritte Anspiel ist ein hoher Lob, der nach Möglichkeit geschmettert werden soll. Danach starten A und B wieder an der Grundlinie. Es wird weiter im Rhythmus Angriffsball-Volley-Lob gespielt.

Anmerkungen
Trainer steuert Intensität der Übung durch sein Anspiel. Spieler dürfen sich nicht umdrehen, wenn sie nach 3 gespielten Punkten zur GL zurück müssen, sondern weichen in schnellen Schritten nach hinten aus (Augen zum Gegner oder Trainer!)

Netz erobern

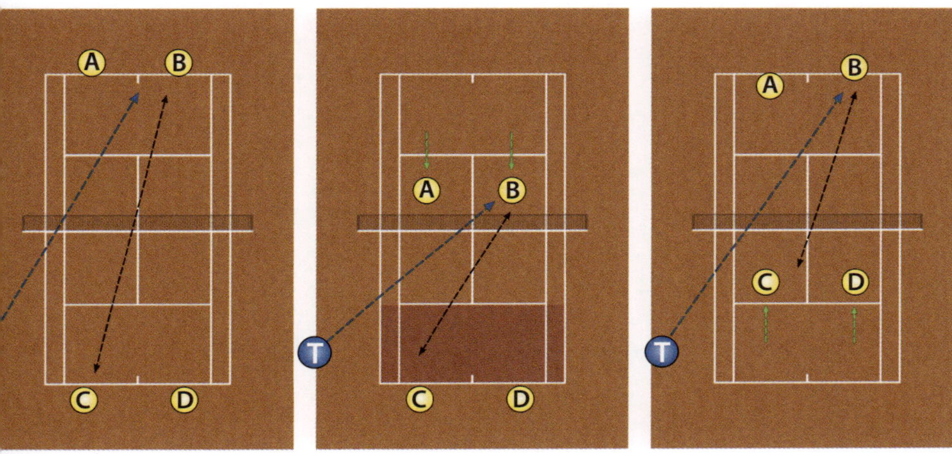

Punkt von der GL ausspielen ... *... AB gewinnt und rückt vor ...* *... CD gewinnt und rückt vor*

VH	RH	Vo	Sm	As	Rt	oT	2S	3S	4S

Anspruch:	●●●
Intensität:	●●●
Anzahl Spieler:	4
Dauer:	ca. 10 Min.
Zählweise:	Hin und Rückspiel bis 11

Ziel

Orientierung und Abstimmung mit dem Doppelpartner, gemeinsames Netzspiel, Verteidigung gegen offensives Doppel

Beschreibung

Doppel A und B spielt gegen Doppel C und D. Alle Spieler beginnen den Punkt an der Grundlinie. Der Trainer spielt den Ball ins Feld von AB, es wird ein Punkt ausgespielt. Das Doppel, das den Punkt gewinnt, rückt sofort gemeinsam ans Netz auf und spielt dort so lange, wie es weiterpunktet. AB am Netz müssen den ersten Volley auf Trainerzuspiel länger als die T-Linie platzieren. CD am Netz können frei spielen, da das Trainerzuspiel auf AB an der Grundlinie erfolgt. Nach Punktverlust eines Netzdoppels weichen immer alle Spieler an die GL zurück und es wird ein neuer Punkt um die Netzposition ausgespielt.

Variationen

1.) alle Punkte zählen
2.) nur die Netzpunkte zählen (längere Spieldauer)
3.) bei Punktverlust darf sofort die andere Partei ans Netz (rasanter)
4.) Seitenwechsel nach 5 Punkten (kein Hin- und Rückspiel nötig)

Anmerkungen

Spieler dürfen sich nicht umdrehen, wenn sie nach Punktverlust zur GL zurückmüssen, sondern weichen in schnellen Schritten nach hinten aus (Augen zum Gegner!)

Chaosdoppel

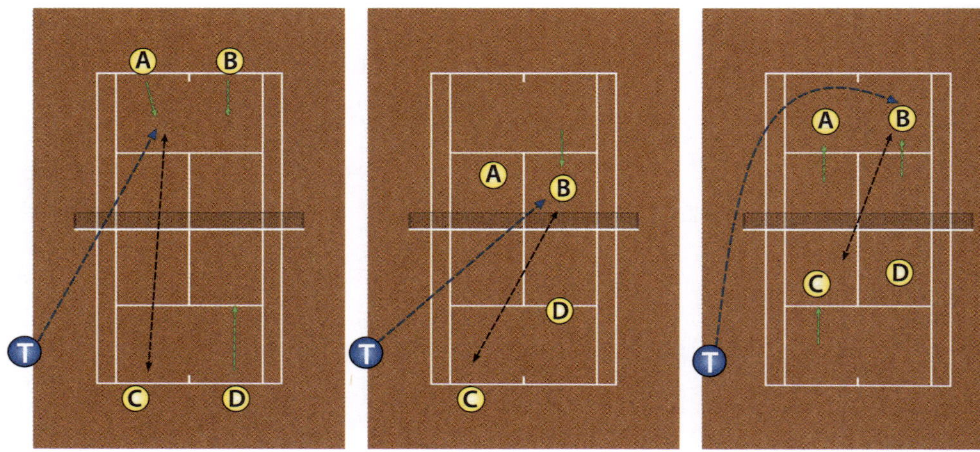

Schwieriges und variables Traineranspiel zwingt beide Doppel zu ständiger Anpassung

VH	RH	Vo	Sm	As	Rt	oT	2S	3S	4S

Anspruch:	
Intensität:	
Anzahl Spieler:	4
Dauer:	ca. 10 Min.
Zählweise:	Hin und Rückspiel bis 11

Ziel
Orientierung und Abstimmung mit dem Doppelpartner, Improvisation, flexible Reaktion auf schwierige Situationen

Beschreibung
Doppel A und B spielt gegen Doppel C und D. Alle Spieler beginnen den Punkt an der Grundlinie. Der Trainer spielt den Ball ins Feld von A und B und versucht, Chaos in ihr Spiel zu bringen durch überraschendes, unangenehmes Zuspiel (hohe Bälle, schnelle Bälle, Stopps etc.). A und B müssen sich ständig neu orientieren und versuchen, Ordnung in ihr Spiel zu bekommen. Die Aufstellung/Position beider Doppel variiert ständig während der Ballwechsel. Sobald ein Punkt entschieden ist, wird direkt der nächste Ball möglichst schwierig angespielt, egal wo die Spieler sich gerade befinden.

Variationen
Trainerzuspiel darf nicht volley genommen werden

Anmerkungen
Trainer kontrolliert das Spiel mit seinen Angaben. Wichtig ist, die Doppelpartner zur Kommunikation anzuhalten. Wenn der erste Ball nicht volley gespielt werden darf, wird es noch »chaotischer«. Spiel eventuell unterbrechen, um taktische Anweisungen oder Tipps zu geben.

Achtung Stopp 2!

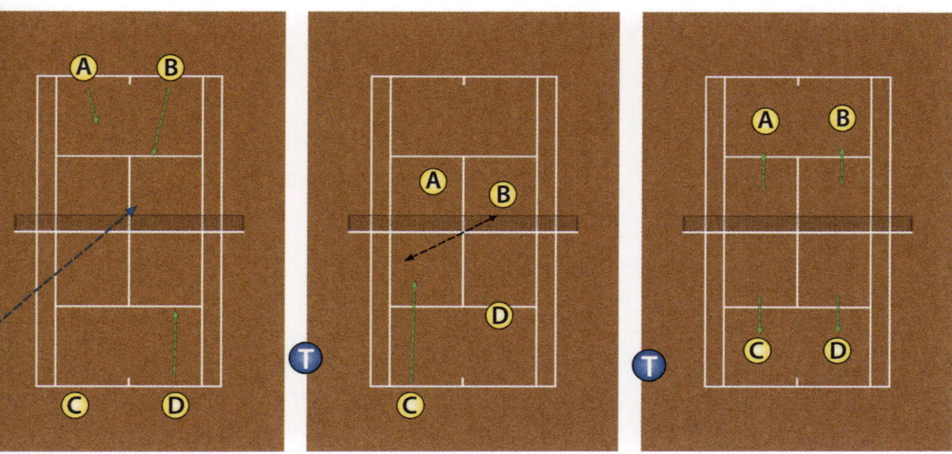

Stopp-Anspiel, Punkt wird ausgespielt, alle Spieler bewegen sich rückwärts zur GL bis erneut Stopp

VH	RH	Vo	Sm	As	Rt	oT	2S	3S	4S

Anspruch:	●●●
Intensität:	●●●
Anzahl Spieler:	4
Dauer:	5-10 Min.
Zählweise:	Satz bis 15

Ziel

Orientierung und Abstimmung mit dem Doppelpartner, Improvisation, flexible Reaktion auf schwierige Situationen

Beschreibung

Doppel A und B spielt gegen Doppel C und D. Alle Spieler beginnen den Punkt an der Grundlinie. Der Trainer spielt einen Stopp ins Feld von A und B, der besser positionierte Spieler erläuft ihn, der Punkt wird ausgespielt. Anschließend bewegen sich alle Spieler mit Blick zum Netz zurück zur Grundlinie, bis das nächste Stopp-Zuspiel erfolgt. Nach 5 Punkten wird die Seite gewechselt, C und D müssen jetzt die Stopps erlaufen.

Anmerkungen

Spieler dürfen sich nicht umdrehen, wenn sie nach dem gespielten Punkt zur GL zurückmüssen, sondern weichen in schnellen Schritten nach hinten aus (Augen zum Gegner oder Trainer!). Reaktion der Gegenspieler beobachten, die bei einem Stopp, der sehr tief genommen wird, nach vorne rücken müssen (um den wahrscheinlichen GegenStopp abfangen zu können). Anspruchsvolles Trainerzuspiel!

307 Traineranspiel

Stopp oder Lob

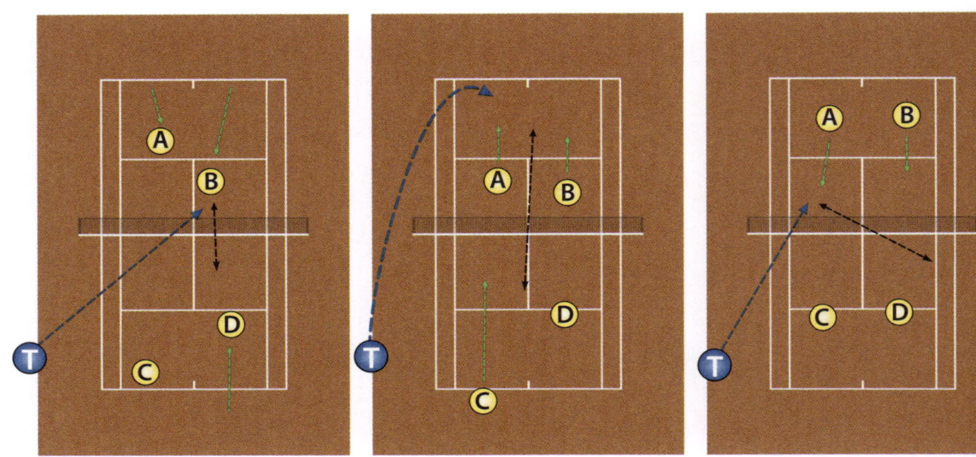

Trainer hält alle 4 Spieler mit unregelmäßigem Stopp-Lob-Anspiel in ständiger Bewegung

VH	RH	Vo	Sm	As	Rt	oT	2S	3S	4S

Anspruch:	●●●
Intensität:	●●●
Anzahl Spieler:	4
Dauer:	5-10 Min.
Zählweise:	Satz bis 15

Ziel

Orientierung und Abstimmung mit dem Doppelpartner, Improvisation, flexible Reaktion auf schwierige Situationen

Beschreibung

Doppel A und B spielt gegen Doppel C und D. Alle Spieler beginnen den Punkt an der Grundlinie. Der Trainer spielt einen Stopp ins Feld von A und B, der besser positionierte Spieler erläuft ihn, der Punkt wird ausgespielt. Die weiteren Traineranspiele richten sich nach Position der Spieler und sind immer entweder ein Stopp oder ein Lob. Nach 5 Punkten wird die Seite gewechselt, C und D müssen jetzt die Anspiele erlaufen.

Anmerkungen

Kombination aus 300 und 306. Die Trainerangabe bestimmt das Spiel. Die Lobs sollen nicht geschmettert werden können (entsprechend schwierig platzieren!).

California

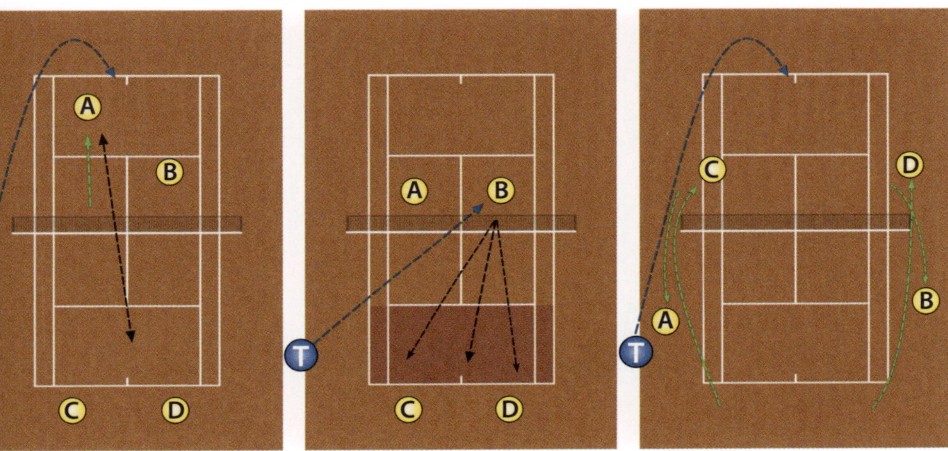

Erstes Zuspiel immer Lob ... *... erster Volley länger als T ...* *... bei Wechsel schneller Lob*

VH	RH	Vo	Sm	As	Rt	oT	2S	3S	4S

Anspruch:	●●●
Intensität:	●●●
Anzahl Spieler:	4
Dauer:	15-20 Min.
Zählweise:	es geht um die meisten Big Points

Ziel

Orientierung und Abstimmung mit dem Doppelpartner, gemeinsames Netzspiel, Verteidigung gegen offensives Doppel

Beschreibung

Schnellste Variante aller Doppelübungen. Netz spielt gegen Grundlinie ***bis 3*** (also maximal 5 Punkte). Das erste Trainerzuspiel ist immer ein Lob, der von der Netzpartei frei gespielt werden darf. Die weiteren Zuspiele sind flach und der erste Volley muss hinter die T-Linie platziert werden. Gewinnt die Netzpartei, hat sie einen »Big Point« und ein neues Duell beginnt. Siegt das Team an der Grundlinie, werden blitzschnell die Position gewechselt, das Grundlinienteam sprintet auf die Netzseite, das Netzteam an die Grundlinie. Wenn das neue Netzteam die Netzpfosten passiert, spielt der Trainer bereits den ersten Ball als Lob an.

Anmerkungen

Diese unglaublich rasante Übung (vor allem mit nur 4 Spielern!) hat sich zu einem absoluten Liebling von Schülern nahezu aller Altersklassen und Spielstärken entwickelt. Wenn man fragt: »Was wollt ihr spielen?«, kommt als Antwort in den meisten Fällen einstimmig: »California!«. Warum diese Variante so heißt, weiß keiner genau, aber der Name ist griffig. Es gibt auch Varianten mit etwas anderen Regeln, die ebenfalls unter diesem Namen gespielt werden. Es ist aber immer ein Duell Netz gegen Grundlinie. Man kann man die Übung auch mit mehreren Doppelpaarungen und sogar mit ungeraden Zahlen spielen (s. Kap. 11a: »Mannschaftstraining auf einem Platz«, Übungen 321, 326, 327, 330 und 331).

Fliegendes Doppel

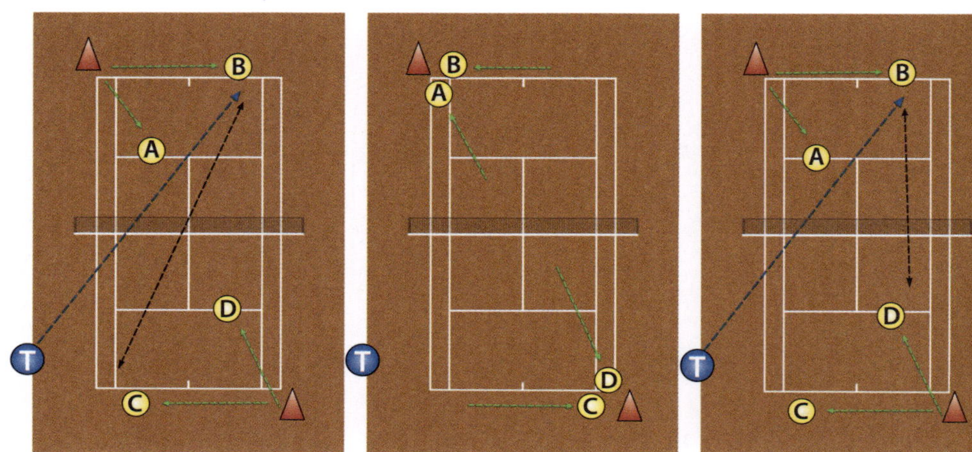

An Markierung starten, Punkt ausspielen, zurück zur Markierung, nächster Punkt

VH	RH	Vo	Sm	As	Rt	oT	2S	3S	4S

Anspruch:	●●●●
Intensität:	●●●●
Anzahl Spieler:	4
Dauer:	ca. 15 Min.
Zählweise:	2 x Spiel bis 15, einmal VH-Seite, einmal RH-Seite
Hilfsmittel:	Markierung (Linie, flaches und weiches Hütchen)

Ziel

Finden der besten Doppelposition unter höchstem Zeitdruck, flexible Reaktion auf schwierige Situationen, Lücken schließen

Beschreibung

Doppel A und B spielt gegen Doppel C und D. Jedes Doppel hat eine Startmarkierung an der äußersten Ecke der Grundlinie auf der Vorhandseite, an der sich beide Spieler aufstellen. Der Trainer spielt einen schnellen Ball in die RH-Ecke von A und B, den A erläuft, während sein Partner B auf der VH-Seite nach vorne geht. C und D machen das gleiche, wodurch zunächst die doppeltypische Cross-Cross-Aufstellung mit zwei GL-Spielern und zwei Netzspielern entsteht. Nach jedem ausgespielten Punkt müssen ***alle vier Spieler*** zurück zu ihren Markierungen und diese mit dem Schläger berühren. A und B geben das Tempo vor, wenn sie schneller sind als ihre Gegner, ist deren Cross-Seite frei. Die Spieler dürfen bei jedem Punkt neu entscheiden, wer läuft und wer die Netzposition übernimmt. Nach fünf Punkten Seitenwechsel (C und D laufen jetzt nach dem Traineranspiel).

Variationen

1.) Start aus der Rückhandecke, erlaufener Ball wird mit der VH gespielt (= mehr Cross-Winner)
2.) bereits nach 3 Punkten Seite wechseln (mehr Pausen), Satz nur bis 9

Anmerkungen

Eine unglaublich rasante Doppelübung, sehr anstrengend. Bei schwächeren Doppeln, die keinen besonderen »Drang zum Netz« zeigen, macht es Sinn, eine weitere Markierung ausschließlich für den Netzspieler auf Höhe der T-Linie zu setzen. Wichtig: das Traineranspiel richtet sich nach dem Lauftempo der ballannehmenden Partei! Packende Drillübung (Kap. 7)!

Fliegendes Doppel offen

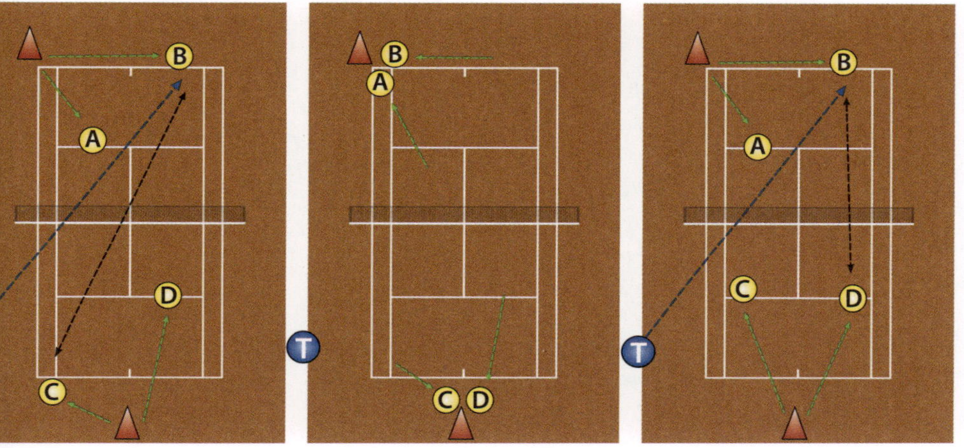

An Markierungen starten, C und D haben kürzeren Weg, können überraschend agieren

VH	RH	Vo	Sm	As	Rt	oT	2S	3S	4S

Anspruch:	
Intensität:	
Anzahl Spieler:	4
Dauer:	ca. 15 Min.
Zählweise:	2 x Spiel bis 15, einmal VH-Seite, einmal RH-Seite
Hilfsmittel:	Markierung (Linie, flaches und weiches Hütchen)

Ziel
Finden der richtigen Doppelposition unter höchstem Zeitdruck, flexible Reaktion auf schwierige Situationen, Lücken schließen

Beschreibung
Ein interessante Variation der vorherigen Übung ist, dass die Markierung der Partei auf der Trainerseite *mittig* hinter der Grundlinie aufgestellt wird. A und B starten nach wie vor aus der Ecke des Platzes und einer der Spieler erläuft das lange Cross-Anspiel des Trainers. Sie müssen flexibel auf die nun überraschenderen Aktionen der Gegner regieren, wenn sie sich positionieren und den ersten Ball ins Spiel bringen.

Variationen
1.) zwei Hütchen auf der Trainerseite, die die verteidigende Partei beliebig anlaufen kann
2.) nach 3 Punkten Seite wechseln (mehr Pausen), Satz nur bis 9
3.) über die Vorhand starten

Anmerkungen
In dieser Variation geht es nicht automatisch in den Cross-Cross-Ballwechsel, sondern es entstehen überraschende Situationen, bei denen die angreifende Partei (die das Traineranspiel bekommt) plötzlich Positionen gegenübersteht (Netzspieler), die sie so nicht erwartet hat. C und D sind in ihrer Aufstellung nach dem Start aus der Mitte völlig frei. Sie haben den kürzeren Laufweg und entscheiden spontan, ob und welche Seite aufrückt. Alternativ können auch beide an der Grundlinie bleiben oder gleichzeitig nach vorne gehen. Es gilt alles, was schon zuvor gesagt wurde – die Übung ist schnell und anstrengend und funktioniert nur mit fitten Spielern! Drillübung (Kap. 7).

Netzroller

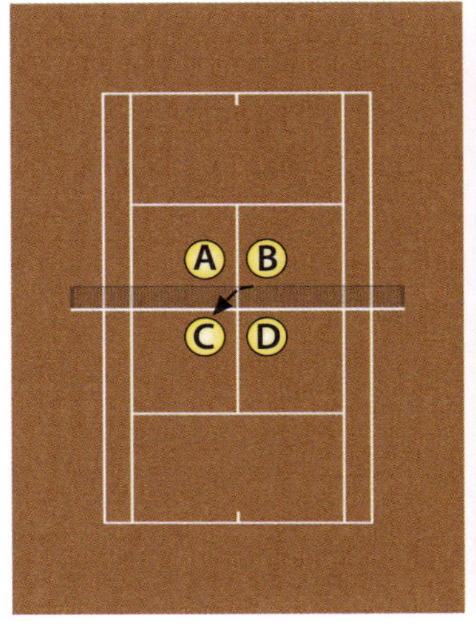

Ballwechsel beginnt mit einem Netzroller ...

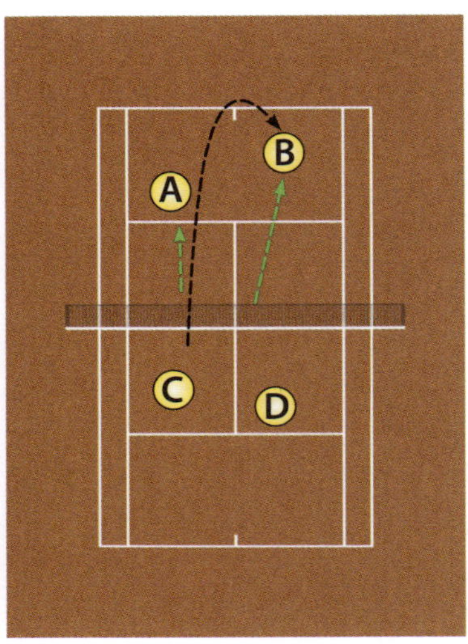

... danach ist alles erlaubt

VH	RH	Vo	Sm	As	Rt	oT	2S	3S	4S

Anspruch:	●●●
Intensität:	●●
Anzahl Spieler:	4
Dauer:	ca. 10 Min.
Zählweise:	Satz bis 15

Ziel
Orientierung und Abstimmung mit dem Doppelpartner, Improvisation, flexible Reaktion auf schwierige Situationen

Beschreibung
Doppel A und B spielt gegen Doppel C und D. Alle Spieler stehen dicht am Netz. Eine Paarung setzt den Ball mit der Hand auf die Netzkante und lässt ihn ins Feld der Gegner fallen. Der erste Ball (nach dem Netzroller) darf nicht mit einem Volley beantwortet werden, der Ball muss also auf jeder Seite einmal aufspringen. Anschließend ist alles erlaubt. Die Paarung, die den Punkt gewinnt startet mit einem neuen »Netzroller«.

Variationen
jeder hat 5 Mal Angabe

Anmerkungen
Macht Spaß und führt zu teilweise kuriosen Aktionen. Ein »Netzroller«, der ins Netz fällt, zählt nicht (den Ball ein wenig »schubsen«, damit er nicht zu dicht am Netz herunter fällt.

Doppelpunkt

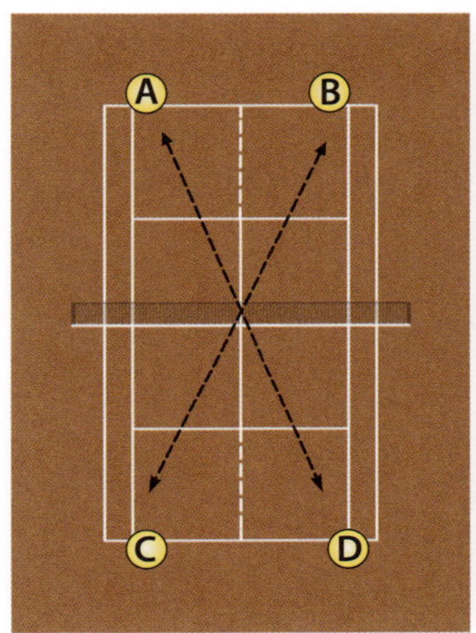

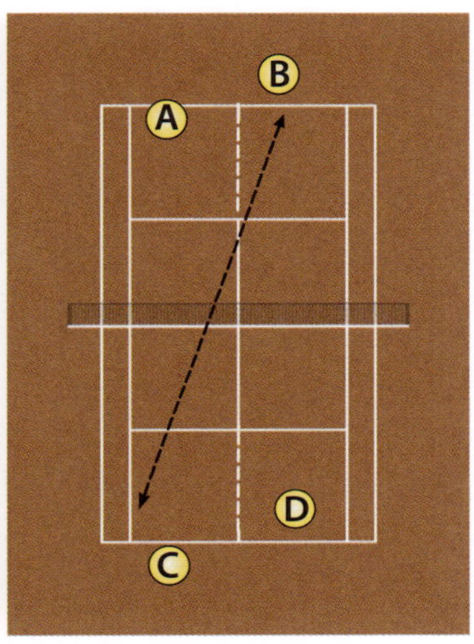

Zwei Ballwechsel beginnen gleichzeitig, sobald einer entschieden ist, spielen alle den 2. Ball aus

VH	RH	Vo	Sm	As	Rt	oT	2S	3S	4S

Anspruch:	●●●
Intensität:	●●
Anzahl Spieler:	4
Dauer:	ca. 15 Min.
Zählweise:	Satz bis 12

Ziel
Orientierung und Abstimmung mit dem Doppelpartner, Improvisation, flexible Reaktion auf schwierige Situationen

Beschreibung
Doppel A und B steht Doppel C und D an der Grundlinie gegenüber. Es werden zwei Bälle gleichzeitig ins Spiel gebracht, mit denen die cross gegenüber stehenden Spieler einen Punkt ausspielen. Spielfeld ist das halbe Doppelfeld. Sobald einer der beiden Ballwechsel entschieden ist, gilt für den noch im Spiel befindlichen Ball das gesamte Doppelfeld und alle vier Spieler sind beteiligt. Es können nur Doppelpunkte gewonnen werden, d. h. wenn eine Paarung den ersten und die andere den zweiten Ballwechsel gewinnt, gibt es null Punkte.

Variationen
Ballwechsel longline beginnen

Anmerkungen
Interessantes Spiel, das das periphere Sehen und die Reaktionsfähigkeit schult. Eine Paarung muss sehr schnell auf die neue Situation (ganzes Feld) regieren und sofort entsprechende Positionen einnehmen. Kann auch mit Traineranspiel durchgeführt werden.

Netzwand

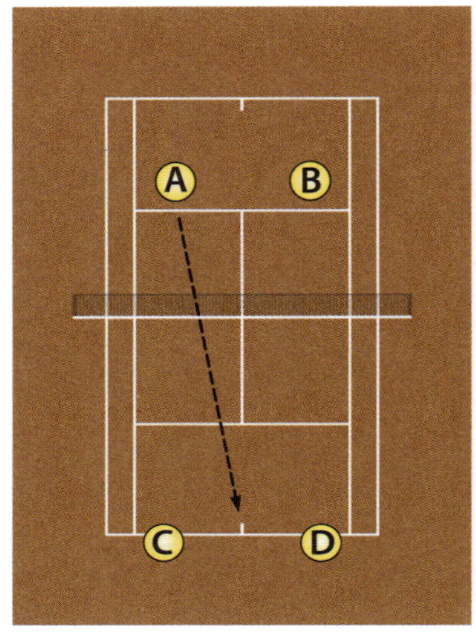

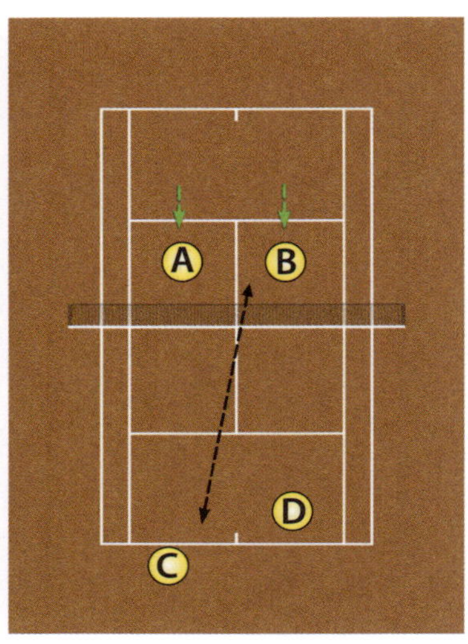

AB spielen aus der Hand beliebig an, rücken auf und spielen den Punkt gegen CD am Netz aus

VH	RH	Vo	Sm	As	Rt	oT	2S	3S	4S

Anspruch:	
Intensität:	
Anzahl Spieler:	4
Dauer:	ca. 10 Min.
Zählweise:	Satz bis 15

Ziel
Orientierung und Abstimmung mit dem Doppelpartner, gemeinsames Netzspiel, Eroberung und Verteidigung der Netzposition, Verteidigung gegen offensives Doppel

Beschreibung
Doppel A und B spielt gegen Doppel C und D. A und B stehen kurz hinter der T-Linie im »Niemandsland« und spielen einen Ball aus der Hand beliebig auf C und D an der Grundlinie an. Das Anspiel muss länger als die T-Linie sein. Sie rücken danach direkt ans Netz auf und versuchen die Netzposition (»Wand«) gegen C und D zu verteidigen. Wenn CD gewinnen, übernehmen sie den Anschlag.

Variationen
1.) nur die Netzpunkte zählen (dauert länger)
2.) Angabe darf nicht in den Doppelkorridor gehen

Anmerkungen
Spieler können sich als angreifende Partei einen Vorteil durch geschickte Platzierung des Anspiels erarbeiten (Mitte, RH des Gegners). Darauf achten, dass beim Anspiel nicht »getrickst« wird.

Aufrücken

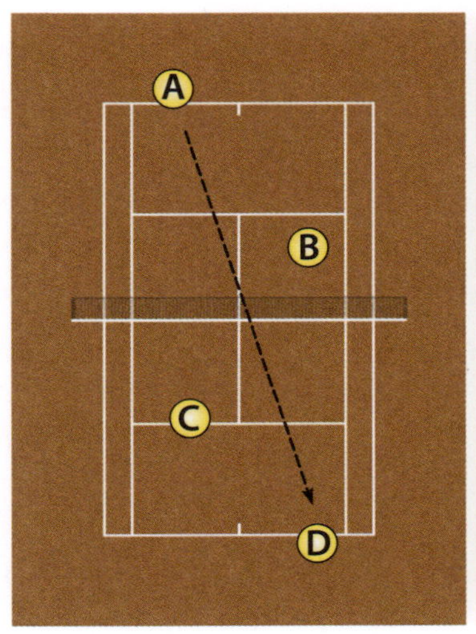

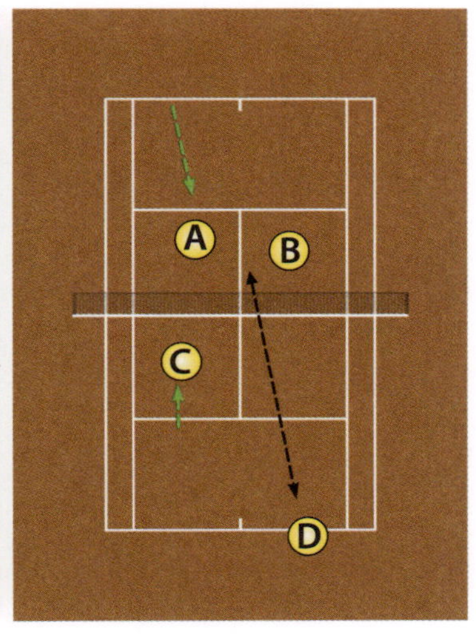

Übliche Doppelaufstellung, A spielt aus der Hand lang cross an und rückt zu seinem Partner auf

VH	RH	Vo	Sm	As	Rt	oT	2S	3S	4S

Anspruch:	●●●
Intensität:	●●
Anzahl Spieler:	4
Dauer:	ca. 10 Min.
Zählweise:	Satz bis 15

Ziel
Orientierung und Abstimmung mit dem Doppelpartner, gemeinsames Netzspiel, Eroberung und Verteidigung der Netzposition, Verteidigung gegen offensives Doppel

Beschreibung
Doppel A und B spielt gegen Doppel C und D. Die Spieler stehen in der üblichen Doppelaufstellung mit jeweils einem Netz- und Grundlinienspieler cross gegenüber. A spielt den Ball aus der Hand beliebig cross an auf D und rückt sofort zu seinem Partner B ans Netz auf. Der Punkt wird ausgespielt. Nach 3 Punkten ist Wechsel des Anschlags und D spielt auf A an. Danach B 3 Punkte auf C und C 3 Punkte auf D.

Variationen
zählen wie im normalen Doppel

Anmerkungen
Es soll ohne Aufschlag und Return der Übergang von der normalen Doppelaufstellung in die Netzposition trainiert werden. Der Anschlag aus der Hand soll lang und zügig sein.

11. Mannschaftstraining

Übung 315-357

(siehe auch: *Doppeltraining* - alle anderen Übungen)

Das Mannschaftstraining ist aufgegliedert in die Unterkapitel
Ein Platz - Übung 315-331
Zwei Plätze - Übung 332-357

Mannschaftstraining ist die hohe Kunst des Gruppentrainings, und deswegen widmen wir dieser Kunst auch ein eigenes Kapitel. Da die meisten Clubspieler ihre Wettkämpfe fast ausschließlich in Mannschaftsspielen bestreiten, kommt dem gemeinsamen Training eine hohe Bedeutung zu und dem verantwortlichen Trainer die schwierige Aufgabe, sechs bis acht Individualisten in einer Gruppe zu motivieren und zusammenzuschweißen. Mannschaftstraining auf zwei Plätzen ist nicht einfach doppeltes Gruppentraining. Es ist organisatorisch viel schwieriger, zwei Plätze so zu kontrollieren, dass alle in Bewegung sind, den Ablauf der Übung verstehen, die Sicherheit gewährleistet ist und, zu guter Letzt, alle Spaß am Training haben. Da es in einer Großgruppe unmöglich ist, intensiv auf die Bedürfnisse einzelner einzugehen, ohne die anderen zu vernachlässigen, kommt der Auswahl der Übungen und dem Verständnis dafür seitens der Spieler eine große Bedeutung zu. Ein guter Trainer muss nicht nur seine Augen überall haben und zwei Plätze gleichzeitig anspielen können, er muss auch wissen, wie seine Gruppe »tickt«. Und schließlich muss er äußerst flexibel auf »Störfaktoren« reagieren können.

Es wird unter berufstätigen Teilnehmern auch bei bestem Willen nicht ausbleiben, dass mal jemand zu spät kommt oder aus wichtigen Gründen früher gehen muss. Es wird sehr häufig passieren, dass es jemand gar nicht schafft und die Gruppe in der unbeliebten »ungeraden« Anzahl (5 oder 7) dasteht. Und es wird immer wieder Spieler geben, die aufgrund eines stressigen Arbeitstages müde oder unmotiviert sind. Auch im Training mit Schülern oder Studenten, die eigentlich genügend Zeit haben sollten, bleiben solche Probleme nicht aus und selbst in leistungsorientierten Gruppen gibt es »Ausreißer«. Es ist also nicht immer einfach für den Coach, die Stimmung so hoch

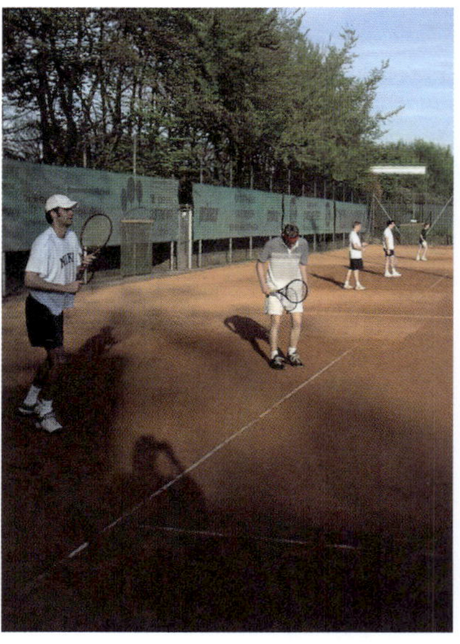

zu halten, dass nach dem Training alle ein gutes Gefühl haben und sich vielleicht noch zu einem Getränk zusammensetzen. Die Übungen im folgenden sollen eine Auswahl an Ideen darstellen, wie man mit den verschiedensten Trainingsbedingungen zurecht kommen und ein vernünftiges Training auf die Beine stellen kann. Durch kleine Veränderungen kann man jede Übung so modifizieren, dass sie zu gegebener Zeit »passt«.

Die Zielsetzung im Mannschaftstraining ist weniger technisch-individuell, sondern eher allgemein wettkampforientiert, schließlich geht es ja auch um die Vorbereitung zu den Mannschaftsspielen. Es sollten also taktische Übungen, Doppel-Spielzüge, komplexe matchähnliche Übungsformen auch unter hoher Belastung (»Drill«), Eröffnungsschläge und grundsätzlich Matchtraining im Vordergrund stehen.

Mannschaftstraining - ein Platz

Jeder Trainer steht ab und zu vor der Aufgabe, mehr als vier Leute auf einem Platz beschäftigen zu müssen. Welche Gründe auch dahinterstecken (Planungsproblem, Platzmangel wegen Wetter oder Überbelegung etc.), es gibt keinen Grund, jemanden nach Hause zu schicken. Mit ein bisschen Organisationstalent kann man auch in diesen Ausnahmefällen ein ak-tionsgeladenes Training für alle anbieten.

5 Spieler Übung 315-322

Entscheidend bei allen Übungen ist, dass die Ballwechsel nicht zu lange dauern, da sonst zu viel Wartezeit für die nicht beschäftigten (drei!) Spieler entsteht. Es bieten sich also Trainingsformen für Angriff und Netzspiel, für Aufschlag und Return oder Spielformen mit sehr kurzen Entscheidungen (Spiel bis Zwei) an.

6 Spieler Übung 323-329

Diese Konstellation ist günstig. Sechs Spieler auf einem Platz sind einfacher zu beschäftigen als fünf! Es bieten sich vor allem Doppelübungen an (s. Kap. 10: »Doppeltraining«).

7 oder 8 Spieler Übung 330 und 331

Das dürfte eigentlich nicht passieren, aber der beste Organisator ist auch vor solchen Problemen nicht gefeit. Um es nicht langweilig werden zu lassen, bieten sich zwei Variationen der Allzweckwaffe »California« an ...

»Mannschaftstraining - zwei Plätze« siehe Seite 381

3 gegen 2 Grundlinie

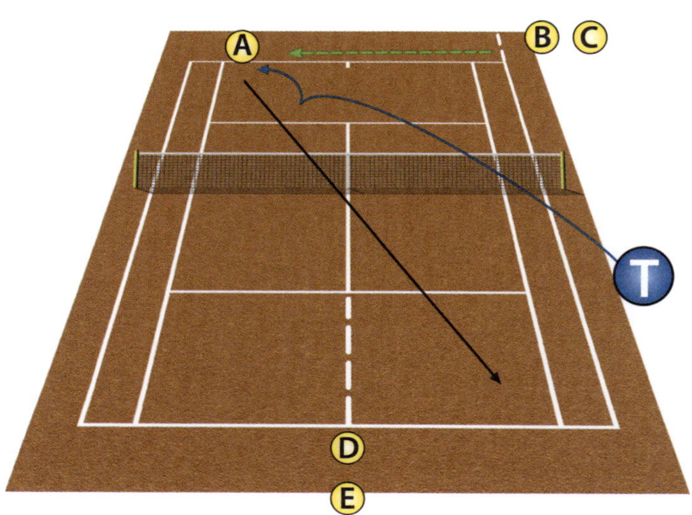

VH	**RH**	Vo	Sm	As	Rt	oT	2S	3S	4S	**5S**	6S	7S	8S

Anspruch:	
Intensität:	
Anzahl Spieler:	5
Dauer:	ca. 20 Min.
Zählweise:	Jeder Spieler zählt seine gewonnenen Punkte aus jeder Runde. Wer nach 5 Runden die meisten Punkte hat, ist der Sieger.
Hilfsmittel:	Startmarkierung

Ziel
Offensives Grundlinienspiel

Beschreibung
A startet von der verlängerten Doppelauslinie auf der RH-Seite in den Ballwechsel und erläuft ein schnelles Zuspiel des Trainers. Er muss den ersten Ball VH Cross spielen. D kann beliebig antworten. Anschließend spielt B gegen D, dann C. Danach der gleiche Durchgang A, B und C gegen E. Drei mal zwei Durchgänge (A, B, C gegen D und A, B, C gegen E), also 18 Bälle, werden gespielt, danach wechseln A und D die Platzseite, eine neue Runde beginnt (B, C und D gegen A und E). Es werden 5 Runden à 18 Bälle gespielt.

Variationen
1.) Start von der VH-Seite, Eröffnung mit RH Cross
2.) 12 oder 24 Bälle pro Runde

Anmerkungen
Das Trainerzuspiel ist schwierig und öffnet für den retournierenden Spieler (D oder E) direkt eine Lücke, die Spieler sollen offensiv agieren. Die Voraussetzung für kurze Ballwechsel ist damit gegeben (Wartezeit sollte bei 5 Spielern kurz sein).

3 gegen 2 Angriff

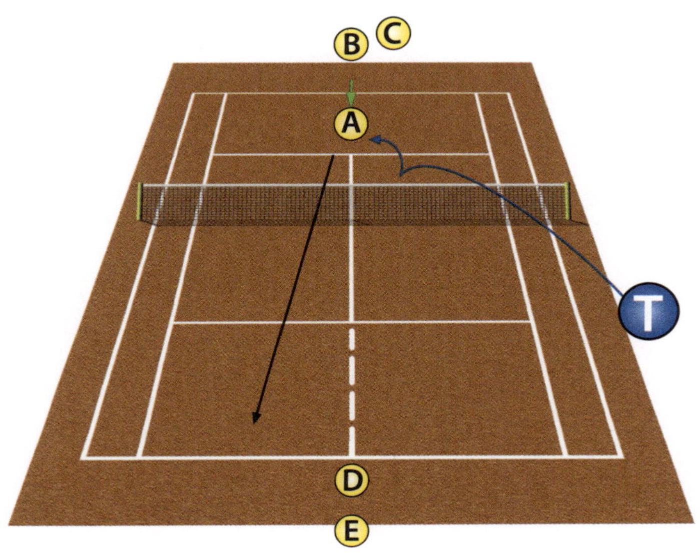

VH	RH	Vo	Sm	As	Rt	oT	2S	3S	4S	5S	6S	7S	8S

Anspruch:	●●●
Intensität:	●●
Anzahl Spieler:	5
Dauer:	ca. 20 Min.
Zählweise:	Jeder Spieler zählt seine gewonnenen Punkte aus jeder Runde. Wer nach 5 Runden die meisten Punkte hat, ist der Sieger.
Hilfsmittel:	Markierungslinie LL/CR

Ziel
Angriffsspiel

Beschreibung
A startet von der Mitte der Grundlinie und erhält ein kurzes Zuspiel des Trainers. Er spielt einen Angriffsball auf D und folgt sofort ans Netz. Wie in der Übung zuvor werden drei mal zwei Durchgänge (A, B, C gegen D und A, B, C gegen E), also 18 Bälle, gespielt. Die Richtung des Angriffsballs ist in den ersten beiden Durchgängen longline vorgegeben, in Durchgang 3 und 4 muss cross angegriffen werden und erst im den letzten beiden Durchgängen ist die Richtung frei (»Elfmeter«). D und E versuchen zu passieren oder zu lobben. Es werden 5 Runden à 18 Bälle gespielt, wobei nach jeder Runde zwei Spieler die Angriffs- und Verteidigungsseite tauschen.

Variationen
1.) andere Regeln (Richtungsvorgaben) für die Angriffsbälle (s. Übungen 132–136)
2.) 12 oder 24 Bälle pro Runde

Anmerkungen
Das Trainerzuspiel erfolgt variabel auf VH und RH und sollte umso länger sein, je spielstärker die Spieler sind. Durch die in den ersten beiden Durchgängen vorgegebene Angriffsrichtung erhöhen sich die Chancen für die Verteidiger enorm und der Punktgewinn der Angreifer wird schwieriger.

3 gegen 2 Volley

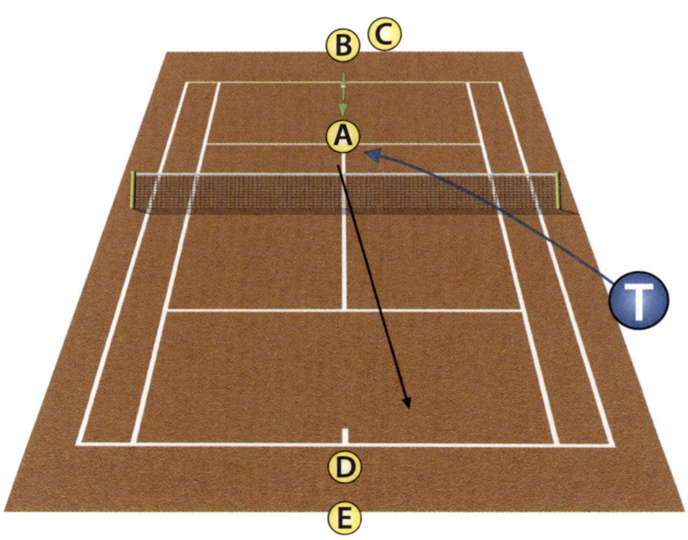

VH	RH	Vo	Sm	As	Rt	oT	2S	3S	4S	5S	6S	7S	8S

Anspruch:	●●●
Intensität:	●●
Anzahl Spieler:	5
Dauer:	ca. 20 Min.
Zählweise:	Jeder Spieler zählt seine gewonnenen Punkte aus jeder Runde. Wer nach 5 Runden die meisten Punkte hat, ist der Sieger.
Hilfsmittel:	Markierungslinie LL/CR

Ziel
Angriffsspiel

Beschreibung
A startet von der Mitte der Grundlinie und rückt sofort nach vorne auf. Er erhält ein halbhohes langes Zuspiel des Trainers, das er auf T-Linienhöhe volley aufnimmt und weiter ans Netz vorrückt. D versucht zu passieren oder zu lobben. Anschließend spielt B gegen D, dann C. Das gleiche Schema wie zuvor, es werden drei mal zwei Durchgänge (18 Bälle) gespielt, danach wechseln A und D die Platzseite, eine neue Runde beginnt (B, C und D gegen A und E). Es werden wieder 5 Runden à 18 Bälle gespielt.

Variationen
12 oder 24 Bälle pro Runde

Anmerkungen
Das Trainerzuspiel erfolgt variabel auf VH und RH und mit unterschiedlichen Höhen und Geschwindigkeiten. Der schwierige »Übergangsvolley« soll trainiert werden.

Überholen

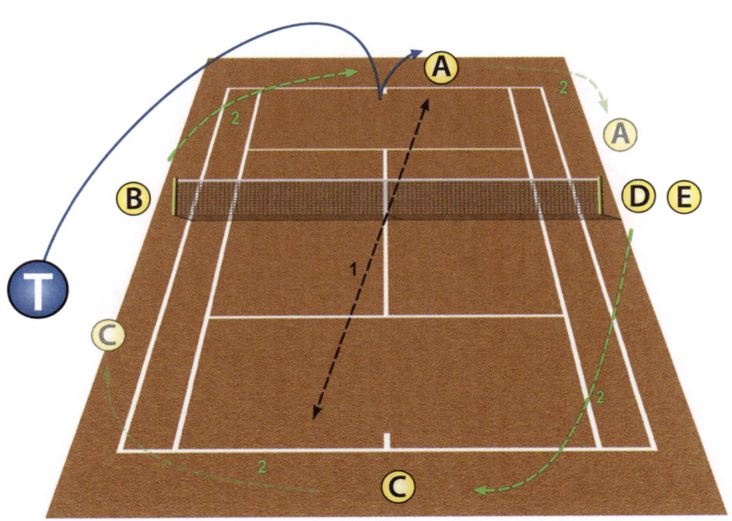

VH	RH	Vo	Sm	As	Rt	oT	2S	3S	4S	5S	6S	7S	8S

Anspruch:	●●●
Intensität:	●●●
Anzahl Spieler:	5
Dauer:	ca. 10 Min.
Zählweise:	Jeder zählt seine gewonnenen Punkte, wer 15 hat, gewinnt

Ziel

Spieleröffnung unter Druck, Platzabdeckung

Beschreibung

Spieler A und B stehen am linken Netzpfosten, C, D und E am rechten. A und C laufen mit dem Uhrzeigersinn ins Feld, A erläuft das Lob-Zuspiel des Trainers und spielt einen Punkt gegen C aus. C muss den ersten Ball von A aufspringen lassen (kein Volley). Anschließend laufen beide zum jeweils gegenüber liegenden Netzpfosten. Anschließend spielt B gegen D. Die besondere Regel ist, dass ein Spieler, der das Traineranspiel annimmt und danach den Ballwechsel verliert, sich vom nachfolgenden Spieler am Netzpfosten (rechts)»überholen« lassen muss, wenn dieser seinen Punkt gewonnen hat. Er muss so lange den nachfolgenden Spielern den Vortritt lassen, bis einer ebenfalls seinen Punkt verliert.

Variationen

1.) Übung gegen den Uhrzeigersinn – Lob wird mit VH erlaufen, Übung mit dem Uhrzeigersinn – Lob wird mit RH erlaufen
2.) Spieler muss nach Punktverlust nur maximal EINEN nachfolgenden Spieler passieren lassen

Bemerkungen

Übung 78 (»Pfostenlauf«, Kap. 2c: Grundlinie – Allroundspiel) mit »Überhol«-Regel! Dadurch entsteht eine Durchmischung der Gegner und zusätzliche Spannung. Der Überholvorgang muss grundsätzlich auf der Seite stattfinden, auf der drei Spieler stehen!

Cross mit Auswechseln

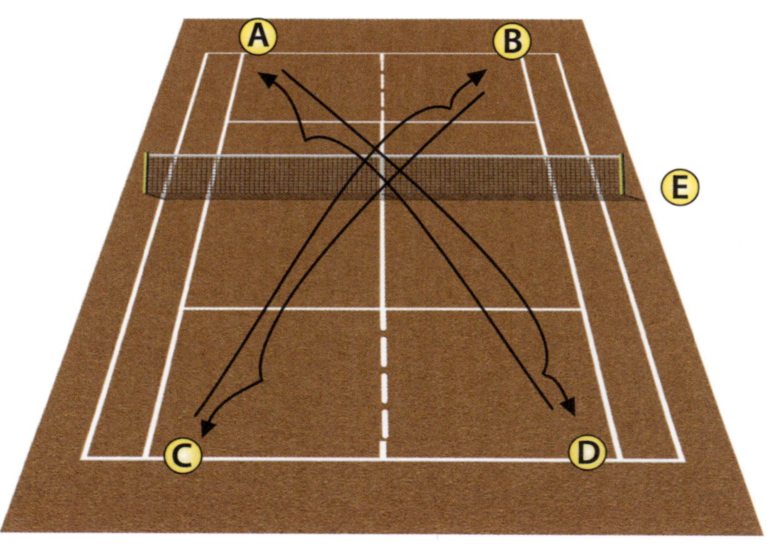

VH	RH	Vo	Sm	As	Rt	oT	2S	3S	4S	5S	6S	7S	8S

Anspruch:	
Intensität:	
Anzahl Spieler:	5
Dauer:	15-20 Min.
Zählweise:	Wer gewinnt die meisten Duelle (bleibt am längsten drin)
Hilfsmittel:	Linienmarkierungen (CR/LL)

Ziel

Sicherheit in den Grundschlägen, Geduld, Gegner durch Sicherheit und Rhythmus-, Drall- und Tempowechsel zu Fehlern zwingen, Winkel spielen

Beschreibung

Vier Spieler spielen cross Punkte gegeneinander aus. A gegen D über die VH-Seite, B gegen C über die RH-Seite. Der Ball für beide Paarungen wird entweder vom Trainer angespielt oder selbständig »fair« ins Spiel gebracht. Jedes Duell geht bis 2 (maximal 3 Punkte). E wartet draußen und ersetzt den ersten Verlierer.

Variationen

1.) Stopps und Volleys sind verboten
2.) Vorgaben für VH oder RH
3.) mit oder ohne Doppelkorridor
4.) Punkte Longline statt Cross ausspielen

Anmerkungen

Die sehr kurzen Spiele bewirken einen regen »Austausch«, so dass keiner zu lange warten muss.

California mit 5

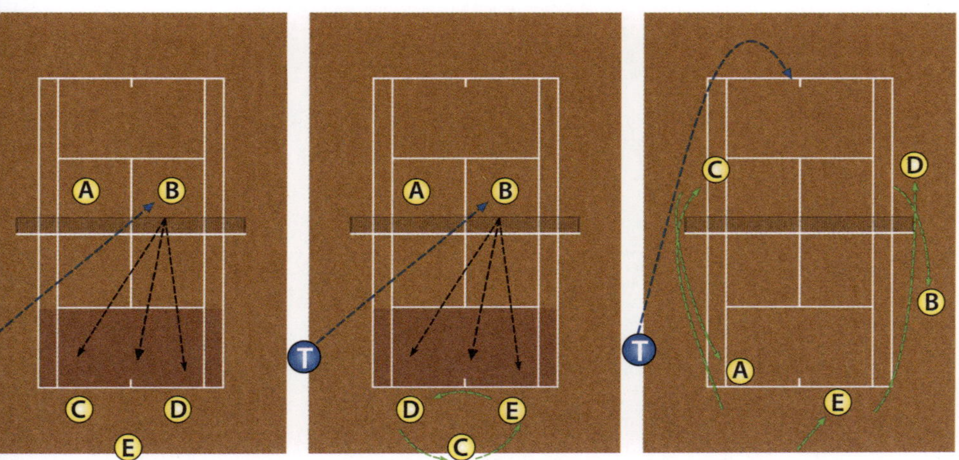

Gewinnt AB gegen CD ... *... sind DE die neuen Gegner ...* *... sonst E mit A oder B*

VH	RH	Vo	Sm	As	Rt	oT	2S	3S	4S	5S	6S	7S	8S

Anspruch:	●●●
Intensität:	●●●
Anzahl Spieler:	5
Dauer:	ca. 20 Min.
Zählweise:	es geht um die meisten Big Points

Ziel

Orientierung und Abstimmung mit wechselnden Doppelpartnern, gemeinsames Netzspiel, Verteidigung gegen offensives Doppel

Beschreibung

Den Dauerbrenner »California« (s. Kap. 10: »Doppeltraining«, Übung 308) kann man auch zu fünft spielen. Sollte das Grundlinienteam CD verlieren, wird an der Grundlinie rotiert, DE spielt gegen AB, C wartet. Verlieren die Netzspieler, starten die siegreichen Grundlinienspieler CD zum Sprint auf die andere Netzseite und der verbleibende fünfte Spieler E nimmt die Grundlinienposition ein. Die beiden Netzspieler AB, die verloren haben, starten zur gegenüberliegenden Grundlinie durch und derjenige, der am schnellsten da ist, bildet mit E das neue Grundlinienteam (Spieler A in der Abbildung!).

Anmerkungen

Der Wechsel der Teams findet während des hohen ersten Anspiels des Trainers statt und muss sehr schnell gehen. Die Motivation, nach einer Niederlage am Netz sofort an der Grundlinie weiterspielen zu können, sorgt dafür, dass beide Spieler die freie Position als erster erreichen wollen. Die »Big Points« werden jetzt pro Spieler gezählt, da es keine festen Teams gibt.

Aufschlag- und Return-Training

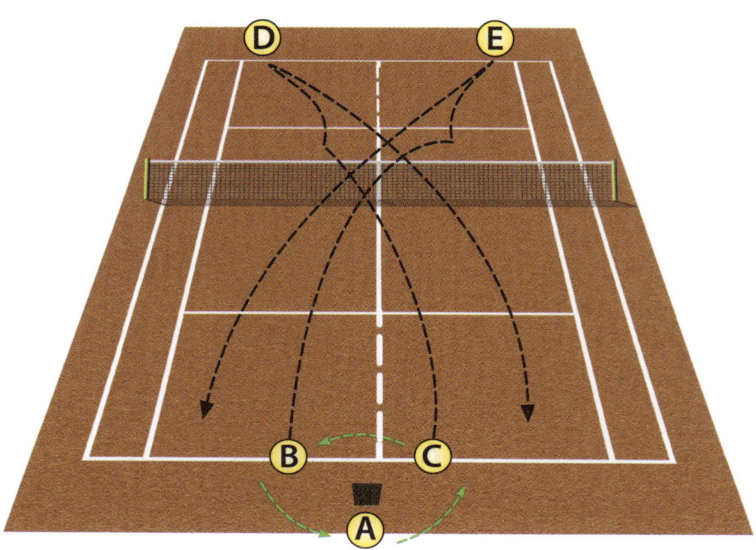

VH	RH	Vo	Sm	**As**	**Rt**	**oT**	2S	3S	4S	**5S**	6S	7S	8S

Anspruch:	
Intensität:	
Anzahl Spieler:	5
Dauer:	5 x 3 Min.
Zählweise:	keine

Ziel
Training der Eröffnungsschläge

Beschreibung
A, B und C schlagen auf und rotieren dabei. Das geht sehr flüssig, ein Spieler schlägt von rechts, der andere von links auf, der dritte holt sich Bälle aus dem bereitstehenden Ballkorb. D und E retournieren cross. Die Positionen werdend fünf Mal gewechselt, jeder Spieler ist drei Runden auf der Aufschlagseite und zwei Runden auf der Returnseite.

Anmerkungen
Alle technischen Vorgaben für Aufschlag und Return sind sind möglich

Doppel mit Auswechseln

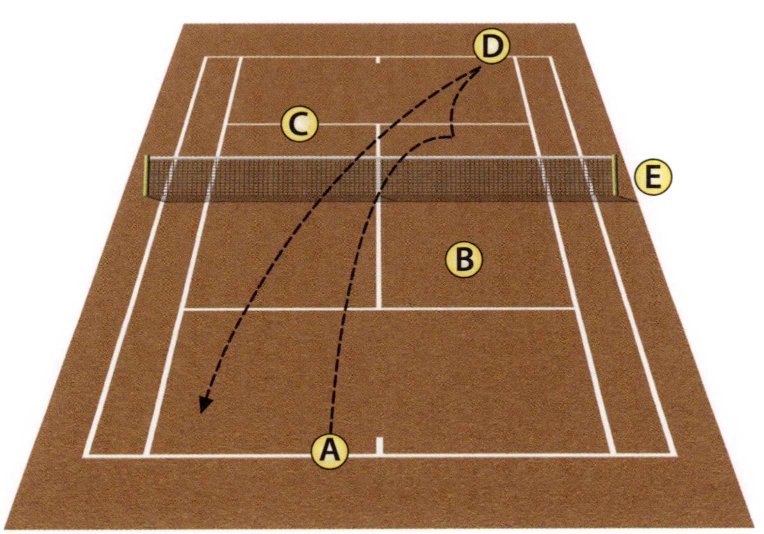

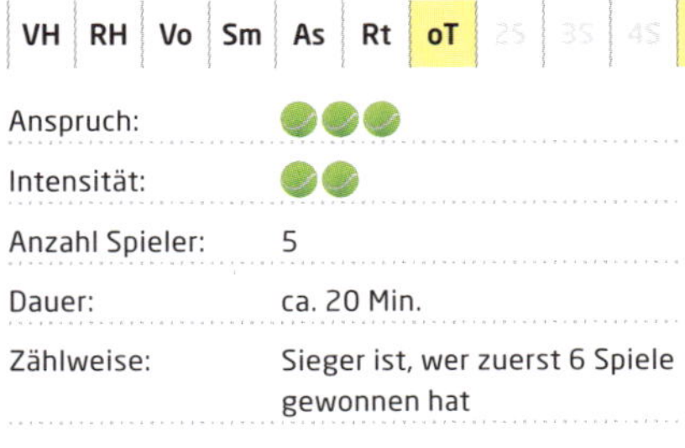

Anspruch:	●●●
Intensität:	●●
Anzahl Spieler:	5
Dauer:	ca. 20 Min.
Zählweise:	Sieger ist, wer zuerst 6 Spiele gewonnen hat

Ziel
Doppel Matchtraining

Beschreibung
Vier Spieler beginnen das erste Aufschlagspiel, der fünfte steht am Netzpfosten und schiedst. Das Spiel beginnt bei 15:15 und bei 40:40 wird ein entscheidender Punkt nach »Sudden Death«-Regel gespielt (Returnspieler dürfen bestimmen, ob von rechts oder links aufgeschlagen wird). Nach Beendigung des Spiels wird der Aufschläger gegen den wartenden Spieler ausgetauscht.

Variationen
Volley zählt »doppelt«, dafür aber bei 0:0 anfangen

Anmerkungen
Alle Regeln oder taktischen Vorgaben sind möglich, aber die Zählweise sollte so sein, dass der wartende Spieler nicht kalt wird …

Kampf ums Netz (3 Doppel)

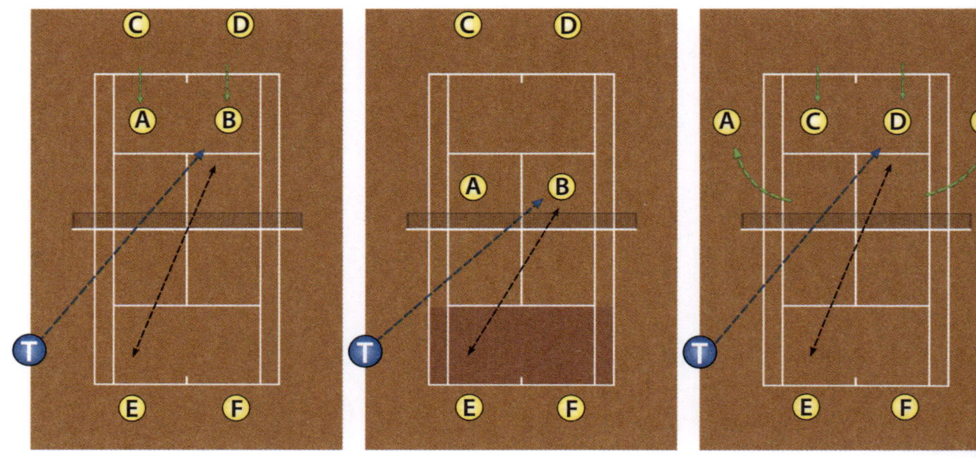

Kurzes Anspiel, AB rücken auf ... *... Punktgewinn = weiter am Netz ...* *... Punktverlust = CD wechseln e*

VH	RH	Vo	Sm	As	Rt	oT	2S	3S	4S	5S	6S	7S	8S

Anspruch:	●●●
Intensität:	●●●
Anzahl Spieler:	6
Dauer:	ca. 15 Min.
Zählweise:	Spiele bis 11 Netz gegen GL, 3 Runden, jedes Doppel ist 2 Mal Angreifer, einmal Verteidiger

Ziel

Orientierung und Abstimmung mit dem Doppelpartner, gemeinsames Netzspiel, Eroberung und Verteidigung der Netzposition, Verteidigung gegen offensives Doppel

Beschreibung

Doppel AB und CD spielen gegen Doppel EF. AB stehen EF an der Grundlinie gegenüber. Der Trainer spielt AB mit einem kurzen Ball an, der besser positionierte Spieler spielt einen Angriffsball und beide rücken gemeinsam ans Netz auf. Bei Punktgewinn wird der nächste Punkt am Netz ausgespielt, wobei der erste Volley auf Trainerzuspiel länger als T-Linie sein muss. AB spielen weiter, *solange sie punkten*. Bei Punktverlust gehen beide zur Seite aus dem Feld und zurück zur Grundlinie. CD spielen jetzt gegen EF nach der gleichen Regel. Bei Punktverlust sind AB wieder dran.

Variationen

1.) Sätze kürzer oder länger
2.) Spieler rücken direkt von der GL auf und nehmen bereits das erste Trainerzuspiel volley

Anmerkungen

Schnelle und anspruchsvolle Angriffsübung, alle Spieler sind optimal beschäftigt. Übung 301 (Kap. 10: Doppeltraining) mit 3 Doppeln.

Volley - Volley - Lob

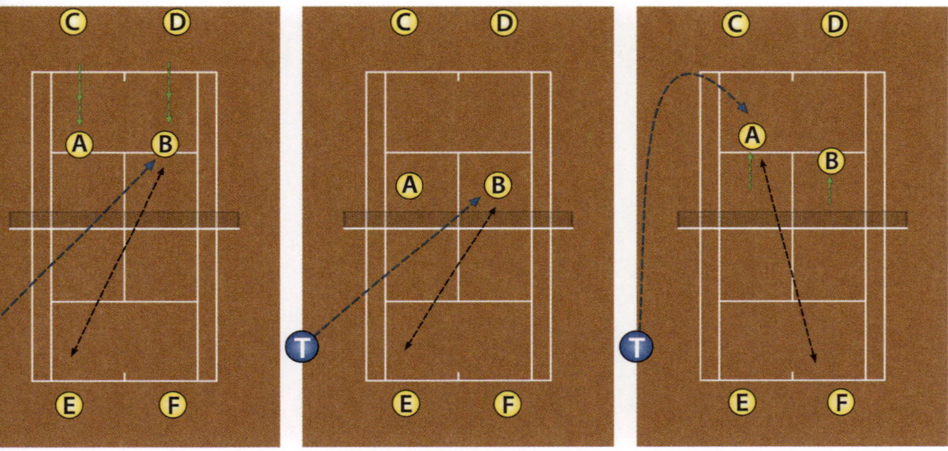

Übergangsvolley ... *... schwieriger Volley ...* *... Lob, dann wechseln CD ein*

VH	RH	Vo	Sm	As	Rt	oT	2S	3S	4S	5S	6S	7S	8S

Anspruch:	●●●
Intensität:	●●●
Anzahl Spieler:	6
Dauer:	ca. 15 Min.
Zählweise:	Spiele bis 11 Netz gegen GL, 3 Runden, jedes Doppel ist 2 Mal Angreifer, einmal Verteidiger

Ziel

Orientierung und Abstimmung mit dem Doppelpartner, gemeinsames Netzspiel, Eroberung und Verteidigung der Netzposition, Verteidigung gegen offensives Doppel

Beschreibung

Doppel AB und CD spielen gegen Doppel EF. AB stehen EF an der Grundlinie gegenüber. Der Trainer spielt AB mit einem langsamen mittehohen Ball an, beide Spieler rücken sofort auf und der besser positionierte Spieler nimmt den Ball volley. Der Punkt wird ausgespielt, wobei die Angreifer näher ans Netz rücken. Der Trainer spielt einen zweiten schwierigen Ball an, den wiederum der besser positionierte Spieler volley annimmt. Das dritte Zuspiel ist ein hoher Lob. Nach drei gespielten Punkten gehen beide Spieler zur Seite aus dem Feld und zurück zur Grundlinie. CD spielen jetzt gegen EF nach der gleichen Regel 3 Punkte aus.

Variationen

Sätze kürzer oder länger

Anmerkungen

Intensives Volleytraining, im Gegensatz zur vorherigen Übung sind die Volleys frei platzierbar. Der Trainer darf es beim zweiten Zuspiel nicht zu leicht für die Netzspieler machen.

Duell am T (3 Doppel)

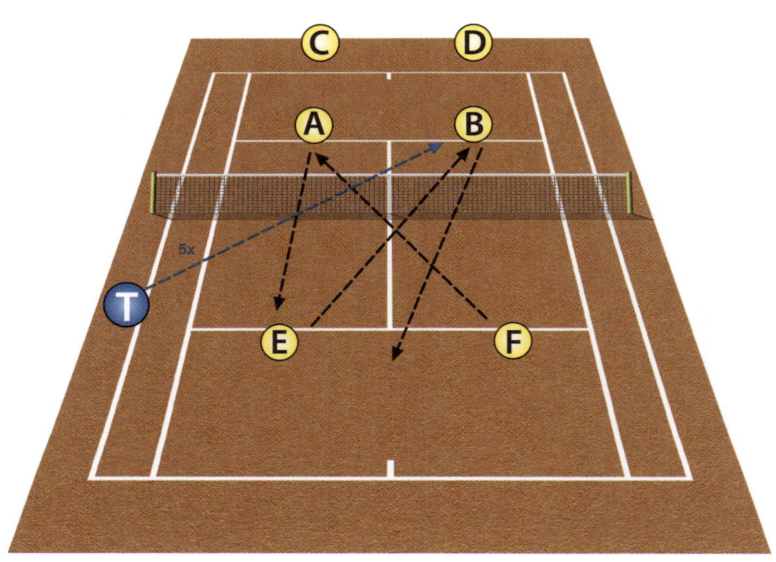

VH	RH	Vo	Sm	As	Rt	oT	2S	3S	4S	5S	6S	7S	8S

Anspruch:	●●●
Intensität:	●●●
Anzahl Spieler:	6
Dauer:	ca. 15 Min.
Zählweise:	Spiele bis 11 Netz gegen GL, 3 Runden, jedes Doppel ist 2 Mal Angreifer, einmal Verteidiger

Ziel
Netzabdeckung, Reaktion, Volleylobs

Beschreibung
A und B stehen E und F an der T-Linie gegenüber. C und D warten hinter A und B an der GL auf ihren Einsatz. Der Trainer bringt den Ball ins Spiel, A und B spielen gegen C und D Punkte im gesamten Doppelfeld aus und agieren zusammen. Nach fünf Punkten gehen A B aus dem Feld und CD sind an der Reihe.

Variationen
Sätze kürzer oder länger

Anmerkungen
Alle Spieler starten zu jedem Punkt wieder am T. Der erste Volley entscheidet schon oft, wer den Ballwechsel dominiert und ist für gute Spieler ein Vorteil, für schlechte Netzspieler ein Nachteil. Ein ganz wichtiger taktischer Ball ist der Volleylob! Übung 291 (Doppeltraining) mit 3 Doppeln.

California original

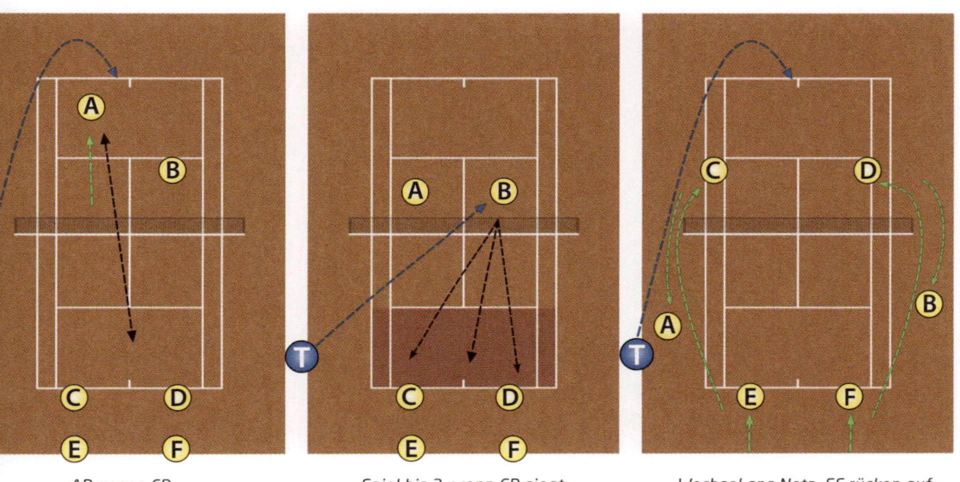

AB gegen CD ... *... Spiel bis 3, wenn CD siegt ...* *... Wechsel ans Netz, EF rücken auf*

VH	RH	Vo	Sm	As	Rt	oT	2S	3S	4S	5S	6S	7S	8S

Anspruch:	●●●
Intensität:	●●●
Anzahl Spieler:	6
Dauer:	ca. 20 Min.
Zählweise:	es geht um die meisten Big Points

Ziel

Orientierung und Abstimmung mit dem Doppelpartner, gemeinsames Netzspiel, Verteidigung gegen offensives Doppel

Beschreibung

Am besten funktioniert »California« (s. Kap. 10: »Doppeltraining«, Übung 308) mit 3 Doppeln. Ein Doppel am Netzt kann »Big Points« machen, ein Doppel an der GL versucht, die Netzspieler abzulösen und das dritte Doppel ist weit hinten am Platzrand in Lauerstellung und ersetzt das Grundliniendoppel, wenn die Entscheidung gefallen ist.

Variationen

der erste Volley darf *einmal* vor der T-Linie (im Aufschlagfeld) aufspringen, sinnvoll bei etwas schwächeren Doppeln

Anmerkungen

Wie bereits erwähnt – der »Klassiker« aller Doppelübungen.

California verkehrt

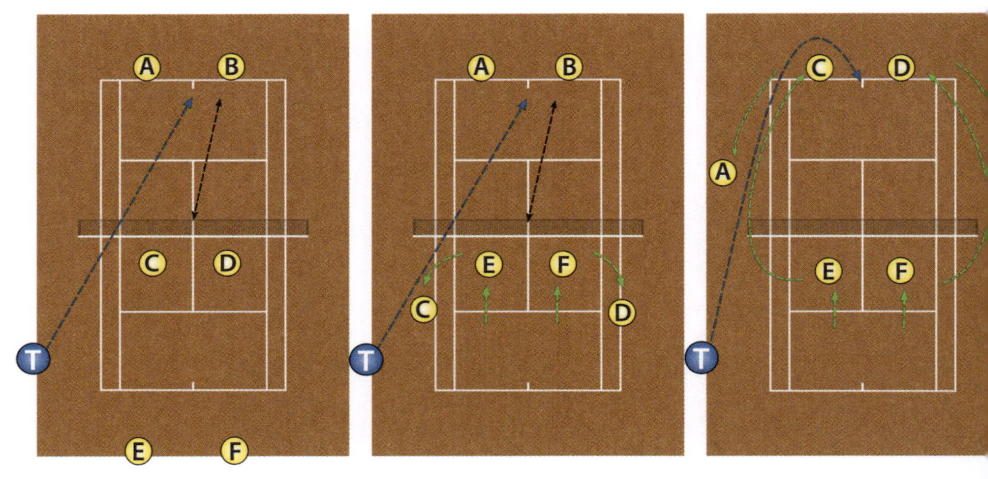

AB gegen CD ... *... AB bleibt bei Sieg ...* *... Wechsel, wenn CD gewinnt*

VH	RH	Vo	Sm	As	Rt	oT	2S	3S	4S	5S	6S	7S	8S

Anspruch:	●●●
Intensität:	●●●
Anzahl Spieler:	6
Dauer:	ca. 20 Min.
Zählweise:	es geht um die meisten Big Points

Ziel

Orientierung und Abstimmung mit dem Doppelpartner, gemeinsames Netzspiel, Verteidigung gegen offensives Doppel

Beschreibung

Bei dieser Version werden die »Big Points« an der Grundlinie gegen die Netzpartei geholt. Der Trainer spielt die GL-Spieler variabel an, deren Antwort ist frei. Auch die Netzspieler können frei spielen (keine Regel für den ersten Volley!). Gewinnt die Grundlinie, werden die Netzspieler ausgetauscht, verlieren sie, wechseln die siegreichen Netzspieler selbst zur Grundlinie.

Variationen

keine zwei Lobs hintereinander erlaubt, sinnvoll bei etwas schwächeren Doppeln

Anmerkungen

Interessante Variante, bei starken Doppeln eine schwierige Aufgabe für das Grundlinienteam.

Doppel-Rotation

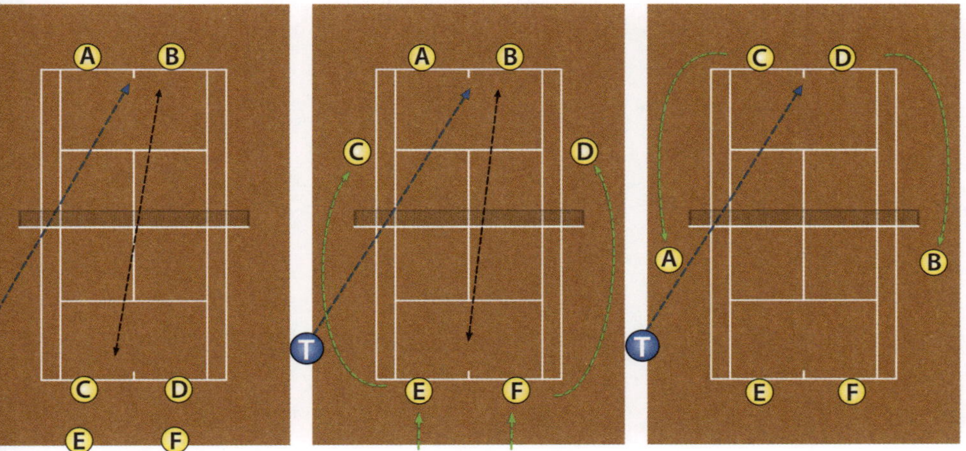

AB gegen CD bis 2 (max 3 P) ... *... EF gegen AB, CD wechselt ...* *... CD gegen EF, AB wechselt*

VH	RH	Vo	Sm	As	Rt	oT	2S	3S	4S	5S	6S	7S	8S

Anspruch:	●●●
Intensität:	●●●
Anzahl Spieler:	6
Dauer:	ca. 20 Min.
Zählweise:	**Wer zuerst 5 Punkte (Mini-Matches) hat, beendet die Rotation und gewinnt einen »Satz«. Sieger ist, wer zuerst 5 »Sätze« gewonnen hat.**

Ziel

Doppel Allroundspiel Grundlinie

Beschreibung

Doppel AB und CD stehen EF an der Grundlinie gegenüber. AB beginnt und spielt auf Zuspiel des Trainers ein Mini-Match bis zwei (maximal drei Punkte) gegen EF aus. Es ist alles erlaubt, allerdings darf das Zuspiel des Trainers nicht volley genommen werden. Danach wechseln AB die Platzseite, während CD gegen EF ein Mini-Match spielt. Anschließend laufen EF auf die andere Seite und CD spielen gegen AB. Die Doppel rotieren weiter, bis eines der Paare fünf Matches gewonnen hat.

Variationen

die Doppel spielen nicht bis 2, sondern nur einen Punkt gegeneinander aus. Ein Doppel muss also nach 2 Punkten (gegen jeden Gegner einen) schon die Seite wechseln, das ist bei den kurzen Doppelpunkten sehr anstrengend (vgl. auch Übung 73, Kap. 2c: »Grundlinie – Allroundspiel«).

Anmerkungen

ein Doppel, das bei Ende einer Rotation 4 Punkte hat (»Matchball«) darf auf jeden Fall noch den nächsten Punkt spielen (gegen die Sieger der Rotation) und versuchen, auch einen »Big Point« zu machen. Alle 6 Spieler sind – durch die Seitenwechsel – ständig in Bewegung.

Triple

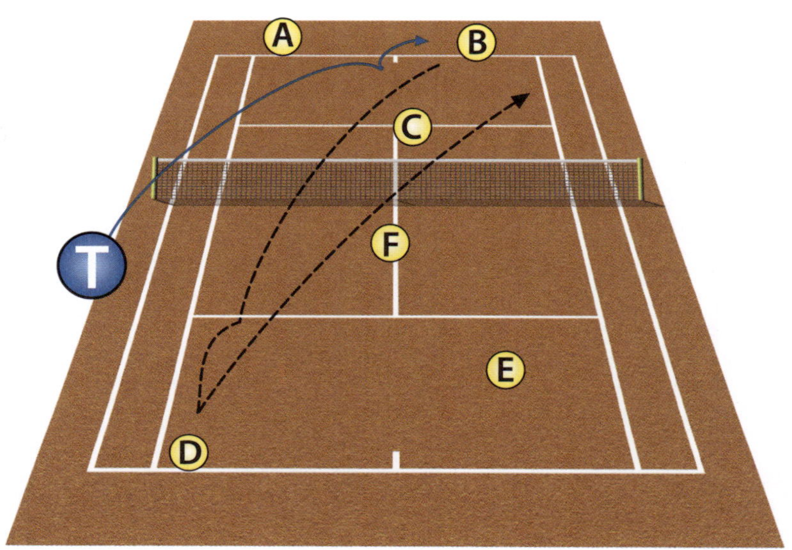

VH	RH	Vo	Sm	As	Rt	oT	2S	3S	4S	5S	6S	7S	8S

Anspruch:	●●●
Intensität:	●●●
Anzahl Spieler:	6
Dauer:	ca. 20 Min.
Zählweise:	Match bis 21

Ziel
Wildern, Improvisieren, Netzspieler beobachten

Beschreibung
A, B und C sind ein Team (»Triple«) und spielen gegen D, E und F. Die Aufstellung der Triples im Doppelfeld ist beliebig (ein Netzspieler, zwei an der Grundlinie ist Standard, es ist aber auch jede andere Version erlaubt). Vor allem während der Ballwechsel ist alles möglich, es können auch alle drei Spieler am Netz sein. Der Trainer spielt an, es ist kein Volley auf das Anspiel erlaubt. Nach 5 Anschlägen wechseln die Teams zügig die Seite, der Trainer spielt den nächsten Ball bereits als Lob an, wenn der erste Spieler das Netz passiert!

Variationen
5 Sätze bis 7 (9) ohne Seitenwechsel

Anmerkungen
Superschnelles Spiel mit offener Einladung zum Wildern für den Netzspieler. Da er zwei Helfer an der GL hat, kann er ungestraft permanent die Seite wechseln, was unglaublich viel »Action« in das Spiel bringt. Ich habe dieses Spiel bei meinem Freund Babak Momeni, Cheftrainer des TSC Mainz, abgeschaut, weil es so viel Spaß macht.

California mit 7

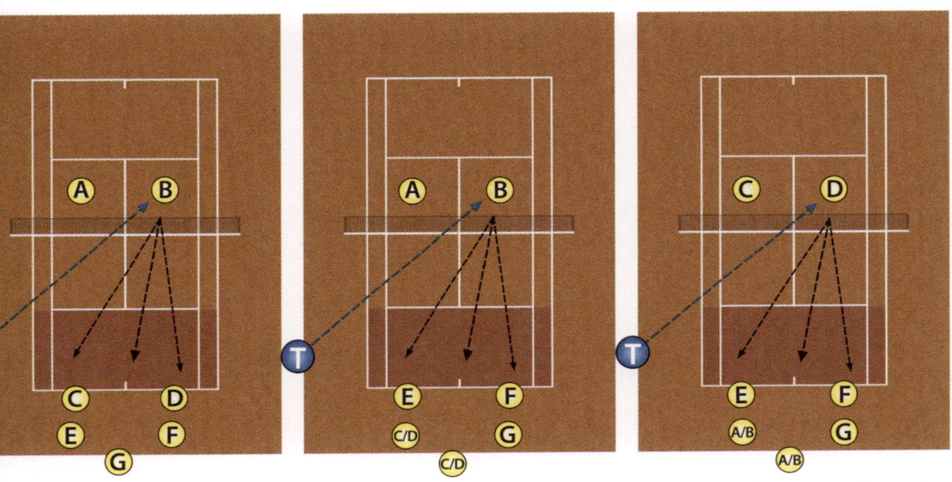

AB gegen CD, G ist Nr. 7 … *… CD verliert, einer spielt mit G …* *… AB verliert, einer spielt mit G*

VH	**RH**	**Vo**	**Sm**	As	Rt	oT	2S	3S	4S	5S	6S	**7S**	8S

Anspruch:	●●●
Intensität:	●●
Anzahl Spieler:	7
Dauer:	beliebig
Zählweise:	es geht um die meisten Big Points

Ziel

Orientierung und Abstimmung mit wechselnden Doppelpartnern, gemeinsames Netzspiel, Verteidigung gegen offensives Doppel

Beschreibung

AB am Netz, CD sind die Herausforderer an der Grundlinie. EF sind die nächsten Herausforderer, G ist in Wartestellung. AB spielen gegen CD nach den bekannten Regeln bis 3, das Verliererdoppel reiht sich hinten ein und bestimmt durch Schlägerdrehen (oder »Stein, Schere, Papier«), wer von beiden Partner von G wird und wer die Warteposition einnimmt. Zeit dazu ist vorhanden, da gerade EF gegen die Sieger des vorherigen Duells spielen. In dieser Version zählt wieder jeder Spieler seine »Big Points« individuell, da die Teams im Spielverlauf wechseln.

Variationen

der erste Volley darf *einmal* vor der T-Linie (im Aufschlagfeld) aufspringen, sinnvoll bei etwas schwächeren Doppeln

Anmerkungen

Keine festen Doppel, jeder zählt für sich selbst. Man kann mit 7 Leuten auf einem Platz kaum etwas besseres machen, wenn man »Action« sucht …

California mit 8

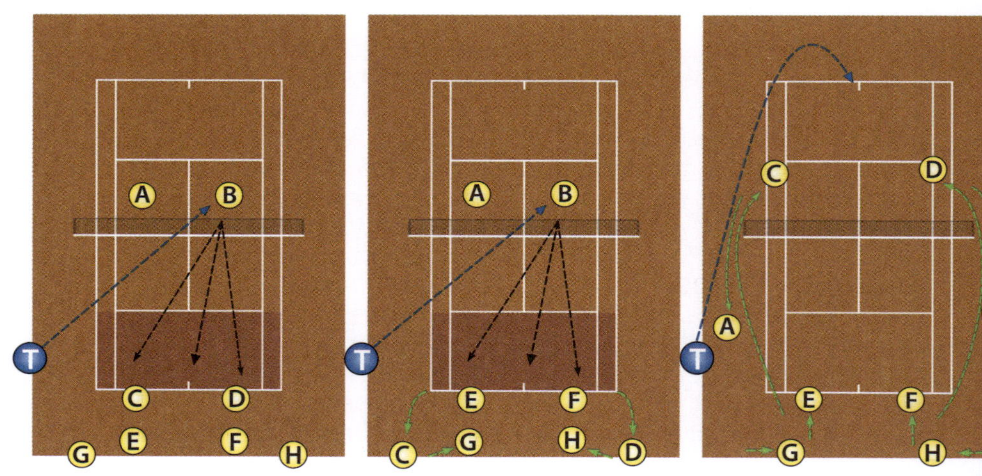

AB gegen CD, EF und GH warten ... *... Doppel an der GL rücken auf ...* *... Wechsel, EF und GH rücken au[f]*

VH	RH	Vo	Sm	As	Rt	oT	2S	3S	4S	5S	6S	7S	8S

Anspruch:	●●●
Intensität:	●●
Anzahl Spieler:	8
Dauer:	beliebig
Zählweise:	es geht um die meisten Big Points

Ziel

Orientierung und Abstimmung mit dem Doppelpartner, gemeinsames Netzspiel, Verteidigung gegen offensives Doppel

Beschreibung

Da jetzt 2 Doppel in Wartestellung für die Herausforderer-Position an der Grundlinie sind, sollte das »Big Point«-Duell verkürzt werden und nur bis 2 gehen (maximal 3 Punkte). Durch die schnelleren Wechsel bleibt die Übung auch mit der hohen Anzahl von Spielern aktionsgeladen.

Variationen

der erste Volley darf *einmal* vor der T-Linie (im Aufschlagfeld) aufspringen, sinnvoll bei etwas schwächeren Doppeln

Anmerkungen

Die sehr kurze Entscheidung (2:0 oder 2:1) nivelliert etwas die Leistungsunterschiede zwischen den Doppeln. Der Faktor »Glück« spielt eine größere Rolle...

Mannschaftstraining - zwei Plätze

Die folgenden Übungsbeschreibungen beziehen sich auf die Organisation und Struktur der Übungen, nicht so sehr auf ihren eigentlichen Trainingsinhalt. Mit anderen Worten, es geht darum, wie man mit verschiedenen Zahlen von Teilnehmern auf 2 Plätzen am besten zurechtkommt. Was trainiert wird, d. h. welche technischen, taktischen oder matchsituativen Vorgaben dabei gemacht werden, ist variabel.

5 Spieler Übung 332-335

Diese Situation ist ein Luxusproblem. Man kann im Prinzip jede Zweier- oder Dreier-Übung durchführen, die einem einfällt. Aufgrund des reichlich vorhandenen Platzes bieten sich Matchtraining oder matchähnliche Übungen an.

6 Spieler Übung 336-339

Ebenfalls eine »luxuriöse« Situation. Alle Formen von Match – oder matchähnlichem Training sowohl als Einzel oder als Doppel sind machbar und wurden bereits in den vorherigen Kapiteln beschrieben. Hier noch einige weitere Spielformen.

7 Spieler Übung 340-346

Das ist definitiv die unbeliebteste Anzahl von Spielern. Leider kommt sie sehr häufig vor, da Mannschaftstraining auf zwei Plätzen oft mit 8 Teilnehmern geplant ist, aber öfter als gewünscht etwas dazwischen kommt und einer der Spieler verhindert ist. Es ist natürlich problemlos möglich, auf einem Platz 3 und auf dem anderen 4 Spieler zu beschäftigen. Es ist aber etwas anspruchsvoller, das Training so zu gestalten, dass einerseits *alle die gleichen Übungen* absolvieren und dass andererseits auch *genügend Bewegung auf beiden Plätzen* ist. Eine Möglichkeit ist Stationstraining mit verschiedenen Aufgaben (Nr. 340, 341, 342). Die Spielübungen »Big Point«, »Aufstieg« und »Bundesliga« (Nr. 344, 345, 346) sind etwas aufwändiger und erscheinen vielleicht auf den ersten Blick kompliziert. Einmal probiert sind sie aber ein einfa-ches Schema für eine Vielzahl von Übungen, die man durch die verschiedensten Aufgabenstellungen daraus machen kann!

8 Spieler Übung 347-349

Die gewünschte und volle Besetzung, mit der man alle Übungen in diesem Buch, die mit 4 Spielern auf einem Platz funktionieren, auf zwei Plätzen parallel durchführen kann. Wer es sich zutraut, übernimmt, wenn nötig, auf beiden Plätzen das Zuspiel. Daher an dieser Stelle nur drei weitere Übungen, die die Vielzahl der Möglichkeiten ergänzen.

Elfer mit Wechseln

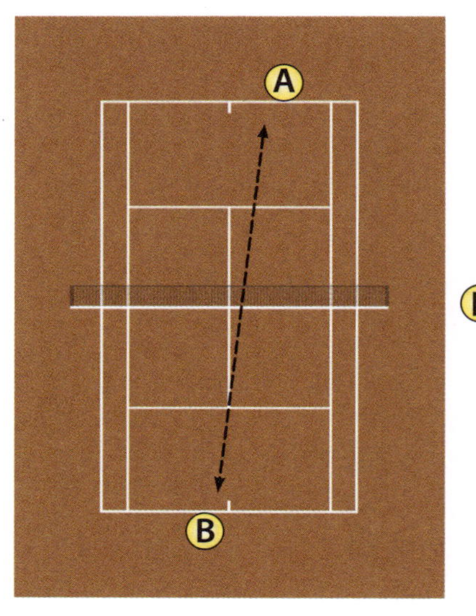

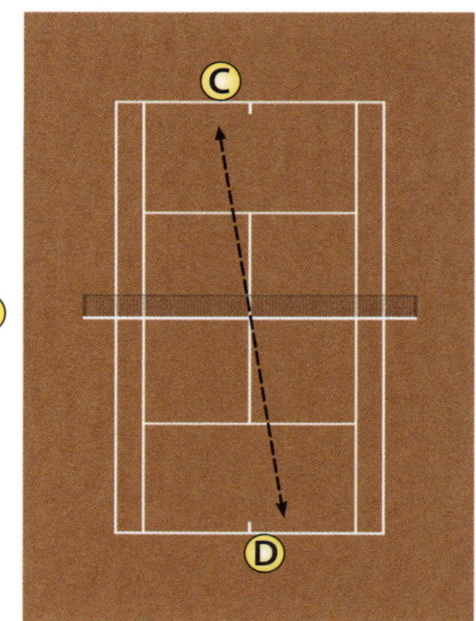

VH	RH	Vo	Sm	As	Rt	oT	2S	3S	4S	5S	6S	7S	8S

Anspruch:	
Intensität:	
Anzahl Spieler:	5
Dauer:	beliebig, in der Regel ca. 20 Min.
Zählweise:	Die Matches sollten - trotz des Namens - nicht bis »elf« gespielt werden, sondern von so kurzer Dauer sein, dass der wartende Spieler nicht kalt wird.

Ziel
Grundlinienspiel

Beschreibung
»Elfer« ist das Synonym für Grundlinienduelle, bei denen Aufschlag und Return ausgespart werden und der Ball von einem der Spieler »fair« aus der Hand ins Spiel gebracht wird oder der Trainer anspielt. Es kann frei gespielt werden oder es können verschiedene Vorgaben gemacht werden (Beispiel: »3 x cross, dann frei« oder »Hosenträger spielen, dann frei« usw.). Auf jedem Platz spielen zwei Spieler einen sogenannten Elfer. Der Verlierer wird immer gegen den wartenden fünften Spieler ausgetauscht.

Variationen
1.) statt »Verlierer muss raus«-Regel spielt jeder gegen jeden (5 Runden)
2.) Trainer spielt auf beiden Plätzen den Ball an

Anmerkungen
Es sind alle Variationen von Grundlinienspiel denkbar.

Tiebreaks mit Wechseln

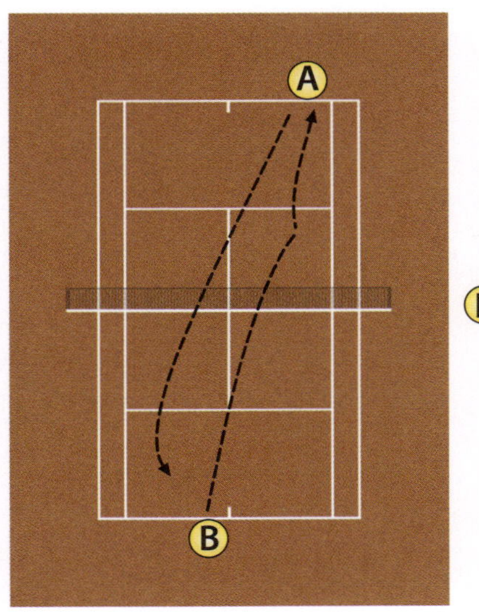

E

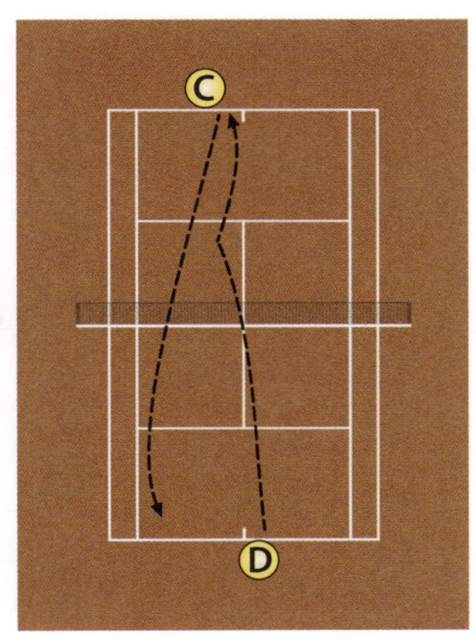

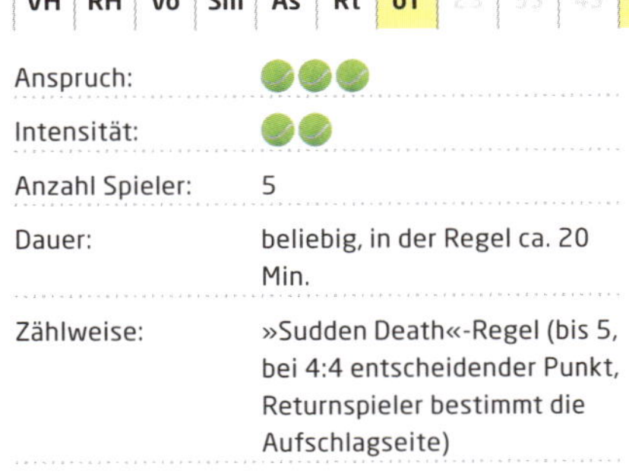

VH	RH	Vo	Sm	As	Rt	**oT**	2S	3S	4S	**5S**	6S	7S	8S

Anspruch:	●●●
Intensität:	●●
Anzahl Spieler:	5
Dauer:	beliebig, in der Regel ca. 20 Min.
Zählweise:	»Sudden Death«-Regel (bis 5, bei 4:4 entscheidender Punkt, Returnspieler bestimmt die Aufschlagseite)

Ziel

Matchtraining

Beschreibung

Auf jedem Platz spielen zwei Spieler einen Tiebreak. Der Verlierer wird immer gegen den wartenden fünften Spieler ausgetauscht.

Variationen

statt »Verlierer muss raus«-Regel spielt jeder gegen jeden (5 Runden)

Anmerkungen

Alle möglichen Vorgaben für das Matchplay sind denkbar, bei reinen Grundlinienspezialisten sollte eine Regel gefunden werden, die die Dauer des Spiels abkürzt.

Aufschlagspiele mit Wechseln

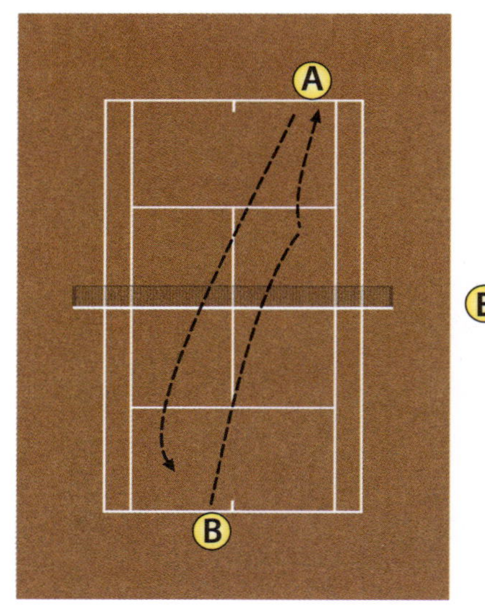

E

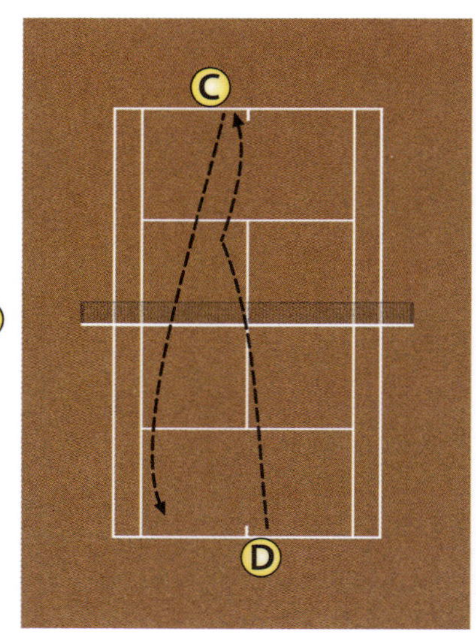

VH | RH | Vo | Sm | As | Rt | **oT** | 2S | 3S | 4S | **5S** | 6S | 7S | 8S

Anspruch:	●●●
Intensität:	●●
Anzahl Spieler:	5
Dauer:	beliebig, in der Regel ca. 20 Min.
Zählweise:	»Sudden Death«-Regel (bei 40:40 entscheidender Punkt, Returnspieler bestimmt die Aufschlagseite)

Ziel
Matchtraining

Beschreibung
Auf jedem Platz spielen zwei Spieler ein Aufschlagspiel. Der Verlierer wird immer gegen den wartenden fünften Spieler ausgetauscht. Der Spieler, der herein kommt, darf Aufschlag oder Return wählen.

Variationen
1.) bei starken Aufschlägern beginnt der Aufschlagspieler grundsätzlich mit 0:15
2.) der Sieger (der Spieler, der »drin« bleibt) hat die Wahl

Anmerkungen
Alle möglichen Vorgaben für das Matchplay sind denkbar, bei reinen Grundlinienspezialisten sollte eine Regel gefunden werden, die die Dauer des Spiels abkürzt.

Kampfschwein

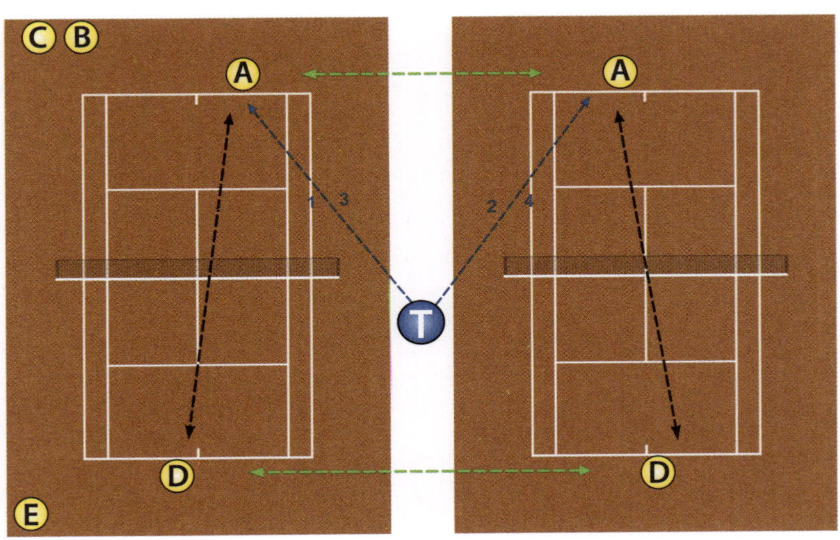

VH | RH | Vo | Sm | As | Rt | oT | 2S | 3S | 4S | **5S** | 6S | 7S | 8S

Anspruch:	●●●
Intensität:	●●●●
Anzahl Spieler:	5-8
Dauer:	beliebig, in der Regel ca. 20 Min.
Zählweise:	variabel
Hilfsmittel:	2 nebeneinander liegende Plätze

Ziel

Schnelligkeitsausdauer, Schlaggenauigkeit unter Belastung

Beschreibung

Diese Übung funktioniert nur bei nebeneinander liegenden Plätzen ohne Hindernisse. Zwei Spieler spielen einen Punkt auf Trainerzuspiel auf Platz 1, danach auf Platz 2, dann wieder auf Platz 1 aus. Wie viel Punkte am Stück man pro Paarung spielen lässt und wie die Grundaufstellung der Spieler aussieht (4 gegen 1 oder 3 gegen 2) ist variabel und richtet sich nach der Leistungsfähigkeit der Gruppe (s. a. Kap 7: »Drilltraining«, Übung 246)

Variationen

längere oder kürzere Sätze je nach Leistungsfähigkeit der Spieler, je weniger Spieler auf einer Seite sind, desto anstrengender wird diese.

Anmerkungen

Spiel macht Riesenspaß und ist extrem anstrengend. Trainer muss mit seinem Zuspiel steuern. Regeln (Seitenwechsel, Satz bis wie viel etc.) der Anzahl und der Leistungsfähigkeit der Spieler anpassen. Spiel funktioniert auch mit 6, 7 oder 8 Spielern, ist dann aber weniger anstrengend.

König, Prinz und Bettelmann

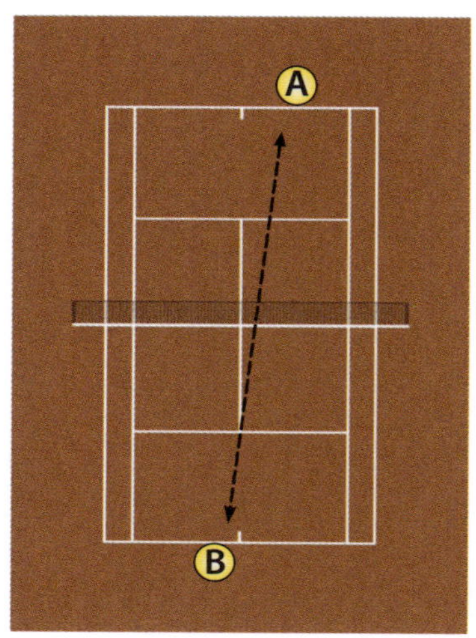

Platz 1: A und B (Könige)

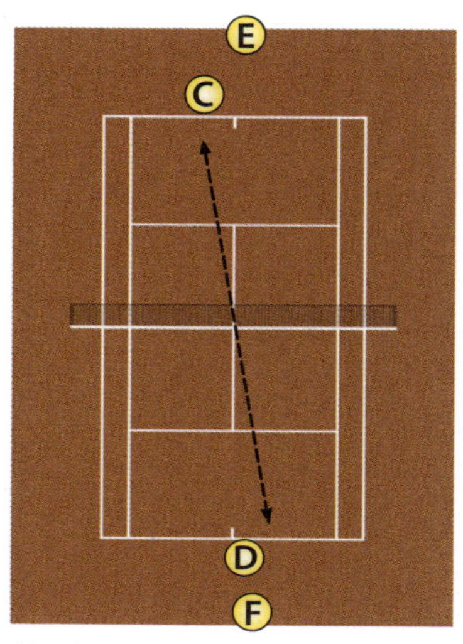

Platz 2: CD (Prinzen) und EF (Bettelmänner), wechseln nach jedem Punkt

VH	RH	Vo	Sm	As	Rt	oT	2S	3S	4S	5S	6S	7S	8S

Anspruch:	●●●
Intensität:	●●
Anzahl Spieler:	6
Dauer:	ca. 20 Min.
Zählweise:	kurze Matches bis 5 oder maximal 7, wer hält sich am längsten auf dem »Thron«

Ziel

Matchtraining oder Grundlinienspiel

Beschreibung

Auf Platz 1, dem »Court Royal«, spielen die beiden »Könige« gegeneinander. Auf Platz 2 spielen zwei »Prinzen« und zwei »Bettelmänner« jeweils ein Match gegeneinander. Diese beiden Paarungen müssen sich nach jedem Punkt abwechseln, die Könige können durchspielen, sie haben ja einen Platz für sich alleine. Sobald das Match der Könige zu Ende ist, wird das Spiel angehalten und bei Prinzen und Bettelmännern zählt der aktuelle Spielstand. Bei Unentschieden wird ein Entscheidungspunkt gespielt. Der siegreiche Bettelmann wird zum Prinzen, der siegreiche Prinz wird König. Die Verlierer rutschen jeweils eine Stufe nach unten. Eine neue Runde um den nächsten »Königsthron« beginnt.

Anmerkungen

Alle möglichen Spielvarianten sind denkbar (Elfer, Tiebreaks etc.)

Daviscup

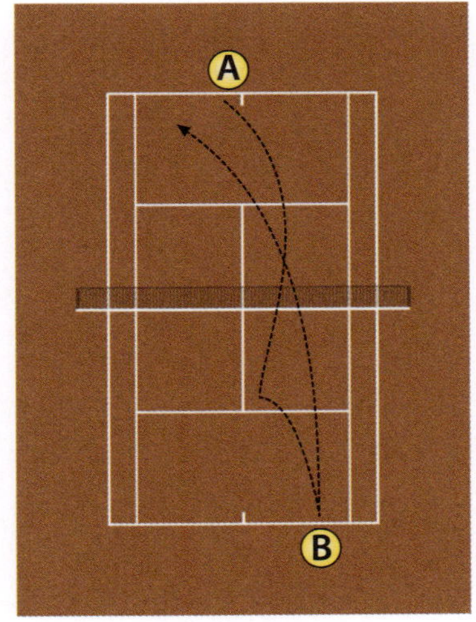

Platz 1: Einzel

Platz 2: Doppel

VH	RH	Vo	Sm	As	Rt	**oT**	2S	3S	4S	5S	**6S**	7S	8S

Anspruch:	●●●
Intensität:	●●
Anzahl Spieler:	6
Dauer:	30 Min.
Zählweise:	Matches auf Zeit (10 Min.), bei 15:15 starten, »Sudden Death«-Regel, Einzel zählt 2 Punkte, Doppel 3

Ziel

Matchtraining

Beschreibung

3 Spieler bilden eine Mannschaft. Sie legen geheim eine Aufstellung fest (wer ist 1, 2, 3?). Dann werden die Spiele folgendermaßen angesetzt. Auf Platz 1 spielen die jeweiligen Nr. 3 der beiden Mannschaften ein Einzel gegeneinander, die anderen Spieler spielen auf Platz 2 ein Doppel. Danach spielt Nr. 2 gegen Nr. 2, zuletzt die beiden Einser gegeneinander. Die anderen jeweils Doppel.

Variationen

Spieldauer verlängern

Anmerkungen

Im wahren Daviscup gibt es zwar nur 2 Einzel, aber da spielen auch nicht alle gleichzeitig. Alle möglichen Vorgaben für das Matchplay sind denkbar.

Champions League 1

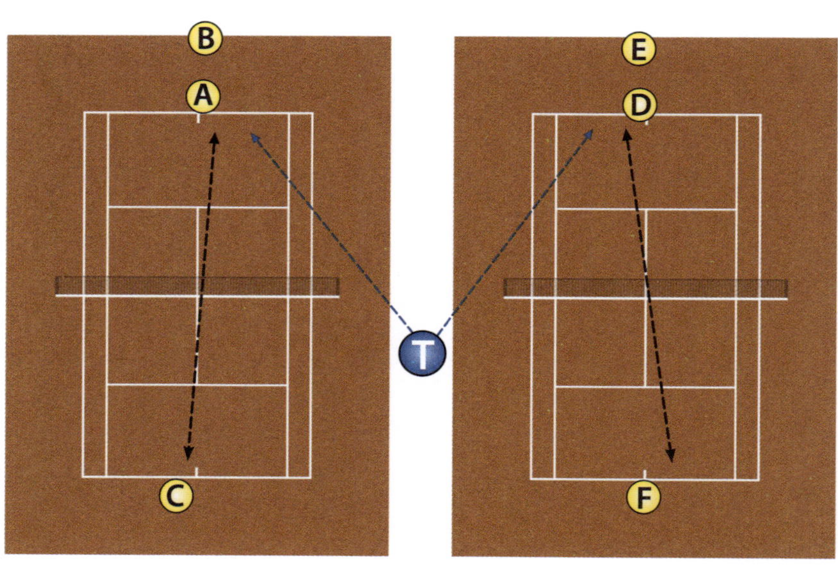

VH	RH	Vo	Sm	As	Rt	oT	2S	3S	4S	5S	**6S**	7S	8S

Anspruch:	●●●
Intensität:	●●
Anzahl Spieler:	6
Dauer:	beliebig
Zählweise:	jedes Match geht bis 5, die Punkte aller 3 Durchgänge (jeder der drei Spieler ist einmal alleine) werden zusammengezählt. Die Punktbesten jedes Platzes und der beste Zweite spielen eine neue Runde als »Champions League«, die anderen drei als »Europa League«.

Ziel
Grundlinienspiel

Beschreibung
Auf Platz 1 spielen A und B gegen C, auf Platz 2 spielen D und E gegen F. Der Trainer spielt beide Plätze gleichzeitig an, den ersten Ball erhalten die doppelt besetzten Seiten, deren Spieler sich nach jedem Punkt abwechseln. Nach drei Durchgängen, in denen jeder Spieler jede Position durchlaufen hat, werden die Punkte zusammengezählt und eine neue Runde (»Champions-League, Europa-League«) beginnt.

Variationen
1.) Sätze bis 7 oder 9
2.) »Winner« zählen doppelt (verkürzt die Matches)

Anmerkungen
Alle möglichen Vorgaben für das Grundlinienspiel sind denkbar (ersten Ball mit der VH, von einer Markierung starten u.ä.. Das Trainerzuspiel ist nicht einfach und erfordert, dass der Trainer das Geschehen auf beiden Plätzen im Blick hat. Als Angriffsübung sollte man diese Spielform nicht durchführen, da es dann aufgrund der extrem kurzen Ballwechsel fast unmöglich wird, zwei Plätze gleichmäßig anzuspielen.

Champions League 2

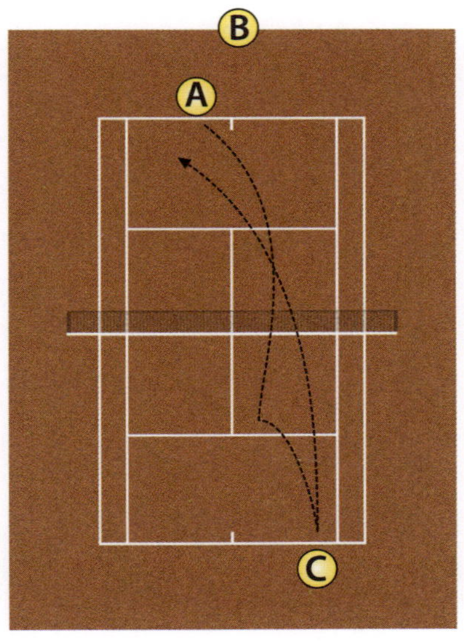

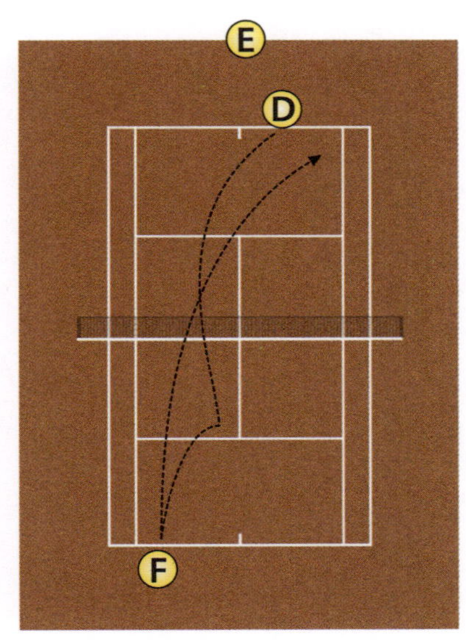

VH	RH	Vo	Sm	As	Rt	oT	2S	3S	4S	5S	6S	7S	8S

Anspruch:	●●●
Intensität:	●●
Anzahl Spieler:	6
Dauer:	beliebig
Zählweise:	jedes Match geht bis 5, die Punkte aller 3 Durchgänge (jeder der drei Spieler ist einmal Returnspieler) werden zusammengezählt. Die Punktbesten jedes Platzes und der beste Zweite spielen eine neue Runde als »Champions League«, die anderen drei als »Europa League«.

Ziel
Matchtraining

Beschreibung
Auf Platz 1 spielen A und B gegen C, auf Platz 2 spielen D und E gegen F. A, B, C und D sind Aufschläger. Die Aufschläger spielen immer zwei Punkte hintereinander und wechseln sich dann ab. Nach drei Durchgängen, in denen jeder Spieler jede Position durchlaufen hat, beginnt eine neue Runde (»Champions-league, Europa-League«).

Variationen
1.) Sätze bis 7 oder 9
2.) »Winner« zählen doppelt (verkürzt die Matches)

Anmerkungen
Alle möglichen (taktischen) Vorgaben für das Matchplay sind denkbar.

Stationstraining 1

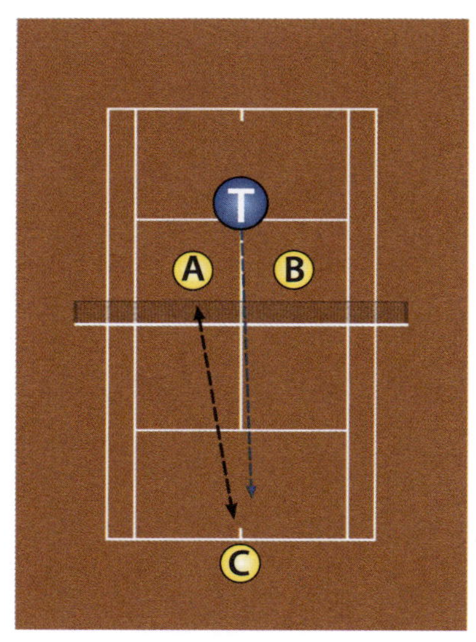

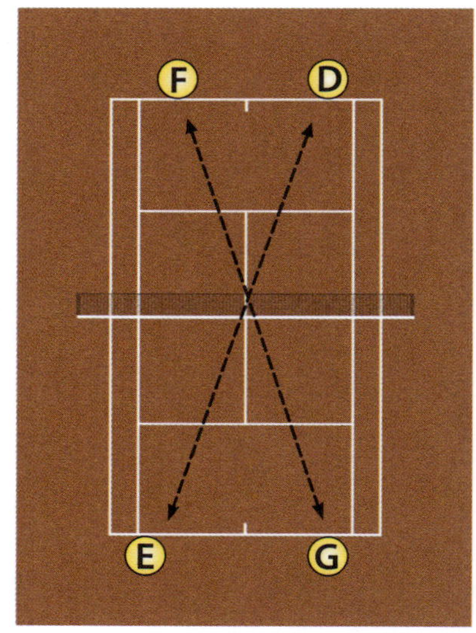

VH	RH	Vo	Sm	As	Rt	oT	2S	3S	4S	5S	6S	7S	8S

Anspruch:	●●●
Intensität:	●●
Anzahl Spieler:	7
Dauer:	21 Min. (7 x 3 Min.)
Zählweise:	keine
Hilfsmittel:	je nach Aufgabe evtl. Markierungen

Ziel
Schlagtraining, Techniktraining Grundschläge und Volleys

Beschreibung
Platz 1 : A und B am Netz, C an der Grundlinie, Trainer bringt, wenn nötig, Bälle ins Spiel und kontrolliert. A und B spielen lange variable Volleys und C erläuft die Bälle und hat die Aufgabe, A und B abwechselnd anzuspielen. Platz 2: D und E spielen RH-Cross, F und G VH-Cross. Nach 3 Minuten werden die Aufgaben gewechselt, indem alle Spieler im Uhrzeigersinn über beide Plätze hinweg um eine Position aufrückenden. Jeder Spieler durchläuft jede Position (7 Durchgänge).

Variationen
jede Art von Variation in den Schlagvorgaben denkbar

Anmerkungen
Trainer kontrolliert den zweiten Platz peripher und spielt den ersten Platz bei Bedarf an.

Stationstraining 2

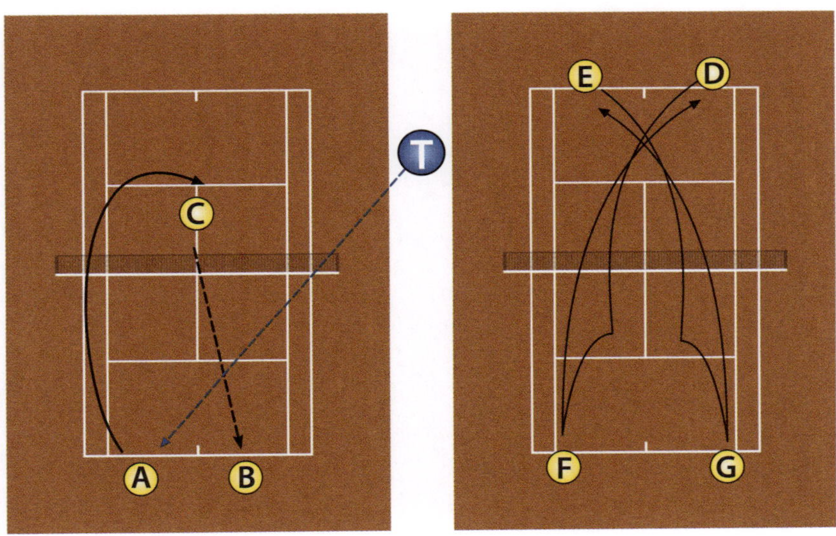

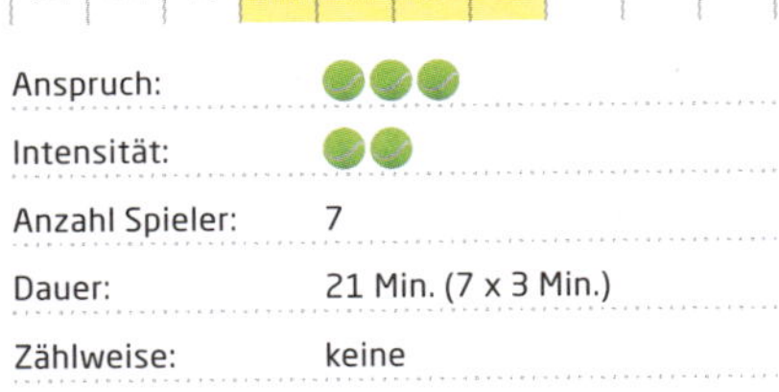

Anspruch:	●●●
Intensität:	●●
Anzahl Spieler:	7
Dauer:	21 Min. (7 x 3 Min.)
Zählweise:	keine

Ziel

Schlagtraining, Techniktraining Überkopf, Aufschlag, Return

Beschreibung

Platz 1 : A und B am der Grundlinie spielen Lobs auf C am Netz, C schmettert dosiert zurück, der Trainer bringt, wenn nötig, Bälle ins Spiel und kontrolliert. Platz 2: D und E schlagen auf, F und G retournieren. Es sollen zweite Aufschläge und Cross-Returns gespielt werden. Nach 3 Minuten werden die Aufgaben gewechselt, indem alle Spieler im Uhrzeigersinn über beide Plätze hinweg um eine Position aufrückenden. Jeder Spieler durchläuft jede Position (7 Durchgänge).

Anmerkungen

Trainer kontrolliert den zweiten Platz peripher und spielt den ersten Platz bei Bedarf an.

Stationstraining 3

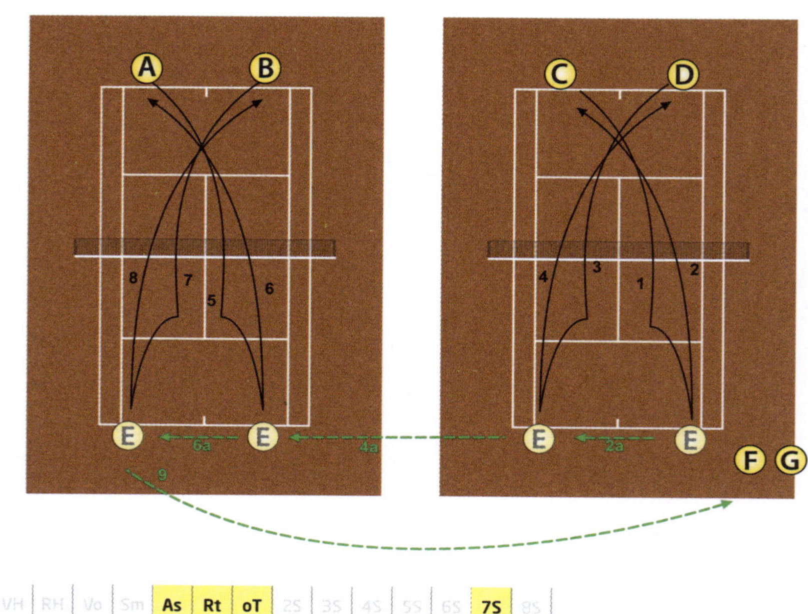

VH	RH	Vo	Sm	**As**	**Rt**	**oT**	2S	3S	4S	5S	6S	**7S**	8S

Anspruch:	●●●
Intensität:	●●
Anzahl Spieler:	7
Dauer:	ca. 15 Min.
Zählweise:	keine

Ziel
Aufschlag und Returntraining

Beschreibung
Diese Übung funktioniert nur bei nebeneinander liegenden Plätzen ohne Hindernisse. A, B, C und D schlagen auf, E, F und G retournieren. Die Aufschläger sollen solide und vor allem ohne Netzfehler aufschlagen. Die Returnspieler retournieren ausschließlich cross. Die Aufschläger schlagen in folgender Reihenfolge auf (ein Aufschlag pro Person): C, D, A, B. E retourniert alle 4 Bälle nacheinander cross und wechselt von einer Returnposition zur anderen in Side Steps. Die Aufschläger nehmen den retournierten Ball wieder auf für den nächsten Aufschlag. Anschließend retourniert F vier Bälle, danach G. Das ganze wird dreimal wiederholt, dann rücken alle Spieler eine Position im Uhrzeigersinn auf. Nach 7 Durchgängen hat jeder Spieler an 4 Positionen aufgeschlagen und 3 Mal retourniert.

Anmerkungen
Trainer kontrolliert die Aufschläger darauf, dass kontrollierte (»zweite«) Aufschläge mit genügend Abstand über das Netz gespielt werden und dass die zeitlichen Abstände zwischen den Aufschlägen so sind, dass der Returnspieler Zeit hat, von Position zu Position zu wechseln. Die Returnspieler sollen in *Side Steps* von Position zu Position wechseln (auch zwischen den Plätzen) und aus dem Split Step in den Aufschlag hinein gehen. Es sollen auch Bälle retourniert werden, die knapp im Aus sind. Ein verschlagener Aufschlag wird nicht wiederholt, sondern ausgelassen.

Hart oder Fair

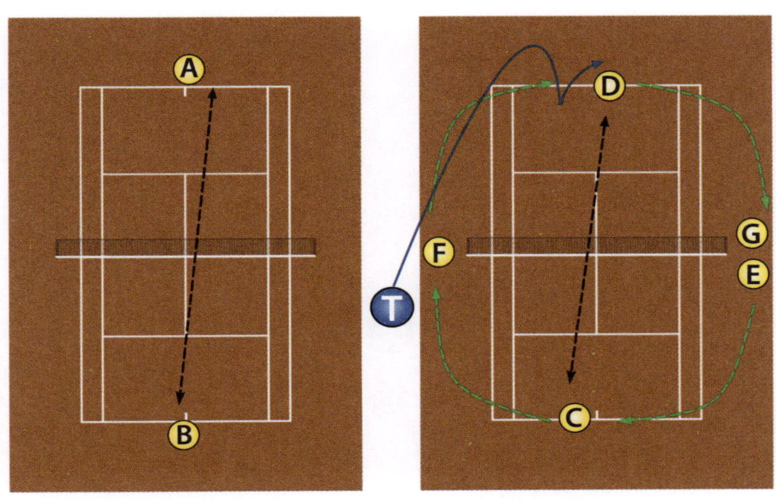

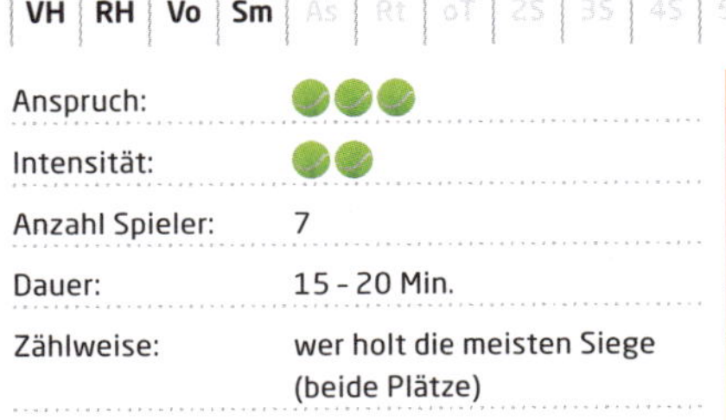

Anspruch:	
Intensität:	
Anzahl Spieler:	7
Dauer:	15 - 20 Min.
Zählweise:	wer holt die meisten Siege (beide Plätze)

Ziel
Allround Grundlinienspiel

Beschreibung
Spieler A und B spielen auf Platz 1 einen Elfer gegeneinander (GL-Spiel mit »fairem« Anspiel). Auf Platz 2 wird zu fünft ein Pfostenlauf mit Überholen durchgeführt (s. dieses Kapitel, Übungen auf einem Platz mit fünf Spielern, Übung Nr. 318). Der Pfostenlauf geht bis 7, d. h. der Spieler, der zuerst 7 Punkte erreicht, beendet den Durchgang. Gleichzeitig endet die Partie auf Platz 2. Die beiden Sieger der Plätze dürfen jetzt bestimmen, wo sie im nächsten Durchgang mitspielen möchten und dürfen die Zweitplatzierten, wenn sie *nicht* wechseln wollen, entsprechend »auf den anderen Platz verschieben« (es darf nicht in der gleichen Aufstellung gespielt werden, d. h. es müssen nach jedem Durchgang mindestens zwei Spieler den Platz wechseln).

Anmerkungen
Es gibt einen etwas gemütlicheren (»fair«) und einen anstrengenden (»hart«) Platz. Die Sieger dürfen je nach Laune sich für eine der Seiten entscheiden, und es ist interessant zu sehen, was sie wählen, denn es ist keinesfalls immer die bequemere Seite ...

Big Points

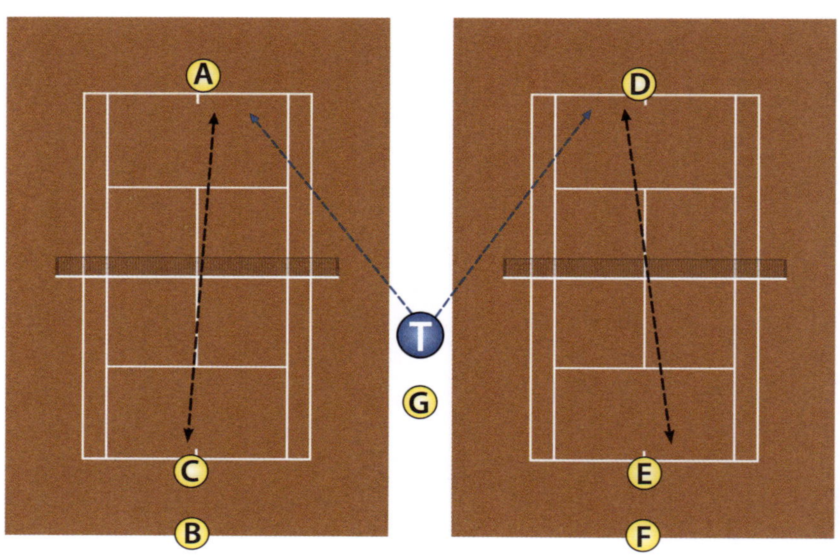

VH | RH | Vo | Sm | As | Rt | oT | 2S | 3S | 4S | 5S | 6S | 7S | 8S

Anspruch:	●●●
Intensität:	●●
Anzahl Spieler:	7
Dauer:	20-30 Min.
Zählweise:	s. o., Sieger ist, wer nach 20 bis 30 Minuten die meisten Big Points eingesammelt hat.
Hilfsmittel:	evtl. Start- oder Linienmarkierungen

Ziel

Allroundspiel Grundlinie ohne Eröffnungsschläge

Beschreibung

Es wird auf zwei Plätzen gleichzeitig gespielt. Auf jedem Platz hat ein Spieler die ***Big Point***-Seite inne und wird vom Trainer angespielt. Er muss immer beim ersten vom Trainer zugespielten Ball eine Vorgabe erfüllen, z. B. grundsätzlich den Ball mit der Vorhand schlagen (egal wohin das Zuspiel erfolgt) oder grundsätzlich mit RH Cross beginnen (Zuspiel in die RH-Ecke) etc. Die Aufgabe bleibt während der Dauer der Übung gleich oder kann nach einer bestimmten Zeit geändert werden. Jeder dieser beiden ***Big Point***-Spieler hat auf seinem Platz 2 Herausforderer als Gegner, gegen die er immer abwechselnd einen Punkt spielt. Der siebte Spieler ist zwischen den beiden Plätzen in Warteposition. Ein ***Big Point***-Spiel geht bis 3 (also maximal 5 Punkte). Gewinnt der Spieler auf der ***Big Point***-Seite, darf er weiterspielen und hat diesen Sieg (***Big Point***) auf seinem Konto, sein unterlegener Herausforderer wird gegen den »draußen« wartenden Spieler ausgetauscht. Verliert er, steigt der Herausforderer auf, d. h. er nimmt den Platz auf der ***Big Point***-Seite ein und kann nun selbst ***Big Points*** gewinnen (der Sieg zum Aufstieg zählt nicht als ***Big Point***!). Der Verlierer des Spiels geht auf die Warteposition zwischen den Plätzen und der, der »draußen« war, nimmt den freigewordenen Platz auf der Herausforderer-Seite ein. Wenn ein Herausforderer aufsteigt und den ***Big Point***-Spieler ablöst, gibt es immer eine Hängepartie des zweiten Herausforderers auf diesem Platz. Beispiel: B und C spielen gegen A auf der

Big Point-Seite. B schlägt A 3:0 und löst diesen ab. Das Spiel C gegen A steht zu diesem Zeitpunkt 2:1 für C, kann aber nicht fortgesetzt werden, da A »raus« muss. Als faire Regel hat sich jetzt erwiesen, dass Aufsteiger B das Ergebnis übernehmen muss, aber bei Matchball des Herausforderers (Spielstand 2:0 oder 2:1 für C) diesem einen Punkt abziehen darf. Ausnahme ist nur, wenn der Aufsteiger auch Matchball hat (Spielstand 2:2). Aus einem 2:1 für den Herausforderer wird also ein 1:1 und aus einem 2:0 ein 1:0. In beiden Fällen hat der neue ***Big Point***-Spieler eine realistische Chance und der Herausforderer hat die bis dahin gespielten Punkte nicht ganz umsonst gemacht. Ein 1:0 für den Herausforderer, ein 1:1, ein 1:2 und ein 2:2 (s. oben) bleiben unverändert.

Variationen

1.) verschiedene Vorgaben (s. o.)
2.) jeweils 2 Spieler auf der ***Big Point***-Seite, nur ein Herausforderer
3.) Ergebnis der Hängepartie verfällt (d. h. als Herausforderer muss man schneller gewinnen als der andere)
4.) das Ergebnis der Hängepartie wird voll übernommen (hart – auch ein 2:0 zählt!)

Anmerkungen

Hohe Anforderungen an den Trainer, der den Spielverlauf auf zwei Plätzen im Auge behalten und rechtzeitig anspielen muss. Die Startpositionen mit den Spielern auslosen (oder »Golfen«)!

Aufstieg

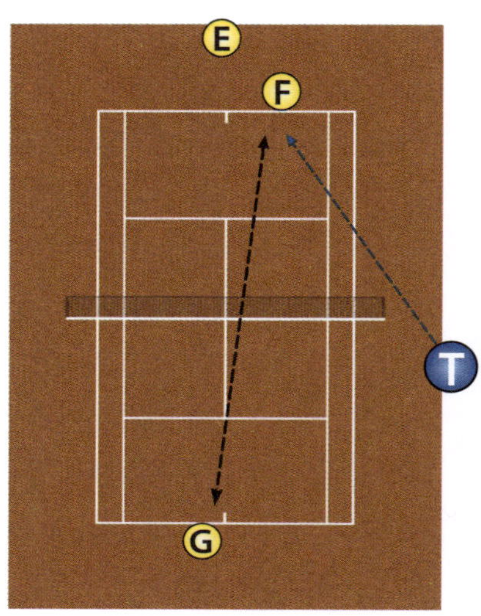

Platz 1: EF (Herausforderer) abwechselnd gegen G (Champion)

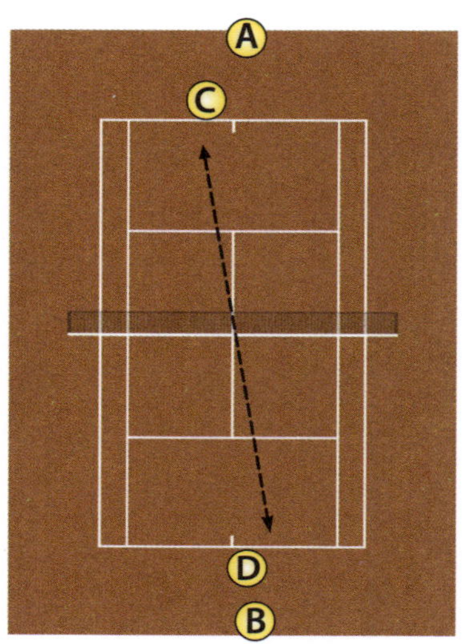

Platz 2: AB (Anfänger) und CD (Aufsteiger) wechseln nach jedem Punkt

VH	**RH**	**Vo**	**Sm**	As	Rt	**oT**	2S	3S	4S	5S	6S	**7S**	8S

Anspruch:	●●●
Intensität:	●●
Anzahl Spieler:	7
Dauer:	20–30 Min.
Zählweise:	s. o., Sieger ist, wer nach 20 bis 30 Minuten die meisten Champion Points eingesammelt hat.
Hilfsmittel:	evtl. Start- oder Linienmarkierungen

Ziel
Matchtraining, Allroundspiel Grundlinie

Beschreibung
Es wird auf zwei Plätzen gleichzeitig gespielt. 4 Spieler befinden sich auf dem »*Nebenplatz*« und 3 Spieler auf dem »*Center Court*«. Es werden kurze Spiele mit einer bestimmten Aufgabe gespielt. Beispiel: Tiebreaks, Tennis Squash, GL (z. B. cross-longline-frei usw.). Die Spieler auf dem *Nebenplatz* spielen zwei Partien parallel, immer einen Punkt pro Partie abwechselnd. Also A spielt gegen B einen Punkt, dann C gegen D einen Punkt, dann wieder A gegen B usw. Jede Paarung spielt ihr eigenes Match. Eine Paarung ist in der sogenannten *Anfänger-Klasse*, die andere in der *Aufsteiger-Klasse*. Der Sieger der Partie der *Anfänger-Klasse* steigt in die *Aufsteiger-Klasse* auf, der Sieger der *Aufsteiger-Klasse* darf auf den *Center Court*. Auf dem *Center Court* spielen zur selben Zeit zwei *Herausforderer* gegen den *Champion*. Jeder spielt ein Match gegen den *Champion* bis 4 oder 5 (wird vorher festgelegt, Spiele sollten nicht zu lange dauern…). Sie spielen das gleiche Spiel wie der *Nebenplatz*. Der Trainer spielt die *Herausforderer* an (außer bei Spielformen mit Aufschlag und Return). Die Ergebnisse werden wie folgt bewertet: E und F sind *Herausforderer* gegen *Champion* G. Möglichkeit 1: E gewinnt und F verliert. E löst den *Champion* ab, G hat einen »Champions Point« gewonnen, muss aber zurück auf die Seite der *Herausforderer* und F, der verloren hat, steigt ab auf den *Nebenplatz*. Möglichkeit 2: E und F verlieren beide. G bleibt *Champion* und hat

zwei »Champion Points« auf seinem Konto. Der Spieler mit der höheren Niederlage gegen G steigt auf den *Nebenplatz* ab. Bei gleichem Ergebnis wird zwischen E und F ein Entscheidungspunkt gespielt. Möglichkeit 3: E und F gewinnen beide. *Champion* G steigt auf den *Nebenplatz* ab. Neuer *Champion* wird derjenige mit dem höchsten Sieg. Bei gleichem Ergebnis wird ein Entscheidungspunkt gespielt. Die Spiele auf dem *Center Court* beenden die Spiele auf dem *Nebenplatz*, d. h. der bei Ende der Matches auf dem *Center Court* auf dem *Nebenplatz* erreichte Spielstand der beiden Matches dort zählt. Bei Gleichstand wird ein entscheidender Punkt ausgespielt. So wird gewährleistet, dass keiner warten muss, weil sein Match bereits zu Ende ist, die anderen aber noch spielen.

Variationen

verschiedene Vorgaben (s. o.)

Anmerkungen

Der Trainer hat etwas mehr Ruhe, weil er nur einen Platz zuspielen muss. Wenn dieses Schema mit Aufschlag und Return gespielt wird, kann er sogar beide Plätze beobachten und gegebenenfalls korrigieren und Tipps geben. Die Startpositionen mit den Spielern auslosen (oder »Golfen«)!

Bundesliga

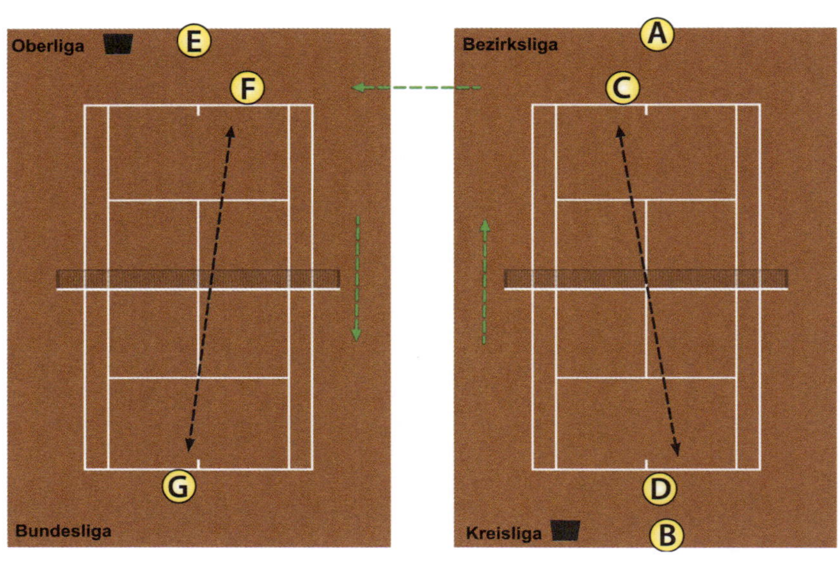

VH	RH	Vo	Sm	As	Rt	oT	2S	3S	4S	5S	6S	7S	8S

Anspruch:	●●●
Intensität:	●●
Anzahl Spieler:	7 (auch mit 6 oder 8 möglich)
Dauer:	20-30 Min.
Zählweise:	s. o., Sieger ist, wer nach 20 bis 30 Minuten die meisten Bundesliga Points eingesammelt hat.

Ziel

Matchtraining

Beschreibung

Es wird auf zwei Plätzen gleichzeitig gespielt. Die Platzhälften stehen für bestimmte Ligen. Platz 2 »unten« ist die niedrigste Liga, die Kreisliga. Platz 2 »oben« stellt die »Bezirksliga« dar. Von dort gelangt man auf Platz 1 »oben« in die Oberliga. Und das Ziel aller Wünsche ist Platz 1 »unten«, die »Bundesliga«! Die Aufgabe eines jeden Spielers ist es, aufzusteigen und bis in die Bundesliga zu gelangen, wo »Bundesliga Points« gemacht werden können. Es gibt verschiedene Möglichkeiten, die Regeln für Auf- und Abstieg festzulegen, hier ein Vorschlag, der sich bewährt hat: die Spieler tragen kurze Matches bis 3 aus. Die Matches werden immer komplett zu Ende gespielt, *es wird also nicht nach jedem Punkt gewechselt*. Aufschlag hat beim ersten Punkt immer der Spieler in der Kreis- und in der Oberliga, danach der, der den letzen Punkt *verloren* hat. Der Sieger eines Matches steigt auf, der Verlierer steigt ab. Um von der Bezirksliga in die Oberliga zu kommen (von Platz 2 auf Platz 1), muss man 2 Siege in der Bezirksliga gemacht haben. Diese müssen nicht nacheinander zustande kommen, sondern können auch mit einem zeitlichen Abstand gewonnen werden (zwischenzeitlichem Abstieg). Ein Spieler, der in die Oberliga aufsteigt, löst dort den Spieler ab, der gerade *nicht* gegen den Bundesligisten spielt (der andere Oberligist spielt). Die Startpositionen werden ausgelost (oder es wird »gegolft«), es beginnen zwei Spieler in der Kreisliga, zwei in der Bezirksliga, zwei in der Oberliga und einer in der Bundesliga.

Variationen

1.) Spiele nur bis 2 (schnellere Auf- und Abstiege)
2.) es beginnen drei in der Kreisliga ganz unten und einer ist in der Bezirksliga

Anmerkungen

Man muss ein bisschen experimentieren, welche Regeln am besten funktionieren. Bei den kurzen Matches darf man sich keine unnötigen Fehler leisten. Die Übung funktioniert auch sehr gut mit 6 oder 8 Spielern.

Nord gegen Süd

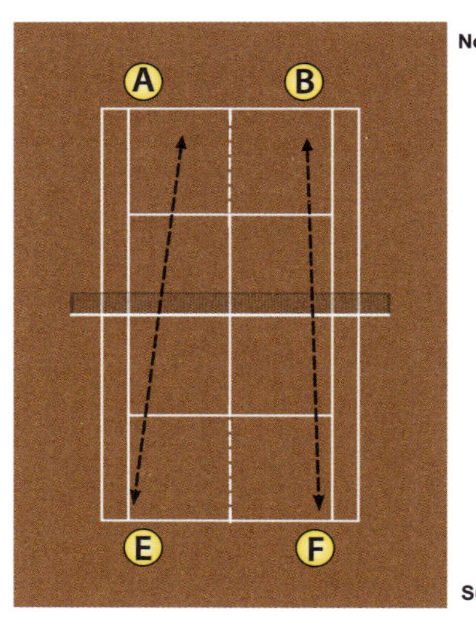

Nord

Süd

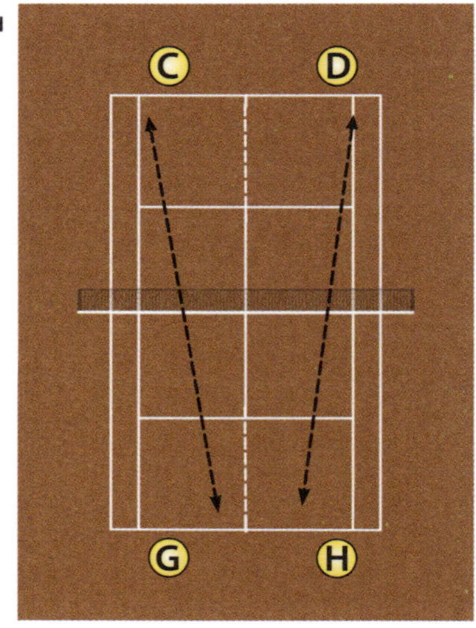

VH	RH	Vo	Sm	As	Rt	oT	2S	3S	4S	5S	6S	7S	8S

Anspruch:	●●●
Intensität:	●●
Anzahl Spieler:	8 (auch mit 6 möglich)
Dauer:	ca. 20 Min.
Zählweise:	Sieger ist das Team mit den meisten Siegen (maximal 16)
Hilfsmittel:	Linienmarkierungen CR/LL

Ziel

Solides, geduldiges Grundlinienspiel, Gegner durch Rhythmuswechsel (Drall, Höhe, Tempo) zu Fehlern zwingen

Beschreibung

Es wird auf zwei Plätzen gespielt. A, B, C und D stehen »oben« und sind das »Team NORD«, E, F, G und H sind »unten« und bilden das »Team SÜD«. A spielt im ersten Durchgang gegen E, B gegen F, C gegen G und D gegen H *jeweils longline im halben Doppelfeld* ein Match bis 6. Der Anschlag erfolgt »fair« aus der Hand. Jeder in Team Nord spielt gegen jeden in Team Süd (4 Durchgänge).

Variationen

1.) halbes Einzelfeld
2.) Matches bis 7 oder 9

Anmerkungen

Jede Art von Vorgabe im halben Feld ist möglich (s. Kap. 2a: Grundschläge Sicherheit). Übung ist auch möglich mit 6 Spielern.

Doppel doppelt

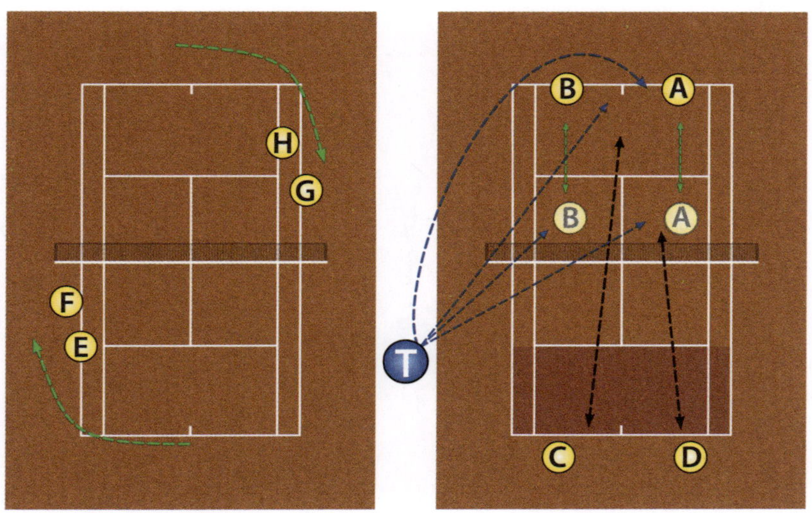

Während Platz 1 die Seite wechselt … *… spielt der Trainer Platz 2 an (4 Bälle)*

VH	RH	Vo	Sm	As	Rt	oT	2S	3S	4S	5S	6S	7S	8S

Anspruch:	●●●
Intensität:	●●
Anzahl Spieler:	8
Dauer:	ca. 20 Min.
Zählweise:	Matches bis 15, jede Paarung gegen jede (3 Runden)

Ziel
Orientierung und Abstimmung mit dem Doppelpartner, gemeinsames Netzspiel, Eroberung und Verteidigung der Netzposition, Verteidigung gegen offensives Doppel

Beschreibung
Es stehen sich auf jedem Platz zwei Doppelpaarungen gegenüber: AB gegen CD, EF gegen GH. Der Trainer beginnt mit AB und spielt 4 Bälle in Folge an: zunächst ein kurzer Ball aufs T, auf den AB angreifen. Machen sie den Punkt, folgt ein flaches Anspiel, auf das ein Volley länger als die T-Linie gespielt werden muss. Verlieren sie den Punkt, müssen beide Spieler das Netz mit dem Schläger berühren, anschließend erfolgt ein Lob als Zuspiel. Regel also: Punktgewinn = flacher Ball und Volley länger T, Punktverlust = Netzklopfen und Lob. Nach vier Punkten wechseln AB und CD in Ruhe die Seite, der Trainer spielt auf dem anderen Platz EF mit 4 Bällen an. Danach 4 Bälle für CD und als letztes für GH. Beide Paarungen wechseln weiter nach vier Punkten, bis die Partie entschieden ist.

Variationen
Matches bis 11 oder 21

Anmerkungen
Die 4 Punkte sind schnell entschieden und genügen zeitlich genau, um auf dem Nachbarplatz ohne Hektik die Seiten zu wechseln. 4 Punkte sind anstrengend, wenn die Angriffspartei zu viele Punkte verliert (Lob-Zuspiel!)

349 **Zwei Plätze** 8 Spieler

Kampfschwein-Doppel

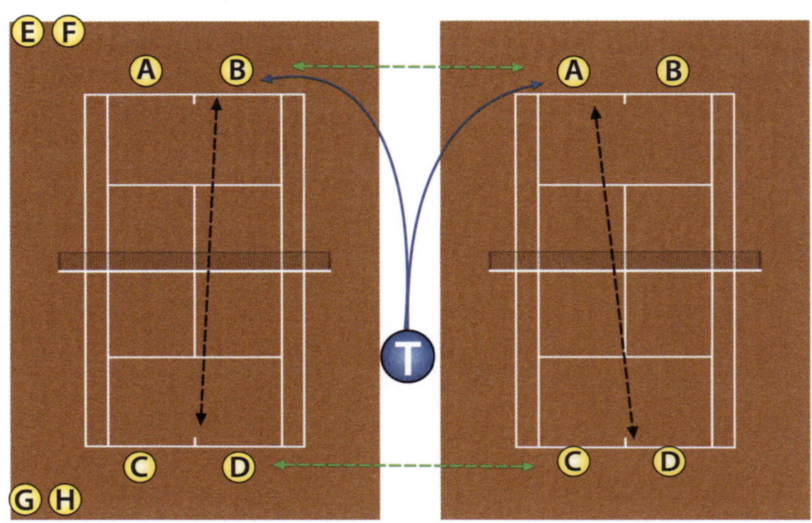

Platz wird nach jedem Punkt gewechselt, Trainer spielt sofort an (Lob)

VH	RH	Vo	Sm	As	Rt	oT	2S	3S	4S	5S	6S	7S	8S

Anspruch:	●●●
Intensität:	●●●●
Anzahl Spieler:	8 (10, 12)
Dauer:	20 Min.
Zählweise:	variabel
Hilfsmittel:	2 nebeneinander liegende Plätze

Ziel

Orientierung und Abstimmung mit dem Doppelpartner, Improvisation, flexible Reaktion auf schwierige Situationen

Beschreibung

Die Übung funktioniert genauso wie die Übung »Zweiplatz – Drill« (Nr. 246, Kap. 7: Drillübungen), nur dass statt Einzelspielern Doppelteams gegeneinander kämpfen. Voraussetzung sind zwei nebeneinander liegende Plätze ohne Hindernis. Der Trainer steht zwischen beiden Plätzen.

Variationen

längere oder kürzere Sätze je nach Leistungsfähigkeit der Spieler, jede Paarung spielt gegen jeden

Anmerkungen

Spiel macht Riesenspaß und ist sehr anstrengend. Interessant ist die Taktik, die die einzelnen Doppel für die Aufstellung bei Platzwechsel unter hohem Zeitdruck wählen. Trainer muss mit seinem Zuspiel steuern. Regeln (Seitenwechsel, Satz bis wie viel etc.) der Anzahl und der Leistungsfähigkeit der Spieler anpassen. Kann theoretisch mit mehr als 8 Spielern gespielt werden (5 oder 6 Doppelteams).

Doppel Matchplay

8 Spieler Übung 350-357

8 Spieler auf 2 Plätzen ist die perfekte Situation, um mit allen Mannschaftsspielern gleichzeitig Doppel zu trainieren (eingespielte Teams!?). Daher folgen hier acht interessante Match-Übungsformen, die in den Kapiteln 5 (»Taktisches Training«) und 10 (»Doppeltraining«) bereits angekündigt wurden. Es wird einfach Doppel gespielt (grafische Erläuterungen erübrigen sich also), aber versucht, durch entsprechende Vorgaben und Zählweisen das taktische Verhalten der Paarungen zu beeinflussen und dafür zu sorgen, dass die Spieler mitdenken und sich aktiv den Vorgaben anpassen. Nicht jeder Schüler ist begeistert vom Doppeltraining. Die angebotenen Übungen, die beliebig erweiter- und modifizierbar sind, durchbrechen jedoch den üblichen Trott und bringen mehr Pep und Action in jedes Doppel. Wichtige Voraussetzung ist, dass der Trainer die mit den Regeln verbundenen (taktischen) Absichten erklärt! Jede Übung ist natürlich auch zu viert auf nur einem Platz durchführbar und daher bestens geeignet, die Spieler eine Zeitlang sich selbst zu überlassen, ohne dass sie sich langweilen, während der Trainer auf dem Nebenplatz etwas anderes trainiert.

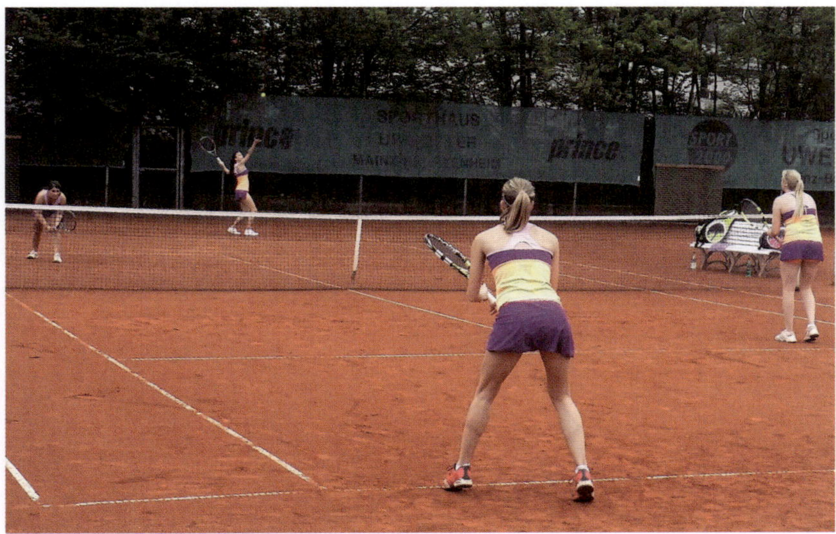

Doppel macht Spaß!

Volley-Winner

VH	RH	Vo	Sm	As	Rt	oT	2S	3S	4S	5S	6S	7S	8S

Anspruch:	●●●
Intensität:	●●
Anzahl Spieler:	(4) 8
Dauer:	ca. 30 Min.
Zählweise:	2 Sätze

Ziel
Hohe Aktivität am Netz, Risikobereitschaft, erhöhte Aufmerksamkeit an der Grundlinie

Beschreibung
Es stehen sich auf jedem Platz zwei Doppelpaarungen gegenüber. Die besondere Spielregel lautet: ein Volley Winner (Winner = Ball, den der Gegner nicht mehr berührt) beendet das laufende Spiel zugunsten der Paarung, die ihn gespielt hat, unabhängig vom Spielstand.

Variationen
erst der zweite Winner zählt (sehr netzstarke Teams)

Anmerkungen
Spiele können sehr schnell gehen und auch durch Glück entschieden werden. Die Spieler müssen verstehen, dass es nicht nur um den Winner geht, sondern auch darum, diesen Schlag für den Gegner zu verhindern.

30 beide

VH	RH	Vo	Sm	As	Rt	oT	2S	3S	4S	5S	6S	7S	8S

Anspruch:	●●●
Intensität:	●●
Anzahl Spieler:	(4) 8
Dauer:	ca. 30 Min.
Zählweise:	2 Sätze

Ziel
keinen Punkt verschenken, es gibt nur wichtige Punkte

Beschreibung
Es stehen sich auf jedem Platz zwei Doppelpaarungen gegenüber. Die besondere Spielregel lautet: jedes Spiel beginnt bei 30:30

Anmerkungen
Spiele gehen sehr schnell, jeder Punkt ist bereits eine Entscheidung oder Vorentscheidung. Wer nachlässig spielt, hat keine Chance.

Chance nutzen

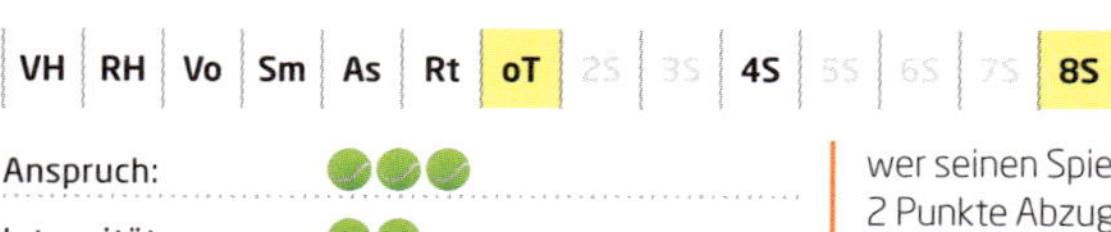

Anspruch:	●●●
Intensität:	●●
Anzahl Spieler:	(4) 8
Dauer:	ca. 30 Min.
Zählweise:	1 Satz

Ziel
besondere Konzentration bei den entscheidenden Punkten

Beschreibung
Es stehen sich auf jedem Platz zwei Doppelpaarungen gegenüber. Die besondere Spielregel lautet: wer seinen Spielball nicht verwertet, bekommt 2 Punkte Abzug. Beispiel: die Aufschläger haben Vorteil (= Spielball) und verlieren den Punkt – es steht nicht Einstand, sondern 15:40. Jetzt machen die Returnspieler nicht den nächsten Punkt (= Spielball), danach, steht es nicht 30:40, sondern 30:15.

Anmerkungen
Spiele können länger dauern, die Teams dürfen ihre Chancen zum Spielgewinn nicht verschenken. Zählweise erfordert Aufmerksamkeit.

Ersten Aufschlag klauen

VH RH Vo Sm As Rt oT 2S 3S 4S 5S 6S 7S 8S

Anspruch:	●●●
Intensität:	●●
Anzahl Spieler:	(4) 8
Dauer:	ca. 30 Min.
Zählweise:	1 Satz

Ziel
Mitdenken beim Spielverlauf, Erkennen von wichtigen Situationen und Spielständen

Beschreibung
Es stehen sich auf jedem Platz zwei Doppelpaarungen gegenüber. Die besondere Spielregel lautet: die Returnspieler dürfen zweimal im Aufschlagspiel vor dem Punkt ankündigen, dass nur ein Aufschlag erlaubt ist.

Anmerkungen
Wenn es zur Entscheidung kommt, haben die Returnspieler die Möglichkeit, es dem Aufschläger schwer zu machen. Es sei denn, sie haben ihre Chancen schon verschwendet.

Verdoppeln

VH	RH	Vo	Sm	As	Rt	oT	2S	3S	4S	5S	6S	7S	8S

Anspruch:	●●●
Intensität:	●●
Anzahl Spieler:	(4) 8
Dauer:	ca. 30 Min.
Zählweise:	1 Satz

Ziel
Mitdenken beim Spielverlauf, Erkennen von wichtigen Situationen und Spielständen

Beschreibung
Es stehen sich auf jedem Platz zwei Doppelpaarungen gegenüber. Die besondere Spielregel lautet: die Paarung, die im jeweiligen Spiel hinten liegt, darf »verdoppeln«, d. h. der nächste Punkt zählt doppelt. Es gilt immer nur der Spielstand im Spiel, also eine Paarung, die 4:2 führt, aber 0:15 zurück liegt, darf verdoppeln.

Anmerkungen
Spieler bestimmen »wichtige« Punkte selbst, müssen einschätzen, wann ein Doppelpunkt machbar ist und die Konzentration entsprechend hochfahren. Leichte Fehler bei »Verdoppelung« bringen dem Gegner 2 Punkte.

Topstart

VH	RH	Vo	Sm	As	Rt	oT	2S	3S	4S	5S	6S	7S	8S

Anspruch:	●●●
Intensität:	●●
Anzahl Spieler:	(4) 8
Dauer:	ca. 30 Min.
Zählweise:	2 Sätze

Ziel
Höchste Konzentration vom ersten Punkt an

Beschreibung
Es stehen sich auf jedem Platz zwei Doppelpaarungen gegenüber. Die besondere Spielregel lautet: der erste Punkt in jedem Spiel zählt doppelt.

Variationen
der zweite Punkt zählt ebenfalls doppelt

Anmerkungen
Kein schläfriger Beginn möglich. Insbesondere bei der Variante mit dem zweiten Doppelpunkt kann das Spiel schon vorbei sein, bevor die »müde« Paarung aufwacht.

Wünsch Dir was

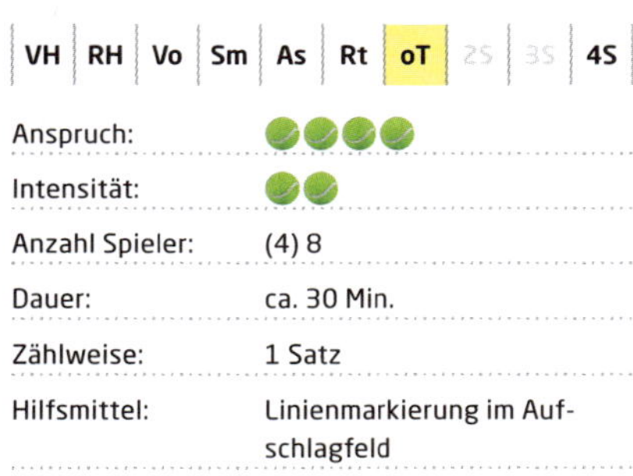

VH	RH	Vo	Sm	As	Rt	oT	2S	3S	4S	5S	6S	7S	8S

Anspruch:	●●●●
Intensität:	●●
Anzahl Spieler:	(4) 8
Dauer:	ca. 30 Min.
Zählweise:	1 Satz
Hilfsmittel:	Linienmarkierung im Aufschlagfeld

Ziel
Höchste Konzentration beim Aufschlag, hohe Quote beim ersten Aufschlag

Beschreibung
Es stehen sich auf jedem Platz zwei Doppelpaarungen gegenüber. Die besondere Spielregel lautet: das Aufschlagfeld ist in zwei Hälften geteilt. Der Returnspieler zeigt an, ob der Aufschlag auf die Rückhand oder die Vorhandseite gehen soll. Es darf nicht zweimal hintereinander die Vorhandseite gewünscht werden.

Variationen
gilt nur für den ersten Aufschlag (schwächere Aufschläger)

Anmerkungen
Aufschläger muss mehr »nachdenken«, auch der Partner muss überlegen, wo er sich postiert. Gerade beim zweiten Aufschlag auf die (gewünschte) Vorhandseite könnte es eng werden.

Serve und Volley entscheidet

VH	RH	Vo	Sm	As	Rt	oT	2S	3S	4S	5S	6S	7S	8S

Anspruch:	●●●
Intensität:	●●
Anzahl Spieler:	(4) 8
Dauer:	ca. 30 Min.
Zählweise:	1 Satz

Ziel
Höchste Konzentration beim Aufschlag, offensives Agieren bei den entscheidenden Punkten

Beschreibung
Es stehen sich auf jedem Platz zwei Doppelpaarungen gegenüber. Die besondere Spielregel lautet: wenn die aufschlagende Partei zwei Punkte erreicht hat (30), muss sie das Spiel mit Serve und Volley zu Ende spielen

Variationen
gilt nur für den ersten Aufschlag (schwächere Aufschläger)

Anmerkungen
für manche Spieler kein Problem, für andere eine neue Erfahrung ...

12. Ein Trainer - ein Schüler

Übung 358-365

Wie bereits gesagt ist es nicht das Ziel dieses Buches, auf Anforderungen und Details des Einzeltrainings einzugehen, das sehr individuell auf den jeweiligen Schüler ausgerichtet werden muss. Trotzdem wollen wir in diesem Kapitel auf die Situation »Ein Trainer – Ein Schüler« eingehen, die ja täglich auch im normalen Gruppentraining entstehen kann. Sei es, dass der Trainer sich auf einem Nachbarplatz einen einzelnen Schüler »vorknöpft« und den anderen in der Zwischenzeit eine Aufgabe stellt, sei es, weil die ursprüngliche Dreier- oder Vierergruppe aus welchen Gründen auch immer auf einen Schüler zusammengeschmolzen ist.

Natürlich kann der Trainer einfach den Platz eines weiteren Spielers einnehmen und jede Zweier-Übung in diesem Buch mit seinem Schüler genau so durchführen, wie sie hier beschrieben ist. Er kann aber auch die Gelegenheit nutzen und die Übungen ein wenig modifizieren, da er ja auf einmal viel mehr Zeit und Platz für seinen Schüler hat.

Daher bieten sich besonders Übungen mit längeren Ballwechseln und höherer Belastung an, die sonst im Gruppentraining zu lange Wartezeiten für die weiteren Spieler ergeben würden. Im Folgenden einige Vorschläge, die man beliebig auf die Bedürfnisse seines Schülers anpassen kann.

Die Übungen 358-363 sind hervorragende Übungen zur Verbesserung der Schlagsicherheit, die ambitionierte Spieler auch ohne Trainer häufig durchführen sollten!

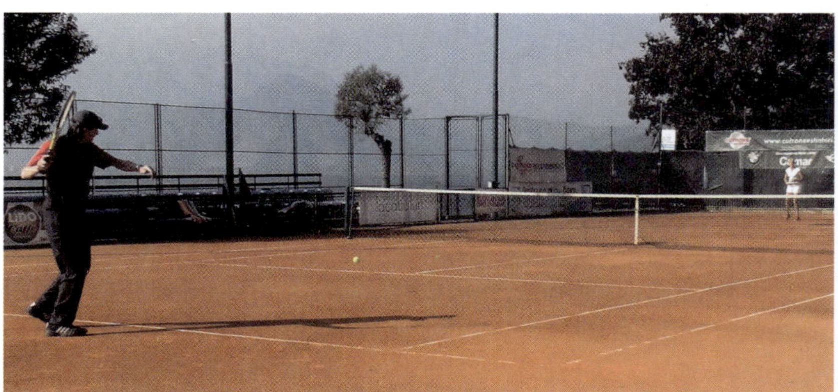

Workout für beide ...

Alles auf die Rückhand

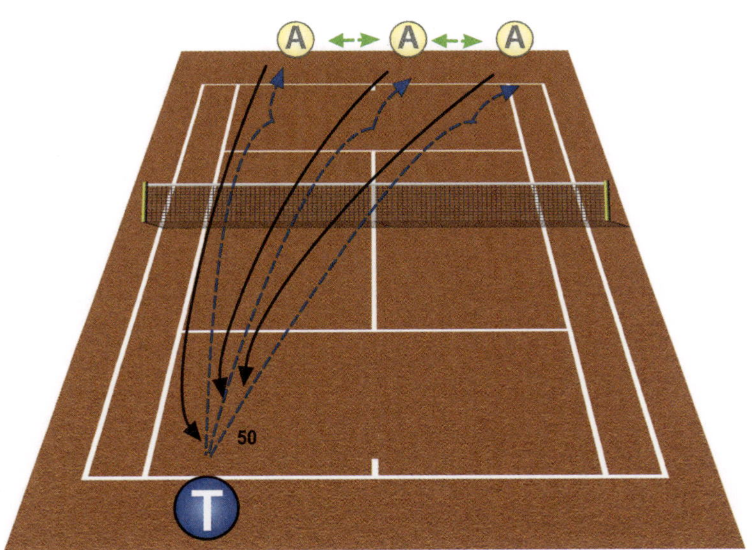

VH	RH	Vo	Sm	As	Rt	1S	2S	3S	4S

Anspruch:	●●●
Intensität:	●●●●
Anzahl Spieler:	1
Dauer:	5 Min.
Zählweise:	50 Bälle müssen geschafft werden

Ziel

Sicheres GL-Spiel unter höher werdender Belastung

Beschreibung

Der Trainer verteilt die Bälle aus der RH-Ecke. Der Schüler erläuft jeden Ball und spielt ihn gleichmäßig zum Trainer zurück. Er muss 50 Bälle erlaufen und in die RH-Ecke zurück bringen. Ein Fehler bedeutet 5 zusätzliche Bälle.

Variationen

1.) 30 oder 40 Bälle
2.) Trainer verteilt aus der Vorhandecke

Bemerkungen

Die »Mentalität« des Spielers muss stimmen, er muss die Aufgabe als Herausforderung, nicht als Qual betrachten. Das Trainerzuspiel ist anspruchsvoll – er muss ungleichmäßige Bälle des Schülers ausgleichen und mit seinem Zuspiel differenziert die Belastung steuern. Wenn der Schüler müde wird, hält er ihn durch mittiges Zuspiel im Spiel.
Drillübung.

Beißer rechts-links

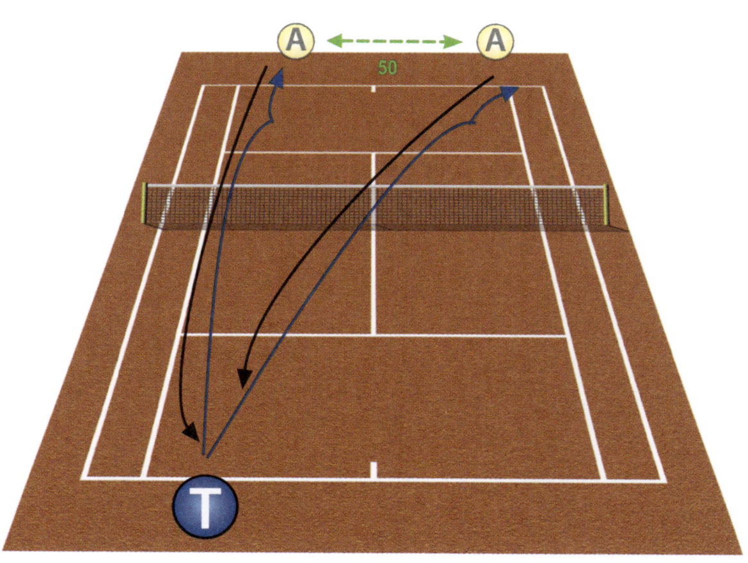

VH	RH	Vo	Sm	As	Rt	1S	2S	3S	4S

Anspruch:	●●●
Intensität:	●●●●
Anzahl Spieler:	1
Dauer:	5 Min.
Zählweise:	50 Bälle müssen geschafft werden

Ziel

Sicheres GL-Spiel unter höher werdender Belastung

Beschreibung

Der Trainer verteilt die Bälle aus der RH-Ecke. Er spielt abwechselnd Cross/Longline. Der Schüler erläuft jeden Ball und spielt ihn gleichmäßig zum Trainer zurück. Er muss 50 Bälle erlaufen. Ein Fehler bedeutet 5 zusätzliche Bälle.

Variationen

1.) 30 oder 40 Bälle
2.) Trainer verteilt aus der Vorhandecke
3.) der Trainer spielt immer 2x cross, dann 2x longline (alternativ 1x cross, 2x longline oder 2x cross, 1x longline)

Bemerkungen

Wieder gilt: die »Mentalität« des Spielers muss stimmen. Das Trainerzuspiel ist noch etwas schwieriger, da die Belastung für den Schüler höher ist als zuvor und der Trainer ihn im Spiel halten muss. In dieser Übung muss der Schüler sich durchbeißen, die letzten Bälle werden richtig hart. Die Variation 3 mildert die Übung deutlich ab, ist aber immer noch anstrengend. **Drillübung.**

Beißer auf Ziel

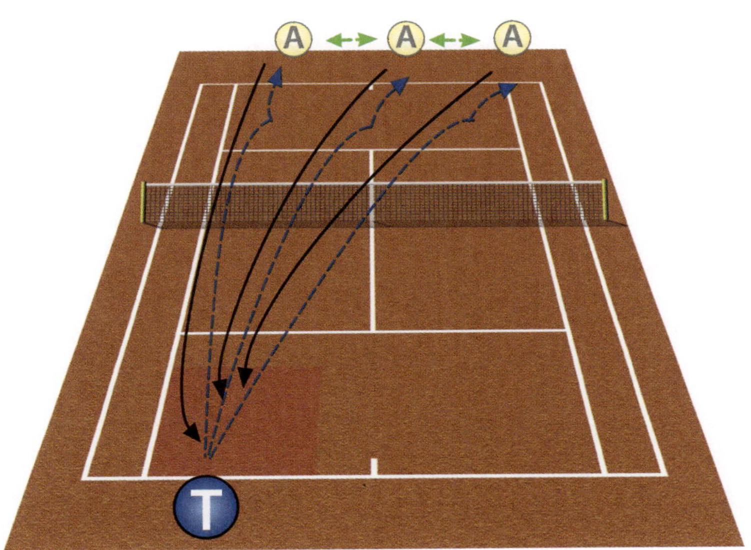

VH	RH	Vo	Sm	As	Rt	1S	2S	3S	4S

Anspruch:	●●●
Intensität:	●●●●
Anzahl Spieler:	1
Dauer:	5 Min.
Zählweise:	bestimmte Anzahl Treffer vorgeben je nach Größe der Zielzone
Hilfsmittel:	Zielzonenmarkierung

Ziel
Genaues GL-Spiel unter höher werdender Belastung

Beschreibung
Der Trainer verteilt die Bälle aus der RH-Ecke. Vor ihm befindet sich eine Zielzone, in die der Schüler den Ball platzieren soll. Der Schüler erläuft jeden Ball und muss eine bestimmte Anzahl Treffer landen, um die Übung zu beenden.

Variationen
1.) Größe des Ziels
2.) Anzahl der Treffer
3.) Trainer verteilt aus der Vorhandecke
4.) Trainer spielt nur rechts/links

Bemerkungen
Auch hier: der Schüler muss die Herausforderung annehmen. Das Trainerzuspiel ist entscheidend – es muss dem Schüler Chancen zum Treffer geben, ihn aber gleichzeitig unter Belastung halten. Der Schüler muss konzentriert bleiben, darf nicht aufgeben. **Drillübung.**

361

Dreiball-Hosenträger

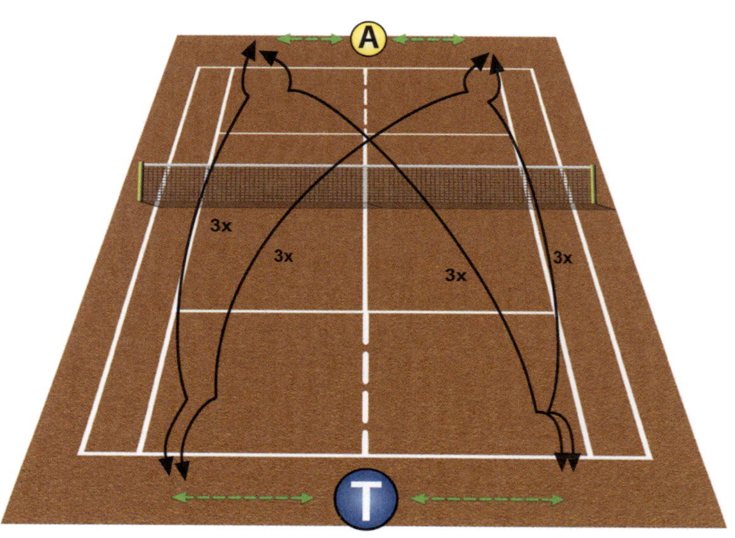

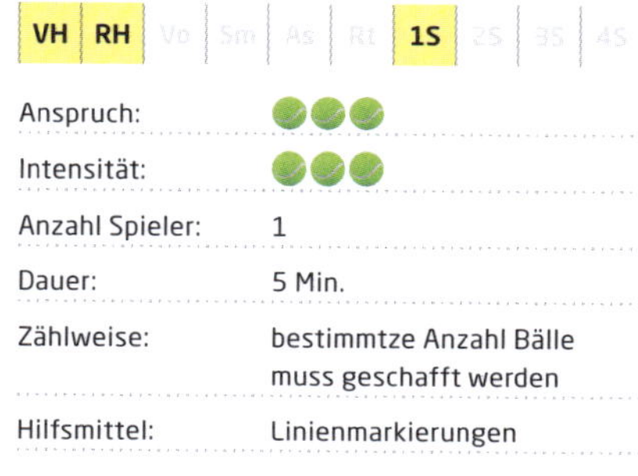

VH	**RH**	Vo	Sm	As	Rt	**1S**	2S	3S	4S

Anspruch:	●●●
Intensität:	●●●
Anzahl Spieler:	1
Dauer:	5 Min.
Zählweise:	bestimmtze Anzahl Bälle muss geschafft werden
Hilfsmittel:	Linienmarkierungen

Ziel
Sicheres GL-Spiel mit Richtungswechseln unter mäßiger Belastung

Beschreibung
Es wird in der Spielform »Hosenträger« gespielt, also cross-lingline-cross-longline. Allerdings wird jede Länge dreimal gespielt (also cross-cross-cross-longline-longline-longline usw.)

Variationen
5 Bälle pro Richtung

Bemerkungen
ist weniger anstrengend als der originale »Hosenträger« (s. Übung 35) und hat den Vorteil, dass beide Spieler cross UND longline spielen.

Alle Längen

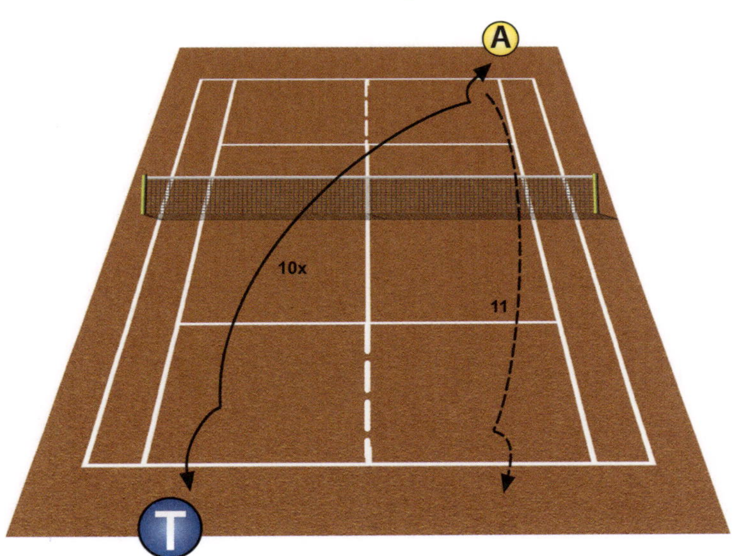

VH	RH	Vo	Sm	As	Rt	1S	2S	3S	4S

Anspruch:	●●●
Intensität:	●●●
Anzahl Spieler:	1
Dauer:	10-20 Min.
Zählweise:	Satz bis 21
Hilfsmittel:	Linienmarkierungen

Ziel
Sicheres, geduldiges, rhythmisches und ausdauerndes Grundlinienspiel, absolute Konzentration, Punktabschluss

Beschreibung
Es gibt 5 Längen, die gespielt werden können: VH Cross, RH Cross, VH-RH Longline, RH-VH Longline und VH Inside Out über die RH-Seite. Es wird festgelegt, wie viel Ballwechsel pro Länge gespielt werden müssen, bevor das Einzelfeld offen ist, z. B. 6, 8 oder 10. Der Spieler sucht sich eine Läge aus und beginnt mit dem Anschlag aus der Hand zu zählen. Den ersten freien Ball hat bei geraden Zahlen immer der Anschläger und damit einen kleinen Vorteil. Wird der Ball vor Erreichen der vereinbarten Ballwechsel verschlagen, erhält der Sieger einen Punkt und das Anschlagrecht. Der Ballwechsel beginnt von vorn. Wird die vereinbarte Zahl erreicht und der Punkt frei ausgespielt, erhält der Sieger 3 Punkte. Er hat Anschlagrecht und darf eine neue Länge bestimmen. Man darf nicht zweimal hintereinander die gleiche Länge aussuchen.

Bemerkungen
Mental sehr anspruchsvoll, Vorgabe muss realistisch sein. Kein Problem, bzw. sogar gewollt, dass man jede Länge mehrmals angehen muss, aber irgendwann sollte die Vorgabe auch geschafft und die drei Punkte ausgespielt werden.
Die Übung ist ein sehr gutes Willens- und Konzentrationstraining (Kap. 6a: »Mentales Training«).

Volley-Beißer

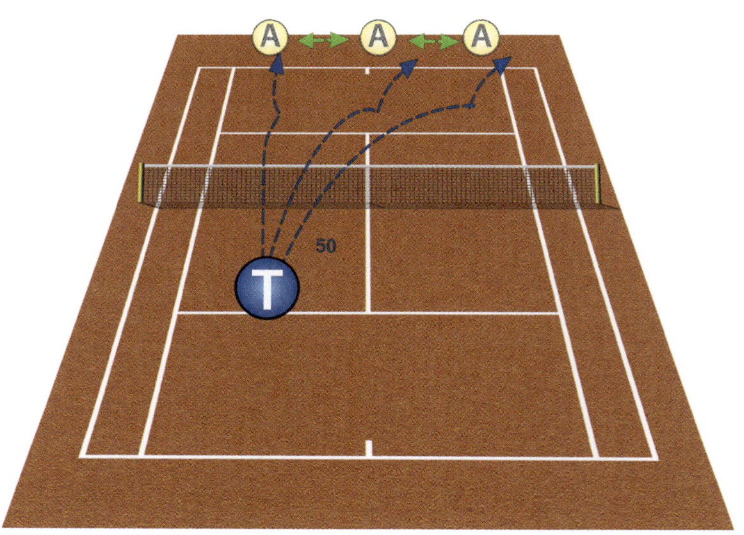

VH	RH	Vo	Sm	As	Rt	1S	2S	3S	4S

Anspruch:	●●●
Intensität:	●●●●
Anzahl Spieler:	1
Dauer:	5 Min.
Zählweise:	50 Bälle müssen geschafft werden

Ziel

Sicheres GL-Spiel unter höher werdender Belastung auf schnelles Zuspiel

Beschreibung

Der Trainer spielt Volleys aus der RH-Ecke am Netz. Der Schüler erläuft jeden Ball und spielt ihn gleichmäßig zum Trainer zurück. Er muss 50 Bälle erlaufen. Ein Ball ins Netz bedeutet 5 zusätzliche Bälle, ein Ball außer Reichweite des Trainers 3 zusätzliche Bälle.

Variationen

1.) 30 oder 40 Bälle
2.) Trainer verteilt aus der Vorhandecke
3.) Spieler hat eins, zwei oder drei »Joker«

Bemerkungen

Anspruchsvolle Zuspielaufgabe für den Trainer, superanstrengend für den Schüler. Diese Form des Drills können auch zwei oder drei Schüler miteinander ausführen, aber »gegen« den Trainer ist die Akzeptanz höher. **Drillübung.**

Technik-Beißer

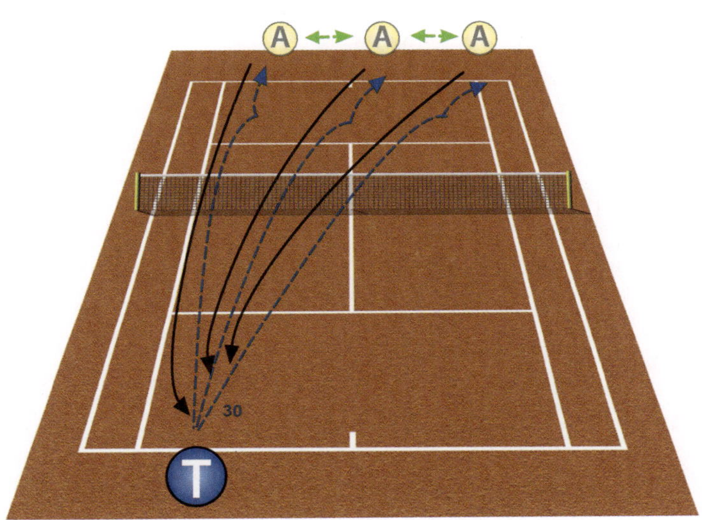

VH	RH	Vo	Sm	As	Rt	1S	2S	3S	4S

Anspruch:	●●●
Intensität:	●●●●
Anzahl Spieler:	1
Dauer:	5 Min.
Zählweise:	30 Bälle müssen geschafft werden

Ziel

GL-Spiel unter höher werdender Belastung mit technischer Zielsetzung

Beschreibung

Eine sehr gute Methode, um bestimmte technische Details zu üben und dem Schüler bewusst zu machen, ob er sie umsetzt, ist die Anwendung der obigen Übungs-Modelle mit technischer Zielsetzung. Beispiel: ein Schüler soll mehr Drall in seine Schläge bringen. Er muss jetzt 30 Bälle unter Belastung zum Trainer zurück spielen, aber es zählen nur die Bälle, die genügend Drall haben. Der Trainer hat dabei das entscheidende Wort, was zählt und was nicht, so dass dem Schüler aktiv bewusst wird, was gut und was weniger gut war. Wenn er zwei oder drei Bälle erlaufen hat, die wegen »zu wenig Drall« nicht zählen, wird er alles tun, um es besser zu machen!

Variationen

1.) alle Variationen von oben
2.) verschiedene technische Aufgaben

Bemerkungen

aktives Techniktraining durch direkte Rückmeldung bei der Ausführung, der Schüler hat eine intensive Motivation, es richtig zu machen. **Drillübung.**

Variable Returns

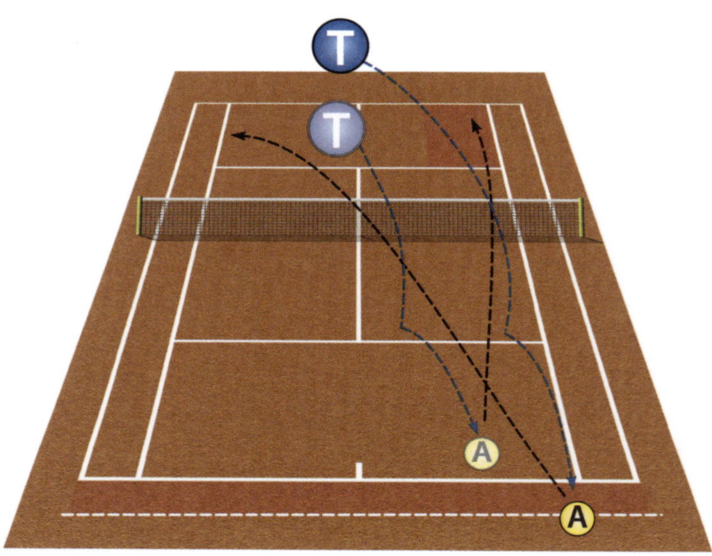

VH	RH	Vo	Sm	As	**Rt**	**1S**	2S	3S	4S

Anspruch:	●●●●
Intensität:	●●
Anzahl Spieler:	1
Dauer:	beliebig
Zählweise:	keine

Ziel
Returns auf Aufschläge mit variabler Platzierung, Drall, Härte

Beschreibung
Zeit für nur einen Schüler zu haben ist eine hervorragende Gelegenheit, Returns auf verschiedene Aufschlagvarianten zu trainieren. Der Trainer schlägt mit unterschiedlicher Platzierung und Drall auf. Er simuliert Härte, indem er zwei Meter nach vorne geht und aufschlägt. Der Schüler erhält Anweisungen für Ausgangsposition, Vorwärtsbewegung mit Split Step und bestimmte Zielzonen.

Variationen
Aufschlagvariationen

Bemerkungen
intensive Beschäftigung mit diesem schwer zu trainierenden Eröffnungsschlag.

13. Schaltjahr

Übung 366

365 Übungen für alle Tage des Jahres führen zwangsläufig zu der Erkenntnis, dass in einem Schaltjahr eine Übung fehlt! Ich habe bei der Zusammenstellung der Übungen mir selbst oft die Frage gestellt, welche Übung ich wohl auswählen würde, wenn ich nur eine einzige benennen dürfte. Ich bin der Meinung, dass die mentale und taktische Komponente der Eröffnungsschläge im Training sträflich vernachlässigt wird. Es ist eine Sache, an der technischen Ausführung zu arbeiten und die Basis für einen sicheren und variablen Aufschlag zu schaffen. Die andere ist es, ***den eigenen Aufschlag richtig einzusetzen***. Nach meiner Ansicht gibt es kaum einen Bereich im Wettkampftennis, in dem man Spieler so schnell verbessern kann wie mit dem *taktischen* Training von Aufschlag und Return. Und dieses Training ist alles andere als langweilig. Als Nr. 366 stelle ich daher eine Übung vor, die ich START-PLAN nenne. Es geht um die *Planung* von Aufschläger und Returnspieler, wenn sie sich zum nächsten Punkt aufstellen – darum, eine Idee zu entwickeln, um den anstehenden Ballwechsel als Aufschläger oder Returnspieler »zu starten«. Mentaler Umgang mit und taktische Planung in dieser ganz besonderen Matchsituation, vor der die Spieler zu Beginn *eines jeden einzelnen Punktes* stehen, unterscheidet die »sehr Guten« von den »Guten« oder den nur »Talentierten«! Die ersten vier Bälle eines Ballwechsels (Aufschlag und Folgeschlag, Return und Folgeschlag) sind in der Weltklasse fast immer entscheidend, auch bei den Damen! 50% aller Ballwechsel der Herren sind nach maximal vier Schlägen sogar bereits beendet – obwohl man in der Erinnerung an lange und spektakuläre Ballwechsel diese Statistik gar nicht glauben mag. Vier Schläge bedeutet, dass jeder Spieler zwei Schläge zur Verfügung hat, das Pendel in seine oder die andere Richtung ausschlagen zu lassen! Ein

Spieler, der zu Beginn eines Punktes das Richtige denkt und plant, wird also einem anderen, der unkonzentriert ist oder sich mit den falschen Dingen beschäftigt, immer überlegen sein. Übungen wie die Nr. 366 sollte man also nicht nur »alle Schaltjahre«, sondern so oft wie möglich mit seinen Schülern durchführen!

Voraussetzung für die erfolgreiche Durchführung von geplanten Eröffnungsschlägen ist natürlich die persönliche Überzeugung des Spielers, dass er diese Aufgabe auch bewältigen kann. Man nennt das »positive Kompetenzerwartung«, d. h. der Spieler muss – vor allem Aufgrund eigener Erfahrungen – wissen, was im Match und unter Druck bei ihm funktioniert (Aufschlag auf die Rückhand, solider Topspin-Return, Netzangriff usw.). Kompetenz, d. h. verlässliche Fähigkeiten für bestimmte Taktiken kann ich im Wettkampf ***oder*** im Training erwerben. Es ist Aufgabe des Trainers, Möglichkeiten aufzuzeigen und dem Schüler zu helfen, die richtigen persönlichen Lösungen für sein Tennis zu finden.

»Startplan« ist eine Kombination aus verschiedenen Elementen der Übungen 177 bis 186 (»Taktik der Eröffnungsschläge«) und bringt, häufiger angewandt, jeden Spieler dazu, egal welche technischen Voraussetzungen und Möglichkeiten er hat, sich intensiv mit der Planung und Ausführung der Eröffnungsschläge zu beschäftigen.

Je nach Anzahl der Spieler und zur Verfügung stehender Zeit ist die Zählweise modifizierbar. Die Übung ist sehr komplex und auf den ersten Blick erscheinen die Regeln umfangreich, aber hat man sich erst einmal mit dem Thema beschäftigt, wird es offensichtlich, dass es eigentlich immer wieder die gleichen wenigen, aber wichtigen Spielsituationen sind, die zur »Startplanung« eines Punktes trainiert werden müssen.

366

Startplan

2 Punkte für den Aufschläger, wenn er folgendermaßen eröffnet (und anschließend punktet)

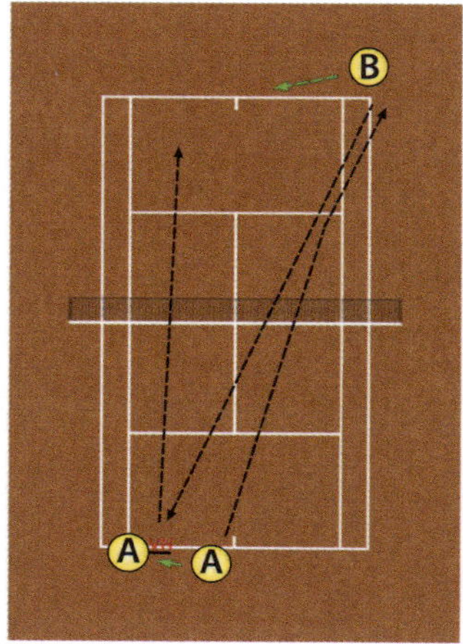

Folgeschlag auf Return erfolgt mit der Vorhand

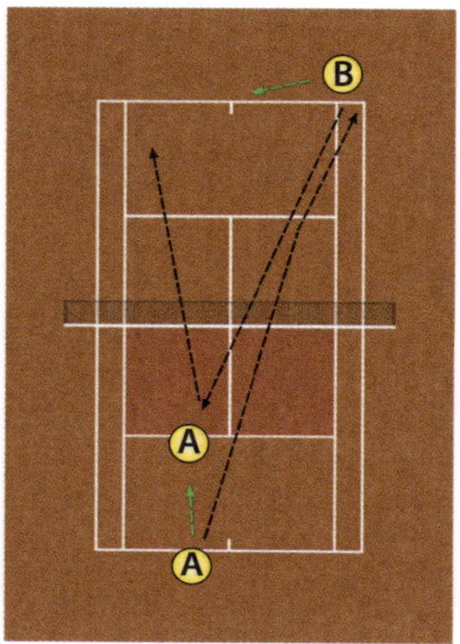

Er erzwingt einen kurzen Return (ins T-Feld)

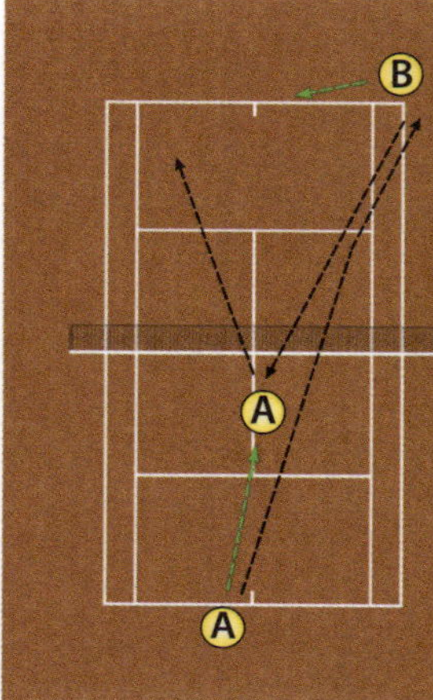

Serve and Volley (alternativ: Service-Winner)

VH	RH	Vo	Sm	As	Rt	oT	2S	3S	4S

Anspruch:	●●●●
Intensität:	●●
Anzahl Spieler:	4 (2)
Dauer:	ca. 30 Min.
Zählweise:	Spiel bis 11 oder 15, durch die Doppelpunkte ist Zählen nach Tiebreak-Regel schwierig, deswegen entweder nur einen Spieler aufschlagen lassen oder nach der Regel »wer punktet, schlägt auf« spielen. Die Spieler müssen sich nach jedem Ballwechsel einigen, wie es steht. Das ist zu Anfang gar nicht so einfach, hat aber den gewünschten Effekt, dass der Ballwechsel noch einmal rekapituliert und bewusst gemacht wird.

Ziel

Der Aufschläger soll versuchen, seinen taktischen Plan der ***ersten beiden Bälle*** konzentriert und konsequent auszuführen, grundsätzliche Möglichkeiten wurden besprochen und trainiert (s. Kap. 5 »Taktisches Training«, Taktik der Eröffnungsschläge). Der Returnspieler versucht, ***seinen ersten Schlag mit höchster Qualität*** durchzuführen un nimmt sich dafür die weiter unten beschriebenen Punkte vor (lang, platziert, aggressiv beim zweiten Aufschlag), de zweite Schlag (vierte Schlag) ist kaum planbar, er ergibt s aus der Situation, die nach dem Aufschlag entsteht.

Beschreibung

Der Aufschläger hat bei folgenden Spieleröffnungen die Chance auf zwei Punkte:

1.) Einsatz der Vorhand direkt nach dem Aufschlag, um Dr zu erhöhen (Punktgewinn muss nicht direkt mit der VH sein).
2.) Er erzwingt mit dem Service einen kurzen Return (spri im T-Feld auf), anschließender Punktgewinn muss nicl direkt sein.
3.) Er spielt Serve and Volley (Punktgewinn muss nicht dir mit dem Volley sein), alternativ: Ass oder Service Winn d. h. es ist kein weiterer Schlag nötig (Returnfehler).

Der Returnspieler hat die Chance auf einen zweiten Punk bei folgenden Eröffnungen:

1.) Langer Return (mindestens länger T).
2.) Zügiger Return auf die RH-Seite, d. h. der Aufschläger kann nach dem Aufschlag die VH nicht einsetzen.
3.) Return Winner (z. B. wenn der Aufschläger ans Netz aufrückt oder sich zu früh auf eine Seite orientiert) – alternativ: ein Doppelfehler des Aufschlägers!

2 Punkte für den Returnierer, wenn er folgendermaßen eröffnet (und anschließend punktet)

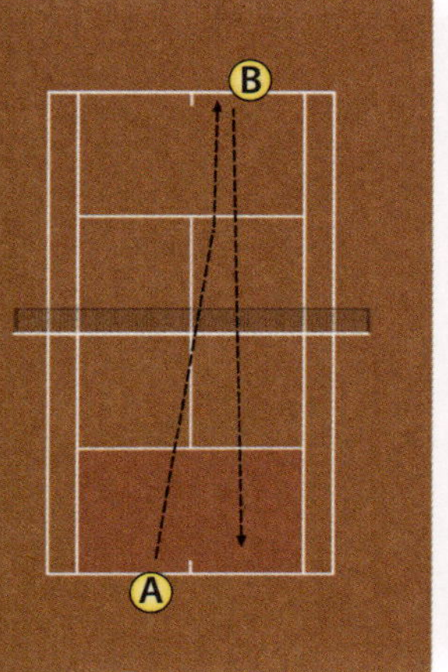

mit jedem langen Return (länger T-Linie)

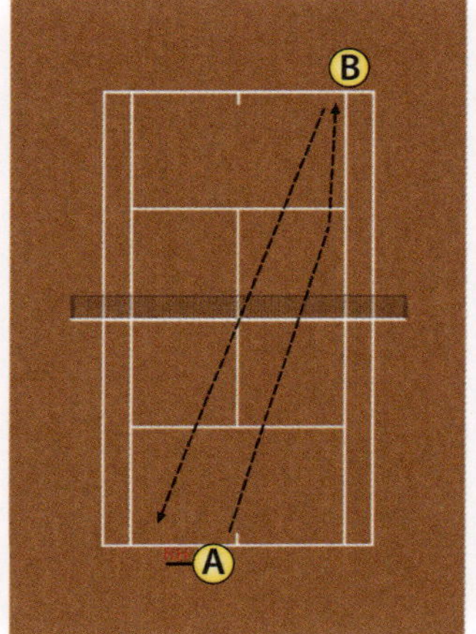

mit einem Return, den der Aufschläger mit der RH spielt

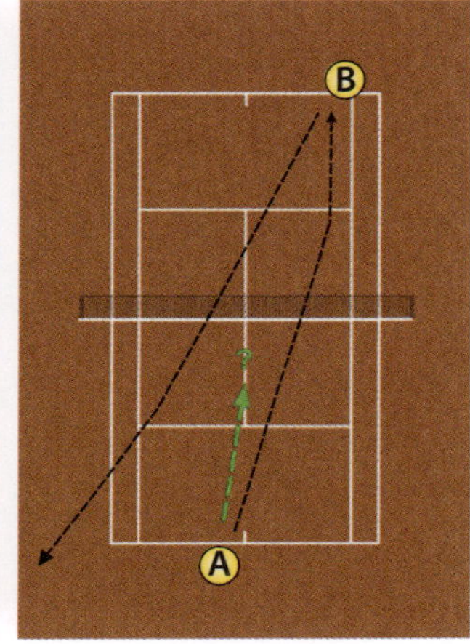

mit einem Return-Winner (alternativ: Doppelfehler)

˙ die besonderen Returnvarianten »Chip and Charge« und ›turn Stop« siehe im Folgenden unter »Sonderfälle«.)
htig – für beide gilt: die gute Eröffnung alleine zählt h nicht – einen Doppelpunkt gibt es natürlich nur erfolgreichem Abschluss des Ballwechsels (also ıktgewinn plus einen Extrapunkt für die gelungene tisch gute Eröffnung).

merkungen

se Übung ist sozusagen die taktische Königsübung der ffnungsschläge. Es werden alle Basismöglichkeiten der zfristigen taktischen Planung (nächster oder nächsten den Schläge) abgedeckt.

Anreiz (2 Punkte) für den Aufschläger ist zugunsten **ensiver** Planung, die im Prinzip nur so aussehen kann:
starker erster Aufschlag (Winner, Ass)
- Druck mit der Vorhand nach einem starken ersten Aufschlag und schwachem Return – alternativ:
- Druck auf einen kurzen Return (von beiden Seiten, evtl. folgender Netzangriff).

Netzangriff (Serve and Volley, meist nur mit dem ersten Aufschlag).

Aufgaben des Returnspielers sind mehr reaktiver Natur, ollte zunächst (vor allem beim ersten Aufschlag) Wert Sicherheit legen und je nach sich bietender Chance beim eiten Aufschlag versuchen, in die Offensive zu kommen. ıe Ziele sind:

1.) Langer Return.
2.) Häufig auf die schwächere Seite des Gegners returnieren (RH).
3.) Offensiv returnieren, wenn möglich (schwacher Aufschlag) oder nötig (Angriff des Aufschlägers).

Die Regeln zugunsten des Returnspielers (2 Punkte für Doppelfehler und 2 Punkte für Return Winner) sollen verhindern, dass der Aufschläger nur wegen des möglichen Doppelpunkts mehr Risiko eingeht als in der normalen Matchsituation (zu riskante Aufschläge oder unvorbereitetes Serve and Volley)!

Die Übung bewirkt, dass die Spieler sich hochintensiv mit den Eröffnungsschlägen und der Planung dafür beschäftigen – was für einen guten Turnierspieler selbstverständlich sein sollte. Grundsätzlich gilt: Wer seinen »Startplan« erfüllt, kann zwei Punkte gewinnen. Zwei Spielsituationen sind hierbei besonders interessant:

1.) Der Return ist lang (»Startplan« des Returniers erfüllt) aber der Aufschläger nimmt ihn mit der Vorhand (»Startplan« des Aufschlägers erfüllt).
2.) Der Return ist kurz (»Startplan« des Aufschlägers erfüllt) aber der Aufschläger muss ihn mit der Rückhand spielen (»Startplan« des Returnierers erfüllt).

In beiden Fällen haben beide Spieler im sich daraus entwickelnden Ballwechsel die Chance auf einen Doppelpunkt, in allen anderen denkbaren Situationen ist es immer nur einer,

Lesen Sie bitte auf der nächsten Seite weiter

der seinen »Startplan« erfüllt hat! Neutrale Situationen (beide können nur einen Punkt gewinnen) sind nicht möglich.

Sonderfälle Return

1.) Bei Chip and Charge des Returnspielers muss, um den »Startplan« zu erfüllen, der Return entweder lang auf die VH bzw. auf die RH-Seite lang oder kurz gespielt werden. Nur dann ist der »Startplan« erfüllt und gibt es bei Erfolg einen Zusatzpunkt.

2.) Ein »tödlicher« Return-Stop bringt zwei Punkte (Return Winner = »Startplan 3« erfüllt). Erreicht der Aufschläger den Ball und punktet seinerseits, bekommt er einen Sonderpunkt, denn er hat seinen »Startplan 2« (kurzen Return erzwingen) erfüllt!

Anhang

Register – Alle Übungen nach Merkmalen

Hier finden Sie schnell die richtige Übung, wenn Sie nach für das Training typischen Merkmalen suchen. Beispielsweise möchten Sie Übungen für 4 Teilnehmer aus dem Bereich Netzspiel finden, oder Sie suchen Übungen, in denen die RH zum Einsatz kommt aus dem Bereich Grundlinienspiel.
Schläge VH RH Vo Sm As Rt: Gelb = darauf liegt der Schwerpunkt, **Fett** = gehört zum Spiel, einfache Schrift = kann vorkommen, nicht aufgeführt = kommt nicht vor,
Selbstständiges Anspiel (oT = ohne Trainer) und Spieleranzahl 1, 2, 3, 4, 5, 6, 7, 8S: Gelb = so ist die Übung gedacht, **Fett** = gut möglich, einfache Schrift=-möglich, nicht aufgeführt = möglich, aber ungünstig
Beispiel:

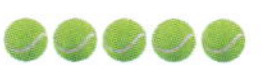

VH	**RH**	**Vo**	Sm	As	Rt	**oT**	**2S**	3S	**4S**

In dieser Übung liegt der Schwerpunkt auf Vorhand und Rückhand, Volley kommt häufig vor, Smash ab und zu, Aufschlag und Return gar nicht. **Die Übung ist mit Selbstanspiel für 4 Spieler geplant.** Zwei Spieler sind gut möglich, auch 3 Spieler sind machbar.

Ein bis vier Tennisbälle (-) sind die Bewertungen für den den technischen und taktischen Anspruch, den die Übung stellt und für die körperliche Belastung und Anstrengung (Intensität), mit der sie durchgeführt wird. Diese Übung ist also anspruchsvoll (3 Bälle) und wird mit mittlerer Intensität (2 Bälle) durchgeführt.

.. Aufwärmen/Rhythmustraining

leinfeld

	Übung	Anspruch	Intensität	Vorhand	Rückhand	Volley	Überkopf	Aufschlag	Return	selbständiges Anspiel	2 Spieler	3 Spieler	4 Spieler	5 Spieler	6 Spieler	7 Spieler	8 Spieler	weitere Anwendungen der Übung
	VH-RH Wechsel Longline	●●	●●	**VH**	**RH**	Vo	Sm	As	Rt	**oT**	**2S**	3S	**4S**	5S	6S	7S	8S	
	VH-RH Wechsel Cross	●●	●●	**VH**	**RH**	Vo	Sm	As	Rt	**oT**	**2S**	3S	**4S**	5S	6S	7S	8S	
	Auf Ziel	●●	●●	**VH**	**RH**	Vo	Sm	As	Rt	**oT**	**2S**	3S	**4S**	5S	6S	7S	8S	
	Kleiner Hosenträger	●●●	●●	**VH**	**RH**	Vo	Sm	As	Rt	**oT**	**2S**	3S	**4S**	5S	6S	7S	8S	
	VH gegen RH	●●●	●●	**VH**	**RH**	**Vo**	Sm	As	Rt	**oT**	**2S**	3S	**4S**	5S	6S	7S	8S	
	VH cross und RH cross	●●●	●●	**VH**	**RH**	**Vo**	Sm	As	Rt	**oT**	**2S**	3S	**4S**	5S	6S	7S	8S	
	Volley verboten	●●●	●●●	**VH**	**RH**	Vo	Sm	As	Rt	**oT**	**2S**	3S	**4S**	5S	6S	7S	8S	
	Volley-Halbvolley	●●●	●●●	**VH**	**RH**	**Vo**	Sm	As	Rt	**oT**	**2S**	3S	**4S**	5S	6S	7S	8S	
	Angriff im T	●●●	●●	**VH**	**RH**	**Vo**	Sm	As	Rt	**oT**	**2S**	3S	**4S**	5S	6S	7S	8S	
0	Kleinfeldmatch	●●●	●●●	**VH**	**RH**	**Vo**	Sm	As	Rt	**oT**	**2S**	3S	**4S**	5S	6S	7S	8S	
1	Tischtennisdoppel	●●●	●●●	**VH**	**RH**	**Vo**	Sm	As	Rt	**oT**	**2S**	3S	**4S**	5S	6S	7S	8S	
2	Jeder gegen Jeden	●●	●●●	**VH**	**RH**	**Vo**	Sm	As	Rt	**oT**	2S	3S	**4S**	5S	6S	7S	8S	

roßfeld

	Übung	Anspruch	Intensität	Vorhand	Rückhand	Volley	Überkopf	Aufschlag	Return	selbständiges Anspiel	2 Spieler	3 Spieler	4 Spieler	5 Spieler	6 Spieler	7 Spieler	8 Spieler	weitere Anwendungen der Übung
3	Lange Bälle	●●	●●	**VH**	**RH**	Vo	Sm	As	Rt	**oT**	**2S**	3S	**4S**	5S	6S	7S	8S	GL Sicherheit
4	Lange Bälle VH auf RH	●●	●●	**VH**	**RH**	Vo	Sm	As	Rt	**oT**	**2S**	3S	**4S**	5S	6S	7S	8S	GL Sicherheit
5	Lange Bälle VH/RH abwechselnd	●●	●●	**VH**	**RH**	Vo	Sm	As	Rt	**oT**	**2S**	3S	**4S**	5S	6S	7S	8S	GL Sicherheit
6	Longline nur RH	●●●	●●	VH	**RH**	Vo	Sm	As	Rt	**oT**	**2S**	3S	**4S**	5S	6S	7S	8S	GL Sicherheit
7	Lange Bälle im Korridor	●●●	●●	**VH**	**RH**	Vo	Sm	As	Rt	**oT**	**2S**	3S	**4S**	5S	6S	7S	8S	GL Sicherheit
8	Zielzonen	●●●	●●	**VH**	**RH**	Vo	Sm	As	Rt	**oT**	**2S**	3S	**4S**	5S	6S	7S	8S	GL Sicherheit
9	Spiel auf Ziel 1	●●●	●●	**VH**	**RH**	Vo	Sm	As	Rt	**oT**	**2S**	3S	**4S**	5S	6S	7S	8S	GL Sicherheit
0	Spiel auf Ziel 2	●●●	●●	**VH**	**RH**	Vo	Sm	As	Rt	**oT**	**2S**	3S	**4S**	5S	6S	7S	8S	GL Sicherheit
1	Langer Volley	●●●	●●	**VH**	**RH**	**Vo**	Sm	As	Rt	**oT**	**2S**	3S	**4S**	5S	6S	7S	8S	
2	Volley mit Druck	●●●	●●	**VH**	**RH**	**Vo**	Sm	As	Rt	**oT**	**2S**	3S	**4S**	5S	6S	7S	8S	
3	Schmetterball Lob	●●●	●●	**VH**	**RH**	Vo	**Sm**	As	Rt	**oT**	**2S**	3S	**4S**	5S	6S	7S	8S	
4	Aufschlag Return	●●●	●●	VH	RH	Vo	Sm	**As**	**Rt**	**oT**	**2S**	3S	**4S**	5S	6S	7S	8S	

iehe auch Übungen 25–28, 30

2. Training an der Grundlinie

Sicherheit

Übungsnummer	Übung	Anspruch	Intensität	Vorhand	Rückhand	Volley	Überkopf	Aufschlag	Return	selbständiges Anspiel	2 Spieler	3 Spieler	4 Spieler	5 Spieler	6 Spieler	7 Spieler	8 Spieler	weitere Anwendungen der Übung
	Schlagübungen																	
25	Ein Ball	●●	●●	VH	RH					oT	2S		4S					Aufwärmen Großfeld
26	Seitenwechsel	●●	●●	VH	RH						2S		4S					Aufwärmen Großfeld
27	Länge	●●	●●	VH	RH					oT	2S		4S					Aufwärmen Großfeld
28	Höhe	●●●	●●	VH	RH					oT	2S		4S					Aufwärmen Großfeld
29	Tempovariation	●●●●	●●●	VH	RH					oT	2S		4S					
30	Dreierrunde	●●	●●●	VH	RH					oT		3S						Aufwärmen Großfeld
31	Monsterpunkt	●●●	●/●●	VH	RH					oT		3S						
32	Karussell	●●●	●●●	VH	RH					oT		3S	4S					
33	Nur Vorhand	●●	●●	VH						oT	2S		4S					
34	Inside-Out-Karussell	●●●	●●●	VH						oT	2S	3S	4S					
35	Hosenträger	●●●	●●●	VH	RH					oT	2S		4S					
36	Briefkuvert	●●●	●●●	VH	RH					oT	2S		4S					
	Spielübungen im unterteilten Feld																	
37	Longline-Duell offen	●●	●●	VH	RH					oT	2S		4S					
38	Cross-Duell offen	●●	●●	VH	RH					oT	2S		4S					
39	Cross-Duell VH/RH	●●●	●/●●	VH	RH					oT	2S		4S					
40	Longline-Duell VH	●●●	●●	VH						oT	2S		4S					
41	Longline-Duell RH	●●●	●●		RH					oT	2S		4S					
42	Inside-Out-Duell	●●●	●●	VH						oT	2S		4S					
43	Inside Out gegen Rückhand	●●●	●●	VH	RH					oT	2S		4S					
44	Duell auf Länge 1	●●●	●●	VH	RH					oT	2S		4S					
45	Kein Netzball 1	●●●	●●	VH	RH					oT	2S		4S					
46	Duell auf Ziel 1	●●●	●●	VH	RH	Vo	Sm			oT	2S		4S					
47	Verteiler gegen Läufer	●●●	●●●	VH	RH					oT	2S	3S	4S					
48	Winkel spielen	●●●	●●●	VH	RH					oT	2S	3S	4S					
49	Inside Out – Inside In	●●●	●●●	VH	RH					oT	2S	3S	4S					
50	Alles auf die Rückhand	●●●	●●●	VH	RH	Vo	Sm			oT	2S	3S	4S					
	Spielübungen im freien Feld																	
51	Cross-Eröffnung 1	●●●	●●	VH	RH	Vo	Sm			oT	2S	3S	4S					
52	Cross-Eröffnung 2	●●●●	●●	VH	RH	Vo	Sm			oT	2S	3S	4S					
53	Hosenträger Cross-Start	●●●	●●	VH	RH	Vo	Sm			oT	2S	3S	4S					
54	Hosenträger Longline-Start	●●●	●●	VH	RH	Vo	Sm			oT	2S	3S	4S					

cherheit)

Spielübungen im freien Feld

Übung	Anspruch	Intensität	Vorhand	Rückhand	Volley	Überkopf	Aufschlag	Return	selbständiges Anspiel	2 Spieler	3 Spieler	4 Spieler	5 Spieler	6 Spieler	7 Spieler	8 Spieler	weitere Anwendungen der Übung
Briefkuvert-Eröffnung	●●●●	●●	**VH**	**RH**	Vo	Sm			oT	**2S**	3S	**4S**					
Duell auf Länge 2	●●●	●●	**VH**	**RH**					oT	**2S**	3S	**4S**					
Duell auf Länge 3	●●●	●●	**VH**	**RH**	Vo	Sm			oT	**2S**	3S	**4S**					
Kein Netzball 2	●●●	●●	**VH**	**RH**	Vo	Sm			oT	**2S**	3S	**4S**					
Duell auf Ziel 2	●●●	●●	**VH**	**RH**	Vo	Sm			oT	**2S**	3S	**4S**					
Freies Duell	●●●	●●	**VH**	**RH**	Vo	Sm			oT	**2S**	3S	**4S**					
Einhundertundeins	●●●	●●	**VH**	**RH**	Vo	Sm			oT		**3S**	**4S**					

he auch Übungen 13–20, 247, 318, 319, 340, 347, 361, 362

ffensives Spiel

Übung	Anspruch	Intensität	Vorhand	Rückhand	Volley	Überkopf	Aufschlag	Return	selbständiges Anspiel	2 Spieler	3 Spieler	4 Spieler	5 Spieler	6 Spieler	7 Spieler	8 Spieler	weitere Anwendungen der Übung
Vorhand-Schuss	●●●	●●●●	**VH**							**2S**	**3S**	**4S**					
Vorhand-Eröffnung	●●●	●●	**VH**	**RH**	Vo	Sm				**2S**	3S	**4S**					
VH-VH-Eröffnung	●●●	●●●	**VH**	**RH**						**2S**	3S	**4S**					
Vorhand gegen Rückhand	●●●	●●●	**VH**	**RH**	Vo	Sm				**2S**	3S	**4S**					
Inside In auf Signal	●●●	●●●	**VH**	**RH**	Vo	Sm				**2S**	3S	**4S**					
Vorhand-Power	●●●	●●●	**VH**	**RH**	Vo	Sm			**oT**	**2S**	3S	**4S**					
Winner zählt doppelt	●●●	●●●	**VH**	**RH**	Vo	Sm				**2S**	3S	**4S**					
Rückhand umlaufen	●●●	●●●	**VH**	**RH**	Vo	Sm				**2S**	3S	**4S**					Taktik
Niemandsland-Duell	●●●●	●●●	**VH**	**RH**	Vo	Sm				**2S**	3S	**4S**					
Power Points	●●●	●●●	**VH**	**RH**	Vo	Sm				**2S**	3S	**4S**					

lroundspiel

Übung	Anspruch	Intensität	Vorhand	Rückhand	Volley	Überkopf	Aufschlag	Return	selbständiges Anspiel	2 Spieler	3 Spieler	4 Spieler	5 Spieler	6 Spieler	7 Spieler	8 Spieler	weitere Anwendungen der Übung
Tischtennis-Jogg	●●	●●●	**VH**	**RH**	**Vo**	**Sm**						**4S**					
Rotation	●●	●●●	**VH**	**RH**	**Vo**	**Sm**					**3S**						
Kurz oder Lang	●●●	●●●	**VH**	**RH**	**Vo**	**Sm**					**3S**	**4S**					
Ausplatzieren	●●●	●●●	**VH**	**RH**	**Vo**	**Sm**				**2S**		**4S**					
Grundlinien-König	●●	●●	**VH**	**RH**	**Vo**	**Sm**					**3S**	**4S**					
Drei gegen Einen	●●●	●●●	**VH**	**RH**	**Vo**	**Sm**					**3S**	**4S**					
Pfostenlauf	●●●	●●●●	**VH**	**RH**	**Vo**	**Sm**						**4S**					Drillübung
Start am T	●●●	●●●	**VH**	**RH**	**Vo**	**Sm**				**2S**		**4S**					
Start am Netz	●●●	●●●●	**VH**	**RH**	**Vo**	**Sm**					**3S**	**4S**					Drillübung
Start mit Lob	●●●	●●●●	**VH**	**RH**	**Vo**	**Sm**				**2S**		**4S**					Drillübung
Pausenlos	●●●	●●●●	**VH**	**RH**	**Vo**	**Sm**					**3S**	**4S**					Drillübung
Rote Zone	●●●	●●●	**VH**	**RH**	**Vo**	**Sm**				**2S**	**3S**	**4S**					
Attacke	●●●●	●●●	**VH**	**RH**	**Vo**	**Sm**				**2S**	**3S**	**4S**					

(Allroundspiel)

Übungsnummer	Übung	Anspruch	Intensität	Vorhand	Rückhand	Volley	Überkopf	Aufschlag	Return	selbständiges Anspiel	2 Spieler	3 Spieler	4 Spieler	5 Spieler	6 Spieler	7 Spieler	8 Spieler	weitere Anwendungen der Übung
85	Schlägerdrehen	●●●●	●●	VH	RH	Vo	Sm				2S	3S	4S					
86	Volley erlaufen	●●●●	●●●●	VH	RH	Vo	Sm				2S	3S	4S					Drillübung
87	Punkte-Ampel	●●●	●●	VH	RH	Vo	Sm				2S	3S	4S					Taktik
88	Kalkuliertes Risiko 1	●●●	●●	VH	RH	Vo	Sm			oT		3S	4S					Taktik
89	Kalkuliertes Risiko 2	●●●	●●	VH	RH	Vo	Sm			oT		3S	4S					Taktik

siehe auch Übungen 315, 322

Stopp

Übungsnummer	Übung	Anspruch	Intensität	Vorhand	Rückhand	Volley	Überkopf	Aufschlag	Return	selbständiges Anspiel	2 Spieler	3 Spieler	4 Spieler	5 Spieler	6 Spieler	7 Spieler	8 Spieler	weitere Anwendungen der Übung
90	Supercross	●●●	●	VH	RH					oT	2S		4S					
91	Minivolleys	●●●	●			Vo				oT	2S		4S					
92	Toter Ball	●●●	●	VH	RH					oT	2S		4S					
93	Einlochen	●●●	●	VH	RH						2S	3S	4S					
94	Magnet	●●●	●	VH	RH					oT	2S		4S					
95	Stopp von der Grundlinie	●●●	●	VH	RH					oT	2S		4S					
96	Stopp aus dem Lauf	●●●	●●	VH	RH						2S	3S	4S					
97	Gegen-Stopp	●●●	●●	VH	RH						2S	3S	4S					
98	Richtiger Moment	●●●	●●	VH	RH					oT	2S		4S					
99	Stopp lohnt sich	●●●	●●	VH	RH	Vo	Sm				2S		4S					Taktik

siehe auch Übungen 130, 145, 191, 267, 307

Training am Netz

leytraining

Schlagübungen

Übung	Anspruch	Intensität	Vorhand	Rückhand	Volley	Überkopf	Aufschlag	Return	selbständiges Anspiel	2 Spieler	3 Spieler	4 Spieler	5 Spieler	6 Spieler	7 Spieler	8 Spieler	weitere Anwendungen der Übung
Volley T zu T	●●●	●●●			**Vo**				**oT**	**2S**		**4S**					
Volley-Hosenträger	●●●	●●			**Vo**				oT			**4S**					
Übergangsvolley	●●●	●●●			**Vo**				**oT**	**2S**	3S	**4S**					
Volley-Vorhand-Rückhand	●●●	●●●			**Vo**				**oT**	**2S**	3S	**4S**					
Scheibenwischer	●●●	●●●			**Vo**				**oT**		**3S**						
Telefonzelle	●●●	●●●			**Vo**				**oT**	**2S**		**4S**					Koordination
Mutprobe	●●●●	●●			**Vo**		**As**		**oT**	**2S**	**3S**	**4S**					Koordination

Spielübungen im unterteilten Feld

Übung	Anspruch	Intensität	Vorhand	Rückhand	Volley	Überkopf	Aufschlag	Return	selbständiges Anspiel	2 Spieler	3 Spieler	4 Spieler	5 Spieler	6 Spieler	7 Spieler	8 Spieler	weitere Anwendungen der Übung
Angriff im T	●●●	●●●			**Vo**				**oT**	**2S**		**4S**					Koordination
Tennis-Badminton	●●●	●●●			**Vo**				**oT**	**2S**		**4S**					
Netz gegen Grundlinie	●●●	●●●	**VH**	**RH**	**Vo**	**Sm**			**oT**	**2S**		**4S**					
Volleyduell	●●●	●●●	VH	RH	**Vo**	**Sm**			**oT**	**2S**		**4S**					
Halbfeldkönig	●●●	●●●	VH	RH	**Vo**	**Sm**					**3S**	**4S**					
Volleykönig 1	●●●	●●●	**VH**	**RH**	**Vo**	**Sm**					**3S**	**4S**					
Volleykönig 2	●●●	●●●	**VH**	**RH**	**Vo**	**Sm**					**3S**	**4S**					
Volleykönig 3	●●●	●●●	**VH**	**RH**	**Vo**	**Sm**					**3S**	**4S**					
Angriff im Halbfeld	●●●	●●●	**VH**	**RH**	**Vo**	**Sm**			**oT**	**2S**		**4S**					

Spielübungen im freien Feld

Übung	Anspruch	Intensität	Vorhand	Rückhand	Volley	Überkopf	Aufschlag	Return	selbständiges Anspiel	2 Spieler	3 Spieler	4 Spieler	5 Spieler	6 Spieler	7 Spieler	8 Spieler	weitere Anwendungen der Übung
Volleykrieg	●●●	●●●	VH	RH	**Vo**	**Sm**						**4S**					
Passierballkönig	●●●	●●●	**VH**	**RH**	**Vo**	**Sm**				**2S**		**4S**					
Netz gegen alle	●●●	●●●	**VH**	**RH**	**Vo**	**Sm**					**3S**	**4S**					
Smash mit Quali	●●●	●●●	**VH**	**RH**	**Vo**	**Sm**					**3S**	**4S**					Überkopftraining
Einzel-California	●●●	●●●	**VH**	**RH**	**Vo**	**Sm**					**3S**	**4S**					
Einzel-California verkehrt	●●●	●●●	**VH**	**RH**	**Vo**	**Sm**					**3S**	**4S**					

ne auch Übungen 238–240, 260–262, 268, 270, 340

erkopf-Training

Schlagübungen

Übung	Anspruch	Intensität	Vorhand	Rückhand	Volley	Überkopf	Aufschlag	Return	selbständiges Anspiel	2 Spieler	3 Spieler	4 Spieler	5 Spieler	6 Spieler	7 Spieler	8 Spieler	weitere Anwendungen der Übung
Tauchen und Aufsteigen	●●●●	●●●			**Vo**	**Sm**			**oT**	**2S**		**4S**					
Schmetterball umlaufen	●●●	●●●/●				**Sm**				**2S**	**3S**	**4S**					Drillübung
Rückhand-Schmetterball	●●●●	●●●/●			**Vo**	**Sm**				**2S**	**3S**	**4S**					Drillübung

Übungsnummer	Übung	Anspruch	Intensität	Vorhand	Rückhand	Volley	Überkopf	Aufschlag	Return	selbständiges Anspiel	2 Spieler	3 Spieler	4 Spieler	5 Spieler	6 Spieler	7 Spieler	8 Spieler	weitere Anwendungen der Übung
(Überkopf-Training)																		
	Spielübungen im freien Feld																	
125	Drei von Vier	●●●	●●●	VH	RH	Vo	Sm					3S	4S					
126	Smash gegen Lob	●●●	●●●	VH	RH	Vo	Sm					3S	4S					
127	Smash gegen alles	●●●	●●●	VH	RH	Vo	Sm					3S	4S					
128	Smash auf die Rückhand	●●●	●●●	VH	RH	Vo	Sm				2S	3S	4S					
129	Schwieriger Lob	●●●	●●●●	VH	RH	Vo	Sm				2S	3S	4S					Drillübung
130	Stopp - Lob - Punkt	●●●	●●●	VH	RH	Vo	Sm				2S	3S	4S					Training an der Grundlinie -Stopp
131	Lob abfangen	●●●	●●●●	VH	RH	Vo	Sm				2S	3S	4S					Drillübung

siehe auch Übungen 119, 234, 271, 341

Übungsnummer	Übung	Anspruch	Intensität	Vorhand	Rückhand	Volley	Überkopf	Aufschlag	Return	selbständiges Anspiel	2 Spieler	3 Spieler	4 Spieler	5 Spieler	6 Spieler	7 Spieler	8 Spieler	weitere Anwendungen der Übung
Allroundspiel																		
132	Vorhand-Angriff	●●●	●●●	VH	RH	Vo	Sm				2S	3S	4S					
133	Rückhand-Angriff	●●●	●●●	VH	RH	Vo	Sm				2S	3S	4S					
134	Angriff oder Winner	●●●	●●●	VH	RH	Vo	Sm				2S	3S	4S					
135	Angriff durch die Mitte	●●●	●●●	VH	RH	Vo	Sm				2S	3S	4S					
136	Elfmeter	●●●	●●●	VH	RH	Vo	Sm				2S	3S	4S					
137	Übergangsvolley 1	●●●	●●●	VH	RH	Vo	Sm					3S	4S					
138	Übergangsvolley 2	●●●	●●●	VH	RH	Vo	Sm					3S	4S					
139	Volley oder Cross	●●●	●●●	VH	RH	Vo	Sm			oT	2S	3S	4S					
140	Longline-Angriff	●●●	●●●	VH	RH	Vo	Sm			oT	2S	3S	4S					Taktik
141	Freier Angriff	●●●	●●●	VH	RH	Vo	Sm			oT	2S	3S	4S					Taktik
142	Vier zum Volley	●●●●	●●●	VH	RH	Vo	Sm				2S	3S	4S					Taktik
143	Dreier am Netz	●●●	●●●	VH	RH	Vo	Sm			oT	2S	3S	4S					Taktik
144	Cross-Volley	●●●	●●●	VH	RH	Vo	Sm				2S	3S	4S					
145	Stopp erlaufen	●●●	●●●●	VH	RH	Vo	Sm						4S					Drillübung, Training an der Grundlinie - Stopp

siehe auch Übungen 291-293, 295, 297-307, 313, 314, 316, 317, 320, 323-327, 329

Training der Eröffnungsschläge

fschlag-Return-Training

	Übung	Anspruch	Intensität	Vorhand	Rückhand	Volley	Überkopf	Aufschlag	Return	selbständiges Anspiel	2 Spieler	3 Spieler	4 Spieler	5 Spieler	6 Spieler	7 Spieler	8 Spieler	weitere Anwendungen der Übung
5	Aufschlagserien	●●●	●					As	Rt	oT	2S	3S	4S	5S	6S			Mentales Training – Konzentration
7	Aufschlagpoker	●●●	●					As	Rt	oT	2S	3S	4S	5S	6S			Mentales Training – Konzentration
8	Kickaufschlag	●●●●	●					As	Rt	oT	2S	3S	4S	5S	6S			
9	Volle Streckung	●●●●	●					As	Rt	oT	2S	3S	4S	5S	6S			
0	Tempoansage	●●●●	●					As		oT	2S	3S	4S	5S	6S			
1	Erster Aufschlag	●●●●	●●					As		oT	2S	3S	4S	5S	6S			
2	Aufschlagwinkel	●●●●	●●					As	Rt	oT	2S	3S	4S	5S	6S			
3	Aufschlag auf Zeit	●●●●	●●●●					As	Rt	oT	2S	3S	4S	5S	6S			Drillübung
4	Aufschlag auf die Rückhand	●●●	●					As	Rt	oT	2S	3S	4S	5S	6S			Mentales Training – Konzentration
5	Aufschlagzonen	●●●●	●					As	Rt	oT	2S	3S	4S	5S	6S			Mentales Training – Konzentration
6	Rundreise	●●●	●/●●					As		oT	2S	3S	4S	5S	6S			
7	Aufschlag-Return-Serie	●●●	●					As	Rt	oT	2S		4S					
8	Aufschlagsdreieck	●●●	●/●●					As	Rt	oT		3S	4S					
9	Returnzonen	●●●●	●●					As	Rt	oT	2S	3S	4S	5S	6S			
0	Aufschlag gegen Return 1	●●●●	●●					As	Rt	oT	2S	3S	4S					
1	Aufschlag gegen Return 2	●●●●	●●					As	Rt	oT	2S	3S	4S					

atchübungen

	Übung	Anspruch	Intensität	Vorhand	Rückhand	Volley	Überkopf	Aufschlag	Return	selbständiges Anspiel	2 Spieler	3 Spieler	4 Spieler	5 Spieler	6 Spieler	7 Spieler	8 Spieler	weitere Anwendungen der Übung
2	Tennis Squash	●●●	●●	VH	RH	Vo	Sm	As	Rt	oT	2S	3S	4S					
3	Gurkenaufschlag	●●●	●●	VH	RH	Vo	Sm		Rt	oT	2S	3S	4S					Taktik
4	Serve and Volley light	●●●●	●●	VH	RH	Vo	Sm	As	Rt	oT	2S	3S	4S					
5	Chip and Charge	●●●●	●●	VH	RH	Vo	Sm	As	Rt	oT	2S	3S	4S					Taktik
6	Drei Aufschläge	●●●	●●	VH	RH	Vo	Sm	As	Rt	oT	2S	3S	4S					Taktik
7	Aufschlag ansagen	●●●●	●●	VH	RH	Vo	Sm	As	Rt	oT	2S	3S	4S					Taktik
8	Spieleröffnung auf Rückhand	●●●	●●	VH	RH	Vo	Sm	As	Rt	oT	2S	3S	4S					

he auch Übungen 177-186, 249, 321, 341, 342, 365

Übungsnummer	Übung	Anspruch	Intensität	Vorhand	Rückhand	Volley	Überkopf	Aufschlag	Return	selbständiges Anspiel	2 Spieler	3 Spieler	4 Spieler	5 Spieler	6 Spieler	7 Spieler	8 Spieler	weitere Anwendungen der Übung
5. Taktisches Training																		
Einzel-Spielübungen																		
169	Rückhand verliert	●●●●	●●	VH	RH	Vo	Sm	As	Rt	oT	2S	3S	4S	5S	6S	7S	8S	
170	Vorhand gewinnt	●●●●	●●	VH	RH	Vo	Sm	As	Rt	oT	2S	3S	4S	5S	6S	7S	8S	
171	Rückhand-Duell	●●●●	●●	VH	RH	Vo	Sm	As	Rt	oT	2S	3S	4S	5S	6S	7S	8S	
172	Offensiv – Defensiv	●●	●●	VH	RH	Vo	Sm	As	Rt	oT	2S	3S	4S	5S	6S	7S	8S	
173	Taktik Ampel 1	●●●●	●●	VH	RH	Vo	Sm	As	Rt	oT	2S	3S	4S	5S	6S	7S	8S	
174	Taktik Ampel 2	●●●●	●●	VH	RH	Vo	Sm	As	Rt	oT	2S	3S	4S	5S	6S	7S	8S	
175	Poker	●●	●●	VH	RH	Vo	Sm	As	Rt	oT	2S	3S	4S	5S	6S	7S	8S	
176	Unfair	●●●	●●	VH	RH	Vo	Sm	As	Rt	oT	2S	3S	4S	5S	6S	7S	8S	
Taktik der Eröffnungsschläge																		
177	Auf die Rückhand	●●●●	●●	VH	RH	Vo	Sm	As	Rt	oT	2S	3S	4S	5S	6S	7S	8S	Training der Eröffnungsschläge
178	Vorhand einsetzen	●●●●	●●	VH	RH	Vo	Sm	As	Rt	oT	2S	3S	4S	5S	6S	7S	8S	Training der Eröffnungsschläge
179	Vorhand-Return	●●●●	●●	VH	RH	Vo	Sm	As	Rt	oT	2S	3S	4S	5S	6S	7S	8S	Training der Eröffnungsschläge
180	Aufschlag offensiv	●●●●	●●	VH	RH	Vo	Sm	As	Rt	oT	2S	3S	4S	5S	6S	7S	8S	Training der Eröffnungsschläge
181	Aufschlag und drei	●●●●	●●	VH	RH	Vo	Sm	As	Rt	oT	2S	3S	4S	5S	6S	7S	8S	Training der Eröffnungsschläge
182	Return offensiv	●●●●	●●	VH	RH	Vo	Sm	As	Rt	oT	2S	3S	4S	5S	6S	7S	8S	Training der Eröffnungsschläge
183	Return defensiv	●●●●	●●	VH	RH	Vo	Sm	As	Rt	oT	2S	3S	4S	5S	6S	7S	8S	Training der Eröffnungsschläge
184	Vier Bälle	●●●●	●●	VH	RH	Vo	Sm	As	Rt	oT	2S	3S	4S	5S	6S	7S	8S	Training der Eröffnungsschläge
185	Sag die Wahrheit	●●●●	●●	VH	RH	Vo	Sm	As	Rt	oT	2S	3S	4S	5S	6S	7S	8S	Training der Eröffnungsschläge
186	Guter Plan	●●●●	●●	VH	RH	Vo	Sm	As	Rt	oT	2S	3S	4S	5S	6S	7S	8S	Training der Eröffnungsschläge
Einzel-Matchübungen																		
187	Acht Aufschläge	●●●●	●●	VH	RH	Vo	Sm	As	Rt	oT	2S	3S	4S	5S	6S	7S	8S	
188	Ansage	●●●●	●●	VH	RH	Vo	Sm	As	Rt	oT	2S	3S	4S	5S	6S	7S	8S	
189	Zeitspiel	●●●●	●●	VH	RH	Vo	Sm	As	Rt	oT	2S	3S	4S	5S	6S	7S	8S	
190	Aufschlagkonto	●●●●	●●	VH	RH	Vo	Sm	As	Rt	oT	2S	3S	4S	5S	6S	7S	8S	
191	Stopp einsetzen	●●●●	●●	VH	RH	Vo	Sm	As	Rt	oT	2S	3S	4S	5S	6S	7S	8S	Training an der Grundlinie – Stopp
192	Kartenspiel	●●●●	●●	VH	RH	Vo	Sm	As	Rt	oT	2S	3S	4S	5S	6S	7S	8S	

Übung	Anspruch	Intensität	Vorhand	Rückhand	Volley	Überkopf	Aufschlag	Return	selbständiges Anspiel	2 Spieler	3 Spieler	4 Spieler	5 Spieler	6 Spieler	7 Spieler	8 Spieler	weitere Anwendungen der Übung
zel-Matchübungen)																	
Satz zu dritt	●●●	●●	VH	RH	Vo	Sm	As	Rt	oT		3S						
Handicap	●●●	●●	VH	RH	Vo	Sm	As	Rt	oT	2S	3S	4S					
Matchbeobachtung	●●●	●●	VH	RH	Vo	Sm	As	Rt	oT	2S	3S	4S					
Matchstatistik	●●●	●●	VH	RH	Vo	Sm	As	Rt	oT	2S	3S	4S					
pel-Spielübungen																	
Orientierung	●●●	●●	VH	RH	Vo	Sm						4S					Doppeltraining
Cross-Cross	●●●	●●	VH	RH	Vo	Sm			oT			4S					Doppeltraining
Tandem	●●●	●●	VH	RH	Vo	Sm			oT			4S					Doppeltraining
I-Punkt	●●●●	●●	VH	RH	Vo	Sm			oT			4S					Doppeltraining
pel Matchübungen																	
Wildern	●●●	●●	VH	RH	Vo	Sm	As	Rt	oT			4S					Doppeltraining
Ein Aufschlag	●●●	●●	VH	RH	Vo	Sm	As	Rt	oT			4S					Doppeltraining
Serve-and-Volley	●●●	●●	VH	RH	Vo	Sm	As	Rt	oT			4S					Doppeltraining
Tandem-Doppel	●●●	●●	VH	RH	Vo	Sm	As	Rt	oT			4S					Doppeltraining
Absprache	●●●	●●	VH	RH	Vo	Sm	As	Rt	oT			4S					Doppeltraining

e auch Übungen 87-89, 99, 140-143, 163, 165-167, 350-357, 366

6. Mentales Training

Konzentration

Übungsnummer	Übung	Anspruch	Intensität	Vorhand	Rückhand	Volley	Überkopf	Aufschlag	Return	selbständiges Anspiel	2 Spieler	3 Spieler	4 Spieler	5 Spieler	6 Spieler	7 Spieler	8 Spieler	weitere Anwendungen der Übung
206	Rhythmus fühlen	●●●	●	VH	RH					oT	2S		4S					
207	Drall fühlen	●●●	●	VH	RH					oT	2S		4S					
208	Drall sehen	●●●	●	VH	RH					oT	2S		4S					
209	Tempo spüren	●●●	●	VH	RH					oT	2S		4S					
210	Tempo sehen	●●●	●	VH	RH					oT	2S		4S					
211	Höhe schätzen	●●●	●	VH	RH					oT	2S		4S					
212	Atmung	●●●	●	VH	RH					oT	2S		4S					
213	Tunnelblick	●●●	●	VH	RH					oT	2S		4S					
214	Ausblenden	●●●	●	VH	RH					oT	2S		4S					
215	Wahrsager	●●●	●	VH	RH	Vo	Sm			oT	2S		4S					
216	Kommando	●●●	●●●	VH	RH	Vo	Sm			oT	2S		4S					
217	Aufschlagprognose	●●●	●					As		oT	2S	3S	4S					

siehe auch Übungen 146, 147, 154, 155, 262, 266, 362

Rituale

Übungsnummer	Übung	Anspruch	Intensität	Vorhand	Rückhand	Volley	Überkopf	Aufschlag	Return	selbständiges Anspiel	2 Spieler	3 Spieler	4 Spieler	5 Spieler	6 Spieler	7 Spieler	8 Spieler	weitere Anwendungen der Übung
218	Atmung kontrollieren	●●●●	●●	VH	RH	Vo	Sm	As	Rt	oT	2S	3S	4S					
219	Augen kontrollieren	●●●●	●●	VH	RH	Vo	Sm	As	Rt	oT	2S	3S	4S					
220	Auf-und-ab-Gehen	●●●●	●●	VH	RH	Vo	Sm	As	Rt	oT	2S	3S	4S					
221	Saiten richten	●●●●	●●	VH	RH	Vo	Sm	As	Rt	oT	2S	3S	4S					
222	Lockern (Tänzeln)	●●●●	●●	VH	RH	Vo	Sm	As	Rt	oT	2S	3S	4S					
223	Aktivieren	●●●●	●●	VH	RH	Vo	Sm	As	Rt	oT	2S	3S	4S					
224	Position einnehmen	●●●●	●●	VH	RH	Vo	Sm	As	Rt	oT	2S	3S	4S					
225	Zielfixierung	●●●●	●●	VH	RH	Vo	Sm	As	Rt	oT	2S	3S	4S					
226	Visualisierung	●●●●	●●	VH	RH	Vo	Sm	As	Rt	oT	2S	3S	4S					
227	Ball tippen (Aufschläger)	●●●●	●●	VH	RH	Vo	Sm	As	Rt	oT	2S	3S	4S					
228	Bereit zum Split Step (Return)	●●●●	●●	VH	RH	Vo	Sm	As	Rt	oT	2S	3S	4S					
229	Seitenwechsel	●●●●	●●	VH	RH	Vo	Sm	As	Rt	oT	2S	3S	4S					
230	Gedanken notieren	●●●●	●●	VH	RH	Vo	Sm	As	Rt	oT	2S	3S	4S					
231	Smiley	●●●●	●●	VH	RH	Vo	Sm	As	Rt	oT	2S	3S	4S					

Drilltraining

fübungen

Übung	Anspruch	Intensität	Vorhand	Rückhand	Volley	Überkopf	Aufschlag	Return	selbständiges Anspiel	2 Spieler	3 Spieler	4 Spieler	5 Spieler	6 Spieler	7 Spieler	8 Spieler	weitere Anwendungen der Übung
Bälle holen	●	●●●●							oT	2S	3S	4S	5S	6S			Kindertraining
Bälle klauen	●	●●●●							oT		3S	4S	5S	6S			Kindertraining

ineranspiel

Übung	Anspruch	Intensität	Vorhand	Rückhand	Volley	Überkopf	Aufschlag	Return	selbständiges Anspiel	2 Spieler	3 Spieler	4 Spieler	5 Spieler	6 Spieler	7 Spieler	8 Spieler	weitere Anwendungen der Übung
Schmetter-Drill	●●●	●●●●				Sm				2S		4S					Überkopf-Training
Squash-Drill	●●●	●●●●	VH	RH						2S	3S	4S					
Grundlinien-Drill	●●●	●●●●	VH	RH	Vo					2S	3S	4S					
Stern-Drill	●●●	●●●●	VH	RH						2S	3S	4S					
Volley-Drill	●●●	●●●●	VH	RH	Vo					2S		4S					Volleytraining
Dreiecks-Drill	●●●	●●●●	VH	RH	Vo						3S	4S					
Passierball-Drill	●●●	●●●●	VH	RH	Vo					2S	3S	4S					Volleytraining
Rotations-Drill	●●●	●●●●	VH	RH	Vo	Sm				2S		4S					
Elfer-Drill	●●●	●●●●	VH	RH	Vo	Sm				2S		4S					
T-Linien-Drill	●●●	●●●●	VH	RH	Vo	Sm				2S		4S					
Netz-Drill Einzel	●●●	●●●●	VH	RH	Vo	Sm				2S		4S					
Netz-Drill Doppel	●●●	●●●●	VH	RH	Vo	Sm						4S					Doppeltraining
Zweiplatz-Drill	●●●	●●●●	VH	RH	Vo	Sm				2S	3S	4S	5S	6S			Mannschaftstraining

bständiges Spiel

Übung	Anspruch	Intensität	Vorhand	Rückhand	Volley	Überkopf	Aufschlag	Return	selbständiges Anspiel	2 Spieler	3 Spieler	4 Spieler	5 Spieler	6 Spieler	7 Spieler	8 Spieler	weitere Anwendungen der Übung
Hosenträger-Drill	●●●	●●●●	VH	RH	Vo	Sm			oT	2S	3S	4S					Grundlinie - Sicherheit
Hosenträger-Drill XL	●●●	●●●●	VH	RH	Vo	Sm			oT	2S	3S	4S					
Aufschlag-Drill	●●●	●●●●					As		oT	2S	3S	4S					Eröffnungsschläge

e auch Übungen 78, 80-82, 86, 123, 124, 129, 131, 145, 153, 262, 269, 294, 296, 309, 310, 335, 349, 358-360, 363, 364

8. Koordinationstraining

Übungsnummer	Übung	Anspruch	Intensität	Vorhand	Rückhand	Volley	Überkopf	Aufschlag	Return	selbständiges Anspiel	2 Spieler	3 Spieler	4 Spieler	5 Spieler	6 Spieler	7 Spieler	8 Spieler	weitere Anwendungen der Übung
Kleinfeld																		
250	Fußball	●●●●	●●							oT	2S	3S	4S	5S	6S			
251	Touch and Go	●●●	●●●	VH	RH					oT	2S	3S	4S					
252	Einbeinig	●●	●●●	VH	RH					oT	2S		4S					
253	Falsche Hand	●●	●●	VH	RH					oT	2S		4S					
254	Zwei Schläger 1	●●	●●	VH	RH					oT	2S		4S					
255	Zwei Schläger 2	●●●	●●●	VH	RH					oT	2S		4S					
256	Ein Schläger für zwei	●●	●●●	VH	RH					oT			4S					
257	Hinlegen-Aufheben	●●	●●	VH	RH					oT	2S		4S					
258	Doppelball kurz	●●●	●●●	VH	RH					oT	2S		4S					
259	Dropkick	●●●●	●●●	VH	RH					oT	2S		4S					
260	Prellball	●●●	●●●	VH	RH	Vo				oT	2S		4S					Volleytraining
261	Hand gegen Schläger	●●●	●●●			Vo				oT	2S		4S					Volleytraining
262	Volley auf Zuwurf	●●●	●●●●			Vo					2S	3S	4S					Volley-, Drill-, Konzentrationstraining
Großfeld																		
263	Doppelball lang	●●●●	●●●	VH	RH					oT	2S		4S					
264	Ball prellen	●●●	●●	VH	RH					oT	2S		4S					
265	Umdrehen	●●●	●●●	VH	RH					oT	2S		4S					
266	Schlag-Flug-Ball	●●●	●●●	VH	RH					oT	2S		4S					Mentales Training – Konzentration
267	Achtung Stopp 1!	●●●	●●●	VH	RH						2S	3S	4S					Kindertraining, Training an der Grundlinie – Stop
268	Achtung Volley!	●●●	●●●			Vo					2S	3S	4S					Volleytraining, Konzentrationstraining
269	Hochfrequenz 1	●●●/●	●●●●	VH	RH						2S	3S	4S					Drillübung
270	Hochfrequenz 2	●●●	●●●●			Vo					2S	3S	4S					Volleytraining
271	Halbvolley und Rückhand-Smash	●●●●	●●●●			Vo	Sm				2S	3S	4S					Überkopf-Training
272	Durch die Beine	●●●●	●●	VH		Vo					2S	3S	4S					
273	Handball gegen Tennis	●●●	●●●	VH	RH	Vo	Sm			oT	2S		4S					
274	Im Niemandsland	●●●	●●●	VH	RH	Vo	Sm			oT	2S		4S					Grundlinie offensiv

siehe auch Übungen 105-107

Kindertraining

5-290 nicht bewertet

he auch Übungen 232, 233, 267 und alle Kleinfeldübungen

0. Doppeltraining

aineranspiel

Übung	Anspruch	Intensität	Vorhand	Rückhand	Volley	Überkopf	Aufschlag	Return	selbständiges Anspiel	2 Spieler	3 Spieler	4 Spieler	5 Spieler	6 Spieler	7 Spieler	8 Spieler	weitere Anwendungen der Übung
1 Duell am T	●●●	●●●	VH	RH	**Vo**	**Sm**	As	Rt	oT	2S	3S	**4S**	5S	6S	7S	8S	Training am Netz
2 Netz gegen Grundlinie	●●●	●●●	VH	RH	**Vo**	**Sm**	As	Rt	oT	2S	3S	**4S**	5S	6S	7S	8S	Training am Netz
3 Grundlinie gegen Netz	●●●	●●●	**VH**	**RH**	Vo	Sm	As	Rt	oT	2S	3S	**4S**	5S	6S	7S	8S	Training am Netz
4 Smash gegen GL	●●●	●●●●	VH	RH	Vo	**Sm**	As	Rt	oT	2S	3S	**4S**	5S	6S	7S	8S	Drillübung
5 Lob gegen Netz	●●●	●●●	**VH**	**RH**	Vo	Sm	As	Rt	oT	2S	3S	**4S**	5S	6S	7S	8S	Training am Netz
6 Ab durch die Mitte	●●●	●●●●	**VH**	**RH**	Vo	Sm	As	Rt	oT	2S	3S	**4S**	5S	6S	7S	8S	Drillübung
7 Achtung Lob!	●●●	●●●	VH	RH	**Vo**	**Sm**	As	Rt	oT	2S	3S	**4S**	5S	6S	7S	8S	Training am Netz
8 Rochade	●●●●	●●●	**VH**	**RH**	Vo	Sm	As	Rt	oT	2S	3S	**4S**	5S	6S	7S	8S	Training am Netz
9 Hoch oder Tief	●●●	●●●	VH	RH	**Vo**	**Sm**	As	Rt	oT	2S	3S	**4S**	5S	6S	7S	8S	Training am Netz
0 Volley oder Lob	●●●	●●●	VH	RH	**Vo**	**Sm**	As	Rt	oT	2S	3S	**4S**	5S	6S	7S	8S	Training am Netz
1 Kampf ums Netz	●●●	●●●	**VH**	**RH**	**Vo**	**Sm**	As	Rt	oT	2S	3S	**4S**	5S	6S	7S	8S	Training am Netz
2 Mit Volley nach vorne	●●●	●●●	VH	RH	**Vo**	**Sm**	As	Rt	oT	2S	3S	**4S**	5S	6S	7S	8S	Training am Netz
3 Angiff-Volley-Smash	●●●	●●●	**VH**	**RH**	**Vo**	**Sm**	As	Rt	oT	2S	3S	**4S**	5S	6S	7S	8S	Training am Netz
4 Netz erobern	●●●	●●●	**VH**	**RH**	**Vo**	**Sm**	As	Rt	oT	2S	3S	**4S**	5S	6S	7S	8S	Training am Netz
5 Chaosdoppel	●●●	●●●	**VH**	**RH**	**Vo**	**Sm**	As	Rt	oT	2S	3S	**4S**	5S	6S	7S	8S	Training am Netz
6 Achtung Stopp!	●●●	●●●	**VH**	**RH**	**Vo**	**Sm**	As	Rt	oT	2S	3S	**4S**	5S	6S	7S	8S	Training am Netz
7 Stopp oder Lob	●●●	●●●	**VH**	**RH**	**Vo**	**Sm**	As	Rt	oT	2S	3S	**4S**	5S	6S	7S	8S	Training am Netz, Training an der Grundlinie – Stopp
8 California	●●●	●●●	**VH**	**RH**	**Vo**	**Sm**	As	Rt	oT	2S	3S	**4S**	5S	6S	7S	8S	Mannschaftstraining
9 Fliegendes Doppel	●●●●	●●●●	**VH**	**RH**	**Vo**	**Sm**	As	Rt	oT	2S	3S	**4S**	5S	6S	7S	8S	Drillübung
0 Fliegendes Doppel offen	●●●●	●●●●	**VH**	**RH**	**Vo**	**Sm**	As	Rt	oT	2S	3S	**4S**	5S	6S	7S	8S	Drillübung

elbständiges Spiel

Übung	Anspruch	Intensität	Vorhand	Rückhand	Volley	Überkopf	Aufschlag	Return	selbständiges Anspiel	2 Spieler	3 Spieler	4 Spieler	5 Spieler	6 Spieler	7 Spieler	8 Spieler	weitere Anwendungen der Übung
1 Netzroller	●●●	●●	VH	RH	Vo	Sm	As	Rt	**oT**	2S	3S	**4S**	5S	6S	7S	8S	
2 Doppelpunkt	●●●	●●	**VH**	**RH**	Vo	Sm	As	Rt	oT	2S	3S	**4S**	5S	6S	7S	8S	
3 Netzwand	●●●	●●	**VH**	**RH**	**Vo**	**Sm**	As	Rt	**oT**	2S	3S	**4S**	5S	6S	7S	8S	Training am Netz
4 Aufrücken	●●●	●●	**VH**	**RH**	**Vo**	**Sm**	As	Rt	**oT**	2S	3S	**4S**	5S	6S	7S	8S	Training am Netz

atchtraining

ehe Kap. 5: Übungen 201–205 und Kap. 11b: Übungen 350–357

ehe auch Übungen 197–200, 245, 320, 322–331

11. Mannschaftstraining

Ein Platz

5 Spieler

Übungsnummer	Übung	Anspruch	Intensität	Vorhand	Rückhand	Volley	Überkopf	Aufschlag	Return	selbständiges Anspiel	2 Spieler	3 Spieler	4 Spieler	5 Spieler	6 Spieler	7 Spieler	8 Spieler	weitere Anwendungen der Übung
315	3 gegen 2 Grundlinie	●●●	●●	VH	RH	Vo	Sm							5S				Training an der Grund
316	3 gegen 2 Angriff	●●●	●●	VH	RH	Vo	Sm							5S				Training am Netz
317	3 gegen 2 Volley	●●●	●●	VH	RH	Vo	Sm							5S				Training am Netz
318	Überholen	●●●	●●●	VH	RH	Vo	Sm							5S				Grundlinie Sicherheit
319	Cross mit Auswechseln	●●	●●	VH	RH	Vo	Sm			oT				5S				Grundlinie Sicherheit
320	California mit 5	●●●	●●●	VH	RH	Vo	Sm							5S				Netztraining, Doppelt
321	Aufschlag- und Return-Training	●●●	●					As	Rt	oT				5S				Training der Eröffnungsschläge
322	Doppel mit Auswechseln	●●●	●●	VH	RH	Vo	Sm	As	Rt	oT				5S				Doppeltraining

6 Spieler

Übungsnummer	Übung	Anspruch	Intensität	Vorhand	Rückhand	Volley	Überkopf	Aufschlag	Return	selbständiges Anspiel	2 Spieler	3 Spieler	4 Spieler	5 Spieler	6 Spieler	7 Spieler	8 Spieler	weitere Anwendungen der Übung
323	Kampf ums Netz (3 Doppel)	●●●	●●●	VH	RH	Vo	Sm								6S			Netztraining, Doppelt
324	Volley – Volley – Lob	●●●	●●●	VH	RH	Vo	Sm								6S			Netztraining, Doppelt
325	Duell am T (3 Doppel)	●●●	●●●	VH	RH	Vo	Sm								6S			Netztraining, Doppelt
326	California original	●●●	●●●	VH	RH	Vo	Sm								6S			Netztraining, Doppelt
327	California verkehrt	●●●	●●●	VH	RH	Vo	Sm								6S			Netztraining, Doppelt
328	Doppel-Rotation	●●●	●●●	VH	RH	Vo	Sm								6S			Doppeltraining
329	Triple	●●●	●●●	VH	RH	Vo	Sm								6S			Netztraining, Doppelt

7 oder 8 Spieler

Übungsnummer	Übung	Anspruch	Intensität	Vorhand	Rückhand	Volley	Überkopf	Aufschlag	Return	selbständiges Anspiel	2 Spieler	3 Spieler	4 Spieler	5 Spieler	6 Spieler	7 Spieler	8 Spieler	weitere Anwendungen der Übung
330	California mit 7	●●●	●●●	VH	RH	Vo	Sm									7S		Netztraining, Doppelt
331	California mit 8	●●●	●●●	VH	RH	Vo	Sm										8S	Netztraining, Doppelt

Zwei Plätze

5 Spieler

Übungsnummer	Übung	Anspruch	Intensität	Vorhand	Rückhand	Volley	Überkopf	Aufschlag	Return	selbständiges Anspiel	2 Spieler	3 Spieler	4 Spieler	5 Spieler	6 Spieler	7 Spieler	8 Spieler	weitere Anwendungen der Übung
332	Elfer mit Wechseln	●●●	●●●	VH	RH	Vo	Sm			oT				5S				Training an der Grundl
333	Tiebreaks mit Wechseln	●●●	●●	VH	RH	Vo	Sm	As	Rt	oT				5S				
334	Aufschlagspiele mit Wechseln	●●●	●●	VH	RH	Vo	Sm	As	Rt	oT				5S				
335	Kampfschwein	●●●	●●	VH	RH	Vo	Sm							5S	6S	7S	8S	Drillübung

6 Spieler

Übungsnummer	Übung	Anspruch	Intensität	Vorhand	Rückhand	Volley	Überkopf	Aufschlag	Return	selbständiges Anspiel	2 Spieler	3 Spieler	4 Spieler	5 Spieler	6 Spieler	7 Spieler	8 Spieler	weitere Anwendungen der Übung
336	König, Prinz und Bettelmann	●●●	●●	VH	RH	Vo	Sm	As	Rt	oT					6S			
337	Daviscup	●●●	●●	VH	RH	Vo	Sm	As	Rt	oT					6S			
338	Champions League 1	●●●	●●	VH	RH	Vo	Sm								6S			
339	Champions League 2	●●●	●●	VH	RH	Vo	Sm	As	Rt	oT					6S			

	Übung	Anspruch	Intensität	Vorhand	Rückhand	Volley	Überkopf	Aufschlag	Return	selbständiges Anspiel	2 Spieler	3 Spieler	4 Spieler	5 Spieler	6 Spieler	7 Spieler	8 Spieler	weitere Anwendungen der Übung
	vei Plätze)																	
	7 Spieler																	
)	Stationstraining 1	●●●	●●	**VH**	**RH**	**Vo**	Sm	As	Rt	oT	2S	3S	4S	5S	6S	**7S**	8S	Volleytraining, GL Sicherheit
1	Stationstraining 2	●●●	●●	VH	RH	Vo	**Sm**	**As**	**Rt**	**oT**	2S	3S	4S	5S	6S	**7S**	8S	Überkopftraining, Eröffnungsschläge
2	Stationstraining 3	●●●	●●	VH	RH	Vo	Sm	**As**	**Rt**	**oT**	2S	3S	4S	5S	6S	**7S**	8S	Eröffnungsschläge
3	Hart oder Fair	●●●	●●	**VH**	**RH**	**Vo**	**Sm**	As	Rt	oT	2S	3S	4S	5S	6S	**7S**	8S	
4	Big Points	●●●	●●	**VH**	**RH**	**Vo**	**Sm**	As	Rt	oT	2S	3S	4S	5S	6S	**7S**	8S	
5	Aufstieg	●●●	●●	**VH**	**RH**	**Vo**	**Sm**	As	Rt	oT	2S	3S	4S	5S	6S	**7S**	8S	
6	Bundesliga	●●●	●●	**VH**	**RH**	**Vo**	**Sm**	**As**	**Rt**	**oT**	2S	3S	4S	5S	**6S**	**7S**	**8S**	
	8 Spieler																	
7	Nord gegen Süd	●●●	●●	**VH**	**RH**	**Vo**	**Sm**	As	Rt	**oT**	2S	3S	4S	5S	**6S**	7S	**8S**	Grundlinie Sicherheit
8	Doppel doppelt	●●●	●●	**VH**	**RH**	**Vo**	**Sm**	As	Rt	oT	2S	3S	4S	5S	6S	7S	**8S**	
9	Kampfschwein-Doppel	●●●	●●●●	**VH**	**RH**	**Vo**	**Sm**	As	Rt	oT	2S	3S	4S	5S	6S	7S	**8S**	Drillübung
	ppel-Matchplay																	
)	Volley-Winner	●●●	●●	**VH**	**RH**	**Vo**	**Sm**	**As**	**Rt**	**oT**	2S	3S	**4S**	5S	6S	7S	**8S**	Doppeltraining, Taktik-training
1	30 beide	●●●	●●	**VH**	**RH**	**Vo**	**Sm**	**As**	**Rt**	**oT**	2S	3S	**4S**	5S	6S	7S	**8S**	Doppeltraining, Taktik-training
2	Chance nutzen	●●●	●●	**VH**	**RH**	**Vo**	**Sm**	**As**	**Rt**	**oT**	2S	3S	**4S**	5S	6S	7S	**8S**	Doppeltraining, Taktik-training
3	Ersten Aufschlag klauen	●●●	●●	**VH**	**RH**	**Vo**	**Sm**	**As**	**Rt**	**oT**	2S	3S	**4S**	5S	6S	7S	**8S**	Doppeltraining, Taktik-training
4	Verdoppeln	●●●	●●	**VH**	**RH**	**Vo**	**Sm**	**As**	**Rt**	**oT**	2S	3S	**4S**	5S	6S	7S	**8S**	Doppeltraining, Taktik-training
5	Topstart	●●●	●●	**VH**	**RH**	**Vo**	**Sm**	**As**	**Rt**	**oT**	2S	3S	**4S**	5S	6S	7S	**8S**	Doppeltraining, Taktik-training
6	Wünsch Dir was	●●●	●●	**VH**	**RH**	**Vo**	**Sm**	**As**	**Rt**	**oT**	2S	3S	**4S**	5S	6S	7S	**8S**	Doppeltraining, Taktik-training
7	Serve und Volley entscheidet	●●●	●●	**VH**	**RH**	**Vo**	**Sm**	**As**	**Rt**	**oT**	2S	3S	**4S**	5S	6S	7S	**8S**	Doppeltraining, Taktik-training

ne auch Übungen 246, 308

Übungsnummer	Übung	Anspruch	Intensität	Vorhand	Rückhand	Volley	Überkopf	Aufschlag	Return	1 Spieler	2 Spieler	3 Spieler	4 Spieler	5 Spieler	6 Spieler	7 Spieler	8 Spieler	weitere Anwendungen der Übung
12. Ein Trainer - ein Schüler																		
358	Alles auf die Rückhand	●●●	●●●●	VH	RH					1S								Drillübung
359	Beißer rechts-links	●●●	●●●●	VH	RH					1S								Drillübung
360	Beißer auf Ziel	●●●	●●●●	VH	RH					1S								Drillübung
361	Dreiball-Hosenträger	●●●	●●●	VH	RH					1S								Grundlinie Sicherheit
362	Alle Längen	●●●	●●●	VH	RH	Vo	Sm			1S								GL Sicherheit, Konzentration
363	Volley-Beißer	●●●	●●●●	VH	RH					1S								Drillübung
364	Technik-Beißer	●●●	●●●●	VH	RH					1S								Drillübung
365	Variable Returns	●●●●	●●						Rt	1S								Training der Eröffnungsschläge
13. Schaltjahr																		
366	Startplan	●●●●	●●	VH	RH	Vo	Sm	As	Rt	oT	2S	3S	4S					Taktik der Eröffnungsschläge

Dank

... geht vor allem an meine Ehefrau Bettina. Ich liebe an ihr nicht nur alles andere, sondern auch ihre Freude am Tennis. Sie ist seit über 30 Jahren meine motivierteste Schülerin und ich glaube, ich habe mehr von ihr gelernt als sie von mir.

... an meinen besten Freund Babak Momeni, A-Trainer und Diplomsportlehrer, Cheftrainer des TSC Mainz, für 3 Jahrzehnte Tennis-Fachsimpelei, die uns beide immer weiter gebracht hat.

... an die Damen und Herren der Mannschaften der Tennisabteilung des Mainzer Turnvereins von 1817, die ich seit mehr als 20 Jahren betreuen und trainieren darf und die mit ihrem Engagement und unseren gemeinsamen kleinen Unzulänglichkeiten immer dafür gesorgt haben, dass es auf dem Platz nie langweilig wurde.

... ganz besonders meinen Eltern, die mit ihrer eigenen Tennisliebe dafür gesorgt haben, dass ich schon von klein auf gerne täglich auf den Platz marschiert bin – eine Konstellation, die wir Tennistrainer uns heute für viel mehr Jugendliche wünschen würden, die aber leider zur Ausnahme geworden ist. Sie sind der lebende Beweis dafür, wie gut Tennis tut: beide sind über 80 und spielen nach wie vor regelmäßig Doppel mit ihren Freunden!